汪篯百年诞辰纪念文集

胡 戟　杜海斌 / 主编

叶 炜　曹印双 / 副主编

北京大学历史系
北京大学中国古代史研究中心
大唐西市历史文化研究中心
陕西师范大学历史文化学院
/
组织

社会科学文献出版社
SOCIAL SCIENCES ACADEMIC PRESS (CHINA)

北京大学历史系和陕西师范大学历史文化学院
组织和支持了在北京、西安两地举办纪念汪篯教授百年诞辰学术会
并资助出版《汪篯汉唐史论稿》和《汪篯百年诞辰纪念文集》
全体与会学者对此无量功德谨表深切谢意

目　录

序

2016 年，适逢汪籛先生百年诞辰和逝世五十周年。2015 年，在吴宗国先生家，和汪安、孟宪实一起商量，我们做两件事，一是汇总汪先生的论著，为他出一本全稿；二是开一个先生百年诞辰的纪念会，追思汪先生的人生和学术贡献。为便于大家参加，纪念会在北京和西安两地开，会后出一本纪念文集。这些想法得到北京大学历史系、北京大学中国古代史研究中心、北京大学出版社、陕西师范大学历史文化学院和大唐西市历史文化研究中心的支持。

2016 年 12 月 25 日，先生百年诞辰纪念会在北京大学隆重举行，2016 年 12 月 31 日和 2017 年 1 月 1 日又在西安顺利召开。会前《汪籛汉唐史论稿》由吴宗国先生主持，在孟宪实先生协助下编就，由北京大学出版社出版，赶印出来，带到会上，赠送给所有参加北京和西安纪念会的学者。

陈寅恪先生有一句流传很广的名言："国可亡，而史不可灭。"[①] 意即保存中国学术文化，延续中华民族文化精神，国家便可复兴，道出了历史对一个国家和民族的重要性。守护国家和民族的优秀传统文化，事关我们健康地走向未来；而不记取历史的教训，就会重蹈覆辙。现实也告诉我们，日本的教科书不承认慰安妇和南京大屠杀，显然是为复活军国主义张目；台湾的教科书在阿扁时代"去中国化"，以致现在许多台湾青年数典忘祖。这些都告诉我们，历史学科具有不可取代的价值。

历史学讲究学术传统，在尊重和继承前人成果的基础上前进。纪念陈寅恪先生，纪念汪籛先生，就是为传承薪火，对国家民族尽到历史学者应尽的责任。

---

① 陈寅恪：《吾国学术之现状及清华之职责》，载氏著《金明馆丛稿二编》，上海古籍出版社，1980，第 317 页。

百余名学者参与了北京、西安的两次纪念会，做了深情的回忆和学术的品评，又发现了一些先生的遗文，都收存在这本纪念文集里。诚如陈寅恪先生评论王国维先生时所说的那样："先生之著述，或有时而不章。先生之学说，或有时而可商。惟此独立之精神，自由之思想，历千万祀，与天壤而同久，共三光而永光。"[①] 相信有了《汪籛汉唐史论稿》和这本大家友情奉献的《汪籛百年诞辰纪念文集》，这位杰出学者的深厚学养，凝聚了他毕生心血的对历史学的奉献和探索精神，可以得到彰显，将常留人世。这让我们感到欣慰，也以此告慰汪籛先生。

（胡　戟）

[①]　陈寅恪：《清华大学王观堂先生纪念碑铭》，载氏著《金明馆丛稿二编》，上海古籍出版社，1980，第218页。

北京纪念会的开幕辞：纪念汪篯先生百年诞辰

今天大家聚集一堂，纪念汪篯先生百年诞辰，探讨汪篯先生一生的人生轨迹，学习他在学术上的贡献，研究怎样更好地传承他的学术思想和研究成果。

汪篯先生在 20 世纪 60 年代总结他的学术人生时说道，他的成长，一是得益于扬州中学的数学学习，培养了严密的逻辑思维能力；二是从陈寅恪先生那里学到了整理材料和分析问题的科学方法；三是在马列学院学到了马克思主义，学会了实事求是，运用历史唯物主义实事求是地分析历史问题。这是汪篯先生对其学术人生的总结，也是他在教学和科学研究方面取得重大成就的三个基本因素。

今天我们纪念汪篯先生，首先要学习他一心扑在教学上，把教学和培养学生作为毕生的职责和追求。他继承了北京大学历史系始终把教学特别是基础课程的教学放在第一位的传统。他总是紧紧围绕教学进行科学研究，不断以他的研究成果丰富教学内容。以最新的研究成果来传道授业，提高学生的思想境界，开阔学生眼界，启发学生思考，引导学生走进科学研究的殿堂，是他毕生的追求。他关于隋唐人口和土地数字的四篇隋唐史札记、关于均田制的考释和相关文稿都是课堂教学的讲稿。而教学中不断提出的新课题，又促使他的研究领域不断扩大，步步深入。他经常和学生交流，同学们都喜欢成群结队到他家去串门。他也总是热情地侃侃而谈，让大家"满载而归"。他同时还要求学生认真读书，要有广泛的知识，熟悉目录、职官、年代，并要求学生苦练基本功。

重视教学，把教学放在第一位，是北京大学历史系老一辈学者共同的追求。在 20 世纪 50 年代院系调整以后，当时担任基础课中国通史、世界通史、亚非史教学的都是历史系最优秀的骨干教师。张政烺、余逊、邓广铭、汪籛、田余庆、许大龄、邵循正、陈庆华担任了中国通史的教学，齐思和、杨人楩、张芝联、胡仲达、周一良担任了世界史和亚非史的教学，并且把全部精力都放在课程的准备上。他们翻阅了大量历史文献，认真地进行研究，最后还要写成讲义印发给学生。就我所知道的中国史的教师，他们每讲一次课，事先都要根据教学的需要和过去讲课中的不足进行大量的研究，然后再对讲义进行认真细致的修改。从 1952 年开始，年复一年，他们不是在讲课，就是在对教学过程中提出的历史问题进行研究，对讲义进行反复修改，并乐此不疲。这样从 1956 年到 1957 年，就形成了建立在充分研究和反复修改基础上的完整的中国通史教材。1962 年开始出版的《中国史纲要》就是建立在这个工作基础上的。北京大学至今仍能够培养出一流的学生，并始终在历史教学中保持领先的地位，也都是建立在重视教学，把教学放在第一位这个传承下来的基础上的。

纪念汪籛先生，我们要继承和发扬他的学术成就。

首先他对秦汉史和隋唐史教学体系做出了杰出的贡献。早在 20 世纪 50 年代初他就参与了初中教材中中国历史隋唐史和秦汉史部分的写作，1954 年他又接替余逊教授讲授北京大学历史系"中国历史二"也就是秦汉魏晋南北朝历史，并奋力写下了几十万字的讲义。后来在《中国史纲要》中他又对隋唐史进行了系统的论述，并打破成说，提出了许多新的观点。

在政治史的研究方面，他不仅完善和发展了陈寅恪先生关于关陇集团、门阀士族等方面的学说，而且对唐朝政治历史的很多方面提出了新的见解，结合唐朝政治、经济和文化等各个方面的发展情况，对唐朝历史发展的整体趋势和主要线索提出了自己的看法。他把唐太宗、武则天等历史人物，结合当时总的发展形势加以评价。他关于唐太宗、武则天、文学吏治之争、牛李党争等方面的论述，为我们研究唐代政治发展打开了新的思路。

关于唐代的政治制度，他进行了系统研究。他关于门下省不仅审查中书省起草的制诏，还要审查尚书省拟制的奏抄的论述，打破了历来沿用的司马光在《资治通鉴》中关于三省职能的论述，为我们进一步深入研究三省制奠定了基础。他关于科举制度进士考试科目和"到后来重要官员大都出身于进士"的论述，也为我们进行相关研究指明了方向。需要说明的是，这些研究成果不是以论文形式发表的，主要是在撰写教科书和在一些出版单位委托审阅读书稿的审核意见时，通过翻阅大量文献材料，经过反复考证，提出的独到见解。

关于均田制度的研究，他没有囿于前人成说，既没有陷入当时土地国有制、私有制的争论，也没有纠缠于是否实行，更没有浅尝辄止，满足于一得之见，而是扎扎实实地搜集材料，进行了长时间深入而系统的艰苦研究。

他认真研究了先秦以来土地制度的发展，甚至还研究了甲骨文和金文，务求从中国古代土地制度的长时段发展来把握均田制的本质。他对有关田令令文的含义进行了深入的考释，并做了令人信服的解释，提出了重要的见解。

关于隋唐人口和土地数字的四篇札记，不仅澄清了多年来关于隋唐户口和土地数字的混乱，而且对于怎样运用传统史学中考据的方法处理古代文献中的数字，怎样运用文献中的其他材料结合这些数字进行分析和研究，为我们提供了典范。

我们要学习他热爱老师，善于学习的精神。对他的导师陈寅恪先生，他是非常尊重的，他对陈先生的学术和研究方法有深刻的理解。这些都贯彻在他的研究工作和写作上，特别是在 20 世纪 40 年代末所写的一些文稿之中。有学者评价他的这些文章和陈先生的文章有异曲同工之妙。但是他并没有停留在陈先生的研究上，而是遵循陈先生提出来的"独立之精神，自由之思想"，独立思考，提出了不少新的见解，对秦汉史和隋唐史的研究做出了重要贡献。这在学术的传承上也为我们树立了一个良好的榜样。

我们要学习他实事求是、一切从实际出发的学风，既不迷信于前人的成说，也不迷信某些教条。扎扎实实地收集史料，科学地分析这些史料，反复地进行研究，从宏观和微观的结合上，提出自己的观点。

我们要学习他深入钻研马克思主义的精神。他对马克思主义的经典著作认真学习，同时结合自己的研究领会它们的精神实质，因而能够抓住马克思主义的基本精神，抓住生产力发展和社会经济发展这一历史发展的主线，把马克思主义的历史唯物论和中国传统史学很好地结合起来，在研究上取得了许多具有开创性的成果。其中一些观点至今还闪烁出理论的光芒。

纪念汪篯先生百年诞辰，我们要更好地学习他在学术上的贡献，传承他的学术思想和研究成果。我们高兴地看到，在今天座谈会上准备发言的，有来自武汉、西安、天津和北京的学者，有汪籛先生的学生，还有汪籛先生学生的学生，汪籛先生学生的学生的学生，甚至还有汪籛先生学生的学生的学生的学生。他们有的已经学有所成，在学术上取得了很多成果。有的还正在学习，他们认真学习了先生的著作，进行了不止一次的讨论，写出了十几篇文章。这一次他们很多人参加了《汪籛汉唐史论稿》的校对工作。这本身就是一种责任与担当，更是一种学术上的传承。这种学术上的传承不仅可以使我们站得更高一些，视野更加开阔一些，而且对后学者的人生道路和学术道路也可以起到很好的启迪作用。他们让我们看到史学界一个更加辉煌的未来。

（吴宗国）

西安纪念会的开幕辞：纪念　追思　传承

汪篯先生，生于 1916 年，去世于 1966 年。今年是他逝世 50 周年，也是他的百年诞辰。去年我去北京，在吴宗国先生家里，和汪先生的独子汪安一起商量，在今年为汪先生做一个纪念活动。觉得做逝世 50 周年太沉重，不如做百年诞辰纪念。而且在开会前把汪篯先生的所有著作，再尽量找齐，汇总出版一个全本，不能叫全集，还是叫文稿——未经本人定的稿。这个工作主要由吴宗国先生负责，我们多位同学参加了校对，谢谢他们。为了方便大家参加，这个活动在两地办，在他生日 12 月 25 日和下一个周末，北京和西安分别开追思座谈会。

这件事我们商量以后，找北大中国古代史研究中心主任荣新江先生说了。他说中古史中心可以办，历史系也会办，如果历史系不办，中古史中心办。我当即和历史系主任张帆先生通电话，他满口答应，说这事情历史系应该办。就这样定下来了。张帆还答应，出汪先生书的费用由历史系承担。两地的会议由北京大学历史系、北京大学中国古代史研究中心、中国唐史学会、大唐西市历史文化研究中心分工主办。

12 月 25 日，北京大学召开了汪篯教授百年诞辰座谈会。到会的有汪先生的同事、学生和许多隋唐史的学者。北大为外地去的学者提供了食宿，还专门设宴招待从西安去的人。

今天西安这个会，到会的有汪先生的学生牛致功教授、李裕民教授、臧振教授、赵世超教授和我，汪先生只带过几个研究生，我们这里占一半。今天来的还有我们的学生和学生的学生，算起来是义宁陈门的第四代、第五代了。

我想我们这个座谈会开得更学术一点，不要像一般学术讨论会，限制发言几分钟，各说各的话，很少交流，没有讨论。研讨会大多空有其名。我们改一改。

我们发言的内容分两部分。一部分是汪先生受业弟子的回忆。如今他的学生，年纪最小的也都是过了古稀之年的老人了。这些回忆都是很珍贵的，不可多得的了。再一部分是对汪先生学术的学习讨论。重点是挖掘他在学术上的创见。这里我特别用挖掘两个字。因为汪先生讲陈先生的学问可以挖掘，竟被人诟病，解释成好像是要从老师身上捞一把似的。其实汪先生的意思是，陈先生学术成果丰厚，像一座资源丰富的宝藏，是应该去努力发掘的。而汪先生的学术，参加了"汪籛先生百年诞辰纪念座谈会"的一位学者说："汪先生'文革'爆发，即愤而自杀，是北大'文革'中第一位自杀的学者。如能躲过文革，汪先生对唐代政治、经济史的研究的水准和贡献，绝对是首屈一指的。陈寅恪之后，就是他。"

现在讲什么都讲创新，学术也讲创新，中国社会科学院在搞"创新工程"。我想学术上还是应该像汪先生讲的那样，强调创见。历史是根据事实说话的，随意去创新容易走偏。创见是寻找被掩盖的历史真相，是对历史运动内涵的正确阐述，这样来还社会以正义，还历史以公道。所以这次座谈会之前安排同学们分门别类地去研究的汪先生学术，重点分析哪些是他的创见。这两天每个发言以后，要进行讨论，中心也是讨论先生的创见。

上午先把新出的汪先生的书发给大家，大家先学习一下，再补充一下自己的发言。也可以三三两两交流一下，大家难得一见。下午正式开始讨论。两点正式开会。上午先请几位汪先生的老学生回忆，而后同学们发言和讨论。我们安排开两天，是想时间充裕一些，可以讲得细致一些，讨论得充分一些。就是占了大家的元旦假期，不能休息了。

顺便说一下，今年7月在九江又召开了一次陈寅恪学术的讨论会。我在九江会上做了一个以《传承陈学》为题的发言，汇总了一下陈先生弟子的名单，我念一下：

> 受到陈寅恪先生面授亲炙的学生有邵循正、罗香林、杨联陞、季羡林、周一良、石泉（刘适）、李涵（缪希相）、蒋天枢、徐中舒、汪籛、王永兴、姚薇元、谷霁光、徐高阮、何炳棣、胡守为、陈鸿生、万绳楠，有邓广铭、劳干、余逊，受影响的有贺昌群、王仲荦、马长

寿、唐长孺、谭其骧、何兹全、缪钺、牟润孙、严耕望、蓝文征、周连宽、姜伯勤，以及金应熙。

仅从这一长长的还远不完整的名单，就足见陈门学统的辉煌。虽然如周一良自称："有负先生的厚望，心中无限惭愧。"[①]邓广铭先生称自己"是他一个不成材的学生……从来不敢自称是陈先生的弟子"。但究竟都是在陈学的海洋里沐浴过的，他们都无可争议地是各自学术领域的领军人物，支撑起了20世纪中国学术的半边天。

虽然还很不全，但是这个名单告诉我们，上个世纪（20世纪）三四十年代以后，陈寅恪先生的弟子占了社会科学界的半壁天下，出了一批大师，他的教学是很有成就的，是这半个世纪无人可及的。所以讲学科建设，对陈先生的学术和教学理念的传承，是最值得做的事。

汪先生是陈先生最看重的学生和助手，不仅石泉先生亲口对我这样说，现在不少文章也这样说，成为公论了。所以我们理当是义宁陈学忠实的再传弟子、三传弟子。我在九江会上建议持续办陈寅恪著作的读书班。每年暑假办两期，一期半个月，每期一个主题，比如读《唐代政治史述论稿》，读《柳如是别传》。大家一起沉下心来读，一起讨论。九江学院陈寅恪研究院已经把研究陈先生著作的论著都收集起来了，出了目录。到时候按专题提供给大家参考。这样一本书一本书地读，持续下去，把陈先生的道德学问真正学到手，对我们学术队伍的成长，学科建设的进步，一定大有助益。

我建议九江学院办班，也建议陕西师大历史文化学院办。九江有庐山，我们有终南山，都是暑期读书的好地方。我想即使没有别的资金来源，没有基金会赞助，收一点学费应该也是可以的。到时候还可以带家属来，避暑，避雾霾，边学习，边休息。

为什么想起来在西安办？因为现在在庐山办有困难，反腐败有规定，不得在风景区开会办班！虽然他们九江学院在庐山有培训中心，也不好用。九江城里又太热了，所以我希望西安能把这件事情办起来。

---

①　周一良：《纪念陈寅恪先生——在纪念陈寅恪教授国际学术讨论会上的发言》，载《纪念陈寅恪教授国际学术讨论会文集》，中山大学出版社，1989。

实在没有人愿意出头，我想我们自己来组织一下也不难。山里面有整条沟的农家乐，吃的住的还可以，一天食宿费用才五六十块钱。凉凉快快安安静静在那里读点书，充点电。真正想做点学问的人会愿意的。今天说做这件事，会下大家可以议议。因为教学科研压力大，能够坚持一本一本读书充电的人现在还多吗？这很让人忧虑。所以有办这样的读书班促进一下的想法。

这次我们做汪篯学术的总结，其实也是传承陈学的一个重要方面。这次先做做试试。如果能把汪先生学术上的贡献很好地找出来，就回答了为什么陈先生看重汪先生。最后我们把这些文章汇编成书，可能是对史学的一个贡献。出书的事我来张罗，希望大家合作，把文章写好改好。会后趁热打铁写，寒假以后，3月1日交稿行吗？出版社答应我不收书号费管理费，只交一点印刷费就给出。

这次很高兴，来的同学有我和我的学生带的博士生、硕士生，也有本科生。如果从现在开始，以后他们能不断参加读书班，应该可以帮他们更快地成才。希望陕西师大和热心的同学来做这件事。

下面发书，这次到会的，一人一本汪先生的文稿，一人一本我这两年组织的丝绸之路十三国考察图片展的说明图册《中国敦煌吐鲁番学会丝绸之路专业委员会文集》，没有的可以拿一本。

（胡　戟）

陈寅恪先生遗札两通笺释

最近在读书时发现没有收入三联书店版《陈寅恪集·书信集》的陈寅恪先生遗札两通，现把两函整理释读发表。

致郑天挺函

敬启者：

去岁之夏，弟拙著《元白诗笺证》中《长恨歌》一篇，曾托由汪篯君整理。当时除稔知其熟于唐代史实外，又觉其思路周详，文理缜密，甚为叹赏。近以另篇《新乐府笺证》一稿急于付印，颇觉其整理工作殆舍汪君莫属，故仍请汪君任之。此稿共分五十余节，约占拙作《元白诗笺证》全书之半。不特篇幅甚长，排比不易，兼又每节前后救应尤费推敲。汪君自从事整理以后，殚尽心力，无问昼夜，辄与弟商讨斟酌，改订增补，用功既勤，裨益尤大。昨据汪君言，前接洽北大职业时，先生曾促其速行完成研究院毕业论文。近月余之时间，已以全神贯注于弟之文稿，而此稿之杀青尚须时日，深虑先生以其论文未成，致有斥责且或影响及于其暑假晋级或续聘之前途。窃以为汪君自借住弟处以来，于今行将一载，弟深知其深宵攻读，终日孜孜，而察其史料之熟，创见之多，亦可推见其数年来未尝稍懈，诚足当所谓好学深思者。至其论文所以未能于近日完成之故，实由于全力整理弟之文稿，致行搁置。用敢特为证明其事，甚望先生有以谅之，并稍宽假其呈交论文之时间，俾其安心为感。以弟所知者，而论其为弟整理文稿所费之工力，实已不下于撰写论文一篇。而其作为研究院毕业论文之用者，其大旨则久曾与弟讨论，深以为可，或不致有负先生提撕奖拔之苦心也。

　　耑此奉恳

　　　　敬颂

　　著安

弟陈寅恪敬启

五月十七日

　　按：此函录自《郑天挺先生学行录》所载郑克晟《陈寅恪与郑天挺》一文，中华书局 2009 年版。写信时间为 1948 年 5 月 17 日，写信的事由、背景如下。

　　陈寅恪的弟子汪篯（1916—1966），1934 年考入清华大学历史系，成为陈寅恪众多弟子中的一员。1939 年 5 月，北京大学恢复文科研究所，聘陈寅恪为导师。汪篯考入该所深造，随陈寅恪研治隋唐史。1946 年底，双目失明的陈寅恪随学校复员回到北平，时在吉林长白师范学院任教的汪篯放弃工作回到老师身边。当时汪篯 31 岁，尚未成家，遂吃住在老师家中。半年后，汪篯在另一位老师、时任北大历史系主任郑天挺的斡旋下，被北大聘为历史系教员，但不用在北大上班，做陈寅恪的助手。当时陈寅恪还有一位学生王永兴，也是北大历史系教员，与汪篯做同一件事。由北大出人做清华大学教授的助手，这除了说明陈寅恪在学界的地位之高，也透露了当时北平学术界的风气淳厚。

　　陈寅恪在函中对汪篯的勤奋努力、学术水准给予很高的评价，为汪篯未能按时完成北大文科研究所的毕业论文缓颊说项。函中提及汪篯在他家吃住将近一年，可见师生关系非同一般。这封信的出现，证明 1953 年底中科院请汪篯南下广州（一说汪篯主动请缨）劝说陈寅恪北返，是有师生关系做基础的。问题出在 1948 年 12 月陈寅恪南下后，政治态度、思想观念出现了剧烈的波动，而汪篯留在北京，融入了时流，加入了组织，改变了史观，师生关系已今非昔比了。汪篯从陈寅恪最喜欢的学生之一到淡出陈寅恪视野，是时代造成的，时代的动荡撕裂了他们感情的纽带。关于此事，陆键东的《陈寅恪的最后 20 年》披露、分析甚详，但未使用这份材料。

此外，郑克晟《陈寅恪与郑天挺》一文还提供了另一份反映陈、汪关系遽变的材料，即向达致郑天挺函。函云：

毅生先生左右：

上月科学院派汪篯去广州，邀请寅恪先生北上。不料汪君抵粤后语言不慎，以致寅恪先生大怒，血压增高。最近致书锡予、心恒、一良先生及弟，痛斥汪君，大发牢骚。其致弟及一良函末，并属将情形特告先生，而陈师母另函又谓不必将函转陈。锡予先生亦同此意，谓如此可以不致广为宣传云云。其实陈先生致汤、邵、周及弟共二函，俱已原件交科学院矣。用陈梗概，尚祈察鉴，幸甚！幸甚！

敬颂

着安

弟　向达　谨上

（1953 年）12 月 6 日

这两份反映陈、汪师生关系的材料，或可作为《陈寅恪的最后 20 年》相关内容的一个补充。

致马世良函

笏云世先生左右：

昨奉手教，并宣纸一张，敬悉一切。寅本不工书，两眼失明，股骨断折。职是之故，来示所言不敢承命，尚希鉴原。昔年曾偕邓伯诚先生造访尊府，参观令伯大人所藏佛经，因获见尊大人。此事不觉匆匆已五十载矣。先生年来点勘古籍，必大有贡献矣。

耑此奉复，宣纸璧还，乞察收为荷。敬请

撰安

寅恪　敬复

六三年十月廿八日

心安先生处请代致意

按，此函录自赵胥编注的《朴庐藏珍——近现代文人学者墨迹选》，中华书局 2013 年 3 月版。函为陈夫人唐筼代笔。此函涉及五人：1. 收信人马世良（笯云）；2. 邓伯诚；3. 马世良伯父；4. 马世良父亲；5. 心安先生。

今考笯云乃马世良，字笯云，晚清绍英次子。绍英（1861—1925），字越千。满洲镶黄旗人，姓马佳氏，其后人辛亥革命后遂取马字为姓。世良乃绍英次子，其兄名世杰。绍英历任盛京礼部侍郎，盛京、成都、绥远城将军，左都御史兼都统，工部尚书等职。辛亥革命后，任溥仪宫中内务府大臣。有《绍英日记》，国家图书馆出版社 2009 年影印出版。绍英有五兄弟，绍英最小，四位兄长中，同母仅四兄绍彝（字叙五），两兄弟往来甚密。陈寅恪信中提及的马世良伯父应该就是绍彝。

陈寅恪致马世良函

邓伯诚即邓高镜，字伯诚，湖南宁远人。研究墨学，著有《墨经新释》（商务印书馆 1931 年版）。其人也精研佛学，据梁漱溟回忆，1917 年蔡元培曾聘请其在北大哲学系讲授《百论》（梁漱溟《忆往谈旧录》）。此人也参与过整理北平图书馆所藏敦煌残卷的工作。1935 年前后曾任教于沈阳东北大学，讲授佛学。著有《释摩诃衍论考》（《师大国学丛刊》1931 年第 1 期）。

最后一人"心安先生"为何人暂不详。考清华国学研究院第一届学生中有方壮猷，号欣庵，亦作心安。曾赴法国随伯希和习东方学，中华人民共和国成立后一直在武汉学术机构工作。如果收信人马世良在武汉，则此"心安先生"可能是方壮猷。如果马世良收信时不在武汉，则此"心安先生"另有其人。此函中提到的马世良校勘古籍事，亦暂不详。

马世良似喜收藏名人墨迹，曾收藏俞平伯、启功书法作品，故亦向陈寅恪征求墨迹。

此函最大的价值是保存了陈寅恪早年的一段人事关系和学术动向，考释如下。

1. 陈寅恪随邓伯诚拜访绍英、绍彝的时间，应为 1915 年，这一年陈寅恪正在北京做经界局长蔡锷的秘书和教育部欧文编审。陈寅恪此函写于 1963 年，函中云"匆匆已五十载矣"，乃成数。按《绍英日记》1915 年 2 月 1 日记："邓先生来谈佛学。"2 月 15 日记："晚邓伯诚来谈修净土法。"此后绍英日记中未再见提及邓氏。陈寅恪随邓伯诚拜访绍英和绍彝，可能即这两次中的一次。《绍英日记》未提及陈寅恪，或因陈寅恪当时年轻，名头不大，绍英未在意，忽略了。绍彝亦有日记，可惜存其后人手中尚未披露，里面或许有陈寅恪拜访之事的记录。

2. 1915 年，陈寅恪 26 岁。此前已赴德国、瑞士、法国留学。他于 1912 年末至 1914 年秋就读于巴黎高等政治学校社会经济部期间，与著名的东方学学者伯希和有过交往。伯希和最让欧洲汉学界轰动的举动，是在 1908 年 2 月从敦煌千佛洞里取走了 6000 余卷极其珍贵的手抄卷子。法国政府特为他在法兰西学院设了一个中亚语言、历史、考古教授席位。1911 年，他正式就职，讲授敦煌文献。陈寅恪与伯希和结识，有机会接触敦煌文献，引发他进一步了解西洋东方学的欲望。但是，1914 年 8 月在欧洲爆发的第一次世界大战，中断了他留学的正常进程，他于战前匆匆回国，结束了与伯希和的这段交游。四年后他再度赴美国哈佛大学、德国柏林大学留学，钻研东方学知识，关注佛经。1925 年回国后在清华大学国学研究院讲授与东方学、佛经翻译考订有关的课程。因此，1915 年陈寅恪在北京与精通佛学的邓伯诚去拜访参观绍彝收藏的佛经（可能有敦煌卷子），是有学术上的渊源关系的。

（刘经富，原载《中华读书报》2014 年 1 月 1 日 14 版，
印晓峰先生对此函整理、考证亦有贡献）

汪篯与中华版《唐六典》点校本

唐长孺先生在为《汪篯隋唐史论稿》（中国社会科学出版社，1981年1月）写的序言中，提到汪篯于20世纪60年代曾经着手《唐六典》的校勘，唐先生说：

> 大致在1960年，他着手校勘《唐六典》，他给我看了几条校记，其中有好几条是关于祥瑞的，本来似乎无关重要，不妨放过，可是他蝇头细楷，写上夹签，校正了旧本的讹夺。

最近看到网络上有关汪篯审校陈仲夫点校本《唐六典》的旧档，我怀疑唐先生所说或许与汪篯审校陈仲夫点校本是同一件事，也就是说，汪篯于20世纪60年代曾经着手校勘《唐六典》的说法，是唐先生的一个小误会。

现在通行的中华版《唐六典》整理本，是由汪篯的同事、北京大学历史系的陈仲夫点校的。从1962年约稿，到1992年出版，历时30年。汪篯历时三年的审校，是他生命最后几年所做的一件重要工作，其中的故事也是值得人们去追忆和回味的难得佳话。

陈仲夫整理《唐六典》，源自他的老师邓之诚的一番话。20世纪40年代，陈仲夫师从邓之诚先生。一次课后，邓先生留下他，并拿出一部巾箱本《唐六典》，是日本人近卫家熙1724年的整理本，颇为激动地说："此本有不少问题，近卫本成为《六典》的权威本，实是国人的耻辱。"正是老师的这番话，陈先生于1960年决定开始《唐六典》的整理。1962年12月，中华书局与陈仲夫签订点校《唐六典》约稿合同，约定分批交稿："自1963年1月起，每月交5~7卷，5月底交完。"在确定约稿前，按惯例要约请专家进行样稿审查，

《唐六典》的外审就是由汪篯承担的。

汪篯对《唐六典》第二卷的审读意见，文末署 12 月 12 日，应该是 1962 年，即上述约稿合同签署之际。审读意见全文如下。

《唐六典》校点本，第二卷，审查意见如下：

（1）品质是较高的。可用。点句未见有甚错误（没有逐句看）。其中驳近卫、玉井之说有些条是很好的。如"识官"条、"糊名"条、"六尺床"条是。

（2）校勘不繁琐。玉井是博之校，我未见到。以与近卫校本相较，凡近卫校本迹近繁琐者，已多删去。

（3）校者主张用双行夹注，是可以同意的。这首先是因为校注不繁琐，不致使读者望而生厌。其二是某些地方，校者的意见似乎主张存疑而不下断语，如用正本定断，下加附注，则不易表达。我觉得作者所持理由可以尊重。

（4）校稿中还存在着一些问题，足以说明它也还是瑕瑜互见的。

甲、个别条目不足以驳倒日人校语，且似校者所说有误。如吏部郎中下"七司"条。

乙、校语中引文仍有脱漏字。如"识官"条、"糊名"条。此问题易解决。

丙、校文有很多与近卫校意同，均未指出。这些逐一指出是繁琐的。我的意见是在总叙例中作一说明。或者作者原有此意，则更好。

丁、有的仍沿袭近卫的误校，如"吏部主事"条。有的近卫校可商，不宜置之不顾，如"九嫔"条。

（5）校稿中还有一些技术问题，可以商量。

甲、校语注意简洁，这是很好的，而且是难能可贵的。但某些必须稍加数语才能说明问题的，似乎还可以稍加几句。

乙、校语中所用"其下"字样，宜改作"此下"字样。

丙、有些地方，可作多字连校，不要断续说明。这样更方便于使用这书的人。

丁、引文中有些大部头的书，需要说明卷数或条目，以便于使用的人检校。

（6）在原稿中，我逐条贴了意见，其中有一些并非原稿有误，而是供校者和审者再加思考的，请勿揭去。

（7）此卷粗略校阅一过，已费去十小时左右时间。估计出版以前，尚须重新详阅，则每卷平均当须花二三日劳动日。原书三十卷，所费时间，当须费六十个劳动日即整整二个月的工夫。如果集中校阅，恐不可能。希望与标点者直接说明，分卷交付我审校。零打碎敲，比较合适。

（8）此书在出版以时（前），必须详加校阅。因日人甚为注意此书。个别失误在所难免。但如失误较多，则易给予日人以口实，某些日本的□□学者可能用来破坏我国学术上的威信。这就需要我们首先站得住脚。如果他们来，我们就得顶住。因此我主张中华书局对此书的出版，重视一些。请考虑是否在我之外，再请武汉大学唐长孺同志看一看，特别是兵部一部分。他对兵制方面的研究，比我要多。如考虑到太费时间，我的意思是至少兵部一部分、将军一部分，寄给唐先生审一下。

最后，还须说明，校者对此书确是花了很多劳动的，宜致鼓励。关于此书交我审校，可与校者说明，校者和我，一般说，不致发生什么大的矛盾的。

汪籛 12.12.

此后，陈仲夫按计划陆续交稿。1963 年 3 月 11 日，中华书局古代史组综合汪籛的意见致函点校者陈仲夫，表示汪籛和唐长孺二人对此书都比较关心，拟请他们协助审稿。

汪籛于 1963 年底接到《唐六典》点校稿，旧档中有他于 1964 年 1 月 2 日给中华书局古代史组的信，全文如下。

中华书局古代史组同志并请转灿然同志：

《唐六典》已于 1963 年 12 月 30 日接到，当日即开始进行审查。此稿系校订古籍，因而必须勘对，与审阅他类稿件不同。我是用陈稿与近卫本、玉井校记对核的，由于核对以外，一般还要查检校记所引原书，且发现问题时，又须补出若干未作校记之处，因而，工作的进行是很慢的。根据四天以来审查的结果，大约每天全部花在这项工作上，用 8 小时或以上的时间，只能审阅 5 千字上下。《唐六典》全书约 30 万字，依此推算，须用 60 个整工作日，才能审毕。我以病情较重关系，每日 8 小时还不能保证，且常有其他工作，如此审阅下去，势将旷日持久。审阅有两种办法，一种即现在所用办法，缺点是需时较久。另一种办法是只看陈稿，不与近卫本对核，这样可以快些，大约时间可省掉一半，但是据前两卷审查结果看，恐怕品质不能保证，因为有许多问题，只有核对两种版本，才能发现。陈稿的品质，一般说是较好的，但是脱漏字，错字，因抄写关系还有不少。据陈说，他的稿子已逐字与宋本核对，但据我审查的结果，显明有脱误的地方还是不少，用后一审法，则不可能发现。事情返还这样，错字有时是本人对不出来的。陈稿校记的问题也不算少，前两卷已查出很多。采用何种审法，希望你们给一指示。

　　此致

　　敬礼，并祝新年快乐

汪篯

1964 年 1 月 2 日

　　信笺的边上有赵守俨先生 1 月 8 日手批的意见："首先是保证品质，希望他用较细的办法审查，时间稍久没关系。但希望他酌量休息，不要因此影响健康。赵琪同志拟复。俨 64/1/8。"

　　汪篯带着严重的肠胃病，经过一个月每天连续 10 小时的审读，完成了第一遍审校。1964 年 2 月 8 日，汪篯给刚刚做过脑瘤手术的金灿然写信，谈到了《唐六典》的审读情况。这封信写得非常郑重和动情，对老友的关切和自己完成托付的欣慰，溢于言表。信的全文如下。

灿然同志：

　　自你住院以后，时向朋友探问情况，一月三十一日和二月三日，我到北京医院检查，诊治肠胃病，均曾探望，但那时还在谢绝探视期间，都未能见到。最近知道你开刀以后，经过良好，视力已恢复正常，极为高兴。祝你日益健康，短期内即恢复体力，更希望您能静心休息，不要多想事情。这样一定能很快痊愈。我的病现已查清，是十二指肠扩张，其他脏腑一切正常，肺部已开始钙化。这个病没有生命危险，如果内科医治无效，可以用外科手术根治。知关垂注，敬以奉闻。《唐六典》用了一个整月，每日约用十小时的时间，审校了第一遍，大概再有二十天，可以审完第二遍。这部书的标点工作做得很不错，校勘的问题比较多，总共提出了约有一千个问题，并且对校记作了修改。作出以后，照我看，一定能比近卫本大大提高一步。也请放心。因为怕你需要多休息，详情留待你完全复原时再谈。好在这本书的出版已经有保证了，放心吧！敬祝

痊安

汪篯　二月八日

汪篯给金灿然护士的留言

在另外一张纸条上，还有他给护士的留言。

护士同志：

如果灿然同志的健康状况已能听读信件而不能阅信的话，请您给他读一读。如果连听也不能，留待以后再说。此致

敬礼

汪篯　二月八日

汪篯的审校工作一直到9月尚在进行中，没有他信中说的"大概再有二十天"那么快。9月9日，古代史组给陈仲夫的信说："您所校点的《唐六典》，我们已送请汪篯同志校阅，经我们与汪篯同志联系，知道他正在进行是项工

作。"据柳宪后来回忆，"有一段时间，汪先生每晚到陈先生家商讨书稿中的问题，有时为了一条校记，甚至是据哪部书而争得面红耳赤不欢而散。第二天，汪先生仍然前往，二人争论依旧"（柳宪《好事多磨——〈唐六典〉编后絮语》，《书品》1993 年第 4 期）。中华编辑部《唐六典》书稿档案中，存有一份陈仲夫 1990 年 11 月亲笔撰写的《后记》，不知何故当时未附印在书后。《后记》说："汪先生于百忙之中抽空对它从头至尾逐字逐句进行了认真细致的审核，提出了许多宝贵的意见，历时近三年，方才毕功。"并说《唐六典》点校"虽然是由我独立完成的，实际上却包含着众多师友，特别是汪篯和柳宪（本书责任编辑）两位先生的心血"，可见老一辈学人信义、谦逊的气度。

汪篯的审校工作到 1966 年才基本结束，尚未及将书稿交还中华，"文革"爆发。不数日，汪先生含冤离世，《唐六典》整理稿随同他的全部藏书一并上缴，从此不知下落。直到 1978 年，有人在北大历史系资料室发现了其中的三卷，经辨认笔迹，判断为《唐六典》整理稿，最终找到了仅缺一卷的全稿。面对劫后存稿，陈仲夫感慨地说："盛年之作，历尽沧桑，几至泯灭，垂老复得，欣喜莫名。"（《后记》）此后陈仲夫根据中华古代史组赵守俨、王文锦、柳宪等先后数任责任编辑的意见，于 1983 年和 1988 年，先后两易其稿，并亲自两次誊正定稿。前一次写定，主要就是"适当采纳了汪篯先生正确的审稿意见"（《后记》），但有所取舍，据书稿档案记录陈先生的谈话，实际采纳了仅约十分之一的意见。

唐长孺先生在前引《汪篯隋唐史论稿》序言中，曾经举例说明汪篯对待所审稿件的严肃认真，他说："大致也在 1960 年左右，一位青年同志请他评阅论文，他认真阅读了本文，慎重考虑了优点和缺点，写了长达数千言的评语，从理论到资料，作出了有关治学方法的指导。"唐先生所举的例子，据我推测，当事人应是历史所的张泽咸先生，张先生在《我与汉唐史研究》中回忆说："1962 年秋，历史所突然通知我参加《中国史稿》隋唐卷写作，我只好从零开始，努力阅读隋唐史籍，忙于编写史稿。其间，我写了一篇唐史论文，投寄《历史研究》编辑部，附信请他们转北大汪篯先生审稿。我并不认识汪先生，曾听唐先生说是位唐史专家，故特此提及。汪先生审稿后，写了三四千字的意见，对拙作进行了全面评估，编辑部将审稿意见列印，分发历史所和近代史所，作为培养青年的指导性档。"（《学林春秋·二编》，朝华出版社，2000）可见汪篯对待委托审阅的书稿，是一贯认真并不惜做具体查核校阅工作的。在中华旧档中，我曾经看到汪篯为瞿蜕园整理王先谦《新旧唐书合注》所写的二十余页八开稿纸的审读意见，也可印证唐先生所说。

点校本《唐六典》于1992年出版，距离汪篯审校已经过去二十七八年，书中没有对点校本成书过程包括汪篯的参与有所交代，去年《唐六典》再次重印，仍付阙如，是一个遗憾。四十余年后，幸睹汪篯遗札，因不惮其烦，缕述成文，以存故实，兼怀先人风范。

（徐　俊　中华书局，原载《书品》2009年第1辑）

汪篯先生遗札后记

汪篯先生的大名，我是在读了陆键东所著《陈寅恪的最后20年》后才知道的。后来知道，早在1966年，一个这样了不起的学者年仅50岁，就过早地走了。汪篯先生没有能逃过劫难，家中这封先生写给祖父的信札倒是安然如故，连同信封完整地留存到了如今。在那个年代，祖父家中也经历了抄家，加之屡次的搬家或住房的种种变迁，这封信札如何逃过各种曲折与变化而存留下来，本身就可能是一个故事。今年是汪篯先生百年诞辰，谨此发表先生的这封遗札作为对先生的纪念。

信的内容抄录如下。

长孺先生

北京近半月以来感冒流行，不幸连患感冒，前后逾十日，致未能及早拜读尊稿，至歉。尊稿于材料引用之丰，运用之熟，诚令人叹为难及。关于南方社会经济发展过程之论述足当实事求是之誉，悉所赞同。后学前与余庆等谈论此问题，与先生所论基本相符。所略异者在于北朝，然此正是争鸣问题，暂当难断言孰是。尊稿纸质油润，水笔墨色皆不粘着，故后半以朱笔抒写愚见，望勿见怪。以后学之薄浅知识不足以论尊稿，承先生不耻下问，敬总括提出几点小意见如下：（一）稿内引用原文颇多讹字，其中一部分或非伪字，其歧异在于版本不同（校对所用系竹简备本，尤为无把握），但至少有一部分确为伪字，谅由抄写者致误。个别地方亦有影响正文者。希在发稿前详细校复一过。（二）稿内注释所介绍之参考资料多限尊著，似可适当增加一些古人与近人著作，如钱大昕《考异》，杨守敬《补注》，程树德

《九朝律考》，陈寅恪《论王导之事业》等。（三）文字尚有个别地方略嫌晦涩。旨在直言，祈毋见责。

敬祝

着安

汪　篯

四月四日

稿中只有一部分校对了一下，大半未校。记忆中似无讹者。书不在手内者，皆未校。又及

祖父与汪先生相识于 1953 年。汪篯先生写作这封信札的具体年份，已经不详，须加说明：信札书于"四月四日"，但未言年份。从邮戳上，也已经无法看出年份，但北京邮局发出的时间是 4 月 8 日，武汉邮局收到的时间是 4 月 10 日则可以大致看清。信封上的邮票还保留着，经查是普 8 工农兵图案普通邮票，冶金工人 8 分，开始发行的时间是 1955 年 7 月 16 日。信封上汪篯先生的地址是北京大学承泽园八号，我们家的地址写的是武汉大学三区 46 号；记得那是一幢平房，我们家搬到那里则是 1956 年之后的事。联系信文的内容，是审阅祖父有关南北方经济稿件的意见。见祖父 1957 年所出版的《三至六世纪江南大土地所有制的发展》跋语中所述："我非常感谢汪篯教授和王仲荦教授，他们两位都曾耐心地审阅初稿，提出许多宝贵意见。汪先生几乎把引文逐条校对一过，指出许多我在校勘方面的疏忽，他的帮助使这本书减少了很多错误。"[①]可知汪篯先生信札中所针对的便是《三至六世纪江南大土地所有制的发展》。跋语的写作时间见于文末，是在"一九五七年七月廿日"。因此可以肯定汪篯先生信札内容是对《三至六世纪江南大土地所有制的发展》初稿审读的答复，来信的时间大致可以确定在 1957 年 4 月 4 日。之后，祖父根据汪篯先生、王仲荦先生的意见进行了修改，7 月 7 日完成跋语后交稿，书由上海人民出版社于当年 12 月出版。

祖父与汪篯先生结下了深厚的友情，见于 1979 年 5 月祖父所写的《汪篯

---

① 唐长孺：《三至六世纪江南大土地所有制的发展》，上海人民出版社，1957，第 104 页。

隋唐史论稿》序言之中，祖父说"今天终于看到他的著作得以出版，真是悲喜交集"。这句中"悲喜交集"一词准确表达了祖父对汪籛先生的深深怀念。祖父还专此赋诗一首：

> 燕市论交晚，
> 情亲十载余。
> 芜园秋踽踽（同游圆明园废址），
> 疏雨夜迁徐（同宿历史研究所，风雨达旦）。
> 胜业隋唐史，
> 勤思马列书，
> 遗编今捧读，
> 涕泪满衣裾。①

　　祖父与汪籛先生初识之后便成为"得以常相过从"的朋友。在学术上他们又是诤友，祖父说："我们在很多问题上意见一致，也有不少问题各持己见，互相争论。"往往有"瞠目不知所对"，"我被他问住的时候太多了"。汪先生也对于祖父的文章直接提出意见："文字尚有个别地方略嫌晦涩"；引文"其中一部分或非伪字，其歧异在于版本不同，……个别地方亦有影响正文者"；"似可适当增加一些古人与近人著作，如钱大昕《考异》，杨守敬《补注》，程树德《九朝律考》，陈寅恪《论王导之事业》等"。汪先生出自陈门，广博的学识、严谨细密的学风跃然纸上，一以贯之。

　　在学术观点上，汪先生说："关于南方社会经济发展过程之论述足当实事求是之誉，悉所赞同。后学前与余庆等谈论此问题，与先生所论基本相符。"所讨论的问题是关于南北经济差异，与后来祖父很强调的"南朝化"有关。他们之间或许有不同看法，暂置不论，但总的思路是相同的，这种相同，时过境迁，几十年后，最近见到凤凰视频中有对日本学者葭森健介的采访，葭森健介先生说："不过从总体看来，还不就是唐长孺先生吗？观点与谷川先生以及我们这一代日本学人的观点最为接近。例如，从江南社会的角度来思考

---

① 汪籛著，唐长孺等编《汪籛隋唐史论稿》，中国社会科学出版社，1981，第2页。

六朝的历史。不也就是说,针对国家制度,除了研究制度以外,还应分析社会变革及其影响。从这一层面来讲,唐长孺先生与谷川先生以及京都学派的学者在思路上不就是非常相似吗?"

当然所说的并非是具体的学术观点,而是治学的方法甚至思路的相似,这些也是构成历史之所以成为学术的基本态度。

汪篯先生、田余庆先生、日本学者谷川道雄先生、我的祖父,以及葭森健介先生……不胜枚举,都有着许多大致相同的看法,因为他们虽各有师承,各有春秋,但所追求的求真目标是相同的。

古人评价人物有三不朽之说,即立德、立功、立言。汪篯先生宁折不弯,德行高洁,为中国史学、北大历史系所做的贡献,其功劳自不待言。曹丕在《典论·论文》中讲:"盖文章经国之大业,不朽之盛事。年寿有时而尽,荣乐止乎其身,二者必至之常期,未若文章之无穷。是以古之作者,寄身于翰墨,见意于篇籍,不假良史之辞,不托飞驰之势,而声名自传于后。"汪篯先生便是一个显著的例证。

汪篯先生杰出的研究,"高深造诣"因不幸而戛然而止,令人痛心疾首。对汪篯先生的学术,祖父称之为"不可磨灭的贡献"。如何承继汪先生未竟的事业呢?据说汪先生"曾对人说起他想做的四件学术上的事。一是中国通史,二是隋唐史,三是注新旧唐书,四是分门别类归纳整理隋唐史资料"。对于"注新旧唐书",与祖父也有交集。另见徐俊先生《王先谦〈新旧唐书合注〉的前世今生》。[①]事在1959年,当年很多著名学者就王先谦先生这部遗作发表过意见。徐俊先生说道:"周一良、汪篯主要就瞿氏校记而言,唐长孺则针对《合注》本身直接给了差评。唐先生的意见受到金灿然的特别重视,他亲笔将唐先生的意见加了'唐长孺对于出版《新旧唐书合注》的意见'的标题,要求在业务简报上刊登。开头增加'最近,我们就出版《新旧唐书合注》一书,征求唐长孺先生意见,唐覆称'云云一段,文末括注'按:汪篯同志也有类似意见'。"汪先生的具体意见不详,见于同文所述:"汪篯针对瞿蜕园校记,就卷二《太宗纪》、卷三《高宗纪》,逐条审核,撰写了106条意见,密密匝匝,八开稿子,十页近万字。汪篯的总体意见与周一良一致,也认为校记不宜越

---

① 徐俊:《王先谦〈新旧唐书合注〉的前世今生》,《文汇学人》2015年8月14日。

出校勘范围，另外就校记内容的学术性、准确性，提出了明确的否定评价。"

周一良用不到一周的时间看完了卷一《高祖纪》，7月24日函复金灿然，意见主要集中在《刊行新旧唐书合注说明》和瞿氏校记。陈垣认为"大致妥善"的《说明》，在周一良看来，却"似须作较大修改，且禁不住技痒，在寄去的油印件上做了大量修改，多处批注，对《说明》的表述多有诟病"。

新注两唐书是汪先生未竟的事业之一，所以中华书局所保存的汪篯先生对校注两唐书的多达106条意见[①]十分宝贵，也不知之后的中华书局二十四史校点中是否采用，倒是知道王先谦先生的合注曾运到上海用作参考，是否其中也包括了汪先生的意见呢？如果未加使用，现在，二十四史的新校接近尾声，作为读者当然是希望校对者能对汪先生的意见有所考虑。

汪篯先生信中提到田余庆先生。田先生，虽未一睹风采，但他的学生，由田先生推荐担任过祖父助手的何德章先生，一度出入家中如同家人，常常见到，包括他的孩子何京也是常来。田先生也已故世，借这一机会在此也表示哀悼之情。

在汪先生去世五十年后，我们隆重纪念先生的百年诞辰，是有非常意义的，在此，我想用诗人臧克家《有的人》中的著名诗句"有的人死了，他还活着"作为本文的结语。

（唐　斑　湖北省文物考古研究所）

---

① 徐先生在《汪篯与中华版〈唐六典〉点校本》中说："我曾经看到汪篯为瞿蜕园整理王先谦《新旧唐书合注》所写的二十余页八开稿纸的审读意见，也可印证唐先生所说。"因此汪先生对于新旧唐书的校记仍然存在一些意见。现存档案没有记录在什么情况下征求唐长孺先生意见的，仅有唐先生留下的手书一纸："王先谦的那本《合注》已粗略地翻过。这部书所用资料主要是刘文淇的校勘记，其他亦皆为习见之书。因而其价值仅仅在于集中了一批常见的资料，省翻检之烦。王先谦自己稍加一点，也只在《册府元龟》中稍加补苴而已。印这部书不能说没有用，但这样一部大书，可以估计要花不少工本，这就需要考虑了。上回我提到的四川翻印的《初学记》，现在了解就是古香斋本翻刻，不足重。"

汪籛谈关于中国古代史学习

听了你们的情况，一般比较正常，是大学生到学校后情况。也有一些抱负。但是对历史科学的了解还是不太够，不太深。还需要反复地谈，一次讲清、了解，不很容易。

根据过去的经验，以及青年教师和四五年级同学的情况来看，将来从事中国古代史的科学研究，需要解决几个方面的问题。

一方面，理论问题。不必讳言，历史系的学生不可能像经济系、哲学系的学生那样整天读理论书。但是有一个东西丢不得——理论丢不得。理论包括两个方面，一个是马克思主义的普遍原理，这是每个人都要掌握的。特别是实事求是、客观分析，搞历史科学必须抓住这个东西，否则搞什么都要出问题。例如在评价历史人物时，有人带感情，我喜欢历史上的这个人便一切都好。可是，这就是你，而不是历史上的那个人了。这可以作为文艺创作看待，但不能作为历史。还有翻案，要翻就翻到头，中间忘掉了许多东西。给统治者翻案连农民也给否定了；给失败的英雄翻案，最后忘掉了他们为什么失败。从古代讲，司马迁就犯这个毛病。他同情李陵、李广。李广是值得同情的，但他确实打了败仗。司马迁对失败的、命运悲惨的人的同情，是从自己的遭遇出发的。因此他在《史记·贾谊列传》中不写《治安策》。纣在历史上起过一定作用，隋炀帝也应该翻案，但有人只强调他们雄才大略，而忘记了怎么引起前途倒戈和农民战争。该翻的案是要翻的，但要翻得适当，不能过头。唐高祖也要翻案，因为唐太宗原来不是太子，他把《实录》给改了。所以翻案要翻得适当。那么，依靠什么才能准确地把握住历史呢？这就要依靠我们实事求是，依靠我们对马克思主义准确的了解，依靠我们经常的学习。

还有阶级分析也很容易出毛病。武则天的历史作用是应该肯定的。但是一定要肯定她是慈母就不合适了。她为了做皇后，亲手扼死了自己的女儿。她为了做皇帝，儿子已经三十几岁了，也非杀不可。隋炀帝杀死父亲；唐太宗杀死哥哥，强迫父亲让位；明太祖怕孙子驾驭不了，杀掉有丰富政治经验的开国功臣，使元气大伤。这些都是封建统治阶级本性决定的，无须为他们辩护。

理论学习是一个长期的过程，不是读一读理论书就解决了的。首先要读懂，读懂了还要会用。搞历史的就是运用到历史分析上去，这样才能坚持实事求是和历史唯物论，才不致陷入唯心论和机械唯物论。读懂还是比较容易的，真正做到实事求是的分析就困难了，需要长期的锻炼，需要一个长期的甚至是痛苦的过程才能掌握。但是，搞历史研究，只有掌握好马克思主义的基本精神才能入行，否则搞什么都要出问题。做过工作的调干同学分析能力可能强些。中学来的脑子灵活，分析问题快，但有时灵活得过分，也要出问题。所以首先要注意理论。

第二个方面，我们的本行。主要是关于古代史，关于封建社会基本的东西。比较困难的根本的还在经济方面。

读书根本的秘诀就是抓住最根本的东西，把它读通，读懂。年轻同志喜欢广泛涉猎，这是好的。但是必须抓住最基本的东西，硬把它读懂。《资本论》第3卷47章，就要一篇一篇读通。我是主张重点突破，基本的钻通了，然后就比较容易左右逢源了。封建社会的基本理论要钻通。钻通了，真正读懂了再读《反杜林论》。另外，还有一些经典作家分析具体问题的著作，如《家庭、私有制和国家的起源》《法兰克时代》，这些书吸取其精神，掌握一些看法。

另方面每一个人必备的，是必须养成实事求是的精神。有些书、有些文章一读就腻，没有写出什么新的东西，问题就在于没有解决问题。根本问题就是理论问题。另一个问题就是史料的运用，适我者用，不适不用，取其适于我者，这不是马克思主义而是实用主义。马克思主义实事求是的观点必须牢牢掌握住，否则要出毛病。

第二个问题是古文阅读问题。前几年古文不读也可以，别人东西拿来也可以。我们必须把原始材料拿来进行研究。把原始材料拿来进行研究，这就有古汉语问题。古汉语问题，刚才第二个同学精神很好，抱字典，就是要查字典。真正搞懂十个传，死查字典，非搞懂不可。查了字典不行，问老师。老师不知道也可以请教别人帮助解决。有些特别的东西，例如诏令、骈文、典故不懂，可以突破一下，拿一两个传搞一下，几个时期的传搞一下。十个传搞懂了，人名、地名、官名都知道了，古汉语阅读能力可以大大提高一步。这样扎扎实实的功夫，不仅可以给古汉语打下一个坚实的基础，把古汉语阅读能力提高一步，而且可以提高写作能力和词汇的运用，可以培养一个踏踏实实读书的好习惯。但我们搞这个不要陷进去，这不是我们的目的。

第三个问题，苦于文章写不好。这是长期锻炼的问题。但是否也有些办法可以帮助解决？写文章苦涩，词汇不够。写文章，一个词汇问题，一个通畅，一个如何组织。拿几篇文章好好学习一下。模仿也是学习。不要怕模仿，我就不怕模仿。过去向陈寅恪学，一般人见不到他，三年研究生，头一年只谈了一句话。我就学他的文章，《唐代政治史述论稿》。后来他回到北平，帮他整理写《元白诗笺证稿》《长恨歌》《新乐府》，写出来看不出与他的分别。一练就熟了手。后来到人民教育出版社，要求写短句，要求很纯洁的白话。过去不会写，后来也是会了。现在写文章花样就比较多了，短短的，通俗的，考证的。怎么来的，学来的。看看学学，学了就会。

写作，一个是文章通顺不通顺，一个是文章如何组织。文章要写好，要学。拿一篇文章来读，学习文章的结构。拿几篇仔细来读，悟出理来，看他怎么推理、组织。文章要求干净。创造是在学的基础上。社会科学成就在晚年，可以在早年崭露头角，但四五十岁才能成熟。

文章的组织也是学别人，选几篇别人的文章，好好学习。

对数学兴趣大，对写文章有很大的好处。逻辑性，逻辑的基本训练。因为什么，所以什么，合理的结论。另外几何题，给你的条件，不能多，也不能少。少了了解不了，多了出问题。

总的精神要善于学习。善于学习不等于不创造，不学就不能有创造。在学术上我们要永不满足。到了这个地方，有问题就必须解决。有不同意见就要讲出来，这不等于不虚心。别人好的要学习，但不能因为是郭老、范老讲的就全盘接受。即使马克思关于具体问题，因为缺乏某个材料，一个字不能动，那也不行。

大家对政治史、人物比较有兴趣，这和现在的风气也有关。但对学历史的来说，不能丢了根本的东西。你评价唐太宗、武则天，当时总的发展形势没有弄清楚就说不清楚。搞断代史，不是前面的后面的都不要搞，而是不要前后平均使用力量。搞断代史，就是从生产力、生产关系，从基础到上层建筑，表现出来的政治斗争，各方面都要有一个总的掌握。

（1962 年到 1963 年指导毕业论文时几次讲话的记录稿，

吴宗国整理）

汪篯论隋唐以前中国历史的发展线索

夏代的情况还说不清楚，殷周至春秋是奴隶社会，春秋时封建关系开始萌芽，战国进入封建社会。

中国封建社会可分为前后期，战国至南北朝是前期，隋朝建立到鸦片战争前是后期。

前期的特点是部曲佃客制和大族豪强地主的土地所有制。宗族在中国封建社会前期后期都起很大作用，在封建社会前期，其经济政治势力尤为强盛。大族豪强地主依据宗族力量兼并土地。维持发展其经济政治特权。这是研究封建社会前期的一条线索。

关于宗族问题，最先汉族不过百姓。在周代，唯周人有姓有氏，平民无氏。后来以地名为氏，一个地方一个姓氏，一些从古代遗留下来的较大宗族，加上外来的"宾客"——被控制的其他百姓，和周围的小族，使之发展得更大。大族豪强地主就是在宗族中产生，控制起宗族而形成的，这是从古代宗族发展来的中国封建社会前期，可以分成三个阶段。

第一阶段战国到西汉，是早期封建制阶段，实际是封建化的过程。这时政权是封建国家，是保护封建制发展的，但封建因素还不占绝对地位。还未建成封建社会，处在过渡时期中。这时期的特点是自耕农比较多，有的变成奴隶，更多的失去土地发展成东汉以后的依附农民。大族豪强地主在发展并走向成熟，但这时还没有控制大部分土地、人口。

战国时有许多大族，如战国齐的田氏，楚国的屈、昭、景和各国国君，但大族豪强地主的作用还不明显，他们的经济力量还没有充分发展起来。

大族豪强地主的大土地所有制和宗族聚居的形式相联系，宗族聚居的形式何时确立的问题没有定论。南方的氏族部落进入封建社会时还是同一个姓，北方奴隶制比较发达，被征服的种族奴隶稍自由一些，他们没有姓，或有姓无氏。进入封建制以后，一家一户有小财产，彼此间发生财产关系需要用姓为标志，往往是过去属同一农村公社或村社组织的用同一姓，或以主人、居地为姓，姓越来越多。同姓的人住在一处，形成宗族聚居。后来就成为大族豪强土地所有制的一个基石。

战国时有了铁制农具。犁是铁口犁，一斤多重，轻便，适于个体小生产。这种生产力要求个体生产，要求摆脱过去村社的生产关系，要求摆脱奴隶制，这样就进入了封建制。

早期封建制时世界上都是相似的，欧洲、日本、朝鲜或我国都不是奴隶转变为农奴，而是绝大多数奴隶转变为自耕农，而后在封建化过程中转化为农奴。封建初期就是自耕农农奴化时期。小农数量特别大，在战国至西汉就是如此。西汉国家直接向农民征赋和力役、兵役，农民身份从奴隶制下解放出来，生产情绪高涨。西汉国力的强大，原因就在于国家控制着大量的自耕农。

大族豪强地主在西汉时逐渐发展壮大。景帝时济南瞷氏有宗人三百余家，豪猾、二千石莫能制。《汉书》记涿郡高氏，也是二千石不能制。武帝时刺史管监察六事，第一条就是"强宗豪右，田宅逾制，以强凌弱，以众暴寡"。最后一条，"二千石阿附豪强"，可见豪强已普遍存在。

第二阶段东汉到南北朝中期，是封建建制成熟阶段，大族豪强地主大土地所有制全盛时期。

东汉时大族豪强地主的发展成熟是和生产力的变化联系着的。西汉开始出现全铁的大犁，《盐铁论》说官府皆铸为大器。赵过代田，改良农具，其耕耘下种田器，皆有便巧，率十二夫为田一井一屋（九夫为井，三夫为屋，共一千二百亩），故亩五顷用耦犁二牛三人，一岁之收常过缦田亩一斛以上，善者倍之。轻巧的尚需二牛三人。周制亩百步，汉时二百四十步一亩，古一井一屋一千二百亩折汉五顷，意即过去十二夫耕的田，今二牛三人即可，而且收获还好，这是生产力提高了。汉一斛折今二斗，三十斤。发现的汉大犁，全铁的，有重十八斤半、重十四斤的。过去小铁犁只能划条沟，大犁能深耕，生产效果好多了。但使用这样重的犁，二牛抬杠，须三至六人操纵，一个农户的人力物力都是不行的，且耕作时回转相妨，所以代田是大长条田，田制也是宽一步，长二百四十步为亩。这样的耕作，需要组织起来进行，主要是宗族族长等负责，宗族头子逐渐变成地主，把农民控制起来，农民生产也要依赖这样的组织相帮。因而人身依附关系逐渐加强，出现"农奴化"的趋势。这是大族豪强大地主所有制的发展生产力方面的根本原因。另外赋税徭役剥削很重，使一部分农民成为荫户，也是大族豪强势力发展的原因。所以说当时人身依附关系变化加强，是不可避免的。

东汉时大族豪强大土地所有制完全成熟。光武帝想打击豪强地主，度田，控制人手，但遭到激烈反抗。"大姓兵长"即营堡头子武装抵抗，东汉大姓地主力量已很强大，他们的田庄规模大，有私家武装。在王莽末年起兵的刘秀本人就是带宗族宾客武装的大姓大族地主。

《四民月令》记田庄里进行多种生产，自给自足，有铁匠铺等小手工业。二月习射备御；三月警备以抵御春季草寇；八月缮治樂锄（农具），正铸铠弦；九月缮五兵，习战射，以备寒冬穷饿之寇。西汉末还未达到这一程度。大概一般人没有掌握冶铁术，因此冶铁工场集中规模大，这时冶铁技术扩散到民间。十二月遂合耦田器，养耕牛，选任田者。合耦田器是组织土地耕牛，有二牛配六人的，表明生产关系和生产力是紧相关联的。

这时期的生产者，历史上称为僮客、仆，僮可能就是客。客注家籍，是后来的部曲、佃客一类性质的人。奴隶也有一定残余。

由于大族豪强地主控制大量土地人手，东汉国家力量相对削弱，再行征兵制不行了。当时经济有发展，人口土地不会减少，但户籍上人口数减少了。具体分析看，南方大量增加，江西增加好几倍，关中地区人口减少一些是肯定的。最突出的是在今河南地区，这是东汉都城所在，花很大力量经营，人口不会减少的，但户籍上却大量减少，原因就是大族豪强荫蔽人口。光武帝调查人口遭到反对，以后就很少再调查了。

东汉时没有地方兵，只有大族控制的私家武装部曲。田庄实力、经济实力强大，而国家掌握人口减少，力量削弱，这是造成一段时间分裂的根本原因。起先因长期统一对心理上的影响，只是一定程度上的割据，没有分崩离析，随着大族豪强地主的成熟，到一定时期就形成分裂局面，这在封建社会是必然要出现的。从三国、西晋的情况可以看出，南北朝的分裂不是偶然的，当时分裂的原因，不能脱离生产的状况仅归于"外族入侵"。当然，某些少数族进犯中原，曾起过延长、强化分裂的作用。如果中原王朝力量强大，少数民族不可能进来推翻它的。西晋的统一因蜀、吴各地豪强大族经常叛乱而受到冲击，八王之乱是封建割据性的战争，发生在少数族进入之前，更说明中原地区分裂主要是内因起作用。

从农民战争的情况也可以看出这个时期和以前的区别。在以前大族豪强地主未成熟时，秦末农民起义的力量足以推翻一个强大的秦王朝。所以如此，是因为没有各地地主武装的镇压，农民的斗争主要针对封建政权，因而比较容易取得成功。刘邦本人也不是大地主而是小地主。王莽末年农民战争情况有变化，各地大族豪强的营堡林立，农民起义被利用来改朝换代，农民起义照旧有力量推翻王朝，但政权结果被大族豪强地主的代表人物刘秀和他的开国功臣所取得。

刘秀建立的东汉封建国家和大族豪强地主之间为争夺剥削利益是有斗争的，刘秀要丈量土地检括人口，大族豪强反抗，在东汉一代都行不通。但他们的利益根本上是一致的，他们共同对付农民。以后发生过很多农民起义均未能胜利。黄巾起义组织上有很大进步，发动起义前有良好的准备阶段，但起义后不到一年就被镇压，因为到处有大族豪强的武装镇压农民起义，使张角难于集中各地农民力量取得推翻中央王朝的胜利。而后便形成了三国的分立。

关于这时期的农民战争，既要看到地主剥削依附农民，又要看到国家剥削自耕农民，必须两方面都看，必须仔细分析农民战争是在什么情况下发生的。否则从现象上看，黄巾起义前，表面上是统一的，起义后出现了一个三国。实际上是因为当时的地主都有自己的武装，分裂因素早已存在，起义不过是揭盖子。战争前农民活不下去，人食人，地主杀农民，农民也杀地主。起义以后有一段混乱，因为一下子不能战胜地主。但经过长期斗争后，情况有变化，三国都和东汉不一样，都比较重视安顿流民从事生产，实行屯田，农民有饭吃了，推动了社会的发展。

三国时曹操的力量虽有相当发展，但是他过不了长江，因为南方吴人豪强不愿统一，怕带过去北方的农民战争。当时的情况并非武人要战，文人要和，而是北人张昭等要和，周瑜和鲁肃（淮南人）要战，反对统一。中国封建时代的分裂不同于西欧，从心理上人们还是认为要统一，曹操一定要打赤壁之战，刘备则要恢复中原，诸葛亮六出祁山。但统一在当时有实际困难。

后来西晋统一了，但西晋的统一不同于西汉。西汉实行征兵制，没有经常性的地方兵，地方上也未形成特权地主的力量。东汉也是这样。以魏为基础建立的西晋则不同，统一的局面下问题很多，当时旧吴地区的反抗一直不断，而西晋为防御吴蜀，在原魏国沿边驻屯重兵。以曹魏集团为基础对付吴蜀地主集团。这些军队由都督诸军事指挥，这些人有的是宗室，有的不是宗室。他们掌握兵权，后来就形成八王之乱，八王之乱是封建割据性战争。接着少数民族攻入中原，长期动乱削弱了西晋的军事、经济力量，以致灭亡。

东晋时北方大族以宗族宾客乡里为基础建坞壁，成为地方割据势力。南方士族门阀的态度很有趣，他们欢迎司马氏到南京建都，以联合北方大族力量抵制北方少数民族势力南下，八公山一战打败苻秦，很有战斗力。但他们不愿意北伐，认为北伐对自己无利。要避免损失南方大族力量，所以北伐不能成功。晋元帝和王导为首的北方大族想回北方，但自己只有三千匹布，给了祖逖两千匹，不是不支持祖逖，是力量不够。以后北方大族王羲之等也不愿北伐了，因为在南方有了家业，回到北方没好处了。他们在南方的地主势力已形成，经济力量加强了，这样便可见分裂是有原因的。

北方经历了十六国时期，到北魏统一。后来在北魏中期以孝文帝实行三长制、均田志为标志，转入下一个新的发展阶段。

是怎样由秦汉发展到魏晋南北朝这个局面的呢？关键是典型的封建生产力形成发展，私家土地所有制在经济中占优势，这个时期的特点是战国以来宗族聚居的首领，依据宗族的力量兼并土地，大族豪强地主的土地所有制的发展。中国封建社会很长，一直存在土地买卖，但这时的土地买卖是农民失去土地的过程，沦为依附农民。大族豪强地主是最不会出卖土地的，族长受到全宗族尊敬的，要向他交纳一些东西，有经济实力，不轻易出卖土地。东汉大地主田庄就显出牢固的局面，同时经营商业，掌握市场。东汉时又有世代为公卿的世族，世族是大族的一部分，基础是牢固掌握土地，借以在地方世代掌握权力，并到中央做大官。

政治上层建筑适应这种变化，它要依靠地主，所以中央集权有限度，郡县长史由中央任免，长史以下的官吏是由长官辟用的。郡功曹、州县主簿等，汉初由富人担任，后来由本地的大族，固定的几家大族掌握，形成一种稳定的制度。这时的上层建筑值得注意的是用人制度即门阀制度。

秦汉后专制主义的封建国家，不同于周代世袭分封制，秦汉的中央集权实行流官制度，地方长官由中央任命，全国是统一的，但专制集权的程度远不像隋唐以后。秦汉地方官只有主要的郡太守、尉、县令是中央任命，佐官不是中央任命的，是由郡守刺史县令"辟除"、自己任用的。地方大族逐步完全掌握郡、县、乡各级地方佐官。门阀制度就是在这种情况下发展起来的。

大族豪强在经济上控制大量宾客部曲佃户，在大田庄自给自足生产，地主要经营管理田庄，所以只是部分大族进城，其家属大部分在乡下。土地买卖自战国就开始了，但这时期大族和田庄关系密切，不轻易放弃土地，大族地主的形成过程就是农民失去土地的过程，大族地主的土地普遍是世代承袭下去。在政治上层建筑上，大族豪强地主世代掌握地方政权和中央政权的主要官位，九品中正制就是与门阀制度相联系的，适应某些家族垄断某些官位的情况的制度，这反过来又保护他们世代维持大土地所有权的经济制度，加强了他们掌握土地的力量。研究门阀，不能只看上层，更重要在底下，他们掌握郡县实际权力。因地方长官辟除佐官，必用本地人，本地人掌实权的情况东汉远比西汉强，韩信"家贫不得推择为吏"，到东汉时更是"汝南太守范孟博（范滂），南阳宗资主画诺；南阳太守岑公孝（旺），弘农成瑨但坐啸"。范滂是汝南人，被南阳人宗资辟除为汝南郡功曹，太守宗资只主画押，实权是掌握在本地人手中。南阳功曹岑旺也是这种情况。

东汉以后这类地主已趋向腐朽，才出现了两晋的局面。到南北朝时，南方的大族更是奢侈非常，无能从政，他们早已不是早期富有生气的地主了。从南北朝一开始，大族门阀地主便进入早期衰落阶段，从他们极盛的顶峰走下坡路了。

第三阶段，从南北朝中期到隋以前，是大族地主衰落的时期。

这是一个各方面都在起变化的时期。根本原因是生产力有了发展，《齐民要术》反映了生产技术有相当大提高的情况。短辕犁在《齐民要术》注上已有，山东地区使用，而山东西部济州以西仍用大犁。大族地主的成熟和大犁头的出现相适应，因为犁大，个体耕作困难，不得不依赖宗族组织，因而人身依附关系逐渐加强。当时对生产力的提高有好处，豪强地主大土地所有制对发展生产有好处，所以那都是必然存在的。当然中国地大，也不是全部地方同时拥有大犁头，当时也有个体耕作的，魏晋南北朝时期比较落后的西北、东北地区发现有大犁，而先进的河南等地区就不一定是那样，只是因为铁犁农民世代沿用，坏了要熔炼改铸，又容易烂掉，所以现在不易发现。但在唐初已普遍使用的短辕犁等新工具，在南北朝时已经产生，因为在封建社会新的工具总要几百年才能推广。农民个体生产能力的进一步成熟，达到可以完成全部耕作的程度时，就要求改变强烈的人身依附关系，精耕细作也需要农民更高的主动性积极性，要求改变大族豪强地主土地所有制。这样就引起社会一系列变化。更兼大动荡大动乱过去了，南方北方分别统一起来，社会逐渐安定，农民要求挣脱宗主的束缚，进行独立的生产。发生了许多小规模的农民战争，大族地主的主要的基础动摇了。

这个阶段的开始，可以均田制和三长制的实施为标志。北魏均田是在大族地主逐渐衰落的情况下才得以推行的。

均田制是荒地收授制和限田制相结合的制度。田令关于把荒地按份额授给农民的规定是带强制性的。最初北魏定田令时限制是很宽的，并不触动地主的土地，不没收任何地主的土地，对他们原有的土地不加限额，"桑田"即原有地不还不收，多于规定数额的田亩算在倍田里，超过倍田数的部分也不准把桑田变露田没收，又不限奴婢数，而奴婢受田数从良。只是规定以后不准超过数额占田了，才有些限制的意义。均田制最初对大族是有一些妥协的，以后各代田令内容变化，限田制的性质就越来越明显了。北齐时限制授田奴婢的数目，到隋朝时取消了奴婢受田，限制已很严了。

有说均田制是一纸空文，或只是部分地区实行，南方没有实行，都是以为均田制是平均分田，看到田没有平均分就认为未实行。田令原意并不是平均分地，这法令能执行得通也正因为不是平均分地。最初北魏实行均田，只是把一部分大族控制不稳的土地和人口转移到国家手中，这件事有很大意义，因为均田农民实际是自耕农民，封建社会生产力性质是个体生产，要求小私有制，但实际是地主的大土地所有制，这便可能是封建社会的根本矛盾。但又是个不能解决的矛盾，因为整个社会情况不可能达到小私有制占优势地位，社会也不是往这个方向发展的。不会发展成以小私有制为基础的社会代替封建制，而是资本主义代替封建主义。但自耕农在社会经济中占的比重有重要的意义，从北魏孝文帝太和年间起到北魏中期，是均田制的发展时期。均田农民在总人口中占的比例越来越大，到隋唐以后更大。与此相应的是普通地主的发展代替大族地主，整个社会经济、上层建筑一系列的变化。均田制的实施对大族是一个打击，封建国家和大族豪强有争夺，国家只要稍微减轻一些剥削就可以把这些农民争取过来，但这是统治阶级内部的斗争，不是革命行动，所以大族势力不是一击而溃，而是经历了一个几百年的衰落时期，到唐代前期才崩溃。

再说三长制。北朝初实行宗族督护制，有人认为是鲜卑带来的，即使与鲜卑有关，也是通过内因起作用的，只有符合当时当地的经济情况才能实行。十六国时即有"或百室合户，或千丁共籍"（《晋书·慕容德载记》）的情况。后来有不少三、五十家为一户的，"民多荫附，荫附者皆无官役，豪强征敛倍于公赋"（《魏书·食货志》）。为改变这种情况，在实施均田制的同时，北魏立三长制，重建乡官制度以代替宗主督护制。在宗主督护制下，有些人虽然没有失掉土地，但他们要向宗主贡物，现在这些人转到国家控制下，三长制最初起过这样的作用，也说明大族豪强地主开始衰落，和在东汉一代能抗拒度田的情况不一样了。两晋占田制也行不通，因为不符合当时经济发展状况，当时大族还强盛，当他们力量强大，处在发展时期时，就会反抗，不会让国家做到这一点。能不能控制农民，这是门阀地主经济的命根子。

还有租调制，同三长制、均田制是结合在一起的。封建国家通过户籍控制农民，依超经济强制来剥削租调，还是依附性较强的制度。但从均田农民的生产情况看，实际上又是很接近自耕农民的。

农民之外还有奴婢，当时有奴隶生产，但是否占那么重要的地位，值得注意。北魏田令有奴婢受田规定，男奴可受桑田，奴隶在生产状况上可能近于隶农状况。此外对黄河中下游的汉族地主，恐怕是不按这条田令条文给奴婢授田的，这条主要恐怕是对鲜卑贵族定的。到北齐时河清三年令限制奴婢受田，恐怕也是由此原因。规定奴婢受田是适合边疆各族状况的，目的是树立和巩固新的宗族门阀，通过土地所有制来树立自己的势力，这是封建社会的特点。隋炀帝时完全取消了奴婢受田的规定，所以在此前的北朝中、后期，奴婢在生产中怕也已不是占多重要的地位了。

［本文是汪篯隋唐史讲稿（1961—1963），胡戟根据记录整理，吴宗国校阅。原载《中国唐史学会会刊》1991年第10期］

汪篯先生关于"牛李党争"的两篇文稿

一 "牛李党争"（1959年稿）

在唐朝，作为豪族（门阀）地主经济基础的以人身依附关系很强，并且世袭为特征的部曲佃客制衰落了，作为这种基础的上层建筑也就是豪族地主把持政治所依据的九品中正制摧毁了，豪族地主的经济地位和政治地位已经变得跟普通地主没有两样。但是，豪族地主特别是山东士族在社会上依然受到重视。许多贵族官僚和一般地主仍以与山东士族通婚为荣，并力求与山东士族通谱连宗。这样，山东士族就能够"贩鬻松槚，依托富贵"，以取得经济利益和政治地位。由于山东士族在政治上还有一定影响，在唐代经常存在的官僚争权夺利的斗争中，就有时具有社会意义。这就是一派代表衰落的门阀地主的利益，另一派代表普通地主的利益。这时，恢复九品中正制已经不可能了，他们争执的焦点是，选拔官员的标准应该是用经术德行还是用辞采文章。这种争执从武则天末年就已开始。而以宪宗、穆宗以后的"牛李党争"最为尖锐。

"李党"党魁李德裕出自赵郡李氏西祖房，另一个重要党人郑覃出自荥阳郑氏北祖房，都是山东士族的第一等高门。他们两人又都是宰相之子，同以门荫入仕。李德裕排斥进士，认为他们"祖尚浮华，不根艺实"。他又认为，"朝廷显官，须是公卿子弟"，因为这些人从小就熟悉"台阁仪范，班行准则"，而寒士则不能。李德裕所赏识的人，也大都是"卓行孝行"和"笃守理法"的。郑覃以经术致位宰相，也深嫉进士浮薄，他曾经不止一次地请求文宗取消进士考试。他以为进用官员，应以经术的标准。著名的《开成石经》，就是在他当政时建议刊成的。与"李党"相反,"牛党"党魁牛僧孺和李宗闵同年进士。他们这一派主张,选用官吏,应以辞采居先。在进士考试期间,"牛党"党人经常大事活动,"为举选人驰走取科第"。因此,武宗时"李党"当政,就取缔了进士及第后的"期集""参谒""曲江题名"等活动。宣宗时,"牛党"握权,又把这些完全恢复了。

但是,"牛李党争"基本上还是统治阶级内部的争权夺利的斗争,他们的结合大多不是基于同一的政见或同样的出身和家世,而同僚和同年才是他们结合的主要途径。因此就牛李党人中的绝大部分来说,他们的出身和家庭是没有显著的差别的。

牛李党人都跟宦官有勾结。宦官互斗的结果,往往由得胜的一派拥立一个新的皇帝。接着,他们就把原来的宰相和其他大臣撤掉,换上跟他们有勾结的一批人。这样就形成了牛李党人轮流执政的局面。"牛李党争"基本上是争权夺利的斗争,党人极为重视个人的恩怨得失,发展到后来,双方都意气用事。这一派上台,就把另一派的设施一概推翻而不问其利弊何如。武宗时,废去了许多佛寺,把还俗的僧尼二十六万人和寺中奴婢十五万人都收为两税户。宣宗时,"君相务反会昌之政",命令恢复会昌时所废寺,"所度僧尼,仍令祠部给牒",以致"僧尼之弊,皆复其旧"。

"牛李党争"前后经历了将近四十年才告结束。

二 "牛李党争"(1962 年稿)

"牛李党争"基本上是统治阶级内部争权夺利的斗争,个人的恩怨得失在其中起了重要作用。李德裕对于攻击他父亲的牛僧孺和李宗闵深恶痛绝。元和时的翰林学士白居易,与李德裕的政治见解不同,又曾经左袒牛僧孺和李宗闵,李德裕甚至不肯批阅他的诗文,唯恐自己动爱才之念。但是,当文宗太和六年李宗闵作相时,"牛党"的杜悰试图从中调解,李宗闵表示可以接受他的任用李德裕为御史大夫的建议。杜悰以此意告知李德裕,李德裕竟至惊喜泣下,并对杜悰寄谢重叠。

牛李双方的结党主要也不是基于共同的政见,而是通过同僚同年等等私人关系。"牛党"的主要人物牛僧孺、李宗闵和杨嗣复都是权德舆知贡举时的同年进士。李德裕在穆宗时为翰林学士，"李党"中的重要人物李绅和元稹都是他的翰林同僚。在同时的翰林学士十四人中，至少有九人是属于"李党"或倾向于"李党"，而没有一人属于"牛党"。

但是在这个公卿大臣争权夺利互相倾轧的斗争中，和以前的某些党争相同，也鲜明地打上了具有一定程度差异的士族地主和普通地主的两种思想意识形态相对立的烙印。

德宗以后，朝廷的重臣宰相、财政三司使、翰林学士绝大多数已由进士出身的人担任。如唐敬宗、唐文宗时宰相共二十三人，进士出身的就占了十九个。由于考进士是猎取高官厚禄的主要途径，贵族地主子弟应试的非常之多。而糊名和密封还未实行，请托权贵以求关节实际上还是公开的秘密，于是有一些善通关节的官僚就依托权贵，上干执政，下挠有司，为士人求官及科第无不如志。他们用这样的手段一方面结成势力相当雄厚的私党，另一方面也使自己一门父子兄弟，都以进士起家，位居显要，成为新兴的贵族。牛党中的主要人物，不少属于这一类。

应试进士的大多数是普通地主的子弟。他们往往不能严格地遵守儒家的礼教，在城市中浮华交会，挟妓冶游，放浪形骸，纵情酒色。

唐朝后期，大族豪强地主（包括门阀士族）大土地所有制和世袭的人身依附关系很强的部曲佃客制，已经崩溃。已经为普通的地主土地所有制和非世袭制的人身依附关系相对松弛的佃户制所代替。但是，人们的思想意识的变化却远远落后于这种封建社会内部经济的变化。在社会上，人们一方面很重视以文辞进身的进士，而另一方面，对于旧日的士族特别是山东士族的礼法门风也非常企羡。由于贵族官僚都争取与山东士族通婚家谱，山东士族就能够"贩鬻松槚，依托富贵"，以取得经济利益和政治地位。这样，尽管山东士族已不再控制大量的部曲佃客，也不再享有像九品中正制下的那样政治特权，但是他们中间的某些家族却能够比较长期地维持住新取得土地，并且世代仍为高官。"李党"党魁李德裕出自赵郡李氏西祖房，另一个重要党人出自荥阳郑氏北祖房，都是山东士族的第一等高门。两人又同为宰相之子，同以门荫入仕。他们是这一类家族的代表人物。

"牛党"主张，选用官吏，应当以辞采居先，也就是要维护以文辞取士的进士制度。"李党"中的一部分人的主张则与此相反，李德裕排斥进士，认为他们"祖尚浮华，不根艺实"。他所赏识的人，大多是"卓行孝行"和"笃守理法"的。在他的影响下，文宗曾经一度命令停进士试诗赋。郑覃以经学致位宰相，也深恶进士"浮薄"，曾经屡次请求文宗废除进士考试。他和同党陈夷行主张，进用官员，应当以经术为标准。著名的《开成石经》，就是在郑覃当政时建议刊成的。

以文辞取士的进士制度，是适应普通地主经济的政治上层建筑，到"牛李党争"时，已经行施了一百多年。李德裕、郑覃、陈夷行虽然想撼动它，但并不能使历史的车轮倒转。郑覃弟郎、潜都曾中进士，陈夷行兄弟三人，都擢进士第。武宗时，"李党"当权执政，属于"李党"的宰相，除李德裕本人外，无一人不是由进士出身。大抵"李党"中人，真正反对以文辞取士的，也只限于少数。所以文宗停止进士考试诗赋，仅止一年，即又恢复。武宗时，李德裕也不再企图改变这种制度，而只是以"破朋党"为名，停罢进士的"期集""参谒""曲江题名"等习惯。这时，唐廷还做出规定："江淮百姓，非前进士及登科有名闻者，纵因官罢职，居别州寄住，亦不称为衣冠户，其差科色役并同当处百姓流例处分。"也就是说，只承认进士和登词科者享有免除色役和差科的特权。

李德裕对武宗说："朝廷显官，须是公卿子弟。"因为他们从小就熟悉"台阁仪范，班行准则"，至于寒士，则不能如此。但实际上，山东士族已经普遍没落，能够维持不堕的，只限于崔、卢、李、郑少数第一等高门，而且其中多数又已经在各方面变得跟普通地主无甚区别，所以李德裕并不能从残余的山东士族中获得很多的赞助者。为了对付"牛党"的"朋比贵势"，他又翻转过来好拔孤寒。会昌三年，知举官王起向他征求录取进士的意见，他推荐的四个人是：江西宜春人卢肇、黄颇，蜀人姚鹄和无法考知其籍贯的丁稜。他们都是十足的孤寒，没有一个出自山东士族。正因如此，当他贬窜岭南后，还有人作诗说："八百孤寒齐下泪，一时南望李崖州。"

"李党"的社会基础不如"牛党"深厚，所以最后归于失败。

"牛李党争"表现了唐朝走上衰落过程中统治集团的腐朽。……

三　说明

以上两篇关于牛李党争的论述，第一篇是 1959 年汪篯先生参加中国社会科学院历史研究所编写《中国历史》时所写的书稿，第二篇则是 1961 年到 1962 年参加编写《中国史纲要》所写的书稿，基本是按照《隋唐史札记 牛李党争》的思路写的，全篇共有尾注 31 个，暂未录入。两篇书稿北京大学历史系都曾经作为讲义印发给学生。

在 1959 年的书稿中，汪籛先生明确指出："'牛李党争'基本上还是统治阶级内部的争权夺利的斗争，他们的结合大多不是基于同一的政见或同样的出身和家世，而同僚和同年才是他们结合的主要途径。因此就'牛李党人'中的绝大部分来说，他们的出身和家庭是没有显著的差别的。"在 1962 年的书稿中，汪籛先生也指出："'牛李党争'基本上是统治阶级内部争权夺利的斗争，个人的恩怨得失在其中起了重要作用。""牛李双方的结党主要也不是基于共同的政见，而是通过同僚同年等等私人关系。"对牛李党争的性质和结党的因缘两份书稿都做了明确的界定。

在 1959 年的书稿中，汪籛先生指出："在唐朝，作为豪族（门阀）地主经济基础的以人身依附关系很强，并且世袭为特征的部曲佃客制衰落了，作为这种基础的上层建筑也就是豪族地主把持政治所依据的九品中正制摧毁了，豪族地主的经济地位和政治地位已经变得跟普通地主没有两样。"在 1962 年的书稿更明确指出："唐朝后期，大族豪强地主（包括门阀士族）大土地所有制和世袭的人身依附关系很强的部曲佃客制，已经崩溃。已经为普通的地主土地所有制和非世袭制的人身依附关系相对松弛的佃户制所代替。""衰落"和"崩溃"，在程度上还是有很大差别的。

在 1959 年的书稿中，汪籛先生指出："豪族地主特别是山东士族在社会上依然受到重视。……由于山东士族在政治上还有一定影响，在唐代经常存在的官僚争权夺利的斗争中，就有时具有社会意义。这就是一派代表衰落的门阀地主的利益，另一派代表普通地主的利益。"而在 1962 年的书稿中则表述为："鲜明地打上了具有一定程度差异的士族地主和普通地主的两种思想意识形态相对立的烙印。""利益"和"意识形态"是两个不同质的概念，说明先生对这个问题的看法有了根本性的变化。

在两个书稿中都提到双方争执的焦点是，选拔官员的标准应该是用经术德行还是用辞采文章。1962 年书稿中指出，牛李党人都跟宦官有勾结。宦官互斗的结果，往往由得胜的一派拥立一个新的皇帝。接着，他们就把原来的宰相和其他大臣撤掉，换上跟他们有勾结的一批人。这样就形成了牛李党人轮流执政的局面。"牛李党争"基本上是争权夺利的斗争，党人极为重视个人的恩怨得失，发展到后来，双方都意气用事。"牛李党争"表现了唐朝走上衰落过程中统治集团的腐朽。

（吴宗国录入并说明）

悼　词

（一九七八年十一月二十日）

我们怀着十分沉痛的心情，深切怀念中共党员、我系教授汪篯同志。汪篯同志是江苏扬州人，一九一六年生，一九三四年进入清华大学历史系学习，一九三八年起在北大文科研究所做研究生。一九四二年到一九四七年，曾在西南联大、吉林长白师范学院等校任教，从一九四七年起一直在北大历史系任教。一九五一年至一九五三年，曾在马列学院二部学习。汪篯同志曾任系党总支委员、系务委员、中国古代史教研室副主任、代理系副主任等职。"文化大革命"初期，汪篯同志由于林彪、"四人帮"反革命修正主义路线的迫害，于一九六六年六月十日不幸逝世。

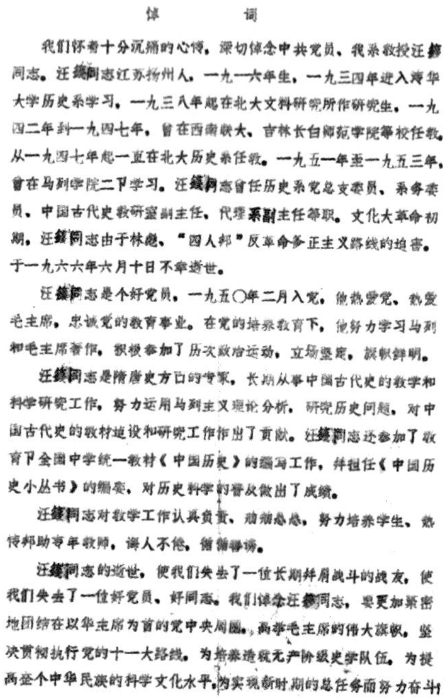

汪篯同志是个好党员，一九五〇年二月入党，他热爱党、热爱毛主席，忠诚党的教育事业。在党的培养教育下，他努力学习马列和毛主席著作，积极参加了历次政治运动，立场坚定，旗帜鲜明。

汪篯同志是隋唐史方面的专家，长期从事中国古代史的教学和科学研究工作，努力运用马列主义理论分析研究历史问题，对中国古代史的教材建设和研究工作作出了贡献。汪篯同志还参加了教育部全国中学统一教材《中国历史》的编写工作，并担任《中国历史小丛书》的编委，对历史科学的普及做出了成绩。

图 1　汪篯追悼会悼词

汪篯同志对教学工作认真负责、勤勤恳恳，努力培养学生，热情帮助青年教师，诲人不倦，循循善诱。

汪篯同志的逝世，使我们失去了一位长期并肩战斗的战友，使我们失去了一位好党员、好同志，我们怀念汪篯同志，要更加紧密地团结在以华主席为首的党中央周围，高举毛主席的伟大旗帜，坚决贯彻执行党的十一大路线，为培养造就无产阶级史学队伍，为提高整个中华民族的科学文化水准，为实现新时期的总任务而努力奋斗！

（邓广铭　北京大学）

【附】校刊通讯　向达、陈同度、汪篯教授追悼会举行（部分）

原历史系教授、系党总支委员、系代理副主任汪篯同志追悼会 11 月 20 日下午在八宝山革命公墓礼堂举行。汪篯同志是隋唐史方面的专家，长期从事中国古代史的教学和研究工作，对中国古代史的教材建设和历史科学的普及工作做出了贡献。

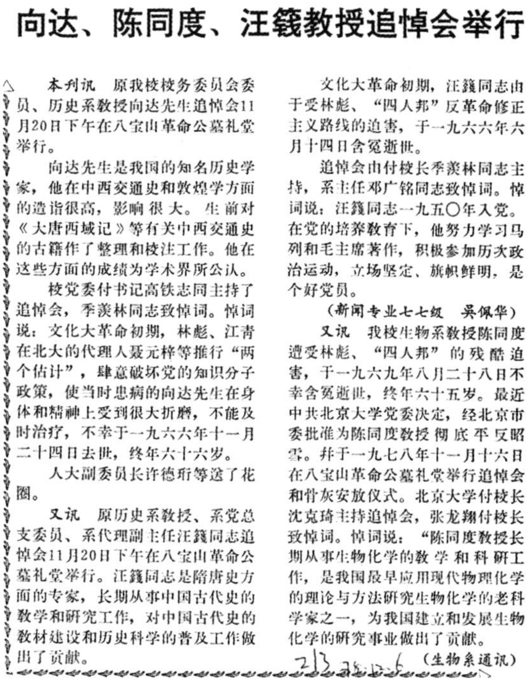

向达、陈同度、汪篯教授追悼会举行

本刊讯　原我校校务委员会委员、历史系教授向达先生追悼会11月20日下午在八宝山革命公墓礼堂举行。

向达先生是我国的知名历史学家，他在中西交通史和敦煌学方面的造诣很高，影响很大。生前对《大唐西域记》等有关中西交通史的古籍作了整理和校注工作。他在这些方面的成绩为学术界所公认。

校党委付书记高铁志同主持了追悼会，季羡林同志致悼词。悼词说：文化大革命初期，林彪、江青在北大的代理人聂元梓等推行“两个估计”，肆意破坏党的知识分子政策，使当时患病的向达先生在身体和精神上受到很大折磨，不能及时治疗，不幸于一九六六年十一月二十四日去世，终年六十六岁。

人大副委员长许德珩等送了花圈。

又讯　原历史系教授、系党总支委员、系代理副主任汪篯同志追悼会11月20日下午在八宝山革命公墓礼堂举行。汪篯同志是隋唐史方面的专家，长期从事中国古代史的教学和研究工作，对中国古代史的教材建设和历史科学的普及工作做出了贡献。

文化大革命初期，汪篯同志由于受林彪、“四人邦”反革命修正主义路线的迫害，于一九六六年六月十四日含冤逝世。

追悼会由付校长季羡林同志主持，系主任邓广铭同志致悼词。悼词说：汪篯同志一九五〇年入党。在党的培养教育下，他努力学习马列和毛主席著作，积极参加历次政治运动，立场坚定、旗帜鲜明，是个好党员。

（新闻专业七七级　吴佩华）

又讯　我校生物系教授陈同度遭受林彪、“四人邦”的残酷迫害，于一九六九年八月二十八日不幸含冤逝世，终年六十五岁。最近中共北京大学党委决定，经北京市委批准为陈同度教授彻底平反昭雪。并于一九七八年十一月十六日在八宝山革命公墓礼堂举行追悼会和骨灰安放仪式。北京大学付校长沈克琦主持追悼会，张龙翔付校长致悼词。悼词说：“陈同度教授长期从事生物化学的教学和科研工作，是我国最早应用现代物理化学的理论与方法研究生物化学的老科学家之一，为我国建立和发展生物化学的研究事业做出了贡献。

（生物系通讯）

图 2　北京大学校刊通讯

“文化大革命”初期，汪篯同志由于受林彪、“四人帮”反革命修正主义路线的迫害，于 1966 年 6 月 14 日含冤逝世。

追悼会由副校长季羡林同志主持，系主任邓广铭同志致悼词。悼词说：汪篯同志一九五〇年入党。在党的培养教育下，他努力学习马列和毛主席著作，积极参加历次政治运动，立场坚定，旗帜鲜明，是个好党员。

（新闻专业七七级吴佩华）

忆念金兰盟弟汪篯

　　顷读 3 月 2 日《扬州晚报》"老扬州"版载《扬州籍历史学家汪篯》一文，读后触动了我的忆念神经。关于汪篯的生平，已有专家评述，现在我做的只是一些补遗的工作耳！

　　先述"义结金兰"的故事。20世纪 30 年代，北平清华园里由朱自清、余冠英两教授倡议，将"江苏省立扬州中学"考进清华的同学组成"扬中校友会"，让他们的感情凝聚起来。1934 年冬的一个阳光和煦的星期天，五个扬中毕业的清华学生来到北海公园内白塔基座处，拿出预备好的装饰精美的《金兰谱》，点燃香烛，互相行礼如仪，换帖宣誓，义结金兰。五人中，张澜庆 1915 年生，年最长，属兔。其余均 1916 年生，属龙。按月份排大小，

1966 年春，汪篯摄于北京家中

吴征镒行二，李为扬行三，汪篯行四（老五因早夭折，免复纪）。年少的激情是真挚而纯洁的，五人结拜后，先赴东来顺餐馆聚餐，餐后又到广和楼听戏，从此彼此的感情更加亲密了。其间，我响应国家号召，为了准备投入抗日阵营，遂参加 29 军宋哲元部冯治安骑兵连驰骋战场达两年之久，均利用黎明晨课前时间进行艰苦操练。

现在再单独回溯一下汪篯当时的家庭简况。汪篯,字述彭,1916 年出生在一个书香门第。有一个快乐的家庭,有双亲,有姐姐,他最小。他出生时,母亲已 42 岁,故他乳名叫"四二子"。他没有读小学,完全接受家庭教育。1928 年考入江都初级县中(今市一中),1931 年考入(大汪边)省立扬中高中部,和我同班。1934 年毕业,考进北平清华大学,本届共录取三百多名,编为"第十级",他是入学录取总分第二名"榜眼",誉满清华园。后来他又自称是"扬州学派汪中"之裔孙。课余他爱好听京戏。在求学三年中,共看了 80 场。平时自己也学着哼几句,吊嗓子,摆个架子。日常不修边幅,一件大褂子穿许久,有名士风度。用餐时爱吃,食量大,特别爱吃肥肉。文娱活动时,有时玩篮球,互相角力。个性尤喜打抱不平,并以助人为乐。

1937 年夏,"卢沟桥事变"爆发。清华南迁云南,我们四人都随校迁徙。1938 年夏,我在云南毕业,拿清华最后一届文凭。被后勤部遴选派往大后方四川办理抗战军粮。行前,吴征镒在昆明东月楼酒馆盛宴为我饯行,从此劳燕分飞,天各一方。我赴川后,他们则在昆明襄助云南名流李根源的第五个儿子李希泌创办了一所"私立五华中学"。张澜庆、吴征镒、汪篯、王瑶、朱自清等都在该校任教。有一次演话剧,汪篯和五华中学一女生杜王秀演新婚夫妇,王瑶任全剧导演。因此后来却玉成了王瑶和杜王秀的美满婚姻。若干年后,王瑶成了著名的文学史家,杜王秀成了《红楼梦》研究专家,吴征镒成了世界闻名的植物学家。岁月再流转,张澜庆成了地质学家,却英年早逝。汪篯则在"文革"开始时的 1966 年 6 月,因"吴晗案"含冤自裁,夫人李盐亦罹抑郁症。至此"五兄弟"只剩吴老和我两人尚浮沉于红尘之中。迄今每逢春节,(昆明)吴老、(英国)杜王秀和我仍互致贺卡,延续着浓情厚谊。前年,汪篯的独子汪安特地由北京来扬州拜望我,敬赠我一张他父亲"文革"前夕的珍照,永留纪念。有鉴古月今尘,遂借刊于本文之侧,以飨读者。

(李为扬 原载《扬州晚报》"扬州名人",2011 年 3 月 16 日)

汪篯先生琐忆

汪篯先生，江苏省扬州人，名校扬州中学毕业，考入清华大学，后来长期追随陈寅恪先生，成为陈先生得力助手。

1949年我转入北大时，汪先生任史学系讲师，似尚未开课，至少我没有听说他讲过课。他的编制在北大，但从长白师院调回北京主要是应陈寅恪先生之请，由郑天挺先生以陈先生急需助手出来的。这大概就是他没有在系里开课的原因吧。

汪先生在1948年陈先生离去后留在北京。他当时思想进步，对中华人民共和国成立后的新气象满怀激情，不久入党，是系里头一位中共党员。

当时全校政治课学习由党委宣传部负责，但具体事情似乎由汪先生组织。每周大课，组织讨论。他在系里也没有开课，隋唐史是邓广铭先生讲的。这段时间我和他没有过接触，他可能还不知道我这个大四学生。

20世纪50年代初期中科院有近代史研究所，范老主持；古代史方面，由时任院长的郭老兼任所长，调尹达为副，主持工作。第二所在筹建。领导上意欲请陈寅恪先生回来担任所长。在此背景下，汪先生以爱徒身份衔命南下羊城敦请并准备接老师北归。汪抵广州直接住入老师家，禀报来意，隐藏着党员身份，积极做老师的工作。引起老师反感，次日汪篯不得不迁入康乐园的大学招待所，谋求继续与老师周旋。孰知越谈距离越远，终至遭到断然拒绝。陈先生写了复信给北京方面，交汪篯带回。

汪篯可谓乘兴而去，扫兴而归。老师已将他视为"异类"，逐出门墙。在陈先生眼中，汪篯已非当年的汪篯。汪篯曾协助老师完成《元白诗笺证稿》，出力最多。50年代初，陈先生曾慨叹"京洛耆英，河汾都讲，闻皆尽捐故技，别受新知"。如今汪篯亦被视为异类，猜想汪篯其时内心的矛盾或者用当时的话说"思想上的斗争"应是非常激烈的吧？不过他已是"过河卒子"，对马列主义兴趣正浓，并于 50 年代连续在《光明日报·史学周刊》发表了几篇有影响的文章，如隋末农民起义与贞观之治之类。

1958 年历史所（一、二所已合并办公）受命为郭老主编的《中国史稿》做组织工作。这项工作除所里杨向奎、郦家驹、田昌五等参加编写组外，要外单位支援。北大汪篯、田余庆被借调，汪还带一位应届生宋家钰。北师大白寿彝、郭朋、孙文良（研究生），人教社巩绍英、陈乐素，人民大学沙知同时被借调。

我们每天齐聚建国门历史所"坐而论道"，领会郭老战国封建论的核心内涵，以之作为拟订编写提纲的指导思想。与会者都很积极，尹达、侯外庐亦常参加讨论。郭老秘书王戎笙亦偶尔到会。汪先生是发言中很踊跃的一位，常有新见，给我留有较深印象。待提纲拟订出来后，在前门饭店开过一次全国讨论会征求意见，接着分工编写。汪篯负责魏晋南北朝隋唐，巩绍英、王戎笙、沙知被分到秦汉。编写人员不再经常到所，在家工作。汪、田回校后忙于参加政治运动，迟迟交不出书稿，不了了之。据说汪先生在随后的政治运动中受到较大冲击，有点消沉。于是他想为中华书局整理《大唐六典》，不知他怎么想起了找我帮忙。这大概是在"四清"运动前后吧。但没有多久噩耗传来，他走了，永远地走了。

汪篯先生的一生，我所知道的就这些零零碎碎，可能有不准确处。今年汪篯 100 岁冥诞，草此短文，聊表思念之情。汪先生英年早逝，未得尽展其才，令人痛惜。

（沙　知　中国人民大学，2016 年 11 月 24 日稿）

追忆汪篯先生

汪篯先生离开我们已经整五十个年头，他在我国隋唐史研究方面的开创之功，考索之精，自有这方面的专家论述。我是搞外国历史的，不敢班门弄斧，但曾经受业于先生，愿借此纪念先生百年诞辰之机，略赘数语，表示对先生的感念之情。

我是 1952 年入北大历史系学习的。我们的课程主要是两大通史（中国通史和世界通史），从一年级一直到四年级，这两大通史一通到底。上这两大通史课的都是国内的历史学名家，中国通史课程中的唐宋史是邓广铭先生讲授的。汪先生那时大概在人民大学学习马列主义，没有给我们上通史课。但我在四年级时，规定可以适当选修一点其他课程，我就选修了张政烺先生的"殷周制度研究"和汪先生讲均田制的课，这课的全称为"从北魏到唐中叶的土地所有制"，他把北魏的均田令和唐武德均田令对照，一字一句讲解，其思维之细致周密，考订之精审详尽，让我十分佩服。汪先生将露田、桑田、口分、永业，这几个名词，就讲了很长时间。北魏令中有一句是"丁牛一头受田三十亩，限四牛"，但有的版本上作"限四年"，于是"限四年"还是"限四牛"，孰对孰错，就讲了很久，最后说"限四年"不对。还有一句是"诸桑田不在还受之限，但通入倍田分。于分虽盈，没则还田，不得以充露田之数。不足者以露田充倍"。因为桑田按规定是永业，不在还受之限，这儿为什么又说"没则还田"，于是又引《通典》《册府元龟》等来证明"没则还田"为衍文。汪先生讲了一学期的课，一个均田令也没有讲完。我这才知道古书中简单的几句话，几个字，有那么大的学问，那么多的问题，以前自己"好读书，不求甚解"的毛病，是做不好学问的。可惜我没能真正学到汪先生的学问之道，粗疏的毛病一直存在。前几年曾经写一首打油诗以自嘲："零落残篇续未成，中宵起坐自伤情。无才虚愿都一梦，说到粗疏意不平。"

1954年，《历史研究》杂志发表了翦老写的《关于两汉的官私奴婢问题》，他当然主张汉代是封建社会。次年，人民大学的王思治等同志在《历史研究》上发表《关于两汉社会性质问题的探讨》一文，认为汉代是奴隶社会。围绕着汉代社会性质，史学界展开讨论。我作为一个大学生，也很想参加这场讨论，于是写了一篇论西汉社会性质的论文，提交给我系的五四科学讨论会。可能是自1955年开始，每年五四校庆期间，全校召开五四科学讨论会，各系设分会场，教师、学生都可以参加，是十分隆重的学术会议。我的文章转到汪先生手中，他仔细看了，还叫我去见他，见面后他还夸奖我，说写得不错，并且指出许多应该改正的地方，在我的文章天头上，用蝇头小字注出许多，我看了大为感动。

经过汪先生的推荐，我在1956年的系科学讨论会上做了发言，谈了这篇文章的观点。后来还将它投稿到《历史研究》，《历史研究》编辑部让我改写成一篇和王思治等的辩论文章，但我写不好，没有发表。汪先生给我改过的稿子我一直保存着，还曾经拿到系科学讨论会上陈列，现在找不到了，可能那时就没有还回来。

我1956年毕业，留系当了助教，被分配在世界史教研室工作，但有空仍然到汪先生的家中坐坐，听他讲均田制，以及唐史研究中的问题。他住在朗润园，他的夫人李盐先生是《北京大学学报》的编辑，我发表在学报上的《英国盎格鲁撒克逊时期国王赏赐土地的几个问题》的文章，就是经她的手编辑的。后来世界史的教学任务越来越重，我关注中国史的时间越来越少，到汪先生家去谈天自然就少了。而且那时学校提倡实行"对号入座"，即由老教师带青年教师学习，青年教师要像过去的学徒那样，时常在先生家中入座，既受教也可联络感情。我想这可能是当时没有学位制，为加强对年轻教师的培养想出来的办法吧。在汪先生家入座的是吴宗国同志，他是中国古代史教研室教师，是名正言顺在他指导下学习唐史的，他可说得汪先生之真传。我却是客串身份，没有时间学就放弃了。

那时我系管教学的系副主任是夏自强同志，因为学生反映学习负担过重，所以夏自强就要和各位教师商量减少课时。这在当时可是一个不轻松的任务，我听说各位主讲教师没有人愿意减少自己的时间，一学期是四学时，三学时，还是六学时，争执不断。听说汪篯先生脾气很大，他和夏自强说，"这课要这么短，你来"。夏是搞中国近代史的，汪先生就这么将他一军。汪先生那时已经在《光明日报·史学周刊》上发表了《史籍上的隋唐田亩数非实际耕地面积》《史籍上的隋唐田亩数是应受田数》等。这些文章一出，唐代的田亩数由之成为定论，汪先生的名声也在史学界更为响亮。听说当系里讨论教员的科研计划时，他曾经说，我就是不写文章，谁敢说我不是唐史专家。

现在我明白了汪先生脾气大的原因。1959年党内开展了批判右倾机会主义的运动，历史系批的是党内专家，以汪篯、田余庆为代表。这一次批判对汪先生的打击很大，心理上造成了很大的伤害。我那时不是党员，党内批判是秘密进行的，我们一般不知道，只是以汪先生脾气大来理解。后来虽然党内进行了甄别，说明汪、田二位没有什么问题，但汪先生仍然不能完全释怀。北京大学又老处在阶级斗争的风口浪尖上，1960年，历史系开展了对《北京史》写作教师的批判，我记得主要批的是商鸿逵先生，说他吹捧帝王将相，居然说康熙皇帝还种"试验田"，大约是商先生写了康熙提倡种"京西稻"的事实而上纲为种"试验田"。可能就在同时，历史系也进行了对一些老师课程的"评教评学"，所谓"评教评学"，主要是让同学对教师讲授课程的内容提意见，也是对知识分子思想改造的一种手段。这时就发生了在我上的课上批判齐思和先生讲义的事（见我在《北大史学》第13期上的文章《忆齐思和先生》）。这两件事大概都是1959年反右倾运动在党外的表现吧。1962年后，国内的形势是"阶级斗争，一抓就灵"，极"左"思潮越来越猛，对文化艺术、社会科学的批判日甚一日，1963年戚本禹发表文章，批判罗尔纲等人关于李秀成被清军俘虏后假投降的说法，1965年姚文元发文批判吴晗的《海瑞罢官》，不久就批判到翦老的"让步政策"了，风声鹤唳，草木皆兵，汪先生大概在思想里将这些和他1959年受批判联系起来，受到不小的压力，身体日益不好，更显颓唐。1965年我们历史系被下放到太平庄（现在的昌平校区），在那里进行半工半读的实验。我们边劳动建校，边上课，学生们和年轻教师每天到河滩拉石头。汪先生也去了一段时间，给同学们上课，因为身体不适就回去了。等到"文化大革命"爆发，他终于因为不能忍受羞辱而离开人世。

作为后辈，我们今天纪念汪篯先生，就是要学习汪先生那种认真的研究精神，在学术上精益求精的精神，努力将我国的历史科学向前推进，使我国的历史科学能够走出去、走向世界，在世界史坛上树立中国史学的旗帜。这样才无愧于我国作为世界第二大经济体的地位，这样汪先生也将含笑于九泉。

（马克垚　北京大学历史系）

忆唐师与汪师的友谊

1983 年 8 月，我陪唐师出席在日本东京召开的第 31 届国际亚洲及北非人文学术会议。在一次会议休息时，突然一位六旬左右的先生走到唐师面前，首先自我介绍："我是东吴大学的翁同文，在大学时是汪篯的同学，他是一个非常好的人，怎么他也死了？"唐师马上客气地答复说："现在已经解决了，出了他的论文集，还是我为他作的序。"

其实"文革"结束后，1979 年初，唐师就接受了为汪篯先生文集写序的工作。

1960 年春我刚考取唐师的硕士研究生。随之武汉大学继续"左"倾，来了继续深入教育革命，提出批陈寅恪，实际上影射批唐师，而且歪曲陈寅恪的学术观点，如陈一篇《叙王导之功业》就说陈是为蒋介石出谋，晋元帝因用了王导，所以能偏安于江左，形成南北朝局面，而蒋找不到王导这样的人，也就失败了。

石泉先生讲到，1945 年抗战胜利了，又在搞"部聘教授"，这是抗战时教育部长陈立夫施行的一项政策，由申请者交代表作，教育部指定专家评审。当时请陈寅恪先生评审的有二人，一为王伊同，代表作《五朝门第》（重庆版）。另一就是唐师的代表作《唐书兵志笺正》，当时还是手稿，陈先生说前者都是史料堆砌，没有分析，遂借口说："我眼睛不好，不能看。"而认为唐师的文章可以。遂次年宣布唐师评上"部聘教授"。

当时汪篯先生是陈寅恪的研究生，也为陈先生做助手工作，这些去拿评审材料和评审意见的工作，都是汪先生做的，汪先生因此得知陈先生对唐先生的肯定。

在 1961 年下半年又听石泉先生讲到汪先生在北大课堂讲课时，对唐先生的高度评价，特别是对他魏晋南北朝及隋唐史研究的肯定。这些肯定也是唐先生内心深处的得意之作。因此，唐先生也把汪先生视为学术上的知己。

还有一件事，借此求教大家。1975 年 5 月上旬，我随唐师到京，候机飞新疆乌鲁木齐去整理吐鲁番文书，在宾馆外散步时，我才有机会同唐师谈起唐师《魏晋南北朝史论丛》对我的学术影响，其中谈到 1959 年某期《历史研究》上有篇贺昌群的文章批评这本书是烦琐考证，其实他的文章也是烦琐考证。唐师说："贺在写完文章，还没有发表就寄给我，征求我的意见，我说你写了何必征求我的意见呢。"

接着唐师说了一个情况："书出来后，翦伯赞看了说：'此风不可长。'找了范文澜、刘大年、尹达等说要组织批判。当时我就想是要发起一次'十字军'运动，结果就只看见贺昌群一人的文章。"

这件事何以唐师知道，是否北大历史系汪篯先生知道后，告诉唐先生？

（朱　雷　武汉大学历史系）

回忆恩师汪先生

——为纪念汪篯先生百年诞辰而作

　　我是北大历史学系 1953 级学生，1958 届本科毕业。1954 年上半年听中国古代史第二段的课（秦汉魏晋南北朝），开始与汪先生接触。从 1956 年上半年起，直至 1958 年 9 月，由身在汪先生亲自负责的中国古代史专门化隋唐史组学习，与汪先生接触稍多。时间过去了六十年，汪先生的不少言行，特别是汪先生的众多教诲，至今未能淡忘。

　　汪先生给我们班开中国古代史（二）课，有点近乎临危受命。这门课，原先是余逊教授讲授的，上个年级还是如此，但轮到给我们班开课前不久，余逊教授突然中风病倒了。当时汪先生正在人民教育出版社编写中学历史教科书，是初中中国历史教科书的主要执笔人，工作本已相当紧张繁重。为了给我们班开课，两家商定，每个星期，汪先生一半时间在出版社，一半时间在北大。课程每周 6 学时，上 3 次。上课的前一个晚上，汪先生总是备课备到很晚很晚，课堂上经常看到他的两眼布满血丝。余逊教授是留给他讲义了的，但汪先生并未按讲义照本宣科，几乎每一讲都有他的独创见解。汪先生的辛劳和他对待课程及学术的认真严肃和一丝不苟使他讲授的内容引人入胜，很快就赢得了全班同学的尊敬，学习兴趣大增。

　　当年历史系是北大，实际上也是全国学制由四年改为五年的三个试点系之一，系里诸位先生对学制改为五年后的学生的期望很高，汪先生多次说要达到老清华 4 年本科加 3 年研究院的水准。于是在历史专业之下又设置了若干专门化，如中国古代史、中国近现代史、苏联史、亚非史等。而中国古代史专门化又更特别些，其下又分若干组，每组有教师负责指导，邓广铭先生负责宋史组，汪先生负责隋唐史组。邓先生邀请校内外诸名家开设专门化课程，供我们选修，有向达先生的"中国古代史史料学"、翦老的"秦汉史研究"、吴晗的"明清史研究"、李祖荫的"中国法制史"、聂崇岐的"中国古代官制史"等，汪先生也开了两门专门化课："均田制研究""唐代党争史"。

我分在隋唐史组，全组共7位同学。汪先生向我们介绍了隋唐史的基本资料，要我们每人都考虑选择一个课题，并约定时间，每次2人，分批到先生家中商讨确定。记得我是与吴宗国一起去的，时间在下午四五点钟，谈话中，师母李盐先生招待吃了晚饭。宗国报的是"唐代江南社会经济发展"，我报的是"门阀士族制度"，都得到先生认可，认为可以研究，值得研究，并让我们各做一项较大的资料工作：编制唐州县分合表，为《新唐书·宰相世系表》补出女系。并一再告诫，在阅读隋唐基本典籍时，切不要片面地只专找那些与自己研究课题有关的材料，而是要通盘理解，掌握其内容。学习进展的情况，要经常汇报，随时汇报。我出生农村，无家学可继承，中小学受的是极一般的教育，根本不了解学术为何物，汪先生这席话才向我打开了学术的大门，初步见识到学术的博大和深邃。

在以后的接触中，汪先生的教诲和一些见解，一直深印在我的脑海中。他要我潜心学习，不要急于发表文章，急于求名，在这方面要经受得住压力和旁人的误会。他以陈寅老为例，说陈先生四十岁以前不发论文，当然，这也是汪先生自己的现身说法。我苦于在阅读中找不出问题，汪先生说，不妨学着作点小考证，并出了几个题目让我试着去作，我仍然一无所获，汪先生又以李勣世系为例，列举疑点，说明它为假托，用以示范。真是海人不倦！学习中的具体困难，他也都耐心地尽量帮着解决。墓志中的婚姻关系资料最为集中丰富，汪先生说老北大有不少墓志拓片，可能藏在考古专业，他写了介绍信，让我去找阎文儒先生，问能不能看。王伊同的《五朝门第》对东晋南朝门阀资料做过收集整理，书是抗战期间大后方出的，图书馆未入藏，只特藏库藏有作者手稿的晒蓝本（相当于今天的影印本），提取、阅读都极不方便。汪先生说，王是燕京出去的，让我去找周一良先生，他那里可能有作者的赠书，果然从周先生处借到了这部书。

"五朵金花"之一的古代史分期，汪先生没有正面发表过意见，只是曾偶尔提到，魏晋封建论的代表绝不是尚钺。汪先生对唐长孺先生很推崇，认为唐先生研究官府作场、官府工程劳动者身份的论文极其优秀，乃至说是写得最好的，可能他在《续编》出版前已读到这篇论文。而在唐门弟子中，这篇论文似乎并不怎么被看重，在他们选编的《唐长孺文存》中，这篇论文竟未能入"存"。对于陈寅老的研究成果，他流露过虽不能说唯物，但辩证的观点。关于唐史，他说陈先生有三部专著，一部制度史，一部政治史，另一部是社会风习史。后者指的是《元白诗笺证稿》。关于《元白诗笺证稿》的性质，20世纪50年代文学古籍刊行社、古典文学出版社重印时，都只把它看作单纯的整理文学典籍的作品，十年动乱后多数人从方法论上把它视作"以诗证史"的典范，似乎只有新中国成立后听过陈先生这门课的姜伯勤，说过与汪先生的界定类似的话。书名掩盖了这部唐史研究专著的真实性质。试看收在《金明馆丛稿初编》中的那些重量级论文，三分之一以上论文的主题或真正性质，也是被"释证""旁证""书……后""读……"等掩盖着的。

汪先生对学术的忠贞，不仅表现在教学和科研上，也表现在那些打杂的工作上。落在他身上的杂务是很不少的。那时高校基础课都有教学大纲，大纲由高教部召开的专门会议审定，会上提到的一些意见需作为参考意见附于大纲之后。中国史古代部分教学大纲的参考意见，就是由汪先生修改定稿的。中国古代史教研室就尚钺的《中国历史纲要》举行过一次讨论会，讨论会记录发表于《历史研究》。讨论会的第二天，我在汪先生家见到他与周良霄正在对原始记录进行整理，当也是由汪先生最后定稿。《北京大学学报》创刊后，一些稿件也由汪先生审阅，甚至是不属于历史学方面的稿件。如学报发表的文学所两位青年学者写的批评《红楼梦》"市民文学说"的论文，文中论及嫡庶问题时引用《唐会要》的那段话，我一直怀疑是汪先生审稿时建议补充的。因为在那前后，汪先生在谈及唐初士族衰落时，正一再引用着《会要》这段话。60年代初，中华书局出过一本《魏征》，内容是《唐书·魏征传》标点、注释及其语体意译，汪先生不仅对书稿提出了中肯意见，还特地为之编制了《魏征年表》附于书后。这类工作，多数例不列名署名，汪先生同样认认真真、一丝不苟地完成。在这方面，也为我们这些学生树立了良好的榜样。

（梁太济　浙江大学，2016年12月16日草，19日改）

历史所五位老先生对汪篯先生回忆的
书信电话稿

陈智超先生：

首先说一下汪篯的发音，"篯"应该是 jian，而不是 qian 音。

四点：1. 汪先生是我的老师，我 1957 年考入北大历史系，从第一个学期开始，给我们开中国通史课，是历史系的重点课程之一，所以当时挑了最好的老师来上课，从上古一直到近代。汪先生主要就讲隋唐史，各位老师讲课各有特点，汪先生给我最大的印象是他非常投入，激情四射，有一次讲到自己很动容，这是汪先生当我老师给我最深的印象。

2. 关于汪师母，她的名字叫李盐，当时是《北京大学学报》的编辑，我的毕业论文当时被选入登在《北大学报》上，她是我的责任编辑。文章从排印到校勘到发表，给我这个初出茅庐的学生很多帮助，我一直到现在都还记得这些事。（时间是在 1962 年。当时多年没有学生答辩，所以很重视，邵循正先生、周一良先生是质辩人。一共有两篇本科毕业论文，即范达人和我的两篇。是向达先生推荐到《学报》的，当时学报篇幅很少，所以很多报纸还有报道。）

3. 汪先生也是我父亲乐素先生的同行和同事，1954 年，根据毛泽东主席的指示精神，调集一批专家来为我们这个 6 亿人口的大国编写中小学历史教科书。我父亲乐素先生以及汪先生、巩绍英、邱汉生、王永兴等诸位先生，都是这一时期调入或借调到人民教育出版社的。他们从 1954~1956 年编辑出版的中小学教科书，是新中国成立以来第一套系列的教科书，得到读者、学生、教师的好评。

4. 关于汪先生受委托，到广州请陈寅恪先生到北京担任历史二所所长的事情，为什么他拒绝，目前普遍的说法都是根据陆键东的书《陈寅恪的最后20年》的说法。据我所了解，蔡美彪先生当时是范文澜范老的助手，请陈寅恪先生来主要是范老一手经管的。据我所知，关于这个问题，还另外有说法。

王曾瑜先生：

汪先生是陈寅恪先生的学生，为人爽快，不拘小节。1958年时，他还以党员的身份，被当作北大历史系的红色专家。然而1959年就以右倾机会主义的罪名，遭受党内严厉批判。他本来身体很健康，稍胖。大学毕业后，我曾去看望他一次，他正在熬煎中药，家里一股药味，我只觉得他瘦得可怕，真与前判若两人。如今回想起来，方感他挨整得可怕，竟完全毁坏了他的健康。他在"文革"之初即自杀。

张弓先生：

纪念汪籛先生百年诞辰甚有意义。汪先生对唐史研究的重要贡献之一，鄙以为在致力于唯物史观与陈门史法的统合，先生成就亦甚为学界推重。由于个人今年多疾患，加之专业荒疏多年，恐无精力写文与会，老朽唯能期待日后拜读盛会论文集了。敬请见谅。得便代为问候宗国教授好！张弓 敬上

张泽咸先生：

人贵自知，我哪能与北大诸老师比衡。对汪籛先生，仅有一面之识。他为文谨慎，研究汉唐史，唐史为重，成就斐然，是吾侪学习榜样。

林甘泉先生：

［林先生回忆了当年认识汪籛先生的经过：当年历史所和北大合作，编撰《中国史稿》（当时还不叫《中国史稿》，只是要编一部教科书）］

见过几次，知道他是隋唐史的，很有功力的，现在史学界不一定知道，从年龄讲，他比我大十几岁，所以无论从年龄讲学问上讲我都把他看成我的前辈，但他和其他前辈又不同，因为他当时还算是一位中年学者，我认识他的时候他五十岁左右。所以我也很愿意写几个字，写我认识的汪籛，纪念汪籛，表示对他的敬重，打算写个两三千字左右。因为身体原因不能参会，这几天上医院，所以文字稿也没写完，很抱歉。如果你们开完会还是需要这个稿子，很愿意把稿子给你们。

（林先生说因为身体原因，还未写完，开会前一天去见他的时候还在写。）

严肃认真，实事求是，作风学风的典范

唐长孺先生在《汪籛隋唐史论稿》序言中说，根据他与汪籛先生十几年的交往，认为先生"严肃认真实事求是的作风学风永远值得我学习"，唐先生的这一概括，深刻地解释了先生的人品、学品双馨的内涵。我在北京大学历史系学习期间及以后，虽与先生直接接触不多，但耳闻目睹的一些往事，也使我与唐先生有同感。我是 1957 年秋考入北大历史系的，系主任为翦老（伯赞），基础课的讲课先生为先秦张政烺、魏晋南北朝田余庆、隋唐五代汪籛、宋辽金邓广铭、元明清许大龄、近代史邵循正、世界上古史胡仲达、世界中世纪史齐思和、日本史周一良、史料目录学向达、史籍选读商鸿逵等，都是国内一流专家学者，有些还饮誉海外。这样的教学班子是当时国内任何高校历史系无法相比的。汪籛先生是其中师出名门、学识渊博，以认真学习马列主义、毛泽东思想并积极以其为指导研究和讲授历史的突出代表之一，其学术成就令人"遗编今捧读，涕泪满衣裾"。

我在北大历史系上学时，基础课中隋唐五代史授课老师是我们敬爱的汪籛先生，先生理论水准高，学识渊博，授课条理清晰，观点鲜明，论证有力，说服性强；而且深入浅出，生动活泼，引用大量原始资料，如数家珍，个别不常见的唐诗脱口而出，论断精辟，娓娓道来，课堂气氛活跃，深受学生欢迎。先生是名满海内外国学大师陈寅恪先生的得意门生和助手，又多年从事隋唐五代史教学和研究工作，学术水准很高，有丰硕的研究成果。例如先生对唐初政治史特别是唐太宗的研究，对隋唐经济史中隋唐田亩数、唐代实际耕地面积等唐代经济史的研究，都有独创性的见解。

汪先生的教学和研究工作，都鲜明地贯穿着一条马克思主义的红线，在中华人民共和国成立初期，当人们开始学习马克思主义理论并以其为指导研究历史时，先生能够"勤思马列书"，仅在已正式发表的学术论文和学术报告中，就引用过恩格斯的《反杜林论》，列宁的《俄国资本主义的发展》《帝国主义是资本主义的最高阶段》，毛泽东的《中国革命与中国共产党》《矛盾论》《论持久战》《关于正确处理人民内部矛盾》等。先生不是寻章摘句地贴标签，装门面，而是以马克思主义的立场、观点和方法及其精辟论断，分析中国历史问题，取得了突出成绩，难能可贵。例如，先生在 1962 年 11 月 9 日给中共中央党校 1961 年班所做的《唐太宗》学术报告中说："评价一个历史人物，主要是看他在历史上起了怎样的作用，是推动社会的发展，还是阻碍社会的发展。"两天以后，先生在《武则天》学术报告中，进一步阐述了马克思主义经典作家关于历史人物评价的理论，说对封建时代的统治人物的评价，应当从大的方面着眼，加以肯定或否定。对武则天的评价，主要应当肯定她的做法在客观上符合历史发展的趋势，可以肯定的有两点：一，她帮助了普通地主的兴起，打击了大地主、豪强地主；二，基本上消灭了关中地区军事贵族的部曲佃客制，为封建社会进一步发展开辟了道路，对封建统治者不要按好人坏人这个观点来区分他们，主要看他们对历史起了推动作用还是阻碍作用。对武则天如此，对曹操也是如此。

先生多年从事隋唐五代史教学和研究工作，研究成果很多，被誉为"胜业隋唐史"。除少数公开发表外，大多数文稿和札记犹在不断研究修改中，精益求精地修改，没有轻易地公之于众。这种不急于求成的谦虚、优良学风，对我们当时和毕业以后的研究工作都有很大影响，我们受益匪浅。

先生一贯重视发现人才，爱护和培养后学。一位北大历史系的学兄曾对我说，先生经常在毕业班中发现人才，使之留在本系工作，为历史教学的可持续发展创造条件。先生身体不好后，更加抓紧时间整理。我们班一位颇有才华的同学秦文炯，学习很好，尤喜哲学和文学，被先生看中，可是我们 1962 年秋毕业时，正值国家调整时期，北大历史系暂不进人，听说后经先生亲自出面斡旋，才将这位同学留在系里当助教，听说也有让他协助整理研究成果之意。

先生讲课，非常投入，热情四溢。热了，会将蓝棉袄脱下，过一会儿，大概是孱弱的身体怕着凉，又把衣服穿上。一次课上会反反复复穿了脱、脱了穿。课堂之外，先生也诲人不倦。一天，我和几位同学去先生家中拜访，先生正卧病在床，在吃完一大把药后，热情地给我们讲如何治学。先生说，你们不要急于发表论文，至少十年之内不要写东西，而要静下心来练好基本功。要多读书，勤于思考，只有这样，才能写出高质量的论著。我想，先生也许是有感于当时有的同学在学习期间或大学毕业不久，就热衷发表论文甚至小册子，希望莘莘学子不要浮躁，切忌急于求成。先生的这一教诲，在今天也还是有现实意义的。

（李斌城　中国社会科学院）

听汪篯先生讲隋唐史

　　一个人在求学的路上能遇到名师，乃是一大幸事，而我遇到过三位。一是徐规先生，1959 年至 1963 年我在杭州大学上学时，是他指导我学会了考据。二是邓广铭先生，1963 年我考上北京大学研究生，跟先生学宋史，是他引导我走上深入研究之路。第三就是汪篯先生了。

　　1963 年下半年，奉邓师之命，我听了汪先生给本科生高年级开的隋唐史专题课。汪先生一开讲，令我耳目一新，他完全是自由讲学，想讲什么就讲什么，讲的全是他的独到见解，与翦伯赞、郭沫若、范文澜等人编的通史都不同，也与其他隋唐史专家的观点不同。他的见解绝非夸夸其谈，都有充分的史料作依据，更令人吃惊的是，这些史料并不是事先写在纸条上念，而是随手写到黑板上，一写就是一黑板，好几百字，等同学们记毕，擦了再写，材料多来自新、旧唐书，《资治通鉴》，核对原著，一字不差。这一切，与我在杭州大学四年所见全然不同，那时的杭大老师在经历了 1957 年的反右斗争之后，赶上全国搞"大跃进"，教育上也要"大跃进"，要打破王朝体系，然而古代史不讲王朝，该讲什么？老师不知所措，凑合讲了几个专题，至于让学生自己搞教改，更不知东西南北了，我们刚进大学，什么也不清楚，只是随便乱翻书。到了高年级，经历三年困难时期，教育稍微回归正规了，印象最深的就是史学史专题课，一位老教授黎子耀讲的，还比较有个性，但那主要是史学文献，而非断代史。

　　记得汪先生一开始就讲隋唐史应该叫作隋唐时期中国史。古今疆域不同，有部分秦汉领土今天已不属于中国，如讲汉史，就会把朝、越部分包括在内，而把不属于中国的领土丢开。中国史应该包括今天中华人民共和国的疆域，如唐代的室韦，虽然与唐关系不很密切，但属中国境内，也应该讲。至于今天不属中国的领土，在政治史上完全可以讲的，古代帝王不可能知道今天的疆域，讲他们不等于把外国领土搬到中国来。隋、唐攻高丽，打入平壤应该讲。

第二堂课，讲隋唐以前历史发展线索，一连讲了好几周。为什么不集中讲隋唐呢？他没有说，我琢磨有两层意思。一是隋唐是中国历史长河中的一段，不了解全局，就不能透彻理解隋唐。我们现在的专家往往是"铁路员警各管一段"，只关注自己熟悉的一段，虽然有所成就，但到一定程度就深入不下去了，这就是一般专家与大名家之间的差距所在。二是翦伯赞主编的《中国史纲要》，隋唐部分是他写的，但这不能完全反映他的观点。也就是说，把这一部分抽出来，也不是他理想中要写的隋唐史。事后我了解到，翦伯赞不是挂名的主编，全书的大纲、章节细目都是他拟的，各个编写人必须在这框架里写作。为此，翦伯赞写了一篇司马光是怎样编写《资治通鉴》的论文（听说是让助手张传玺搜集的材料，张可能还写了初稿），发表在《人民日报》上，意思是司马光请的助手都是当时的一流名家，但最终还是司马光一手定稿，司马光说了算。邓广铭师跟我说："我写的宋代部分，如果你仔细看，会发现有些内容与章节细目不太相符。细目都是主编定的，不能变，又不愿完全照着写，就这样交卷了。"

翦伯赞主张西周封建说，汪先生主张战国封建说，观点完全不同。汪先生认为封建社会分前后两大段，战国至隋唐是一大段，宋以后是另一大段。先生所讲具体内容很多，这里就不一一胪列了。

汪先生讲的，我都做了比较详细的笔记，但我没有时间去深入研究，因此始终没有找先生去讨教，实在有些遗憾。翻看五十多年前的笔记，真是无限感慨。先生讲课时，年仅四十七岁，已是满腹经纶，令人佩服之至。可惜，一场莫名其妙的"文革"，夺走了他的生命，也带走了他的学问。

听名家讲课，不只是听个新鲜，多知道一些知识，更要注意他是怎么讲的，对自己有何启示，最大限度地提高听课的效率。

汪先生对我的影响甚深，归纳起来有下述几个方面。从讲课形式上，我采用了先生自由讲学的方式，这比念讲稿生动，容易为听众所接受，讲课主要不在于你讲了什么，而是听众得到了什么、得到了多少。几十年来，我无论讲课、做专题报告、大会发言，都不写稿子，最多在小纸片上写几句，以防走题。

讲课必须有自己的独到见解，决不人云亦云，不迷信任何权威。自由讲学不是随便乱讲，它必须有新意，并且站得住脚，它就逼着你平时关注各种问题，多写高质量的研究文章。

研究必须有重点，即以某一朝代为主，但不局限于这一代。中国古代的史料太多，要全部贯通绝非易事，必须选择一代为重点。但历史是个长河，前后是互相联系互相影响的，不适当兼顾也是不行的。我以研究宋史为主，其他朝代也都做一些研究，它有利于互相做比较，从比较中得到新收获。以同一朝代而言，不能只关注某一点，如只研究某个武将或某个人物、某个制度，一个朝代相当于一个人的身体，它的各个部位都是相关联的。因此，我对宋代的政治、军事、经济、文化、科技以及人物、制度等都做研究。

宏观研究与微观研究相结合，重视文献考据，反对假大空。研究必须扎扎实实，不求短平快。

汪先生是史学大师陈寅恪的高足，我虽没有见过祖师爷陈寅恪，但从汪先生和邓师身上可以约略看到他的一些影子。我永远记得他提倡的独立之精神、自由之思想。唯有把握这一点，才能在学术上有所突破、有所进步。

非常感谢汪先生对我治学的启示，仅以此短文纪念汪篯先生诞生一百周年。

（李裕民　陕西师范大学历史文化学院，
2016 年 12 月初稿，2017 年 2 月 19 日略做修改）

曾经沧海难为水

——告慰恩师，写在汪篯老师辞世 50 周年和百年诞辰之时

　　人的一生中，能够遇到一个好的老师，是非常幸福的，也是非常重要的。我从 1945 年四岁进上海中西女中幼稚园，六岁进中西女中附小，就是宋氏三姐妹念书的美国教会学校。到 1967 年，在北京大学念完研究生，都是在名校上学，受到许多好的老师的教诲，诸如夏在汶、魏普才、邓广铭、田余庆等等。姜伯勤先生跟我说他做学问是有师傅的时候，我告诉他我学文的老师是沈从文先生，在友谊宾馆作《中国古代服饰研究》时，同住一室半年，正经入室弟子。而对我影响最大的两位是连树声老师和汪篯老师。今年要庆祝连树声老师九十华诞，纪念汪篯老师百年诞辰，我发起组织这两个纪念活动，以表示对老师的感激和怀念。

　　先介绍一下连树声老师。他是我 1958 年到 1959 年在北京一〇一中学高三文科班时候的班主任。后来北京市评特级教师时，他是中学语文特级教师的第一名。上他的课同学们都说是一种享受。他对我们的要求也严，那时候课外读物读杜鹏程的《在和平的日子里》。至今还记得，那本书一开头写的是："在建设工地，人们总是忙得团团转，日以继夜的劳动，24 小时不断的机器吼叫声……有崇高的献身精神，也有眼泪和死亡。"连老师要求我们，每个人自选 4 页背下来。他在早点名的时候，总是利用短短的 20 分钟讲些各方面的知识，比如俄国的批判现实主义文学，比如讲记忆，遗忘是保护的本能。老师讲要积累词汇，一个"丽"字，就有"美丽""秀丽""清丽""佳丽""俏丽""华丽""艳丽""壮丽""富丽"，最后说到"妖丽"，大家"哇"地一声惊叹，同学们听连老师这样讲都觉得很有兴趣。

中学的语文教学，最大的成功是让我们喜欢上文学。那时我有空就去学校阅览室帮张兰老师借还书，这样方便自己在书库翻书看，将朱生豪翻译的《莎士比亚全集》厚厚的六大本都看了，特别佩服翻译家词汇的丰富，很有心做归类整理，终因时间有限没能做到。在连老师影响下，喜欢动笔写文章。那时我们都爱上作文课，一拿起笔就激情澎湃，思若泉涌，不打草稿，一气呵成，练就唐代制科考"下笔成章举"的本事。记得有一次作文题目是记一次劳动，我写的是暑假去河北省清苑县（今保定市清苑区）谢庄的同学家摘棉花的农活，后来被连老师选为高考前张贴的范文在校内公示。不想那年高考的作文题就是记一次劳动。不动脑筋，不费力气，就写满了考卷，帮我考上北大。

连老师教的是中文，可是他的俄语也很好，同学们中传说，老师是背了三本俄语的语法书学的。我也买来那三本语法书，可是一页也背不下来。后来更知道，连老师不仅有俄文的译著，《苏联口头文学概论》《苏联人民创作引论》，还有英文的译著，英国爱德华·泰勒的《人类学》，都是很权威的学术著作。有一本东干民间故事，是左宗棠时从陕西去了吉尔吉斯等中亚国家的人，用俄语字母记陕西话写成的奇书，连老师也给翻译出版了，我猜是得到了会陕西话的夫人张树森老师帮助。连老师把一本本书送给我们，拿到的不仅是佩服、感动，更是榜样的示范，人是可以做很多事的。

最让我们感动的是连老师的尊师之道，几十年如一日地帮助他的老师民俗学泰斗钟敬文先生整理文稿，即使在1957年钟先生被打成右派后，他仍旧每周有一天按时去钟先生家帮他做事。到了连老师自己也是耄耋之年的时候，我们看他还在整理钟先生的东西，出版了《钟敬文文集·民俗卷》。连老师自己也有翻译、写作、书法等许多做不完的事，但是他总是把钟先生的事放在前面，毕恭毕敬尽心尽力地做。真是身教胜于言教的榜样。

连老师只带了我们一年，可是师生情谊维持了一生。20世纪的最后一天，我们十来位同学是和连老师一起度过的。他85岁的生日和90岁的生日我们都聚到一起为老师祝寿。这50多年里他还不断地继续教着我们。不仅是身教，同时也有很多具体的指导。我在上大学以后，为写文章总是长句子而请教连老师，我给他看一个句子，50多个字中间加不了标点。他告诉我，拉近主语谓语，句子就可以写得简短明快。现在改文章，我一直记得他这句话。

2012年，我主编了三卷本的《大唐西市博物馆藏墓志》，解题中关于500方墓志的书法评价，都是连老师写的。2016年，我又写了一本《珍稀墓志百品》，书法的评价还是请连老师写，书名也是请他题签的。在书法艺术上，连老师有很高深的造诣。1958年到现在已经58年了，一直受教于连老师，连老师是我终生的老师。我相信，我们的中学老师都能有连老师这样的师德和学养的话，国民素质的改观，就可以计日程功了。

另一位影响我最大的老师就是汪篯老师，他仅仅活了50岁——已经比现在75岁的我少活了25年，而25年已经是他享年的一半。汪先生过早地去世，没能终生教导我，但是在1962年我在北大历史系上四年级的时候起，就被分在隋唐史专门化小组，就有幸师从他学习隋唐史。而后接着当他的研究生，跟他学习前后也有四年时间，这一段的学习在专业上真是终身受益。

汪篯先生是陈寅恪先生的研究生。有一次我去武汉大学看陈寅恪先生的另一位学生石泉先生，他和夫人李涵先生一起跟我聊天，说到汪篯先生，他告诉我，陈寅恪先生说过，他两个最好的学生，都是共产党员。陆键东写的《陈寅恪的最后20年》一书中，说到1953年汪篯先生带着郭沫若、李四光的信去广州请陈先生到北京，担任历史研究所二所也就是中国中古史所所长一事。陆键东的书里说："还像五年前一样，汪篯一抵中山大学便直接住进恩师家中，但很显然，谈话谈'崩'了之后汪篯便搬到学校招待所去住了。"2013年九江举行陈寅恪先生纪念会时，陈先生的三位女公子都参加了。见面时，我说我认识你们，你们不认识我。美延说，在广州中山大学那次会听你的发言后，我们就记住你了。她说的可能是1999年中山大学主办的纪念陈寅恪教授国际学术讨论会，我在会上有一个试述陈寅恪先生对士族问题开拓性研究的发言，后面附有一段讲所谓被"逐出师门"后的汪篯先生，想澄清后来陈、汪两位的师生关系，特别是诠释汪篯之死。[①] 关于陆键东的那本书写汪先生被逐的事情，在九江会议时去庐山陈先生墓拜祭时，美延对我说："我们在北京的家，汪先生去的时候可以住，有地方。广州的房子，根本没有他可以住的地方。他那次来广州，一来就住在招待所，所以没有赶出去搬到学校招待所去住的事情。陆键东那样写是他想象的，不是事实。"美延还说，她爸爸"从

---

① 胡守为主编《陈寅恪与二十世纪中国学术》，浙江人民出版社，2000，第37~41页。

来没有说过一句汪先生不好的话"。

汪先生也跟我说起过这件事，说是他自告奋勇去的，但是碰壁了，没有能把陈先生请来。他苦笑着说起这件没有办成的事，但是完全没有被"逐出师门"的懊丧。后来他们师生间还保持着联系，虽然没能再见过面，但是有人去广州，汪先生会让人给老师捎一些北京果脯去。陈先生喜欢吃北京果脯，收到了，总是很高兴。

汪先生一直向我们传达着他对陈寅恪先生的尊崇之心，讲陈先生的为师之道，要我们认真读陈先生的书。记得他曾给我讲陈先生在写《元白诗笺证稿》时，他有时会提出一些意见，陈先生总是很耐心地听，有的时候肯定汪先生说得对，就交代给他："按你的意见改。"汪先生熟悉唐诗，能背的唐诗据说成千，汪先生曾给我背过《蜀道难》，大嗓门一口气背下来，中间没有一点停顿。他有这学养，协助陈先生出版完成于1950年的《元白诗笺证稿》得心应手，对此陈先生在书折页上的作者附记里说道："此稿得以写成实赖汪篯、王永兴、程曦三君之助。"可是后来有的书提到1947年在清华修改该书书稿时，只提"时助先生工作者为研究生陈庆华、王永兴等"，甚至没忘提一句"原燕大毕业生程曦时亦在北平"，唯独汪篯先生的名字不见了。不知怎么可以这样改动陈先生的附记。

汪先生还告诉我，有一次他问陈先生一个问题，陈先生说："这是你在研究的问题，应该是我来问你，怎么可以你问我？"这一谈话让我感佩那就是大师风范，那才是大师风范，虚怀若谷，平等待人，尊重学生。

在给本科生上课时，汪先生多次讲，学习历史要三条，一是党校的马列主义，二是中学的数学，三是陈寅恪的方法。1951年到1953年汪先生在中央党校学两年马列主义，所以有党内红色专家称号。他在扬州中学念的书，数学很好，陈先生学医的女儿陈流求，考大学时数学就是请汪先生辅导的。"文革"结束，我归队后做的第一个题目是"唐代农业的亩产和生产效率"，先从王莽嘉量起研究了唐代的度量衡和亩里制度，打了三个月的计算器，里面有开三次方的问题。阎守诚问我那些算式是哪来的？我说是自己列的，验证了汪先生说数学对研究历史也是有用的说法。至于"陈寅恪的方法"，我体会最深的应该是陈先生从德国学的辩证法，讲"连环性"，从事物的联系中认识事物的本质。一位韩国的研究生听我讲隋唐对高丽的十次大规模征伐，因为吐蕃兴起争夺西域而中断，说以前真没想到是这样，陈先生能把这么远的两件事情联系起来看，眼光很了不起。

1964年我上研究生，入学后汪先生第一次安排学习，便是布置读先生的两部代表作《隋唐制度渊源略论稿》和《唐代政治史述论稿》，要求写读书报告。这一学习，使我终身受益，后来才能有一些读书报告式的文章发表。大概有《一代宗师陈寅恪先生对隋唐历史研究的贡献》《陈寅恪先生与中国史学》《陈寅恪先生与中国中古史研究》《试述陈寅恪先生对士族等问题的开拓性研究》《师生之间——陈寅恪先生如此说》等几篇，算是迟交给汪先生的他布置的作业吧。

1986年我正式出版的第一部著作《武则天本传》，书的基础是汪先生指导的毕业论文，立言的基本观点是陈寅恪先生说的那句话：立武后诏之发布，"在吾国中古史上为一转折点"，她有"开启后数百年以至千年后之世局"的历史功绩。或者说全书也就是诠释了陈寅恪先生的这一句话。这样立论高了，才有生命力。三十年来，这部小书已经先后由三秦出版社、陕西师范大学出版社、北京大学出版社、台湾五南四个出版社出了8版。中华书局也找过我，还想出这本书。受教益于两代老师，做的功课就不一样了。除了家学，我们还很应该重视师承，这都是宝贵的学术资源。

汪先生还告诉我，1958年"拔白旗"大批判的时候，陈先生把批他的文章摞在一起供起来。这件事，给我的印象很深，我们都知道，那时候他们是有口难辩。所以，2013年去九江开陈寅恪学术讨论会，我提交的论文《陈寅恪先生的种族文化论》[①]，内容是对1958年北大历史系三年级学生发表在《历史研究》上批判陈寅恪先生种族文化论的反批评。文中特别指出，陈寅恪先生所说"总而言之，全部北朝史中，凡关系胡汉之问题，实一胡化汉化之问题，而非胡种汉种之问题。当时之所谓胡人汉人，大抵以胡化汉化而不以胡种汉种为分别，即文化之关系较血统尤为重要。凡汉化之人即目为汉人，胡化之人即目为胡人，其血统如何，在所不论"。"此点为治吾国中古史最要关键"。这一"北朝汉人、胡人之分别，不论其血统，只视其所受之教化为汉抑为胡而定"的观点，可以说是诠释中国历史问题最精辟最精确的论点之一。拙文

---

① 载郑翔主编《陈寅恪学术研究（2013）》，清华大学出版社，2014。

还说："陈寅恪先生关于汉化胡化，区别胡人汉人'文化之关系较血统尤为重要'的立论，完全符合中华民族成长的历史。这一中国历史经验，这一陈氏理论，化解民族心理壁垒、走向民族和睦共处的现实意义，决不能小觑。"这算我替老师的老师对当时遭受的无端批判指责做的一点回应吧。

汪先生当年对我抱有相当的期望，我了解这一点是在1964年他动员我报考汤用彤先生的研究生时。他说汤先生的学问很重要，现在身体不好，要赶快找人去接。汤先生对哲学系培养的学生不大满意，要历史系推荐一两个踏踏实实念书的学生，汪先生要我去，说这是和邓广铭先生商量的。如果需要，他也要去。还说了一句如果不是汤用彤先生，他是不放我的。那时我听了很吃惊，因为我还没有说要考研究生，汪先生就替我安排了。不过还没等到考试，汤用彤先生就在5月2日去世了。这样我还是考了汪先生的研究生。记得那次考试，报名的是41人，答卷交齐的是29人，教俄语的刘老师说我的考分非常高。记得考魏晋南北朝史和隋唐史，都是三十个名词解释，一道大题。考前我和李春润一块儿去看老师时，我就问了一个问题：北齐比北周强大，怎么后来北周灭了北齐，统一了北方。汪先生没有回答我的问题，说了些当时他在考证的太原附近军府的情况。后来我自己整理了一下，从五个方面对比北周和北齐，这是我唯一准备的一道题，没想后来考的就是这道题。临考前我去问的时候，题已经出了，所以汪先生没法回答。后来说起这事儿，他说会念书的学生会猜题。

在1962年到1964年大学本科四年级、五年级的时候，教学秩序相对稳定，按部就班上课，毕业时，总支书记许师谦和我谈话，我说书还没念够，他听了很高兴。他告诉我，十年来就我们这一届完整地完成了教学计划，其他的参加"土改""反右"等运动和大炼钢铁，常常停课。后来又是"文革"，所以50年代到70年代，30年里我们是唯一幸运的一届。当时我们是五年制，四年级时还在汪先生和陈仲夫先生指导下做了学年论文，给我的题目是注《旧唐书·姚崇传》。我把传里的每一个字都弄明白了，可是并不明白姚崇在历史上的作用。听汪先生讲课，说到为解决武则天晚年以后八年七次政变的乱局，唐玄宗把姚崇请回来，拨乱反正，稳定了政局，很快开创了"开元之治"，才明白了姚崇的作用，学到了从历史大势中去理解历史人物的研究方法。

记得在做注释时，《姚崇传》里一句出自佛经的话，我断句断错了，怎么也搞不懂是什么意思，便请给我们上哲学课的汤一介先生帮我请教汤用彤先生。汤先生把我断句弄错了的"刀寻段，段坏火，坑变成池"，改为"刀寻段段坏，火坑变成池"，并解释是佛家追求的一种没有杀戮苦难的境界，就豁然明白了。有意思的是"文革"结束我归队后到了西北大学，几个月后评职称时，研究室副主任刘伯坚从会场出来找我要文章，说没有已发表的，有稿子也行。我就把做学年论文时写的《"十事要说"考》给他，不一会儿他回来说通过了。归队以后没有上一次课，没有发一篇文章，凭大学时的一篇学年论文稿，就拿了讲师职称。真是托福汪先生了。

顺便再说后来再评职称时，没有经过副教授，我直接报教授。主要靠那本《武则天本传》，顺利通过彭树智先生主持的省职称办答辩，我回答所有问题后，彭树智先生没有让我退出征求评委们的意见，就当场宣布，大家对我的答辩很满意，通过了，直接评了教授。更是托福汪先生了，也很感谢彭先生。

念书时，汪先生对我说过评判毕业论文的标准。说理通顺，就是合格的论文；有创见，就是好的论文。他给我评优的论文写的评语里，有"很多创见""尤为精辟"这样的字眼。1964年，汪先生手写的这个评语，我珍藏至今。而后在我读研究生时，一入学他就告诉我，研究生毕业论文，用这篇就可以了，文字要好好改一改。不幸的是，没等我读完三年的研究生，"文革"一开始，汪先生就离我们而去了。

永远离开了老师，我一直有一种失怙的感觉。但是五十多年来，每每回想这些事，对我做研究写文章，总是巨大的激励，总是信心满满。先生不在了，我自觉还有一种薪火相传的责任，并以此勉励我的学生，要传陈寅恪先生的学问，传汪篯先生的学问。当然我也有自知之明，"文革"中离开北大后，我去煤矿一待十一年，那十一年里，没有进过一次图书馆，没有借到过一本专业书，没有看过一篇隋唐史的学术文章。归队时已38岁，失去了27岁到38岁的黄金岁月，我知道在靠积累的历史学科，自己在学术上注定是没有希望了，于是把更多精力放在做学术的组织也就是服务工作上。

1983年在成都开中国唐史研究会第二届年会的时候，在宁可、沙知、胡守为等先生让我"勉为其难"的说服下，我接过唐史研究会的图章，做以唐长孺先生为会长的学会的事。我也是想到汪先生不在了，以唐先生为自己的老师，用报师恩的态度，努力做好唐史学会的工作。于是从登记会员、刻中国唐史学会的图章做起，组织学术会议，组织访古考察，组织敦煌舞蹈到北京演出，出版"隋唐历史文化丛书"，办讲师讲习班、教授研究班，到2001年完成《二十世纪唐研究》，前后服务十八年。现在又做丝绸之路专业委员会的工作，带队五次出国考察，编写《丝绸之路学丛书》和《丝绸之路记忆》两套丛书，希望用团队的力量来推进隋唐历史和丝绸之路的研究，不负老师的教诲和期望。

陈、汪两位老师生前最想做的事情，都包括写中国史。俞大维曾说，陈寅恪平生的志愿是写成一部《中国通史》及《中国历史的教训》，在史中求史识。"因他晚年环境的遭遇，又双目失明，他的大作未能完成，此不但是他个人的悲剧，也是我们这个时代的悲剧。"汪先生也曾经和我说，有四件事可以做。一是写《中国通史》，但是这要四代人才能完成；二是写《隋唐史》；三是注新旧唐书；四是分门别类归纳整理隋唐历史资料，加以诠释。他想最先做的是后面这件整理资料的事，为隋唐史研究做好基础工作。

遗憾的是陈寅恪先生没能完成《中国通史》和《中国历史的教训》两部巨著的编写。汪先生设想的四件事，更是一件也没有开始做。其实他们设想的，是很有意义，很急迫的大事。英国企鹅出版社的一位主编 Mary Mount 曾在上海出版集团李伟国先生带领下来西安找我，开门见山约我写一部《中国史》。说除了宣传品，现在没有一本可读的《中国史》。企鹅有意为每个国家出一部国别书，两册的《印度史》刚出了，接着想做《中国史》，又规定必须要在大陆的人写。告诉我他们征求国内外学者意见，推荐由我来写。这让我很意外。我婉拒了，说汪先生讲，一部好的中国史要四代人才能完成，现在不可能写好的，没有基础。她再三问我肯定吗？我肯定。她失望地走了。十年后再想这件事，我还是该做点什么。不能面面俱到全面写大部头，也要从一个角度，写出中国之所以成为中国的历史，清算专制主义统治几千年的罪恶，总结中国历史的教训。书将以《为万世开太平》为名，希望假以时日，能让我了梁启超到陈寅恪、汪篯诸位先贤未了之心愿——把事情做到不自量力的份上，是我改不了的毛病。像守诚兄说的那样，改了，胡戟也就不成为胡戟了。

这些年我首先关心现在的历史研究，想弄明白基本问题在哪里。1992年我提出不出大师的问题。在1998年和2004年第六次、第七次全国史学大会上的发言中，我讲了学术环境和治史观念上存在的问题。

　　我这样做，是希望能多多少少继承一点"独立之精神，自由之思想"，直面问题，为学术文化，为国家民族，说该说的话，做点有价值的事情。

　　1980年唐史研究会即后来的中国唐史学会成立时，见到唐长孺先生，有人向他介绍我是汪篯先生的研究生，他的眼神马上变得特别亲切。后来他作为会长把会务交给我办，并且一直非常信任和支持我的工作。从初见唐先生时他那一亮的眼神时起，对自己作为汪先生的学生，便有了一种诚惶诚恐的感觉——义宁陈门是不好进的，因为人们对陈学是有期待的。

　　本文用元稹"曾经沧海难为水"这诗句作为纪念汪先生百年诞辰文章的题目，这里再演绎一下孟夫子说的"观于海者难为水，游于圣人之门者难为言"的寓意，要纪念，更要告慰。既然做了汪篯先生的学生，做了陈寅恪先生的再传弟子，在他们的学术海洋里沐浴过，自然不能再是一滴随波逐流的水。

　　　　　　　（胡　戟　2016年9月1日于三过书屋，有删节）

扬州籍历史学家汪篯

汪篯，历史学家，陈寅恪先生的弟子和助手，北京大学历史系教授，被"四人帮"迫害致死的早逝英才。

汪篯 1916 年出生于扬州一个铁路公务员的家庭。1930 年考入省立扬州中学，是一位高才生。1936 年考入清华大学。他读的是历史系，但高考的数学成绩是 100 分，至今在清华传为美谈。据他说，这是就读于扬州中学打下的数学基础。1938 年，汪篯于清华大学历史系毕业，因学业优异，被推荐留在西南联大跟随陈寅恪先生从事学术研究。为照顾他的生活，当时中央研究院史语所所长傅斯年专门批给他每月三十元的津贴，这是很少有的待遇。

一年后，汪篯考入北京大学文科研究所。31 岁时（1947 年），毅然辞掉了外地的教职，回到北平，自愿在陈寅恪身边协助著述。半年后为北京大学所聘用。其时陈寅恪的原聘任助教徐高阮，因故未能按时来清华，陈写信给北大历史系主任郑天挺，请求支援，"暂请北大研究助教王永兴君代理，至徐君就职为止"。不久，郑天挺又派北大教师汪篯来帮助工作，后清华大学又派陈庆华来任助手。

此后两年多的时间里，汪篯吃住在陈寅恪家中，协助陈寅恪完成名著《元白诗笺证稿》。陈寅恪在此书的"作者附记"中说："此稿得以写成，实赖汪篯、王永兴、程曦三君之助。"可见汪篯在其中所起的作用。更重要的是汪篯在协助陈寅恪著述的同时，领受到了陈先生治史方法的真传，奠定了以后他在隋唐史研究领域富有独创性、得到公认地位的基础。如此直到 1949 年，陈寅恪去广州为止。著名史学家唐长孺在"文革"结束后出版的《汪篯隋唐史论稿》的序言中说："我觉得他往往提出一些令人必须思考却对我来说恰恰是没有思考，或没有认真思考过的问题……常常是习见之书、熟知之事，从未察觉其间有什么问题，经他一提，便瞠目不知所对。"并指出："汪篯同志是陈寅恪先生的高足弟子和助手，在掌握、运用资料方面，毫无疑问，他继承了陈先生的优良学风。"确实是知者之言。

汪篯是位严谨的学者，但不是一个不问世事的人。新中国成立前就参加过党领导的进步革命运动，新中国成立后更积极学习和运用马克思主义研究中国古代历史问题。1950年2月，在北京大学加入中国共产党，次年被派往北京马克思列宁学院（中央党校前身）第二部带职学习。在当时，他被视为又红又专的党内青年专家。

汪篯在隋唐史教学和研究方面的成就，是学界所公认的。他30多岁被评为副教授，47岁被教育部批准晋升为北京大学历史系教授。此时（1963年前后），正是他最具学术光彩的时期，他的为数不多但具开拓性的学术论文大多发表在这一时期。他还到他的母校——中央党校做了一次关于唐太宗的学术报告，这是新中国成立以来最全面详细评价唐太宗一生功过的长篇学术报告。

"文革"结束以后，汪篯恢复名誉，他的学术成就重新得到确认。1981年1月，中国社会科学出版社出版了学界盼望已久的《汪篯隋唐史论稿》。汪篯和乃师陈寅恪一样，不肯轻易发表文章，新中国成立后忙于繁重的教学工作，无暇多写文章，相当数量的文稿札记又在"文革"中被抄毁，所以这本书的篇幅并不大，不能全面反映汪篯在这一领域谨严精彩的研究成果，但是，正如唐长孺所说："对这个断代史的研究仍然有不可磨灭的贡献。"

汪篯的研究生不少已成为某一研究方面的著名专家乃至权威，如汪篯不早逝，其成就又当如何呢？

（朱福烓　原载《扬州晚报》2011年3月2日C7"老扬州"）

汪篯数学之名历久不衰

上一期《扬州籍历史学家汪篯》小文中，提到汪篯的数学很好。这里还可举一个例子。1948 年陈寅恪之女流求从南京师范学院附属高中毕业，欲投考清华大学理科。陈先生对她说："想考清华理科，数学成绩一定要好，你数学上有不明白处，可以请教汪篯先生，他的数学极好。"汪篯的数学之名可谓历久而不衰。

又提到了汪篯与陈寅恪。是的，无论关系的好与坏，汪篯与陈寅恪总有着割不断的情缘。

1953 年底，中国科学院哲学社会学部（中国社科院的前身）决定设立三个历史研究所，一所为上古史研究所，由郭沫若兼所长，尹达为副；三所为近代史研究所，范文澜任所长，刘大年为副；二所为中古史研究所，拟请陈寅恪为所长，向达和侯外庐为副。问题是如何请动陈寅恪。

这年 11 月，在马克思列宁学院尚未毕业（为期二年）的汪篯，愿意承担这个任务。如他后来对他的研究生胡戟说的，是他自告奋勇主动要去的，自以为有把握把陈先生请来北京。于是，他带着郭沫若和李四光的信件，满怀信心地前往广州。汪篯约于当月 21 日抵达，径往中山大学陈先生处。师生一别五年，相聚甚为欢愉，像过去一样，汪篯仍住在陈先生家中。当晚，汪篯将郭沫若和李四光的信转交给陈先生，事情却因此起了变化。陈寅恪本着一贯坚持的"独立之思想，自由之精神"，又由于一些具体原因，对任职提出了一些在当时不能接受的要求，师生有所辩论，遂产生了感情的破裂，有人甚至说成是汪篯被"逐出师门"。

汪篯这次请驾未成，对上不好交代，并受到种种责难；师生断交，又难忘旧时深情，精神上很是痛苦。汪篯一直难忘陈寅恪，此后他与研究生谈起自己做学问的经验有三条：一是党校的马列主义，二是陈寅恪先生的治学方法，三是中学的数学基础。他还要求研究生研究陈先生的代表作《隋唐制度渊源略论稿》和《唐代政治史述论稿》，并要写读书报告，这些都处处见到陈寅恪先生的影子。而且也说明，陈先生的治学方法和马列主义并不是相悖的。研究历史，只有实事求是一条真理，要让坚实的史实来说话。陈先生在国外游学时就读过原版的马克思《资本论》，他的史著也体现了辩证法精神，都很能说明问题。至于数学基础，著名史学家严耕望在《治史三书》序言中说："如能对于数学有较好的训练尤佳，因为数学是训练思考推理的最佳方法。"汪篯就具备了这一条件。

20世纪50年代中期，全国各高等院校优秀教师云集北京，讨论编写一套全国通用的教学大纲。中山大学派出历史系的刘节和陈锡祺参加。汪篯找到了他们，坦率地剖白了他当时对陈的态度和心情，请他们向陈表达他的内疚。会议结束时，特地买来一大包陈爱吃的北京风味食品，请他们带给陈先生。陈先生收到礼物还是很高兴的。可惜他们已没有机会作交心之谈了。

最近读《通向义宁之学——王永兴先生纪念文集》。王永兴和汪篯都是陈寅恪的学生和助手，这里有人提到汪篯的时候说："汪先生留在改组后的北大，颇受领导重视。汪先生对新社会怀有激情，充满期待，对教学、科研和其他各项工作都很投入，力求用马列主义、毛泽东思想指导规范自己的言行。这和当年不少知识分子一样，真诚地想在自己的岗位上为国家做出贡献。"这个评价是确当的。

可惜的是，他被"四人帮"迫害致死了。

（朱福烓　原载《扬州晚报》2011年3月9日）

我所知道的汪篯先生与数学
有关的一些情况

2016 年 12 月 25 日是汪篯先生百年诞辰。12 月 25 日和 12 月 31 日，分别在北京和西安两个场地开了"纪念汪篯先生百年诞辰座谈会"。会上提到要在座谈会的基础上，再加上一些其他文章，整理出版一本书。我参加了在北京的座谈会。会后，吴宗国先生和胡戟先生都表示希望我能写几句，放在即将出版的书中。由于我对汪篯先生在历史学研究方面的情况了解不多，而且历史学与我所学的专业相距甚远，所以觉得无从下笔。但后来读到吴宗国先生在《汪篯传略》中所写的一段话，突然想起自己知道一些汪篯先生与数学方面有关的情况，这些情况可能知道的人不是很多，而且有些事似乎还有些趣味，于是决定在这方面写几句。

上面提到的吴宗国先生在《汪篯传略》中所写的那段话是这样的：

（汪篯）1931 年到 1934 年在省立扬州中学高中学习。扬州中学在当时是一所颇负盛名的学校，教学品质很高。他回忆这一段学习生活时曾说过，他在扬州中学时数学学得特别好，他的逻辑思维的提高很得益于这一阶段的数学学习。……他曾总结自己的成长，一是得益于扬州中学的数学学习，培养了严格的逻辑思维能力；二是从陈寅恪先生那里学到了整理材料和分析问题的科学方法……

由这段话可知，汪篯非常强调数学学习在他成长过程中所起的作用。在 2016 年 12 月出版的《汪篯汉唐史论稿》中，基本上收全了目前能找到的汪篯所写的文稿。实际上，在这些文稿中，只有较少部分是在他生前正式发表过的。而在这少量生前正式发表的文章中，相对比较重要的文章是1962年发表在《光明日报》的《隋唐史杂记》(1–4)。在这4篇杂记中，引用了大量的数据，论证了隋唐史研究中的4个问题。从这4篇杂记可以看出，汪篯对于数字的引用是得心应手的。虽然其中并没有用到多么复杂的数学运算，但能够通过解读大量数字，得出相应的结论，至少可以表明他的逻辑思维是很清楚的，也可以间接反映出他所说的得益于扬州中学的数学学习。

汪篯是1934年考入清华大学历史系的。在《汪篯传略》中有如下记载："1934年秋，考进北平清华大学历史系学习。为清华大学十级全部300多名新生入学成绩总分第二名（第一名为物理系考生），并以学史而数学独得满分为人惊奇。"这段话虽然不长，背后却有一段很有意思的故事。

早就听人说起汪篯是清华大学十级（1934级）入学考试的总分第二名。后来又知道那时的入学考试是不分文理科的，所有考生用的是相同的试卷。由于第一名为物理系考生，后来成为中国科学院院士的李正武（李整武）先生，所以，如果按照目前时兴的提法，说汪篯是当年的文科状元也不为过。但实际上从来没有人这样说过，提及此事的人通常会说他是榜眼（第二名）。

2010年，我曾就清华十级入学考试的一些相关事宜向清华大学十级社会学系的任扶善先生（首都经贸大学教授）求教。任先生时年已九十有五，竟然在收信当天即亲笔给予回复（图1为任先生回复的扫描件），令我非常感动。现将任先生的回复内容抄录如下。

"1. 抗战前大学招生试题都不分文理科。因为那时高中不分文理科，会考也不分文理科。清华十级的入学考试当然也不分。2. 清华十级入学考试项目如下（3天9门）：国文、本国史地、党义、英文、生物、世界史地、物理、化学、数学。3. 录取标准不同系科有所侧重。录取后一年级课程，文法理工各有不同。"

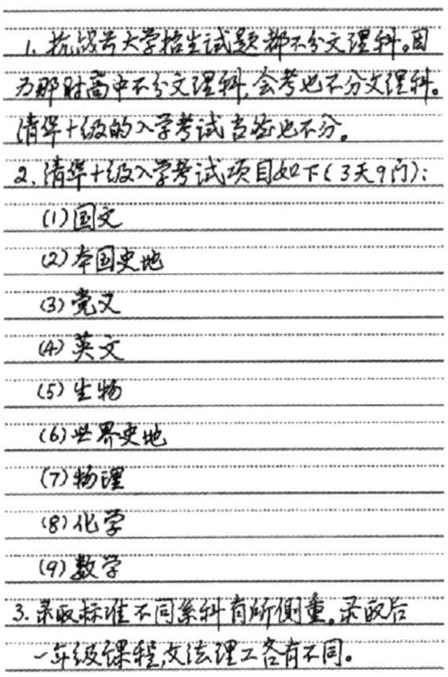
1. 抗战前大学招生试题都不分文理科。因为那时高中不分文理科，会考也不分文理科。清华十级的入学考试当然也不分。
2. 清华十级入学考试项目如下（3天9门）：
(1)国文
(2)本国史地
(3)党义
(4)英文
(5)生物
(6)世界史地
(7)物理
(8)化学
(9)数学
3. 录取标准不同系科有所侧重。录取后一年级课程，文法理工各有不同。

图1　任扶善先生回信

从任先生提供的清华大学十级入学考试项目可以看出，其中有多门考试是偏理科的，对于文科考生来说，相对难度可能就更大些。这大概也是那段时间清华大学入学考试的第一名多为理科考生的缘故吧。记得前些年网上流传过一些关于名人在高考时数学只得几分甚至 0 分也能考入清华大学的佳话，我无法去证实那些传闻是否属实。但倘真如此，亦可佐证当时的数学考试项目相对于文科考生实属不易。

接下来还是要说与那次考试有关的事。实际上，在考试时得到总分第二名并不足为奇，毕竟考试总会有第一名、第二名……一直到最后一名。比较有意思的是在那次考试中，汪篯的数学考试得了满分，而且是当年唯一的数学满分。在清华大学 100 多年的历史上，是否还有过文科考生数学独得满分的情况我没有去查询过，估计大概没有。即使有，也只能是几十年以前的事了。近几十年的高考都是文理科分开的，即使某年只有唯一的一个文科考生数学考了满分，而正好当年理科考生没有数学考满分的，情况也不同于 1934 年的考试。因为后来文理科的数学考卷是不同的，无法以同一尺度衡量。因此，这确实可以说是一件比较有趣的事，而且很可能在清华大学的历史上是唯一的一次。但实际上，这件事的背后还有一件更有趣的事情，知道的人也不是很多。现将我所知道的相关情况叙述如下。

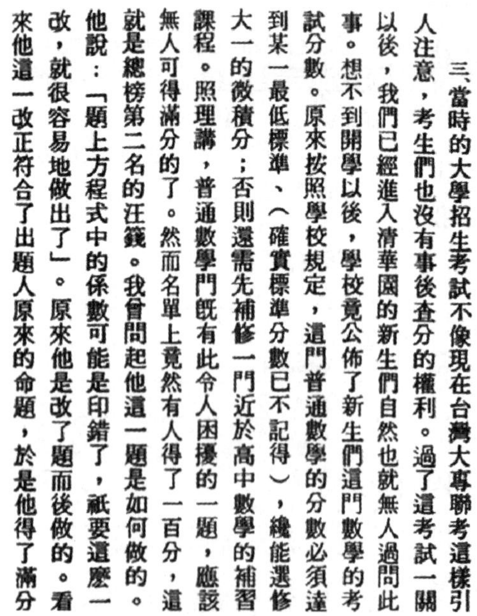

汪篯之所以能在清华大学的入学考试时"学史而数学独得满分"，实际上是因为出现了一个很特殊的情况，就是那一年的数学考题出了差错。至于出差错的原因，现已无从考证。但为什么考题出了差错还有人能得满分呢？对此，清华大学十级的孙方铎教授曾在《清华大学十级（1938）毕业50 年纪念特刊》中撰文《十级入学考试中一道数学题的解答和回忆》，比较具体地讲述了此事。图 2 是该文的截图。

三、当时的大学招生考试不像现在台湾大专联考这样引人注意，考生们也没有事后查分的权利。过了这考试一关以后，我们已经进入清华园的新生们自然也就无人过问此事。想不到开学以后，学校竟公布了新生们这门数学的考试分数。原来按照学校规定，这门普通数学的分数必须达到某一最低标准、（确实标准分数已不记得），缐能选修大一的微积分；否则还需先补修一门近于高中数学的补习课程。照理讲，普通数学门既有此令人困扰的一题，应该无人可得满分的。然而名单上竟然有人得了一百分，这就是总榜第二名的汪篯。我曾问起他这一题是如何做的。他说："题上方程式中的系数可能是印错了，祇要这么一改，就很容易地做出了"。原来他是改了题而後做的。看来他这一改正符合了出题人原来的命题，於是他得了满分

图 2　孙方铎教授文章（局部）

原来，汪篯在考试时看出了这道数学题是有问题的，于是按照自己的理解对该试题进行了修正，将试题改成了符合出题老师本意的正确的试题；而且据说他还在考卷上对于为何修改该试题做了说明。此外，他不仅仅是在试卷上改正了有差错的题，而且所有的数学试题都做对了。据说正因为此，判卷老师才给了他满分。这件事有几个人都对我讲过，其中以汪篯的结拜兄长、与他同是毕业于扬州中学的清华大学九级（1933级）的吴征镒先生（中国科学院昆明植物研究所研究员，中国科学院院士，2007年国家最高科技奖得主）讲得最为详细。据吴征镒先生说，在回答其他试题时哪怕只有1分的失误，即使改正了这道试题并且做对了也是不能得分的。我当时对此有些不解。吴征镒先生进一步告诉我，把一道做不出来的题改成了能做的题是不可能给分的；而如果一个人把其他所有题都做对了，说明他的数学基础很好。只是在这种情况下，看出试题中可能有差错并加以改正而且还做对了才有可能得分。换句话说，假设这道题的分值是10分，如果汪篯在解其他试题时有了1分的失误，即使改正了这道题并且做对了，那也只能得89分而不是99分；而他不仅改正了试题，并且还把所有试题都完全做对了，所以最终得了满分。按我的记忆和理解，吴征镒先生对我说的上述这些话乃是判卷老师的本意，遗憾的是我当时并没有进一步追问详情。

以前我总认为，汪篯在入学考试中得了总分第二名实属偶然，假如此题没有出错，其他人的分数或许会有相应的提高，即使他仍有可能名列前茅，却不大可能得到总分第二名了。但后来从另一个角度考虑，却产生了一个有意思的想法。很多人都参加过各种考试，也有过遇到不会做的难题的经历，特别是在高考那样非常紧张的条件下，能敏锐地意识到考题出了差错，加以更正并给出说明和正确答案其实是一件很难也很有趣的事情。这比考试是否得到第一名或者第二名要有意思得多。

实际上，除了吴征镒先生，还有不少汪篯在清华大学时的校友如李赋宁、何成钧、朱延辉、李舜英等先生也都讲过这件事。此外，李赋宁先生（北京大学教授）还对我讲述过20世纪40年代他与汪篯同在昆明五华中学兼课的事，并特别提到汪篯曾给五华中学的学生补习过数学。

有关那次考试的事先后被多人提起，表明这件事给人留下了较深的印象，同时也说明这件事确实让人觉得挺有趣，否则也不值得一提再提。

周一良先生（北京大学教授）也曾对我说过汪篯的理科基础很好，并感慨如果汪篯学的是理科，或许后来的境遇能好一些。周一良先生去世后，可能是家里整理图书的缘故，周先生的公子周启锐通过我的一个朋友将周先生收藏的《汪篯隋唐史论稿》送还给了我。在书的扉页上有一段周先生亲笔写的文字，内容与他对我说的话是基本一致的。摘录如下。

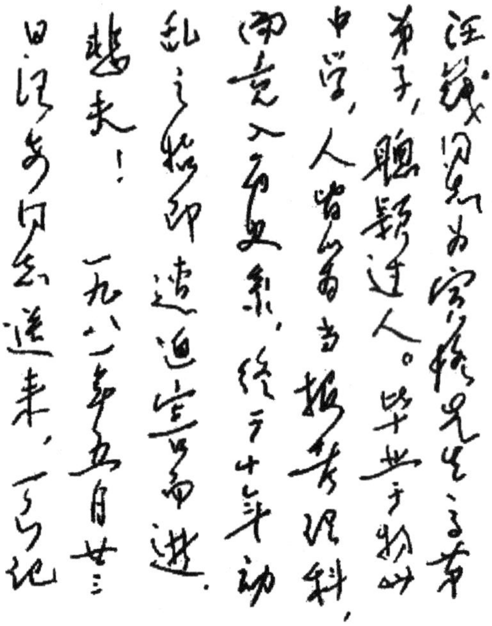

图3 周一良先生墨迹

"汪篯同志为寅恪先生高第弟子，聪颖过人。毕业于扬州中学，人皆以为当报考理科，而竟入历史系，终于十年动乱之始即遭迫害而逝。悲夫！"（图3）

何炳棣先生（芝加哥大学教授，美国艺术与科学院院士）是汪篯在清华大学历史系的同班同学，他讲过汪篯的母校扬州中学在数理化教学方面水准很高，同时也提到了汪篯在清华大学入学考试时数学得满分一事。在《读史阅世六十年》一书中，何炳棣先生说："我个人觉得（20世纪）30年代的扬州中学的数理化学教学水准比南开有高无低。事实上，30年代江浙若干省立中学的数理化教学都比南开严格。我清华1934级入学的状元李整武就是浙江金华省立七中毕业的；榜眼汪篯，'文革'期间含冤而死，北大历史系柱石之一，就是扬州中学毕业的（入学考试数学100分）。"在同书中何炳棣先生还提到："以清华1934年入学考试为例，南开和扬中毕业生各占22名，同居首位。"

最后我再讲几句与汪篯的老师陈寅恪先生有关的事，也都是与数学相关的。

在陈寅恪先生的三个女儿（陈流求、陈小彭、陈美延）合著的书《也同欢乐也同愁——忆父亲陈寅恪母亲唐篔》中，有这样一段话，陈寅恪先生对女儿陈流求说："你的功课准备得如何？想考入清华大学理科，数学成绩一定要好。你数学上有不明白处，可去请教汪篯先生，他的数学极好。"接下来她们又提到陈寅恪先生"一贯赏识数学好的学生，在他看来，数学好思维逻辑性强"。类似的话在上海拍摄的《大师》系列纪实片《陈寅恪》（下）中亦出现过。陈寅恪先生的女儿陈美延在纪实片中说过这样一段话："汪篯先生的数学特别好。我父亲是非常注重数学的，你们可能不会知道，他对我的要求也是数学要考 100 分。思维逻辑要清楚，所以他们就可以无话不谈。"（图 4）

图 4　陈美延访谈

从上述两段话可知以下两点：（1）陈寅恪先生知道汪篯的数学很好；（2）陈寅恪先生喜欢数学好的学生，因为"数学好思维逻辑性强"。

我岳母的好友缪希相（后名李涵，武汉大学教授）与其夫君刘适（后名石泉，武汉大学教授）都是陈寅恪先生的学生。缪阿姨对我讲过刘适先生在完成研究生论文（导师为陈寅恪先生）时汪篯正住在陈寅恪先生家中，他们有过数次交谈，感觉汪篯的头脑很清楚，思维也很敏锐。此外，她还曾听刘适先生提及汪篯的数学很好。至于刘适先生是怎么知道的，缪阿姨没有讲，我也没有问。从现在的情况看，很有可能也是从陈寅恪先生那里听到的。

以上散乱地写了一些自己知道的汪篯先生在数学方面的有关情况，就以此作为自己的纪念吧。

图5 五华中学高二班同学毕业纪念留影

又：关于五华中学照片的一些情况（图5）

这应该是五华中学高中第二班的毕业照。前两排基本是校方管理人员及教师；后两排为学生。季镇淮先生在第三排，他好像是那个班的班主任，所以没有坐在教师一排。

照片中的教师情况我不是太熟悉。把我知道基本情况的几个人说一下。

于乃义，时为五华中学校长。

朱自清，时为清华大学中文系教授。

王瑶、季镇淮后来均为北京大学中文系教授。

张澜庆、吴征镒与我父亲是结拜兄弟。大哥张澜庆曾任清华大学地质系副教授，1949年后在中国地质工作计划指导委员会（地质部前身）工作，任计划处长，并兼任李四光秘书，1952年去世，时年37岁（去世太早了！很多才能未能发挥出来。很可惜）。二哥吴征镒后来在中国科学院昆明植物研究所工作，为中国科学院院士（1955年当选中国科学院学部委员），2007年获国家最高科技奖。

另外还有几位教师的基本情况也略知一二，例如：

孙本旺后来为国防科大教授，曾任国防科大副校长。

高鼎三后来为吉林大学教授，中国工程院院士。

焦瑞身后来为中国科学院上海植物生理研究所研究员，曾任中国微生物学会理事长。

（汪　安　北京大学化学学院）

关于汪篯，我也来说几句

　　最近，看到朱福烓写的《扬州籍历史学家汪篯》和《汪篯数学之名历久不衰》两篇文章，又看到李为扬写的《忆念金兰盟弟汪篯》的文章，使我回忆起 75 年前的往事。汪篯比我大十岁，既不是同学，也不是邻居，更不是亲戚，又无什么往来。奇怪的是，我不但认识他，而且在一块儿嬉戏过，至今还有深刻印象。

　　汪篯是我三哥非常要好的同学，同在清华大学读历史系，只要寒暑假，都要同返扬州。两人时相过从，形影不离。我三哥名叫朱懋炎，字延辉（在清华用的名字是"朱延辉"）。1914 年生，肖虎。我行六，1926 年生，也肖虎。他读大学时，我还在当时的城东小学（今东关小学前身）就读。那时我家在羊巷，系租用名人陈含光的房子，在其"金粟山房"（现羊巷 33 号）的对门，有前后两进。我们老小都住后进，平时前进空着（抗日战争后期，才迁往二姑父丁敬臣在他官第的大房子居住，直至扬州解放）。寒暑假炎哥回家，前进顿时热闹起来，天天都有很多他的同学欢聚。时而高谈阔论，谈笑风生；时而慷慨激昂，面红耳赤；有时呼啸而出，人去房空；有时欢笑归来，低吟高唱。当时，我幼稚好奇，常跑去看新鲜、看热闹。汪篯天天上午和下午都要来（从未在我家吃过午饭），几未间断过。汪最年轻，又最活跃，久之，与我也搞熟了，有时还撩逗我。因此，我对汪有了亲切感。我见过炎哥许多同学，只记得"汪篯"的名字，因为印象太深了。直到 1937 年抗日战争爆发，清华内迁，扬州沦陷，不见炎哥踪影，上述情况才消失。"文革"后，我去沪往晤炎哥，还问及汪篯情况，告以被迫害致死，怅然久之！炎哥亮出《忆念汪篯兄》五言长诗，我亦为之动容，唏嘘不已！

　　该诗详叙友情交往深厚，细密处仿佛当年情景复现，历历在目，可补旁人所述残缺。炎哥和汪篯均善诗，时相唱和。

炎哥曾述及，汪篯数学极佳，考清华时仅汪一人得满分。并告以其中奥妙在于，某考题有错，汪大胆更正，遂捷。

某日，仅炎哥与汪在屋内，忙着在堂屋糊上一张报纸大的印刷品。待无人时我往细视，乃反映"毋忘国耻"内容，罗列鸦片战争以来的各种不平等条约和国耻日。他们返清华后，我常去对壁念念有词，这对我日后影响实深。

1996年5月炎哥由沪莅扬，我曾陪他往晤李为扬同学。不幸五年后2002年1月4日，炎哥以心疾逝世。

（朱　元　原载《扬州晚报》"扬州人"，2011年4月6日）

读《汪篯隋唐史论稿》兼论
隋唐史研究

　　《汪篯隋唐史论稿》的问世，确实是史坛上的一件值得庆幸的喜事，其所以特别值得庆幸，理由有二。其一，个人久闻汪篯同志治隋唐史有年，成果不少，然而发表者屈指可数，难解急切求读之情。这次《论稿》出版，虽犹不能满足欲睹汪篯同志成果全貌的夙愿，但总可以看到其中的大部分了。其二，汪篯同志在"文革"中被迫害致死，热心隋唐史的史学工作者广搜汪篯同志的遗稿，编缀成集，不仅为飨读者，亦为纪念逝者的最有意义之举。我是在兴奋与沉痛相交织的心情下一口气读完这部著作的。

　　《论稿》是汪篯同志一生学术生涯的总结，是作者在治学中所走过的学术道路的见证，读后不仅为其中精辟论证所吸引，而且为汪篯同志逐步走向革命的进取精神所感动。对《论稿》不敢妄加评论，在这里只写一点杂感性质的东西，略事介绍，亦借以表达个人对作者的缅怀之情。

　　中华人民共和国成立前，汪篯同志在陈寅恪先生门下专攻隋唐史多年，毋庸讳言，《论稿》中的很多文章是受陈先生的学术观点、治学方法的影响而写成的，师徒相承之迹，跃然纸上。譬如陈先生的重要论点之一，是西魏、北周、隋、唐诸朝的上层统治集团例行所谓"关陇本位政策"，很多复杂的政治斗争均与此有关。《论稿》承其余绪，并加以发挥，在《唐太宗之拔擢山东微族与各集团人士之并进》、《唐太宗树立新门阀的意图》、《唐高宗王武二后废立之争》及《唐室之克定关中》诸文中都明显而系统地贯穿着这一重要论点。再如陈寅恪先生《唐代政治史述论稿》的下篇《外族盛衰之连环性及外患与内政之关系》中达到了朴素辩证法的高度，力求从事物的相互联系、因果关系中探求历史发展的规律，而汪篯同志在《李密之失败与其内部组织之关系》、《西凉李轨之兴亡》及《宇文化及之杀炀帝及其失败》等文中亦一再谈"连环性""连锁性"问题。一望而知是在《述论稿》的启发下使用了相同的研究方法。陈寅恪先生过人的优点之一，是观察问题目光敏锐，往往能从常人所忽略的细微之处发现能说明重大现象之契机，这样写成的文章异常引人入胜，如《唐高祖称臣于突厥事》一文（见《寒柳堂集》）就是如此。汪篯同志确实也具有同样的优点，他在《西凉李轨之兴亡》一文中，首先揭示李轨起事时凉州之汉胡共同举兵以抗薛秦；接着指出最后执李轨之安氏兄弟系昭武九姓之裔，代表商胡利益；最终得出结论，李轨旨在割据河西，安修仁、安兴贵则渴望唐朝统一以通商业孔道，故两种势力发生冲突，宜其西凉之亡。经过这样的论证，确有发人所未发之处。对照《唐高祖称臣于突厥事》与《西凉李轨之兴亡》一读，确实感到二文前后辉映，有异曲同工之妙。最后，陈寅恪先生治学谨严，每条史料都经过校核诸书方始引用，无一字一句苟且，此点素为后学所景仰。汪篯同志在这方面也继承了陈先生的学风，所用史料无不细加考校，从无信手拈来、滥事引用之处。这种严肃的治学态度，对于今天的中青年史学工作者来说，无疑也是应当继续承袭的。总之，名师出高徒，读了《论稿》之后，确实感到汪篯同志不愧为陈门高足。

也应该看到，陈寅恪先生的某些欠缺和不足之处，在汪著《论稿》中也有所反映。陈先生看问题敏锐是其所长，但做得过了头就易于走向牵强附会，如他硬把陶潜《桃花源记》所描写的离奇故事说成是实有的坞堡组织，就难以令人信服。种族（即民族）和文化在魏晋至隋唐时期确实是一个重要的社会因素，但陈先生把二者说成是最主要的甚至是唯一的决定历史发展的关键，就未见允当。汪篯同志把隋唐之际宫闱中的大大小小的所有斗争及其他一些重要历史事变都同"关陇本位政策"联系起来，就是受陈先生的影响而走向绝对化的反映。历史的一些政争有不少是无谓的尔虞我诈之争，有些事件甚至具有很大的偶然性，用一个原则或原理解释一切，就未免有走极端之嫌。再如战马在古代战争中无疑是影响胜负的重要因素之一，但汪篯同志在《唐初之骑兵》一文中通过对各个战例的分析，最后好像给读者造成了这样的印象：有马则胜，无马则败；骑多则胜，骑少则败。实际上决定敌我双方此胜彼败的条件很多，这个问题很复杂，绝不单纯取决于骑兵的有无或多少，甚至也不仅取决于经济力、军力的对比，各方的政治形势和情况也能产生很大的影响。如薛秦之亡，就与薛氏父子嗜杀成性、刻薄寡恩、统治残暴有关。而恰恰这一点在《论稿》诸文中被忽略了。在师生关系上，学生能做到就其师之长，弃其师之短，是很不容易的。因此汪篯先生在陈先生的影响下产生某些类似的欠缺，亦非常近乎情理。指出上述缺陷，旨在有利于摆正今天的师承关系，原无意于苛求汪篯同志。

《论稿》是著者毕生治隋唐史的心血结晶，也清楚地反映了汪篯同志在学术上所走过的曲折道路。陈、汪二位先生都亲历了从半封建半殖民地旧中国到中华人民共和国的建立与成长的历史历程，他们的学术道路却判然有别，主要区别在于，陈先生在政治上热爱祖国，坚持留在大陆而不去国弃土，但在治学上，解放后却没有发生什么明显的变化，文风一仍故我；汪篯同志却有所不同，他没有在导师的老圈子里故步自封，而是力求突破原来的樊篱，自觉学习辩证唯物主义和历史唯物主义，从而走向了一个新天地。这正是汪篯同志的难能可贵之处。

陈寅恪先生精于考证是素为大家所称道的，但不足之处是不择巨细，往往为考辨一些无足轻重的历史琐事而劳心费力。汪篯同志继承了陈先生严考谨辨的学风，但在新中国成立后所写的一些考证文章中却明显地反映出，他在选题上是有过慎重考虑的，即首先研究那些具有重大社会意义的历史资料，而不肯在无谓而烦琐的问题上浪掷精力。如对隋代户口数增长的考证、隋唐时期田亩数及实际垦田数的考证，就是与他学习了马克思主义以后重视社会经济的发展分不开的。《隋唐时期丝产地的分布》一文虽然写竟于解放以前，恐怕也与他"在解放前曾参加过我党领导的进步的革命运动"（《论稿后记》）有密切的关系。

至于《唐太宗"贞观之治"与农民战争的关系》《关于隋末农民大起义的发源地问题》《唐太宗》《武则天》诸文，已经非常重视阶级斗争及其作用，一望而知是在历史唯物主义的指导下写成的。《论稿》的《附录》中还特别选入了一篇题为《关于农民的阶级斗争在封建社会中的历史作用问题》的文章，更能集中地说明作者的兴奋点已经从统治集团的内争转移到阶级斗争方面来了。甚至像"玄武门之变"这样一些纯属统治阶级内部斗争的史实，《论稿》也能运用阶级观点指出："地主阶级的剥削本性和剥削阶级的政治制度决定着他们要争权夺利，从而也就决定着他们必然要尔虞我诈，以致互相残杀。"尤其值得提出的是汪篯同志运用马克思主义理论研究历史，没有流于庸俗的贴标签方式，而是努力做到具体事物具体分析。譬如他在探讨隋末农民起义与"贞观之治"的关系时，一再强调这次起义不是爆发于一个衰朽的时代，恰恰是爆发于一个号称富强的时期。隋朝由"全盛而骤告覆亡"，对唐太宗来说是教训太深刻了。再如分析隋末农民起义的发源地时，也是具体研究了这些地区的具体情况，而不是泛泛地罗列一些剥削、压迫的史料就算了事。正因为如此，《论稿》中的某几篇文章不但运用了马克思主义的基本理论，而且论史结合得比较好。

旧的历史学家大致有两种情况：一部分人专门埋头于考证校勘，不肯从总体上考虑历史发展的全貌和规律，可以说是只见树木，不见森林；另一部分人好做空泛的议论，却又缺乏具体深入的探讨，可以说是不见树木，只见森林，而且他们所看到的森林也是被歪曲了的形象。在这方面，陈寅恪先生是超迈古人的，他不断细致入微地考辨史料和史实，而且由小见大，力求探讨魏晋到隋唐的历史发展的全局性问题，无怪乎新中国成立前读了陈先生的著作，尤其是《唐代政治史述论稿》及《隋唐制度渊源略论稿》的人，无不惊呼大开了眼界，有茅塞顿开之感。遗憾的是，陈先生虽然力求从总体上说明中国中古史的发展规律，但由于不是在正确的理论指导下进行研究，所以看不到生产力的发展、阶级斗争的进行、经济基础与上层建筑的制约等等是历史发展的决定性因素，也看不到劳动人民是历史的主人翁，而片面地把"种族"与"文化"错看成了最主要的因素。在这一点上，汪篯同志由于接受了马克思主义的革命理论，所以在解放后所写的几篇文章中，既进行过史实、史料的考订，又力求从经济发展、阶级斗争的高度分析隋唐之际的历史，可以说是既继承了陈先生的长处，又在陈先生的基础上大大前进了一步。回顾新中国成立以来我国发表过的隋唐史论文，其中少数也存在两种偏向：重视运用马列主义研究历史的某些史学家往往忽视具体史料、史实的考证，文章显得不够扎实；热衷于考证的某些史学家往往忽略从理论上加以概括，文章写得功力虽深，却缺乏高度。如果我们能像陈寅恪先生那样，既见树木，又见森林，而且在马克思主义阳光的照耀下不歪曲森林的形象，而能恢复其本来的面目，则在隋唐史的研究方面有新的突破，使这项工作攀登到一个新的高峰，是可计日而待的。

《论稿》的绝大部分篇幅集中在隋末和唐初的几个问题上，开天之际稍有涉及，至于唐朝后期和五代十国的历史，就很少论列了，不能不说是这部书的美中不足之处。就这一历史时期而言，从"安史之乱"到五代十国是中国封建社会由前期向后期发展的重要转折阶段，在这二百年中社会经济、财政制度、阶级关系以及哲学、文学等方面都在发生剧烈的变化，农民起义"均贫富"的新口号也在这一时期初露端倪。解放以来，在隋唐史的研究中，不独汪篯同志一人，大部分史学工作者的研究成果都集中在隋朝和唐朝前期。如关于隋末农民起义、均田制、租庸调制、府兵制、唐太宗、武则天的文章比较多；而唐代后期，除关于两税法、黄巢起义和党争等少数问题发表过相当数量的文章外，对其他很多重大问题就很少有人问津了。可见这不仅是《论稿》的一个缺陷，也是整个隋唐五代史领域的短线。有志于治隋唐五代史的史学工作者，我建议不妨在这方面大显一下身手，在这二百年的史学阵地上是可以大有作为的。

此外，《论稿》的大部分文章集中讨论政治斗争，包括阶级斗争和统治集团中的内争，而对很多重要制度、历史事件和历史人物的研究尚付阙如。在经济史方面，除从生产力发展的角度考证户数、田亩数及丝产地的分布外，也没有对生产关系多所探讨。这是本书的缺陷，也是目前隋唐史领域中的通病。回顾新中国成立以来的研究成果，大多集中在少数几个问题上，在面上没有展开。诸如隋唐时期的官制、行政地理、漕运、盐铁业、手工业和商业等方面，我们的成果还显得远远不足。至于对敦煌、吐鲁番发现的各种资料的研究，则不免落在其他国家敦煌学研究的后面。因此，我们不仅从纵的方面看存在短线，从横的方面看短线更多。针对上述情况，必须奋起努力，从纵横两个方面都进行补课。

汪篯同志不肯故步自封而坚决走革命的学术道路，这种进取精神值得后人景仰和学习；《论稿》的优点和长处，很值得我们借鉴和参考，从中可以得到有益的启迪；汪著的一些不足之处在所难免，我们认真对待也能对自己有所裨益。相信《论稿》的面世必能使我国隋唐史的研究更前进一步。

（胡如雷　河北省社科院，原载《读书》1982年第2期，
后收入《抛引集》，河北教育出版社，1993）

陈寅恪学术体系中的汪篯印记
——以唐初政治史研究为例

《汪篯隋唐史论稿》中收录了《唐太宗之拔擢山东微族与各集团人士之并进》《唐太宗树立新门阀的意图》《唐高宗王武二后废立之争》（以下分别简称为《拔擢微族》《新门阀》《王武二后》），这三篇文章写作于20世纪40年代，同属汪著《魏晋隋唐党争史》的部分章节，在其生前均未发表。[①] 三文的主要内容均与唐初政治有关，且对陈寅恪"关陇集团"学说多有呼应。而陈氏晚年主动对此说进行修正，以"李武韦杨婚姻集团"的视角重新解释唐前期政治史[②]。就写作时间而言，汪氏三文正处于"关陇集团"理论提出后，"婚姻集团"新说问世之前，其对唐前期政治史的理解与陈氏历史解释的转变有无关系，陈、汪具体观点的异同，是本文要探讨的问题。

一 汪篯对"关陇集团"理论的
接受与再解释

陈寅恪在《唐代政治史述论稿》中以"关陇集团"理论概括北朝后期至唐前期政治大势时，并未对隋唐政治状况进行具体分析。就《拔擢微族》、《新门阀》与《王武二后》三文而言，汪篯应是最早运用陈氏这一理论对唐代具体史事进行论述的学者。这几篇文章将陈氏学说与唐初政治史结合，用"关陇集团"理论解释唐代政治现象，强调关陇集团在唐初的统治地位，可以视

---

① 具体介绍见《汪篯隋唐史论稿·后记》，中国社会科学出版社，1981，第327页。
② 详见张耐冬《从"关陇集团"到"李武韦杨"——陈寅恪对唐代政治史解释的转变》，载包伟民、刘后滨主编《唐宋历史评论》第2辑，社会科学文献出版社，2016。

为"关陇集团"理论的具体应用。

使用"关陇集团"理论对唐代政治现象进行分析时，汪篯也并未对陈氏的说法亦步亦趋。

在概括关陇集团对政治的掌控地位时，陈寅恪认为"当李唐初期此集团之力量犹未衰损，皇室与其将相大臣几全出于同一之系统及阶级，故李氏据帝位，主其轴心，其他诸族入则为相，出则为将，自无文武分途之事，而将相大臣与皇室亦为同类之人，其间更不容别一统治阶级之存在也"。[①]对于这一说法，汪篯并不完全认同，在《拔擢微族》中，他提出"高祖时的偏重任用关陇集团人士的政策，到太宗时便有了变化"，并认为"这一集团的中心家族本来就不多，周隋之际，虽然实际已屡经扩大，但是根基还不巩固，何况再加上西魏、北周、杨隋、李唐四代的禅夺纷争，又摧残了不少。所以，若专用这一集团的人物，而把这集团以外的人士概加摒弃，则必有人才不足的感觉"。[②]

关于关陇集团入唐后的状况，陈寅恪并未进行说明。汪篯在《新门阀》一文指出李世民通过修《氏族志》对山东、关陇人士有所抑扬，通过与勋贵名臣之家通婚树立新族阀，以加强本集团之实力。在《王武二后》中，他开篇便将这一观点与《拔擢微族》的相关结论做了总括："太宗用人政策，为使各方人士平行并进，而尤注意于山东微族之拔擢。太宗为使各方人士融炼抟合为一坚强之团体起见，乃有修《氏族志》之举。其目的乃在使此团体以李唐皇室为其核心，以李唐皇室之戚属，实即大都为关陇集团中之一部分主要家族，密切附着于此一核心，而更以'凡在朝士'之各种来源复杂之家族环其外围也。"[③]而后以永徽六年废王立武事件为中心，阐述此事与关陇集团失势的联系。

与陈寅恪强调武后掌权时起改革兵制、行科举制等破坏"关中本位政策"之行为导致关陇集团整体瓦解的说法不同，在《王武二后》中，除了看重废王立武事件中支持武氏之人士与长孙无忌一系在出身、地域上的差别之外，汪篯更看重具体人事对废王立武乃至关陇集团覆灭的作用。他认为，暗弱之

① 陈寅恪:《唐代政治史述论稿》，生活·读书·新知三联书店，2009，第234~235页。
② 汪篯著，唐长孺等编《汪篯隋唐史论稿》，第132、142~143页。
③ 汪篯著，唐长孺等编《汪篯隋唐史论稿》，第165页。

主李治在位前期，外朝大臣如李义府、许敬宗等为谋实利而支持武氏，与关陇集团相抗衡，武氏得立，李、许等人遂将关陇一系重臣尽皆驱除。

这一解释看上去确实无甚高论，与陈寅恪在《唐代政治史述论稿》中高屋建瓴的见解大为不同。陈氏着意于揭示具有地域特色的"种族—文化"集团在唐代政治史中的作用，对于持某种私心的具体政治行为则较少关注。陈氏所忽略者，恰是汪篯撰写《魏晋隋唐党争史》时重点描摹之对象，不独《王武二后》有这样的研究取向，《拔擢微族》与《新门阀》同样是以具体人事为中心，剖析这些现象背后的政治要素。在《王武二后》中，他特别说明李义府与刘洎之间的联系，并点明刘洎党附李泰，也隐含了一条讲述线索，这条线索能够说明此篇起始时所描述的李世民欲抟合各派力量以巩固关陇集团统治之努力何以最终以关陇集团与其他人士借由王武二后废立之事展开决斗而告终①。

据以上数点，可知汪篯接受了陈寅恪提出的"关陇集团"理论作为讲述唐初政治史的基本线索，在分析具体人事时也对陈氏的历史解释有所修正。而这几篇残稿中以陈氏理论讲述唐代政治史的基本观点与线索，后来也成为以陈氏理论解说唐代历史的典型叙事文本。

二　汪篯的唐代政治史研究对陈寅恪的影响

对于陈寅恪与汪篯在学术上的关系，学界一般的看法是汪篯继承了陈寅恪的研究思路与基本观点，很少有人提起汪篯对陈寅恪的学术回馈。究其原因，认为陈氏之观点一以贯之、少有变更，恐怕是理解陈寅恪学术最大之障碍。陈氏的观点自有其发展演进过程，从"关陇集团"理论到"李武韦杨"学说即是一例。此非本文所欲讨论者，兹不赘述。

陈氏自 1946 年重返清华任教，至 1948 年 12 月离开清华园，汪篯一直是

---

① 有关非关陇集团人士何以在永徽六年废王立武事件中纷纷选择支持武氏，以及李世民融炼各派势力为一体之努力何以失败，《魏晋隋唐党争史》残稿中并无相关内容，参照据汪篯在中央党校讲课记录整理的《唐太宗》一文，可知其基本思路：拔擢微族、树立新门阀本为李世民加强关陇集团统治之计划，但太子魏王之争中的朝臣结党行为令其反感，加之最后长孙无忌支持李治，他便对储位之争中与长孙无忌对立者加以清除，日渐退回到关陇集团的旧圈子中去，而对山东微族与其他人士则日渐疏远。详见汪篯著，唐长孺等编《汪篯隋唐史论稿》，第 108~113 页。

他的助手。这段时间里汪篯恰好在写作唐初政治史三文，而同时期陈氏无甚著述，据其 1948 年 5 月与郑天挺书，几年间他的主要精力在整理《元白诗笺证稿》，整理工作也主要委托给汪篯[1]。《也同欢乐也同愁》中，陈氏之女也提到此段时间由汪篯协助陈氏进行研究工作，二人亦时常在散步时讨论学术。[2]

值得注意的是，汪篯有关唐初政治史的三文中的相关思路与内容，和陈氏在 20 世纪 50 年代发表的《论隋末唐初所谓"山东豪杰"》（以下简称《山东豪杰》）、《记唐代之李武韦杨婚姻集团》（以下简称《婚姻集团》）关联度极强。《拔擢微族》中关注的李世民拔擢山东微族之事，以及作为其中代表的魏征、李勣、张亮等人，在陈氏《山东豪杰》一文中被专门讨论。而《新门阀》与《王武二后》中所涉及的唐室通婚之家所属的政治集团、李唐皇室在婚姻上所持的观念、废王立武事件中相关诸人所属集团以及废王立武作为关陇集团衰落的关键事件等论题，也成为日后陈氏《婚姻集团》一文所涉及的重要问题。这应该不是简单的巧合，陈氏之女所述二人在清华园散步时论学，其中就应有关于唐初政治史研究的交流。

现仅就与任用山东微族人士的研究中二人所引材料做一统计，可见在史料运用上的异同[3]：

相关研究论题	汪篯所用之史料	陈寅恪所用之史料
山东微族家世	魏征： 《北史·魏长贤传》[1] 李勣： 《新唐书·李勣传》 《李勣碑》 张亮： 《旧唐书·张亮传》 《新唐书·张亮传》	魏征： 《旧唐书·魏征传》 《北史·魏长贤传》 《元和郡县图志》卷 16 《新唐书·宰相世系表》"魏氏" 《全唐诗》中高适《三君咏》序 李勣： 《新唐书·李勣传》 张亮： 《旧唐书·张亮传》

---

[1] 郑克晟：《陈寅恪与郑天挺》，载封越健、孙卫国编《郑天挺先生学行录》，中华书局，2009，第 256~257 页（原载于《陈寅恪与二十世纪中国学术》，浙江人民出版社，2000，增补后收入该书）。

[2] 陈流求、陈小彭、陈美延：《也同欢乐也同愁：忆父亲陈寅恪母亲唐筼》，生活·读书·新知三联书店，2010，第 213 页。

[3] 二人在树立新门阀与废王立武问题上，研究的侧重点有所不同，故未对此二题目的史料运用进行比对。至于二人为何在这两个论题上详略有别，详见后文。

续表

相关研究论题	汪篯所用之史料	陈寅恪所用之史料
李世民重用山东微族之背景	《旧唐书·刘黑闼传》(及同卷附《徐圆朗传》) 《通鉴》卷190注引《太宗实录》 《通鉴》卷190 《旧唐书·隐太子建成传》 《旧唐书·张亮传》 《旧唐书·地理志》 《新唐书·地理志》 《旧唐书·魏征传》 《新唐书·魏征传》	《新唐书·窦建德传》 《新唐书·刘黑闼传》 《旧唐书·庐江王瑗传》 《通鉴》卷190注引《太宗实录》 《窦建德碑》 《旧唐书·李密传》 《旧唐书·隐太子建成传》 《旧唐书·张亮传》 《旧唐书·尉迟敬德传》 《旧唐书·张公谨传》 《常何碑》(应为《常何墓志》) 《旧唐书·魏征传》 《新唐书·魏征传》

① 在《拔擢微族》中，谈及魏征家世，汪篯仅举《北史·魏长贤传》，而未提及《旧唐书·魏征传》，盖因此传对魏征家族先世确如汪篯所说"无从详考"，见汪篯著，唐长孺等编《汪篯隋唐史论稿》，第134页。

除上表中直观可见之史料条目之关系，二人所使用的各条史料中具体内容也高度重合。所不同者，在于汪篯以此分析李世民重用山东人士中的微族人士之原因，而陈寅恪并未止步于此，他进而对"山东豪杰"之"种族—文化"由来进行探源，将这一社会力量追溯到北魏屯营户，并以"胡汉杂糅、善战斗、务农业，而有组织之集团"来为之定义。

此外，陈氏论述"山东豪杰"时，对唐初皇帝何以重视山东豪杰而对山东士族不甚重用仅用寥寥数语带过，与此类似的是其讨论"婚姻集团"问题时，对唐初皇室联姻家族与关陇集团之关系、参与废王立武事件相关人士家世考证之类的问题也并未深究。除去陈氏固有的行文风格之外，汪篯三文已对此有明确且详细的解释，恐怕是陈寅恪放弃论述的重要原因。

综上，汪篯论唐初政治史三文，不但是对"关陇集团"学说的应用，更为陈寅恪提供了深入研究唐代政治史的思路与素材。日后陈氏以"婚姻集团"学说对"关陇集团"理论进行修正，就是建立在汪篯的学术回馈之上。

三 汪篯与陈寅恪唐代政治史解释之差异

汪篯的唐初政治史三文，在应用"关陇集团"理论的同时，对《唐代政治史述论稿》中的相关观点进行了修正，从具体事件与人物入手，描绘出了唐初政治的大体框架。这一系列文章也对陈寅恪产生了影响，他开始在汪篯三文的基础上重新思考"关陇集团"理论的解释力，几年后发表的《山东豪杰》与《婚姻集团》，正是在汪篯三文的基础上所做的再研究。

虽然论域较为接近，但陈、汪二人对唐代政治史的解释仍存在很大的区别。

在汪篯的解释中，人与事一直是他关注的重点，因此《拔擢微族》与《新门阀》二文均以李世民作为考察重点，从其求治之渴望、门阀观念、关中本位意识与防范结党等心理因素入手，分析此时如何以关陇集团为核心以实行强干弱枝之政策。《王武二后》一文，也是从长孙无忌强化关陇集团核心地位、武后与李义府许敬宗等打击关陇集团之意识出发，探求废王立武事件对中枢政局之影响。

陈寅恪的论述重点不是对一时一事的分析，其旨趣在于建立宏观的整体解释，故而在汪篯三文的基础之上，他提出"山东豪杰"与"婚姻集团"这两个概念，认为隋末唐初时山东豪杰崛起，与关陇集团双峰并峙，导致李世民并用两集团人士；同时，由于唐初仍以关陇集团为重，故皇室联姻对象多为该集团内家族，武氏以母系出自关陇而充太宗下陈，至高宗之时，山东豪杰以废王立武事件为契机，联合其他山东人士，终结了关陇集团把持政局之局面，武氏顺势而为，以李武两族为核心，锻造了"婚姻集团"。为了解释为何在废王立武事件中李勣、李义府等能够与武氏合作，他发明了"山东集团"一词，用以指代所有籍贯出于山东且未融入关陇集团之人[1]。值得注意的是陈氏"山东豪杰"、"婚姻集团"与"山东集团"这三个概念的界定。在汪篯的论说中，"山东豪杰"只是史料里对隋末唐初有武力且非士族高门的山东人士

---

[1] 关于"山东集团"，仇鹿鸣曾有专文讨论，详见氏著《陈寅恪"山东集团"辨析》，《史林》2004 年第 5 期。

之概称，但陈寅恪为其寻找到了历史的源头，即胡汉杂糅的北魏镇户。这种"种族—文化"视角下对"山东豪杰"的定位，与陈寅恪一贯的政治史研究思路相类，其是否有以此为线索考察北朝政治史的打算，因文献不足难以推测，但这一定位本身就可将"山东豪杰"定义为一个区别于"关陇集团"的政治存在。通过这一溯源工作，陈寅恪在《拔擢微族》的结论之上，在唐初政治史中为"山东豪杰"开辟了独立的单元。而"山东集团"这一概念的发明，以及用此概念描述废王立武事件中非关陇集团人士之所以团结的原因，与事实相去甚远，不及《王武二后》中从个人私利角度对李义府、李勣等人行为的分析。但陈寅恪借此重建了他的唐代政治史解释序列，将北朝隋唐政治史划分为由"关陇集团"与"婚姻集团"前后统辖的两个时段。在这个序列中，"山东集团"实际起到了中介作用，用以解释何以叱咤一时的关陇集团会在皇后废立事件中一败涂地、分崩离析，从而出现从"关陇集团"到"婚姻集团"的转变。"婚姻集团"概念，也是比照"关陇集团"而创制的、对唐高宗至玄宗时期中枢政局进行解释的概念，此点已在《从"关陇集团"到"李武韦杨"》一文中详述，此处不赘。

二人对唐初政治史的不同解释方式，除去理论素养等个人原因外，各自所选择的论题也对他们有很大的限制。汪篯的唐初政治史三文，讲述的是具体的政治历程，《魏晋隋唐党争史》这一题目也决定了必然要以对政治事件的分析为重点，且要以传统史书中的叙事为出发点。传世文献对人物在政治事件中的作用尤其强调，这也是汪篯特别重视李世民等在政治中的特殊作用之原因。而陈寅恪则从政治集团的角度立论，跳出了传统史书的叙事特点，去分析不同政治集团的结构特点、地位升降、各集团与政治史上大事之关系。自《唐代政治史述论稿》起，在对魏晋南北朝隋唐政治史的研究中，陈寅恪一直坚持从政治集团的视角切入，对中古政治史提出了很多具有开拓性的命题。

陈、汪师生均从"关陇集团"理论出发，汪篯从具体史事中考察关陇集团地位之升降，陈氏则做政治集团理论的拓展研究，各自都对关陇旧说有所突破，终因论题容量有别而同途异路，汪篯建立了一个以"关陇集团"理论为线索的唐初政治史叙事框架，陈寅恪则打破了这一框架，重建了另一个同样宏大的叙事体系。

（补记：本文是在未定稿的《"关陇集团"与"李武韦杨"之间——如何

重建唐代政治史叙事》一文部分内容的基础上所做的节略，为"纪念汪篯先生百年诞辰"会议之讨论稿。其中关于汪篯对陈寅恪相关研究的影响，先后受到孟宪实、吴宗国两位先生的启发，吴先生与刘后滨老师又提供了汪篯唐初政治史三文写作时间的相关资讯，这些资讯成为本文立论的重要证据，在此一并致谢。）

（张耐冬　中国人民大学）

关于东晋建国问题

——从《述东晋王导之功业》到《东晋的建国》

陈寅恪先生在《述东晋王导之功业》[①]一文之中，对于东晋建国这一重要历史事件有着十分完整、深入的讨论，其中关于东吴大族（南人）与司马睿、王导（北人）的理论，几乎奠定了此后对于东晋建国相关问题的理论基础。

而汪篯先生所作的《东晋的建国》[②]一文同样讨论了东晋建国的问题，其篇幅虽小，但其资讯含量非常丰富。汪篯先生继承了陈寅恪先生在《述东晋王导之功业》中的理论，对陈寅恪先生集中讨论的问题都有所涉及。除此之外，汪篯先生或进行了材料的补充，或延伸了时间、地域的宽度、广度。

一 南北之殇与北人南下

西晋灭亡，东晋建国。自"八王之乱"爆发起，司马氏政权由内部分崩离析。北方胡族借势南下，进入中原，凭借强悍的军事作战能力，迅速获得了北方大部分地区。至永嘉五年（311），刘聪攻入洛阳后，掳走晋怀帝。至建兴四年（316），刘聪攻入长安，晋愍帝"乘羊车，肉袒衔璧，舆榇出降"[③]，归降后赵，以非常耻辱的方式向天下人宣告了西晋对于这片土地统治的结束。从宏观的角度出发，这一时期的司马氏政权，被迫改变自曹魏起便保持的以北方为重的政治传统，几乎成为一种必然，而司马睿、王导的南迁，则是司马氏政治集团南移的具体表现。永嘉初年，司马睿以安东将军都督扬州江南

---

① 陈寅恪：《金明馆丛稿初编》，生活·读书·新知三联书店，2001，第55~77页。
② 汪篯：《汉唐史论稿》，北京大学出版社，1992，第223~226页。
③ （唐）房玄龄等：《晋书》卷三，中华书局，1974，第130页。

诸军事的身份出镇建邺，携王导等人南渡，由此，政治中心从以洛阳为中心的中原地区，跨越长江，南迁至以建康为中心的江东地区。而经过王导多年经营，司马睿前往建康，在江东地区始有发展：

> 永嘉初，用王导计，始镇建邺，以顾荣为军司马，贺循为参佐，王敦、王导、周颛、刁协并为腹心股肱，宾礼名贤，存问风俗，江东归心焉。[1]

但重建司马氏政权，并稳定统治，仍是一件十分艰难的事情。

陈寅恪先生在《述东晋王导之功业》中，对这一时期江东地区的复杂情况进行了清晰的梳理、分析。在此文之中，陈寅恪先生着力于讨论江东大族接受司马睿、王导的内部原因——也就是二者在阶层上的一致性。在确立了二者在阶层上的一致后，陈寅恪先生强调了东晋建国过程中王导所发挥的巨大作用。以司马睿、王导为首的司马氏集团，在南渡之后如何处理与江东大族的关系，是东晋能否建国的最为重要的条件之一。但对于南方、北方的关系，陈寅恪先生在此文中，并未涉及太多。这是因为，陈寅恪先生认为当江东大族、司马睿同为上等阶层时，在文化、利益等很多方面，虽然会因南北问题有所不同，但因其在阶层上的一致性，并不会成为妨碍其合作的主要原因。但在讨论北人南下问题时，南北关系可能仍然是需要的。在汪篯先生的《东晋的建国》之中，便对南北关系进行了相对详细的讨论。

所谓的南北问题，汪篯先生认为其形成于汉末大乱，形成了魏、蜀、吴的对峙局面后。而这一阶段持续不断的战争，可能将地域观念进一步加强了，"汉末大乱之后，魏蜀吴三国四五十年鼎峙的局面，似乎把地域，或更严重地说国家观念，弄的严重起来"[2]。

但若依汪篯先生所言，应是自东汉末年，赤壁之战后，鼎立之局势才得以形成。但若论南北对峙的基本格局，则早在建安前后便开始了。袁绍与董卓、公孙瓒、曹操周旋之时，孙坚受袁术之命，在南方作战。而至官渡之战时，

---

[1] 《晋书》卷六，第 144 页。

[2] 汪篯：《汉唐史论稿》，北京大学出版社，1992，第 55 页。

孙策已然"转斗千里，尽有江东"①，曹操挟有汉献帝，下表表彰孙策，并采取了联姻等一系列策略，以明确界限，以避免与之产生矛盾：

> 曹公表策为讨逆将军，封为吴侯。后术死，长史杨弘、大将张勋等将其众欲就策，庐江太守刘勋要击，悉虏之，收其珍宝以归。策闻之，伪与勋好盟。勋新得术众，时豫章上缭宗民万余家在江东，策劝勋攻取之。勋既行，策轻军晨夜袭拔庐江，勋众尽降，勋独与麾下数百人自归曹公。是时袁绍方强，而策并江东，曹公力未能逞，且欲抚之。乃以弟女配策小弟匡，又为子章取贲女，皆礼辟策弟权、翊，又命扬州刺史严象举权茂才。②

可见，此时南北之间已然产生对峙的情况。而在官渡之战时，曹操忙于调动兵力应对袁绍，致使许都内部军事力量空虚。以孙策为首的孙氏集团以此作为契机，在曹氏、袁氏集团对弈之时，试图袭许都，以挟持汉献帝。孙策此举，也展现了孙氏集团的北上意愿：

> 建安五年，曹公与袁绍相拒于官渡，策阴欲袭许，迎汉帝。密治兵，部署诸将。未发，会为故吴郡太守许贡客所杀。先是，策杀贡，贡小子与客亡匿江边。策单骑出，卒与客遇，客击伤策。③

但孙策事未果而亡。对孙策袭许，曹氏集团"众闻皆惧"，这已经是明显的军事行为了。足见此时江东集团亦有北上之心，至少在孙策死前，孙氏始终保持着积极征战的心态。不久之后，赤壁之战发生，北方曹氏集团与东吴孙氏进入了持久的对峙状态。

诚如汪篯先生所言，在这样长期对峙、战争不断的政治、军事环境下，南方、北方存在着一定程度上的隔阂几乎可称为必然。这样的隔阂，日后司马睿携王导南下，建立东晋的难度必然很大。

---

① （晋）陈寿撰，（宋）裴松之注《三国志》卷十四，中华书局，1959，第433页。
② 《三国志》卷四六，第1104页。
③ 《三国志》卷四六，第1109页。

除此之外，南北隔阂的加剧，恐怕也与西晋政权存世的短暂相关。至刘聪攻入长安，西晋政权存有百年，并不长久。且在此期间，政权中心始终处于北方的司马氏政权，亦并未积极与南方融合。自孙吴为西晋所灭后，西晋朝廷对南人在政治上的起用不多，在中央，甚至南方地方皆不多见。司马氏所建立的西晋政权，一直以北方为活动根据地，对江东地区的着力经营相对较少。直至吴郡陆机向晋武帝司马炎上疏举荐贺循、郭讷：

> 著作郎陆机上疏荐循曰："伏见武康令贺循德量邃茂，才鉴清远，服膺道素，风操凝峻，历试二城，刑政肃穆。前蒸阳令郭讷风度简旷，器识朗拔，通济敏悟，才足干事。循守下县，编名凡悴；讷归家巷，栖迟有年。皆出自新邦，朝无知己，居在遐外，志不自营，年时倏忽，而邈无阶绪，实州党愚智所为恨恨。臣等伏思台郎所以使州，州有人，非徒以均分显路，惠及外州而已。诚以庶士殊风，四方异俗，壅隔之害，远国益甚。至于荆、扬二州，户各数十万，今扬州无郎，而荆州江南乃无一人为京城职者，诚非圣朝待四方之本心。至于才望资品，循可尚书郎，讷可太子洗马、舍人。此乃众望所积，非但企及清涂，苟充方选也。谨条资品，乞蒙简察。"①

其中"今扬州无郎，而荆州江南乃无一人为京城职者"，可见当时南人在政治上的参与度很低。晋武帝司马炎接受了陆机的这个建议，开始试图逐步使用南人作为官员。但施行不久，"八王之乱"便拉开了序幕，这一政策也就被迫中止了。由于其施行短暂，也就未曾改变南人在政治上的边缘局面。

对于陆机上疏一事，陈寅恪先生与汪篯先生的解读方式存在着些许不同。陈寅恪先生认为，陆机向司马炎提议起用南人，任命其担任地方官员，这一上疏的目的，在于劝谏司马炎以此举安抚江东地区，而在实际上笼络吴越地区，属于"绥靖政策"，与此后王导笼络江东大族属同一性质。这是对于这一政策的性质进行了分析，即同位于上级阶层之间的拉拢、联合。

汪篯先生则补充了此次上疏的政治背景，将此次上疏作为北人对南人在政

① 《晋书》卷六八，第1824~1825页。

治上进行打压的例证。而对于南北关系，汪篯先生则在陈寅恪先生理论的基础上，进行了补充，将南人、北人之间的矛盾追溯至西晋时期，强调了北人对于南人的态度。

汪篯先生认为，西晋政权承袭于曹魏，集中于北方，而"晋朝皇帝并没有抱着四海一家、率土皆臣的观念"，不允许吴、蜀旧地的士人在政治上获得机会。汪篯先生按《晋书·地理志》的内容，对太康平吴后各州的户数进行了统计，其表如下[①]：

州	户数
司州	475700
兖州	83300
豫州	116796
冀州	316000（326000）
幽州	59200（59020）
平州	18100
并州	59200（59300）
雍州	99500
凉州	30700
秦州	32100
梁州	76300
益州	149300
宁州	82400（83000）
青州	53000
徐州	81021
荆州	357548
扬州	311400
交州	25600
广州	43140（43120）

在汪先生整理的表格之中，可以发现，在西晋初年，荆州、扬州虽为最大的州，人口密度很高，户口人数多达六十七万。但依据陆机上疏，彼时扬州

---

① 汪篯：《汉唐史论稿》，第 223~224 页。

无郎，荆州甚至无一人在京城任职，"可知晋人对于吴人是极为排斥的"。由此不难得知，汪篯先生认为，在西晋时期北人对南人有着较大的歧视。这不仅仅体现在政治上的压制，还体现在北人对南人观念上的轻视，也就是所谓的"在观念上给吴人以亡国余民的侮辱"。由此看来，南人在西晋时期，不仅受到了政治上的全面压制，还在精神上饱受歧视，这对于南北关系的缓和显然是不利的。

在《东晋的建国》一文中，汪篯先生将晋人划分为两类，一类为在情感上对吴人有所排斥的群体，不仅在政治上对南人进行排斥、打压，还要"在观念上给吴人以亡国余民的侮辱"，如王济言华谭曰："五府初开，群公辟命，采英奇于仄陋，拔贤俊于岩穴。君吴楚之人，亡国之余，有何秀异而应斯举？"这一群体似乎数量上更多，且集中于西晋年间。另一类为对吴人友好的新群体，司马睿、王导便是其中的代表。但依汪先生所言，似乎自永嘉元年，司马睿担任安东将军都督扬州江南诸军事出镇至江东地区后，这一群体才出现。

在这样的社会情况下，司马睿与王导在江东地区建立政权的过程，必然是比较困难的。

二　谁为王者：江东大族的选择

作为宗室成员的琅琊王司马睿，在永嘉元年携王导南下前，也少在江东地区活动。正如前文所言，南方、北方隔阂深久，司马睿虽有王导这一当世名士作为智囊，但如何在江东地区建立并稳固他的统治，仍是一项十分艰巨的任务。需要注意的是，北方士族南迁，并试图在江东地区建立政权，成为一方势力，必然会对江东本土大族产生影响。自东汉末年起，江东地区地方大族便已存在。西晋时期，司马氏虽掌握中央政权，但仍受制于琅琊王氏、颍川钟氏等地方大族。对于江东地区，规律亦然。故而司马睿、王导等能否建立东晋，与江东大族之间也有着密不可分的联系。

同样位于北方政权以南，为曹魏所灭的蜀汉政权地区，与为西晋所灭的孙吴政权地区，对于北方政权的态度十分不同。在曹魏灭蜀，消灭了以姜维为首的残余势力之后，蜀地对曹魏、西晋政权并未有明显的反抗情绪。而与蜀地的情况相反，江东地区对于西晋政权的态度已然十分不同。晋武帝认为"蜀人服化，无携贰之心"，而江东地区则与之相反，"吴人趫悍，屡作妖寇"①。强调江东对西晋政权态度变化，主体应为江东。

汪篯先生认为，南人之所以呈现"吴人越雎，屡作妖寇"的状态，与北人对于南人的压迫密不可分。在汪篯先生的北人分类中，对吴人进行政治上、心理上双重打击的第一类人，必然会受到吴人的频繁反抗。而这个反抗的主体，汪先生认为可能是三吴氏族，因其所受压迫最重。而其反抗的主要原因，一为晋兵驻守吴地，吴人不安，二为孙吴亡国而遗存的怨愤。但归根结底，仍是三吴氏族自身的权益受到侵害，地位被威胁，故而才使"有不自信之心"的吴人对西晋不断反抗，"屡作妖寇"。但需要注意的是，在整个司马氏政权中，蜀地之人一直处于较低的地位，在政治上的任用也不多。但较之孙吴，却被认为是"蜀人服化，无携贰之心"的。

陈寅恪先生认为，蜀汉、孙吴如此不同的表现，主要原因便在于"两国统治者之阶层性各殊所致"。所谓的"阶层性各殊"，当为两地区地方大族的差异性。自孙坚时代起，江东地区便已经存在非常强大的地方豪族了。与之相比，蜀汉地区确实少有强大的地方大族——三国时期，姜维需要在曹魏叛臣钟会的帮助下，维护蜀汉统治，而在这个过程中，并没有地方大族参与其中的记载。可见这一地区，并不存在如同江东地区那样颇具实力的高门大族。

孙坚早年为袁术所用，为之征战淮南地区。而至袁术灭亡，孙氏集团能够在江东地区建立政权，并能够形成与曹魏、蜀汉鼎立之势，必然与地方大族相关，如建安八年入孙权麾下的陆逊，便出身吴郡大族陆氏。相应地，地方大族也需要一个可以维护稳定的政治军事力量，以维护自身的利益。缺少地方大族的蜀汉地区，一旦失去地方势力的统领，则有很大的可能性会听从于中央政权。而东吴地区的高门大族，自身便拥有在政治、文化、经济、军事等方面的力量。故而，即便失去孙氏集团，东吴大族也并不会从此消沉，仍可在地方稳定发展。故而，在陈寅恪先生看来，吴郡陆机向晋武帝司马炎上疏，这是"笼络吴地之统治阶层为绥靖之妙用"②。

而东吴大族对于孙氏集团的选择，其想法如何是十分值得思考的。彼时东吴地区，同样是群雄纷争，各自独立的。陈寅恪先生在此文中，对于东吴大

---

① 《晋书》卷五二，第1450页。
② 陈寅恪：《金明馆丛稿初编》，第50页。

族为何选择孙氏集团，给出了十分深刻的分析。陈寅恪先生认为，孙氏集团属于"具有战斗力之豪族，即当时不以文化见称之次等士族"。除此之外，孙坚、孙策等在征战江东的过程中，还为孙氏集团获得了良好的声望。相对而言，孙氏集团虽然不以文化见长，但在军事、经济、声望上仍具备了强大的实力。正因如此，江东大族选择了孙氏集团，是希望凭借其卓越的武力维护江东组织。这也同样意味着，江东大族即便失去了孙吴集团对于江东地区的控制，其实力同样允许其重新挑选另外的新兴豪族来维持自身的利益。

而与孙氏集团的境遇相反，永兴初年，陈敏曾割据江东，有称霸一方之志向，却并不能得到地方大族的支持，最后身死人手，事不能成。陈敏为庐江人，出身相对低微，但颇有武力。在陈敏决心自立后，自命扬州刺史，十分迅速地凭借武力占领了吴越地区大部。但与孙权、孙策的情况几乎完全相反，陈敏在江东地区"不为英俊所服"，以周玘、顾荣为首的江东高门大族皆对之存疑，"常惧祸败"，不愿支持陈敏将江东地区脱离西晋统治。而后周玘、顾荣等人"遣使密报征东大将军刘准遣兵临江，己为内应"，主动联合刘准，利用双方武力联手诛杀陈敏：

> 准遣扬州刺史刘机、宁远将军衡彦等出历阳，敏使弟昶及将军钱广次乌江以距之，又遣弟阖为历阳太守，戍牛渚。钱广家在长城，玘乡人也，玘潜使图昶。广遣其属何康、钱象投募送白事于昶，昶俯头视书，康挥刀斩之，称州下已杀敏，敢有动者诛三族，吹角为内应。广先勒兵在朱雀桥，陈兵水南，玘、荣又说甘卓，卓遂背敏。敏率万余人将与卓战，未获济，荣以白羽扇麾之，敏众溃散。敏单骑东奔至江乘，为义兵所斩，母及妻子皆伏诛，于是会稽诸郡并杀敏诸弟无遗焉。[①]

陈敏能够迅速割据江东，尽有吴越，足以说明其在军事方面的实力——这几乎可与孙策"转斗千里，尽有江东"的神武相媲美。而与陈敏截然相反，孙策在江东得到了大量士民的拥戴与支持，"是以士民见者，莫不尽心，乐为

---

① 《晋书》卷一〇〇，第2617~2618页。

致死"。裴松之注引《江表传》中有：

> 策时年少，虽有位号，而士民皆呼为孙郎。百姓闻孙郎至，皆失魂魄；长吏委城郭，窜伏山草。及至，军士奉令，不敢虏略，鸡犬菜茹，一无所犯，民乃大悦，竞以牛酒诣军。刘繇既走，策入曲阿劳赐将士，遣将陈宝诣阜陵迎母及弟。发恩布令，告诸县："其刘繇、笮融等故乡部曲来降首者，一无所问；乐从军者，一身行，复除门户；不乐者，勿强也。"旬日之间，四面云集，得见兵二万余人，马千余匹，威震江东，形势转盛。[①]

虽然孙策早亡，但为建立孙吴政权留下了宝贵的遗产，奠定了孙吴此后统治的基础。可见获得地方大族的支持与否，对于能否占据江东有着如此重要的意义。陈敏失败的主要原因，如《晋书》所载，便是地方大族的反对。

通过江东大族对于孙氏集团的选择和对陈敏的舍弃，不难看出江东大族选择的标准。陈寅恪先生认为，江东豪门大族不肯与陈敏合作的原因，在于与陈敏间不可忽视的差距。陈寅恪先生将西晋末年江东地区的大族划分为两类，一类为文化世家，一类为武力豪族。二者之中，文化世家的地位显然要高于武力豪族。孙吴政权在东汉末年，相当于武力豪族，其政治地位虽然不及西晋之周氏地位高贵，但其地位尚且不低，并且孙氏集团，无论孙坚、孙策、孙权都具有极高的声望，而其武力、才智皆高，这是空有武力的陈敏所不能比拟的，也是江东大族放弃陈敏的主要原因。

由此不难看出，若司马睿等想要在江东地区重建司马氏的统治，必然需要获得江东强宗大族的认可，否则便很有可能会如同陈敏般彻底失败。而陈敏的失败，则说明江东大族对于集团、势力认可的底线。通过此前的分析，不难得知，陈寅恪先生认为，若想获得江东强宗大族的支持，有一个最为基础的前提条件，便是在政治、经济、文化、武力，抑或是声望上，不能与江东大族间存在太过明显的层次差异。陈寅恪先生将南下之北人划分为三个等级，即：

---

① 《三国志》卷四六，第1104~1105页。

其上层阶层为晋之皇室及洛阳之公卿士大夫，中层阶层亦为北方士族，但其政治社会文化地位及聚集洛阳之士大夫集团，除少数人如徐澄之、臧琨等外（见《晋书》九一《儒林传徐邈传》），大抵不以学术擅长，而用武勇擅战著称，下层阶层为长江以北地方低等士族及一般庶族。[①]

若想与江东地方大族联合，恐怕至少要成为中层阶层以上，才能够成为具备联合资格者。司马睿拥有司马氏宗族的身份，王导则是琅琊王氏出身的当世名士，二人皆具备了成为上层阶层的基础条件，也具备了为江东大族承认的基础。由此看来，这是更为直接、更为基础的，关系到东晋政权的建立与否。此文虽为《述东晋王导之功业》，但陈寅恪先生认为，江东地方大族对于司马睿正统身份的承认与选择应是更加基础的前提条件。这不同于王导、王敦屈尊为司马睿求得声望，而是一个更为基础的问题。而在建国的过程中，王导积极结交江东大族，求联姻、学吴语等对司马睿的辅助策略，都是建立在这个基础上的。

在万绳楠先生所整理的《陈寅恪魏晋南北朝史讲演录》第九篇《东晋与江南氏族之结合》中，亦说明了同为上层阶层的必要性：

> 东晋至极，北来士族与东吴本地士族在种族、地域、文化、宗教、社会阶层、名教观念及实际利益上，虽有冲突，但可调和。东吴士族对中州士族有一种美慕与钦佩的心情，此或由于孙吴与西晋均为士族专政，在阶层上一致使然。[②]

虽然具备了基础条件，但司马睿作为这一集团的领袖，初至江东，如何重建稳固的政权，形成可与北方少数民族对峙百年的局面，仍是十分艰巨的问题。正如此前所言，经历了东汉末年的混战，西晋亦在消除南北隔阂前便分崩离析。陈敏希望割据江东，形成独立的势力范围，足见此时南

---

① 《金明馆丛稿初编》，第65~66页。

② 万绳楠整理《陈寅恪魏晋南北朝史讲演录》，贵州人民出版社，2012，第129页。

北问题的严重程度。这样严重的南北隔阂，正是南方士族承认司马睿可作为皇帝管理江东的极大阻碍。而此时的司马睿，此前仅为地方封王，未曾南下，在北方尚不具备很高的声望，在江东地区更近乎寂寂无闻。虽然司马睿手中握有兵权，但在近乎陌生的江东地区仍是举步维艰的。此时王导的重要作用便体现出来——使司马睿具备了被江东高门大族所认可的高贵身份，这就使其获得江东大族的承认和相应的支持有了相当的可能性。如何利用这一条件，使南人接受北人，进而提高司马睿的声望便成了亟须解决的两个问题。

需要注意的是，司马睿与南方大族间看似为双向的选择，并不是司马睿、王导等单向征求南方大族。其实不然，王导选择追随司马睿至江南地区，并在刘聪进攻洛阳之时，建议司马睿按兵不动，南渡至建邺。二人在江东地区重新建立司马氏政权的目的十分明确，并不存在选择除江东之外的其他区域。司马睿等人能不能获得江东地方支持，是其建立东晋政权的重要条件之一。故而对于此时的江东情况而言，只是江东大族是否选择司马睿与王导的问题。若王衍、司马越一部放弃争夺洛阳，同样南下至江东地区。那么，江东大族选择司马睿便并非必然了。

这一时期，给予南人压力最大者，可能与大批北人南渡的原因相同——即北方少数民族的南下。凭借彪悍的武力，北方少数民族迅速获得了对北方绝大部分地区的控制。依据此后南朝的历史记载，苻坚等人多次计划南下，并有多次大规模战争。南方大族不能及时寻找能够合作的势力集团，南方土地的沦陷可能也只是时间问题。

三 王导：建国之功勋

在东晋建国的过程中，虽然司马睿拥有司马宗亲的高贵身份，与江东大族同为高等阶层，但这仅是可以被江东大族所承认的前提。但正如前文所言，琅琊王司马睿即便于北方，也并非有声望者：

> 王室多故，帝每恭俭退让，以免于祸。沉敏有度量，不显灼然之

迹，故时人未之识焉。①

直至东海王司马越出洛阳迎帝，司马睿才拥有兵力。在王导的建议下，手持兵力入建邺：

> 东海王越之收兵下邳也，假帝辅国将军。寻加平东将军、监徐州诸军事，镇下邳。俄迁安东将军、都督扬州诸军事。越西迎大驾，留帝居守。永嘉初，用王导计，始镇建邺，以顾荣为军司马，贺循为参佐，王敦、王导、周𫖮、刁协并为腹心股肱，宾礼名贤，存问风俗，江东归心焉。②

所谓的"江东归心"，几乎全是王导为司马睿筹谋所致。

依据现有记载，王导所采取的方式大多十分宽柔。在《资治通鉴》卷六八中，对于王导的这种方针政策有十分精要的概括，即"谦以接士，俭以足用，用清静为政，抚绥新旧"，这几乎是王导为政的基本方针。在与地方大族相交方面，多以结交、笼络地方高门大族为主。不仅"执行笼络吴地士族之政策"，还"仍循宽纵大族之旧政策"，也就是"导阿衡三世，经纶夷险，政务宽恕，事从简易，故垂遗爱之誉也"③。

陈寅恪先生认为，王导这种稳定、温和、宽柔的行政方针，除了笼络、联合可合作者，如顾荣、贺循等人，也与地方军事大族的威胁相关。陈寅恪先生将东吴地区的中、上阶层分为两种，前者为具有较好的文化素养，意欲笼络的，如顾氏、贺氏；后者则是以武力著称，难以驯服的，如义兴周氏，而后者最易与北人发生冲突。为了避免冲突的发生，维护自身的利益，司马睿与王导只能采取所谓的"绥靖政策"，以避免与江东具有强大军事力量的地方势力产生冲突。故而东晋初年，司马睿、王导对于周氏家族十分重视。这对于刚刚于异土建立的东晋有着十分重要的意义。王导所采取的具体措施之中，如求婚、联姻等举措都为后来提供了良好的范本。在王导、王敦等人的共同

---

① 《晋书》卷六，第 143 页。
② 《晋书》卷六，第 144 页。
③ （南朝宋）刘义庆著，余嘉锡笺疏《世说新语笺疏》，中华书局，1983，第 211 页。

努力下，东晋建立并且与江东大族形成了稳定共存的政治格局。

汪篯先生同样认为，王导在东晋建国中的巨大作用，并将王导的作用划分为两个步骤，第一个步骤为使吴人初识司马睿之威仪。汪篯先生与陈寅恪先生，皆着重强调了一条史料，即：

> 徙镇建康，吴人不附，居月余，士庶莫有至者，导患之。会敦来朝，导谓之曰："琅邪王仁德虽厚，而名论犹轻。兄威风已振，宜有以匡济者。"会三月上巳，帝亲观禊，乘肩舆，具威仪，敦、导及诸名胜皆骑从。吴人纪瞻、顾荣，皆江南之望，窃觇之，见其如此，咸惊惧，乃相率拜于道左。导因进计曰："古之王者，莫不宾礼故老，存问风俗，虚己倾心，以招俊义。况天下丧乱，九州分裂，大业草创，急于得人者乎！顾荣、贺循，此土之望，未若引之，以结人心。二子既至，则无不来矣。"帝乃使导躬造循、荣，二人皆应命而至，由是吴会风靡，百姓归心焉。自此之后，渐相崇奉，君臣之礼始定。①

此时王导所为，对司马睿名望的提升，乃至于对整个东晋的建设都有着重要意义。

王导的第二个步骤，便是"向司马睿贡献勾结吴中士族的大计"，希望司马睿可以先求得顾荣、贺循之心，"此土之望，未若引之，以结人心。二子既至，则无不来"。陈寅恪先生，同样以收顾荣、贺循为东晋甚至南朝的开端，即：

> 元帝始过江，谓顾骠骑曰："寄人国土，心常怀惭。"荣跪对曰："臣闻王者以天下为家，是以耿亳无定处，九鼎迁洛邑，愿陛下勿以迁都为念。"②

---

① 《晋书》卷六五，第1745~1746页。
② 《世说新语笺疏》，第108~109页。

陈寅恪先生认为，这是南人正式接受北人的标志性事件，南朝由此开始："东晋元帝者，南来北人集团之领袖。元帝者所谓'国土'者，即孙吴之国土。所谓'人'者，即顾荣代表江东士族之诸人。当日北人南来者之心理及江东士族对此种情势之态度可于两人问答数语中窥知。顾荣之答语乃允许北人寄居江左，与之合作之默契。此两方协定既成，南人与北人勠力同心，共御外侮，而赤县神州免于全部陆沉，东晋南朝三百年之世局因是决定矣。"[①]

而汪篯先生与陈寅恪先生，皆认识到了此时北方胡人对于南方，对于中国的威胁。此时此刻，南人所以联合北来士族的最重要原因，同样来自北方少数民族南下的压力，"一方面抵御胡人，一方面抵御庶族的困难，他们也深深体会到在一个领袖的名义下团结豪强的必要"，在这样的情况下，"在南北士族交互利用之下，司马睿就在纪元 317 年于建业登了大宝"，以共同抵御北方强敌，这也就是陈寅恪先生的"此两方协定既成，南人与北人勠力同心，共御外侮，而赤县神州免于全部陆沉，东晋南朝三百年之世局因是决定矣"。

（蒲宣伊　中国人民大学）

---

① 《金明馆丛稿初编》，第 59 页。

汪篯先生隋末唐初政治史研究启示

从已出版汪篯先生的论著看，汪先生治学领域上自秦汉下至隋唐，且侧重其间的政治史和经济史研究。而隋末唐初政治史在汪先生的汉唐政治史研究中所占比重尤大。限于所学，特就先生此部分研究加以研读，草成此文，求教于方家。

一　汪篯先生隋末唐初政治史研究概要

汪先生隋末唐初政治史研究涉及的篇目有：《唐太宗"贞观之治"与隋末农民战争的关系》《唐太宗》《唐太宗之拔擢山东微族与各集团人士之并进》《唐太宗树立新门阀的意图》《唐室之克定关中》《李密之失败与其内部组织之关系》《唐初之骑兵——唐室之扫荡北方群雄与精骑之运用》《关于隋末农民大起义的发源地问题》《宇文化及之杀炀帝及其失败》《李渊晋阳起兵密谋史事考释》《西凉李轨之兴亡》，现就所列十一篇内容札记如下。

1.《唐太宗"贞观之治"与隋末农民战争的关系》

隋鉴弘贞观：

隋业宏基振古今，风行万里动殊俗。

一朝君忘天威在，业去人亡后世讥。

东征西讨兵不息，美女珍玩满院积。

离宫别馆道次建，奢侈重敛欲放逸。

百姓好静役不息，割股啖腹毙自身。

唐承隋业感民意，轻徭薄赋止欲息。

君臣共道舟水义，贞观长治后人趋。

2.《唐太宗》

晋阳起兵真相：

炀帝伐辽天下危，玄感高层刀兵摧。

当朝误判燎原火，一意孤行雁门危。

江淮速聚北地兵，御驾亲征赴江东。

李密兵锋归程断，马邑李渊兵败因。

复活返晋谋起兵，矫诏引动边城乱。

应机晋阳募新兵，斩首监军控晋城。

后世修史饰太宗，真相早在时局中。

李世民灭薛秦：

薛秦牧马陇右军，人少兵微铁骑锋。

李唐关中巴蜀晋，人多地广财力丰。

府兵民意废苛中，世民盛气傲薛公。

浅水兵败反思生，秦王再战啸西风。

高墌对垒薛将宗，高悬免战拖敌攻。

粮尽降来敌底清，兵分三路建奇功。

浅水扎营引敌兵，据险坚守敌疲生。

再布一路浅水南，亲督主力北线攻。

表里夹击废宗公，薛军主力一战怂。

飞驰精骑析墌下，仁杲兵败献秦城。

李世民灭刘武周：

突厥马仔刘武周，金刚合力攻并州。

仲文裴寂元吉退，城池失守破如流。

夏县崇茂举兵反，隋将行本亦降刘。

唐余旧地晋西南，秦王奉命复家园。

武周代北兵马悍，晋阳仓储满粮绢。

兵胜余威优势在，粮道运输弱势存。

唐军新败士气低，地广人多占上风。

粮道运输短线稳，战区地主关系存。

发兵一路援浩州，据守坚城断敌粮。

战局扭转速反攻，残风败叶武周亡。
恢复失地占代北，山西全境并归唐。
李世民灭王世充、窦建德：
隋帝亲信王世充，民心士心两无功。
关陇军贵心向唐，李密旧部奔主忙。
州县官吏首鼠望，江淮兵种攻不强。
东都百里即新安，据守坚城待唐攻。
唐灭薛刘士气高，耕战改革兵更强。
王氏布局皆子弟，世民连营洛北邙。
万宝宜阳据龙门，德威太行围河内，
君廓洛口断敌粮。君汉河阳回洛城。
四面合围困王城，切断粮道饿敌兵。
敌方官吏但有降，原职原位即入唐。
王氏求救窦帮忙，唇亡齿寒窦联王。
唐对敌盟有二方，一退新安二分兵。
决策分兵抗两军，留守元吉困王兵。
秦王驰赴虎牢关，抵挡建德援王军。
窦氏民心粮道宽，弱在骑兵不及唐。
原计唐马粮草尽，一鼓作气灭唐军。
世民巧放烟幕弹，迷惑敌军快战心。
泛水对阵观望中，唐方涉水快骑兵。
一战建德即遭擒，东都绝望世充平。
李唐灭刘黑闼：
俭素建德人民爱，旧部黑闼拾夏心。
唐军屡讨屡无功，秦王安夏再出兵。
战死名将罗士信，洺水灌敌退敌兵。
黑闼亡命两月归，兵锋锐盛号角吹。
李唐战死淮阳王，建成领兵魏征随。
宽大政策释俘囚，不战自溃黑闼亡。
玄武变后起魏征，重在维稳山东功。

李世民的战略战术：

知己知彼百战攻，胆大心细刺敌情。

全局战略抓关键，冷静忍耐勇决断。

骑兵优势用如神，寻找捕捉创战机。

迂回包抄劫粮道，胜勇余威歼顽敌。

古今战史英雄谱，无出其右毛公论。

玄武门之变：

专制王权政变生，奇谋密策蕴深宫。

功高震主处境危，生存保命血刃催。

宫廷内外营团建，中央地方人事关。

潜伏情报安内应，各组兵团布先锋。

阴谋设计图兄弟，囚禁亲爹禅王权。

江山法统开局建，王权流转效祖宗。

李唐一代三百年，血雨腥风代代生。

唐太宗用人政策：

父辈先臣障碍清，流放裴寂稳朝廷。

嫡系包围百病生，敌手高参启魏征。

秦府玄龄如晦公，韦挺王珪议高层。

外戚无忌世廉翁，关陇军贵依统兵。

经史顾问江南显，大政方针问关东。

士族名门有点缀，寒门启用镇关东。

江山大势人才定，盛世称雄万国风。

贞观之治：

血雨腥风灭隋官，称引史书士难全。

大姓豪猾皆震惧，贞观不敢欺百姓。

王霸前途朝臣议，王道弘扬定乾坤。

太宗兼听臣属意，制衡封驳三省监。

拔取寒门官位显，政绩留名在枕边。

爱民如子灾荒赈，精简机构缩支先。

薄赋轻徭律令减，死刑复核九卿参。

路不拾遗传后世，李魏君臣美名观。

荣登天可汗：

隋末突厥百万兵，汉地群雄俱称臣。

李渊入关唐廷建，突厥傀儡发兵繁。

武德贞观交替间，陈兵渭北慑长安。

订立盟约稳三年，连兵突利加薛延。

霜旱天灾突厥乱，李唐名将北击残。

定襄白道跨阴山，东突灭诞天可汗。

贞观经略西域：

伊吾归唐东突亡，长安又入曲高昌。

吐谷侵扰河西廊，李靖统兵吐谷伤。

伏允之子顺归唐，弘化公主嫁钵郎。

高昌反目商道利，西附突厥对李唐。

侯帅发兵灭高昌，西庭二州并入唐。

文成公主赞普嫁，大国吐蕃震西疆。

太宗晚年：

英明君主骄傲生，贵戚冠冕局限成。

废立皇储寒门抑，关陇军贵长孙赢。

高下相失少诤臣，自身推倒纪魏文。

为安后世边疆拓，四方战事同开弓。

东伐高丽北征薛，西讨龟兹南战蛮。

广修宫宇备战船，一命呜呼罢前缘。

3.《唐太宗之拔擢山东微族与各集团人士之并进》

贞观任相方略：

子承父业有先臣，关陇旧贵存将门。

四代禅转风华去，江山一统会东南。

山东微族地位显，崔卢李郑闭高门。

江左士族名望任，典范辞章宰相尊。

权力制衡君王意，江山稳定重民心。

4.《唐太宗树立新门阀的意图》

贞观胡汉权威论：

关陇发端胡汉间，宇文问鼎两相权。

历经周隋胡风在，神州正朔江左倾。

欲树新朝天威稳，摒抑名门王李崔。

官修氏族当朝贵，禁断豪门买卖婚。

初唐公主嫁夫婿，多是王基显贵门。

山东江左遗风在，文化承传显士根。

文宗太子求崔女，崔孙却嫁卢氏孙。

唐皇公主愁嫁人，旧门士族不愁婚。

若问其间缘由在，优雅文明道统人。

5.《唐室之克定关中》

北臣突厥制武周，屈己唐王稳魏公。

晋阳安基财粮运，密阻隋军返旧都。

祖业宏基关陇在，一朝旗举震关西。

河东英豪前缘早，一路西行恐迟归。

家世姻亲居关内，旧谊奔走赴长安。

承继宇文关陇业，内重外轻定江山。

6.《李密之失败与其内部组织之关系》

李密与隋末群雄：

定策玄感反隋天，亡命翟让瓦岗山。

徐公雄信靠两边，争锋化及重军残。

军心不稳战世充，兵败降唐李勣升。

建德壮大统密地，李渊除恶魏公完。

7.《唐初之骑兵——唐室之扫荡北方群雄与精骑之运用》

唐军善用此骑兵，速度奇快威猛行，

直突迂回背后攻，北方群雄遂败北。

雀鼠击败历山飞，霍邑攻破宋老生，

两败隋将屈突通，浅水战败西秦薛。

李密败北骑兵弱，刘武周亡亦骑兵。

8.《关于隋末农民大起义的发源地问题》

山东河北首义掀，兵役徭役负担深。

自然水灾祸相连，官府压力逼迫反。

起义爆发山东西，河北山东相交同。

远离隋军控制区，经济发达人口多。

9.《宇文化及之杀炀帝及其失败》

洛口李密围东都，李渊起兵进长安。

江都炀帝难北返，化及弑主北将心。

归途遭遇李密军，两虎相伤实力虚。

世充乘势李密微，化及遭遇建德擒。

10.《李渊晋阳起兵密谋史事考释》

晋阳起兵渊首谋，正史歪曲太宗头。

创业起居早预谋，马邑兵变是根由。

炀帝疑心到李渊，被逼走险带反头。

山东起义败须陀，杨广远在江都留。

假敕征兵危局造，借机铲除两监头。

稳定晋阳制武周，称臣突厥赴长安。

11.《西凉李轨之兴亡》

薛举兴兵李轨同，李渊连轨灭西秦，

西秦一灭和吐浑，矛头直指李轨身。

西凉内部矛盾深，胡人领袖安修仁，

族弟兴贵说西凉，兄弟联合投李唐。

凉州萨宝安家贵，长安中亚利胡商，

李唐犹占川蜀地，胡商利益蜀道忙。

李轨四梁为利去，李唐轻松占西凉。

此外在《隋唐史杂记》中，与隋末唐初有关系的还有如下篇目：《隋政权的阶级基础》《氏族志》《唐代前期的法律和制度》，另外《魏征年表》及《读〈旧唐书〉札记》（卷一本纪第一高祖、卷五十五列传第五、卷五十六列传第六、卷五十七列传第七、卷五十八列传第八、卷五十九列传第九等）也与初唐政治史有关。

二　汪篯先生隋末唐初政治史的研究方法

2016 年国庆期间，中国武则天研究会在洛阳召开会议，笔者提交《汪篯先生武则天研究评析》一文，其中谈到汪先生的历史研究方法：其一是陈寅恪先生历史考证法；其二是马克思主义理论方法。陈先生治史方法重视考据，他对《资治通鉴》采取的长编考异尤其推崇，可见他研究历史很重视基本文献，同时又不局限于基本文献，陈先生对史料拓展涉及诸如碑刻、诗词、政论、佛典、道藏、敦煌卷子等等。这是伴随他阅读空间不断展开考证空间的。因此陈先生的材料考证，诚如傅斯年说的：历史学就是史料学。李裕民先生回忆当年在北大上汪篯先生的课时，汪先生对史料记载的掌握非常纯熟，可以一整黑板一整黑板写出史料原文，足见汪先生历史文献功底的扎实。当然，如何选择史料，如何分析史料，如何在文章中编排史料，这是要在具体操作中展现的。汪先生无疑在这方面尽得陈先生的真传。

比如在《唐太宗之拔擢山东微族与各集团人士之并进》这篇文章里，通过太宗时期宰相的籍贯、出身分析太宗用人取向，进而发现太宗用山东微族现象，进而分析为什么启用山东人，且是启用山东人中之微族的原因。这就是站在历史材料上发现问题，这里其实没有我们所见陈先生批评的先存了马克思主义，再去围绕主义里的观点找材料，而是延续了陈先生种族文化观在分析，即籍贯是和种族文化连接最密切的因素，微族取向倒是有些阶级倾向，这种分析确实更具说服力。

再如在《唐太宗树立新门阀的意图》一文中，汪先生分析了唐太宗用人取向，重视才能，重视婚姻门第，这两点都是以史料为依据的。前者汪先生列出七条唯才政策史料，婚姻门第方面通过对《氏族志》、李唐皇室公主夫婿的逐一分析来研究。婚姻门第方面也是陈先生重视的种族文化核心要素之一。对史料中发现的问题，分析太宗用人取向的目的，也用陈先生常用的办法，借历史上同类事件加以比较分析，增加说服力，如比较北魏孝文帝与太宗的举措，分析太宗与他的目的及手段的相近性：欲凭借政治地位来提高社会地位，修《氏族志》将隶属的集团地位加以提高，用通婚政策巩固所属集团等。

汪先生在《唐室克定关中》一文中开篇就引述陈先生的观点："杨隋承袭西魏、北周之遗业，仍旧实行关中本位政策，不独续置都城于长安，以临制山东江左，且更集中兵府于王畿，借收居重驭轻之效，是故李唐既得速据三秦，遂能独成帝业。"且说"不敢自谓可以佐辅寅恪师之说也"。其实汪先生就是在陈先生的研究格局中，选取分析一具体案例，这也是有助理解陈先生观点的。我在解读陈先生《论唐高祖称臣突厥事》时，没有读汪先生此文，如果知道汪先生的这篇文章，也就不会再写相关论文了。因为汪先生把李渊与突厥、刘武周、李密的关系，晋阳起兵前的准备，关中的回应力量及说服地方官吏的史实，进兵途中遭遇屈突通等已分析了。我只是附加了李世民、兴国寺兵、刘文静、李建成等人的作用，显然与陈先生及汪先生的厚重相去甚远。先生此文足以证明学术传承的重要性。如果我再看过《李渊晋阳起兵密谋史事考释》，就更能觉出汪先生对陈先生学术的继承，尤其是对《论唐高祖称臣突厥事》一文的继承发展。

而汪先生撰写的《唐初之骑兵——唐室之扫荡北方群雄与精骑之运用》一文，让我想起了陈先生对骑兵的比拟：骑兵好比在热兵器时代的坦克大炮。或许汪先生是受此点启发撰述成文的。通过此篇的分析，不但是对骑兵的功能认识及战略战术的认识，其实也是对隋末唐初北方群雄的宏观认识，通过一个点提出一线，带动整个面及整个局势，这有助于对历史的记忆。我读陈先生《武曌与佛教》一文，也是这样的感觉，虽然题目相对隋唐佛教与政治关系这样的题目是比较小的，但陈先生却以此点将隋唐时期佛教史及政治史都展现出来，我专门就此对比过汤用彤先生写的相关部分，发现两位大师在史料上不相上下，但有些陈先生提到的，汤先生没有提到，而汤先生提到的，陈先生都提到了。①

汪先生也和陈寅恪先生一样，所撰写的每篇文章，对其题目中关键因素及其相关的要素，都放到一个局中去分析，比如《李密之失败与其内部组织之关系》一文，汪先生就将李密放到与翟让、李勣、王世充、宇文化及、窦建德、李世民、李渊等势力共存的局势中加以考察，进而也如陈先生在《唐代政治史述论稿》中的外族盛衰连环性一样，发现群雄盛衰的连环性规律。在

---

① 参见曹印双《试析陈寅恪先生〈武曌与佛教〉》，载《武则天与广元》，文物出版社，2013。

《宇文化及之杀炀帝及其失败》一文中，分析隋炀帝在江都的部属的内部成分，这样在宇文化及作为有关陇集团归向的将领与炀帝南方亲信不愿北去的局势中，分析宇文化及杀炀帝之因；在宇文化及势力与唐、秦、魏、夏、郑的关系中，得出宇文化及破灭之因。汪先生分析西凉李轨的兴亡也是如此，将西凉放到与唐、秦、吐谷浑的关系中加以考察，并分析李轨势力要素，包含安兴贵兄弟的胡商势力及李轨亲旧势力，分析了李轨灭亡的规律。

上述文章中，汪先生所用的方法从本质上来看，依然是陈先生治史方法占主流。至于马克思主义理论方法的运用，除了有关经济史角度分析的论文外，在隋末唐初政治史研究中主要体现在《唐太宗"贞观之治"与隋末农民战争的关系》《关于隋末农民大起义的发源地问题》中，农民战争问题是毛泽东时代历史研究中"五朵金花"之一。受时代气氛影响，《唐太宗"贞观之治"与隋末农民战争的关系》一文开篇就引用了毛泽东《中国革命和中国共产党》中对农民起义和农民战争的评价，似乎就先存了定见，再依此定见列出五个研究角度：统治者对农民的压迫剥削、战争经历、唐初统治者减轻农民负担的政策、统治者让步政策及落实情况、唐初社会生产力进步表现，进而对其中三点加以史料挖掘分析。而《关于隋末农民大起义的发源地问题》也似乎是仿效毛泽东革命战争时期的论文，对河北山东的战争起源，分析了征服高丽兵役、徭役负担重的地区，有自然水灾；起义军在山东西部、河北与山东交界地区离政治军事重心远、人口多、经济条件基础好。这种分析确实是马克思主义分析方法，注重经济基础、上层建筑的关系。当然，《关于农民的阶级斗争在封建社会中的历史作用问题》更是打上了马克思主义史学的时代烙印。

三　汪篯先生《唐太宗》一文的启示

汪先生《唐太宗》及《武则天》实际是将陈寅恪先生研究历史方法与马克思主义史学方法结合得比较好的两篇文章。因就汪先生关于《武则天》的研究，笔者已经有专文论述，这里不再详及。仅就《唐太宗》一文略析如下。

《唐太宗》一文，是汪先生在1962年11月9日给中央党校高级研修班做的报告，是汪先生根据党校教研室记录整理的。在当时的历史条件下，报告中必然要体现马克思主义理论方法。开篇在分析"唐太宗所处的时代"时就体现了当年马克思主义史学指导下的热点问题，如历史分期问题、封建土地所有制形态问题、生产力与生产关系问题、阶级关系问题等。不过这种介绍，在很短篇幅中确实将时代背景介绍得比较好，实际上运用马克思主义理论分析宏观问题，是有其优长的。今天史学界出现一个极端走向问题，那就是问题越来越具体，许多学者已经缺失了把握宏观问题的能力，即便是以陈寅恪先生的标准，也是力求有通识的，但在今日史学研究的大环境下，具有通识的人无疑是少的，如果分析宏观问题缺位，那么历史研究实际上就出现了巨大的缺环。而这无疑是过于强调考证的氛围造成的，而今天进行考证的学者多数还不能像陈先生那样把基本文献研读得纯熟，而是侧重新发现的有限材料。实际上如果基本文献没读到，就注重所谓零星的新材料，其实旧材料对使用这些新材料的人来说也是新材料了，可以说是本末倒置了。除了考证取向出现问题，时下史学研究，确实也有对理论重视不够的问题，而没有理论背景的史学研究，即便考证得再精密，也难像陈先生那样成为一流的学者。陈先生对西方的理论，虽然在他的论著中没有具体说，但从当年他与吴宓在哈佛大学读书时的对话，就知道他对西方哲学、文学、艺术都是有涉猎的，在他写的佛经跋文中，也提过诸如奥古斯丁、帕斯卡尔，也就是说他不是单纯的考据派，尤其是他对种族文化的强调，很像西方马林诺夫斯基的文化功能学派的理论，他写的论文也是注重把握文化要素的。而汪先生对马克思主义理论的热爱，也确实因为马克思主义理论方法有它的独到之处。

当然他在具体分析问题时，依然是继承了陈先生考证功夫的，比如他在分析晋阳起兵时，实际这部分是立足于他的《李渊晋阳起兵密谋史事考释》《唐室之克定关中》基础上的。汪先生接着分析"唐太宗的战略战术"时，则是在《唐初之骑兵》《李密之失败与其内部组织之关系》等考证文章基础上的，对"玄武门之变"的分析可以看得出是在陈先生的研究基础上加以概括的。汪先生在立足《唐太宗之拔擢山东微族与各集团人士之并进》《唐太宗树立新门阀的意图》两文考证的基础上，进一步分析了"唐太宗的用人政策"。报告中"贞观之治"部分，有《唐太宗"贞观之治"与隋末农民战争的关系》《魏征年表》作支撑。在"边疆问题和民族政策"问题部分，可以看到陈先生分析"外族盛衰连环性"的影子，也有汪先生《西凉李轨之兴亡》铺垫，当然也有《西汉初年的边疆》作支撑，进而进行汉唐间边疆政策的比较。汪先生分析"唐太宗中晚年的政治",不难想象《魏征年表》的仔细爬梳是对把握太宗中晚年的重要参照,当然也吃透了陈先生在《唐代政治史述论稿》中的相关提法,同时结合马克思主义阶级分析法,将太宗中晚年政治浑然一体地解说出来。

可以说《唐太宗》这篇报告,调动了汪先生多年的学术积累,是一篇既有理论深度,又有深厚考证底蕴的上乘论说。汪先生在做《唐太宗》报告时,是用非常通俗的语言表现的,这是将学术大众化的典范之作。事实上,我们今天写文章,为了让更多人学习和接受,应该是这样表达的。不过这不是一个简单的问题,第一关学术考证关过了,先写学术考证文章,第二关再将考证文章用白话文的形式表达,这其实也是一次再创作的过程。我们今天的学者,多数停留在第一阶段,其实社会更需要达到第二关的历史学者。过去史学及史学研究是少数人的事,今天在一个学术公民化的时代,如果依然坚持过去小众化的道路,势必将史学的发展逐渐推到更加边缘化的处境。通过汪先生的《唐太宗》一文,我们看到了今天学者应该展现的另一种风采。这一点我也从胡戟先生的《武则天本传》《隋炀帝新传》的书写中看到了汪先生当年的书写形式。胡老师也和我们学生说过,汪先生当年就提醒他,写作要注意用短句子,尽可能通俗。只有这样的作品,再版的机会才能多,影响的人群才能广。当然,陈先生一直坚持用竖版的、繁体字及文言文的形式书写,这是由他所处的时代及个人的文化理想决定的,陈先生的作品其实非常需要进行白话文化,这样他的学术观点、见解才能影响更多的人,让更多求知的人受益。这是汪先生与陈先生的不一样之处,也是我们今天学术书写中值得注意的地方。

(曹印双　西安电子科技大学人文学院)

"以隋为鉴"

——重新认识若干被淡忘的隋朝历史

一　引言

1953 年 5 月 30 日汪篯先生在《光明日报》发表《唐太宗"贞观之治"与隋末农民战争的关系》[①]一文，文中汪先生主要引用《贞观政要》一书的材料，指出贞观君臣特别重视"君道"，即统治方法如何巩固统治权的问题。[②]汪先生关注的焦点是"隋末农民的反抗斗争问题"，是用当时流行的观点来探究历史问题，有其时代的背景。今天，我们再次探究唐朝统治者如何从隋朝历史中汲取经验以巩固其统治之际，贞观君臣所强调的"以隋为鉴"这一课题，[③]却经常成为讨论的焦点。然而值得注意的是早在隋开皇十三年（593）五月，隋文帝杨坚下诏云："诏人间有撰集国史，臧否人物者，皆令禁绝。"[④]文帝的诏令，正好说明隋代统治者一反魏晋以来的容许私人撰史的传统，禁绝国民私撰正史、国史一类作品。入唐之后，更正式出现官修正史的习惯，最终更成定制。[⑤]李唐王朝继隋而兴，不但延续此旧例，唐太宗李世民更明确修史功能乃"以隋为鉴"，对隋朝历史做出定论。这直接影响后世对隋朝历史的掌握与认识。

[①]　后收录于汪篯著，唐长孺等编《汪篯隋唐史论稿》，中国社会科学出版社，1981，第 13~27 页。

[②]　汪篯著，唐长孺等编《汪篯隋唐史论稿》，中国社会科学出版社，1981，第 24 页。

[③]　（宋）欧阳修等：《新唐书》卷九七《魏征传》，中华书局，1975，第 3873 页。

[④]　（唐）魏征：《隋书》卷二《文帝纪下》，中华书局，1973，第 38 页。

[⑤]　详参谢保成《隋唐五代史学》，商务印书馆，2007。

二 "以隋为鉴"——唐朝君臣眼中的隋朝历史

《贞观政要·卷八·刑法三十一》载魏征向太宗上疏云：

> 且我之所代，实在有隋，隋氏乱亡之源，圣明之所临照。以隋氏之府藏譬今日之资储，以隋氏之甲兵况当今之士马，以隋氏之户口校今时之百姓，度长比大，曾何等级？然隋氏以富强而丧败……鉴国之安危，必取于亡国。……臣愿当今之动静，必思隋氏以为殷鉴，则存亡治乱，可得而知。……①

这数句话，概括了唐初统治者强调从隋杨王朝亡国取鉴、资治的思想。贞观君臣对于国家的盛衰兴亡，认为没有什么"天命"可言，全是统治者人为因素的结果而已。所谓："虽历数斯穷，盖亦人事然也。"②

贞观三年（629）太宗下诏修撰"五代纪传"。分别命令狐德棻修《北周书》、李百药修《北齐书》、姚思廉修《梁书》及《陈书》、魏征修《隋书》；而总以房玄龄及魏征为监修，而由令狐德棻具体指导和协调诸史的实际修撰工作。至贞观十年（636）五代纪传俱成，分别是《梁书》五十六卷、《陈书》三十六卷、《北齐书》五十卷、《周书》五十卷、《隋书》五十五卷，合共二百四十七卷。然而有一特点，就是这五部史书，皆全为纪、传而无表、志。时人称之为《五代纪传》;《五代纪传》撰成后太宗极为高兴，他勉励修史诸臣谓：

> 朕睹前代史书，彰善瘅恶，足为将来之戒。秦始皇奢淫无度，志存隐恶，焚书坑儒，用缄谈者之口。隋炀帝虽好文儒，尤疾学者，前世史籍，竟无所成，数代之事，殆将泯绝。朕意则不然，将欲览前王

---

① （唐）吴兢著，谢保成集校《贞观政要集校》，中华书局，2009，第441页。
② （唐）姚思廉：《梁书》卷三《武帝纪下》，中华书局，1973，第98页。

之得失，为在身之龟镜。公辈以数年之间，勒成五代之史，深副朕怀，极可嘉尚。①

《五代纪传》中，贞观史臣直接指出陈之灭亡原因是："后主生深宫之中，长妇人之手，既属邦国殄瘁，不知稼穑艰难……昵近群小，……无骨鲠之臣，……政刑日紊，尸素盈朝。"②而北齐的灭亡，亦是"天道深远，或未易谈；吉凶由人，抑可扬榷……齐氏之败亡，盖亦由人。匪唯天道也"③。这些都表明贞观君臣对秦汉以来天命论的否定态度，而强调统治者的个人因素对国家治乱的重要影响性。在唐初君臣眼中，隋杨王朝的两代君主，对隋朝的灭亡自然要负上不可推卸的责任。

太宗尝云："以铜为镜，可以正衣冠；以古为镜，可以知兴替；以人为镜，可以明得失。朕常保此三镜，以防己过。"④既然太宗要"览前王之得失，为在身之龟镜"，便自然汲取隋代的教训。在唐初统治者看来，一个甲兵强盛，风行万里，统一宇内的隋王朝，怎会一下子就"率土分崩。遂以四海之尊，殒于匹夫之手，子孙殄灭，为天下笑，深可痛哉"⑤。唐初统治者不能不认真地汲取这一历史教训，以作为巩固自身统治的借鉴。所谓"其隋之得失存亡，大较与秦相类"⑥。这是《隋书》对于隋朝历史经验教训的最重要概括。唐初史臣直言"迹其衰怠之源，稽其乱亡之兆，起自高祖，成于炀帝，所由来远矣，非一朝一夕"⑦。意谓隋朝的灭亡，文帝与炀帝俱有不可推卸的责任。由于太宗已为文帝的猜疑性格定调，其云：

> 此人性至察而心不明，夫心暗则照有不通，至察则多疑于物。自以欺孤寡得之，谓群下不可信任，事皆自决，虽劳神苦形，未能尽于

---

① （宋）王钦若等：《册府元龟》卷五五四《国史部·恩奖》，中华书局，1960，第6657页。

② （唐）姚思廉：《陈书》卷六《后主本纪》，中华书局，1972，第119页。

③ （唐）李百药：《北齐书》卷八《幼主纪》，中华书局，1972，第115~117页。

④ （后晋）刘昫：《旧唐书》卷七一《魏征传》，中华书局，1975，第2561页。

⑤ 《旧唐书》卷七一《魏征传》，第2550~2551页。

⑥ 《隋书》卷七〇《裴仁基传》，第1636页。

⑦ 《隋书》卷二《文帝纪下》，第56页。

合理。朝臣既知上意，亦复不敢直言。宰相以下，承受而已。[①]

在这个指导思想影响下，出现了以《隋书》为代表的唐官方史著对文帝、炀帝的种种评论，而这些评论的影响至为深远。魏征在《隋书》内对文帝、炀帝的两段评论，可以说是把得太宗的想法发挥得淋漓尽致。魏征认为文帝在位二十余年的种种成就，亦无法弥补其学养与性格上的缺陷，隋朝灭亡的原因，早已种于开皇年间：

> （文帝）素无术学，不能尽下，无宽仁之度，有刻薄之资，暨乎暮年，此风逾扇。又雅好瑞符，暗于大道。……听哲妇之言，惑邪臣之说，溺宠废嫡，托付所失。灭父子之道，而昆弟之隙，……坟土未干，子孙继踵屠戮，松槚才列，天下已非隋有。[②]

而炀帝则更被描绘为与秦始皇相去不远的亡国暴君，所谓：

> 负其富强之资，思逞无厌之欲，狭殷、周之制度，尚秦、汉之规摹。恃才矜己，傲狠明德，内怀险躁，外示凝简，盛冠服以饰其奸，除谏官以掩其过。淫荒无度，法令滋章，教绝四维，刑参五虐，锄诛骨肉，屠剿忠良，受赏者莫见其功，为戮者不知其罪。骄怒之兵屡动，土木之功不息，频出朔方，三驾辽左，旌旗万里，征税百端，猾吏侵渔，人不堪命。乃急令暴条以扰之，严刑峻法以临之，甲兵威武以董之，自是海内骚然，无聊生矣。……观隋室之存亡，斯言信而有征矣。[③]

这是从个人、政治、经济、军事等方面，分析了隋朝二帝的错误。最后，贞观史臣做出这样的总结："宇宙崩离，生灵涂炭，丧身灭国，未有若斯之甚

---

① 《旧唐书》卷三《太宗纪下》，第 40 页。
② 《隋书》卷二《文帝纪下》，第 55 页。
③ 《隋书》卷四《炀帝纪下》，第 95~96 页。又（唐）李延寿《北史》卷一二《隋本纪下》，中华书局，1974，第 475 页所载同。

也。"① 这种尝试从不同角度来总结隋朝灭亡教训的议论，在《隋书》之内比比皆是。然而这是在太宗"以隋为鉴"的思想指导下的结论，因此魏征在《隋书》中对文帝、炀帝以至整体隋朝历史的描述与评鉴，用今天的话来形容是"避重就轻"，就是写唐太宗要看的史、说唐太宗要听的话。这并不是不符合基本事实，只是未能全面反映历史事实，而且立场过于鲜明。凡此种种可谓严重阻碍了后人对隋朝历史、隋代二帝的全面认识和了解。

由于《隋书》是唐朝的官修正史，唐太宗既然已经为隋朝历史定调，其影响可谓极其深远。自此后世所有朝野作品，传统史料，如：李延寿的《北史》、司马光的《资治通鉴》；笔记小说，如：杜宝的《大业杂记》、刘𫘧的《隋唐嘉话》等的相关记载；甚至明清以来的章回演义，如：明齐东野人的《隋炀帝艳史》、明袁于令的《隋史遗文》、清褚人获的《隋唐演义》等作品，其内容描绘、推演，基本都是沿袭此调而来的。

且看《隋炀帝艳史》的描述。由于炀帝是个亡国之君，《艳史》着力揭露和谴责的就是他的腐化生活。齐东野人笔下的杨广生来聪明过人，颇有才略，但生性阴险贪婪。他先是谋夺太子之位，又在父亲杨坚病重时调戏庶母宣华夫人，将杨坚气死，一举登上皇帝宝座，从此开始了他淫逸放纵的皇帝生活。炀帝登基以后，骄奢纵欲，全不顾国家利益和百姓生活，一味追求个人享受。《艳史》的语调，基本上是沿着《隋书》的评论而推演的。② 同样地，《隋唐演义》亦继续把炀帝描绘为荒淫残暴的君主。他在位十四年，曾三次发动对高丽的战争，又每年调动民工数百万营建东宫，开凿运河，修筑长城，苛捐、暴政，搞得民不聊生。作品前半部，以细致的笔墨描写了"穷土木炀帝逞豪华"（第二十七回）的许多令人触目惊心的事实：选绣女、建洛宫，"弄得这些百姓东奔西驰"，"各府州县邑，如同鼎沸"。炀帝为了游玩，强令开凿自汴梁至淮河的运河，强征天下民夫，"如有隐匿者，诛三族"。大小官吏，正好趁此机会变本加厉地酷虐百姓。在这样的背景下，隋朝江山就此断送。③

① 《隋书》卷四《炀帝纪下》，第96页。
② （明）齐东野人：《隋炀帝艳史》，中州古籍出版社，1986。
③ （清）褚人获：《隋唐演义》，中华书局，2009。

三 《隋书》中所若干被忽视的历史

然而只要我们细阅《隋书》，实不难发现若干关于文帝与炀帝的描述，因与"以隋为鉴"的主调不太吻合，甚至有所冲突，而被贞观君臣所刻意淡忘。今释述于下。

1. 关于文帝

1.1 "圣人可汗"，降服四夷

隋文帝篡周后，便有"并吞江南之志，问将帅于高颎，颎荐（贺若）弼与（韩）擒虎，故置于南边，使潜为经略"。[①] 故早于开皇元年（581）三月，文帝便以当亭县公贺若弼为吴州总管镇守广陵（今江苏省扬州市江都区），[②] 新义县公韩擒虎为庐州总管镇庐江（今安徽省庐江县），[③] 命二人积极部署伐陈计划。然而为何要迟至开皇九年（589）文帝才派兵渡江，南下灭陈？据《隋书》所述，乃文帝听从高颎之计，每当南方秋收之时，乃遣兵扰乱，以废其农时，并派人至陈朝境内纵火焚烧粮仓，待陈朝修缮之后，隋军复来烧之，因而彻底搞垮陈朝经济，瓦解对手的抵抗力量。[④] 这些说法固然是事实，不过只是历史的其中一面。以当时的政治形势来看，南下灭陈，并非文帝的首要考虑，反而是解决来自北面突厥的强大威胁，才是被文帝视为长治久安的关键所在。[⑤] 用今天的角度来看，文帝先按下灭陈大计，而集中力量处理突厥问题，是具备长远战略眼光的。

其实隋朝早于开皇二年（582）四月已经与突厥爆发战争，窦定荣、韩僧寿、李充等隋将，更分别击败突厥军队于鸡头山、河北山等处。[⑥] 文帝于翌年（583）四月更下诏讨伐突厥：

> 往者周、齐抗衡，分割诸夏，突厥之虏，俱通二国。周人东虑，

---

① （宋）司马光：《资治通鉴》卷一七五《陈宣帝太建十三年》，中华书局，1956，第 5438 页。

② 《隋书》卷五二《贺若弼传》，第 1344 页。

③ 《隋书》卷五二《韩擒虎传》，第 1339 页。

④ 《隋书》卷四一《高颎传》，第 1181 页。

⑤ 雷家骥：《隋史十二讲》第三讲《一、国际形势与隋朝崛起》，清华大学出版社，2012，第 49~61 页。

⑥ 《隋书》卷一《文帝纪上》，第 16~17 页。

恐齐好之深，齐氏西虞，惧周之交厚；谓虏意轻重，国遂安危，盖并有大敌之忧，思减一边之防也。

朕以为厚敛兆庶，多惠豺狼，未尝感恩，资而为贼。节之以礼，不为虚费，省徭薄赋，国用有余。因入贼之物，加赐将士；息道路之民，务为耕织；清边制胜，成策在心。凶丑愚暗，未知深旨，将大定之日，比战国之时；乘昔世之骄，结今时之恨。近者尽其巢窟，俱犯北边，盖上天所忿，驱就齐斧。诸将今行，义兼含育，有降者纳，有违者死，使其不敢南望，永服威刑。何用侍子之朝，宁劳渭桥之拜。①

其意是昔日突厥利用北齐、北周的对峙，坐享形势，强纳两国丰厚奉献之余，更入寇不断。现在形势改变了，中原已经大定，突厥犹不知时局，依然犯边入侵。所以隋文帝决定反守为攻，试图彻底解决国家安全问题。除军事行动外，文帝主要采纳长孙晟"远交而近攻，离强而合弱"的策略，②成功分化离间突厥各酋长的关系。结果于短短数年间，不但成功瓦解突厥的威胁，更逼使东突厥的沙钵略可汗于开皇五年（585）来朝称臣，从此扭转了自北魏以来双方的攻守形势。及后文帝、炀帝更获突厥和亚洲诸国冠以"圣人可汗"的称号，号令四方。③进一步探究"圣人可汗"的意义，④此称号实反映隋代两主在处理周边民族关系上，并非单纯以军事武力为主要手段，反而着重以儒家思想天下观的"恩威"理念来抚服四夷，⑤因而获得以突厥为首的周边民族的认同。突厥可汗尊称文帝、炀帝为"圣人可汗"，而非大隋皇帝、中原天

---

① 《资治通鉴》卷一七五《陈长城公至德元年》，第5462~5463页。按《隋书·文帝纪》未载此诏文。而《隋书》卷八四《北狄传》，第1866~1867页；（唐）李延寿《北史》卷九九《突厥传》，中华书局，1974，第3291~3292页，所载略同。

② 《隋书》卷五一《长孙晟传》，第1331页。

③ 参罗永生《"普天之下，莫非王土"中国古代君主的世界观——以隋炀帝为例》，原文宣读于2011年11月16日，"中国与世界"国际学术研讨会，香港树仁大学、香港浸会大学合办。后收于罗永生《隋唐政权与政制史论》，台湾秀威资讯科技有限公司，2014，第6~26页。

④ 秦汉以来皇帝与"圣人"的概念可参邢义田《秦汉皇帝与"圣人"》，载陶希圣先生九秩荣庆祝寿论文集编辑委员会编《陶希圣先生九秩荣庆祝寿论文集——国史释论》，台湾食货出版社，1988，第389~427页。

⑤ 参罗永生：《"普天之下，莫非王土"隋代君主的天下观》，载《第三届"汉化、胡化、洋化"国际学术研讨会论文集》，香港浸会大学，待刊。

子，实有其深层之意义，^①而绝对并非个别学者提出的"胡汉体制下'圣人'与'可汗'两个并存的名号"^②。相较于唐高祖李渊背负着曾向突厥称臣的不光彩历史，^③魏征对隋文帝于短短三数年间便降服突厥，称"圣人可汗"的成就，自然是轻轻带过，不愿多提的。

1.2 推行儒教，制礼作乐

长期以来，文帝被描绘为"不悦学，不知乐"，^④这显然并非事实。^⑤杨坚登帝位后，为巩固政权，乃"易周氏官仪，依汉、魏之旧"，^⑥具体表现乃提倡儒教，重视礼乐。在提倡儒教方面，据《隋书》卷四七《柳昂传》所记：

> 高祖受禅，……（柳）昂见天下无事，可以劝学行礼。……（文帝）因下诏曰："建国重道，莫先于学，尊主庇民，莫先于礼。……始自京师，爰及州郡，宜祗朕意，劝学行礼。"自是天下州县皆置博士习礼焉。^⑦

结果是"遂兴学校"。^⑧文帝即位之后，推行儒教，建立学校，不遗余力，基本确立了隋代官学的规模。^⑨基此，唐朝史官编撰《隋书·儒林传序》时，亦不得不肯定文帝在这方面的成就：

> 高祖膺期纂历……于是四海九州强学待问之士靡不毕集焉。……

---

① 参罗永生《〈隋书〉中"圣人可汗"一词探释》，宣读于香港中文大学历史系中国历史研究中心等主办"严耕望先生百龄纪念学术研讨会"，香港中文大学，2016 年 10 月 14 日。

② 林冠群：《隋文帝"莫缘可汗"汗号考释》，《史学汇刊》2010 年第 25 期，第 1~14 页。朱振宏：《西突厥与隋朝关系史研究》第三章第五节《胡汉体制下"圣人·可汗"的历史意义》，稻乡出版社，2015，第 204~219 页。

③ 详参陈寅恪《论唐高祖称臣于突厥事》，载氏著《寒柳堂集》，上海古籍出版社，1980，第 97~108 页。

④ 《隋书》卷一四《乐志中》，第 347 页。

⑤ 就隋文帝"不悦学，不知乐"的辨正，可参高明士《隋文帝"不悦学"、"不知乐"质疑——有关隋代立国政策的辨正》，载《台湾大学历史学系学报》1988 年第 14 期，第 245~258 页。王心喜：《隋文帝"不悦儒术"辨正》，《杭州教育学院学报》1996 年第 3 期，第 40~44 页。

⑥ 《隋书》卷一《文帝纪》，第 13 页。

⑦ 《隋书》卷四七《柳昂传》，第 1277~1278 页。

⑧ 同上第 1279 页。

⑨ 参高明士《中国中古的教育与学礼》第一篇第二章《隋代的官学》，台湾大学出版社，2005，第 73~85 页。

厚赏诸儒，京邑达乎四方，皆启黉校。齐、鲁、赵、魏，学者尤多，
负笈追师，不远千里，讲诵之声，道路不绝，中州儒雅之盛，自汉、
魏以来，一时而已。①

虽然"高祖暮年，精华稍竭，不悦儒术"，②这仅是文帝统治晚年对全国学
校制度的一次调整而已。因此，唐代以还，所谓"高祖素不悦学"③的指责实
难以能成立。④至于礼、乐方面，由于文帝视"立学设教，制礼作乐"为其
立国后的重要政策，并借以建立强而有力的中央政府，以统一南方。文帝
命臣修订《开皇礼》可谓集汉、魏、晋、南北朝以来五礼的大成，也成为
唐朝制礼的蓝本。⑤而就作乐而言，"自周、陈以上，雅、郑淆杂而无别，
隋文帝始分雅、俗二部"⑥。文帝的坚持制礼作乐，处处显示其极力遵从汉魏
之旧的文化认同，乃成为隋朝平陈，完成统一天下大业的主要动力。就如高
明士教授所言，"制礼作乐也为成为文帝、炀帝两代治世初期的重要工作"⑦。

1.3 改革政制，开唐之先

唐三省制的确立：中央三省制的确立。文帝强化尚书、中书、门下三省的
职能与地位的同时，完善其人员编制，⑧至炀帝时亦有所补充。后来唐朝政府
行之有效的三省六部二十四司的中央架构，基本是沿用隋朝旧制而已。⑨

地方行政改革：众所周知，魏晋南北朝以来，地方行政制度冗赘，地方官
僚架构混乱，人员编制滥设。⑩入隋以后积习未改，其时有度支尚书河南道行
台兵部尚书杨尚希上表请求文帝改革紊乱的地方行政制度，其云：

---

① 《隋书》卷七五《儒林传》，第 1706 页。
② 《隋书》卷七五《儒林传》，第 1706 页。
③ 《隋书》卷一四《乐志中》，第 347 页；又同书卷二五《刑法志》，第 713 页所载略同。
④ 高明士：《中国中古礼律综论——法文化的定型》第七章《隋文帝时代的制礼作乐》，台湾元照出版有限公司，
　　2014，第 98~203 页。
⑤ 高明士：《中国中古礼律综论——法文化的定型》，第 213 页。
⑥ 《新唐书》卷二二《礼乐十二》，第 473 页。
⑦ 详参高明士《中国中古礼律综论——法文化的定型》第七章《隋文帝时代的制礼作乐》。
⑧ 参雷家骥《隋史十二讲》第二讲《一、平陈前的政府改制与改革》，第 29~42 页。
⑨ 参罗永生《三省制新探——以隋和唐前期门下省职当与地位为中心》第三章第一节《隋代的改制》，中华书
　　局，2005，第 80~112 页。
⑩ 详参严耕望《中国地方行政制度史》，"中央研究院"历史语言研究所，1990。

窃见当今郡县，倍多于古，或地无百里，数县并置，或户不满千，二郡分领。具僚以众，资费日多。吏卒人倍，租调岁减。清干良才，百分无一，动须数万，如何可免。所谓民少官多，十羊九牧。……今存要去闲，并小为大，国家则不亏粟帛，选举则易得贤才。敢陈管见，伏听裁处。[①]

这确实对建国伊始的杨隋王朝造成人事费用巨大，民众负担沉重的负面影响。文帝乃接纳杨尚希的建议，于开皇三年（583）"遂罢天下诸郡"。[②] 把六朝以来的州、郡、县三级制改为州（郡）、县二级制，把五百余郡废止，并调整行政区域，其后唐朝亦沿袭此制。废郡约可减少地方官员数三分之一至四分之一。至开皇十五年（595），文帝更将原有的"府官"与"州官"二个体系，并为"府官"单一体系，此即历史上著名的"废乡官"。[③] 炀帝继位后，仍继续地方行政的改革。大业元年（605），炀帝正式废止总管府。文帝时总管府的数目约有四十，其辖下吏员兵士数目惊人，总管府的废止必然减约了大量行政人员。大业三年（607）改州为郡，郡有一百九十，县有一千二百五十五，并进一步简化地方官员。大业年间，全部地方政府官员数八至十万，与南北朝的三十万相较，不过四分之一。

废除九品中正制，开唐代科举之先：隋朝建立后，文帝于开皇七年（587），下诏天下"诸州岁贡三人"，[④] 若干学者认为这是隋朝正式废除九品中正制的标志。[⑤] 到开皇十八年（598），文帝又："诏京官五品已上，总管、刺史，以志行修谨、清平干济二科举人。"[⑥] 这正说明选拔官员的制度，已经由魏晋南北朝的九品中正制向唐代的科举制过渡。诚如吴宗国师指出，文帝时的岁贡（亦称常贡）主要有秀才与明经两科。到大业年间，炀帝在保留文帝

---

① 《隋书》卷四六《杨尚希传》，第 1253 页。

② 《隋书》卷四六《杨尚希传》，第 1253 页。

③ 《隋书》卷四二《李德林传》，第 1200 页。

④ 《隋书》卷一《文帝纪上》，第 25 页。

⑤ 可分别参吴宗国《唐代科举制度研究》，北京大学出版社，2010，第 4 页；高明士、邱添生等《隋唐史》，空中大学印行，1997，第 48 页；王仲荦《隋唐五代史》，上海人民出版社，1990，第 12 页。

⑥ 《隋书》卷二《文帝纪下》，第 43 页。

时期的秀才、明经科外，更新设立了进士科，[①]确立了唐代科举制度的雏形。可是后来唐人却对隋文帝、炀帝二人对科举制度的推动视而不见，硬算什么"太宗皇帝真长策，赚得英雄尽白头"，[②]把建立科举制的成就都归到唐太宗身上，而忘记令唐人趋之若鹜的进士科，所谓"三十老明经，五十少进士"[③]源自当年太宗极力否定的隋代君主的创建。

2. 关于炀帝

2.1 炀帝的擅诗好儒

长期以来，炀帝被形容为暴君，前述两部小说演义将之进一步描绘为"骄奢纵欲""残虐百姓"的亡国之君。不但与儒家思想丝毫沾不上关系，更是传统儒者所痛诉的对象。然而这是否就是炀帝一生的写照？实有进一步榷清的必要。

杨广从出生到二十岁平陈以前，成长于关陇周隋贵族武将家庭，与其他关陇子弟无异，自少就学习骑射，以至进行作为武将所需的专门军事训练是可以理解的。但《隋书》又称他"好学，善属文，沉深严重，朝野属望"。表现出一个好学少年的样子。[④]然而杨广所学是什么，《隋书》无明文。若从一般理解及日后炀帝擅诗好儒的表现来看，少年时期的杨广除喜好诗文外，同时接受了较为正规和严谨的儒家教育也是极有可能的。沿从这思路去分析，则开皇初年文帝所见杨广居第之中"见乐器弦多绝断，又有尘埃，若不用者，以为不好声妓，善之。……当时称仁孝"的克俭仁孝表现，就不能简单地以"矫饰"来完全否定了。[⑤]

开皇十年（590），杨广出任扬州总管，坐镇江都，凡十年之久。而这段历史，却往往为唐代史家有意无意地忽略。杨广在江南的十年，"息武兴文，方应光显"，[⑥]广泛收纳江南士人，推行文教事业，并取得卓越的成果。[⑦]众所周知，东晋南朝门阀士大夫文化素养向来极高，并自视为华夏文化正统，视

---

① 吴宗国：《唐代科举制度研究》，第5~9页。

② （五代）王定保：《唐摭言》卷一《散序进士》，上海古籍出版社，1978，第4页。

③ （五代）王定保：《唐摭言》卷一《散序进士》，第3页。

④ 《隋书》卷三《炀帝纪上》，第59页。

⑤ 《隋书》卷三《炀帝纪上》，第59页。

⑥ 《国清百录》卷二《述蒋州僧书第三十二》，转引自袁刚《隋炀帝传》，人民出版社，2001，第127页。

⑦ 参张玉璞《隋炀帝与南北文化交融》，《北方论丛》2002年第3期，第21~26页。

北人为夷狄，具有极高的文化优越感。连北朝政权也承认江南是"专事衣冠礼乐，中原士大夫望之，以为正朔所在"。[①] 若杨广只是一粗鄙不文的关陇武将，则又如何能获得江南士人的认同。杨广的雅好儒学又表现于以江南大儒、昔日陈朝博士潘徽领衔组织江南诸儒编撰《江都集礼》120卷。[②] 借此杨广网罗了大批文儒学者，在府邸制礼作乐，因而深得江南人士赞誉。司马光在《资治通鉴》中亦肯定炀帝在江南推动学术文化的成就：

> （炀）帝好读书著述，自为扬州总管，置王府学士至百人，常令修撰，以至为帝，前后近二十载，修撰未尝暂停，自经术、文章、兵、农、地理、医、卜、释、道及至蒲博、鹰狗，皆为新书，无不精洽，共成三十一部，万七千余卷。

关于诗文方面，《隋书》称炀帝，"王好文雅，招引才学之士诸葛颍、虞世南、王胄、朱玚百余人以充学士"。[③] 他的若干作品如：《与越公书》《建东都诏》等，获得"并存雅体，归于典制"的美誉。[④] 而《隋书·经籍志》亦著录《炀帝集》五十五卷，[⑤]《全隋诗》录存其诗作四十多首。其中《饮马长城窟行》、《江都宫乐歌》、《春江花月夜》（二首）、《夏日临江》、《泛龙舟》等更是后世论者公认的名篇。[⑥] 清代诗人沈德潜更把炀帝的边塞诗誉为："矫然独异，风气将转之候也。"[⑦]

今天看来，杨广任扬州总管的十年，无疑大大提高了他对传统礼乐文化的掌握，甚而丰富了他的文学艺术修养亦不是没有可能。然而这些在魏征等唐初史臣笔下，都被有意无意地埋没起来。综观隋唐之世，有杨广这样历练，而兼具关陇武将与江南儒雅特质于一身者，又有几人？

---

① （唐）李百药：《北齐书》卷二四《杜弼传》，中华书局，1972，第347页。
② 关于炀帝以潘徽修《江都集礼》一事，可参高明士《中国中古礼律综论——法文化的定型》第八章《隋炀帝时代的制礼作乐》，第217~219页。
③ 《隋书》卷五八《柳𫘝传》，第1423页。
④ 《隋书》卷七六《文学传序》，第1730页。
⑤ 《隋书》卷三五《经籍志四》，第1081页。
⑥ 可参袁刚《隋炀帝传》，第414~423页。
⑦ （清）沈德潜：《古诗源·例言》，中华书局，1977，第3页。

2.2 炀帝的好大喜功

《隋书》称炀帝巡幸不已，这是事实。但若我们换一角度看，考虑到炀帝好儒的背景，"巡幸"则又可有别的理解。《隋书·炀帝纪下》云："东西游幸，靡有定居。"[①]考炀帝在位期间，共进行了八次大规模的巡幸，作为大隋帝国的最高统治者，炀帝并不沉湎于宫闱生活，反而是年年巡幸，不顾路途艰辛，深入塞外荒凉不毛之地，又不避远征塞外的风险，亲临国防前线，其原因除了巩固国防，维护大一统帝国版图的军事意义，更重要的炀帝相信巡幸是中央政权强有力的标志，也是传统社会以礼教万民的治国要道，而且具有皇帝标榜内圣外王理想政治的教化致治意义。若循这思路去探究或许会有助于我们进一步理解炀帝的天下观。基于此我们甚至可以说，炀帝是实践其信服的儒家思想所提倡的"宣扬风化""混一戎夏""四夷率服"的天下观，亦即《诗经》《春秋左传》《孟子》等传统儒家经典所载"普天之下，莫非王土"的理念。

《隋书》所言"巡幸不已"，批评炀帝"好大喜功"，则又是站在否定炀帝的前提下的判断，是以最终结果来追溯的说法，完全忽略了儒学对炀帝的影响。

2.3 对炀帝"荒淫无度"的理解

《隋书》以"荒淫无度"来形容炀帝，当然非单指沉湎女色，而更可理解为"骄奢纵欲"。然而就从女色的角度而言，《隋书》对炀帝的批评完全集中在他对宣华夫人与容华夫人的无礼侵犯，当然单凭这亦可大书特书。[②]可是除此之外，似乎连魏征等唐代史官亦再找不到炀帝沉湎女色的证据。

观炀帝一生与萧皇后不离不弃，可谓"长相厮守""至死不渝"。并生有元德太子杨昭与齐王杨暕，虽不如乃父的"五子同母"，考虑到炀帝仅得子嗣三人，则不可谓不专宠。较于北周宣帝以至北齐诸帝，炀帝又岂可视为荒淫？既然唐人可以接纳太宗、高宗、玄宗的不伦关系，而痛斥炀帝，则又是在否定前提下的看法而已。

---

① 《隋书》卷四《炀帝纪下》，第 95 页。
② 《隋书》卷三六《宣华夫人传》《容华夫人传》，分别谓两夫人为太子（即炀帝）、炀帝所烝，第 1110~1111 页。

2.4 广开运河

由于隋朝的政治和军事中心在关中地区，而山东、河北以至南方江淮地区的经济却有了较大的发展。两京一带所需要的物资，特别是粮食，有很大一部分要依靠山东、河北地区供应。大量的粮食物资需要漕运到长安、洛阳，甚至运到北方边疆的军事重镇。所以，开凿运河是时代的需要和历史的必然，不能把炀帝个人爱好游玩视为主要原因。就如全汉昇教授在《唐宋帝国与运河》中所述，运河连接中古社会的政治与经济重心，实有其不可替代的重大政治与经济作用。①

隋代的运河广通渠、通济渠、山阳渎（炀帝把后两者合称御河）、永济渠和江南河等，虽然不是同时开凿而成，但是由于这些管道都以政治中心长安、洛阳为枢纽，向东南和东北辐射，形成完整的体系，同时，它们的规格又基本一致，都要求可以通航方舟或龙舟，而且互相连接，所以又是一条大运河。沿江南河到京口（今江苏省镇江市）渡长江，再顺山阳渎北上，进而转入通济渠，逆黄河、渭河向上，最后抵达长安。无疑开凿运河的艰巨工程对隋朝百姓而言，是一场灾难。炀帝强征几百万民工修筑运河，严重地破坏了生产，使成千上万的民工死在运河工地上。炀帝还派出了数万名监工，各执刑杖，督促民工，弄至天怒人怨，间接断送了隋杨王朝的统治基础。这一看法亦是符合历史事实的。

小　结

其实隋朝历史有其值得肯定的地方，正如汪篯先生在文中所述："隋是结束了将近三百年分裂局，完成统一南北的朝代。在巩固边境国土方面，也获得很多进步。北方，隋促使突厥分裂的政策收到效果，并在军事上屡次给予突厥重创。"②汪篯先生还说过，"隋炀帝也应该翻案。……该翻的案是要翻的，但要翻得适当，不能过头。……那么，依靠什么才能准确地把握住历史

① 参全汉昇《唐宋帝国与运河》，"中央研究院"历史语言研究所，1995。
② 汪篯：《唐太宗"贞观之治"与隋末农民战争的关系》，载汪篯著，唐长孺等编《汪篯隋唐史论稿》，中国社会科学出版社，1981，第15~16页。

呢？这就要依靠我们实事求是，……依靠我们经常的学习"。[①] 然而唐代史官把那些相对正面的隋朝历史轻轻带过，却在刻意强调隋文帝"溺宠废嫡，托付失所"的同时，更指责隋炀帝"护短拒谏""偏信佞臣"，又"穷奢极侈""徭役不息""穷兵黩武，干戈不戢"，以致"民不堪命"，群起反抗，终于"率土分崩""身死国灭"。[②] 不但直接左右了后人对隋朝历史的认识，更为后世章回小说、演义一类民间文学作品，添加了创作素材。其中炀帝更被彻底的"暴君化""荒淫化"，这是我们须注意与认识的地方。以《隋书》为代表的唐代官方史著，由于有明确的前提与立场，有意无意间强调隋朝历史中的晦暗面，部分甚至全盘否定文帝、炀帝的个人与政绩，目的明显是要恪守太宗所提倡的以"以隋为鉴"的政治功能。

（罗永生　香港树仁大学历史学系）

---

① 参见本书吴宗国整理《汪篯谈关于中国古代史学习》。

② 汪篯：《唐太宗"贞观之治"与隋末农民战争的关系》，载汪篯著，唐长孺等编《汪篯隋唐史论稿》，中国社会科学出版社，1981，第23页。

贞观十九年征伐高丽与唐将张士贵行迹

前　言

　　唐贞观十九年（645），鉴于地处辽东及朝鲜半岛北部的高丽政权一系列与唐朝对立的作为，唐太宗在广泛了解唐朝内部及高丽现状的前提下，决意亲征。唐军水陆并发，四万水军由平壤道行军大总管张亮统领，辽东道行军大总管李勣则统帅六万步骑及兰、河二州投诚的胡人。与此同时，唐太宗还诏令新罗、百济，奚、契丹等民族共同出兵。对于唐太宗的这次亲征，历来评价纷纭，但其没有达到预期目的却为学界公认①。唐太宗本人似从侧面认同这一点。如他在返回途中想起魏征，并对这次战争中脱颖而出的薛仁贵言道："朕诸将皆老，思得新进骁勇者将之，无如卿者，朕不喜得辽东，喜得卿也。"②然而，发现并引荐薛仁贵者乃唐将张士贵，而有关张士贵其人事迹，学界却很少关注③，特别是对张士贵在征伐高丽战前后的行迹少有专论。鉴于此，本稿在探讨唐太宗亲征高丽原因的基础上，考察张士贵在这次征讨战前后，以及

---

① 关于贞观十九年唐太宗亲征高丽事件，汪篯先生著作中持批判态度，显示出 20 世纪中期国内学界对唐朝经营东北地域的评判趋向，对此，笔者将在正文中约略谈及。汪著中似亦未提及张士贵其人事迹。参汪篯《唐太宗》，收入汪篯《汪篯汉唐史论稿》，北京大学出版社，2017。

② （宋）司马光：《资治通鉴》卷一九八，唐太宗贞观十九年十月条，中华书局，1987，第 6231 页。

③ 因《新唐书》《旧唐书》"张士贵传"均极为简略，学界对张士贵的研究大多为探讨出土的张士贵墓志。主要有以下几篇：陕西省文管会、昭陵文管所《陕西醴泉张士贵墓》，《考古》1978 年第 3 期；牛致功《〈张士贵墓志〉所反映的问题》，《人文杂志》1998 年第 4 期；马雪芹《唐张士贵墓志铭考释》，《中国历史文物》2003 年第 3 期；吴敏霞《〈张士贵墓志〉散议》，《碑林集刊》第 13 集，陕西人民美术出版社，2008；郭祯田《从墓志看张士贵的真实人生》，《娘子关》2010 年第 5 期；张德一《唐代名将张士贵忠奸辩》，《山西社会主义学院学报》2016 年第 1 期。除此之外，张士贵后裔张彪编著《大唐名将张士贵传》，黄河出版社，2013。

战争中所扮演的角色，以就教于诸师友方家！

一　唐朝征伐高丽的原因辨

如上所述，贞观十九年正月，唐太宗不顾大臣房玄龄等人的规劝，决意亲征高丽。对于这次亲征的性质，汪篯先生在其著作中只是稍稍提及，并持批评鞭挞意见。而将亲征高丽理解为"侵入"，反映出 20 世纪中期学界对唐太宗末期征伐战争的学术评判倾向[①]。事实上，将古代宗藩关系下宗主国针对藩属的一系列悖理行动所采取的惩罚措施，用简单的"侵略""侵入"界定，缺乏事实依据，更何况唐太宗出征的理由之一就是收复故地，因为辽东及其周边纵深地带早在西汉时代就是中原王朝统辖的领土[②]。

对唐太宗征伐高丽战争如此评价，应该和 20 世纪 50 年代中朝间缔结的友好关系以及冷战格局下当时世界两大阵营架构大背景有关。当然，对历史的主观臆断，极端的意识形态解读，亦是其中原因之一。范文澜[③]、郭沫若的通史著作中，对这场征伐战争的评价也是如出一辙，极尽批判之能事。笔者认为对唐太宗的亲征高丽战争，应秉承客观公正态度，放在当时唐朝天下秩序大背景下考察，不能一味强求古人具备现代的所谓国际主义大公无私，而从历史的长河及国家民族大义看，这种"大公无私"造成的不可估量、无可挽回的损害，却是最值得我们正视并鞭挞声讨的。

唐朝出兵高丽的原因，历来学者根据唐太宗及当时大臣的言论，抑或依据隋唐两朝皇权交替的不稳定性，发表了许多颇有启发的见解，对深入探讨此一时期唐朝与高丽关系提供了可能。如蓝文征主张唐太宗征伐高丽，"一为救华人也，二为收复汉疆也，三为讨逆吊民也"[④]。高明士指出"主要是不满高丽权臣泉盖苏文弑其君，以及对唐的不恭。……就是维持天下秩序。为人臣而下犯上，左右相攻，均为中国天子所不容，这也是'天下法'的基本原

---

① 参汪篯《唐太宗》，收入汪篯《汪篯汉唐史论稿》，北京大学出版社，2017。

② 胡戟：《贤相诀别明君：房玄龄与唐太宗》，载《胡戟文存》（隋唐历史卷），中国社会科学出版社，2000，第244~245 页。

③ 范文澜：《中国通史简编》第 3 编第 1 册，人民出版社，1965，第 282~284 页。

④ 蓝文征：《隋唐五代史》，（台北）商务印书馆，1970，第 113~115 页。

理……"①韩国学者朴汉济言道，隋唐两代初均以非正常手段获得皇位，故以发动对高丽战争，转移国内视线及矛盾，这是当时出兵高丽的主要原因②。刘进宝认为："唐太宗父子征高（句）丽，……虽是多种因素相互作用的结果，即有多种原因，但贯穿始终的一条最主要原因，则是双方政治利益的冲突。"③韩昇则将其归结为中国内政方面的因素与唐朝国际政治方面的因素，"两个方面紧密联系，互为表里"④。刘琴丽依据出土的九十九方唐人军将墓志，从墓志的撰述者认识入手，考察唐知识阶层与政府对征伐高丽原因理解的差异，并得出自己的结论⑤。检讨以上诸说，可以说都在某种程度上阐述了唐朝出兵高丽的原因，但笔者认为，应该从另外的角度探讨这一问题。

首先，应该区分表面原因及深层次原因。所谓表面原因，就是唐政府认同并主张的价值观念，即中国的天下秩序。具体来说，针对高丽问题，唐太宗在与大臣对话过程中，多次谈到这种理念，并将此理念作为唐朝处理当时东亚世界以唐代中国为中心的国家关系的指针，约束相关国家的行动；而周边大部分国家，特别是相对弱小的政权为了自己的利益，对唐朝主张的这种秩序观念，均表示认同和支持。如新罗、百济向唐朝诉讼高丽阻隔贡道，新罗多次派使前往唐朝求救、请兵，即可看作对唐朝担当这种秩序维护者的认同。

贞观十八年发布的《讨高丽诏》云："高丽莫离支盖苏文，杀逆其主，酷害其臣，窃据边隅，肆其蜂虿。"《亲征高丽诏》亦云："故上柱国，辽东郡王，高丽王高建武，……而其臣莫离支盖苏文，包藏凶慝，招集不逞，潜与计谋，奄行弑逆，冤酷缠于濊貊，痛悼彻于诸华。……加以好乱滋甚，穷兵不息，率其群凶之徒，屡侵新罗之地。新罗丧土，忧危日深，远请救援，行李相属。朕愍其倒悬之急，爰命轺轩之使，备陈至理，喻以休兵，曾不知改，莫遵朝命，窥窬亭障，首鼠窟穴，完聚更切，赋敛尤繁。"⑥按照唐朝奉行的这种

---

① 高明士：《东亚古代的政治与教育》，乐学书局，2003，第156~157页。

② 〔韩〕朴汉济：《对于七世纪隋唐两朝的朝鲜半岛进出经纬的考察：兼论隋唐之初确保皇帝正统性关联问题》，《东洋史学研究》第43辑，1993年。

③ 刘进宝：《唐朝对高丽的战争》，载《敦煌文书与中古社会经济》，浙江大学出版社，2016。

④ 韩昇：《东亚局势与唐朝的朝鲜政策》，载《东亚世界形成史论》，复旦大学出版社，2009。

⑤ 参刘琴丽《碑志所见唐初士人对唐与高句丽之间战事起因的认识》，《东北史地》2012年第1期。

⑥ 《讨高丽诏》《亲征高丽诏》，载（宋）宋敏求《唐大诏令集》卷130，中华书局，2008。

天下秩序理念，高丽权臣泉盖苏文陵上虐下、侵伐新罗，不遵唐朝诏令，这些已促使唐朝抛弃此前以德（礼）解决问题的幻想，改用兵（刑）的手段[①]派兵征伐，并只有如此，才能维护唐朝在东亚世界的领导地位，并对此后解决东亚事务提供范例和参照。反之，唐贞观后形成的"天可汗"局面将会变得徒具虚名、无足轻重。唐太宗力排众议，提出所谓的"盖苏文陵上虐下，民延颈待救，此正高丽可亡之时也"[②]，不过是维护这种秩序的说辞而已。这样，虽然此后高丽先后派遣使者进贡白金，并言泉盖苏文派遣50人前来宿卫，唐太宗严词拒绝，并责备高丽使者曰："汝曹皆事高武有官爵，莫离支弑逆，汝曹不能复仇，今更为之游说以欺大国，罪孰大焉？"足见唐太宗维持当时东亚世界秩序的决心。

同时，面对唐朝的武力征伐，高丽一方面派遣使节前往唐朝贡献白金，企图以小恩小惠，或者投唐太宗之所好，如同当时西北民族政权那样派遣宿卫，即向唐朝派出质子，以示臣服，进而起到延缓唐朝出兵的作用；另一方面，对唐朝派去传达谕旨的使节蒋俨，却采取强硬的态度，将其囚禁于地窖，直到一年后唐丽战争结束，蒋俨才得以返回[③]。这也可看出此时高丽对唐交涉的多面交错性质。就是说，唐朝非常珍惜十数年间其价值观念在周边地域的施行，以及东亚世界对其领导地位的认同，高丽公然违背、蔑视唐朝的这种秩序[④]，解决双方矛盾就只有通过战争这一途径了。

其次，如上文所论，继隋而起的唐朝，由于隋末天下大乱，人口遽减，唐太宗继位后，千方百计搜罗隋末流落各地的人口，以增加政府可控劳动力。当时十数万滞留于高丽的隋朝俘虏，远离家乡，成为高丽经济发展及保障安

---

① 高明士：《东亚古代政治与教育》，乐学书局，2003，第1~12页。

② 《资治通鉴》卷一九七，唐太宗贞观十八年二月条，第6207页。

③ 《旧唐书》卷一八五上《良吏传·蒋俨》载曰："太宗将征辽东，募使高丽者，众皆畏惮，俨谓人曰：'主上雄略，华夷畏威，高丽小蕃，岂敢图其使者。纵其凌虐，亦是吾死所也。'遂出请行。及至高丽，莫离支置于窟室中，胁以兵刃，终不屈挠。会高丽败得归。太宗奇之，拜朝散大夫，再迁幽州司马。"

④ 唐太宗给新罗善德王的诏书中有："朕祗膺灵命，君临区宇，矜惕之怀，无忘于夙夜；抚育之志，宁隔于遐迩。万方有罪，一物失所，坐以待旦。高丽（指高句丽）恃其险阻，肆行凶慝，书动干戈，侵王境界。朕愍王在远遭其充斥，频命行人，示以利害，而凶愚之性莫肯悛革，故违朕命，曾不休兵。加以莫离支盖苏文包藏祸心，乃煞害遍于忠良，凶虐被其土境，逆乱既甚，罪衅难容。朕是以大发师徒，往申吊伐，极彼国之危急，济辽左之涂炭。克定之期，在于旦夕……"载（唐）许敬宗编，罗国威整理《日藏弘仁本文馆词林校证》，中华书局，2001，第252页。

全的重要力量，这种情况得到前往高丽唐使节的一再证实。故基于增加人口，提高劳动生产力的考虑，唐朝和高丽的争夺势在必行。在随后的高丽与唐朝战争中，一些因故滞留高丽者之后裔纷纷投诚唐朝，现存石刻墓志资料可以说明这一点。如《大唐故忠武将军摄右金吾卫郎将上柱国豆府君墓志铭并序》《大唐故云麾将军行左龙武军翊府中郎将赵郡李公墓志铭并序》《故右龙武军翊府中郎将高府君墓志铭并序》《唐故右威卫将军上柱国王公墓志铭并序》等。除过王公的祖先居住海东外，豆府君、赵郡李公、高府君诸人的祖先均居住于辽东，特别是唐太宗在戎马倥偬之时，曾专门寻访晋尚书令李公后裔（上引墓志铭赵郡李公），墓主李怀的曾祖李敬被征招，"尽室公行，爰至长安"[1]。即唐太宗重视当时生活于辽东的原汉族流亡者，对当地的实力派人物，更是采取措施，使这些人回到中原。另外，唐军撤离辽东之时，"凡征高丽，拔玄菟、横山、盖牟、磨米、辽东、白岩、卑沙、麦谷、银山、后黄十城，徙辽、盖、岩三州户口入中国者七万人"[2]。就是说，从实际效果看，唐朝对高丽之战，已部分获得预期目的。换句话说，唐朝将辽东高丽控制地域的人口迁往内地，实现了唐太宗孜孜以求的增加户口的愿望。

再次，唐太宗君臣一再强调辽东的归属问题，故征伐高丽之战，收复辽东当是其最主要的目的。唐朝曾派遣使者相里玄奖当面向泉盖苏文提及辽东问题："既往之事，焉可追论！至于辽东诸城，本皆中国郡县，中国尚且不言，高丽岂得必求故地。"[3]唐太宗召见长安父老，亦强调"辽东故中国地，而莫离支贼杀其主……"这种理念上的原因，赋予征伐高丽以特别的意义。特别是当时上到皇室，下到一般百姓，人们均以前往高丽为国效命，或者应募从军征伐获得功名为荣：李唐宗室道王李元庆之子，年仅十四岁的李询，请缨前往高丽担当说客，唐太宗以李询年少的缘故，未答应其请求[4]。在此后征伐战

① 参拜根兴《朝鲜半岛古代史关联的金石文的现况》，《碑林集刊》第 9 辑，2003 年。

② 《资治通鉴》卷一九八，唐太宗贞观十九年十月条。《通鉴考异》记曰："《实录》上云，'徙三州户口入内地者前后七万人'；下癸丑诏书云，'获户十万，口十有八万'。盖并不徙者言之耳！"第 6230 页。

③ 《资治通鉴》卷一九八，唐太宗贞观十八年正月条，第 6206 页。

④ 李询墓志铭载云："天资上智，气蕴中和，贤叶孤标，凤彰于载口，贞柯独上，早茂于髫年，甫登十四岁，请说高丽，引见，天子特加褒异，顾以年小，弗之许行。"参见《大唐故使持节恽寿二州诸军事二州刺史东安郡公李君墓志铭并序》，载赵君平、赵文成编《秦晋豫新出墓志搜佚》第 2 册，国家图书馆出版社，2013，第 409 页。

争中一举成名的薛仁贵，即是前往应募，得到将军张士贵收留从军。与此同时，国家机器对隋末失败的现实及唐廷强力征伐的大力宣传，某种程度上烘托出躁动的群体心态，百姓踊跃从军，是所谓"有不预征名，自愿以私装从军，动以千计，皆曰：'不求县官勋赏，惟愿效死辽东'"。更有人给儿子起名字为"平辽"。韩昇认为这反映了当时民间为战死辽东的子弟复仇的心理，进而断定"这场战争在某种意义上已带有民族斗争的色彩"，显然，这一结论应该说是没有疑问的。不过，唐朝定都内陆长安，辽东乃至朝鲜半岛远离统治中心地带，故每次兴师动众，实际收效并不大；更由于辽东乃至朝鲜半岛独特的地理及气候条件，高丽数百年的统治根深蒂固，唐朝收回辽东，并很好地治理，事实上亦相当困难。房玄龄弥留之际，曾上表劝阻唐太宗[1]；唐高宗初年李君球的上奏文中有："有如高丽既灭，必发兵以守，少发则威不振，多发人不安，是天下疲于转戍。臣谓征之未如勿征，灭之未如勿灭"[2]，此虽是说明稍后的情形，但唐朝在辽东问题上的心有余而力不足却是显而易见的。这样，唐太宗希望收复辽东，在当时事实上困难重重，但唐太宗自信所谓的五条必胜理由，即"以大击小、以顺讨逆、以治乘乱、以逸待劳、以悦当怨"，并要在其有生之年解决辽东归属问题，不愿将此问题留给后继者，故此时出兵征伐，成为一种不可为而为的行动了。

就是说，唐王朝出兵高丽，有其冠冕堂皇的原因，这就是所谓的泉盖苏文贼杀其王及大臣，高丽百姓延颈待救；高丽又频繁侵扰新罗，新罗派遣使节赴唐求救；唐朝为了捍卫自汉以来形成的中国天下秩序理念，维持东亚世界安定，故发兵征伐。同时，还有较为深层的原因，具体表现为基于增加户口，提高劳动生产力的需要，唐朝对大量流落于高丽的隋朝兵士的处境深表关注。而此前双方交换滞留人口无论从数量还是人口构成，均未能如愿以偿。再者，不管是反对还是赞成出兵，唐朝君臣对辽东的归属问题见解一致，即辽东原属于中原政权；辽东在地理、军事、经济方面的重要性，唐太宗君臣对高丽盘踞辽东持否认的态度，希望辽东重新回到中原王朝手中。这样，拯救各个时期逃亡滞留在当地的汉人，夺回辽东等地，成为唐朝出兵高

---

① 《旧唐书》卷六六《房玄龄传》，第 2464~2465 页。

② 《新唐书》卷二二〇《东夷高丽传》，第 6195~6196 页。

丽的内在原因。

二 张士贵镇守幽州与征伐战前的兵募

依据现有《旧唐书》《新唐书》的《张士贵传》，以及出土的《大唐故辅国大将军荆州都督虢国公张公墓志铭并序》，学界对在大唐建立过程中功勋卓著，镇守边防不遗余力，参与"玄武门之变"功不可没，并被图像于宫廷凌烟阁的将军张士贵已有相当清晰的了解。但是征伐战争之前，张士贵在毗邻辽东地域任职状况如何？战争准备阶段从事的使命对战争有何影响？这是需要探讨的问题。

1. 出任幽州都督

幽州即隋朝时的涿郡，隋炀帝亲征高丽，全国各地的物资通过大运河，源源不断运送到此，涿郡成为物资集中地及军兵的大本营。唐武德元年改涿郡为幽州，设立大总管府，后又改为大都督府、都督府。幽州历来是中原通往东北地区的陆路交通枢纽，具有重要的军事政治地位。贞观年间，随着国内统一战争的结束，唐太宗开始将注意力转向东北边境。贞观五年（631）八月，唐朝诏令"广州司马长孙师临埋隋时战亡骸骨，毁高丽所立京观"，唐与高丽的关系骤然吃紧，高丽开始修筑千里长城；唐朝则于贞观十年到十四年，派遣宗室燕王李灵夔为幽州都督，具体负责唐朝东北防务，应对来自高丽的各种紧迫事件发生。贞观十五年（641），高丽荣留王派遣太子入唐，希望维持双方已有关系，唐派遣职方郎中陈大德前往高丽送使，也就是因为陈大德在高丽的卓越活动，使得唐太宗对生活于高丽数以万计的隋朝俘虏生活有了深入了解[①]，进而开始规划东北地区的防务与开拓。具体表现为以下几点。鉴于贞观十六年（642）高丽内部变乱，泉盖苏文贼杀高丽王及大臣，当时亳州刺史裴行庄就奏请发兵征伐。紧接着高丽又派兵进攻新罗，新罗屡次遣使求救，唐朝先派太常丞邓素前往高丽，可能邓素看到高丽域内非同一般的与唐对抗场景，返回后建议唐廷增派怀远镇戍兵以逼迫高丽，但唐太宗并未同意。

---

① 参李爽《陈大德出使高句丽与〈奉使高丽记〉》，《东北史地》2015 年第 2 期。

贞观十七年（643）上半年，唐太宗为太子李承乾与魏王李泰间的相互倾轧痛苦不堪，随着问题的解决，太宗将注意力集中到与高丽的关系上。也就是说，经过此前与高丽的磕碰摩擦，滞留高丽的隋朝俘虏的生存状况使得唐太宗魂牵梦绕，加之为了皇朝事业的千秋万代，一向从宏观大局着想的唐太宗开始意识到解决高丽问题已是刻不容缓。这样，一系列相关的举措开始成形并付诸实施，这其中包括欲擒故纵，遣使前往高丽册封泉盖苏文扶持的高藏为"上柱国，辽东郡王、高丽王"；不久，遣派司农丞相里玄奖携带玺书前往高丽宣敕，希望高丽停止进攻新罗。众所周知，相里玄奖出使好言相劝，但高丽权臣泉盖苏文不听劝阻一意孤行，辽东的归属问题在相互较量中亦显露出来，进而导出唐太宗解决高丽问题的决心和底线。而在此前后任命张士贵担当幽州都督[①]，显示出唐朝廷下一步设想的清晰轮廓，以及为采取行动所做的铺垫。

与此同时，任命张士贵为幽州都督，凸显幽州在唐朝中原与东北部沿边地带交往的重要性。也就是说，在高丽问题逐渐白热化的氛围下，唐廷重新审视幽州的独特战略地位，需要选派一位经验丰富、堪当重任的人物前往任职。在此之前，张士贵受命在庆州（今甘肃庆阳市）、夏州、兰州等地任职，此时又辗转到任幽州，独当一面，既体现出唐太宗对他的信任和他本人所具备的实力[②]，又证实唐廷对张士贵此前在其他边疆地带任职成就的肯定。当然，他担当幽州都督重任[③]，也终在唐太宗设计的新的一盘棋中扮演重要角色，被赋予更为艰巨繁杂的任务。那么，张士贵在一年多的幽州都督任上都做了哪些工作呢？

具体来说，其一，除过确保幽州辖区防务，做好所辖军队训练等日常事务之外，了解高丽及邻近其他民族军事动向，为唐朝可能的征伐提供各种必要

① 依据现有文献资料及张士贵墓志，唐廷任命张士贵为兰州都督在贞观十六年十一月，随后迁任幽州都督，但没有说明具体时间，但从墓志铭记载的前后顺序看，张士贵迁任幽州都督当在贞观十七年上半年，至于上半年的具体月份，因没有具体史料，难以确定。参胡元超《昭陵墓志通释》，三秦出版社，2010，第207页。

② 20世纪70年代出土的《大唐故辅国大将军荆州都督虢国公张公墓志铭并序》载云："十二年，驾幸望云，校猎次于武功，皇帝龙潜之所，令作武功之咏。凌云散札，与佳气而氤氲；涌泉飞藻，共白水而澄瞡。上览之称重焉！"从上述记载可以看出，作为秦府将领之一，唐太宗和张士贵的交流顺畅，并对其各方面的才能颇为赞赏。加之张士贵在战场上的卓越表现，为此后授命边疆担当重任下伏笔。

③ 《旧唐书》《新唐书》张士贵传中没有记载其出任幽州都督，上述《大唐故辅国大将军荆州都督虢国公张公墓志铭并序》中则明确记载"（贞观）十五年，从幸洛阳，会薛延陀犯塞，奉敕于庆州镇守，后检校夏州都督。十六年四月追还，领屯兵如故。十一月，授兰州都督，又迁幽州都督。十八年，以谴去官。"

的准备。其二，贞观十八年初相里玄奖返回之后，唐太宗就征求褚遂良、李勣、长孙无忌意见，准备发兵征伐高丽。此后，在任命将作大监阎立德前往洪州、饶州、江州制作大船的同时，以太常卿韦挺为馈运使，负责大军的粮草物资运送任务，而韦挺的主要工作地点就在幽州。很显然，馈运使韦挺与幽州都督张士贵应该有很好的事务往来，共同为国家即将开展的征伐大业提供保障①。其三，在营州都督张俭受命率幽、营二都督辖下兵士，以及契丹、奚、靺鞨等族类军队试探出击辽东之时，作为幽州都督的张士贵，理所应当提供必要的支援和协助。

但是，也就在贞观十八年末，张士贵在幽州都督任上却"以谴去官"。史料对张士贵"以谴去官"的原因并没有交代，具体情况如何亦无从知晓。只是依据现有资料，张士贵去官并非触犯很大的罪责，因为如果犯了很大的罪责的话，唐廷不可能随后任命他招募兵士，并官拜辽东道总管参与征伐战争。检讨这一时期和张士贵关联的人和事，其中韦挺其人担当馈运使，但并没有按照唐太宗的安排，无知拖延修造水道时间，给研究造成很大的困惑。韦挺在幽州"不先视漕渠，辄集工匠造船，运米即下。至卢思台，方知渠闭，欲进不得，还复水涸，乃便贮之无通平夷之区。又，挺在幽州，日致饮会，实乖至公"。太宗了解到事件原委后勃然大怒，遣人械锁韦挺到洛阳，撤销其官职并使其白衣散从自效。可能作为幽州都督的张士贵，面对老友韦挺的到来，对于其承担的皇命，并没有起到相应的督促和建议，并可能参与其招待等宴会活动，最终也受到一定的牵连。因为从现有史料看，除了张士贵本身可能触犯的罪过之外，确实再没有史料可以说明他是如何"以谴去官"的，故在没有更好的解释之前，笔者认为这种推证可能有其合理性。另外，《资治通鉴》卷一九七将韦挺受到处罚排列于贞观十九年正月，笔者认为可能不妥，因为从《旧唐书》韦挺本传中可以看出，韦挺受到处罚不可能推迟至贞观十九年初，从时间看，《资治通鉴》记载与韦挺本传似乎矛盾，司马光并未列出具体史料说明，笔者认为还是应以韦挺本传的记载为准。不管如何，从贞

---

① （后晋）刘昫：《旧唐书》卷七七《韦挺传》载，挺至幽州，令燕州司马王安德巡渠通塞。先出幽州库物，市木造船，运米而进。自桑干河下至卢思台，去幽州八百里，逢安德还曰："自此之外，漕渠壅塞。"挺以北方寒雪，不可更进，遂下米于台侧权贮之，待开岁发春，方事转运，度大兵至，军粮必足，仍驰以闻。第2670~2671页。

观十七年上半年到次年下半年，张士贵官拜幽州都督，捍御唐朝东北部边疆，并较好地为即将进行的对高丽征伐战做准备。虽然，在战争开始之前，他因其他缘故"以谴去官"，但唐廷正在用人之际，并没有因此使名将张士贵沉寂不起，而是很快赋予他新的使命，让他担任新的军职，并使张士贵为即将开始的大规模征伐战招募军兵。

2. 选拔接收兵募兵员

如上所述，贞观十八年下半年，张士贵从幽州都督任上下来，而唐朝征伐高丽的战争准备正如火如荼地展开。十一月甲午，唐太宗发布征伐敕令，"以刑部尚书张亮为平壤道行军大总管，帅江淮岭峡兵四万，长安、洛阳募士三千，战舰五百艘，自莱州泛海趋平壤；又以太子詹事左卫率李勣为辽东道大总管，帅步骑六万及兰、河二州降胡趣辽东，两军合势并进。庚子，诸军大集于幽州……"①。此时将军张士贵的境况如何呢？据《大唐故辅国大将军荆州都督虢国公张公墓志铭并序》记载，"洎朱蒙之绪，玄夷之孽，背诞丸都，枭镜辽海。王师底伐，属想人雄，敕为辽东道行军总管，授金紫光禄大夫、洺州刺史"。②也就是说，张士贵离开幽州，或者说刚离开幽州，就接到唐廷新的任命，在辽东道大总管李勣麾下，担当辽东道总管。

要出兵征伐高丽，军兵的征集编选迫在眉睫。唐初国家征伐虽然有府兵，但府兵的首要任务为宿卫宫禁等，面对大规模的征伐行动，府兵兵士的数量很难满足行军作战的需要，这样，兵募③也就成为其中重要的兵员补充手段。据孙继民先生研究，唐初兵募从征发到编入行军是一个链条的两个环节：其一，兵募的征发过程是中央、州、县、里逐级发传征兵令，然后由里正差发，县主管官员审定；其二，征兵完成后是以州为单位编入行军④。据史载，参与贞观十九年出征的山西人薛仁贵，"太宗亲征辽东，仁贵谒将军张士贵应募，请从行"⑤，结果就成为将军张士贵的部下。从上述诸研究者的研究看，可能因为行军准备时间紧迫，张士贵亲自到达河东道所在的绛州，直接参与州县具

---

① 《资治通鉴》卷一九七，唐太宗贞观十八年十一月条，第6214页。
② 参胡元超《昭陵墓志通释》，三秦出版社，2010年，第208页。
③ 关于兵募，参唐耕耦《唐代前期的兵募》，《历史研究》1981年第4期；张国刚《关于唐代兵募制度的几个问题》，《南开学报》1988年第1期。
④ 孙继民：《唐代行军制度研究》，台湾文津出版社，1995，第103~111页。
⑤ 《旧唐书》卷八三《薛仁贵传》，中华书局，1987，第2780页。

体的兵募，而恰在此时，绛州人薛仁贵也慕名而来，谒见将军张士贵①，可能受到张士贵的喜爱，并成为这次行军兵募中收获的最重要一员。至于张士贵是否还到其他州县实地选拔并接收兵募兵员，因没有具体史料记载，难以论述。但唐朝此时在各地兵募却有史料证明，除过上文所见孙继民利用吐鲁番文书之外，其实出土的唐人墓志石刻史料也有所反映，如杨朝其人"贞观之日，有事辽阳，选百姓之威雄，占三河之劲勇。君乃弃文士之笔，挺壮士之剑……"②任素"（贞观）十九年，驾幸辽左，君乃发起冲冠，投募从戎"。③张秀"以奋武建功，募命辽左"④。唐高宗时代这种兵募更是多见，《大唐本愿寺三门之碑》就记载了河北道中山县曲名昉率六十名乡亲应募参与龙朔元年对高丽之战，最终全部安全返回，正因如此，曲名昉其人在本愿寺造像题名，感念佛祖的恩典⑤。与此相同，还有龙朔三年韩善行一行五十人应募出征，并在返回后雕造佛教造像以之皈依⑥。

无论如何，作为唐廷征伐高丽任命的辽东道行军总管，张士贵直接参与了战前的兵募活动，并且募到一位足以影响一场战斗成败的军将。对此，笔者将在下文谈及。而其他参战将领是否也有参与兵募，因没有史料说明，无从论证。但从当时具体情况看，肯定也有与张士贵职级相同或相当的将领到各地兵募，此应没有什么问题。

三　作为辽东道行军总管的张士贵

1. 作为唐陆路征伐军主力出征

对于张士贵参与贞观十九年太宗亲征高丽中的贡献，现存文献史料有详细记载。

---

① 参黄约瑟《薛仁贵》，西北大学出版社，1995。

② 《唐故上柱国杨君（大隐）墓志铭并序》，载周绍良等编《唐代墓志汇编》上册，上海古籍出版社，1992，第554页。

③ 《唐故武骑尉任君（素）墓志铭》，载吴钢等编《全唐文补遗》第六辑，三秦出版社，1999，第279页。

④ 《唐故武骑尉张君（秀）墓志铭》，载吴钢等编《全唐文补遗》第二辑，三秦出版社，1995，第93页。

⑤ 《大唐本愿寺三门之碑》，《常山金石志》卷8，石刻史料新编本。

⑥ 河北省文物研究所：《河北南宫后底阁遗址发掘简报》，《文物》2012年第1期；郭晓涛：《河北后底阁遗址造像题记中所见唐东征史事考》，《唐都学刊》2016年第5期。

《旧唐书》卷一九九《东夷·高丽传》载：

> 十九年，命刑部尚书张亮为平壤道行军大总管，领将军常何等率江、淮、岭、硖劲卒四万，战船五百艘，自莱州汎海趋平壤。又以特进英国公李勣为辽东道行军大总管，礼部尚书江夏王道宗为副，领将军张士贵等率步骑六万趋辽东；两军合势，太宗亲御六军以会之。

《册府元龟》卷一一七《帝王部·亲征二》：

> 又以特进太子詹事左卫率英国公李勣为使持节辽东道行军大总管，以礼部尚书江夏郡王道宗为总管，又以前幽州都督虢国公张士贵右领军，大将军安国公执失思力，右骁卫大将军张掖郡公契苾何力……

《全唐文》卷七《破高丽诏》，贞观十九年四月：

> 副大总管江夏郡王道宗，第一军总管虢国公张士贵等，率五陵之劲卒，董六郡之良家，分麾引道，攻其西面。申命前军大总管夔国公宏基等，分统猛士，填其壕堑。贼据城临险，激梁水以环深；峯堞凌云，压颓山而靡惧。

《全唐文》卷七《破高丽赐脯诏》，贞观十九年六月：

> 复以今日中，攻其安市城。重围四布，势同三板之危；悬命短辰，哀其守睥之哭。高丽伪主，扫其境内，罄兹骁锐，咸发从军，爰自平壤，长驱影援，有徒十五万，连旗三十里。烟火稽天，若黄龙之吐雾；毂骑横野，迈赤蚁之为群。朕私心计其地形，屈指筹其破日。分命众将，各禀新书，临事设奇，因机制变。行军大总管李勣，率总管虢国公张士贵等马步军十四总管，当其西南面。又命赵国公无忌率马步军二十六总管，驰自东谷，合其来道，抵背扼喉，塞其归路。

《大唐故辅国大将军荆州都督虢国公张公墓志铭并序》：

> 贞观十九年，率师渡辽，破玄菟等数城大镇，勋赏居多。拜冠军大将军，行左屯卫将军。銮驾凯旋之日，令公后殿。至并州，转右屯卫大将军，仍领屯骑。

从上引史料可以看出，其一，整个陆路征伐军编排序列中，辽东道总管张士贵的排名在大总管李勣及江夏王李道宗之后，是唐征伐军陆路军队的主力将领，地位在执失思力、契苾何力、阿史那弥射等番将以及众多汉将之上。其二，参与并具体指挥贞观十九年四月十五至二十六日的盖牟城之战，五月的辽东城战斗，六月的白岩城、安市城战斗。其三，唐军撤离辽东战场之时，张士贵所领军队担当断后掩护大部队撤离的任务，保证唐军大部队及辎重物资，随从唐军撤离的辽东百姓、高丽俘虏等顺利西返，显示出唐太宗对张士贵将军的信任和器重。其四，唐太宗对张士贵在整个战斗中的表现和作用高度赞赏，战斗结束后先拜其为冠军大将军，左屯卫将军；到达并州之后，又转任其为右屯卫大将军，统领皇帝屯卫骑兵。总之，辽东道总管张士贵将军在整个征伐高丽战争中不顾年迈，忠实执行皇帝及大总管李勣的各种命令，指挥若定，在历次战斗中身先士卒，为战斗的最终胜利出谋划策呕心沥血，受到唐太宗的嘉奖和赞赏。

2. 张士贵推出小将薛仁贵

在安市城包围战中，面对高丽从平壤派遣的十五万军队浩浩荡荡前来救援，兵员总数处于劣势的唐军面临重大挑战和危机。对于这次战斗，《旧唐书》《新唐书》薛仁贵本传均有记载，而《资治通鉴》编撰者整合两书及其他史书记载，宏观展示这次战斗的全貌，不妨引用如下：

> 上夜召文武计事，命李世勣将步骑万五千陈于西岭；长孙无忌将精兵万一千为奇兵，自山北出于狭谷以冲其后；上自将步骑四千，挟鼓角，偃旗帜，登北山上；敕诸军闻鼓角齐出奋击。因命有司张受降幕于朝堂之侧。戊午，延寿等独见李世勣布陈，勒兵欲战。上望见无忌军尘起，命作鼓角，举旗帜，诸军鼓噪并进，延寿等大惧，欲分兵

御之，而其陈已乱。会有雷电，龙门人薛仁贵着奇服，大呼陷陈，所向无敌；高丽兵披靡，大军乘之，高丽兵大溃，斩首二万余级。上望见仁贵，召拜游击将军。仁贵，安都之六世孙，名礼，以字行。

延寿等将余众依山自固，上命诸军围之，长孙无忌悉撤桥梁，断其归路。己未，延寿、惠真帅其众三万六千八百人请降，入军门，膝行而前，拜伏请命。上语之曰："东夷少年，跳梁海曲，至于摧坚决胜，故当不及老人，自今复敢与天子战乎？"皆伏地不能对。上简耨萨巳下酋长三千五百人，授以戎秩，迁之内地，余皆纵之，使还平壤；皆双举手以颡顿地，欢呼闻数十里外。收靺鞨三千三百人，悉坑之，获马五万匹，牛五万头，铁甲万领，他器械称是。高丽举国大骇，后黄城、银城皆自拔遁去，数百里无复人烟。①

从上引史料可以看出，面对高丽倾巢而出的救援行动，唐太宗指挥若定，主要将领依计而行，逐渐掌握战斗的主动权。其一，作为辽东道大总管李勣的部将，总管张士贵麾下兵将当在其中，并且担当正面（西南面）作战主力，直接面对高丽援军，上引唐太宗《破高丽赐脯诏》中就有"行军大总管李勣，率总管虢国公张士贵等马步军十四总管，当其西南面"的记载。其二，薛仁贵身着新奇服装出战，是薛仁贵自身的奇思妙想，还是经过张士贵授意，抑或是获得张士贵的同意，史书没有明确记载，但无论如何，薛仁贵的行动是在张士贵的眼皮底下完成的，至少也是经过张士贵同意或默认后的行动，从这一点看，张士贵在薛仁贵"贸然"行动取得重大战场突破这件事上，应该也有一份功劳。也就是说，张士贵在薛仁贵单枪匹马出击这件事上，不仅无过，而且有功，这是应当明了的事情。其三，从记载看，薛仁贵奋勇出击，其他兵将从正面、后面、侧面乘机蜂拥进击，高丽援军在唐军浩大的进攻面前溃败如山倒，唐军因此取得胜利。当然，正面进攻的唐军，正是李勣、张士贵统领的万五千军将。其四，正是在正面唐军不可抵御的进攻面前，高丽援军陷入重围，兵败后撤，加之长孙无忌派人拆毁后撤必经的桥梁，高丽援军无路可逃，最终只好向唐军投降。总之，现有文献史料记载薛仁贵在两军对

---

① 《资治通鉴》卷一九八，唐太宗贞观十九年六月条。

垒中别出心裁建立奇功，唐太宗对他的褒奖和提拔，但绝少提及将其从一介农夫培训锤炼为视死如归勇猛无敌的将领，并可能在战斗中为其出谋划策的伯乐将军张士贵；更有甚者，后世的演义小说作者信口开河，为制造薛仁贵的对立面，无端地将张士贵塑造成一个心胸狭窄、贪功妒忌的无耻小人形象，进而烘托出薛仁贵其人出道的艰难和建立盖世功勋的必然。作为纯正的历史研究，特别是在唐昭陵《大唐故辅国大将军荆州都督虢国公张公墓志铭并序》出土面世的今天，我们应该还同样为唐朝捍御边疆、功勋卓著的将军张士贵一个公道。

四 征伐战后出任茂州都督

贞观十九年（645）九月，唐军西撤，唐太宗命辽东道总管张士贵率军断后，掩护大部队顺利撤离，这场皇帝亲征高丽之役宣告结束。张士贵此后的行踪如何？他为唐廷又建有那些新的功勋？对此，史料记载如下。

唐上官仪《大唐故辅国大将军荆州都督虢国公张公墓志铭并序》：

> 绥遏之任，金谐攸属，授茂州都督。雅邛等州山獠为乱，以为雅州道行军总管，军锋所届，膏原如莽。……事平，拜金紫光禄大夫，扬州都督府长史。

《新唐书》卷二二二下《南蛮传·南平獠》：

> 太宗再伐高丽，为舡剑南，诸獠皆半役，雅、邛、眉三州獠不堪其扰，相率叛，诏发陇右、峡兵二万，以茂州都督张士贵为雅州道行军总管，与右卫将军梁建方平之。

《资治通鉴》卷一九九，唐太宗贞观二十二年条：

> 强伟等发民造船，役及山獠，雅、邛、眉三州獠反。壬寅，遣茂州都督张士贵、右卫将军梁建方发陇右、峡中兵两万余人以击之。

《册府元龟》卷九八五《外臣部·征讨四》：

> 九月，遣茂州都督张士贵，右卫将军梁建方发陇右及峡中兵马二万余人，击编獠。初，帝遣剑南造船，獟獠之人，咸令减役。雅、邛、眉三州编獠，或不祇承呼召，相率而反，乃遣建方等讨之。

对贞观十九年的征伐，唐太宗并不满足已有成就，而是改变策略，采取牵制政策，想通过每年的小股军队发起进攻，进而起到劳费高丽国力，最终拖垮高丽的功效①。这样，贞观二十一年三月，派遣牛进达、李海岸率军从海上，李勣、孙贰朗从陆路进攻高丽，大获全胜；贞观二十二年，派遣右武卫大将军薛万彻、右卫将军裴行方将兵三万余人，从海路进攻高丽，也取得重大胜利。正因如此，唐太宗想发动更大规模的征伐，全面解决高丽问题。这样，敕令右领左右府长史强伟到剑南道辖区打造战船。强伟其人督造严急，严重影响当地少数民族的日常生活，这样就出现了上引史料中的獠人反叛事件。

从上文及所引史料记载看，张士贵从辽东返回长安后，先是担当右屯卫大将军，负责宫廷警卫事宜，至于他什么时间被派往茂州担任都督重任，史书没有明确记载，笔者认为，他赴任茂州，应该在唐太宗下令剑南道打造海船之时，即贞观二十二年前后。剑南道所在的茂州（治所在汶山，今四川阿坝藏族自治州茂县），其辖境相当于今四川北川、汶川及茂县等地，张士贵受命担任茂州都督，其使命可能是在维护当地治安的基础上，服务于唐朝征伐高丽造船等行动。

作为地方军政长官，茂州都督张士贵，联合唐廷派遣的右卫将军梁建方，征发陇右、峡中兵，很快平定了叛乱。但蜀中人不堪劳役之苦却是事实，严苛的造船劳役，导致各种问题层出不穷。"或乞输值雇潭州人造船；上许之。州县督迫严急，民至卖田宅，鬻子女不能供，谷价踊贵，剑外骚然。"鉴于这种情况，唐太宗派司农少卿长孙知人前往剑南探查，结果探得实际情况，认为"民不能堪，宜加存养"。唐太宗接受长孙知人建议，解除剑南人造船任

---

① 拜根兴：《七世纪中叶唐与新罗关系研究》，中国社会科学出版社，2003。

务，并敕令"潭州船庸皆从官给"①。

从整个事件看，其起因仍然是唐太宗想解决高丽问题，而随着贞观二十三年五月唐太宗病逝于终南山翠微宫，继立的高宗下诏"罢辽东之役及诸土木之功"，剑南、江南等地的造船也就全面停止。可以看出，除过镇压僚人反叛之外，张士贵在茂州都督任上似乎就是维护现状而已。此后又调任扬州，永徽二年返回长安任职，四年因目疾上表求退，高宗答应了他的请求。此后，张士贵就在长安养老，直到显庆二年六月辞世。

结　语

本稿对贞观十九年征伐高丽的原因，以及此前学界缺少专论的唐将张士贵行迹做了相应考察。贞观十九年唐太宗亲征高丽，是七世纪中叶唐与高丽宗藩关系下的一次冲突战争。20世纪中期中国学界动辄以唐朝"侵略"张目，其显然缺乏客观性，反映出当时学界深受当时东亚区域政治及冷战格局的影响。另外，由于现存文献史料有关张士贵的记载绝少，新出土面世的张士贵墓志铭反映其参与征伐战的记载也不多，而后世演义小说将张士贵塑造成名将薛仁贵起家的对立面，其切入点恰恰就落脚于唐太宗亲征高丽这一重大事件上。文中对于唐朝征伐高丽的原因提出了自己的看法，同时也涉及张士贵担任幽州都督、为征伐兵募兵员、战争中的表现、战后参与镇压四川僚人反叛等。期待有关唐将张士贵以及这一时期关联的新史料不断出现，以便解决笔者研究中涉及的具体问题，并对唐太宗贞观时代整体研究提供素材和依据。

（拜根兴　陕西师范大学历史文化学院）

---

① 《资治通鉴》卷一九九，唐太宗贞观二十二年九月条，第6261~6262页。

汪篯与隋唐之际政局研究

身为隋唐史研究一代宗师陈寅恪先生的高徒，汪篯先生一生治学之主要阵地，当属隋唐历史。回顾其短暂一生，先生于隋唐史之论著虽数量不多，却涉及了这一时期较为核心的问题，如党争与政局、阶级与起义、氏族与文化、户籍与税法等。汪篯先生的治学旨趣、方法上承陈先生，善于联系现实，长于见微知著；而其所得结论、所持观点更下启后学，时至今日仍作为深入研究之基本出发点。作为隋唐史研究的入门生，在汪篯先生诞辰百年之际，谨借先生围绕隋唐之际政局的部分研究，作文聊表敬意。

一　上承陈师：汪篯研究隋唐之际政局的背景

汪篯先生一生治学严谨，所写文稿、札记之多数未曾公开发表，而"文化大革命"初期先生的不幸逝世，更使大多论著散佚，现今仅得见于《汪篯隋唐史论稿》（以下简称《隋唐史》）[①]和《汉唐史论稿》（以下简称《汉唐史》）[②]。两书之后记，各自叙述了其分部编选汪篯先生文稿、札记的依据。据《隋唐史》后记记载[③]：

> 《论稿》的编选分三部分。第一部分是汪篯同志解放后写的文章，共八篇。其中《唐太宗》《武则天》两文在他生前没有发表过。第二部分是他解放前后时期写的关于唐前期政治斗争的部分论文。这是作

---

①　汪篯著，唐长孺等编《汪篯隋唐史论稿》，中国社会科学出版社，1981。

②　汪篯：《汉唐史论稿》，北京大学出版社，1992。

③　汪篯著，唐长孺等编《汪篯隋唐史论稿》，第327页。

者撰写的《魏晋隋唐党争史》第四、五、六章的一部分。其中除了《唐玄宗安定皇位的政策和姚崇的关系》一文外，余均未曾刊布。第三部分文稿写作的时间比第二部分更为早些，从其内容来看，可能是作者所写的《隋唐之际群雄盛衰兴亡之连环性及其内部组织问题》手稿的一部分。

又《汉唐史》后记云：①

《汉唐史论稿》共分五部分。第一部分是 1954 年和 1955 年汪籛教授讲授秦汉史的部分讲义，比较系统地反映了作者对于秦汉政治、经济和思想文化方面的研究和独到见解。第二部分是他六十年代初研究和讲授汉唐土地制度所写的文稿和讲课记录……第三部分《隋唐史杂记》是六十年代初写作《中国史纲要》隋唐部分时记录下来的作者对于隋唐时期政治、经济和民族关系等方面问题的思考，对当前的隋唐史研究仍有很大的启迪意义。第四部分《读〈旧唐书〉札记》和第五部分文稿是四十年代的旧稿，从中不仅可以窥见作者学术思想发展的历程，而且在学风、治学方法和学术观点上都可以给后学者许多启发和借鉴，故一并收入。

《隋唐史》先于《汉唐史》整理出版，集中收录了汪籛先生对于隋唐两朝政治、经济领域的研究文稿，而《汉唐史》所收，涵盖时段更为广阔，包含了《隋唐史》中的文稿。两书虽涵盖时间跨度不同，但基本按照写作时间对文稿进行分组，从两段文字记载看，汪籛先生在 20 世纪 40~60 年代的不同时期，对不同问题进行过相对集中的思考和讨论。为了更清晰地展现汪籛先生学术思想发展的历程，本文按照两书后记所总结的不同分期，将先生生前所作文稿按时间先后排序如下，见表 1。

---

① 汪籛：《汉唐史论稿》，第 274 页。

表 1　汪篯先生不同时期所作文稿

时期	《隋唐史》收录文稿	《汉唐史》扩收文稿
20 世纪 40 年代	《唐室之克定关中》《唐初之骑兵——唐室之扫荡北方群雄与精骑之运用》《李密之失败与其内部组织之关系》《西凉李轨之兴亡》《宇文化及之杀炀帝及其失败》《隋唐时期丝产地之分布》	《读〈旧唐书〉札记》《东晋的建国》《李渊晋阳起兵密谋史事考释》《玄宗时期之禁军及其统帅》《与友人谈论文书》
中华人民共和国成立前后	《唐太宗之拔擢山东微族与各集团人士之并进》《唐太宗树立新门阀的意图》《唐高宗王武二后废立之争》《唐玄宗安定皇位的政策和姚崇的关系——玄宗朝政治史发微之一》《唐玄宗时期吏治与文学之争——玄宗朝政治史发微之二》	
20 世纪 50 年代	《关于隋末农民大起义的发源地问题》《唐太宗"贞观之治"与隋末农民战争的关系》	《秦朝中央集权统一国家出现的历史条件》《西汉初年的经济制度和恢复、发展生产的政策》《王莽代汉和王莽改制》等 12 篇秦汉史讲义
20 世纪 60 年代初	《唐太宗》《武则天》《隋代户数的增长——隋唐史杂记之一》《史籍上的隋唐田亩数非实际耕地面积——隋唐史杂记之二》《史籍上的隋唐田亩数是应受田数——隋唐史杂记之三》《唐代实际耕地面积——隋唐史杂记之四》	《从剥削关系看封建土地所有制的性质》《两汉至南北朝大族豪强大土地所有制的发展和衰落》《北魏均田令试释》《西魏大统十三年敦煌户籍跋语》《唐田令试释》《均田制在中国历史上的地位》《隋唐史杂记》

经过整理，汪篯先生生前治学脉络得以大致呈现。20 世纪 40 年代，先生以隋唐之间政局为核心关注点，主要讨论李唐起兵、建国，兼论逐鹿中原之群雄盛衰，其内容"可能是作者所写的《隋唐之际群雄盛衰兴亡之连环性及其内部组织问题》手稿的一部分"。中华人民共和国成立前后，先生集中讨论了唐前期政治斗争，涉及太宗、高宗、玄宗三代，作为其"撰写的《魏晋隋唐党争史》第四、五、六章的一部分"，由此可以想见，前三章内容当涉及魏晋至隋代政治斗争的内容。到了 20 世纪 50 年代，与农民相关的系列问题进入先生的研究视野，汉末、隋末农民起义成为这一时期先生重点研究的题目，加上需要讲授秦汉史，有关秦汉初年皇权、汉朝政治统治的思考，亦成为其授课时的讲义。20 世纪 60 年代初，出于编写《中国史纲要》隋唐部分以及讲授汉唐土地制度的目的，经济领域成为研究重点，先生所论，对户籍、土地

制度等均有涉及。

汪篯先生在中华人民共和国成立后不同时期选择对不同领域问题进行研究，并非单纯出于个人旨趣的转移，伴随着现实政局、社会思想的变化，先生对农民起义、阶级斗争等诸多问题进行了具有鲜明时代特色的阐发，成为当时史学研究的一个缩影。然其于 20 世纪 40 年代对隋唐之际政局进行的研究，不论从理论基础还是行文风格，均与中华人民共和国成立后的论著明显不同。考其研究背景，当与受业于导师陈寅恪密切相关。

"自 20 世纪 30 年代初起，陈寅恪便把学术的主攻方向由佛学、敦煌学转到中古文史上。1931 年发表《李唐氏族之推测》后的 20 余年间，主治魏晋南北朝隋唐历史"①，也就是说，直至陈氏 1948 年远赴岭南，中古史领域的诸多重大问题依然作为其着力思考点，而汪篯恰好亲历了这一过程。1934 年，汪篯先生即作为清华大学历史系学生跟随陈寅恪学习，这便意味着，汪篯进入隋唐史领域学习，与陈寅恪转向中古史研究的时间几乎同步，导师的关注点极易成为学生深入研究的基点；而学生对具体问题的理解，也很大程度上出自导师对整体局势的把握。

总的来说，汪篯围绕隋唐之际政局的研究，建立于陈氏所提出的两个重要理论之上。"陈先生的重要论点之一，是西魏、北周、隋、唐诸朝的上层统治集团例行所谓'关陇本位政策'，很多复杂的政治斗争均与此有关"，而《隋唐史》所收《唐室之克定关中》，"则明显而系统地贯穿着这一重要论点"②；此外，"陈寅恪先生在《唐代政治史述论稿》的下篇《外族盛衰之连环性及外患与内政之关系》中达到了朴素辩证法的高度，力求从事物的相互联系、因果关系中探求历史发展的规律，而汪篯同志在《李密之失败与其内部组织之关系》《西凉李轨之兴亡》及《宇文化及之杀炀帝及其失败》等文中亦一再谈'连环性''连锁性'问题，一望而知是在《述论稿》的启发下使用了相同的研究方法"③。

不仅如此，汪篯先生亦将导师陈寅恪敏锐的观察力，以及见微知著的分析力加以继承，并实际运用于对隋唐之际政局的学术研究中，这一点不仅体现

① 胡戟：《陈寅恪与中国中古史研究》，《历史研究》2001 年第 4 期，第 146~147 页。

② 胡如雷：《读〈汪篯隋唐史论稿〉兼论隋唐史研究》，《读书》1982 年第 2 期，第 27~28 页。

③ 胡如雷：《读〈汪篯隋唐史论稿〉兼论隋唐史研究》，《读书》1982 年第 2 期，第 28 页。

于《西凉李轨之兴亡》与《论高祖称臣于突厥事》之间的异曲同工处，^①亦常见于随笔、札记，如《读〈旧唐书〉札记》之《卷五六·罗艺传》所言：^②

> 太宗即位，拜开府仪同三司。而艺惧不自安，遂于泾州诈言阅武，因追兵，矫称奉诏勒兵入朝，率众军至于幽州。
>
> 篯按：罗艺疑是建成之党。

再如《卷一·高祖本纪》中对晋阳起兵"首谋"者之分析：^③

> 密遣使召世子建成及元吉于河东。
>
> 篯按：高祖之镇太原，建成、元吉皆留河东，故建义首谋之功皆太宗化家为国之计也。

这些只言片语的分析，虽然对问题点到为止，并未展开，但已然透露出其独到的洞察力，这种建立于细微史料基础之上的观点，又无不形成对晋阳起兵"首谋"论等核心问题的深层理解和对隋唐之际政局的宏观把握。

于是，在《隋唐史》《汉唐史》所收汪篯先生于 20 世纪 40 年代所撰写的 11 篇文稿中，仅专门围绕隋唐之际政局的研究即超过半数：《唐室之克定关中》^④《唐初之骑兵——唐室之扫荡北方群雄与精骑之运用》^⑤《李密之失败与其内部组织之关系》^⑥《西凉李轨之兴亡》^⑦《宇文化及之杀炀帝及其失败》^⑧《李渊晋阳起兵密谋史事考释》^⑨ 等。《隋唐史》后记称，汪篯先生甚至曾着手《隋唐之际群雄盛衰兴亡之连环性及其内部组织问题》的撰写，从而系统展示隋唐之

---

① 胡如雷：《读〈汪篯隋唐史论稿〉兼论隋唐史研究》，《读书》1982 年第 2 期，第 28 页。
② 汪篯：《读〈旧唐书〉札记》，载《汉唐史论稿》，第 204 页。
③ 汪篯：《读〈旧唐书〉札记》，载《汉唐史论稿》，第 190 页。
④ 汪篯：《唐室之克定关中》，载汪篯著，唐长孺等编《汪篯隋唐史论稿》，第 209~225 页。
⑤ 汪篯：《唐初之骑兵——唐室之扫荡北方群雄与精骑之运用》，载汪篯著，唐长孺等编《汪篯隋唐史论稿》，第 226~260 页。
⑥ 汪篯：《李密之失败与其内部组织之关系》，载汪篯著，唐长孺等编《汪篯隋唐史论稿》，第 261~269 页。
⑦ 汪篯：《西凉李轨之兴亡》，载汪篯著，唐长孺等编《汪篯隋唐史论稿》，第 270~278 页。
⑧ 汪篯：《宇文化及之杀炀帝及其失败》，载汪篯著，唐长孺等编《汪篯隋唐史论稿》，第 279~288 页。
⑨ 汪篯：《李渊晋阳起兵密谋史事考释》，载《汉唐史论稿》，第 227~246 页。

际政局之总体趋势。可以看出，不论论著数量、细节还是研究深度，汪篯对于隋唐之际政局的研究，在陈寅恪之基础上都有推进。有赖于清华大学历史系的学术环境，更得益于与导师陈寅恪之间频繁的学术交流，汪篯先生虽身处战火，却始终专心于纯粹的学术研究，形成了宝贵的学术积淀。

二　下启后学：汪篯隋唐之际政局研究的地位

从 20 世纪 40 年代重点关注隋唐之际群雄盛衰兴亡，到中华人民共和国成立后跟随农民起义研究浪潮，讨论隋朝灭亡之原因，汪篯先生对于隋唐之际政局的讨论持续推进，并逐渐系统，其研究成果不仅集中体现为数篇专论（如上文所提到的 6 篇，以及《关于隋末农民大起义的发源地问题》[①]《唐太宗"贞观之治"与隋末农民战争的关系》[②] 等），亦分散记载于其他诸篇（如《读〈旧唐书〉札记》一文中"卷一至卷五九"以及"卷一九四上"[③]、《唐太宗》一文之第二节"晋阳起兵"[④] 等）。从以上述专论、散论所涉及的问题来看，汪篯先生对隋唐之际政局的思考，主要围绕三个层面展开：第一，农民起义与隋朝灭亡、贞观盛世的关系；第二，隋唐之际逐鹿群雄的政权兴衰，以及对隋灭唐兴的作用；第三，李唐自晋阳起兵至受禅建国、统一天下之全过程，以及具体细节。但很显然的是，相比于肯定农民起义对推动历史发展的作用，群雄逐鹿、李唐建国对于隋唐政局、历史走势的重大影响，更早得到汪篯先生的关注，且持续时间更长，讨论更深入，所得结论学术价值更高。

遗憾的是，倘若在《隋唐五代史论著目录》（1900~1981）[⑤] 中查阅与群雄逐鹿、李唐建国相关的研究成果，汪篯先生论著不论从数量抑或是发表时间[⑥] 皆未置首列，其学术史地位因而常得不到足够肯定。仅以创建唐朝的晋阳起

---

① 汪篯：《关于隋末农民大起义的发源地问题》，原载于《光明日报》1953 年 7 月 11 日版（笔名"季铿"）；后收入《汪篯隋唐史论稿》，第 4~12 页。

② 汪篯：《唐太宗"贞观之治"与隋末农民战争的关系》，原载于《光明日报》，1953 年 5 月 30 日版（笔名"季铿"）；后收入《汪篯隋唐史论稿》，第 13~27 页。

③ 汪篯：《读〈旧唐书〉札记》，载《汉唐史论稿》，第 190~222 页。

④ 汪篯：《唐太宗》，初为 1962 年 11 月 9 日在党校进行的报告，后刊于《北京大学学报》（哲学社会科学版），1979 年第 2 期；收入《汪篯隋唐史论稿》，第 70~117 页。

⑤ 中国社会科学院历史研究所魏晋隋唐史研究室：《隋唐五代史论著目录》，江苏古籍出版社，1985。

⑥ 《隋唐五代史论著目录》及其他目录多采用《隋唐史》《汉唐史》的出版时间。

兵"首谋"者一题为例。①唐高祖李渊与唐太宗李世民，谁是晋阳起兵"首谋"者，成为隋唐史领域热门论题之一。纵观20世纪之研究，最早提出太宗"首谋"的学者是范文澜，根据两唐书《高祖本纪》之记载，范氏认为"李渊在晋阳起兵前未曾有过反隋的想法，积极准备起兵者是李世民和刘文静"。相比之下，持高祖"首谋"论的学者数量更多，其中似以吕思勉所持《旧唐书·李靖传》《宇文士及传》之证据更为确凿，又以李树桐所作系列文章（《李唐太原起义考实》《论唐高祖之才略》《唐高祖才略的真相》《论唐高祖成功及失败的关键》）②更为系统和深入。

事实上，汪篯先生对此问题亦有论述，并持高祖"首谋"之观点。《二十世纪唐研究》以《唐太宗》一文之分析——"唐太宗的皇位不是由合法继承得来，而是通过杀兄逼父取得的。这种行为不合乎封建法统和封建伦理，在封建统治者看来，也就不能贻示子孙，垂为法诫，因此，唐太宗在夺得皇位以后，就着手修改国史，来为自己辩护……把修改国史的着眼点放在晋阳起兵的密谋上面。他们歪曲地把晋阳起兵的密谋描绘成太宗的精心策划，而高祖则完全处于被动的地位，其目的在于把太宗说成李唐王业的真正奠基人，使他的皇位获得近似汉高祖自为皇帝而尊其父为太上皇那样的合法性"——作为其观点的概括，并指出"80年代以后的讨论，多数意见基本上与汪篯的观点相同"。这一定位恐怕与汪篯先生遗稿的整理、问世时间有关。

1981年《隋唐史》正式出版，《唐太宗》等文章被学界所知，汪篯先生的观点亦被认可，且为高祖"首谋"论注入一股强大力量，但这一时间并不能作为汪篯先生持高祖"首谋"论断的时间。早在《隋唐史》出版前40年，汪篯先生便已对这一"唐史中第一个争论不休的问题"进行考察并形成文字，记载于《李渊晋阳起兵密谋史事考释》之开篇：③

唐朝的创建始于晋阳起兵。唐高祖李渊的这一叛隋的活动是在隐

① 以下论著及观点，皆引自胡戟等主编《二十世纪唐研究》，中国社会科学出版社，2002，第27~28页，故不再引述、出注。

② 李树桐：《李唐太原起义考实》（上、下），《大陆杂志史学杂志》第一辑第四册，第216~226页；李树桐：《论唐高祖之才略》，《师大学报》1957年第2期，第201~226页；李树桐：《唐高祖才略的真相》，《历史文献》1966年第1期，第4页。

③ 汪篯：《李渊晋阳起兵密谋史事考释》，载《汉唐史论稿》，第227页。

秘的情况下进行的，真相本不易明了，及至唐太宗李世民发动玄武门事变，杀掉他的长兄李建成，夺取皇位以后，为想证明他继承皇位的合法，对于高祖一朝的历史，特别是这一段创立唐朝基业的历史，大加修改。因而，现存的史料，如依据贞观时房玄龄监修的《高祖实录》和《太宗实录》写成的《旧唐书》《新唐书》的《高祖本纪》《太宗本纪》，《通鉴》的《唐高祖纪》以及《册府元龟·帝王部·创业门》等，其中有关晋阳起兵密谋的纪录，又都是歪曲了事实的，不足凭信。

在这篇长文中，汪籛先生按照时间先后将"李渊在大业后期的经历以及与晋阳起兵密谋有关的史料"进行编列，并逐条分析，从而得出"李渊在河东时，已萌叛隋之念，其所以未即举发者，特以时机尚未成熟"[①]、"贞观史臣虚美太宗之记录，断无可疑"[②]等结论。《李渊晋阳起兵密谋史事考释》以系统研究李唐晋阳起兵过程为目的，而《唐太宗》一文为 20 世纪 60 年代党校授课所作，以全面、客观评介唐太宗李世民为核心，对于其在晋阳起兵过程中所发挥的作用，自然承袭前文观点。但《李渊晋阳起兵密谋史事考释》直至 1992 年才凭《汉唐史》出版而问世，反倒失去了先声夺人的机会。

与晋阳起兵"首谋"者相类，李唐在建国过程中与突厥之间的关系，亦是这一时期学界讨论较为热烈的题目。学界普遍认为，这场讨论的基础，当属陈寅恪先生于 20 世纪 40 年代所作《外族盛衰之连环性及外患与内政之关系》[③]，文中以"连环性"对隋末群雄称臣突厥的普遍做法进行概括，从而将"李渊一人岂能例外"[④]作为当时称臣突厥的客观原因。与陈氏几乎同时表态的还有罗香林先生，其所作《唐代文化史研究》一书中，便收录了《大唐创业起居注考证》[⑤]一文，且观点基本一致。直到李树桐先生撰写系列文章（《唐高祖称臣于突厥考辨》《再辨唐高祖称臣于突厥事》《三辨唐高祖称臣于突厥事》

① 汪籛：《李渊晋阳起兵密谋史事考释》，载《汉唐史论稿》第 230 页。
② 汪籛：《李渊晋阳起兵密谋史事考释》，载《汉唐史论稿》第 238 页。
③ 陈寅恪：《唐代政治史述论稿》，生活·读书·新知三联书店，2001，第 321~355 页。
④ 陈寅恪：《唐代政治史述论稿》，第 323 页。
⑤ 罗香林：《大唐创业起居注考证》，载《唐代文化史研究》，商务印书馆，1946，第 15~46 页。

《唐太宗渭水之耻的研究》)①才出现了反对的声音。李氏认为太宗所言雪耻，指的是武德九年"渭水之耻"，而非高祖称臣之事，并系统讨论了高祖称臣说的"发生、演变、形成以及弥漫"过程。这一系列文章，直接针对陈氏"连环性"之概论，以及20世纪50年代撰写的专文《论高祖称臣于突厥事》②。

上文已述，1948年陈寅恪离开北京以前，汪、陈二人始终保持着密切的学术联系。在导师陈寅恪的启发之下，汪篯先生于20世纪40年代亦撰写《唐室之克定关中》一文，断言高祖称臣于突厥事：③

> 陈寅恪师《唐代政治史述论稿·外族盛衰之连环性及外患与内政之关系》篇复加阐述之后，固皆确定不移之论也。细绎温大雅所书高祖报突厥以启，突厥报高祖以书及"帝引康鞘利等礼见于晋阳宫东门之侧舍，受始毕所送书信，帝伪貌恭"诸点，实已明言其不平等之地位，而高祖"屈于一人之下，伸于万人之上"之语殆尤足显示其事，因为附识于此。所最可注意者，此时刘武周受突厥可汗之号及狼头纛之遗，乃突厥之傀儡政权。苟高祖不屈节称臣，则不足结其欢心；观高祖"我若敬之，彼仍未信，如有轻慢，猜虑愈深"之言可知。

这段论述明确提出其观点建立在导师陈寅恪论述之基础上，但对于陈氏所言"唐高祖起兵太原时，实称臣于突厥，而太宗又为此事谋主"④，汪篯先生并未承袭，究其原因，一方面或由于其所持晋阳起兵"首谋"者实为高祖，另一方面恐怕与该文讨论之重心有关。《唐室之克定关中》虽以李唐起兵之初与突厥关系为发端，但主要目的是为了揭示"唐高祖何以独能骤占斯区（关中），因之以奠定其三百年皇室之基础"⑤的原因。尽管汪篯先生自称这是导师"连环性"理论框架下的"枝节问题"，且"未能特有发明，尤不敢自谓可

---

① 李树桐的《唐高祖称臣于突厥考辨》《再辨唐高祖称臣于突厥事》《三辨唐高祖称臣于突厥》，分别刊于《大陆杂志》第26卷第1、2期，第37卷第8期，第61卷第4期。

② 陈寅恪：《论唐高祖称臣于突厥事》，《岭南学报》1951年第2期，后收入《寒柳堂集》，生活·读书·新知三联书店，2001，第108~121页。

③ 汪篯：《唐室之克定关中》，载《汪篯隋唐史论稿》，第210~211页。

④ 陈寅恪：《论唐高祖称臣于突厥事》，第108页。

⑤ 汪篯：《唐室之克定关中》，载《汪篯隋唐史论稿》，第209页。

以佐辅寅恪师之说"，但此文与《唐初之骑兵——唐室之扫荡北方群雄与精骑之运用》一样，不仅论证了李唐与突厥的关系，而且为建立这种关系的意义找到了最终的落脚点——凭借与突厥的联系，获得突厥方面提供的马与骑兵，从而提高战斗力，迅速实现对关中地区的占领，并由此率先取得战略优势。从这一意义上说，汪篯先生对高祖称臣突厥问题的讨论，早已超越事实层面而进入价值层面，具有重要价值。

同样，由于文稿问世时间较晚，汪篯先生的观点在相当长时间内并未被学界熟知，而陈氏、李氏有关高祖称臣突厥的不同观点，也未见在大陆史学界引发更为广泛、热烈的讨论。直到1981年《隋唐史》正式出版，汪篯先生的观点才被学界熟知，并迅速成为继续讨论高祖称臣突厥问题时的参照，且短时间内出现了一批反驳李氏观点的论著，如吕思勉先生所作《唐高祖称臣于突厥》[①]、黄约瑟先生所作《略论李唐起兵与突厥关系》[②]等等。此外，在讨论高祖称臣与否的事实层面之外，亦偶有借此对唐太宗、刘文静与唐高祖、裴寂等关系的分析。[③]20世纪80年代后大陆学界的热烈讨论，有力地说明了汪篯先生之观点的重要学术价值。

三 薪火相传：隋唐之际政局研究的一点思考

与汪篯先生所生活的20世纪相比，今日的政治史研究已开始在传统模式之外，寻找新的思路。农民起义导致改朝换代，从而推动历史发展的规律，虽由近代革命理论催生，但已与当今和平环境下理性、客观地揭示中国古代历史发展趋势的需求格格不入。围绕隋唐之际政局的研究，同样需要改变视角。

第一，隋末农民起义对于隋唐易代的历史作用需要重新评估。传统观点认为隋末发生的大规模农民起义，为李渊晋阳起兵提供了机会，从而推动了隋唐易代的发生。诚然，隋末农民大规模起义的直接原因，是炀帝统治期间繁

① 吕思勉：《唐高祖称臣于突厥》，载《吕思勉读史札记》，上海古籍出版社，1982，第992~993页。
② 黄约瑟：《略论李唐起兵与突厥关系》，《食货月刊》（复刊）第16卷第11~12期，第14~25页。
③ 任士英：《说李渊称臣突厥事——兼述刘文静被杀原因》，《烟台师范学院学报》1991年第4期，第36~41页。

重的徭役。"辽东战士及馈运者填咽于道，昼夜不绝，苦役者始为群盗"[1]，"劳役不息""天下死于役"……繁重的徭役给人民带来了普遍痛苦和负担，加上自隋文帝以来在仓储问题上延续的"不怜百姓而惜仓库"[2]的做法，隋末社会矛盾越积越深。因此，王薄长白山起义一经爆发，便迅速波及全国，诸多割据势力由于实现对仓储的控制而得到壮大。但与诸多逐鹿群雄不同，出身贵胄的李渊在晋阳起兵之前曾"奉诏为太原道安抚大使"[3]，镇压过"历山飞"等势力，也通过"余贼党老幼男女数万人并来降附"[4]获得了兵力上的扩充，但这仅是其身为隋朝官员为保所辖地区"郡境无虞，年谷丰稔"而采取的手段，也是隋朝对樊子盖等前任官员施行的"村坞尽焚之，贼有降者皆坑之"[5]等暴力镇压的纠正，并非为起兵所作之充分准备。因此，纵然隋末农民起义敲响了推翻隋朝统治的战鼓，却不能成为晋阳起兵发生的直接动因，也就并不能必然导致隋唐易代的结果。

那么，隋唐易代是否存在着偶然性？事实上，由"隋炀帝猜忌政治"导致晋阳起兵爆发的观点，已开始关注李唐晋阳起兵的个体动因。对此，汪篯先生已有提示，他认为大业十二年（616）"东都形势紧张，李渊叛隋的时机已经成熟。及遭因系遇赦之后，遂定计叛隋"[6]；唐长孺先生亦在《讲义三种》中提到"李渊起兵是见到隋朝已经不可救药，想代替隋朝保持贵族地主阶级的统治，也由于炀帝猜忌，怕自己受祸"[7]。在此基础之上，对晋阳起兵导火索——刘武周反叛事件的判定，恐怕能够更加接近客观事实。大业十三年（617）二月初八日，隋鹰扬府校尉刘武周杀马邑太守王仁恭，自称太守，并遣使附于突厥[8]。此事距李渊、王仁恭马邑事件的发生仅一个月左

① （唐）魏征：《隋书》卷四，中华书局，1973，第76页。
② （唐）吴兢撰，谢保成集校《贞观政要》卷八，中华书局，2003，第466页。
③ （唐）温大雅撰，李季平、李锡厚点校《大唐创业起居注》卷一，上海古籍出版社，1983，第1页。
④ （唐）温大雅撰，李季平、李锡厚点校《大唐创业起居注》卷一，第3页。
⑤ （宋）司马光：《资治通鉴》卷一八二，中华书局，1979，第5701页。
⑥ 汪篯：《李渊晋阳起兵密谋史事考释》，第236页。
⑦ 唐长孺：《讲义三种》，中华书局，2011，第121页。
⑧ 臧嵘认为刘武周"附于突厥"，只是"借用突厥兵力来与中原群雄争衡"，而非"真正属于突厥附庸"，与其相类的还有刘黑闼、薛举、李轨政权，详见臧嵘《试论隋末北方诸雄与突厥关系种种》，载《隋唐五代史论》，河北教育出版社，2000，第218页。

右。^①对于李渊所部而言，刘武周起事并附突厥，有可能意味着突厥势力继续南下，也就意味着太原方面的安全可能受到威胁。这次威胁不仅涉及李渊个人，更涉及整个地区的人民，但恰好成为李渊一部招揽人心、募集兵士的有利条件。于是，李渊展开应对刘武周事件的一系列工作，就是晋阳起兵的准备工作。因此，马邑事件的确是李渊动意晋阳起兵的关键，也成为隋唐易代的真正导火索。

第二，逐鹿群雄在隋唐之际政局中扮演的角色需要进一步明确。在以往的研究中，隋唐之际诸多逐鹿群雄往往同时分饰两个角色——对于隋朝，他们是推翻昏庸统治者的进步群体，而对于唐朝，他们则是需要武装镇压的天下一统的阻碍——这是以"统治者—叛乱者"关系为基本视角进行划定的。但事实上，直到武德七年（624），李唐王朝才基本上平定各割据政权，实现全国的统一，而在此以前，其身份和角色与其他逐鹿群雄基本无异。因此，隋唐之际的所有逐鹿群雄，其实都存在着一统天下的可能性。若以此视角探讨隋唐之际各个政权的盛衰及原因，才能更为客观地理解李唐政权最终胜出的决定性优势。

此外，在探讨外族与逐鹿群雄关系的同时，也应关注隋唐之际地方动向对于不同割据政权盛衰的影响，这是判断其历史角色的又一视角。隋朝政权濒临崩溃，谁将取代隋朝而"受命"成为全天下之主。"隋末沸腾，被于宇县，所争天下者不过十数人，余皆保邑全身，思归有道"^②，贞观朝大臣张玄素的概括，成为全面了解隋唐之际政局的出发点。一方面，起义者随着起义不断强大且具有野心的叛乱势力在扩张领域的同时，更是通过称帝、建国、改元的方式努力实现其取代隋朝、对抗唐朝的愿望；另一方面，在隋末丧乱形势中，大多数的社会民众面对隋朝残余势力、新兴割据政权林立的混乱局面，选择保全自身，静观其变，试图在众多逐鹿群雄中择木而栖，这种选择往往通过其政治代表（当时对所在区域进行掌控的人或势力）对某一个政权的"降附"

---

① 据李树桐考证："王仁恭于大业十三年二月初八日被杀，则王仁恭为突厥所败的时间，最晚不得晚过二月初八日"，又根据《资治通鉴》卷一八三"大业十二年十二月"条记载，判断"高祖和王仁恭于大业十二年十二月已开始击突厥，后来高祖回太原，遣高君雅和王仁恭并力拒守，待突厥探知其情，便把王仁恭高君雅击破，时间已到大业十三年了"，由此"可以断定王仁恭、高君雅为突厥所败的时间，必定在大业十三年正月初一日以后到二月初八日以前的三十多天里"，《李唐太原起义考实》（上），第219页。

② （后晋）刘昫：《旧唐书》卷75，中华书局，1975，第2639页。

而得以实现。因此，由"保邑全身"为根本动机做出的政治选择，会在一定程度上导致逐鹿群雄之势力出现强弱变化。而对于任何一个希望成就霸业的割据政权，民众的依附不仅意味着人力的补充、疆域的扩大，更体现着其统治的"顺天应人"，这便是中国古代"得民心者得天下"的传统政治观念。

第三，晋阳起兵、李唐建国过程中具体问题的解答需要更换角度。汪篯先生围绕晋阳起兵"首谋"者、高祖"称臣"突厥二题进行的论述，已然能够提供正确答案，即唐高祖李渊作为"首谋"者，确在晋阳起兵过程中"称臣"突厥。然而，我们仍可继续推问，"首谋""称臣"何以成为学界争论不休的问题？相比于"是"或"否"等事实层面的解答，我们更应对"为什么"做出解答。以高祖、太宗"首谋"之争为例，《大唐创业起居注》《旧唐书》《新唐书》以及《资治通鉴》有关太宗在晋阳起兵前的"首谋"记载，呈现出逐渐丰富的趋势，且将其"首谋"之功体现于狱中密谋、暗中准备、劝说高祖等各个环节。在《旧唐书》的基本框架下，《新唐书》通过对多个细节的杂糅、再创作，使其论据得以丰富，而《资治通鉴》借助其编年体例的书写方式，最终使太宗"首谋"得到定性，"高祖起太原，非其本意，而事出太宗"[①]，"上之起兵晋阳也，皆秦王世民之功"，"高祖所以有天下，皆太宗之功"[②]等论断由此产生，并成为太宗"首谋"一方所持论据。[③]然而，这种各个环节均有谋划，是否能够作为"首谋"的证据？也就是说，太宗"首谋"之含义，究竟是第一个谋划，还是首要谋划？这一疑问，恰好是解答"首谋"之争的关键。

显然，太宗"首谋"的含义在史书记载的不断层累过程中，已经发生了变化或混淆。《旧唐书·高祖本纪》所提太宗"首谋"，指的是他很早便与刘文静在狱中密谋，但经由史书的不断丰富，太宗"首谋"之含义，又扩展至起兵过程中的首要谋划上，这样书写的目的，正是通过混淆"首"的含义，提高太宗在晋阳起兵过程中的地位，使其可以与高祖"主谋"角色接近。此外，受到太宗在晋阳起兵各个环节均展现出过人才能的影响，持太宗"首谋"观

---

① （宋）欧阳修：《新唐书》卷二，中华书局，1975，第26页。
② （宋）司马光：《资治通鉴》卷一九一，第6012页。
③ 如何敦铧认为高祖的作用在太宗之下，参见氏著《论唐太宗在创唐和统一全国过程中的作用——兼谈对李渊历史评价问题》，《福建师范大学学报》1984年第1期，第117~125页。杨希义也在《大唐创业功属太宗——也谈晋阳起兵的几个问题》中强调太宗在创业过程中所发挥的重大作用，是古代史家公认的结论，应当相信。

点的学者，甚至以太宗于晋阳起兵过程中所立军功作为依据进行"首谋"论证，这就又在争论核心——"谋"的层面上发生了偏离。即便按照史书所言，太宗对于发动晋阳起兵的功劳体现于多个环节，其"谋"也更多体现于狱中密谋一事上。这样看来，太宗之"首谋"当然也就不能与高祖"首谋"相提并论。

汪篯先生逝世后的五十年间，隋唐史领域的众多问题都得到了相当程度的推进，但当我们回望学术研究走过的曲折道路，仍会发现，先生早已在每个转弯处，标示出正确的前进方向。

（段真子　中国人民大学文学院）

唐前期政治史如何再建构

——汪籛先生唐史研究论文学习心得

　　1997 年 5 月 28 日，笔者在南开大学迎水道校区购得《汪籛隋唐史论稿》一书（1984 年 9 月 2 刷），算是与汪先生的首次"结缘"。由于当时笔者正在读大二，限于经历与学识，读罢先生大作后仅仅是获得了一些历史知识，亦对先生悲凉的命运唏嘘不已，但无法完全体会其研究的精到之处。20 年后，在汪籛先生百年诞辰之际，笔者又细细学习了《论稿》一书，并结合自身的所学所感，写下这篇小文，谨此纪念汪籛先生百年诞辰。

　　《论稿》一书由中国社会科学出版社于 1981 年出版，1979 年 5 月唐长孺先生为该书所作序言中指出，汪籛先生对这个断代史的研究有不可磨灭的贡献，"我觉得他往往提出一些令人必须思考但却对我来说恰恰是没有思考，或没有认真思考过的问题。我被他问住的时候太多了，常常是习见之书，熟知之事，从未察觉其间有什么问题，经他一提，便瞠目不知所对"[1]。唐先生的自谦及对汪先生的高度评价，体现出那一代学人视学术为神圣的自觉精神，这种自觉亦是我们后辈理应追求的学术境界。《论稿》出版后的第二年，胡如雷先生比较客观地分析了该书的优点与不足。胡先生既被书中的精辟论证所吸引，又为其进取精神所感动，同时亦注意到汪先生在陈寅恪先生的影响下而产生的论证欠缺以及忽视唐后期史、经济史等不足之处。[2] 前辈大家对汪先生及其《论稿》的公允评价，为后学指出了研读该书的方向和目标。

　　在近百年的唐史研究历程中，资料更新始终是学术增长的重要推动力之一。敦煌吐鲁番文书与石刻资料的发现与利用，无疑为唐史研究带来了活力

---

[1]　汪籛著，唐长孺等编《汪籛隋唐史论稿·序言》，中国社会科学出版社，1981，第 1 页。

[2]　胡如雷：《读〈汪籛隋唐史论稿〉兼论隋唐史研究》，《读书》1982 年第 2 期。

与自信。当然，新资料的局限性也是显而易见的。抛开资料的区域性局限不讲，文书与石刻本身所具有的"碎片"性质是研究者必须充分注意到的问题。而对于政治史研究而言，整体性与联系性是重要的学术关怀，因此从这个角度上讲，传世文献尤其是正史依然是政治史研究无可替代的首选材料。限于当时的条件，汪先生研究唐前期政治史所使用的材料主要便是正史，同时亦辅以《唐会要》、《贞观政要》、《元和姓纂》、唐人文集、唐宋笔记等传世文献，当然亦偶有引用清人金石著作如《金石萃编》等的情况。正如胡如雷先生所言，汪先生的研究中处处充满了精辟的论证，而其论点、论证及论据一般均是建立在对传世文献解读的基础之上的。正史有其本身的叙述缺陷，如史家意图的渗入与国家意识的导向是我们认识历史的两大主要阻力，然而正史所具有的宏观性与整体性，恰恰又是揭示历史资讯的重要背景与前提。正史毕竟为我们提供了一个具有连贯性与联系性的历史图景，这一文本特征对于政治史研究尤其重要。政治史研究便是在文本提供的连贯性与联系性的宏观背景下，去尝试弥补那些宏大叙事中缺失的缝隙和环节。无论是唐人文集、唐宋笔记，抑或出土文献，均是一个个历史片段，我们可以利用这些碎片资讯对政治史的真相漏洞进行填补，但从总体上看依然无法根本动摇正史所提供的叙述框架。具体到汪先生对于唐前期政治史的研究，诸如《唐太宗之拔擢山东微族与各集团人士之并进》《唐太宗树立新门阀的意图》《唐高宗王武二后废立之争》《唐玄宗安定皇位的政策和姚崇的关系——玄宗朝政治史发微之一》《唐玄宗时期吏治与文学之争——玄宗朝政治史发微之二》所论，其文本基础基本上就是两唐书和《通鉴》。然而，汪先生却能够通过细致的考证与严密的逻辑思维，将政治史的细节展现出来，这不仅需要深厚的史学功力，更需要对传世文献的强大敏感度。严耕望先生强调重视原始材料和基本材料，提出"看人人所能看得到的书，说人人所未说过的话"。这或许就是政治史研究在解读文本时应该达到的境界。

在重视正史等传世文献价值的同时，视角转换亦是唐代政治史研究向前发展的一股重要推动力。诸如陈寅恪先生的"种族与文化论""关陇集团论""隋唐制度渊源论"以及"南朝化"等理论，又如日本学界的古代史时代区分论争，每一次学术进步背后的推动力就在于不断的视角转换。当前，若欲从传世文献中重新建构唐代政治史的别样面相，对文本的详细分析与重新解读恐怕是较为有利的途径之一。对于文本的解读，作为读者主要面对的是两类人：一是写文本的人，二是文本中的人，关注这两类人群，对于重建政治史而言具有重大意义。

实际上，历史文献正是写文本的人经过主观的记忆与遗忘而形成的历史载体，其写作意图不该被人为忽略。写文本的人对政治史的描述具有极大的主观因素，其个人或所在群体的好恶会影响到历史叙述的客观性，对于政治史叙述中的主观性特征，治唐代政治史必须要有所觉悟。例如在谈到晋阳起兵问题时，汪先生注意到"晋阳起兵时叛隋的活动，是在极端隐蔽的情况下策划的，其真相本不易知，及经贞观史臣篡改国史以后，就更加难于探明它的究竟。所幸的是留下的史料还不算少，我们还可以设法去伪存真，从中看出基本情况"①。汪先生对《高祖实录》与《太宗实录》中史臣对晋阳起兵中太宗作用的夸大描写是有所警惕的，为此，对于晋阳起兵的史实，汪先生是经过审慎考订的，尤其重视温大雅的《大唐创业起居注》的价值。而在关于玄武门事变的研究中，汪先生依然通过去伪存真的研究方法，揭示出唐初国史中被篡改的部分，对于李建成、李元吉等人的历史作用进行了较为公允的评价。当然，我们建构历史的终极目标是尽可能还原历史真实，而非后现代式的建构，绝不能因史家的主观意图而遮蔽历史的客观性。我们作为读文本的人的工作，是透过历史写作的表象揭示其背后隐藏的真相，从众多"虚像"中寻找出最接近历史真实的"实像"。

对于文本中的人的"发现"，我们首先想到的是所谓"历史现场"。最为直观的历史现场的发现应当是考古学与人类学的田野发掘与田野调查，而基于"田野"的明清社会史则更多依赖走进历史现场而展开相关研究。实际上，每一段历史都有它的现场。唐代政治史研究亦有它的现场可以回归。历史现场可以分为两类，一是实物现场，二是文本现场。就政治史研究而言，遗迹、遗物的发现可以提供具象的时间与空间感受。而对于文本分析的历史现场回归，虽然并非"穿越"那样无厘头，但的确应当在解读文本的过程中，力图回到写文本的人与文本中的人所处的历史情境中。虽非"替古人担忧"，但应结合时代背景尽量持有与古人同步的思维模式，陈寅恪所谓"了解之同情"，

---

① 汪篯：《唐太宗》，载汪篯著，唐长孺等编《汪篯隋唐史论稿》，中国社会科学出版社，1981，第76页。

便是文本分析回归历史现场的精辟总结。

而汪先生对于政治事件中的"人"的发现，则为我们展现出政治史研究如何突显人物分析的解读模式。拜读《论稿》的最深印象是汪先生对历史人物的分析和讨论。其中，《唐太宗》一文是其人物研究的代表作。

《唐太宗》一文是汪先生在 1962 年 11 月 9 日给中共中央党校 1961 班所做的报告。在该文的开篇，汪先生首先关注历史人物所处的时代背景，"评价一个历史人物，主要是看他在历史上起了怎样的作用，是推进社会的发展，还是阻碍社会的发展。因此，要想了解唐太宗，就必须首先了解他的时代背景，他所处的时代的社会物质条件"[①]。汪先生运用历史唯物主义的研究方法，对唐太宗所处的时代背景进行了较为全面的梳理，这是其进行人物研究的重要前提。接下来，汪先生用实证的研究方法，通过政治史、军事史、民族史等视角，围绕晋阳起兵、唐太宗的战略战术、玄武门事变、唐太宗的用人政策、"贞观之治"、边疆问题和民族政策、唐太宗中晚年的政治等七个专题，对唐太宗一生中的若干片段进行了论述。实际上，汪先生的所谓人物研究，是在史实考订与问题研究的基础上展开的，每一个小论题均可独立成文，突出的特点是研究的细腻性与逻辑的缜密性。例如在探讨唐太宗的战略战术问题时，先生详细地梳理了李世民指挥的历次大战的经过，并对战争双方的特点与军事形势进行了独到的分析，最后又总结出李世民在战略战术方面的特点。关于玄武门事变，先生根据史料，对李世民与李建成双方在争夺皇位继承权的斗争中所用的手段进行了分门别类的总结，使得复杂的历史现象顿时纲举目张。在讨论唐代的边疆问题时，汪先生尤其关注唐对突厥、吐谷浑与高昌的战争，主要围绕着三个问题进行考察。一是三次战争的性质，二是唐军获胜的原因，三是这些战争的后果。汪先生对历史人物的研究方法值得我们后辈认真学习。

汪先生虽然在陈寅恪先生的集团分析框架下展开政治史的讨论，但其不厌其烦地逐一考证人的家世背景，亦体现了先生对人本身相关问题的关注。如在讨论唐太宗朝宰相集团时，先生详细考订了宰相中的山东人、关中人以及南朝系统人的家世，进而讨论唐太宗的用人倾向。还通过对传世文献所载主

---

① 汪籛:《唐太宗》，载汪籛著，唐长孺等编《汪籛隋唐史论稿》，中国社会科学出版社，1981，第 70 页。

婿的考证，探讨唐初皇族的通婚情形。

人是历史的核心，人分个体与群体两种存在方式，而政治史研究往往纠缠于个体与群体之间，其复杂关系则需通过细节的考证加以展现。无论是制度，抑或事件，其背后均是人为操作。忽视了人的存在，便仅仅是制度或事件层面的政治史。政治史研究中人的重新发现，可以活化历史画面，丰富历史面相，更重要的是要绝对细致地将个人或人群在政治纠葛中的关联性挖掘出来。同时，既然政治史也是人的学问，那么，社会史、历史人类学、思想史、心态史等关心人的思想行为的领域与学科是否也能够成为政治史研究的同道，一起建构起活化的唐代政治史？

谨以此文纪念汪籛先生百年诞辰！

（夏　炎　南开大学历史学院暨中国社会史研究中心）

李唐皇室家世书写再议

引　言

　　唐朝官方历史叙事中如何书写皇室和宰相大臣的世系，是中国中古史研究中的重大问题，也是理解中古历史基调的一把钥匙。陈寅恪"中古以降民族文化之史"的研究中，对此问题格外关注，并揭示出一套影响深远的历史分析方法。作为陈寅恪及门弟子，汪篯在其隋唐史研究中继承和发扬了其师治史之道。如在《读〈旧唐书〉札记》中，针对《旧唐书·高祖本纪》所载李唐皇室家世，汪篯用按语指出，"李熙、天赐父子共茔葬于今河北隆平县，乃南赵郡人也。其家于武川之说自不可信。盖宇文泰为巩固其六镇团结之情，故附会其大将之家世于六镇有关耳"①。这是对陈寅恪关于李唐皇室家世书写研究结论的直接引用。汪篯并未停留在这种直接引用上，而是在其关于唐初政治结构和权力格局的相关研究中，对陈寅恪考订李唐氏族的方法灵活运用，对陈氏相关认识有所补充和深化。例如，其论《新唐书·宰相世系表》所记唐初名臣如魏征、李勣、高季辅等人的家世，就对其家世书写中的"攀附""附托"南北朝士族高门的现象进行了深入考证辨析。以李勣（徐世勣）为例，见于《新唐书·宰相世系表》中的家世书写就不可靠，存在诸多内在矛盾。汪篯由此推断，"李勣家虽殷富，地实寒微。大概在李勣成为唐的新贵后，才利用他的政治势力来攀附（徐氏）高平北祖的名门，即行改录，以致家谱上留

---

① 汪篯：《汪篯汉唐史论稿》，北京大学出版社，2017，第548页。

下这许多罅隙"。① 陈、汪师徒关于唐朝皇室和新贵大臣攀附南北朝名门进行家世造假的分析，成为唐史研究学术史上的一个典范案例，构成了其后唐史叙事的一个范本。但是，此后的研究中相关争论并未止息，有的可能是史学方法论的倒退。本文在学习陈、汪师徒治史方法的基础上，对李唐皇室家世书写问题相关论争进行梳理，并结合新出史料，力图还原皇室家世官方历史书写的内在逻辑及其历史影响。笔者不揣浅陋，狗尾续貂，谨以此文纪念汪篯先生百年诞辰。

一　世居赵郡与寄望陇西：陈寅恪假说及其引起的论争

唐朝官方历史书写中，李唐皇室的家世一直都是出自十六国时期西凉君主凉武昭王李暠之后，郡望或作"陇西成纪人"（《新唐书》卷一《高祖纪》），或作"陇西狄道人"（见《册府元龟》卷一《帝王部·帝系》、《旧唐书》卷一《高祖纪》）。墓志中有关家世和郡望的书写与本于国史的传世文献有所不同，今见所有李唐皇室成员的墓志中，成纪和狄道作为次级地望，两种说法也都在更替使用（见附表，下文引用墓志文字如无特别出注，则皆见此表）。如葬于贞观五年（631）的淮安王李神通，墓志书其世系为"太祖景皇帝（按：指李虎）之孙，郑孝王之嫡子也"，郡望为"陇西狄道"。而葬于贞观六年的酂王李元亨（字叔通）墓志，书其世系为"世祖元皇帝（按：指李昞）之孙，太上皇之第八子也"，郡望却是"陇西成纪"②。接着，葬于贞观十年的太宗第三女汝南公主墓志，郡望书"陇西狄道"，葬于贞观十七年的太宗第四子李祐墓志，郡望书"陇西成纪"③。这种交替使用成纪和狄道次级地望的情况，背后是否有切实的政治原因及由此导致的书写语境的变易，目前尚无法证明，当另文再论之。

李唐皇室与李暠之间的承继关系当属伪造，陈寅恪关于李唐氏族问题的

---

① 汪篯：《唐太宗之拔擢山东微族与各集团人士之并进》，载《汪篯汉唐史论稿》，第 365 页。

② 见王连龙《唐酂王李元亨墓志》，《社会科学战线》2011 年第 4 期；党斌《唐酂王李元亨墓志考》，《兰台世界》2015 年第 33 期。

③ 见郑炳林、张全民《〈大唐国公礼葬故祐墓志铭〉考释和太宗令诸王之藩问题研究》，《敦煌学辑刊》2007 年第 2 期。

探讨，对此已有明确的论述。陈氏指出，李唐皇室的先世"或为赵郡李氏徙居柏仁（即柏人县，治所在今河北隆尧西南尧山镇）之'破落户'，或为邻邑广阿（治所在今河北隆尧东）庶姓李氏之'假冒牌'。既非华盛之宗门，故渐染胡俗，名不雅驯"[①]。尽管历来不乏针对陈氏假说的补正与批驳，但陈寅恪的逻辑分析（而非史实勾陈）迄今仍然是最为严密的。因为这个家世谱系原本就是伪造出来的，是基于特殊政治背景进行的历史书写，所以要在回归既有历史叙事文本的基础上对其进行详密的史事勾陈和史源考察，往往顾此失彼，抵牾扞格。陈氏假说在细节上或有可被证伪之处，但在总体把握上却仍然难以被推翻，因为这个假说建立在对唐朝官方相关叙事逻辑的把握之上。

据《唐会要·帝号》《旧唐书·高祖纪》《新唐书·高祖纪》《新唐书·宗室世系表》《册府元龟·帝王部·帝系》等文献所载，李唐皇室家世如下：1西凉国君凉武昭王李暠—2西凉后主李歆—3后魏弘农太守李重耳—4后魏金门镇将李熙—5后魏幢主李天赐—6西魏太尉李虎—7隋安州总管柱国大将军李暠—李渊。李渊之前七代祖先的世系是完整和清晰的。陈寅恪分析了"唐室自叙其家世之著述"中描述的这个世系，找到这个叙事之中的若干疑点，其中最关键的是李重耳的身世。陈寅恪解释其中的罅隙时，针对官方叙事中李重耳李熙父子的经历与《宋书》《魏书》等史书中记载的李初古拔李买得父子的经历基本吻合之现象，假定李重耳就是李初古拔，是一个真实的历史人物，所以说"故今假定李唐为李初古拔之后裔，或不至甚穿凿武断也"[②]。陈寅恪认为造假之处在于将李初古拔附会为李歆之子，因为《魏书》和《十六国春秋》等唐以前文献"不载重耳南奔始末"，其事只见于唐修《晋书》，自然属于伪造。而李初古拔以下则是真实的，只不过将原本以胡名著称的历史人物恢复其汉名。今天看来，这个假定是值得商榷的。李重耳其人更大可能是李唐皇室在编造家世故事的过程中附会出来的一个虚构人物，只不过其虚构也是借助了前朝史书的相关记载，以李初古拔等历史人物作为原型。此种情形在北朝隋唐时期许多家族的家世书写中并不鲜见。

---

① 陈寅恪：《李唐氏族之推测后记》，《中央研究院历史语言研究所集刊》1933年三本4分，后收入《金明馆丛稿二编》，上海古籍出版社，1980，第295~303页。其后更为完整的论述，见于《唐代政治史述论稿》上篇《统治阶级之氏族及其升降》，上海古籍出版社，1982，第10~11页。

② 陈寅恪：《唐代政治史述论稿》上篇《统治阶级之氏族及其升降》，第6页。

陈寅恪接着引用《唐会要·帝号》《元和郡县图志》等文献，及存于河北隆平县（今与尧山县合并为隆尧县）之光业寺碑，指出李唐皇室两座祖茔在赵州象城县（今隆尧县境）之事实，进而得出结论："则李氏累代所葬之地即其家世居住之地，绝无疑义，而唐皇室自称其祖（笔者按：此指李熙）留居武川之说可不攻自破矣。"《册府元龟·帝王部·帝系》记李天赐之子李虎"封赵郡公，徙封陇西公"，陈寅恪据此认为李虎之父祖所居之象城县旧属巨鹿郡，"与山东著姓赵郡李氏居住之旧常山郡壤地邻接，李虎之封赵郡公当即由于此也"，并进而认为这是其自托于赵郡之高门，并以赵郡为郡望。其未明言的一个推断是，李虎从"赵郡公"徙封"陇西公"之举，便是其将郡望从赵郡改为陇西之时。迄今没有资料证明李唐皇室先世用过赵郡郡望，陈寅恪仅据李虎"赵郡公"之封号而得出"自托于赵郡之高门"的说法，难免有过度推论的嫌疑；但指出李熙、李天赐合葬之地即其家族世代居住之地，则无疑是一种合理的判断。

尽管关于李重耳与李初古拔实为一人以及李唐皇室自托于赵郡高门的推论都难免武断（这两点对后来的研究颇具影响），但是，有了家世中李重耳（李初古拔）一代为西凉后主李歆之子系伪造及其家族世代居住在赵郡昭庆县这两个事实的认定，构成陈氏有关李唐皇室家世书写假说的前提就得以成立。接下来需要论证的是李唐皇室为什么要把其家世篡改为出自西凉李暠。陈寅恪的进一步论说是服务于其"关陇集团"理论的，即在宇文泰入关后改易氏族之举的大背景下求得解释。兹略引述其结论如下。

概括言之，宇文泰改易氏族之举，可分先后二阶段：第一阶段则改易西迁关陇汉人中之山东郡望为关内郡望，以断绝其乡土之思，并附会其家世与六镇有关，即李熙留家武川之例，以巩固其六镇团体之情感。此阶段当在西魏恭帝元年（西元五五四年）复魏孝文帝所改鲜卑人之胡姓及赐诸汉将有功者以胡姓之前，凡李唐改其赵郡郡望为陇西，伪托西凉李暠之嫡裔及称家于武川等，均是此阶段中所为也。第二阶段即西魏恭帝元年诏以诸将之有功者继承鲜卑三十六大部落及九十九小部落之后，凡改胡姓诸将所统之兵卒亦从其主将之胡姓，遂取鲜卑部落之制以治军，此即府兵制初期之主旨（详见拙著《隋唐制度渊源略论稿》兵制章，兹不赘论）。李唐之得赐姓大野，即在此阶段中所为也。至周末隋文帝专周政，于大象二年（西元五八二年）十二月癸亥回改胡姓复为汉姓，其结果只作到回复宇文氏第二阶段之所改，而多数氏族仍停留于第一阶段之中，此李唐所以虽去大野之胡姓，但仍称陇西郡望及冒托西凉嫡裔也。[①]

这个推论做到了逻辑的自洽，其所假设的几个前提也为越来越多的研究所证实。不过，正因为是一种假说，由此引起的关于李唐皇室世系的争论从未间断。

李唐皇室家族源流叙事的分歧之中，关键之处在于一方面所有的官方书写都作"陇西李氏"，而在唐朝前期却多次在赵州象城县（今河北隆尧县，原名广阿县，西汉始置，隋文帝仁寿元年更名象城县）修建两座帝陵，即李渊的高祖李熙和曾祖李天赐的陵墓[②]。对于这个矛盾，陈寅恪的解释是，李熙、李天赐原本葬在象城县，此是李唐皇室先世居住之地，而陇西成纪或狄道是李渊祖父李虎随宇文泰入关之后改易之郡望。概言之，陇西是郡望，赵郡象城县是祖籍。针对陈寅恪假说进行的反驳，代表性的主要有岑仲勉、张金龙、陈成国、邢铁等人的论著，不过这些反驳文章都存在某些逻辑漏洞。

岑仲勉的质疑主要有两点，一则如果李唐皇室果真出自赵郡，赵郡之李为何不去攀附，反而唐太宗说出"我与山东崔卢李郑旧既无嫌"之语，显得毫无底气，难道皇族反而不及赵郡诸李可贵？二则在唐朝建立后许多当初随宇文泰入关而改郡望的家族都恢复了河南郡望，唐室如真出自赵郡，又何爱于陇西而坚持不改？[③] 岑氏的质疑回避了陈寅恪所说李唐皇室出自赵郡李氏之假冒牌或破落户的前提。在其时官私谱牒相当完备的情况下，要编造自己出于赵郡正宗高门，那是用一个更大的谎言来圆一个已经编织了许多年的谎言，李唐皇室不会采取如此下策。正因为是假冒牌或破落户，在门阀观念还很强烈的隋朝和唐初，李唐皇室对山东旧族高门的打压和对此种打压政策的辩解就更加合乎情理了。关于隋唐两朝皇室家世和出身"贵而不清"的情状及某种自卑情结，陈寅恪及其弟子如汪篯、王永兴等人的理解和分析无疑更加具

---

① 陈寅恪：《唐代政治史述论稿》上篇《统治阶级之氏族及其升降》，第15~16页。

② 关于隆尧唐祖陵的探查情况，可参看李兰珂《隆尧唐陵、〈光业寺碑〉与李唐祖籍》，《文物》1988年第4期。

③ 参见岑仲勉《隋唐史》上册，中华书局，1982，第95页

有说服力。①

张金龙则偏重于对陈寅恪的假说进行补正，将李唐皇室家世书写中的李熙与《魏书》所载李顺族人李熙比对为同一人，证明李唐皇室出于赵郡李氏之正宗。同时，通过《魏书》所记李熙的线索，结合这个家族后人所遭之政治变故，具体分析了李虎改赵郡籍贯为陇西籍贯的原因和背景。② 这个论证存在的问题是可能将李唐皇室以陇西为郡望的书写逻辑过于落实到历史实际之中，对其原本世居赵郡的事实也过分看重了史源的追述。如果李唐皇室出自赵郡正宗，则不必一直以陇西为郡望，确实如岑仲勉所质疑的，"又何爱于陇西而坚持不改"？不过，张文提出李唐先祖墓地在象城县的真实性毋庸置疑，却是符合逻辑的。因为李唐皇室既不可能也无必要去伪造其先祖之墓地，如果真要伪造，则应与其编造的陇西郡望相一致。

陈成国针对陈寅恪所引用《魏书·广阳王深传》载《论六镇疏》作为李唐自称为西凉后裔之反对证据中"最强有力者"，提出这条材料正好是李唐皇族为西凉后裔强有力的证据之一。③ 其论证的逻辑沿用《旧唐书·高祖本纪》所载李熙"为金门镇将，领豪杰镇武川，因家焉"的叙事，完全没有理会陈寅恪对这种叙事的分析和批判。

邢铁认为位于象城县作为"二帝陵"的李熙、李天赐陵墓具有伪造的嫌疑，二帝陵在隆平旧治正南，尧山旧治东南，与两县旧治成相距 6 公里左右的等边三角形，正好在两县两州的接合部，选建在这里两边都方便。这也透露出了临时选址的痕迹。唐太宗和高宗时期之所以要修建二帝陵，是作为重修《氏族志》的"配套工程"，即巩固《氏族志》中的排序。在这个时期，李唐皇室试图更改祖籍，从陇西改为赵郡，对赵郡李氏进行攀附。随着唐中叶以后旧世族的衰落，攀附已经没有意义，对二帝陵的修建便没有了兴趣，又恢复使用原来的陇西祖籍了。所以，二帝陵建成六十一年后的开元十三年立"光业寺碑"，由当时的一个"从九品下"的县尉杨晋撰写碑文，透露出此时

① 参见汪篯《唐太宗树立新门阀的意图》，载汪篯著，唐长孺等编《汪篯隋唐史论稿》，中国社会科学出版社，1981，第 150~164 页；王永兴《杨隋氏族问题述要》，《季羡林教授八十华诞纪念论文集》，江西人民出版社，1992。

② 张金龙：《李唐出于赵郡李氏说》，《历史研究》1993 年第 5 期。

③ 陈成国：《唐代宗法观念与传承制度——兼论李唐皇室氏族问题》，《湖南师范大学学报》1999 年第 1 期。

朝廷对二帝陵的关注已经减退了。[①] 此文关于伪造先祖陵墓的说法甚为牵强，将建造先祖陵墓等同于攀附赵郡李氏，更是与史事和李唐皇室家世叙事的逻辑不合。除了修建二帝陵及树立"大唐帝陵光业寺大佛堂之碑"之外，各种官私书写包括皇室成员的墓志之中，都未见以赵郡为籍贯。所谓试图更改祖籍，缺乏证据，也不合乎逻辑。

综上所述，陈寅恪关于李唐皇室先祖世居赵郡，以及家世书写中攀附西凉李暠并以陇西为郡望的假说，尽管遭到众多质疑，迄今仍然是最符合历史实际和唐朝官方叙事逻辑的分析。

二　强调郡望与淡化祖籍：李唐皇室世系的官方书写

郡望是中国中古时代有名望的家族所依托的支撑起本家族光荣历史的郡名。如出自琅琊郡的王氏是最显赫的家族之一，琅琊就是王氏的郡望。其他如博陵和清河之于崔氏，范阳之于卢氏，赵郡之于李氏，荥阳之于郑氏，都是这些姓氏的家族最显赫的郡望。从起源来说，郡望之地当是该家族核心成员最早发家的地方，或者说就是这个家族的原籍，如岑仲勉所说后世所谓郡望乃是"举其原籍之郡名以作标识"[②]。而中古士族郡望一般以郡名＋县名＋族名构拟而成，其郡名县名则多循两汉之旧，以显示家族渊源有自[③]。随着家族的扩大和部分成员的迁徙，原籍或者祖籍的书写随着时间的推移当会发生改变，而郡望就成为维系这个家族的共同历史记忆。正如日本学者内藤湖南指出，"这个时期（笔者按：指六朝至唐中叶）的贵族制度，并不是由天子赐与人民领土，而是由地方有名望的家族长期自然相续，从这种关系中产生世家，

---

① 邢铁：《唐朝皇室祖籍问题辩证》，《西部学刊》2015 年第 4 期。文中所说"二帝陵建成六十一年后的开元十三年立'光业寺碑'，由当时的一个'从九品下'的县尉杨晋撰写碑文，透露出此时朝廷对二帝陵的关注已经减退了"，是对此碑的一个误解。笔者于 2016 年 12 月亲赴河北隆尧，在河北省邢台市文物管理处李恩玮处长、隆尧县文广新局田振国局长和文保所曹连斌所长等人的陪同下勘察此碑，碑额题为《大唐帝陵光业寺大佛堂之碑》，不宜简称《光业寺碑》。据碑阴题记，这是当地信众民间修建佛堂的功德碑，请县尉杨晋撰写碑文，与朝廷对两座帝陵的关注程度无关。

② 岑仲勉：《隋唐史》，第 124 页。

③ 参见仇鹿鸣《制作郡望：中古南阳张氏的形成》，《历史研究》2016 年第 3 期。

亦就是所谓郡望的本体。这些世家都重视谱系，导致当时谱学盛行"①。郡望由个别有名望的核心家族支撑起来，并通过谱学加以维系。理想状态下，一个家族的郡望与祖籍地是一致的。但是，作为家族历史书写的两个重要向度，二者有时候又产生差异。郡望与祖籍的差异，主要有两种情形。一种是随着家族成员的迁徙，几代人之后往往以某一祖先迁入之地为祖籍，尤其是当从郡望之地迁徙出来的祖先之功名声望足以支撑一个新的家族之时。这样就出现了共同郡望之下的房分。另外一种是其祖先原本与以某地为郡望的本姓家族无关，但为了攀附高门，经过通谱连宗，把他族的郡望认作自己家族的郡望。这样一来，事实上的祖籍地与郡望之间的关联性就需要重新构建，家族历史需要重新书写，以尽量维持郡望与祖籍的一致性或关联性，进而维护其名望的正统性。李唐皇室的陇西郡望，就属于后一种情形。

通过全面梳理皇室成员墓志中的郡望与家世书写，参照河北隆尧保存的李唐祖陵遗迹及相关碑刻，李唐皇室以陇西为郡望，同时承认赵郡祖籍的叙事逻辑得以更清晰呈现。从附表可知，唐代皇室成员墓志中自始至终书写的郡望都是陇西，次级地望或作狄道，或作成纪。如上所述，写陇西成纪还是陇西狄道，并无一定之规，二者似可混用。附表第 42 号葬于大中九年（855）的李映墓志中，郡望书陇西狄道，其父某却封为成纪县男，呈现出狄道与成纪可以在父子两代身上混用的现象。然而，墓志中却从未有将郡望写为赵郡者。上引邢铁文中所谓在太宗和高宗时期"李唐皇室试图更改祖籍，从陇西改为赵郡，对赵郡李氏进行攀附"之说，并无根据。

唐人传记及墓志中，郡望与籍贯分书的情况并不稀见。如常见的在书写郡望之后再注明"子孙因家焉，今为某地人也"，或者因仕宦等原因"遂家于某郡某地"之例，无须备举。但李唐皇室成员的家世书写中，未见以赵郡广阿县（或其后改名的象城县、昭庆县等）为籍贯的情况。按照许多家族的家世书写方式，可以写成出自陇西李氏，后家于广阿。不过，如果这样写的话，本来就是编造出来的家世故事就出现了许多漏洞。所以，除了佛教信众树立于当地的"大唐帝陵光业寺大佛堂之碑"外，在其他各种官私书写中，都不

---

① 内藤湖南：《概括的唐宋时代观》，原文发表于 1910 年，收录于刘俊文主编、黄约瑟译《日本学者研究中国史论著选译》第 1 卷，中华书局，1992，第 10 页。

曾出现李唐皇室祖先居于赵郡广阿或象城县的记载，反而编造了李熙"率豪杰镇武川，因家焉"（两唐书《高祖纪》）的故事。至于居家于武川，为什么要葬于赵郡象城县，又是何时葬回去的，这些问题在现有家世历史的书写中并未处理。隆尧唐祖陵已于 2006 年被列为全国重点文物保护单位，如果能够开展有效的勘察，其始建时间应大致可以确定。如果是唐初新建，则其为了虚构祖陵临时选址的可能性甚大。当然，这也不能作为李熙、李天赐父子曾居于此地的反证，战乱时局中先祖尸骨不存、荒塚难觅的情形实属难免。如果是北朝时期就下葬于此，唐初只是扩建改建，则更可作为其世代居于此地的确证。这个工作，只有期待考古工作者去完成了。

一方面唐朝初年在赵郡象城县修建祖坟（二帝陵），另一方面又讳言赵郡祖籍而不断强化陇西郡望，这看似矛盾的现象，恰好说明其攀附西凉李暠、虚构陇西郡望的家世书写情境，也印证陈寅恪假说中的李唐皇室出自赵郡李氏"假冒牌"或"破落户"的推测。

无论如何，李唐皇室以赵郡象城县为祖籍，在其时当是普遍认可的常识。陈寅恪据以论证李熙、李天赐世居赵郡事实的依据，是上引刊刻于开元十三年（725）的《大唐帝陵光业寺大佛堂之碑》。此碑今藏于河北省隆尧县文管所，清代拓本藏于国家图书馆。碑文中提到"桑梓旧国，须筑法宫"（17 行）、"维王桑梓，本际城池"（35 行）[1]。如上所述，陈寅恪据"维王桑梓"之语，断定"李氏累代所葬之地及其家世居住之地，绝无疑义"。而当地佛教信众能够公开书写"桑梓旧国""维王桑梓"等语，正说明在朝廷早已下诏多次修建扩建皇室祖陵的背景下，李熙、李天赐世居赵郡是非常普及的地方知识。

此外，刻于贞观年间的一通佛教刻经造像铭记载，主持其事的李惠宽为"赵郡象城人也。皋陶之后，左车之胤。磐石之宗，连华帝藉（籍）"。此通纪功碑铭的落款为"大唐贞观□□□年□□九月□午朔三日戊寅前宋州行参军武骑尉李君政书"，刻石造像的起始时间为武德六年四月八日，其中特别提到"使持节上柱国本州诸军事定州刺史定州都督相州总管杭州刺史大光禄大方（夫）吕国公士洛……遂与惠宽共营此福，大宏妙规，深启檀度"，"柏仁县令严雄抚宰百里，清肃一圻。迹同迁蝗，治侔驯雉。精诚信向，经始伽蓝。劝

---

[1]　录文参见李兰珂《隆尧唐陵、〈光业寺碑〉与李唐祖籍》，《文物》1988 年第 4 期。

课丹青，修饰经像。虽目连之神通敏给，文殊之智慧庄严，媲此尊崇，实为俦类"①。参与或资助刻经造像的李士洛，当亦为赵郡象城人，其署衔包括历任官职。柏仁县令严雄则当是其时在任者，所谓"劝课丹青，修饰经像"，指其在调发民力等方面曾予以配合支持。这些都说明此次刻经造像，得到当地名宦和官府的支持。李左车是战国时期赵国名将李牧之孙，世居紧邻广阿（象城）县的柏仁县，是北朝高门赵郡李氏公认的祖先。碑文中将李惠宽的家世写为"皋陶之后，左车之胤。磐石之宗，连华帝籍"，是以官府名义明确赵郡象城县为李唐皇室的祖籍。

唐人墓志中所书家世追述到第几代祖先，并无成例。除了远古神话人物如五帝和构成郡望要素的汉晋名人等之外，大概要看哪一代祖先最值得炫耀。因为李熙、李天赐（《旧唐书·高祖纪》作李天锡）的仕历存在许多编造的成分，而且即使在编造的故事中也未历显宦，所以除了在国史中留下了粗略的记载外，其他官私书写都很少提及。两唐书《宗室传》所列人物，其共同的祖先就是太祖景皇帝李虎，说明皇室世系能够说得清楚的也只有从李虎往后。《新唐书·宗室世系表》所列定州刺史房的人，是从李天赐之子、太祖李虎之弟后魏定州刺史乞豆算起的②。但李乞豆的后世子孙都不显，不进入《宗室传》等李唐皇室的家世书写中。

与此相同的是，李唐皇室成员墓志中的家世书写，一般情况下，最早也只追溯到后来追尊为太祖景皇帝的李虎一辈。如附表第1号李神通墓志作"太祖景皇帝之孙，郑孝王之嫡子也"；附表第8号房陵大长公主墓志作"□□景皇帝之孙，大武皇帝之第六女"（按：当作曾孙）；附表第9号虢庄王李凤墓志作"太祖景皇帝之曾孙，世祖元皇帝之孙，高祖神尧皇帝之第十五子"；附表第26号左补阙张之绪妻顺节夫人李氏墓志作"大唐景皇帝七代孙，皇工部尚书汉阳公寂曾孙，皇冯翊郡司法昭仲孙，中部太守少女"；附表第43号李裔（字修之）墓志作"太祖景皇帝八代孙"。也有追溯到追尊为世祖元皇帝李昞一辈的，如附表第2号酆王李元亨墓志作"世祖元皇帝之孙，太上皇之第八子也"；附表第18号越王李贞墓志作"元皇帝之曾孙，神尧皇帝之孙，太

---

① 《唐李惠宽造贤劫千佛并法华经铭》，原碑藏于河北隆尧县文管所，北京大学图书馆有藏拓，录文参见赵建兵主编《隆尧碑志辑要》，天津人民美术出版社，2016，第16~18页。标点为笔者所加。

② 《新唐书》卷七十上《宗室世系表》，中华书局，1975，第1957~1958页。

宗文武皇帝之第八子也"。无论近属远枝，李虎被视为皇室成员的共同始祖，能够和李虎关联上的家族，才能被称为皇族。

至于附表第 20 号《大唐河南府阳县丞上柱国庞夷远妻李氏墓志铭》中的"高祖神通，出自太祖光皇帝后，唐受命封淮安王，历右仆射，赠司空公"，提到被追尊为光皇帝的李天赐，是目前所见早于李虎的唯一例子。李神通本人的墓志中只追溯到李虎，其后世的墓志中却说李神通"出自太祖光皇帝后"，似当存疑。李天赐并未被追尊为太祖，太祖只有景皇帝李虎，故此处当为"出自太祖景皇帝后"。至于附表第 21 号韩王元嘉之季子嗣韩王李讷墓志中所说"王即太祖武皇帝之孙也，太宗文皇帝之犹子"，太祖当为高祖之误。

据《旧唐书·宗室传》，李琛李孝恭兄弟为高祖从父兄子，其祖父李蔚为北周的朔州总管，父亲李安为隋朝领军大将军[1]。则李安为李渊的从父兄，李蔚为李渊的从父，即与李昞为兄弟。《新唐书·宗室传》列出了李虎以下的宗室世系，"太祖八子：长延伯，次真，次世祖皇帝，次璋，次绘，次祎，次蔚，次亮"[2]。李昞是李虎的第三子，李蔚是李虎的第七子。所以附表第 24 号《大唐皇四从姑故贺兰府君夫人金城郡君陇西李氏墓志铭》记李氏家世为"高祖蔡王，生西平王安，安生皇广陵牧行台尚书左仆射河间元王孝恭，恭生皇金紫光禄大夫，京兆、河南尹，刑、户二尚书、河间公晦"，也只是追溯到李昞同辈的祖先李蔚。

唐代高门大族墓志的家世书写中一个普遍的现象是极力追溯先世、攀附门阀。无论赵郡李氏还是陇西李氏，其追述家世往往都到北魏周齐甚至汉魏西晋，大部分还叙及家族始祖。李唐皇室成员墓志中追述家世时最多只到李虎的现象，从一个侧面说明李天赐和李虎之间的断裂和因此造成的家世故事书写的转折，这个断裂不是血缘世系的断裂，而是李唐皇室在家世故事编造过程中造成的背景断裂。李虎在西魏北周的仕历和显赫地位是真实确切的，而李天赐和李熙进入到北魏六镇因家于武川的故事却可能是编造出来的，是皇室档案中的虚构成分。

李唐皇室成员的家世书写中，很少提及始祖及比李虎更早的祖先，或者"国史备详"是一个好的解释。如附表第 17 号《大唐故信安县主元府君墓志

---

① 《旧唐书》卷六十《宗室襄武王琛、河间王孝恭传》，中华书局，1975，第 2347 页。
② 《新唐书》卷七八《宗室传》，第 3513 页。

铭并序》所叙家世为："县主陇西狄道人，曾祖神尧皇帝，祖文武圣皇帝，吴王恪之第四女，今上之堂姑也。□□睿族，启迹于殷时；凤翥龙兴，克昌于明代。远则垂芳万古，近则启圣千龄，国史备详，斯可略而称也。"作为皇室，其家世自然是"国史备详"，另外一个不能明说的理由是各种官私书写也必须与"备详"之"国史"保持一致。不过，章怀太子李贤的墓志比较特别。《大唐故雍王墓志铭并序》（附表第 16 号）曰：

> 王讳贤，字□，陇西狄道人也。太宗文武圣皇帝之孙，高宗天皇大帝之第二子，今上之兄也。述夫神源长发，圣构遐远：白云垂祉，虞臣所以迈德；紫气凝祯，周史由其敷道。至哉卫尉，播雄烈于陇西；赫矣武昭，定霸功于河右。自兹以降，厥绪尤繁，克茂本枝，逾征后大。故得神只叶赞，天地会昌，弹压八荒，牢笼万古。梯山航海，局疆寓于义轩；茅社桐珪，陋车服于梁楚。

李贤墓志写于神龙复辟之后，其对李唐皇室先世的书写，无异于对国史的复述和强调，尤其是对出自凉武昭王李暠这一线索的强调，应具特殊政治语境，是在武周政权刚被终结背景下的一次特殊政治举措。

综上所述，唐朝有关皇室世系的所有官私书写中，都以陇西为郡望，除了见于《新唐书·宗室世系表》和两唐书《高祖纪》中的具有"国史"性质的宗室世系追述了西凉李暠及更久远的"虚构"祖先外，两唐书《宗室传》和所有宗室成员墓志中追述的祖先都只到太祖李虎，李虎仕历中从赵郡公改封为陇西公之事，正是其家族伪造陇西郡望的开始。李虎之父祖李天赐、李熙葬于赵郡象城县，是其世代居于当地的有力证据，并且得到唐朝当时官府、名宦的普遍认可，却在各种家世书写中被忽略甚至被湮没。李唐皇室家世书写中强调郡望与淡化祖籍之举，正凸显了陈寅恪所论其攀附李暠、虚构郡望的内在逻辑。

三　连华帝籍与幸称皇枝：非高门李氏家族对李唐皇室的攀附

由于皇室以陇西为郡望，各种官私书写中都不断强化这一点，所以一些非高门出身的李氏家族，就出现了攀附皇室的家世书写方式。北朝士族原本就是崇重当朝冠冕，李唐皇室也多次为树立以皇室为核心的新门阀体系而努力。进入唐朝以后，包括居住在赵郡地界的各地高门非高门李氏家族与李唐皇室攀附的现象就逐渐多了起来。上引刊刻于贞观年间的《唐李惠宽造贤劫千佛并法华经铭》中，李惠宽的世系追溯到"皋陶之后，左车之胤"，至少在家世书写中是赵郡李氏的高门，但同时又写上"磐石之宗，连华帝藉（籍）"，强调累世累代都被列入帝籍。这个表述，一方面如前所述具有将李唐皇室纳入赵郡李氏高门的意蕴，是李氏高门向皇室的示好；另一方面，也未尝不是对皇室的攀附。贞观六年唐太宗在编修《氏族志》过程中说："我与山东崔、卢、李、郑，旧既无嫌，为其世代衰微，全无官宦，犹自云士大夫，婚姻之际，则多索财物；或才识庸下，而偃仰自高，依托富贵，我不解人间何为重之？……我今定氏族者，诚欲崇树今朝冠冕。"[1] 在此背景下，李惠宽所在的赵郡李氏家族向李唐皇室表示亲近和攀附，当在情理之中。

如果说唐朝初年李惠宽家族自称"磐石之宗，连华帝藉（籍）"是赵郡李氏通过抬高李唐皇室的门第，将世居赵郡的非高门接纳到高门谱系，以示攀附；那么，大抵到唐朝开国百年的开元天宝以后，随着陇西李氏成为李氏的主流郡望，攀附的方式就是越来越多的李氏家族开始把其郡望改为陇西。如《故陇西李府君墓志铭并序》曰：

> 君讳系，字系，陇西成纪人也。氏胄之起，焕乎方书。周隋之先，郁为鼎族。我唐之际，幸称皇枝。宝叶琼根，未之比也。曾祖讳德颖，皇濮等兖州刺史；祖贞实，皇朝散大夫、尚书工部员外、太子舍人；父庭训，皇朝议郎济南郡禹城县令；皆敏识霞骞，英情天逸，介然挺贞标之节，油尔峻朗拔之风，宣伯廉平，率职有不倾之合；叔龙格正，清能着齐价之名。公即禹城之长子。[2]

所谓"我唐之际，幸称皇枝。宝叶琼根，未之比也"，完全是对皇室的攀

---

① （唐）吴兢：《贞观政要》卷七《礼乐》，上海古籍出版社，1978，第226~227页。

② 周绍良主编《唐代墓志汇编》下，天宝一六八，上海古籍出版社，1992，第1648页。

附之词。至于其是否真为陇西成纪人，其实已经不重要了。如果真的是陇西李氏，那就如同赵郡的李惠宽家族一样，颠倒主客，用真实的郡望去攀附虚构的郡望。如果根本就与陇西李氏无关，那"宝叶琼根"之比更是尽显攀附之媚态。事实上，唐人墓志中此种攀附式的书写非常普遍。如出土于河北任县的《唐故陇西李府君铭志文并序》[①]曰：

> 粤以天者瑞也，应四时而自至；地者信也，感万物而生焉。寒暑变移，八节时候而争催。命有修短，限至往而无回。天之尚倾，地之仍缺，世尊尚入涅槃，泡幻之躯岂免落也。公承唐王之胤，建初皇帝之宗，逦迤相承，迄居陵侧。高祖晁，性好道德，坦荡傲游，遂不叙于簪缨，不沾于荣禄。祖通，山河秀气，貌越堂堂，文武双美，德行俱彰。公伦，实人表忠，英灵振世，文有经邦之术，武有穿杨之艺耳。年六十有二，瘥痹忽染，瘗于蒿里。夫人段氏，容姿丽质，貌越婵娟，西施谬说，罗敷默言，四行俱备，六行咸传。嗣子有二：长者仲殷，行满天下，名播遐方，德及四公，宇宙咸扬。次仲和，立性刚克，温良厚质，德行过于四科，六艺超于世逸，匍匐徒跣，家罄资物，衣缕不留，愿祔祖考，厝合先骨，致于旧域：邢台之郡，任县之北，新市居曈，唐陵东南三里，瘗于魂殁。年号大中，岁至摄提，时遇仲冬上旬三日，闭于泉路。天长地久，谷变陵移，江海化为桑田，城郭拟于废日，故刊斯文，记于泉户：惨惨坟兮对孤月，悄悄冥兮行路绝。玄宫瘗玉九源中，白骨沉兮声哽咽。哀哉孝子泣成泥，玉箸双垂以成洫。孝感天门应瑞前，白鹤坟前声吊切。

最早刊布此志录文的宋孟寅先生认为墓主李伦是陇西人，其次子仲和"匍匐徒跣"将其遗骨从陇西运回，祔葬河北昭庆（天宝元年更象城县为昭庆县）"唐陵东南三里"李氏祖茔。这其实是一个误解，没有任何证据说明李伦是陇西人或者死于陇西。其志题作"陇西李府君"，是因为他攀附了唐朝皇室，而以陇西为郡望。"公承唐王之胤，建初皇帝之宗，逦迤相承，迄居陵侧"句，

---

① 参见宋孟寅《一方佐证李唐祖籍在河北隆尧的唐代墓志》，《文物春秋》2010 年第 3 期。

正说明李伦是世居李熙建初陵侧畔的昭庆（象城）当地人。说明到晚唐大中年间，赵郡的非高门李氏还在攀附皇室，而且跟随李唐皇室虚构郡望。既然"迻居陵侧"，世居赵郡，那就和李唐皇室同族同宗；既然李唐皇室以陇西为郡望，那我李伦家同样也有如此高贵的陇西郡望，而且要葬到"唐陵东南三里"，死后也要向李唐皇室靠近。

李唐皇室虚构陇西郡望的同时又在赵郡营建祖陵，尽管还需要在"国史"中编造祖先的仕历以自圆其说，但也无疑以政权的力量冲击了门阀士族的社会根基。"士族乃具有时间纵度的血缘单位，其强调郡望以别于他族，犹如一家老商店强调其金字招牌一般，故郡望与士族相始终。"[1] 到这个金字招牌谁都可以用的时候，自然也就失去了其特殊性。改造郡望和谱系，重构祖先记忆和家族世系，本来是为了谋取高贵的社会身份乃至背后的现实利益。对于李唐皇室来说，也是服务于其树立新门阀的政治意图。但是，在唐朝建国后政治社会发展的大背景下，门阀制度的衰败无可避免。李唐皇室在家族世系的官私书写中反复强调虚构的陇西郡望，与那个时代许多家族都制作出一个与本家族祖先实际里籍无关的"虚拟郡望"一道，共同助长着墓志书写中的夸饰郡望之风。正如仇鹿鸣指出的那样，至隋和唐初，随着郡望知识的普及化，谱牒与郡望分离，可供一个姓氏选择的郡望众多，郡望最终失去了其标识社会身份的意义。[2]

历史运动的进程不以包括统治者在内的任何人的意志为转移。唐朝皇室原本想要维护的是其刻意树立起来的新门阀体系，打击旧族高门，标树陇西郡望。但是，旧门阀衰落下去的同时，陇西郡望也越来越成为各地李氏家族写入死者墓志和志题中的毫无实际意义的标签了。经过五代乱世的冲洗，陇西郡望不仅对于普通李氏家族失去了意义，就连李唐皇室成员在入宋以后，也不再以陇西为郡望，而径称"长安人"。出土于西安市长安区郭杜镇的生活于宋代的李唐皇室后裔李保枢（字慎言）墓志称，"其先唐蔡王之系，本长安人也"[3]。从"陇西狄道人"或"陇西成纪人"到"长安人"，李唐皇室的家世书

---

① 毛汉光：《从士族籍贯迁移看唐代士族之中央化》，《中国中古社会史论》，上海书店出版社，2002，第238页。

② 仇鹿鸣：《制作郡望：中古南阳张氏的形成》，《历史研究》2016年第3期。

③ 西安市文物保护考古所：《西安长安区郭杜镇清理的三座宋代李唐王朝后裔家族墓》，《文物》2008年第6期。

写最终走出了门阀社会的窠臼。

附表　唐代皇室成员墓志所书世系与郡望

序号	墓主身份	世系	郡望	卒年／葬年	出处
1	大唐故淮安靖王寿（字神通）	太祖景皇帝之孙，郑孝王之嫡子	陇西狄道	贞观四年／五年	《汇编》上贞观024，第24页（注1）
2	大唐故酆王元亨（字叔通）	世祖元皇帝之孙，太上皇之第八子	陇西成纪	贞观六年／六年十二月	注2
3	大唐故汝南公主讳字	皇帝之第三女	陇西狄道	贞观十年	《汇编》上贞观054，第43页
4	大唐国公故祐	今上之第四子	陇西成纪	贞观十七年／其年十月	注3
5	大唐长乐公主	高祖太武皇帝之孙、皇帝之第五女、东宫之姊	陇西狄道	贞观十七年八月／其年九月陪葬昭陵	《续集》贞观036，第28~29页（注4）
6	大唐故恪	太祖武皇帝之孙，太宗文皇帝之第二子	陇西狄道	永徽四年二月六日／其年四月十五日	《新出》，第63页（注5）
7	大唐赵王李福	太宗之第十一子	陇西成纪	咸亨元年九月／陪葬昭陵	《续集》咸亨013，第194~195页
8	大唐房陵大长公主	□□景皇帝之孙，大武皇帝之第六女	陇西成纪	咸亨四年／其年十月陪葬献陵	《续集》咸亨023，第201页
9	大唐故虢庄王凤（字季成）	太祖景皇帝之曾孙，世祖元皇帝之孙，高祖神尧皇帝之第十五子	陇西狄道	上元元年十二月廿九日／册命陪葬献陵	《续集》上元011，第214~216页
10	大唐故新安郡王徽（字玄祺）	祖太宗文武圣皇帝，父泰，濮恭王	陇西狄道	永淳二年九月／嗣圣元年	《续集》嗣圣001，第265页
11	大周刘府君夫人陇西郡君李氏	唐景皇帝之玄孙，天皇大帝之从姊	陇西狄道	长寿二年／证圣元年	《续集》证圣001，第338页
12	大唐故东光县主	唐高祖□□皇帝之（下泐）皇帝之孙，太子少保纪王之第三女	陇西狄道	神龙元年／神龙元年十月廿七日	《续集》神龙004，第408~409页
13	大唐故雍王贤	太宗文武圣皇帝之孙，高宗天皇大帝之第二子，今上之兄	陇西狄道	文明元年／神龙二年七月	《汇编》上神龙029，第1060页

序号	墓主身份	世系	郡望	卒年/葬年	出处
14	大唐故左金吾卫大将军广益二州大都督上柱国成王千里（字仁）	神尧皇帝之曾孙，高宗天皇之犹子	陇西成纪	神龙四年七月五日/景云元年	《汇编》上景云005，第1119页
15	大唐故南海县主（法号弥勒）	高祖神尧皇帝之孙，韩王元嘉之女	陇西狄道	景云元年/其年九月十二日	《汇编》上景云002，第1116页
16	大唐故雍王赠章怀太子讳贤（字仁）。	太宗文武圣皇帝之孙，高宗天皇大帝之第二子，今上之兄也	陇西狄道	文明元年/神龙元年陪葬昭陵	《汇编》上景云020，第1130页
17	大唐故信安县主	曾祖神尧皇帝，祖文武圣皇帝，吴王恪之第四女，今上之堂姑也	陇西狄道	开元四年/开元五年	《汇编》上开元056，第1192页
18	大唐故太子少保豫州刺史越王贞（字贞）	元皇帝之曾孙，神尧皇帝之孙，太宗文武皇帝之第八子也	陇西狄道	垂拱二年/开元六年正月廿六日诏陪葬于昭陵	《汇编》上开元065，第1199页
19	唐故济阴郡王嗣庄（字延敬）	睿宗皇帝之孙，开元皇帝之侄，宁王第二子	陇西成纪	开元九年/其年十一月	《续集》开元043，第482~483页
20	大唐河南府阳县丞上柱国庞夷远妻李氏	高祖神通，出自太祖光皇帝后，唐受命封淮安王	陇西成纪	开元九年/开元十一年	《汇编》上开元173，第1276页
21	大唐故嗣韩王讷	王即太祖武皇帝之孙也，太宗文皇帝之犹子。韩王元嘉之季子	陇西狄道	开元十七年/□年六月七日	《续集》开元093，第517页
22	大唐嗣道王讳微（字逸少）	高祖神尧皇帝之曾孙，今上之再从叔父也	陇西狄道	开元十七年/廿二年四月	《新出》，第165页
23	□□□□州大都督参军陇西李公（尚旦）	大父河间王孝□（恭），礼部尚书，□道行台左仆射。父崇义，宗正卿、蒲、同等州刺史、封谯国公	陇西狄道	开元二年/天宝二载	《续集》天宝012，第589页
24	大唐皇四从姑故贺兰府君夫人金城郡君陇西李氏	高祖蔡王，生西平王安，安生皇广陵牧行台尚书左仆射河间元王孝恭，恭生皇金紫光禄大夫，京兆、河南尹，刑、户二尚书、河间公晦	陇西狄道	天宝二载/四载十月廿五日	《汇编》下天宝079，第1587页

序号	墓主身份	世系	郡望	卒年/葬年	出处
25	大唐故宁远将军守左卫率府中郎嗣曹王讳戢（字和仲）	曾祖明，赠司徒，以太宗文武圣皇帝为父，天皇大帝为兄，圣人之后也	陇西成纪	天宝四载/六载十二月廿日	《汇编》下天宝116，第1613页
26	顺节夫人姓李氏（左补阙张之绪妻）	大唐景皇帝七代孙，皇工部尚书汉阳公寂曾孙，皇冯翊郡司法昭仲孙，中部太守少女	陇西成纪	天宝辛卯（十载）/壬辰（十一载）	《汇编》下天宝116，第1670页
27	唐故丰王府户曹参军、皇族叔李府君讳复（字自然）	曾祖子同，朝散大夫、荥阳郡荥阳县令。祖慈力，新都、平遥二县尉、鄁郡成安县丞。父珍，鲁王府功曹参军	陇西成纪	天宝十载五月/其载十月	《续集》天宝075，第636~637页
28	唐故光禄大夫行宜春郡太守渭源县开国公李府君讳昌（字适之）	高祖神尧皇帝之玄孙，太宗文武圣皇帝之曾孙，太子承乾之孙，蕲春郡别驾、赠会稽郡都督、郇国公象之季子	陇西成纪	天宝六载/天宝十三载	注6
29	唐故扶沟县令天水赵府君夫人陇西李氏	高祖神尧皇帝第十三子郑王元懿之曾孙，邵棱公珩之孙，左千牛卫大将军恒王卢德言之□，皇上三从曾姑婆	陇西	大历九年/贞元十八年	《续集》贞元070，第785页
30	大唐前扬府参军孙公亡夫人陇西李氏	唐毕王璋之六代孙，同州司功濬之孙，左千牛卫大将军先之次女	陇西狄道	贞元十八年/明年四月	《汇编》下贞元122，第1926页
31	唐故安乡县主	曾祖睿宗皇帝，祖玄宗皇帝，考颖王讳璬		元和三年/其年十一月	《新出》，第225页
32	唐故华州下邽县尉韦府君故夫人陇西李氏	高祖从父亮封于郑，别子神通特受茅土于淮安郡。二代至右卫将军璓。璓生剑州长史、赠汝州刺史广业，汝州生金吾大将军、通事舍人若冰。夫人，金吾之第二女	陇西	元和癸巳（八年）/其年十一月	《新出》，第233页
33	大唐陇西李夫人	今皇帝三从姑婆。高宗天皇大帝，即高祖也。曾祖章怀皇太子。祖守礼。先考承寀		长庆元年三月/其年八月	《新出》，第245页

序号	墓主身份	世系	郡望	卒年 / 葬年	出处
34	唐故通直郎行□神武军兵曹参军李府君讳瞻（字博济）	由太宗而下四世生金紫光禄大夫东都副留守郧国公讳峒。峒生凤翔府司录参军讳定。即君之祖祢也	陇西成纪	长庆二年 / 长庆三年正月五日	《续集》长庆006，第861~862页
35	唐故宗正少卿上柱国赐紫金鱼袋李公讳济（字恕躬）	六代祖神尧高皇帝，生元凤，为虢王。王生宏为定襄郡公。郡公生邕为银青光禄大夫、秘书监，嗣封虢国，赠荆州大郎督。都督生承旺，皇汉州刺史。使君生望之，皇大理评事、赠工部侍郎。侍郎即公先考也	陇西成纪	宝历元年 / 闰七月十九日	《续集》宝历004，第871~872页；《新出》，第251页
36	唐故朝散大夫临晋县令上柱国李府君讳鼎（字鼎）	五代祖孝恭，封河间王，配飨神尧皇帝庙；高祖崇义，土袭旧封，官列右搂，河东道大总管。自陵烟而上至于景皇凡五世	陇西成纪	宝历二年 / 大和元年九月一日	《汇编》下大和005，第2097页
37	唐故阳城县主	玄宗妃武氏生寿王琩，王第二十二女		大和元年六月 / 二年五月十六日	《新出》，第259页
38	前试太常寺协律郎荣阳郑公故夫人李氏	曾祖□，皇宗正卿；祖先，皇云麾将军、右千牛卫大将军；考□，皇献陵台署令	陇西	大和二年 / 大和三年十月廿日	《续集》大和021，第896~897页
39	唐故庐江县令李府君讳稷（字播之）	太宗文皇帝之后也。文皇生吴王恪，恪生嗣王只，只生郕王千里，千里生金吾将军、东都副留守峒，峒生凤翔府司录参军、监察御史定，金吾、司录，盖君之祖称也	陇西	大和七年 / 其年四月	《续集》大和040，第912~913页
40	大唐故宣威将军右骁卫翊府左郎将上柱国李府君叔夏（字周士）	其先即皇室诸李之后		大和九年 / 其年十一月十九日	《续集》大和054，第922~923页
41	唐故赠著作佐郎张府君夫人赠陇西县太君李氏	太君系宗室淮安王神通六代孙，宋州单父县令洪钧之女	陇西狄道	元和九年 / 会昌元年	《续集》会昌004，第945页

续表

序号	墓主身份	世系	郡望	卒年 / 葬年	出处
42	唐故处士李府君讳映（字用映）	六代祖太宗皇帝，五代祖吴王恪，高祖成王千里，曾祖天水郡王禧，祖郕国公峒，考成纪县男□		大中八年/来年闰四月十八日	《续集》大中050，第1005页
43	唐故随州司马员外置同正员赠尚书考功郎中陇西李府君讳裔（字修之）	太祖景皇帝八代孙。曾祖坚，皇虢州刺史、赠吏部尚书。祖鹏，皇寿州盛唐县令、赠太傅。见任检校司徒兼太子太师致仕、相国福之第三子也	陇西狄道	乾符四年九月十七日殒于锋刃/六年闰十月十六日	《新出》，第317页

注1：《汇编》指周绍良主编《唐代墓志汇编》（上、下），上海古籍出版社，1992。

注2：王连龙《唐郧王李元亨墓志》，《社会科学战线》2011年第4期；党斌《唐郧王李元亨墓志考》，《兰台世界》2015年第33期。

注3：郑炳林、张全民《〈大唐国公礼葬故祐墓志铭〉考释和太宗令诸王之藩问题研究》，《敦煌学辑刊》2007年第2期。

注4：《续集》指周绍良主编《唐代墓志汇编续集》，上海古籍出版社，2001。

注5：《新出》指西安市长安博物馆编《长安新出墓志》，文物出版社，2011。

注6：牛红广《唐李适之墓志疏证》，《洛阳师范学院学报》2009年第4期。

（刘后滨　中国人民大学历史学院，原刊《国学学刊》
2017年第1期）

评布目潮沨氏关于唐初皇室
婚姻关系的研究

整理业师汪籛先生的遗稿《唐太宗树立新门阀的意图》既竟，有机会拜读布目潮沨氏的大作《隋唐史研究——唐朝政权的形成》。[①]该书下篇第四章《唐朝初期的唐室婚姻集团——以公主的夫婿作为中心》，同汪籛先生上述遗稿的部分内容在研究对象上是相同的。汪籛先生的遗稿大致起草于中华人民共和国成立前夕，除了 1956~1957 学年在北京大学历史系开设《唐代党争史》课程时作为其中的一节做过讲授以外，从未公开发表。布目潮沨氏的《隋唐史研究》，据作者说明："本书的上篇和下篇，是将我从昭和四十年以来发表的关于唐朝政权形成的七篇论文加以若干补正而成的。只有下篇的第四章，除第二节外，是这次新写下的。"[②]现在，在发表汪籛先生遗稿的同时，对布目潮沨氏关于唐初皇室婚姻关系的研究稍加评述，也许不完全是多余的。

（上）

《隋唐史研究》的第四章"是想探求唐室通过其公主的婚姻问题在当时的社会上会有怎样的反应"（第 314 页），其主要意图是想沿着高祖十九女和太宗二十一女的夫婿的踪迹，将探求的问题深化。在考察这些主婿的经历和家世的踪迹时，作者查阅了大量文献史籍，表现出相当功力，态度也较谨严。

---

① 〔日〕布目潮沨：《隋唐史研究——唐朝政权的形成》，京都大学文学部东洋史研究会，1968。
② 〔日〕布目潮沨：《隋唐史研究——唐朝政权的形成·后记》，京都大学文学部东洋史研究会，1968，第 497 页。以下引用该书文字，只在引文后注明页码。

不过也不是毫无纰漏。

作者说："高祖十九女中，包括再降嫁的，知道姓名的驸马是二十三名，但其中尚长沙公主的冯少师、尚琅琊公主的长孙孝政、尚桂阳公主的赵慈景、尚房陵公主的贺兰僧伽、尚庐陵公主的乔师望、尚馆陶公主的崔宣庆、尚安定公主的郑敬玄七名，其经历、家世不明，成为考察对象的驸马是十六名。

太宗二十一女，汝南公主、金山公主、晋阳公主、常山公主四公主早薨，未有驸马。除此四公主外的十七女中，包括再降嫁的，知道姓名的驸马是二十三名。而此二十三名中，尚遂安公主的王大礼、尚晋安公主的杨仁辂、尚安康公主的独孤谋、尚新兴公主的长孙曦四名，其经历、家世不明，成为主要考察对象的是十九名驸马。"（第 357 页）

在作者断定"其经历、家世不明"的七名加四名共计十一名驸马中，其经历和家世是否真的都完全"不明"呢？

关于赵慈景，对其经历，作者征引的史料仅限于《新唐书·诸帝公主传》，另有《通鉴》两条补充，至于家世，则认为"祖父和父之事不明"（第 324~325 页）。其实，赵慈景的家世在史籍上是很"明"的。《元和姓纂》卷七"上声三十小"天水西县赵氏：

> 超宗，后魏岐州刺史。生仲懿，尚书左丞。仲懿生旻，金城公，（左）[右]仆射。冀州刺史。……超宗弟令胜，后魏河北太守。孙怀讷，[隋]广州刺史、总管，怀化公。生慈景、慈皓。慈景，驸马，兵部侍郎，华州刺史。生节，尚衣奉御。慈皓，巴州刺史。生持满，左卫郎将。

超宗、仲懿、令胜、旻，见《魏书》卷五二《赵逸传》、《隋书》卷四六《赵旻传》。旻在西魏北周时已任要职。慈景之父怀讷，亦于史传有征，隋仁寿初因贪虐伏法。《册府元龟》卷八六八《总录部·好客门》：

> 赵景慈，天水陇西人也。父讷，隋番州总管。[①]

---

① （北宋）王钦若《册府元龟》卷三〇〇《外戚部·选尚门》作："赵景慈，番州总管纳之子也。"纳当是讷之误。中华书局，1960，第 3531 页。

《隋书》卷八〇《列女传·谯国夫人传》：

> 时番州总管赵讷贪虐，诸俚獠多有亡叛，（谯国）夫人遣长史张融上封事，论安抚之宜，并言讷罪状，不可以招怀远人。上遣推讷，得其赃贿，竟致于法。①

番州即广州，仁寿初改②，谯国夫人亦死于仁寿初，当是仁寿初事。至于或称怀讷，或称讷，双名省作单名，隋唐史籍中更是习见不鲜。慈景之子节，以昵于太子承乾伏诛。《通鉴》卷一九六唐太宗贞观十七年三月"初太子承乾喜声色"条：

> 洋州刺史开化公赵节，慈景之子也，母曰长广公主……为太子所亲昵，预其反谋。

《元龟》卷五八《帝王部·守法门》：

> 赵节，长广长公主之子也，以昵于太子承乾伏诛。帝幸主所，主以首击地，泣谢子罪。帝亦拜主，垂泪曰：有功者，仇仇必赏，有罪者，亲戚咸诛。前王执此以守其法，弟世民亦庶几无私，有惭于姊。

慈景侄持满，是长孙诠的外甥，许敬宗诬其与长孙无忌同反，显庆四年五月被杀③。慈景本人的经历，《元龟》中凡五见④，本不只《新唐书·诸帝公主

---

① （唐）魏征：《隋书》卷八〇，中华书局，1973，第1803页。
② （唐）魏征《隋书》卷三一《地理志》南海郡条："旧置广州，梁、陈并置都督府，平陈，置总管府，仁寿元年置番州，大业初府废。"中华书局，1973，第880页。
③ 《旧唐书》卷一八三《外戚传·长孙敞附赵持满传》，卷一八五《良吏传·王方翼传》；《大唐新语》卷一二《酷忍》；《新唐书》卷三《高宗纪》；《通鉴》卷二〇〇，"唐高宗显庆四年五月"条；《张燕公集》卷一五《王方翼神道碑》。
④ 分见该书卷八六八《总录部·好客门》（卷三〇〇《外戚部·选尚门》略同）、卷七五六《总录部·孝门》、卷四四七《将帅部·轻敌门》、卷四二五《将帅部·死事门》。

传》一处，而《元龟》依据之《实录》，为《新传》《通鉴》之所从出，且较之綦详。慈景家世之不明者，仅其祖父一世耳。

尚安康公主的驸马姓名，作者在列举了《唐会要》卷六《公主门》作独孤谋，《新唐书》卷八三《诸帝公主传》，殿本作独孤谋，百衲本作独孤谌，《宝刻丛编》卷九引《京兆金石录》着录其碑目作独孤湛之后，认为"谌、谋，湛不知该当何从，姑从《唐会要》和殿本之谋"（第 351 页）。其实，除作者列举的以外，在《元龟》卷三〇〇《外戚部·选尚门》和《古今姓氏书辩证》卷三五"入声一屋"独孤氏条中，亦皆作独孤谌，而"谌""湛"古通写。故谋实乃谌之误，独孤谋应正作独孤谌。

关于独孤谌的经历和家世，作者没有征引一条资料，只是推测说："可能是北周八柱国独孤信一族，但其系谱、官职等不详。"（第 351 页）其实，独孤谌的系谱、官职，在史籍上也是"详"的。《古今姓氏书辩证》卷三五"入声一屋"独孤氏：

> 信，河南洛阳人，周大宗伯，卫公。独孤信本名如影，唐赠太尉，赵景公。生罗、善、穆、藏、顺、陀、宗、整，长女周明帝皇后，第（二）〔四〕女唐元贞皇后，生高祖，第（四）〔七〕女隋文（章）献皇后，生炀帝。罗，隋封蜀公。生开明、开远、开彻、武〔都〕。……藏，隋金州刺史，武平公。生机。机生修法、修本、修德。……本兄子谌，驸马，淄州刺史。顺武成公。生安成，殿中少监。

《通鉴》卷一八七唐高祖武德二年春正月壬寅条：

> 隋马军总管独孤武都为王世充所亲任，其从弟司隶大夫机，与虞部郎杨恭慎、前渤海郡主簿孙师孝、步兵总管刘孝元、李俭、崔孝仁，谋召唐兵，……事泄，世充皆杀之。

可见独孤谌确是独孤信的玄孙，官至淄州刺史，爵顺武成公。其祖名机，隋末官司隶大夫，在洛阳谋召唐兵，为王世充所杀。

关于长孙孝政、长孙曦，作者也只是凭姓氏推测说："长孙孝政是否文德长孙皇后一族，还不清楚"（第 323 页）；"长孙曦虽可推定出自长孙无忌一族，但详情不能弄清"（第 352 页）。其实，尚主之长孙氏四人（孝政、冲、曦、诠），族属虽有远近亲疏之不同，但全都出自太宗长孙皇后一家，这在史籍的记载上也是清楚的。《元和姓纂》卷七"上声三十六养"长孙氏：

> 稚，西魏尚书令，太师。生子裕、绍远、澄、（携）〔俊〕、巫。子裕，西魏右武（侯）〔卫〕将军，平原公。生兕，后周绛州刺史，平原公。生炽、晟、敞、义庄。……晟，隋右骁卫将军，唐赠司空，齐献公。晟女为太宗文德皇后。晟生无乃、无傲、无宪、无忌、无逸。……无忌，吏部尚书，侍中，中书令，右仆射，司徒，太尉，赵国公，在相位三十四年。生冲、涣、濬、温、净、淑、泽。冲，秘书〔监〕，驸马。……绍远，西魏大司空，上党公。生（监）〔览〕，周大司徒，薛公，隋宜州刺史。生宽、龛、操、清。……操，金部郎中，归州长史。生宪、谊、鉴、诠。……诠，驸马，尚挛奉御。稚三子澄，周秦州刺史，义文公。生嵘、纬、轨、始、恺。……轨元孙（端）〔揣〕，（梁）〔洋〕州司（农）〔法〕。生缤、全绪。缤，长安令。全绪，右金吾将军，宋州刺史。〔始〕生雅正，驸马①。恺生顺德，泽州刺史，骠骑将军，邠襄公。元孙有邻，和州太守（？）。顺德侄晔，驸马，黄州刺史②。

这里即使存在孝政、雅正，晔、曦文字之讹误和雅正世系之错乱，却并不影响其出自长孙皇后一家的结论。

其他，如贺兰僧伽，永徽五年建《万年宫铭》碑阴题名中有他的姓名、官职、爵位③，似乎不能说其经历完全"不明"；至于说他"可能是北周八柱国贺

---

① 岑仲勉：《元和姓纂四校记》卷七，"生雅正驸马"条："今《会要》六，诸公主无降长孙雅正者，惟高祖女高密公主降长孙孝政，而轨、恺之间尚有始，岂林书本作'始生雅正'，而传抄夺去欤，否则全绪之子不克上娶高祖之女也。"商务印书馆，1948，第 705 页。
② 同上"顺德侄晔驸马黄州刺史"条："今《会要》六只有太宗女新兴公主降长孙曦，《新书》八三同。考《元龟》三〇〇'长孙晔尚太宗女新兴公主'，晔当晔之讹，作曦者殆误。"
③ 见《金石萃编》卷五〇。扫叶山房，1921，第 3 页 B 面下栏。题名作："兼左卫将军驸马都尉上柱国检校右卫将军通化县开国男臣贺兰僧伽"。

兰祥一族"（第 330 页），大概很可能是"西魏十二大将军……"的笔误。又如冯少师，虽然在《姓纂》中其直系父祖已不可校，但张说《冯昭泰神道碑》所载其近系自世基至绍烈却与《姓纂》相符，而昭泰高祖冯谦曾"以寇恂之才，翊戴周武"[1]；乔师望同州人，虽然《新唐书·宰相世系表》乔氏表中无师望名，但却曾载明同州乔氏是桥勤"从孝武入关"才定居同州的。这些，对于考察冯少师、乔师望所从出的家族同西魏北周以来统治集团的关系，不也是值得注意的重要参考吗？

除了作者断定"其经历、家世不明"的十一名驸马以外，对其他驸马的经历和家世的考察，同样也存在一些纰漏。试举二例。

关于尚高密公主的段纶，《通鉴》卷一八四隋恭帝义宁元年九月"庚申，李渊率诸军济河"条有如下记载：

> 左亲卫段纶，文振之子也，娶渊女，亦聚徒于蓝田，得万余人。
> 及渊济河……〔纶〕遣使迎渊。

作者对段纶在聚徒归投李渊时已娶渊女表示怀疑，认为"高密公主嫁至纶处系再婚，归投李渊时是否已娶是个疑问"（第 324 页）。其实，作者的怀疑不仅毫无史实依据，在情理上也是说不通的。为什么再婚非得在投归李渊之后才可能呢？段纶的祖父段威在北周历任洮、河、甘、渭四州刺史，其父文振隋时官至兵部尚书，在李渊称帝前，两家同属西魏北周以来的统治集团，地位也颇相当，有什么不可以通婚的呢？作者征引的《通鉴》"娶渊女"条《考异》：

> 《唐太宗实录》云：隐太子以琅琊长公主妻之。刘子玄《唐高祖实录》及《新唐书》皆云：高密大长公主适段纶。盖改封。

也只能说明高密公主有两个封号，初封琅琊，后才改封高密，而不能说明高密封号一定是在再嫁时改封的。难道初嫁和更嫁在前，建国以后再分别封

---

[1]　见《张燕公集》卷二〇，《丛书集成》初编本，商务印书馆，1937，第 211 页。

授琅琊、高密的封号，就绝对没有可能吗？而且，如果考虑到唐高祖在任太原留守时曾"命皇太子于河东潜结英俊，秦王于晋阳密招豪友"[1] 的事实，那么对《考异》所引《唐太宗实录》说的"隐太子以琅邪长公主妻之"，不是更有理由把它看作建成"潜结英俊"行动的一种吗？《元龟》卷七六六《总录部·攀附门》：

> 段纶仕隋为左亲卫，隐太子见而悦之，妻以琅邪长公主。舍高祖之旧第，数闻鼓吹之音，视之无所睹。纶谓主曰：闻图谶李氏当王。今于第内有此祯祥，必而家应箓之征也。及义兵西迈，纶于蓝田聚结兵马，得万余人，迎接大军，拜金紫光禄大夫。领亲信左右从平京城，封龙冈郡公。

《元龟》摘录的这段记载，其依据当是《考异》所引之《唐太宗实录》，亦即《通鉴》上述记载之所从出。既有这样一段记载在，作者的怀疑又怎能站得住脚呢？

关于尚临川公主的周道务，作者在考察其家世时，似乎仅仅满足于《新唐书》卷七四下《宰相世系表》永安周氏表的记载，却未能指出《新表》的讹误。道务之直系祖先本为高祖灵起、曾祖炅、祖法尚、父绍范，而《新表》却夺炅一世，作"炅字法明"，强合炅、法明父子为一人，虽以炅为灵起子，而不以为法僧、法尚父[2]。而在考察道务的经历时，其所征引的《新唐书·诸公主传》中虽曾提道：

> 道务，殿中大监谯郡公范之子。初，道务孺褓时，以功臣子养宫中，范卒还第，毁瘠如成人，复内之，年十四乃得出。

也未能旁引史实，对道务之父究系怎样的功臣做进一步探索，而这样的史实却是存在的。按，道务之父，《旧书》《新传》《通鉴》作范，《新表》《姓

---

① （唐）温大雅：《大唐创业起居注》卷一，《丛书集成》初编本，商务印书馆，1936，第3页。
② 参考岑仲勉《元和姓纂四校记》卷五，商务印书馆，1848，第455页"生法僧法尚法明"条校记。

纂》作绍范,《文馆词林》卷四五三褚亮《左屯卫大将军周孝范碑铭》作孝范,虽异名之故不得其详,然碑之孝范即道务之父绍范或范,征诸行迹,实无怀疑余地。碑云:

> 隋大业三年,起家齐王典签。其年授交趾郡司仓书佐。……于是炎精已季,亡微将兆,公卷舒其德,沉浮体命。……及皇朝革运,品物咸亨,越自远方,归于京城。主上昔在维城,任隆分陕,扑燎原于钟岱,止横流于溟勃,远求时彦,用清中夏,公亦推诚霸主,委质兴王。……武德五年,授秦王府右库真车骑将军。……九年六月,改授太子右内率,仍检校北门诸仗。……其年授千牛将军,封宜春县公,食邑一千户。……贞观元年,授右屯卫将军,于玄武门领兵宿卫。……五年,转授左卫将军,袭爵谯郡公,加邑二千户。……六年,以本官检校殿中监事。……七年,舆驾幸于九成……乃与左仆射玄龄同掌枢禁。……加授左屯卫大将军,封爵如故。……七年,薨于京师。

据碑文可知:一、早在唐朝建国初年,周孝范即越自远方,归附于唐[1];二、早在唐太宗为秦王时,周孝范业已推诚委质,且是秦王府的武职幕僚;三、武德九年六月玄武门事变后,周孝范一直是于宫城北门玄武门领兵宿卫的主要将领。正因为周孝范是这样的功臣,他与唐皇室,特别与唐太宗的关系是如此的紧密,所以道务孺褓时得以养于宫中;年十四出宫后,又得以尚太宗女临川公主;此后,其女又得以嫁作太宗之孙、纪王慎之子义阳王琮的妃子[2]。

---

[1] (宋)司马光《资治通鉴》卷一八九,唐高祖武德五年:"前真定令周法明,法尚之弟也,隋末,结客袭据黄梅,遣族子孝节攻蕲春,兄子绍则攻安陆,子绍德攻沔阳,皆拔之。庚午,以四郡来降。"颇疑孝范亦在其中。碑文所谓"越自远方,归于京城",似即指随法明降唐而言。中华书局,1956,第5918页。

[2] 《张燕公集》卷一四《赠陈州刺史义阳王神道碑》:"以某年月日陪葬于昭陵柏城,妃汝南周氏袝焉,礼也。妃考曰驸都尉梁郡襄公,妣曰临川大长公主。"《丛书集成》初编本,商务印书馆,1937,第150页。

（下）

在《隋唐史研究》下篇第四章第一节《问题的提起》中，关于唐室的婚姻政策，作者曾征引《新唐书》卷九五《高俭传》的记载：

> 王妃主婿皆取当世勋贵名臣家，未尝尚山东旧族。

可是在第四节《结语》中，作为对高祖、太宗诸公主的夫婿及其家世考察的结果，作者却罗列了降嫁李渊集团干部子弟、降嫁北周隋朝大官子孙、降嫁武德贞观功臣子弟、环绕唐室之李杨窦长孙婚姻集团、降嫁山东门阀、降嫁突厥和公主驸马之连坐与叛逆事件七点结论，并特别强调降嫁山东门阀和降嫁突厥的意义，认为它正面体现了唐朝创业期的政策，同北周以来唐室李氏的传统婚姻范围是不同的。虽然没有直接反驳《新唐书·高俭传》的说法，但从他的强调中，可以看出他对《新传》的保留。

关于降嫁突厥，作者说道："高祖九江公主降嫁执失思力，又衡阳公主降嫁阿史那社尔，太宗普安公主降嫁阿史那大奈之子仁表。三公主之降嫁于突厥，可以看出唐初对突厥政策占了非同寻常的分量。"（第366页）

唐初对于正确处理同突厥的关系确是非常重视的。但问题是，既然这里讨论的是唐初的婚姻关系和婚姻政策，那么将公主降嫁给突厥酋长及其子弟，究竟是在"王妃主婿皆取当世勋贵名臣家"这个基本婚姻政策范围内进行的，还是由于"对突厥政策占了非同寻常的分量"，已经越出了这个基本婚姻政策的范围？

史仁表是西突厥特勤阿史那大奈的儿子。大奈于大业七年入朝后仕隋。唐高祖举兵，大奈又率众以从，屡立战功，官至右武卫大将军。执失思力是突厥酋长，于贞观四年初东突厥灭亡前夕入朝，仕唐历左领军将军、右领军大将军、左骁卫大将军。阿史那社尔是东突厥处罗可汗次子，贞观二年乘西突厥内乱，引兵半据其国，自称都布可汗。九年，与薛延陀战败，率众归唐，唐授左骁卫大将军。岁余，遂尚衡阳公主。可见，尚主的三名突厥都有如下两个基本特点：一、出身贵族，但本族政权已经覆亡；二、为有唐功臣之子或本人即身为唐廷大将。

从唐朝皇室所自出的关中军事贵族集团而言，由于其基本构成中混有大量胡族成分，他们虽然对于南方和西方的少数族经常流露出歧视心理，而对于北方胡族却是从来就另眼相看的。[①] 所以自贞观四年突厥颉利可汗破亡后，"诸部落首领来降者，皆拜将军、中郎将，布列朝廷，五品以上百余人，殆与朝士相半"[②]，且"并带刀宿卫"[③]，如阿史那社尔，就曾"典屯兵于苑内"[④]。而他们对于氏族和婚姻的观念，也就兼具关中郡姓"尚冠冕"和代北虏姓"尚贵戚"[⑤] 的特点。因此，这些本族政权覆亡后在唐廷荣任大将的突厥贵族，在关中军事贵族的心目中被看作"勋贵"，唐太宗为树立新门阀而制定的婚姻政策，把他们包括在"当世勋贵名臣"之内，是丝毫都不奇怪的。

关于降嫁山东门阀，作者用作立论依据的，只是一个崔恭礼。他说："高祖真定公主降嫁博陵安平第二房崔氏之崔恭礼。博陵安平崔氏不用说是山东汉人门阀。出身此第二房崔氏之崔民干在唐朝创业时被起用作黄门侍郎，在淮安王神通之下任山东安抚副使，担当了处理对山东门阀政策的职务……把公主降嫁给和民干同族的恭礼，同起用民干是同样动机；谋求通过此崔氏怀柔山东门阀，从公主的降嫁中也能够知道。"（365 页）

为便于讨论，先将与恭礼、民干有关的世系作图如下[⑥]：

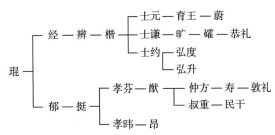

① （唐）魏征《隋书》卷六四《麦铁杖传》："后因朝集，考功郎中窦威嘲之曰：'麦是何姓？'铁杖应口对曰：'麦豆不殊，那忽相怪！'威赧然无以应之。"（中华书局，1973，第 1512 页）按，麦铁杖是始兴人。《隋书》卷七九《萧岿传附子萧琮传》："约兄素时为尚书令，见琮嫁从父妹于钳甘氏，因谓琮曰：'公帝王之族，望高戚美，何乃适妹钳甘氏乎？'琮曰：前已嫁妹于侯莫陈氏，此复何疑？素曰：钳甘，羌也，侯莫陈，虏也，何得相比？'素意以虏优羌劣。琮曰：'以羌易虏，未之前闻。'素惭而止。"中华书局，1973，第 1794 页。

② （唐）吴兢：《贞观政要》卷九《安边》，《四部丛刊》续编本，商务印书馆，1934，第 20 页 A 面。

③ （唐）吴兢：《贞观政要》卷一《政体》，《四部丛刊》续编本，商务印书馆，1934，第 22 页 A 面。

④ （后晋）刘昫：《旧唐书》卷一○九《阿史那社尔传》，中华书局，1975，第 3289 页。

⑤ （宋）欧阳修、宋祁：《新唐书》卷一九九《儒学传·柳冲传》，中华书局，1975，第 5679 页。

⑥ 据《新唐书》卷七二下《宰相世系表》博陵崔氏第二房表，中华书局，1975，第 2792 页。

其实，在东西魏和北齐北周分裂时期，博陵崔氏第二房的家族也是分裂的。自从崔楷、崔士元父子北魏末年在殷州死于同葛荣起义军对抗的战争以后，士元子育王仕北齐至起部郎，育王子蔚为本州大中正[①]。而士谦、士约兄弟却由于随贺拔胜出镇荆州，后遂仕于西魏北周，士谦官至荆州总管，士约至大将军。西魏时皆赐姓宇文氏。北周末年，士约已有一女嫁为尉迟迥子妻，隋初，文帝又纳弘度妹为秦孝王妃，后复以其弟弘升女为河南王妃，因此其家在隋代已被称作"勋旧""戚属"[②]。可见崔恭礼的家世虽出自山东门阀博陵崔氏，但从他的曾祖士谦以来，却已同关中军事贵族结合，并且成了其中的一分子。他的尚主，同北周以来唐室李氏的传统婚姻范围到底有什么不同？

崔民干直系父祖的经历与恭礼相似[③]，不过他在唐之初被起用，却又另有机缘。《元龟》卷七六六《总录部·攀附门》：

> 崔干略，隋末为醴泉县令。高祖义兵入关，以县来降，授丞相府
> 主簿。及受禅，迁黄门侍郎。

疑此崔干略即崔民干，避唐太宗讳删民字；复衍略字。史载大业十三年九月李渊围攻河东筹划过河前后，有冯翊太守萧造举郡"归义"，华阴县令李孝常据永丰仓"送款"，复有"京兆万年、醴泉等诸县，皆遣使至"[④]。是崔民干之遣使归附早在李渊渡河入关之前，对唐室之肇建乃有功之人，所以李唐开国伊始，遂得超迁黄门侍郎。这怎么会是仅仅为了执行对门阀的政策，"作为

---

① 《魏书》卷五六、《北史》卷三二《崔辩传》。育王，《新表》作育生；蔚，《新表》作名蔚字文豹，《北史》作名文豹字蔚。

② 《周书》卷三五《崔谦传》，《隋书》卷七四《崔弘度传》。士谦，《周书》作名谦字士逊，点校本校勘记谓："疑谦本名士谦，后改名谦，字士逊。"士约，西魏赐姓的同时，赐名"说"。

③ 崔民干的直系也是从其曾祖孝芬兄弟以来即已分属彼此对抗的周齐双方。崔昂在北齐历职贵显，官至礼部尚书，"深为文宣所知赏"。而崔猷则自其父"为神武所害"之后，"遂间行入关"，投奔了宇文泰，历西魏北周和隋，皆任显职。西魏时，曾"与卢辩等创修六官"，后赐姓宇文氏，且其第二女被恭帝养为己女，封富平公主。见《周书》卷三五、《北史》卷三二《崔挺传》。

④ （唐）温大雅：《大唐创业起居注》卷二，《丛书集成》初编本，商务印书馆，1936，第24页。

门阀的代表人物"被起用的呢①?

西魏时，宇文泰为了将入关六镇胡人、关陇地区胡汉土著和西迁有功汉将融合成稳固的统治集团，曾经改易西迁诸姓之山东郡望为关内郡望，别撰谱录，纪其所承。恭帝元年，又赐诸汉将有功者以胡姓②。崔士谦、士约兄弟和崔猷皆赐姓宇文氏，即指此事。《旧唐书》卷八一《崔敦礼传》载"崔敦礼，雍州咸阳人"，也保留了其家族当年改易郡望的痕迹。估计别撰谱录，纪其所承，亦是如此。到了隋文帝专权的周末，于大象二年十二月癸亥下诏回改胡姓复为汉姓③，这是由宇文氏复姓崔氏的依据④，至于雍州咸阳崔氏之与博陵安平崔氏重又合谱，如《新唐书·宰相世系表》所反映的那样⑤，似乎就没有诏令明文了。史载贞观六年诏修《氏族志》时，高士廉等人曾"普责天下谱牒，仍凭据史传考其真伪"⑥，重又合记很可能就在这时。在纂修中，高士廉等人"退新门，进旧望，右膏粱，左寒畯"，违背唐太宗"欲崇重今朝冠冕"本意，书成，崔民干仍居第一⑦。这时的崔民干，已经既不是崔猷以来的崔氏支眷，也不是崔琨以来的崔氏二房，而是崔懿以来博陵崔氏这个郡望的统一代表⑧。这样，崔民干本人的身份就具有了两重性，在唐太宗压抑山东士族时，他也

---

① 《隋唐史研究》下篇第一章第三节《唐朝创业期三省六部之人的构成》中说："崔民干归投唐朝前的情况不明。武德元年六月一日之被起用为黄门侍郎，估计大概是作为门阀的代表人物并为了执行对门阀的政策。"（第186页）关于武德元年十月庚辰崔民干副淮安王神通出使山东事，据记载，此次受命出使在李密解甲归唐抵达长安的第二天，其任务是向"赵魏之人""海岱之境"，即原李密起义军控制区"宣风布教""柔服招携"（《唐大诏令集》卷一一五、《元龟》卷一六一）。对崔民干来说，虽有借助他出身山东望族的身份以"招抚诸郡县"的用意（《通鉴》卷一八六唐高祖武德元年十月庚辰条胡注），却很难说就是什么"摆在处理山东门阀政策的第一线"。出使以后，淮安王神通拒绝民干建议，于聊城攻守文化及受挫，寻为窦建德所俘，见《旧唐书》卷六〇《宗室传·淮安王神通传》（《元龟》卷四三七同），作者说"其成果不明"，似亦失考。

② 《隋书》卷三三《经籍志》史部谱系篇序；《周书》卷二《文帝纪》魏恭帝元年。参考陈寅恪《唐代政治史述论稿》，生活·读书·新知三联书店，1956，第11~17页。

③ （唐）令狐德棻：《周书》卷八《静帝纪》，中华书局，1971，第135页。

④ （宋）邓名世：《古今姓氏书辩证》卷五"上平声十五灰"崔氏条："赐姓：西魏后周赐汲郡公崔宣猷、武城公崔士谦并姓宇文氏，安平公崔说亦然。宣猷曾孙敦，士谦孙确，说玄孙河，并复本姓。"《丛书集成》初编本，商务印书馆，1936，第76页。

⑤ 按《新表》源出《姓纂》，《姓纂》主要依据私家谱录。今辑本《姓纂》，崔氏世系大部已逸。

⑥ （后晋）刘昫：《旧唐书》卷六五《高士廉传》，中华书局，1975，第2443页。

⑦ （宋）欧阳修、宋祁：《新唐书》卷九五《高俭传》，中华书局，1975，第3841页。

⑧ 显庆四年十月十五日下诏禁婚的七姓十家中，范阳卢氏三家，清河崔氏二家，而博陵崔氏仅一家。可见在贞观氏族志中，崔民干只可能是前燕崔懿以来博陵崔氏这个郡望的统一代表。而这个代表之所以落到崔民干的身上，则是因为在所有博陵崔氏中，他在朝廷中官位最高。

就成了攻击的主要对象。我们怎能只依据崔恭礼与崔民干同族，就从民干作为博陵崔氏这个郡望的统一代表上，贸然断定崔恭礼只具有山东旧族的身份，而忽略了从他直系祖先以来同关中军事贵族的密切关系呢？

既然在新修氏族志中把崔民干从第一等降至第三等，就是体现了唐太宗"不须论数代以前，止取今日官爵高下作等级"[①]的精神，那么崔恭礼以关中军事贵族的"勋旧""戚属"的身份尚主，岂不同样也反映了唐初皇室"王妃主婿皆取当世勋贵名臣家"的政策？而这两者正是唐太宗为贯彻树立新门阀的意图而采取的最主要措施，同时也是西魏北周以来关中军事贵族歧视抑制山东士族传统的发扬。如果说高祖真定公主降嫁崔恭礼体现了什么"唐朝创业期的政策"，那么它同其他公主的降嫁一样，体现的恰恰是在氏族婚姻问题上唐初对于北周以来政策的继承性和一致性，而不是什么通过公主的降嫁以"怀柔山东门阀"的新政策。唐朝创业期的新政策是有的，它主要表现在那些为适应经过农民大起义以后出现的阶级对抗新形势而作的调整上。唐初压抑山东士族的政策同士族门阀制度的衰落趋势在客观上不无相合之点，但唐太宗树立新门阀的意图却是与历史潮流相违背的，反映了他思想和活动的消极保守的一面。

我的评述到此为止。文中正面提出的主要论点和基本材料，都是汪篯先生当年反复阐明引述过的，我只是在枝节方面做了一些补充，而且很可能有引申不当或理解欠妥的地方。汪篯先生生前来不及见到布目潮渢氏大作的发表，针对该书所做的评述，则完全是我个人的意见，错误之处更是在所难免。于此，我热切期待着布目潮渢氏和史界同人的批评指教。

［梁太济　原刊《内蒙古大学学报》(哲学社会科学版)

1979 年第 1、2 合期］

---

① （后晋）刘昫：《旧唐书》卷六五《高士廉传》，中华书局，1975，第 2444 页。

唐太宗公主考

《新唐书·诸帝公主传》共记载了太宗的 21 个女儿。目前，学术界对此做过研究的有：汪篯先生《唐太宗树立新门阀的意图》，该文"兹据《唐会要》六《公主门》和《新唐书》八三《诸公主传》所载主婿姓名，略为考察唐初皇族通婚情形"；[①] 梁太济的《评布目潮沨氏关于唐初皇室婚姻关系的研究》，该文针对布目潮沨氏《隋唐史研究——唐朝政权的形成》出现的问题，提出了自己的看法，其中有对驸马赵慈景、独孤湛、长孙孝政、贺兰僧伽、段纶、周道务的考证，有对公主降突厥、降山东门阀做的深入研究；[②] 刘琴丽有《〈新唐书·公主传〉拾遗补正》，该文是对《诸帝公主传》进行的较为细致的校补。[③] 本文欲在学者们对《新唐书·诸帝公主传》进行考证的基础上，以墓志为依据，对高祖的 21 个女儿进行更为细致及全面的考证。厘清其母亲、排行、名字、驸马、子女数、死亡原因、埋葬地等主要问题。希望能对继汪篯先生等之后公主的相关研究提供方便。

1. 襄城公主

襄城公主为太宗长女，生母不详。公主一生先后有过两任丈夫。公主的第一任丈夫萧锐，是凌烟阁二十四功臣之一萧瑀的儿子。萧锐的儿子萧守规墓志铭载："曾祖岿，梁孝明皇帝。祖瑀，梁新安王，隋内史，皇朝尚书左右仆射、太子太保、宋国公、食亳州、六百户，赠司空，图画云阁，陪葬昭陵。父锐，驸马都尉、太常卿、益州长史、岐州刺史，袭宋国公，尚文武圣皇帝

① 汪篯：《唐太宗树立新门阀的意图》，《内蒙古大学学报》1979 年第 5 期。

② 梁太济：《评布目潮沨氏关于唐初皇室婚姻关系的研究》，《内蒙古大学学报》1979 年第 5 期。

③ 刘琴丽：《〈新唐书·公主传〉拾遗补正》，《古籍整理研究学刊》2007 年第 6 期。

女襄城公主。"① "因为后梁本是北周的附庸，所以其皇室与关陇集团核心家庭有如此密切的联系。"②

《诸帝公主传》："锐卒，更嫁姜简。"③姜简，秦州上邽人，祖父是功臣姜謩。"謩，大业末为晋阳长，会高祖留守太原，见謩深器之。……贞观元年卒，赠岷州都督，谥曰安。"④姜謩子行本，左屯卫将军，"赠左卫大将军、郕国公，谥曰襄，陪葬昭陵"。⑤"（行本）子简嗣，永徽中，官至安北都护，卒。"⑥但在《唐会要·陪葬》中姜简的名字前却是"安南都督"⑦。

公主与萧锐有女一人、子三人。按《大唐故正议大夫守汉州刺史吴兴钱府君妻河东郡柳氏墓志铭》："郡君，河东解人也。……考元宏，延州洪封（弘风）县令，光州司马，伟量硕德，州县徒劳。妣萧夫人，襄城长公主之女也。"⑧可知，襄城与萧锐有一女萧氏，嫁与光州司马柳元宏。按《新唐书》卷七一下《宰相世系表一》可知，襄城与萧锐有三子：守业、守规、守道⑨。守规又有五子，"嗣子、苏州功曹晖等，至性纯深，哀毁过礼。次子晓，扬州参军；次子暚，常州参军；次子晊，郧州参军；次子晙，汉州参军"。⑩萧守道，有一女萧氏，嫁阎立本之孙阎仲连。⑪

"永徽二年（651），（公主）薨。"高宗"举哀于命妇朝堂，遣工部侍郎丘行淹驰驿吊祭，陪葬昭陵"。公主出殡时，"帝（高宗）登楼望哭以送柩"。⑫公主和两任驸马都陪葬昭陵。

另据《大唐故开府仪同三司特进户部尚书上柱国莒国公唐君墓志铭并

① 吴纲：《全唐文补遗》第九辑《唐故简州司马兰陵萧君（守规）墓志铭并序》，三秦出版社，2000，第350~351页。
② 汪籛：《唐太宗树立新门阀的意图》。
③ （宋）欧阳修：《新唐书》卷八三《诸帝公主传》，中华书局，1975，第3645页。
④ （后晋）刘昫：《旧唐书》卷五十九《姜謩传》，中华书局，1975，第2333页。
⑤ （后晋）刘昫：《旧唐书》卷五十九《姜謩传》，中华书局，1975，第2333页。
⑥ （后晋）刘昫：《旧唐书》卷五十九《姜謩传》，中华书局，1975，第2334页。
⑦ （宋）王溥撰，牛继清校正《唐会要校正》，三秦出版社，第354~355页。
⑧ 《大唐故正议大夫守汉州刺史吴兴钱府君妻河东郡柳氏墓志铭》，载胡戟、荣新江主编《大唐西市博物馆藏墓志》，北京大学出版社，2012，第437页。
⑨ （宋）欧阳修：《新唐书》卷七一下《宰相世系表一》，中华书局，1975，第2286~2287页。
⑩ 吴纲：《全唐文补遗》第九辑《唐故简州司马兰陵萧君（守规）墓志铭并序》，三秦出版社，2000，第351页。
⑪ 《唐代著名画家阎立本之孙阎仲连墓志在洛阳出土》，大河网，2009年08月12日。
⑫ （宋）欧阳修：《新唐书》卷八三《诸帝公主传》，中华书局，1975，第3645页。

序》：“（唐俭）以显庆元年（656）十月三日薨于安仁里第，春秋七十八。”①《□□□□特进户部尚书赠开府上柱国莒公碑》“（唐俭）春秋七十有八，薨于私第。仍令太常卿、驸马都尉萧□监护使。（编者按：此监护使疑为太宗长女襄城公主驸马萧锐。）”②编者按有误，公主是因为萧锐死而改嫁的，公主薨于永徽二年（651），萧锐一定死于永徽二年（651）之前，怎么可能会在显庆元年（656）时充当监护使。

2. 汝南公主

《新唐书》记载：“汝南公主，早薨。”③《新唐书》原载公主为第二女，然据其墓志《大唐故汝南公主墓志铭并序》记载：“公主讳字，陇西狄道人，皇帝之第三女也。”④贻误。

关于公主的死因，志文有云：“九地绝维，四星潜曜，毁瘠载形，哀号过礼，茧缠不袭，壃酪无嗌，灰琯亟移，陵茔浸远。虽容服外变，而沉忧内结，不胜孺慕之哀，遂成伤生之性。”⑤《唐六典》记载：“古者帝喾立四妃，盖象后妃四星，其一明者，后也。”⑥由此可知，这里的“四星潜曜”，实质上暗指唐太宗李世民的某个妃嫔去世。根据墓志结尾可知，志文写于“贞观十年（636）十一月丁亥朔十六日”，而《资治通鉴》记载，长孙皇后于贞观十年（636）六月“己卯，崩于立政殿”。⑦又“冬，十一月，庚午，葬文德皇后于昭陵”。⑧因此由日期推算，汝南公主极有可能是因皇后之死，才忧郁成疾而去世的。

据该志文撰于贞观十年（636）十一月，汝南公主应卒于该年。根据其嫡长兄李承乾生于武德二年（619），其妹妹长乐公主李丽质生于武德四年

① 周绍良、赵超主编《唐代墓志汇编续集》显庆〇〇六《大唐故开府仪同三司特进户部尚书上柱国莒国公唐君墓志铭并序》，上海古籍出版社，2001，第90页。

② 张沛编著《昭陵碑石》，三秦出版社，1993，第223页。

③ （宋）欧阳修：《新唐书》卷八三《诸帝公主传》，中华书局，1975，第3645页。

④ 周绍良、赵超主编《唐代墓志汇编》贞观〇五四《大唐故汝南公主墓志铭并序》，上海古籍出版社，1992，第43页。

⑤ 周绍良、赵超主编《唐代墓志汇编》贞观〇五四《大唐故汝南公主墓志铭并序》，上海古籍出版社，1992，第43页。

⑥ （唐）唐玄宗撰，（唐）李林甫注《宋本大唐六典》卷第十二《内官》，中华书局，1991，第247页。

⑦ （宋）司马光：《资治通鉴》卷一百九十四《唐纪十太宗贞观十年（六三六）》，中华书局，1976，第6121页。

⑧ （宋）司马光：《资治通鉴》卷一百九十四《唐纪十太宗贞观十年（六三六）》，中华书局，1976，第6122页。

（621），推断她大约生于620年前后，公主享年16岁左右，当属"早薨"。

3. 南平公主

此公主为太宗第三女。《新唐书·诸帝公主传》："南平公主，下嫁王敬直，以累斥岭南，更嫁刘玄意。"[①]公主的第一任丈夫为王敬直。王敬直为唐贞观名相王珪之子，"其家出自南朝"[②]，"（贞观）十一年（637），侍中王珪子敬直尚南平公主。礼有妇见舅姑之仪，近代以来，公主出降，此礼皆废。珪曰：'今主上钦明，动循法制，吾受公主谒见，岂为身荣，所以成国家之美耳！'遂与其妻就位而坐，令公主亲执笲，行盥馈之道，礼成而退，物议韪之。自是公主下降。有舅姑者皆备礼。自珪始也。"[③]贞观十七年（643）四月六日，（太子承乾谋反失败），废为庶人，居黔州。[④]王敬直"坐与太子承乾交结，徙于岭外"。[⑤]

南平因此改嫁刘政会之子刘玄意（也作玄懿）。"其家出自北齐。"[⑥]"子玄意袭爵，改封渝国公，尚南平公主，授驸马都尉。高宗时为汝州刺史。"[⑦]

公主与玄意生育一子："玄意生奇，位至吏部侍郎。"[⑧]

公主死因不明，与玄意陪葬昭陵。

4. 遂安公主

遂安公主为太宗第四女。母不详。《新唐书》："下嫁窦逵。逵死，又嫁王大礼。"[⑨]

公主的第一任丈夫为窦逵，出自显赫的太穆皇后一族。《册府元龟》记载："窦抗，太穆后从父兄隋雒州总管陈国公荣子也，母隋文帝万安公主。隋为幽州总管，武德初为左武侯大将军。从平王世充册勋太庙者九人，抗与从弟轨俱预朝廷。荣之子术为左武卫将军，次子静为民部尚书，静子逵尚太宗女遂安公主，静弟诞尚高祖女襄阳公主为宗正卿，诞子孝慈卫将军，孝慈子

① （宋）欧阳修：《新唐书》卷八三《诸帝公主传》，中华书局，1975，第3645页。
② 汪篯：《唐太宗树立新门阀的意图》。
③ （宋）王溥撰，牛继清校正《唐会要校正》，三秦出版社，第59页。
④ （宋）王溥撰，牛继清校正《唐会要校正》，三秦出版社，第33页。
⑤ （后晋）刘昫：《旧唐书》卷七〇《王珪传》，中华书局，1975，第2531页。
⑥ 汪篯：《唐太宗树立新门阀的意图》。
⑦ （后晋）刘昫：《旧唐书》卷五八《刘政会传》，中华书局，1975，第2313页。
⑧ （后晋）刘昫：《旧唐书》卷一七九《刘崇望传》，中华书局，1975，第4663页。
⑨ （宋）欧阳修：《新唐书》卷八三《诸帝公主传》，中华书局，1975，第3645页。

希玠为礼部尚书太子少傅，诞少子孝谌女昭成皇后也。"① 可以看出，窦逵是太穆皇后远房堂兄窦抗之孙，夏州都督窦静之子，窦逵的堂弟窦孝谌之女为窦德妃，即唐玄宗之母。

窦逵早逝，卒年、卒因已不可考。

第二任丈夫为王大礼。"逵死，又嫁王大礼。"② 王大礼，曾祖王德、祖父王瑞都数任高官，父王朗"隋陇西郡掾、著作郎"。然王大礼却得到了太宗的赏识，"太宗薄伐辽东，而君陪麾蓟北。闻高咏于截海，奉前歌而入塞"。"乃尚遂安公主，即太宗第四女也。"③ 征辽东始于贞观十八年（644），次年九月班师。公主再婚的时间大约贞观二十年（646）。

由《新唐书》卷七一下《宰相世系表一下》可知，公主与窦逵有一子"窦松涛"，④ 与王大礼有两个儿子。按《大唐故中大夫行定州鼓城县令王君墓志铭并序》："君讳玄起，字子升，……父大礼，皇朝右千牛，尚遂安公主，驸马都尉，绥歙二州刺史。"⑤ 可知，遂安公主与王大礼有子名为王玄起。又按《大唐故王府君夫人故赞皇郡太君赵郡李氏墓志并序》："……即笄而行，归于王氏，王公即皇朝遂安公主之长子也。"⑥

公主死因及卒年不详，《唐会要·陪陵名位》记载："昭陵陪陵名位，遂安公主驸马王大礼。"⑦ 公主死后与驸马王大礼陪葬于昭陵。

5. 长乐公主

唐太宗第五女，母亲为长孙皇后。据《大唐故长乐公主墓志铭并序》记载："公主，讳丽质，陇西狄道人。高祖太武皇帝之孙。皇帝之第五女，东宫之姊也。"⑧ 与正史记载相同。《新唐书·诸帝公主传》记载："帝以长孙皇

① （宋）王钦若：《册府元龟》卷八六六《总录部·贵盛》，中华书局（影印），1988，第10286页。
② （宋）欧阳修：《新唐书》卷八三《诸帝公主传》，中华书局，1975，第3645页。
③ 吴钢主编《全唐文补遗》第一辑《大唐故使持节歙州诸军事歙州刺史驸马都尉王君（大礼）墓志铭并序》，三秦出版社，1994，第49页。
④ （宋）欧阳修：《新唐书》卷七一下《宰相世系表一下》，中华书局，1975，第2320页。
⑤ 周绍良、赵超主编《唐代墓志汇编续集》开元一七五《大唐故中大夫行定州鼓城县令王君墓志铭并序》，上海古籍出版社，2001，第1278页。
⑥ 周绍良、赵超主编《唐代墓志汇编》开元一七六《大唐故王府君夫人故赞皇郡太君赵郡李氏墓志铭并序》，上海古籍出版社，1992，第1279页。
⑦ （宋）王溥撰，牛继清校正《唐会要校正》，三秦出版社，第354页。
⑧ 周绍良、赵超主编《唐代墓志汇编续集》贞观〇三六《大唐故长乐公主墓志铭并序》，上海古籍出版社，2001，第28页。

后所生，故敕有司装赍视长公主而倍之。"① 可知，公主的母亲为文德长孙皇后。

"（贞观）七年（633），公主降嫔于宗正少卿、河南长孙冲，即司徒、太子太师、赵国公无忌之长子也。"② 贞观十七年八月十日（643），公主"奄然薨谢，春秋廿三"，死因当为疾病。"悲夫，年催四节，□□二竖。掩心之境，访秦宫而莫逢；长生之药，祈王母而不至。阅水翻山于夜壑，风烛翳于□□。"③ 长乐公主与驸马长孙冲陪葬昭陵。

从《新唐书》卷七二上《宰相世系表二上》可知，长乐公主与长孙冲有一子"长孙延"④。"上元元年，优诏追复无忌官爵，特令无忌孙延主齐献公之祀。"⑤

6. 豫章公主

太宗第六女，"下嫁唐义识"。⑥ 据《资治通鉴》记载："豫章公主早丧其母，后收养之，慈爱逾于所生。"⑦ 可知，豫章公主的养母为文德皇后长孙氏。

《新唐书》称公主下嫁唐俭之子唐义识，但据《唐俭碑》记载："征男尚识尚豫章公主。编者注：两唐书本传、《新唐书·宰相世系表》、《唐会要》、《长安志》及《通考》均作'善识'，《新唐书·诸帝公主传》作义识，诸本似均误，当依碑作尚识。"⑧ 公主驸马当为尚识。尚识的父亲为唐俭。"唐俭字茂约，并州晋阳人，北齐尚书左仆射邕之孙也。父鉴，隋戎州刺史。"⑨ 因战功"（贞观）十七年，又与长孙无忌、唐俭、长孙顺德、刘弘基、刘政会、柴绍等二十四人，俱图其形于凌烟阁"。⑩

公主大约身体不太好，曾祈求佛祖保佑其及儿子。"龙门石窟宾阳南洞有

① （宋）欧阳修：《新唐书》卷八三《诸帝公主传》，中华书局，1975，第3645页。
② 周绍良、赵超主编《唐代墓志汇编续集》贞观〇三六《大唐故长乐公主墓志铭并序》，上海古籍出版社，2001，第29页。
③ 周绍良、赵超主编《唐代墓志汇编续集》贞观〇三六《大唐故长乐公主墓志铭并序》，上海古籍出版社，2001，第29页。
④ （宋）欧阳修：《新唐书》卷七二上《宰相世系表二上》，中华书局，1975，第2413页。
⑤ （后晋）刘昫：《旧唐书》卷六五《长孙无忌传》，中华书局，1975，第2456页。
⑥ （宋）欧阳修：《新唐书》卷十三《诸帝公主传》，中华书局，1975，第3646页。
⑦ （宋）司马光：《资治通鉴·卷一九四·太宗贞观十年》，中华书局，1976，第6120页。
⑧ 张沛编著《昭陵碑石》，三秦出版社，1993，第223页。
⑨ （后晋）刘昫：《旧唐书》卷五八《唐俭传》，中华书局，1975，第2305页。
⑩ （后晋）刘昫：《旧唐书》卷五八《殷峤传》，中华书局，1975，第2312页。

豫章公主造像龛，龛内雕有一坐佛二胁侍菩萨，龛下有造像记云：大唐贞观十五年（641）三月十日，豫章公主敬造像一塔，愿己身平安，并为一切含识，公主菩萨，为己身并儿，蒋修子等五人亦同造像一塔，及一切含识，共等正觉。"①

公主薨后，太宗悲痛万分，久服素服，直至经魏征劝说，李世民这才改穿常服："自豫章公主薨逝，陛下久着素服，群情悚栗，咸不自宁。臣闻古之王者，绝于期服，此乃前书典礼，列代旧章。陛下发上圣之慈，深下流之恸，素服以来，遂经旬月；悼往之义，足为加隆。伏愿割无已之痛，从先王之礼，改御常服以副群下之心。臣滥蒙重任，不敢寝默。"②公主去世时间应该在贞观十五年至贞观二十三年之间。

据《新唐书》卷七四下《宰相世系表四下》可知，公主与驸马有一子为"见日"③。

公主死后与驸马陪葬昭陵。

7. 比景公主

太宗第七女。"始封巴陵，下嫁柴令武。"④柴令武为平阳公主与柴绍之子。平阳公主夫妇不仅是皇亲国戚，更是在唐朝的开国功臣。"令武尚巴陵公主，迁太仆少卿、卫州刺史、襄阳郡公。"⑤

公主死因是参与谋反被赐死。"［永徽四年（653）春正月］丙子，新除房州刺史、驸马都尉房遗爱，司徒、秦州刺史荆王元景，司空、安州刺史吴王恪，宁州刺史、驸马都尉薛万彻，岚州刺史、驸马都尉柴令武谋反。"⑥"二月乙酉，遗爱、万彻、令武等并伏诛；元景、恪、巴陵高阳公主并赐死。"⑦

公主显庆中（656~660）受追赠，"立庙于墓，四时祭以少牢"。⑧

公主的子女情况不详。公主死后并未陪葬昭陵。

---

① 张丽明：《龙门淮南公主造自在王佛龛及相关造像》，《中原文物》2006 年第 4 期。

② （清）董诰：《全唐文》卷一四○《豫章公主薨素服逾制疏》，中华书局，1983，第 1423 页。

③ （宋）欧阳修：《新唐书》卷七四下《宰相世系表四下》，中华书局，1975，第 3221 页。

④ （宋）欧阳修：《新唐书》卷八三《诸帝公主传》，中华书局，1975，第 3646 页。

⑤ （宋）欧阳修：《新唐书》卷九○《柴绍传》，中华书局，1975，第 3774 页。

⑥ （后晋）刘昫：《旧唐书》卷四《高宗纪上》，中华书局，1975，第 71 页。

⑦ （后晋）刘昫：《旧唐书》卷四《高宗纪上》，中华书局，1975，第 71 页。

⑧ （宋）欧阳修：《新唐书》卷八三《诸帝公主传》，中华书局，1975，第 3646 页。

8. 普安公主

普安公主为太宗第八女，下嫁史仁表。《元和姓纂》卷六："本姓阿史那，突厥科罗次汗子，生苏尼失，入隋，封康国公。怀德郡王生大奈，子仁表驸马，生左骁卫大将军薛国公忠。"①可看出仁表为大奈之子，而"史大奈，本西突厥特勒也。与处罗可汗入隋，事炀帝。……高祖兴太原，大奈提其众隶麾下。桑显和战饮马泉，诸军却，大奈以劲骑数百背击显和，破之，军遂振。授光禄大夫。……贞观初，擢累右武卫大将军，检校丰州都督，封窦国公，食封户三百。卒，赠辅国大将军"。②

据《元和姓纂》可知，公主与驸马有一子，为骁卫大将军薛国公忠。

公主死因不详，后与驸马陪葬昭陵。

9. 东阳公主

太宗第九女，母不详，下嫁高履行。履行，贞观时宰相高士廉之子。高士廉为长孙皇后的舅舅。"其家虽是北齐皇室之裔，但因婚媾关系，早已牵入关陇集团之中。"③士廉有六子：履行、至行、纯行、真行、审行、慎行。"子履行。贞观初历祠部郎中。丁母忧，哀悴逾礼。太宗遣使谕之曰：'孝子之道，毁不灭性。汝宜强食，不得过礼。'服阕，累迁滑州刺史。尚太宗女东阳公主，拜驸马都尉。十九年，除户部侍郎，加银青光禄大夫。……袭爵申国公。永徽元年，拜户部尚书、检校太子詹事、太常卿。显庆元年，出为益州大都督府长史。先是，士廉居此职，颇著能名。"④这样算来，长孙皇后与高履行是姑表兄妹，东阳公主嫁给了她的表舅。

《公主传》："唐高宗即位，进为大长公主。""大长公主"应为"长公主"。"长公主"为皇帝之姐；"大长公主"为皇帝之姑也。

公主一生命运多舛。第一，"韦正矩之诛，主坐婚家（即为二婚的妹妹新城公主与韦正矩做媒），斥徙集州"。第二，"坐章怀太子累，夺邑封"。第三，"垂拱中，并二子徙置巫州"，⑤原因竟然是"以长孙无忌舅族也，故武后恶之"，⑥虽

---

① （唐）林宝：《元和姓纂》卷六第五五条《史·河南》，中华书局，1994，第825页。

② （宋）欧阳修：《新唐书》卷一一〇《史大奈传》，中华书局，第4111~4112页。

③ 汪篯：《唐太宗树立新门阀的意图》。

④ （后晋）刘昫：《旧唐书》卷六五《高士廉传》，中华书局，1975，第2445页。

⑤ （宋）欧阳修：《新唐书》卷八三《诸帝公主传》，中华书局，1975，第3646页。

⑥ （宋）欧阳修：《新唐书》卷八三《诸帝公主传》，中华书局，1975，第3646页。

然武后还是公主的侄媳妇。《资治通鉴》卷二〇四也有同样的记载：武周则天顺圣皇后垂拱四年（688），"太后以高氏长孙无忌之舅族，故恶之"。[①]此时驸马早已去世。因为"（永徽）三年（652），（履行）坐与长孙无忌亲累，左授洪州都督，转永州刺史，卒于官"。[②]

东阳公主与高履行育有二子。《唐故循州司马申国公高君墓志》："君讳某，字某，渤海蓚人也。……父慜，字履行，秦府君直千牛滑州刺史将作大匠金紫光禄大夫太常卿洪州都督上柱国申国公，尚东阳长公主，驸马都尉。……公则驸马之元子也。"[③]可知，东阳公主长子为申国公高氏。又按《新唐书》卷七一下《宰相世系表一下》可知公主二子名字分别为"高琁、高瑾"[④]。

公主死因及葬地不详。

10. 临川公主

太宗第十女。但据《大唐故临川郡长公主墓志并序》记载："公主讳□□，字孟姜，高祖神尧皇帝之孙，太宗文武圣皇帝之女，今上之第十一姊。"[⑤]据《贞观十五年封临川郡公主诏书刻石》记载："门下：第十二女幼挺幽间、地惟懿戚，锡以汤沐，抑有旧章。可封□临川郡公主，食邑三千户，主者□施行。贞观十五年正月十九日。"[⑥]此处临川公主又为太宗十二女，不知哪一个说法是正确的。

公主"母曰韦贵妃"。[⑦]《大唐太宗文皇帝故贵妃纪国太妃韦氏墓志铭并序》记载："太妃讳珪，字泽，京兆杜陵人也。"[⑧]韦贵妃不仅出身高贵，而且受到过良好的教育。"既受教于公宫，亦遵训于师氏"，"贞观元年（627）四月

---

① （宋）司马光：《资治通鉴》卷二〇四则天后垂拱四年，中华书局，1976，第6448页。

② （后晋）刘昫：《旧唐书》卷六五《高士廉传》，中华书局，1975，第2445页。

③ （唐）陈子昂：《唐故循州司马申国公高氏墓志》，载（清）董诰等编《全唐文》卷二一五，中华书局，1975，第2178~2179页。

④ （宋）欧阳修：《新唐书》卷七一下《宰相世系表一下》，中华书局，1975，第2391页。

⑤ 周绍良、赵超主编《唐代墓志汇编续集》永淳〇〇九《大唐故临川郡长公主墓志并序》，上海古籍出版社，2001，第260页。

⑥ 张沛：《唐临川长公主墓出土的两通诏书刻石——兼谈唐代前期的诏书形成过程》，《文博》1994年第5期。

⑦ 周绍良、赵超主编《唐代墓志汇编续集》永淳〇〇九《大唐故临川郡长公主墓志并序》，上海古籍出版社，2001，第260页。

⑧ 周绍良、赵超主编《唐代墓志汇编续集》乾封〇〇八《大唐太宗文皇帝故贵妃纪国太妃韦氏墓志铭并序》，上海古籍出版社，2001，第162页。

一日，册拜贵妃"。"永徽元年（650）正月廿九日册拜纪国太妃。"①

据公主墓志"以永淳元年（682）五月廿一日，薨于幽州公馆，春秋五十有九"。②可知公主生于 623 年。

驸马为周道务，为"殿中大监、谯郡公范之子"。"孺褓时，因功臣子养宫里。""年十四乃得出"，"历营州都督，检校右骁骑卫将军。谥曰襄"。③与有些公主与驸马一生都在京城享受安乐生活不同，临川公主的人生多了些边境的风沙与尘埃。

辽西战事紧张，"驸马望实所归，亲贤攸寄，才临蓟壤，即茔燕郊，公主自届边垂，增动风疾，恩敕遣长子陇州司功□□□四子左千牛季童，前后驰驿，领供奉医人及药看疗"。④"调露元年，突厥阿史德温傅反，于是以行俭为定襄道行军大总管，率太仆少卿李思文、营州都督周道务等部兵十八万"，⑤后"驸马以克清边难，驿召入京，公主随从□□"，从以上例子可看出，公主一直与驸马相伴相随。

按《大唐故临川长公主墓志并序》记，公主生病，"恩敕遣长子陇州司功□□□四子左千牛季童，前后驰驿"，可知公主有四子。由《新唐书》卷七四下《宰相世系表四下》可知，临川公主有子名叫"伯瑜""励言"⑥。按《赠陈州刺史义阳王神道碑》："王讳琮，字某，文帝之孙，纪王之子……陪葬于昭陵柏城，妃汝南周氏祔焉，礼也。妃考曰驸马都尉、梁郡襄公，妣曰临川大长公主。"⑦可知临川公主有一女汝南周氏，嫁与纪王李慎之子李琮。

李琮又有三子、一女。据正史记载，义阳王李琮，太宗李世民孙，纪王李慎子。"琮三子：行远、行芳、行休。"⑧可知三子为行远、行芳、行休，一女

---

① 周绍良、赵超主编《唐代墓志汇编续集》乾封○○八《大唐太宗文皇帝故贵妃纪国太妃韦氏墓志铭并序》，上海古籍出版社，2001，第 162 页。

② 周绍良、赵超主编《唐代墓志汇编续集》永淳○○九《大唐故临川郡长公主墓志并序》，上海古籍出版社，2001，第 260 页。

③ （宋）欧阳修：《新唐书》卷八三《诸帝公主传》，中华书局，1975，第 3646 页。

④ 周绍良、赵超主编《唐代墓志汇编续集》永淳○○九《大唐故临川郡长公主墓志并序》，上海古籍出版社，2001，第 260 页。

⑤ （后晋）刘昫：《旧唐书》卷八四《裴行俭传》，中华书局，1975，第 2803 页。

⑥ （宋）欧阳修：《新唐书》卷七四下《宰相世系表四下》，中华书局，1975，第 3183 页。

⑦ （唐）张说：《赠陈州刺史义阳王神道碑》，载（清）董诰等编《全唐文》卷二三〇，中华书局，1983，第 2324 页。

⑧ （宋）欧阳修：《新唐书》卷八〇《李琮传》，中华书局，1975，第 3578 页。

嫁给崔氏。"初，永昌之难，王下河南狱，妃录司农寺"，当娘家有难时，"惟有崔氏女，扉屦布衣，往来供馈，徒行悴色，伤动人伦，中外咨嗟，目为勤孝"。① 这个崔氏女乃为杜甫的外祖母。杜甫的《祭外祖祖母文》："初，我父王之遭祸，我母妃之下室。深狴殊涂，酷吏同律。夫人于是布裙扉屦，提饷潜出。昊天不佣，退藏于密。久成凋瘵，溘至终毕。盖乃事存于义阳之诛，名播于燕公之笔。"② 综上可知，临川公主乃为杜甫外祖母的外祖母。

又按《大唐故使持节颖州诸军事颖州刺史赠使持节都督夔州诸军事夔州刺史嗣濮王墓志并序》："王讳欣，字伯悦，陇西狄道人，即神尧皇帝之曾孙，太宗文武圣皇帝之孙，雍州魏王之元子也。……敕娶临川长公主女周氏。"③ 可知，临川另一女周氏，嫁嗣濮王李欣。

总之，临川公主育有四子二女。

前文已经提及公主患有风疾，再加上"调露元年（679），驸马以克清边难，驿召入京，公主随从□□，□中大渐"，最后"和扁莫验，药剂无征。丹虹书□，□□秾桃之节；清霜夏殒，空留神草之名。以永淳元年（682）五月廿一日，薨于幽州公馆，春秋五十有九"。

临川公主与驸马陪葬昭陵。

11. 清河公主

太宗第十一女。母亲不详。

据公主墓志："名敬，字德贤。""李俨撰，畅整书，麟德元年（664）十月立。""龙门迅流。随奔箭而（缺）春秋卅有一。"④ 可推算出公主生于623年。与临川公主同岁。"贞观二年（628）。诏封清河郡公主。食邑三千户。"此时，公主5岁。

关于驸马的名字，史书记载与墓志记载，稍有不同。据《新唐书·诸帝公主传》，公主"下嫁程怀亮。……怀亮，知节子也，终宁远将军"⑤。可知，

① （唐）张说：《赠陈州刺史义阳王神道碑》，载（清）董诰等编《全唐文》卷二三〇，中华书局，1983，第2324页。

② （唐）杜甫著，高仁标点《杜甫全集》，上海古籍出版社，1997，第323页。

③ 吴钢主编《全唐文补遗》第七辑《大唐故使持节颖州诸军事颖州刺史赠使持节都督夔州诸军事夔州刺史嗣濮王墓志并序》，三秦出版社，1999，第366页。

④ 周绍良主编《全唐文新编》，吉林文史出版社，2000，第2292页。

⑤ （宋）欧阳修：《新唐书》卷八三《诸帝公主传》，中华书局，1975，第3647页。

公主的驸马为程怀亮，是唐代大将程知节的儿子。但据程知节墓志"封第二子处亮东阿县公，食邑一千户。寻授驸马都尉，降以清河公主"。[①] 应以墓志为准。

程知节是大唐有名的开国功臣，太宗的心腹勋将。两唐书均有传记，称其"少骁勇，善用马矟"，归唐后，"授秦王府左三统军。破宋金刚，擒窦建德，降王世充，并领左一马军总管。每阵先登，以功封宿国公"，"贞观中，……改封卢国公"[②]。据《唐大诏令集》卷六十五《长孙无忌等九人各封一子郡县公诏》，贞观五年（631）九月，太宗感念长孙无忌、房玄龄、杜如晦、尉迟敬德、高士廉、侯君集、宇文士及、秦叔宝、程知节等卓越功勋，"无忌、玄龄、如晦、敬德，各封一子郡公；士廉、君集、士及、叔宝、知节，各封一子县公"。[③]据程知节墓志"封第二子处亮东阿县公，食邑一千户。寻授驸马都尉，降以清河公主。征拜公左领军大将军。顷之，权检校原州都督"。此时，公主只有 8 岁。

驸马"茂族华宗。人英时彦。同谢庄之风儿，类殷冲之（缺）"。[④]据《宋书》记载，谢庄，字希逸，以《月赋》享誉刘宋文坛[⑤]；殷冲，字希远，有学识且善文辞[⑥]。墓志在此用这二人典故，旨在说明驸马文化修养较高。

公主子女情况不详。死因不详。公主死后，"迁窆昭陵南一十一里，礼也"。[⑦]

12. 兰陵公主

《新唐书》："兰陵公主名淑，字丽贞，下嫁窦怀悊，薨显庆时。"[⑧]且《诸帝公主传》中记载公主为太宗第十二女。但根据《大唐故兰陵长公主碑》："公主讳淑，字丽贞，陇西狄道人也。高祖武皇帝之孙，太宗文皇帝之第十九女

① 周绍良、赵超：《唐代墓志汇编续集》麟德019《大唐骠骑大将军益州大都督上柱国卢国公程使君墓志铭并序》，上海古籍出版社，2001，第151页。
② （后晋）刘昫：《旧唐书》卷六八《程知节传》，中华书局，1975，第2503页。
③ （宋）宋敏求编，洪丕谟点校《唐大诏令集》卷六十五，学林出版社，1992，第326页。
④ 周绍良主编《全唐文新编》，吉林文史出版社，2000，第2292页。
⑤ （梁）沈约：《宋书》卷八五《谢庄传》，中华书局，1974，第2167页。
⑥ （梁）沈约：《宋书》卷五九《殷淳传》，中华书局，1974，第1598页。
⑦ 周绍良主编《全唐文新编》，吉林文史出版社，2000，第2292页。
⑧ （宋）欧阳修：《新唐书》卷八三《诸帝公主传》，中华书局，1975，第3647页。

也。"①当以碑为准。公主母亲不详。关于驸马,《诸帝公主传》记载为"窦怀悊",公主碑记载亦为"窦怀悊",但《新唐书·宰相世系表》记录为"窦怀哲",《资治通鉴》记为"代州都督窦怀悊"。悊与哲同,窦怀悊与窦怀哲为同一人。驸马都尉窦怀悊,公主碑记载:"驸马都尉庆州诸军事使持节庆州刺史扶风窦怀悊,即太穆皇后之孙,银青光禄大夫少府监上柱国德素之子。"②由《新唐书·宰相世系表》,可知窦怀悊高祖父为窦毅(后周大司马、杞公),曾祖父为窦照(蜀郡太守、巨鹿郡公),祖父为窦彦(隋驾步侍郎,袭公),父亲为德素(南康郡太守)。③另据《新唐书·后妃传》记载:"高祖太穆顺圣皇后窦氏,京兆平陵人,父毅,在周为上柱国,……入隋为定州总管、神武公。"④可知怀悊为高祖太穆顺圣皇后窦氏的重侄孙。与《诸帝公主传》所记录的"太穆皇后之族子"相同。公主墓志"即太穆皇后之孙",大概是统而记之。驸马为太穆皇后的重侄孙,兰陵公主为太穆皇后的孙女,其属异辈婚。

公主育有五子一女。据《宰相世系表》记载可知,五子分别为"承基、承礼、承庆、承孝、承福",⑤有一女为窦氏。《大唐故吏部尚书姜府君之碑》:"公讳遐,字柔远。夫人窦氏,驸马都尉凉州都督之女,母兰陵公主。"⑥可知,兰陵公主与驸马有一女窦氏,嫁姜遐。而姜遐"祖暮。父行本"。⑦另据前文襄城公主考,得之,襄城公主改嫁的丈夫为姜简,姜简的父亲亦为行本。姜简与姜遐为同父兄弟的关系,也就是说兰陵公主的女儿窦氏,与兰陵公主的姐姐襄城公主在姜家成为姒娣。

关于公主的卒年,《全唐文》的录文与《金石萃编》的录文略有不同。《全唐文》:"春秋四二,以显庆三年八月□八日□疾薨于雍州万年县之平乐里第。"因"窦氏既是大外家,情理稍异,特宜陪葬昭陵"⑧。《金石萃编》:"春

① (唐)李义府:《大唐故兰陵长公主碑》,载(清)董诰等编《全唐文》卷一五三,中华书局,1983,第1563页。
② (唐)李义府:《大唐故兰陵长公主碑》,载(清)董诰等编《全唐文》卷一五三,中华书局,1983,第1563页。
③ (宋)欧阳修:《新唐书》卷七十一下《宰相世系一下》,中华书局,1975,第2290~2293页。
④ (宋)欧阳修:《新唐书》卷七十六《后妃传》,中华书局,1975,第3468页。
⑤ (宋)欧阳修:《新唐书》卷七十一下《宰相世系一下》,中华书局,第2293~2295页。
⑥ (唐)姜晞:《大唐故吏部尚书姜府君之碑》,载陈尚君集校《全唐文补编》,中华书局,2005,第338页。
⑦ (唐)姜晞:《大唐故吏部尚书姜府君之碑》,载陈尚君集校《全唐文补编》,中华书局,2005,第338页。
⑧ (唐)李义府:《大唐故兰陵长公主碑》,载(清)董诰等编《全唐文》卷一五三,中华书局,1983,第1563页。

秋卅二，以显庆四年八月□八日□疾薨于雍州万年县之平乐里第。"[1]有学者经考证认为，《金石萃编》记录比较符合史实。即"兰陵公主生于贞观二年（628），显庆四年（659）八月因患疾薨逝于雍州万年县平乐里的家中，享年三十二岁"。[2]

13. 晋安公主

太宗第十三女，下嫁韦思安，后改嫁杨仁辂。改嫁原因不详。

韦思安出京兆杜陵韦氏大雍州房，系关中郡姓。曾祖义远，北周时官雍州刺史。[3]杨仁辂无考。

14. 安康公主

太宗第十四女，下嫁独孤谌。《唐会要》记载："昭陵陪陵名位，安康公主驸马独孤彦云。"[4]

独孤谌跟独孤彦云是一个人吗？答案是"否"。

关于独孤彦云，史亦无传。《元和姓纂》："《隋书·独孤楷传》云：'（楷）不知何许人，姓李氏，父屯，从齐神武战于沙苑，败，为柱国独孤信所擒，配为士伍，赐姓独孤氏。后居京兆。楷弟盛。楷，隋并州总管、汝阳郡公，生凌云、平云、滕云、卿云、彦云。平云，千牛将军、安丘公。彦云，历阳公。'"[5]《旧唐书》卷六十五《长孙无忌传》："（武德九年）六月四日，无忌与尉迟敬德……独孤彦云……等九人，入玄武门讨建成、元吉，平之。"[6]又《元和姓纂》卷十第一一〇条载："彦云，历阳公，太原元从，幽州都督，见《会要》四五。《全文》二四五《李峤为独孤氏请陪昭陵合葬母表》：'妾亡祖唐右卫大将军、溧阳县公彦云，……亡父唐某府折冲都尉袭溧阳县公。'则历阳为溧阳之讹。"[7]可知独孤彦云世系为：李屯→李（独孤）楷→独孤彦云，其职官为：幽州都督，溧阳县公。

独孤谌高祖独孤信是西魏八大柱国之一。"长女，周明帝皇后；第二女，

① （清）王昶：《金石萃编》卷五二，清嘉庆十年刻同治钱宝传等补修本，第859页。

② 李燕捷：《唐兰陵公主及李承乾、李泰生卒年考》，《历史教学》1993年第8期。

③ （唐）林宝：《元和姓纂》卷二。

④ （宋）王溥：《唐会要》卷二一《陪陵名位》，中华书局，1998，第413页。

⑤ （唐）魏征：《隋书》卷五五《独孤楷传》，中华书局，1973，第1376~1377页。

⑥ （后晋）刘昫：《旧唐书》卷六五《长孙无忌传》，中华书局，1975，第2446页。

⑦ （唐）林宝：《元和姓纂》卷十第一一〇条，中华书局，1994，第1470页。

唐元贞皇后，生高祖；第四女，隋文帝献皇后，生炀帝。"①《元和姓纂》卷十载："（独孤）藏，随金州刺史、武平公，生机。机生修法、修本、修德。修法，通州刺史。修本生讷，桂州都督，生札。本兄子谌，驸马，淄州刺史。"②可知独孤谌世系为：独孤信→独孤藏→独孤机→独孤修法→独孤谌。由此可知，独孤谌为独孤信五世孙，尚太宗女安康公主，职官淄州刺史。

由此可知，独孤谌与独孤彦云是完全不同的两个人。公主的驸马当为独孤谌。

公主子嗣及死亡原因不详。

15. 新兴公主

太宗第十五女，下嫁长孙曦。唐初，薛延陀日渐强盛，贞观十六年（642）薛延陀遣使入朝请婚，太宗权衡利弊，"遂许以新兴公主妻之"。但薛延陀最终却错过了下聘之机，太宗以此为由"绝其婚"③。后改适长孙曦。长孙曦，是太宗长孙皇后长孙家族的后裔。

《唐会要·陪陵名位》载："昭陵陪陵名位，新兴公主驸马长孙曦。"④

16. 城阳公主

太宗第十六女，关于城阳公主的生母，两唐书、《资治通鉴》、《唐会要》等典籍均未记载。《册府元龟》中却有"公主，帝同出"⑤之言。《宋高僧传》也称："公主，乃高宗大帝同母妹也。"⑥综上可知，城阳公主的母亲为长孙皇后。

公主的第一任驸马是杜荷，杜荷乃唐初贤相杜如晦之次子，"初，荷以功臣子尚城阳公主，赐爵襄阳郡公，授尚乘奉御。贞观中，与太子承乾谋反，坐斩"。⑦

杜荷死后，公主依例改嫁。第二任驸马薛瓘。据《宰相世系表》记载"怀

① （宋）邓名世撰，王力平点校《古今姓氏书辩证》，江西人民出版社，2006，第548页。
② （唐）林宝：《元和姓纂》卷十第一〇〇条，中华书局，1994，第1458页。
③ （后晋）刘昫：《旧唐书》卷一九九下《铁勒传》，中华书局，1975，第5346页。
④ （宋）王溥：《唐会要》卷二一《陪陵名位》，中华书局，1998，第413页。
⑤ （宋）王钦若：《册府元龟》卷四七《帝王部·友爱》，中华书局，1982，第533页。
⑥ （宋）赞宁：《宋高僧传》卷二四，中华书局，1987，第613页。
⑦ （后晋）刘昫：《旧唐书》卷六六《杜如晦传》，中华书局，1975，第2469页。

昱，饶州刺史"，其子"瓘，光禄卿、驸马都尉"。①"麟德初，瓘历左奉宸卫将军。主坐巫蛊，斥瓘房州刺史，主从之官。"②《宋高僧传》载："龙朔二年（662），城阳公主有疾沉笃，尚药供治无所不至。……既疾绵困，有告言朗能持秘咒，理病多瘳。及召朗至，设坛持诵，信宿而安，赏赉丰渥。其钱帛珍宝，朗回为对面施。公主奏请改寺额曰观音寺，以居之。"③公主信仰佛教的行为，被人告发犯有巫蛊之罪。公主与驸马被贬房州，夫妻二人到死未被召回，"咸亨中，主薨而瓘卒，双枢还京师"④。《唐会要》则详细记载"咸亨二年（671）五月十六日。城阳公主薨"。⑤此时，于事发已经过去了9年。公主一定是因病再加上生活条件恶劣而去世的，后与驸马陪葬昭陵。⑥

城阳公主与驸马杜荷是否育有子女不详，但她与薛瓘育有三子。即"颢，黄门侍郎。绪。绍，左散骑常侍、驸马都尉。"⑦薛瓘与薛绍父子二人均尚主为妻，而下嫁薛氏父子的为城阳公主与太平公主姑侄俩。城阳公主既是太平公主的姑姑，也是婆婆。

17. 合浦公主

太宗第十七女，《新唐书》："合浦公主，始封高阳。下嫁房玄龄子遗爱。"⑧"房遗爱出自山东士族清河房氏，而其父玄龄是秦王府亲信幕僚，太宗朝的名相。"⑨《新唐书》："次子遗爱，诞率无学，有武力。尚高阳公主，为右卫将军。"⑩

高阳公主因参与谋反被赐死。史载"驸马都尉薛万彻因与遗爱谋，若国家有变，当奉司徒荆王元景为主。元景女适遗爱弟遗则，由是与遗爱往来"。"驸马都尉柴令武，绍之子也，尚巴陵公主，……因与遗爱谋议相结。……（永徽）四年（653）春，二月，甲申，诏遗爱、万彻、令武皆斩，元景、恪、

① （宋）欧阳修：《新唐书》卷七三下，中华书局，1975，第3030页。
② （宋）欧阳修：《新唐书》卷八三《诸帝公主传》，中华书局，1975，第3647页。
③ （宋）赞宁：《宋高僧传》卷二四，中华书局，1987，第613~614页。
④ （宋）欧阳修：《新唐书》卷八三《诸帝公主传》，中华书局，1975，第3647页。
⑤ （宋）王溥：《唐会要》卷六《公主》，中华书局，1975，第68页。
⑥ （宋）王溥：《唐会要》卷二一《陪陵名位》，中华书局，1998，第413页。
⑦ （宋）欧阳修：《新唐书》卷七三下《宰相世系三下》，中华书局，1975，第3030~3031页。
⑧ （宋）欧阳修：《新唐书》卷八三《诸帝公主传》，中华书局，1975，第3648页。
⑨ 汪篯：《唐太宗树立新门阀的意图》。
⑩ （宋）欧阳修：《新唐书》卷九六《房玄龄传附房遗爱传》，中华书局，1975，第3858页。

高阳、巴陵公主并赐自尽。"①葬地不详。显庆时，追赠高阳公主为合浦公主。

公主与驸马子嗣不详，史书只有简单记载，"（永徽中）公主赐自尽，诸子配流岭表"。②据《古今姓氏书辩证》："遗爱有六世孙复及郇。"③

18. 金山公主

太宗第十八女，早薨。

19. 晋阳公主

《新唐书》记载公主排行为第十九，很显然与兰陵公主的排行有冲突。"晋阳公主字明达，幼字兕子，文德皇后所生。"④明达一词，是佛教常用词汇，"明"指"三明"，"达"指"三达"。在阿罗汉叫作三明，在佛则叫作三达。象征智慧，对世事了悟通达。太宗为公主取字"明达"寄托了父亲对女儿的期望。"兕"《说文》："如野牛而青。象形。"⑤《山海经》曰："兕在舜葬东，湘水南。其状如牛，苍黑，一角。"⑥具体说来，兕就是小独角犀，十分凶猛壮硕。唐太宗夫妇为女儿取"兕"为小名，想必是希望女儿能健康苗壮地成长。"晋阳"乃是李唐龙兴之地。

公主的母亲为文德皇后。同母的哥哥为李承乾、李泰、李治。同母姐妹为长乐公主李丽质、城阳公主、新城公主。

晋阳公主受到良好的教育，"善临帝飞白书，下不能辨"，可惜的是"薨年十二"，太宗"阅三旬不常膳，日数十哀"。后"诏有司簿主汤沐余赀，营佛祠墓侧"⑦。

20. 常山公主

太宗第二十女，母不详。《新唐书》："常山公主，未及下嫁，薨显庆时。"⑧

---

① （宋）司马光：《资治通鉴》卷一九九高宗永徽三年、四年条，中华书局，1976，第6280页。

② （后晋）刘昫：《旧唐书》卷六六《房玄龄传》，中华书局，1975，第2467页。

③ （宋）邓名世撰，王力平点校《古今姓氏书辩证》，江西人民出版社，2006，第190页。

④ （宋）欧阳修：《新唐书》卷八三《诸帝公主传》，中华书局，1975，第3648页。

⑤ （汉）许慎：《说文解字》，中华书局，1990，第198页。

⑥ （汉）刘向、刘歆编《山海经》第10卷《海内南经》，中国华侨出版社，2013，第310页。

⑦ （宋）欧阳修：《新唐书》卷八三《诸帝公主传》，中华书局，1975，第3649页。

⑧ （宋）欧阳修：《新唐书》卷八三《诸帝公主传》，中华书局，1975，第3649页。

据新城公主墓志，新城公主生于贞观七年（633），常山公主长于新城公主，由此推知常山公主最晚当生于同年，常山公主薨显庆时（656~660），公主薨时年龄最小也已 23 岁，23 岁却未及下嫁，不知其因何在。

21. 新城公主

太宗最幼女，《新唐书》："新城公主，晋阳母弟也。"[①]

新城公主是太宗二十一女。母为文德皇后。据公主墓志"龙朔三年（663）三月□□□□□，薨于长安县通轨坊南园，春秋年卅"。[②]可推出，公主当生于 633 年。贞观十年（636）长孙皇后薨，当时新城公主年仅 3 岁。

新城公主的第一任丈夫为长孙诠。"以贞观廿三年（649）二月六日，降嫔银青光禄大夫、行扬州都督府长史河南长□□□□□彰文□声明铙管。"[③]此时公主 16 岁。驸马长孙诠是长孙操的第四子。《新唐书·宰相世系表》："操，金部郎中、乐寿安南。"子"诠，尚衣奉御、驸马都尉"[④]。"长孙诠出太宗长孙皇后家，与无忌兄弟行。"[⑤]新城公主与长孙诠的婚姻应该是姑表婚。成婚之后公主与驸马感情和睦，琴瑟相谐，为此墓志写道："调谐琴瑟，韵偃笙簧。标海内之嫔风，为天下之妇则者矣。"[⑥]武后时期，长孙无忌、韩瑗等因在立后问题上得罪武则天而遭贬谪。驸马长孙诠由于与韩瑗、长孙无忌的密切关系，也获罪。《旧唐书》记载："诠即侍中韩瑗妻弟也。及瑗得罪，事连于诠，减死配流巂州。诠至流所，县令希旨杖杀之。"[⑦]《新唐书》亦载：显庆四年（659），"诠女兄为韩瑗妻。无忌得罪，诠流巂州，有司希旨杀之。"[⑧]此时公主 26 岁。墓志记载："虽外尊大义，不登叛人之党。而内怀专一，无亏字□之□。兰泽靡加，尘弥□□之镜；铅□罢饰，网缀回鸾之机。贯秋柏以居贞，掩寒松而立劲。"[⑨]兰泽，指用兰浸制的润发香油。这里指新城公主对驸马情深义重，以不梳妆打扮来向兄长唐高宗表示抗议，而"秋柏""寒松"等意象也

---

① （宋）欧阳修：《新唐书》卷八三《诸帝公主传》，中华书局，1975，第 3649 页。

② 吴钢主编《全唐文补遗》第五辑《大唐故新城长公主墓志铭并序》，三秦出版社，1998，第 127 页。

③ 吴钢主编《全唐文补遗》第五辑《大唐故新城长公主墓志铭并序》，三秦出版社，1998，第 127 页。

④ （宋）欧阳修：《新唐书》卷七十二上，中华书局，1975，第 2411 页。

⑤ 汪籛：《唐太宗树立新门阀的意图》，《内蒙古大学学报》1979 年第 5 期。

⑥ 吴钢主编《全唐文补遗》第五辑《大唐故新城长公主墓志铭并序》，三秦出版社，1998，第 127 页。

⑦ （后晋）刘昫：《旧唐书》卷一八三《外戚传》，中华书局，1975，第 4727 页。

⑧ （宋）欧阳修：《新唐书》卷一〇五《长孙无忌传附子诠传》，中华书局，1975，第 4023 页。

⑨ 吴钢主编《全唐文补遗》第五辑《大唐故新城长公主墓志铭并序》，三秦出版社，1998，第 127 页。

能看出公主的决心。

第二任丈夫为驸马韦正矩。韦正矩出自关中郡姓京兆韦氏彭城公房，曾祖"鸿胪，后周仪同三司、本州大都督、新丰昭公"。祖"澄，字清仁，绵州刺史、彭城敬公"。父"庆嗣，太子家令，袭公"。"正矩，殿中监、驸马都尉。"[1] 史书记载公主婚后，驸马"遇主不以礼，俄而主暴薨"，[2] 公主时年仅30岁。

墓志中甚至没有公主再嫁的任何记载，这大致与公主嫁韦正矩时日尚短，遇公主又不以礼有关。公主暴卒后，高宗既悲痛又愤怒，"诏三司杂治，正矩不能辩，伏诛"。而且将公主"以皇后礼葬昭陵旁"[3]。

公主与两任驸马的子嗣都不详。

综上，唐太宗的公主呈现出如下几个特点。出身上，除文德皇后和韦贵妃所出之外，多数公主生母不详；婚姻上，除了早薨以及谋反的合浦、巴陵二公主，其余公主婚嫁皆是当朝皇亲国仪以及文武功臣之后，且婚后夫死改嫁的较多；葬地上，除了部分不详及无法入昭陵陪葬外，其余均与驸马一起陪葬昭陵。

（郭海文　陕西师范大学历史文化学院）

---

① （宋）欧阳修：《新唐书》卷七十四上，中华书局，1975，第 3055~3059 页。
② （宋）欧阳修：《新唐书》卷八三《诸帝公主传》，中华书局，1975，第 3649 页。
③ （宋）欧阳修：《新唐书》卷八三《诸帝公主传》，中华书局，1975，第 3649 页。

贞观"新门阀"与皇权政治的回归

一 汪篯先生贞观"新门阀"概念
提出之渊源

胡戟先生曾评价:"陈寅恪先生对中国中古史研究的贡献,首先在于创立了以士族门阀兴衰为背景,认识魏晋南北朝隋唐时代政治社会演变的理论框架,帮助人们观察中古历史辩证发展的大势,把握历史运动的底蕴,把学术研究提高到现代认识水准上。"[①]自 20 世纪 30 年代陈先生发表《李唐氏族问题之推测》后,士族问题便成为汉唐历史研究的核心话题之一,历经大半个世纪热度从未减退。汪篯先生所遗论著凡二十二篇,半数涉及士族问题,其理论构架与陈先生一脉相承。

士族兴起于汉末,发展、繁盛于魏晋南北朝,衰亡于隋唐。对于这样的脉络,学界并无太大分歧。陈寅恪先生首先将目光集中于唐代士族之升降问题上,希望能从李唐家族问题中找到士族发展与政治变迁的内在联系和发展规律。他对唐初政治和士族发展阶段的理解有三要点。第一,李唐出身,决定了皇族对待士族的政策,即"李唐先世疑出边荒杂类,必非华夏世家","李唐一代三百年,其政治社会制度风气变迁兴革所以然之故,始可得而推论"[②]。第二,李唐三百年之变迁与关陇贵族集团之沉浮息息相关,即"其统治阶级之变迁升降,即是宇文泰'关中本位政策'所鸠合集团之兴衰及其分化"[③]。第

---

① 胡戟:《陈寅恪与中国中古史研究》,《历史研究》2011 年第 4 期,第 146 页。
② 陈寅恪:《隋唐制度渊源略论稿·唐代政治史述论稿》,生活·读书·新知三联书店,2001,第 331 页。
③ 陈寅恪:《隋唐制度渊源略论稿·唐代政治史述论稿》,生活·读书·新知三联书店,2001,第 234 页。

三，太宗摧抑山东高门为代表的旧士族，开启了士族门阀衰败之端，这也是唐代社会政治变迁的关键，对后世影响深远。即"对于中原甲姓，压抑摧毁，其事创始于太宗，而高宗继述之，遂成李唐帝室传统之政略。魏晋以来门第之政治社会制度风气，以是而渐次颓坏毁灭，实古今世局转移升降枢机之所在，其事之影响与当时及后世者至深且久"①。

汪篯先生不仅考察了陈寅恪先生所指出的太宗打压山东旧士族的情况，而且发现了太宗士族政策的另一面——拔擢山东微族。更重要的是，他另辟蹊径，将关陇贵族置于唐初的政治生态中，视作功臣勋贵，与山东旧族、山东微族进行比较，通过研究各集团的升降情况，进一步提出了贞观"新门阀"的概念。他指出，唐太宗保持和关陇功臣的婚姻关系，打压山东旧族，拔擢山东微族，"目的是要树立新门阀，加强关陇军事贵族的核心地位"②，即建立一个"以北周系统为中心的、新的族阀"③，这个"新门阀"的特点是"以皇家外戚即以前的关陇贵族的主要家族主其轴心，而以'凡在朝士'之各种来源复杂的家族环其周边，让它慢慢地成为坚强而巩固的团体"④。言下之意，不仅关陇功臣，而且新晋山东微族等都应当纳入唐代士族门阀的范畴。

汪先生在"文革"初期离世，距其遗著面世有二三十年时间。这段时间内，学者们沿着陈寅恪先生的路径继续着唐代士族问题的研究。一部分学者将研究重点落在唐代士族的具体存在状态及衰落过程问题上，并出现了很大的分歧。观点之一，唐初士族仍保有很强的势力。以王仲荦先生为代表，认为"魏晋南北朝以来的世家大族在政治、经济上的势力，还是不能低估的"⑤；与之对立的一种观点，以周一良和吴宗国先生为代表，认为唐初士族的衰落主要表现在政治、经济上。隋唐以来废九品中正制，设立科举制，通过法律的形式废除了士族高门的特权，甚至作为门阀制度特征的一些风俗习惯，也

---

① 陈寅恪：《隋唐制度渊源略论稿·唐代政治史述论稿》，生活·读书·新知三联书店，2001，第334页。
② 汪篯：《汉唐史论稿》，北京大学出版社，1992，第170页。
③ 汪篯：《汉唐史论稿》，北京大学出版社，1992，第260页。
④ 汪篯著，唐长孺等编《汪篯隋唐史论稿》，中国社会科学出版社，1981，第155页。
⑤ 王仲荦：《〈唐贞观八年条举氏族事件〉残卷考释》，《文史》1980年第6期，第53页。

随之消失。但是，社会方面的综合影响犹在[①]。另一部分学者将研究重点聚集在士、庶比较上。以瞿林东先生为代表，认为太宗修撰《氏族志》，抑制了山东高门为代表的旧士族，同时拓宽了庶族地主入仕的管道，促成了士、庶合流[②]。但是并没有人意识到唐初统治者树立"新门阀"之举措和意图。汪先生遗著面世后，学者们对唐初的关陇贵族、山东士族的研究又进了一步。赵克尧先生据此深入剖析了"唐太宗的关陇门阀观"，并指出在唐太宗看来关陇贵族当属于士族门阀之范畴，而且《氏族志》的重修旨在将关陇贵族定为士族之一尊，但是社会的惰性力量不可低估，崇尚旧族郡望的风气并未彻底改变[③]。胡戟先生又从关陇贵族构成的角度，对这一集团的性格进行了分析，并指出尽管该集团成分复杂，并非典型的旧门阀，作为新贵新门，"关陇集团既是士族门阀政治的最后支柱，但却不是门阀制度的忠实堡垒。表现在政策上便是既保守又有革新的二重性，思想上则既讲门第又重冠冕"[④]。此外，汪先生将唐初修撰《氏族志》和《姓氏录》纳入士族政策的考察范畴又启发了一批学者针对唐代官修谱牒的研究。比如邓文宽所作《唐前期三次官修谱牒浅析》一文，重点分析了唐前期三个官谱修撰的背景与内容的异同，再次肯定了唐初"尊崇今朝冠冕、压抑旧士族"的士族政策。[⑤]

总之，汪先生提出贞观"新门阀"的概念，为理解贞观初年的士族政策提供了新的思路。在汪先生的启发之下，笔者对太宗到高宗年间的士族政策重新进行了比较考察，发现贞观"新门阀"与魏晋时期的士族门阀在组成和性质上有根本的区别，唐初旧士族身上残留的旧门阀特性偏离了与皇权合作的轨道，因而李唐树立"新门阀"有其必然性。然而，贞观年间树立"新门阀"的措施并没有达到预期效果，其后高宗遵照太宗遗志，进一步采取类似的措施，却直接导致了政治社会对士族门阀概念的混淆，反而促成了士族的衰亡。鉴于本人学力所限，不当之处望方家指正。

---

① 周一良：《〈博陵崔氏个案研究〉评价》，《中国史研究》1982 年第 1 期；吴宗国：《唐代士族及其衰落》，载《唐史学会论文集》（二），1986。

② 瞿林东：《唐代谱学简论》，《中国史研究》1981 年第 1 期。

③ 赵克尧：《〈氏族志〉与唐太宗的关陇门阀观》，《复旦学报》1984 年第 2 期。

④ 胡戟：《关陇集团的形成及其矛盾的性格》，载《西北历史研究》，三秦出版社，1986，第 121 页。

⑤ 邓文宽：《唐前期三次官修谱牒浅析》，载《唐史学会论文集》（二），1986。

二　李唐皇室与旧门阀观念之抵牾

唐初政治社会的主流门阀观仍然遵照魏晋以来的传统。汪篯先生认为，"在门阀制度下，社会地位是以婚媾作标准的，那时看重的是'清'，是'文化的传统'。关陇集团的贵门，包括李唐皇室在内，都不具备这个条件"。① 但是，正如晚唐文宗所说，李唐皇室又自认为是"数百年衣冠"②。于是，一方面李唐皇室普遍存在"'自以为贵'的自骄和'并不算清'的自卑两种矛盾心理冲突"③；另一方面，秉持魏晋传统的旧门阀根本无法接纳关陇贵族出身的李唐皇室。从组成上看，关陇贵族以武川系军事贵族为核心，杂糅了汉化的胡人和胡化的汉人，包括鲜卑贵族的"虏姓"、关中"郡姓"，以及河东、江南士族。虽然该集团中有部分旧士族，而且李唐皇室一再强调其出自关中"郡姓"，但经陈寅恪先生考证，"疑李唐为李初古拔之后裔"，并进一步推测李重耳奔宋归魏之事，在唐代多部官修史书中"皆删弃不录，或者唐初史家犹能灼知皇室先世真实渊源，因有所忌讳，不敢直书耶"？④ 这是极有可能之事。所以，皇室的门阀观念往往与旧门阀的观念相抵牾。

唐高祖曾对外戚窦威说，"'昔周朝有八柱国之贵，吾与公家咸登此职。今我已为天子，公为内史令，本同末异，乃不平矣。'威谢曰：'臣家昔在汉朝，再为外戚，至于后魏，三处外家，陛下隆兴，复出皇后。臣又阶缘戚里，位忝凤池，自惟叨滥，晓夕兢惧。'高祖笑曰：'比见关东人与崔、卢为婚，犹自矜伐，公代为帝戚，不亦贵乎！'"⑤ 窦威出自"河南窦氏"，其祖先可追溯到东汉大鸿胪窦章，是名副其实的旧士族，其自贬身份，故而让高祖非常满意。面对"河南窦氏"如是，面对其他旧高门如"河东裴氏"也是如此。高祖对裴寂说："我李氏昔在陇西，富有龟玉，降及祖祢，姻娅帝室。及举义兵，四

---

① 汪篯著，唐长孺等编《汪篯隋唐史论稿》，中国社会科学出版社，1981，第153页。
② （宋）李昉等编，张国风会校《太平广记会校》卷一八四《贡举七》，北京燕山出版社，2011，第2725页。
③ 汪篯著，唐长孺等编《汪篯隋唐史论稿》，中国社会科学出版社，1981，第153页。
④ 陈寅恪：《隋唐制度渊源略论稿·唐代政治史述论稿》，生活·读书·新知三联书店，2001，第332页。
⑤ （后晋）刘昫等撰《旧唐书》卷六一《窦威传》，中华书局，1975，第2364~2365页。

海云集，才涉数日，升为天子。至如前代皇王，多起微贱，劬劳行阵下不聊生。公复世胄名家，历职清显，岂若萧何、曹参起自刀笔吏也！唯我与公，千载之后，无愧前修矣。"① 河东裴氏是三晋望族，其家世能追溯到东周秦汉，门第之高不是一般士族所能企望。然而，高祖明知裴寂是"世胄名家"，却偏偏要和河东裴氏相比，而且还一再强调二者在门第上是可以相提并论，无愧于后世的。

在这一点上，唐太宗要谨慎得多。《旧唐书》卷七八《张行成传》载："太宗尝言及山东、关中人，意有同异，行成正侍宴，跪而奏曰：'臣闻天子以四海为家，不当以东西为限；若如是，则示人以隘狭。'"② 在酒宴上，也许是喝得兴起，太宗有了如上言论。所谓"意有同异"，就是太宗自标关中郡望，鄙薄山东郡姓。张行成闻言，当即制止了太宗。其原因有二：一是确如张行成所言，在"普天之下莫非王土，率土之滨莫非王臣"的君主观念下，用地域观念来衡量贵贱，示人以狭隘，等于自损天子身份；二是魏晋以来谱牒之风盛行，无论是地方还是朝中都有一批精通天下士族郡望的士人。比如，贞观五年担任吏部尚书的高士廉，"奖鉴人伦，雅谙姓氏，凡所署用，莫不人地俱允"。③ 吏部尚书识别天下姓氏之能力，可以参照则天朝的一件事，如意年间李志远负责铨选，"有姓方姓王者并被放，私与令史相知，减其点画。'方'改为丁，'王'改为'士'，拟授官后即加增文字。志远一见便觉曰：'今年铨覆数万人，总知姓字，何处有"丁""士"乎。此必"方""王"也。'令史并承伏。"④ 贞观朝中，除了高士廉，至少还有韦挺、岑文本、令狐德棻等一批这样的人存在，他们深知李唐皇室所谓"关中郡望"的水分，言之过多，等于自取其辱。

旧士族的门阀标准有二：婚和宦。"唐代社会承南北朝之旧俗，通以二事评量人品之高下。此二事，一曰婚。二曰宦。凡婚而不娶名家女，与仕而不由清望官，俱为社会所不齿。"⑤ 汪篯先生对高祖十九女和太宗二十一女的通婚

① （后晋）刘昫等：《旧唐书》卷五七《裴寂传》，中华书局，1975，第2288页。
② （后晋）刘昫等：《旧唐书》卷七八《张行成传》，中华书局，1975，第2703页。
③ （后晋）刘昫等：《旧唐书》卷六五《高士廉传》，中华书局，1975，第2443页。
④ （唐）封演撰，赵贞信校注《封氏闻见记校注》卷三《铨曹》，中华书局，1956，第21页。
⑤ 陈寅恪：《元白诗笺证稿》，上海古籍出版社，1978，第112页。

状况进行了梳理，发现主婚"没有例外，全部均出自勋贵名臣家，其中主要是关陇集团家族，名臣之家只占了一部分，而没有一个是山东旧族"。① 因为，关陇贵族并非不想与高门旧望通婚，而是高门旧望犹自高标置往往不屑与之通婚；即便是没落的高门旧望，也倾向于巴结其他旧门，或者与富贵之家通婚，借机光复旧望或索取财富，甚至出现了"卖婚"的陋习。太宗对这种现象非常不满："我与山东崔、卢、李、郑，旧既无嫌，为其世代衰微，全无冠盖，犹自云士大夫，婚姻之间，则多邀钱币。才识凡下，而偃仰自高，贩鬻松槚，依托富贵。我不解人间何为重之？"② 既然不被旧士族认可，那么李唐皇室就重新树立一个新的门阀系统。所以唐太宗命令高士廉等人，重修《氏族志》，颁布"禁婚诏"，以"今朝冠冕"为准，从根本上改变门阀标准。

三 旧门阀的惰性

汉末至隋唐，数百年间政权更迭如天气变化，频繁而无章，比较有章可循的就是各地的门阀族阅。唐代史官柳芳曾这样总结各地高门的特征，"过江则为'侨姓'，王、谢、袁、萧为大；东南则为'吴姓'，朱、张、顾、陆为大；山东则为'郡姓'，王、崔、卢、李、郑为大；关中亦号'郡姓'，韦、裴、柳、薛、杨、杜首之；代北则为'虏姓'，元、长孙、宇文、于、陆、源、窦首之"。③

"侨姓"和"吴姓"指的是南朝士族两大组成部分。两晋之际，北方大姓产生了一次大的分化，部分士族随着琅邪王越过江，组建建康朝廷。这批南渡士族，就成为东晋第一批门阀。实际上，琅邪王氏、陈郡谢氏、陈郡袁氏、兰陵萧氏这四大"侨姓"并不一直是南渡衣冠中的一流士族。琅邪王氏尚未渡江之前，其社会地位仍在平阳贾氏、河东裴氏、太原王氏等大族之下，投身东晋新朝廷后才逐渐在政治军事上占有了一席之地。陈郡谢氏在东晋初的地位不如琅邪王氏，尊显于谢安淝水之战成名后。兰陵萧氏等级的提高则更晚，至刘宋末，才通过弑帝篡位跻身南朝高门之列。而陈郡袁氏的族谱可

① 汪篯著，唐长孺等编《汪篯隋唐史论稿》，中国社会科学出版社，1981，第 161 页。
② （后晋）刘昫等：《旧唐书》卷六五《高士廉传》，中华书局，1975，第 2443 页。
③ （宋）欧阳修、宋祁：《新唐书》卷一九九《柳冲传》，中华书局，1975，第 5677~5678 页。

追溯到西汉时期的袁良。袁良以通晓《孟氏易》著称，官至太子舍人，其后"四世五公"，是四大"侨姓"中唯一当之无愧的旧高门。"吴姓"则是江南地区的土著士族，相对于过江"侨姓"，他们更具备旧士族的特性。吴中朱氏家族史可追溯到汉代朱买臣、朱梁，至三国时有吴郡朱氏、沛国朱氏两支望姓，分别以朱桓、朱异父子与朱治、朱然父子为代表；吴郡张氏是汉代张良之后，三国时期有名臣张温、张昭、张敦等；吴中顾氏可追溯到越王勾践七世孙摇，东汉明帝时有尚书令顾综，三国时以顾雍为代表；而吴中陆氏出自妫姓，汉代名臣有陆贾等，三国时期以陆逊、陆抗为代表。江南士族远不止四姓，而朱、张、顾、陆的崛起，得益于孙吴政权对这四姓的倚重。孙吴时期，朱、陆两姓以军功显著，张、顾两姓则以才华出众、匡扶孙室而颇受尊崇。四大"吴姓"均出自汉代士族之门，谱系明确，作为孙吴政权重要的支柱力量，并称四大"吴姓"无可厚非。

山东具有高度的文化传统，历史上将相辈出。世代盘踞于此的名门望族其实远不止王、崔、卢、李、郑五姓，但他们作为山东甲门没有疑义。这五姓又可称作五姓七家，分别是太原王氏、博陵崔氏和清河崔氏、范阳卢氏、赵郡李氏和陇西李氏、荥阳郑氏。这五姓七家在魏晋南北朝时期颇受推崇，山东高门在很长一段时期内被视作一流士族。甚至孝文帝改革时期，也特别注意与这五姓的婚媾关系。"魏主雅重门族，以范阳卢敏、清河崔宗伯、荥阳郑羲、太原王琼四姓，衣冠所推，咸纳其女以充后宫。陇西李冲以才识见任，当朝贵重，所结姻娅，莫非清望；帝亦以其女为夫人。"[①] 正是由于五姓在山东享有稳定的社会声望，在历代胡汉政权中都占有稳定的政治地位，所以在永嘉之乱的时候，他们并不愿意南渡。

与山东甲门相比，关中"郡姓"的崛起历史要坎坷得多。据统计，关中"郡姓"在魏晋南北朝时期有过至少四次较大的迁徙过程[②]：一是永嘉祸起之时，四散避居江左、河西、辽东、河北等地；二是胡亡氐乱，晋宋易代之际，关中郡姓以襄阳、寿阳等南北边境之地为方向纷纷南迁。这是关中郡姓南迁之主潮，拉开了他们各自家族依违南北、家于各地的大序幕；三是刘宋、萧

---

① （宋）司马光撰，（元）胡三省音注《资治通鉴》卷一四〇，中华书局，2011，第4393页。

② 宋艳梅：《永嘉乱后关中郡姓的地域选择与家族发展》，《常熟理工学院学报》（哲学社会科学版）2015年第3期，第3~5页。

齐政局动乱、宗室斗争时期，失势的南方房支投奔北朝，多以北朝都城为寓居地；四是梁朝灭亡、江陵陷落直至南朝结束，寓居江左的关中郡姓家族房支多作为败俘先后入关。总体上看，早期南渡的关中"郡姓"如京兆韦氏等，所携儒学传统与江南尚玄之风相左，家族声望难以为继；而弘农杨氏、河东柳氏、寿阳薛氏等晚渡士族，以军功发迹于南朝；其后，历经北魏拓跋氏和西魏宇文氏的相容并包政策，关中"郡姓"又回到北方，之后又被高欢裹挟，仕于北齐。由于失去了可以依据的地域优势，关中"郡姓"一直在南北政权中颠沛往来。

代北"虏姓"的发展需要从两个方面看。一是代北所指的地域，"主要指代郡以北的六镇及朔、恒、燕三州"[①]，是该族群的发源地。代北所在地域正是北魏的政治中心。二是"虏姓"之名，是相对于汉姓的称谓，"'虏姓'者，魏孝文帝迁洛，有八氏十姓，三十六族九十二姓。八氏十姓，出于帝宗属，或诸国从魏者；三十六族九十二姓，世为部落大人；并号河南洛阳人"。[②]代北"虏姓"源于孝文帝太和改制，是部分士族化的鲜卑贵族，也是宇文氏关中本位政策下，鲜卑军事贵族的主体。从北魏至隋唐，代北"虏姓"凭借军功或者婚姻关系，始终活跃在政治舞台。

世家大族发迹于宗族乡里，共同的生存地域是同族人抱团取暖的根据地，这一点在连年混战的北方尤其重要。保持固定的生存地域，意味着能够通过血缘和宗法关系，持续垄断地方官职，控制地方舆论，得到较高的"乡品"，不断取得新的政治和文化优势；同时，保持固定的生存地域，也意味着能够保有土地和财产等经济优势。然而，永嘉以后，战火频仍，部分士族不得不加入迁徙的洪流，当然也有一部分士族固守根据地，但无论迁徙还是留守，高门士族都惯于在族姓前面加上地域名称以示区别。

在胡汉政权的交替中，不论是一流高门还是次等士族，无一例外地选择了与当下政权合作，这是门阀士族的重要政治特性。然而，无论哪个地域的士族都从不专属于某个特定政权，其依附的最高标准是能否给家族带来实际利益。换言之，士族对地方政权并不具有专属性，这是其政治性的另一个方面。

① 朱大渭：《代北豪强酋帅的崛起述论》，载《六朝史论》，中华书局，1998，第216页。
② （宋）欧阳修、宋祁：《新唐书》卷一九九《柳冲传》，中华书局，1975，第5678页。

商周易代，伯夷、叔齐耻食周粟，饿死于首阳山。然而，汉唐之间以文化和门第彰显的世家大族，并没有对某个政权或朝代表现出强烈的守望。中国古代经历了两段弑君篡位的高发期，一个是礼崩乐坏的春秋战国时期，另一个就是胡汉政权混战的魏晋南北朝时期。高举礼乐文化大旗，将儒学经术当作家族事业来经营，并注重门风、礼法的世家大族，却不是忠君爱国的典范。汉魏易代，颍川荀彧投奔了挟天子以令诸侯的曹操，并拉拢了一批汉末大姓。晋宋更替，琅琊王氏、太原王氏、陈郡谢氏仍盘踞新朝各个领域。更有甚者如刘宋的顾命大臣褚渊，"身事二代。彦回子贲往问讯照，照问曰：'司空今日何在？'贲曰：'奉玺绂，在齐大司马门。'照正色曰：'不知汝家司空将一家物与一家，亦复何谓。'彦回拜司徒，宾客满坐，照叹曰：'彦回少立名行，何意披猖至此！门户不幸，乃复有今日之拜。使彦回作中书郎而死，不当是一名士邪？ 名德不昌，遂有期颐之寿。'"[1]当时的百姓讥讽道："可怜石头城，宁为袁粲死，不作彦回生。"[2]但是，从"宾客满座"的情形看，忠于某个朝代的士人在当时实属异类。

门阀族阅得到地方政权的认可，成为普天之下安身立命的根本。因此，"身事二代"甚至数代，在汉唐门阀士族看来稀松平常，家族利益要远高于国家或朝廷的利益。这种家族利益至上的心理让旧门阀士族产生了一种惰性，即无论与哪个政权合作，旧士族的族阅一定要秉持。

四 "新门阀"政策的破产与唐高宗的接力

在社会惰性之下，贞观六年《氏族志》初稿交付太宗的时候，崔民干等旧高门仍然保留了一等士族的排名。太宗很不满意，重申了只取"今日官品、人才作等级"的"新门阀"标准。但是直到贞观十二年《氏族志》完稿，也只是把皇族和外戚置于前两位，崔民干等旧高门从第三等开始往下排，并没有改变旧门阀排行的实质。于是，社会上的旧高门依旧我行我素。

由于在太宗的刻意打压下，旧高门在"宦"的方面没有实现本朝尊显，那

---

① （唐）李延寿：《南史》卷二八《褚裕之传附褚彦回传》，中华书局，1975，第756~757页。
② （唐）李延寿：《南史》卷二八《褚裕之传附褚彦回传》，中华书局，1975，第753页。

么"婚"的方面就有意要抬高身价了,卖婚现象由此而生。于是贞观十六年,太宗又下了"禁婚诏",声明"自今年六月禁卖婚"。太宗的"禁婚诏"实际上是针对买婚卖婚现象所做的限制。"氏族之盛,实系于冠冕;婚姻之道,莫先于仁义。自有魏失御,齐氏云亡,市朝既迁,风俗陵替。燕、赵右姓,多失衣冠之绪;齐、韩旧族,或乖德义之风。名不著于州闾,身未免于贫贱,自号膏粱之胄,不敦匹敌之仪,问名唯在于窃赀,结褵必归于富室。乃有新官之辈,丰财之家,慕其祖宗,竞结婚媾,多纳货贿,有如贩鬻。或自贬家门,受屈辱于姻娅;或矜其旧望,行无礼于舅姑。积习成俗,迄今未已,既紊人伦,实亏名教。朕夙夜兢惕,忧勤政道,往代蠹害,咸已惩革,唯此弊风,未能尽变。自今已后,明加告示,使识嫁娶之序,务合典礼,称朕意焉。"①然而,这些措施都没有被执行。包括房玄龄、魏征等朝中大臣都私下与旧高门结亲。《资治通鉴》卷二〇〇载,唐高宗显庆四年(659)冬十月壬戌诏略云,"后魏陇西李宝、太原王琼、荥阳郑温、范阳卢子迁、卢浑、卢辅、清河崔宗伯、崔元孙、前燕博陵崔懿、晋赵郡李楷等子孙,不得自为婚姻"。②高宗新"禁婚诏"的规定,显然要比太宗的诏令更彻底。

由于贞观《氏族志》的修撰并没有以当朝冠冕为准,于是显庆四年,高宗又主持重修了官方谱牒《姓氏录》。"以四后姓、酅公、介公及三公、太子三师、开府仪同三司、尚书仆射为第一姓,文武二品及知政事三品为第二姓,各以品位高下叙之,凡九等,取身及昆弟子孙,余属不入,改为《姓氏录》。当时军功入五品者,皆升谱限。"③显庆《姓氏录》不仅重申了遵守当朝冠冕的标准,并且对官品与士族排行的对应关系做了详细的规定,社会的反响很大。所谓"搢绅耻焉,目为'勋格'",包括两个方面的含义:一方面,新排行榜做到了以当时的官品为准则,旧士族的门第再高,但凡没有官品,就不被《姓氏录》收入,这是旧士族无法接受的事实;另一方面,被收入《姓氏录》的"新门阀"成员尽管被中央承认,进入了新排行榜,但是与"军功五品"等不具备家风、家学的人为伍,在观念上他们也接受不了。再者,显庆《姓氏录》与"禁婚诏"还有直接的对应关系,严格规定了七品及七品以上官

---

① (唐)吴兢撰,谢保成集校《贞观政要集校》卷七《崇礼乐》,中华书局,2003,第397页。

② (宋)司马光撰,(元)胡三省音注《资治通鉴》卷二〇〇,第6318页。

③ (宋)欧阳修、宋祁:《新唐书》卷九五《高俭传》,中华书局,1975,第3842页。

员婚姻纳彩的财物上限，"三品以上纳币不得过三百匹，四品五品二百，六品七品百，悉为归装，夫氏禁受陪门财"。这就是要从制度上禁止七品以上当朝"新门阀"与没落而骄矜的旧门阀结亲。

以往对显庆《姓氏录》的评价往往纠结于文献所描述的情节，认为新谱牒是高宗废王立武后，许敬宗等大臣为了拍武后的马屁，同时在李义府等新贵想要跻身士族谱系的私心驱使下修撰的。然而，从高宗修撰新谱牒，颁布"禁婚诏"，甚至不惜搜罗焚烧旧《氏族志》等一系列举动看，与太宗朝的举措在形式和内容上有根本的相似性和延续性。在主观上，高宗秉承太宗的遗志，打算建立以本朝衣冠为准的"新门阀"体系，进一步弥补《氏族志》的错误，树立中央权威。正如李唐皇室所期待的，社会上从此有了不同于魏晋传统的新标准，中央权威与社会权威的对立公开化；但是在客观上，《姓氏录》的颁布引起了士族对官修谱牒的恶感，同时也造成了社会上对新旧士族排行的认识混乱。其结果是，旧高门不屑言士族排行，新门阀耻于言士族排行，最后混乱的"门品"概念在社会上逐渐被嫌弃、淡化，直至门阀士族失去了赖以维系的意识形态支撑。

五　合作破产之根源

不管是门阀士族，还是关陇贵族，但凡成为一个聚合的团体，就必然具有一定的排他性。"皇室与其将相大臣几全出于同一系统之阶级，故李氏据帝位，主其轴心，其他诸族入则为相，出则为将，自无文武分途之事，而将相大臣与皇室亦为同类之人，其间更不容别一统治阶级之存在。"[①] 从这个角度看，打击旧士族，树立以关陇贵族为核心的"新门阀"有其必要性。汪篯先生细数太宗君临天下二十三年间二十八位宰相的家世身份，没有一位出自山东高门。其打压态势确实一目了然。

地方政权与士族的合作不是长久之计。"两汉士族凝成，乃由于社会势力之存在，掌握政治权利的皇帝为增强其社会基础计，自西汉昭宣以降，采取吸收社会势力参与政权的办法而启其端倪……地方豪族之士大夫化，以及士

---

① 陈寅恪：《隋唐制度渊源略论稿·唐代政治史述论稿》，生活·读书·新知三联书店，2001，第234~235页。

大夫之家族化,走向了中古士族之道路。"① 毛汉光先生这段话说明了士族缘起于皇权与社会势力的合作,其目的是增强对地方的控制,士族权力在地方的发展壮大实则是皇权的下移。迫于动乱的时局,为获得地方势力的支持,尽快抚平战乱的影响,地方性政权往往都选择与地方大族分享权力,甚至合作的策略。汉族地方政权如此,胡族政权更是如此。因为地方大姓不仅具有文化优势、社会声望,同时也兼具地主的身份,是地方经济实体的拥有者。接受这样一批人进入政治系统,无异于增加了地方政权的实力。同时,士族所拥有的政治文化影响,也便于皇权把触角伸向社会的各个层面。

然而,士族门阀化程度越高,皇权就越容易被架空。门阀政治高度发展,士族与皇族平起平坐,甚至随时可以僭越的现象并非皇权政治所希望看到的。因为当皇权面临被架空的危险的时候,通常采取的措施有两种。一是想方设法加入士族行列,与高门打成一片,甚至通婚,消解皇族与士族的差异。曹魏以来的地方政权一贯采用此类柔性策略,但是这种策略的收效甚微,不少地方性政权的统治者是通过武力或者政变上位,其本身未必是一流高门,所以为了保持血统的纯正,很多高门士族甚至看不上皇族的示好,不屑与皇族通婚,在架空皇权的路上越走越远。二是通过法律形式,干涉士族门阀的做派,树立中央权威。隋唐时期主要采取此类刚性措施,科举取士,重修《氏族志》,颁布禁婚令都属于该方面。地方性政权之所以采取柔性策略,还是受制于时局,因为世家大族不仅拥有强大的社会和政治影响,而且大姓之间关系盘根错节,刚性策略的采用势必会引起世家大族的集体反对,这是新生地方政权面临的最大隐患。东晋"王与马,共天下",就是士族的实力派与皇族对话的典型状态。假设没有南渡士族的拥护,司马氏很快会退出政坛,宋齐嬗代即是很好的例证。

总之,魏晋以来,旧的门阀士族在与皇族的合作道路上逐渐偏离了轨道,作为权力实际拥有者的李唐皇室势必要扭转这样的趋势。贞观年间政局逐渐走向平稳上升状态,为树立"新门阀"创造了一定的有利条件。另外,诚如田余庆先生所言,门阀政治"是指士族与皇权的共治,是一种在特定条件下出现的皇权政治的变态。它的存在是暂时的;它来自皇权政治,又逐步回归

---

① 毛汉光:《中国中古社会史论》,联经出版社,1997,第 77 页。

于皇权政治"。正常情况下,"不但宗族力量处在皇权控制之下,而且一切其他力量都处在皇权控制之下,不可能与皇权平行,更不可能超越皇权"。[①] 在政治动乱时期,皇权政治与士族政治平分秋色,实是一种非常态;那么唐初时局逐渐稳定的情况下,推行"新门阀"政治,树立中央权威,复归皇权政治,有其必然性。

(马俊杰　中国人民大学国学院博士研究生)

---

① 田余庆:《东晋门阀政治》,北京大学出版社,1991,第340页。

唐太宗的用人政策

——兼谈唐太宗与魏征之关系

唐太宗李世民是中国封建社会一位雄才大略、功高盖世的明君英主，开创的"贞观之治"一直为后人所称道。他善于纳谏，重用人才，依靠整个地主阶级的有识之士管理国家，这是出现"贞观之治"的重要原因之一。在中国封建君臣当中，能虚怀纳谏、直言敢谏者首推李世民、魏征二人。而在这对明君贤臣的背后，有着多重的历史或个人的因素。本文以唐太宗的用人政策为切入点，进而阐述唐太宗与魏征这对君臣之间的微妙关系，同时对上述问题做一粗浅分析。

一 唐太宗的用人政策

唐太宗李世民聪明、英武，靠其胆略、睿智，南征北伐一统大唐。即位之初，他为了巩固政权，治理天下，善于纳谏，唯才是举，重视人才的选拔和任用，最终以其雄才大略、非凡气度创造出"贞观之治"的大唐盛世。唐太宗为何能虚怀纳谏，广揽贤才，知人善任？唐初严峻的国家形势，促使他逐渐形成"以史为鉴""以人为本"的治国理念。

1. "以史为鉴"的忧患意识，"以人为本"的治国理念

隋末农民起义的狂飙，摧毁了一个既富且强的杨氏政权，李渊父子参与了以唐代隋的废兴巨变，并在农民战争失败的废墟上建立起了李唐王朝。经历了隋末的战争风云和残酷的宫廷斗争，李世民即位之初，国家形势严峻，连续三年遭遇严重的自然灾害，经济凋敝笼罩着全国；政局不稳，变乱频繁发生。要稳定全国局势，唐太宗必须全面深刻地总结历史，君臣共同探讨、吸取隋亡教训。他多次强调："天子者，有道则人推而为主，无道则人弃而不用，诚可畏也。"[①] "为君之道，必须先存百姓，若损百姓以奉其身，犹割股以啖腹，腹饱而身毙。"[②] 君臣上下强烈地感受到农民起义的强大威力及广大人民群众力量的可畏，最终达成了以隋为鉴的历史共识：要巩固统治，实现国家的长治久安，必须重民、保民、养民，让老百姓"恣其耕稼"，轻徭薄赋，与民休息。这也是贞观朝君臣考虑问题、制定政策的出发点，更是成就"贞观之治"的根本原因。[③]

2. 兼收并蓄、广揽贤才、知人善任的用人政策

唐太宗深刻认识到人才的重要性，《贞观政要》中多处记载他关于人才重要性的论断："治安之本，惟在得人。"[④] "能安天下者，惟在用得贤才。"[⑤] 他屡次提到唯才的政策，选贤任能不论亲疏，不避怨仇，不囿派系，更不问出身。"朕今令举行能之人，非朕独私于行能者，以其能益于百姓也。朕于宗亲以及勋旧无行能者，终不任之。"[⑥] "但能举用得才，虽是子弟及有仇嫌，不得不举。"[⑦] "朕之授官，必择才行。若才行不至，纵朕至亲，亦不虚授，襄邑王神符是也；若才有所适，虽怨仇而不弃，魏征等是也。"[⑧] 唐太宗这种举贤用人的人才思想为唐初大量优秀人才的出现提供了必备条件，同时也为贞观朝的繁盛注入了新的生命力。

汪篯先生在论述唐太宗的用人政策时讲道：太宗初即位时，首先要考虑的是如何适当对待下列三种官员，即（1）高祖统治时中央机构的高级官员，（2）秦王府的僚属，（3）建成的东宫官属和元吉的齐王府属。其中，汪先生对第三点做了详细分析。建成的东宫府属曾经是太宗的死敌，但是，第一，他们反对太宗甚至要杀害太宗，不过是为了维护他们主子的太子地位，并由此来取得自己的荣显。他们和太宗并没有根本利害矛盾。在太宗看来，他们

① （唐）吴兢：《贞观政要》卷一《政体第二》，上海古籍出版社，1978，第16页。

② （唐）吴兢：《贞观政要》卷一《君道第一》，上海古籍出版社，1978，第1页。

③ 王凡：《唐代贞观朝君臣治国思想略论》，《社会科学辑刊》2003年2期，第132页。

④ （唐）吴兢：《贞观政要》卷三《择官第七》，上海古籍出版社，1978，第89页。

⑤ （唐）吴兢：《贞观政要》卷三《择官第七》，上海古籍出版社，1978，第93页。

⑥ （后晋）刘昫等：《旧唐书》卷七〇《杜正伦传》，中华书局，1975，第2542页。

⑦ （唐）吴兢：《贞观政要》卷五《公平第十六》，上海古籍出版社，1978，第168页。

⑧ （后晋）刘昫等：《旧唐书》卷六五《长孙无忌传》，中华书局，1975，第2447~2448页。

是"桀犬吠尧，各为其主"，是可以原谅的；赦免他们的死罪，并可使他们感恩。他们处于"皮之不存，毛将焉附"的地位，只要新主人"以国士见待"，他们是可以"以国士报之"的。第二，在东宫府属中，有一些人参加过隋末关东的农民起义军，与关东豪杰有着密切的联系，只有利用他们，才能迅速缓和河北、山东局势。第三，提用他们，还可起牵制亲王府属的作用，使太宗摆脱秦府旧属的包围。第四，建成东宫官属中，有不少富有政治军事才能的人，拔用他们，对于太宗有效地治理国家，也是有很大的好处的。① 因此，唐太宗大量起用原太子建成东宫僚属，其中包括魏征。

贞观盛世是人才的盛世，胸怀博大、广开才路的唐太宗身边积聚了一大批有识之士，其中不乏满腹经纶者、性质敦厚者、犯颜直谏者，如房玄龄、杜如晦、魏征、王珪、李靖、虞世南、刘洎、褚遂良、马周等，人才荟萃，群星璀璨，为贞观盛世书写了最为辉煌的一页。但是，到贞观中后期，随着社会经济的恢复发展和唐王朝统治地位的稳固，功成自满的唐太宗开始变得骄傲自满，侈靡奢纵，纳谏精神减退，听不进反面意见，盲目自信膨胀起来，政治逐渐不如以前了。这种变化在用人政策上相应也有所表现，对待寒族出身的大臣，由先前的重用转为疏远，不愿意吸收他们进入统治集团的核心，甚至逐渐排除了朝廷中出身于寒门地主或普通地主的大臣。贞观中晚期的唐太宗，在用人问题上失去了往日的谨慎。

二 唐太宗与魏征之关系

唐太宗在用人方面确立了一套正确的人才思想和用人政策，竭力开创一个君明臣直的政治局面。他鼓励谏诤，重用敢言直谏之人。清人赵翼评论说："贞观年间，诸臣之敢谏，实由于帝之能受谏也。"② 在他的鼓励下，朝廷上下直言进谏，君臣之间共相切磋，择善而从。其中最为历代史家所称道的便是因忠直刚毅、直言敢谏而名垂青史的著名谏官魏征。

魏征（580~643），"字玄成，钜鹿曲城人也。父长贤，北齐屯留令。征少

---

① 汪篯：《汪篯汉唐史论稿》，北京大学出版社，2017，第97~98页。
② （清）赵翼：《廿二史札记》卷十九，中华书局，1984，第239页。

孤贫，落拓有大志，不事生业，出家为道士。好读书，多所通涉，见天下渐乱，尤属意纵横之说"。[1] 魏征在家风的熏陶下，以文才武略及过人胆识享誉当时。后在隋末之乱中曾参加瓦岗军起义，跟随李密，又为窦建德所用，后跟随窦建德降唐，被唐高祖李渊所用，任太子建成洗马。玄武门之变后，魏征以其无所畏惧的胆魄和不卑不亢的气概、特立独行的品格和才识，深受唐太宗所器重，于是开始了二人之间长达十七年的千古传诵的一代明君与贤臣的关系。

魏征前半生跌宕的政治生涯，既使他饱尝了动荡时代的苦难，同时也提升了敏锐的洞察力和经国治世的能力。魏征为人耿直忠厚，不避猜忌，在对待国事的处理上，他不顾及个人得失，敢于坚持自己的主张，犯颜直谏，切中时弊。正是他正直无私、爱恨分明、忠贞刚毅的个性特点和过人的胆略、深谋远虑的能力，赢得了唐太宗的赏识。唐太宗曾讲道："征每犯颜切谏，不许我为非，我所以重之也。"[2] 太宗常同魏征讨论国家大事，"数引征入卧内，访以得失。征雅有经国之才，性又抗直，无所屈挠，太宗与之言，未尝不欣然纳受。征亦喜逢知己之主，思竭其用，知无不言"。[3] 君臣之间"讨论政术，往复应对，凡数十万言"。[4] 对此，唐太宗评价道" ……朕从其语，天下大宁。……此皆魏征之力也"。[5] 魏征病危，太宗多次下诏问疾，派人送药，亲临病榻探望。魏征死后，太宗又亲临吊唁，撰写碑文，立碑纪念，并痛心地说自己失去了一面可以知得失的"人镜"。

然而，正所谓臣以君为纲，君决定了臣的抱负，也决定了臣抱负的施展。每个朝代都有中正直言之士，却不一定能遇上善于纳谏的君王，历史为他设定了一代明君唐太宗。那么，唐太宗为何能善于纳谏，魏征为何能得到太宗的重用，主要有以下几点原因。

1. 唐太宗出于政治统治策略的需要——山东问题

唐太宗即位之初，国内形势严峻，经济萧条，政局不稳，变乱频繁，原太

---

① （后晋）刘昫等：《旧唐书》卷七一《魏征传》，中华书局，1975，第 2545 页。
② （唐）吴兢：《贞观政要》卷三《任贤第三》，上海古籍出版社，1978，第 32 页。
③ （后晋）刘昫等：《旧唐书》卷七一《魏征传》，中华书局，1975，第 2547 页。
④ （后晋）刘昫等：《旧唐书》卷七一《魏征传》，中华书局，1975，第 2562 页。
⑤ （后晋）刘昫等：《旧唐书》卷七一《魏征传》，中华书局，1975，第 2558 页。

子、齐王的余党逃散在山东一带，潜在的威胁仍然存在，唐太宗对此忧心忡忡。特别是山东问题一直是左右唐初政局的一个十分重要的因素。隋末唐初，在山东地区存在着两大势力集团，即山东士族和山东豪杰。陈寅恪先生曾在《论隋末唐初所谓"山东豪杰"》一文中谈到山东豪杰的构成成分："此'山东豪杰'者乃一胡汉杂糅，善战斗，务农业，而有组织之集团，常为当时政治上敌对两方争取之对象。"①实际上，所谓山东豪杰，就是隋末山东农民起义军的大小领袖。经过隋末农民起义的打击，山东士族由于其特权的大大削减，自身利益的逐步丧失，对李唐中央王朝心怀怨恨，时常发起动乱，给唐初统治造成一定的威胁。山东人对李唐皇室素无好感，对于太宗尤多嫌忌，李世民既崇羡山东世家大族的风尚，又因隋末农民战争而一直对山东集团存有疑惧心理。②李唐立国后，山东地位的重要性日益明显，成为建都关中的李唐皇室经济上的生命线。假如这一地区发生变乱，会给朝廷造成很大威胁。由此可见，山东问题是直接关系着唐初政治统治的关键问题。

汪篯先生在论述唐太宗的用人政策时讲到，原建成东宫府属中有一些人富有政治军事才能、且参加过隋末关东的农民起义军，与关东豪杰有着密切的联系，这些人若不吸收擢用，便会成为促成变乱的因素。只有利用他们，才能迅速缓和河北、山东局势。拔用他们，对于太宗有效地治理国家是有很大好处的。魏征本来是山东人，不仅参加过隋末瓦岗军起义，先后在李密、窦建德手下做事，与关东豪杰有着密切的联系，而且又是原东宫太子集团的主要谋臣之一，归唐以后，劝说山东李密旧部徐勣、窦建德部下曹旦及齐善行等归降李唐，建议建成在山东结纳豪杰，他和山东人必定保持着密切的联系。这种特殊的经历决定了魏征既是最能代表山东豪杰利益的人物之一，同时也是东宫集团利益的代表，因而成为山东集团和东宫集团的共同代言人。

聪明的太宗认识到，只有利用魏征，进而联络山东豪杰，用山东人去安抚山东，才能牵制山东士族势力，最终达到缓和河北、山东局势的目的。因此，李世民及时起用魏征，"使安辑河北，许以便宜从事"。③魏征则以山东人的资格，担负起了李唐政权收编各地义军之重任，显示了他在山东豪杰中

---

① 陈寅恪：《金明馆丛稿初编》，上海古籍出版社，1980，第 217 页。

② 王万盛：《在历史的表象后面——李世民与魏征关系新探》，《甘肃社会科学》1995 年第 1 期，第 79 页。

③ （后晋）刘昫等：《旧唐书》卷七一《魏征传》，中华书局，1975，第 2547 页。

的作用。魏征多次奉命赴山东地区处理各种棘手的问题，在维护贞观初期的政局稳定中发挥了不可替代的作用。太宗此时拔用魏征，既可以显示他的宽容大度，更重要的是利用魏征以笼络山东豪杰，牵制山东士族集团，协调他和各反对势力之间的矛盾。唐太宗拔用魏征，是为了维护他政治统治策略的需要。

在这里，我们需特别强调的一点是，据汪籛先生统计分析，太宗君临天下二十三年，在此期间内，任宰相者二十八人，这些宰相中，山东人占了近一半，高士廉、房玄龄、魏征、温彦博、戴胄、李勣、张亮、马周、高季辅、张行成、崔仁师，凡十一人。而这些人中绝大部分家门都甚为寒微。太宗为何重用多出于寒微之家的山东宰相？太宗何以拔用许多山东人？首先，山东在历史上，有高度发达的文化传统，是人才荟萃的地方，山东人才，成为唐太宗网罗的对象，因此擢用了许多山东宰相。其次，太宗多用山东人为相，骨子里还有缓和山东人对唐室恶感的用意。①

2. "以史为镜""以民为本"的隋亡教训——唐太宗与魏征的共识

一个既富且强的隋朝，由于隋炀帝的残暴统治，最终被农民起义军所推翻。李世民目睹了隋在短暂的30年里由强到衰土崩瓦解的历史。于是，在他即位后，及时分析隋亡原因，吸取隋亡的历史教训，并引以为鉴，充分认识到人民的力量不可低估。面对唐初的国内经济政治形势，唐太宗对农民采取相对让步的政策，如相对地减轻了农民的租税和徭役的负担、在某种限度内的"均田制"等等，"去奢省费，轻徭薄赋，选用廉吏，使民衣食有余"。唐太宗说："必须先存百姓，不尽其力"，"不夺其（农）时"，"使百姓安静"，而不能"赋敛不已"，"劳弊之事，诚不可施于百姓"，用相对减轻对农民的剥削和压迫的方法以求巩固统治权。②魏征不仅亲历了前代盛衰兴亡的急剧动荡，而且还亲自参加了隋末农民起义，因此，他在熟知隋亡唐兴的历史过程中，更能切身体会到下层民众的苦难，对于农民战争中人民力量的强大、对于农民愤恨残酷剥削和压迫的情绪的强烈，体察得更为深刻。魏征更注重隋亡的原因和教训，"以史为鉴"，"以民为本"，内心充满忧患意识。主张要对农民

---

① 汪籛：《汪籛汉唐史论稿》，北京大学出版社，2017，第365~376页。
② 汪籛：《汪籛汉唐史论稿》，北京大学出版社，2017，第26~28页。

"静之"，做相对让步的政策，其意思就是安定农民，不过分扰民，不兴大役。

"以史为镜""以民为本"的意识便成为唐太宗和魏征这一对贞观君臣所达成的共识。魏征对唐太宗的施政心态非常了解，于是以忠谏为己任，直言极谏，用隋朝灭亡的教训来时刻提醒规劝太宗居安思危，重视农民，不蹈隋亡的覆辙。同时，李世民看到了魏征具有不凡的政治眼光和才略，极富政治军事才能，现实迫使他必须时时处于居安思危的状态，为了能享国久长，唐太宗广泛纳谏，甚至容忍、接受魏征的犯颜进谏。

实践证明，魏征在贞观朝为官十七年，提出了许多有利于唐帝国巩固发展的治国良策，纠正了太宗的诸多错误决策，对唐初经济发展、社会繁荣做出了巨大贡献。唐太宗曾对侍臣说："贞观以前，从我平定天下，周旋艰险，（房）玄龄之功，无所与让。贞观之后，尽心于我，献纳忠谠，安国利民，犯颜正谏，匡朕之违者，唯魏征而已。古之名臣，何以加也。"[1]清代史家宋昌悦在《畅谷文存》中评论道："唐之天下亦不可无魏征……唐无魏征则贞观之治不成。""贞观之治"的形成和巩固，魏征功不可没。

作为封建专制帝王的唐太宗，原本对臣下掌握着生杀予夺的大权，而正是因为唐太宗的以国事为重、超凡豁达的气度才能容得下魏征的直言敢谏，数犯龙鳞，最终成就了魏征"第一谏臣"的美名，使其忠谏人生大放异彩。魏征身处乱世幸遇良主唐太宗，确属三生有幸。魏征曾说"陛下导之使言，臣所以敢谏，若陛下不受臣谏，岂敢数犯龙鳞?"[2]此言一语中的。在以国以民为重面前，魏征的善于进谏、唐太宗的"从谏如流"成为一代政治风尚，这对明君贤臣相得益彰，开创了一种君臣双赢的局面，成为千古良模。清代史家不由发出感慨："征之谏不可及，亦太宗成之也。身殁未几，媚毁遽行。又似一日无征，众寒杂至，虽英睿如太宗且不免为佞邪所播弄，悲哉! 前此之转圜亦征有以佐之也，明君良臣相需殷而相得彰，禀其然乎!"[3]

我们知道，贞观前期，唐太宗谦虚谨慎，礼贤下士，励精图治，此时君臣的纳谏和直谏，是封建社会少见的政治风气。但是，到贞观中后期，随着全

① （后晋）刘昫等:《旧唐书》卷七一《魏征传》，中华书局，1975，第2559页。

② （后晋）刘昫等:《旧唐书》卷七一《魏征传》，中华书局，1975，第2549页。

③ （清）朱轼:《史传三编》卷二十一《名臣传十三·魏征》，《影印文渊阁四库全书》，台北商务印书馆，1983，第342页。

国政局的稳定，李世民对山东集团的成功打击，山东问题重要性的下降，太宗对待代表山东豪杰利益的普通地主的态度开始改变，对魏征死后的态度也大不如前。贞观十七年（643），魏征病逝，就在当年，太子承乾发动政变，由于魏征是太子老师，又因"征尝荐杜正伦、侯君集才任宰相，及正伦以罪黜，君集坐逆诛，奸人遂指为阿党；又言征尝录前后谏争语以示史官褚遂良。帝滋不悦，乃停叔玉昏，而仆所为碑"。^①那么，这位生前被李世民比作镜子，死后又被其仆碑的名臣为何遭到太宗如此对待呢？此时魏征死后的两年即贞观十九年（645），太宗征高丽失败。正如清代史学家黄鹏扬所说："魏征事太宗，嘉谋谠论史不胜书，惟有已处突厥一议，是魏征一生第一筹画。太宗于魏征言听计从，古今未有。惟有不用征策处降胡于幽灵诸州，是太宗一生第一错误。"^②太宗思魏征所言，后悔没有听从魏征的当初之言，于是又重新为魏征立碑，如此反复都是出于太宗强烈的政治情绪，出于维护自我形象的需要。太宗统一天下后，励精图治创造出的贞观盛世，这时的他怎么能容忍自己犯错呢？更何况，平定突厥、东征高丽是太宗晚年努力要取得的功绩，他如何能承受得了这等批评？

在这里，我们有必要讲到的一点是，魏征生逢乱世，仕途坎坷，先后更六主。历来不少史家认为，魏征如此频繁地更换主君，违背封建社会道德伦理，是不忠之臣。然而，事实果真如此吗？在当时的历史时代，各路诸侯逐鹿中原，谁是明君，谁是得主，是一个天大的问号。因此魏征事元宝藏，事李密，事窦建德，我认为都是可以理解的。正如王鸣盛所言："然夫子许管仲以仁，则征可以此例，生当乱世，不得不尔，功足晚，盖可无苛责矣！"^③更何况，从魏征的为官经历来看，他不管事哪个主君，均保持一贯做法，那就是直言敢谏。前几个主君由于种种原因未能让他的抱负实现，可以说他是位虽显，却志不得彰。只有遇到唐太宗这位英明君王，才实现了他的远大志向。"建成死，高祖立世民为太子，非敌国也，非君仇也，改而事之，无伤乎义，无损

---

① （北宋）欧阳修、宋祁等：《新唐书》卷九十七《魏征传》，中华书局，1975，第3881页。

② （清）黄鹏扬：《读史吟评》，载四库全书存目丛书编纂委员会编《四库全书存目丛书》，齐鲁书社，1997，第701页。

③ （清）王鸣盛：《十七史商榷》卷八十六，九魏征传新旧详略互异条，中国书店，1987。

乎仁，奚为其不可哉？"①也就是说，他不屑作"不事二主"的"忠臣"，不为一己之私利而苟延残喘朝秦暮楚，魏征不忠于一主，而忠于社稷苍生，上安君国，下报黎民，为了实现心中济世安民之崇高理想，虽更六主而不怨天尤人。对于魏征不可论其忠与不忠，魏征之贤是不言而喻的。清人程含章在《程月川先生遗集》中对此做出公允的评价："魏公事君以道，以太宗之明圣而能引理义以折之，乃唐朝第一敢言之臣，虽其始事不慎有违清议，然吾终不敢以一眚掩大德。"

三　小结

以上几点分析，只是大致谈了李世民的用人政策，及从另一个角度探讨了一对君臣之间微妙关系背后的原因。同时，我们也应注意到，任何一个历史人物都有其时代和阶级的局限性，唐太宗也不例外。唐初的政权依然是地主阶级的政权，唐太宗是一位代表着关陇军事贵族利益的封建帝王，因此，封建社会的阶级局限性决定了唐太宗为了维护其专制统治的用人目的及其用人政策。在分析太宗时，我们必须做到，一方面，不要忘掉他终究是一个封建统治者，是封建地主阶级利益的代表者和维护者，他不能不受封建剥削阶级本性的支配。②另一方面，李世民也是人，也有情绪，易受政治情绪的左右，因此，在贞观初期和中后期相比，在用人政策和对魏征的思想态度方面发生了些变化，也是情理之中的事，是可以理解的，人无完人，李世民也不例外。而魏征代表了当时普通地主阶级的利益，同样也受封建社会的阶级和时代的局限性。由于阶级、时代、家庭及个人的局限，在评价唐太宗和魏征这对明君贤臣时，我们应该考虑到这一点，而不能求全责备。

评价一个历史人物，主要是看他在历史上起了怎样的作用，是推进社会的发展还是阻碍社会的发展。③贞观朝的李世民与魏征，前者从谏如流，善于用人，励精图治，后者忠直敢谏，深谋远虑，鞠躬尽瘁，共同营造出"贞观之

---

① （清）王夫之：《读通鉴论》卷二十，中华书局，1975，第587页。
② 汪籛：《汪籛汉唐史论稿》，北京大学出版社，2017，第116页。
③ 汪籛：《汪籛汉唐史论稿》，北京大学出版社，2017，第74页。

治"这一大唐盛世，在推动历史发展方面，二人均应该得到历史的肯定。李世民与魏征之间仍有许多问题值得我们去回味品评，愿这对明君良臣在历史的长河中永葆魅力。

（田卫丽　陕西历史博物馆）

汪篯先生武则天研究评析

2016 年是汪篯先生百年诞辰，北京大学出版社出版了汪先生的文集《汪篯汉唐史论稿》。因近年笔者重点关注关陇集团研究，汪先生的相关研究对我很有启发。值第十二届武则天国际学术研讨会召开之际，笔者特就汪篯先生的武则天研究作以学习思考，草成此文，求教于学会同人。

汪篯先生关于武则天的研究，主要存于 1981 年中国社会科学出版社出版的《汪篯隋唐史论稿》中的两篇文章，即 1962 年在中央党校的学术报告《武则天》与学术论文《唐高宗王武二后废立之争》。此外，1992 年北大出版社出版的《汉唐史论稿·隋唐史杂记》部分涉及了三条：其一，唐太宗、武则天与东南文人；其二，《氏族志》与《姓氏录》；其三，武则天、唐玄宗时期政治、经济形势。下面仅就这里提及的相关研究学习评析如下。

一 汪先生关于武则天入宫及称帝的研究

《武则天》一文分为"从入宫到做皇后"与"从皇后到做皇帝"两部分，以武则天一生三次身份重大转变为轴心，展示了武则天的生平。汪先生开门见山，明确了他对封建时代统治人物的评价着眼点，即大的方面。他对武则天的评价基本上是肯定的，因为武则天对当时社会发展起了推动作用，对扫除旧势力起到了重要作用。同时，汪先生认为武则天进步性主要是不知不觉地做了些符合客观要求的事。

关于武则天是如何入宫的，汪先生从分析当时政治状况入手。长孙无忌作为皇亲国戚执掌政权后，在内廷巩固王皇后地位，在外廷扩大关中军事贵族的力量。武则天的家庭背景，父亲武士彟虽是山西木材商，但因支持李渊成为开国元勋，实际与关中军事贵族保持了密切关系；母亲出身关中军事贵族，外祖父杨士达为隋代纳言，属宗室宰相。李渊又是她父母联姻的介绍人。武则天实际与关中军事贵族有一定的联系。在论述中，汪先生穿插了武则天出生地考证问题，他批驳了郭沫若的利州说，推断武德七年武则天出生于长安，终年八十二岁。虽然武则天与关中军事贵族有一定联系，但与王皇后相比，还不够典型。王皇后是北周大将王思政的后代，她的叔祖母是唐高祖的妹妹同安长乐公主，她的母亲姓柳，柳奭是她舅舅，先人柳庆西魏时为相。因此，长孙无忌选择维护王皇后的地位。进而汪先生列举了高宗即位到立武则天为后时期的宰相名单，明确长孙无忌掌权时期有意扩大关中军事贵族力量。关于武则天第一次入宫时间，汪先生认为是贞观十一年（637），在她十四岁时被太宗纳为才人。太宗五十二岁去世时，她二十六岁出家感业寺。汪先生根据永徽四年正月出生的李弘推断她二次进宫当在永徽元年或二年，对永徽三年五月以后入宫说提出质疑。为了当上皇后，武则天掐死自己的女儿嫁祸王皇后，高宗才下了废后的决心。在争取长孙无忌支持未果的情况下，武则天找被长孙无忌排斥的人支持，其中有李义府、许敬宗、王德俭、袁公瑜、崔义玄、李勣等，他们代表了四川、江南、山东等地的破落士族和地主，这样形成了以武则天为首的一股力量。她在这股力量的支持下，先后把褚遂良、韩瑗、来济排挤掉，最后搞掉长孙无忌，肃清了其政敌。

关于武则天怎样成为皇帝的，汪先生介绍了大的时代背景：从太宗到武则天为帝五十年间，普通地主获得长足发展，他们在政治上诉求自己的发展空间，要求打破贵族垄断，希望朝廷破格用人。武则天顺应时代，笼络人心。首先，武则天抛弃《氏族志》改定《姓氏录》，打击地方豪强望姓势力，笼络以军功取得高品的普通地主。其次，增进士，开科举，适应新兴地主阶级的要求。再次，召集北门学士，批改诏令，将宰相权抓到手里。武则天为了扫清称帝障碍，派丘神勣处死李贤，先后废掉中宗李显、睿宗李旦，登上帝位。武则天称帝后，大量扩充官僚队伍，同时鼓励告密，杀了大批关中军事贵族。汪先生进一步肯定武则天的进步性：一、她帮助了普通地主的兴起，进一步打击了大地主、豪强地主；二、基本消灭了关中地区军事贵族的部曲、佃客制，为封建社会的进一步发展开辟了道路。同时强调，对封建统治者，不要按好人和坏人这种观念来区分他们，主要看他们对历史起了推动作用还是阻碍作用。

《武则天》一文最后，对武则天遗留下来的问题也进行了分析。第一问题是她大修宫殿，不爱惜民力，当时边疆民族关系也比较紧张。第二问题就是破格用人，引发官僚队伍迅速膨胀，增加了人民负担和财政开支。第三问题，是皇位继承权问题，引发了儿子、侄子、女儿的权力争夺战，八年时间发生了七次宫廷政变，每次政变都连带着一批功臣的封家封户。这些遗留问题经玄宗、姚崇君臣多年努力才得以纠正。

二　汪先生关于武则天与关陇集团解体的研究

有关武则天的另一篇文章是《唐高宗王武二后废立之争》，这篇文章重点梳理了如下四个方面内容。

其一，高宗初年关陇集团之声势。高宗初年，实际掌权核心人物是长孙无忌，相关宰相有于志宁、宇文节、柳奭、韩瑗、来济、崔敦礼。长孙无忌是此时期关陇集团的核心人物；于志宁先世为西魏北周大臣，他与杨隋、李唐属于同一阶层；宇文节也是北周杨隋大臣后裔，他家是胡汉混杂关陇集团的豪门；柳奭，也是西魏北周杨隋冠冕蝉联的贵族，又与李唐有姻亲关系；韩瑗，西魏北周大臣后裔，与长孙无忌有姻亲；来济，其父来护儿为隋代名将，关陇本位政策受益者，且在高宗立位问题上与长孙无忌、褚遂良意见一致；崔敦礼，为关东入关仕西魏、北周之后裔。足见永徽年间，以长孙无忌为首的关陇集团实际是政权的绝对掌控者。

其二，王皇后与武则天家世对照。王皇后既是北周重臣后裔，父母两族都是唐室亲姻，属于关陇集团。武则天家族，父系先世不是显达贵族，只是富有之家，唐初其父武士彟才成为新贵，官至工部尚书，爵封应国公。但贞观年间《氏族志》，其父本望却没有列入。武则天母亲是隋纳言杨士达之女，士达是观王雄弟弟，杨隋与观王族属已非常疏远，但杨隋皇帝承认这种关系。武则天母系虽属关陇集团，但父亲寒微，她的家世背景是很难与王皇后比的，终被排除到关陇集团之外。

其三，王武二后废立之争。关于皇位继承问题，以长孙无忌为代表的关陇集团力推燕王忠为太子。关于为什么他们在永徽三年立燕王忠为太子，汪先生分析几种可能性。第一种可能是他们为了对付萧淑妃。自武则天入宫，萧淑妃之宠渐衰，这种可能性不大。第二种可能性是他们为了对付武昭仪。这与李弘出生有重大关联，因此汪先生细致地考证了李弘出生，推断孕育李弘时，必在永徽三年之夏初，而永徽三年七月，其事已为王皇后所知。燕王忠之立，其故在此。武则天游说无忌，建号宸妃，都受阻。为清除长孙无忌阻挡其立后之路，武则天自毙其女嫁祸王皇后，又诬告王皇后与其母柳氏厌胜，趁机把柳奭贬逐。同时，招揽心腹培植势力，主要有李义府、许敬宗、王德俭、袁公瑜、崔义玄等人，尤其赢得李勣的不反对，其实就是变相支持，完成立后计划。武则天启用的人，多为关陇集团排斥之人，这里汪先生提出一个推测，即李义府所领导者与刘洎所领导者或有更大渊源。

其四，关陇集团之失势。高宗在征得李勣的同意而决心废王立武同时，于永徽六年九月贬褚遂良为潭州都督。显庆二年把韩瑗贬为振州刺史，柳奭再贬为象州刺史。长孙无忌亲族力量也被逐步迁出京城，其表亲高履行外放益州大都督府长史，无忌的叔父兄子长孙祥外放为荆州都督府长史。显庆四年，长孙无忌被许敬宗构陷流放黔州，其子弟也多流放，其姻亲也多以此获罪，其同党也被处分，乃至最后诸多人被处死。长孙无忌垮台，关陇集团群龙无首。在长孙氏、于氏、柳氏、韩氏全部倒台后，李唐皇室失去了强有力的支撑，大权就落在武后的手里。关于关陇集团命运，汪先生这样总结道："事实上，关陇集团之构成，只是由于宇文氏应付当时环境所实行的政策，这一集团虽然历经隋至唐为统治阶级的中心，但是他们势力的维持只是凭着由武力所造成的政治优势。这一集团，虽然已经有一百五十年左右的历史，但在文化上、在社会上并没有能造成巩固而雄厚的根基，所以在政治上一失去地位之后，便有趋于解体的现象。加上武后在图谋实现创业垂统之野心的时候，又严厉地实行了恐怖政策。在恐怖政策下，本是玉石俱焚，关陇集团之家族，既与李唐皇室多属姻亲，故受株连者，当然难可悉数。于是关陇集团的残灰余烬亦遂不复有再度燃烧的可能了。"

三　汪先生关于武则天时期政治势力及阶级变动判断的启示

关于武则天与东南文人，汪先生说："有人说武则天特别倚重东南文士，其实武则天时的北门学士虽然有不少东南文士，但山东、河北人要更多一些。至于武则天时的重要宰相如狄仁杰、娄师德、王及善、朱敬则、魏元忠、魏玄同、刘仁轨、姚崇、李峤，都是关东人，关中人也不少，而江南人作宰相的，并不很多。"

关于《氏族志》和《姓氏录》，汪先生的判断是：唐太宗修订《氏族志》目的是树立新门阀，加强关陇军事贵族的核心地位，这是太宗受贵族家庭出身的限制，因而免不了有落后、保守一面的表现。这和武则天改《姓氏录》，打破门阀和庶族界限的做法，是截然不同的，甚至是对立的。

关于武则天时期的政治、经济形势：隋和唐前期，大族豪强地主趋向崩溃，普通地主力量在上升过程中。隋末农民战争后，阶级关系总的情况是，大族豪强地主基本崩溃，只有关陇军事贵族仍有力量，普通地主发展为大地主的数量还不大，中小地主较多。均田农民大量存在。经过武德贞观时期，普通地主数量大增，但是在均田制下，还是中小地主比较多。武则天推行的政策是符合普通地主上升形势的。由于变动大，推行得比较急速，其中也潜伏下一些缺点和消极因素，但因为武则天果于杀戮，又从制度上作了某些保证，所以吏治基本还算清明，大地主的发展也不是恶性的。中宗统治时期，发展了武则天政策的缺点和消极因素，但为时不长。从整体上来说，还没有发生根本性的重大影响。玄宗初年，用姚崇、宋璟纠正了这些缺点，形成了开元之治。只有这样理解开元之治，才是易于理解的。如果武则天和中宗时期吏治的败坏和大地主的恶性膨胀，已经发展到类如唐中期以后的情形，或是类如其他王朝走下坡路的那种情况，那么无可置疑，开元之治是不可能出现的。

从后面这三条材料看，汪先生侧重考察武则天人才取向、调整政治势力政策、阶级变动等方面。作为一位历史学家，他探究的问题是与自身所处时代有一定的关联的，阶级观点无疑是马克思主义史学家的一个重要取向，而在开国时代，如何建设国家，如何用人，如何整顿吏治，无疑也是时代发展要应对的问题。汪先生对武则天用人及《姓氏录》政策用意的判断都可对时代发展有借鉴作用，尤其是对武则天果于杀戮的判定，不是如有些学者那样的挞伐，而是与吏治清明因果联系在一起来看待的，这是合乎历史正义的。如果单将杀戮归于消除政敌，就未免有些偏狭了。没有这样的雷霆手段并结合制度的保证，是很难化解专制政权下社会安稳发展后的腐败蔓延的。这是历代专制王朝发展的痼疾，因此汪先生对武则天上台的正能量给予肯定是符合历史发展的。汪先生的老师陈寅恪先生写武则天侧重于她与佛教的关系，实际也是在分析当时意识形态的变化，这对理解时代意识形态变化也是有观照的，甚至他写关陇集团、《唐高祖称臣突厥事》等文章，只要细致观察其内在理路，都可以发现时代的重大背景，这不是比附。文章合于时而作，合于事而作，即便纯粹的历史研究，除了新材料引发新问题，新方法提出新问题，新时代也会为旧材料的重新解读提供新契机。这种史学精神，不只存在司马光的《资治通鉴》书名中，也不只存在陈寅恪要写《中国历史的教训》的诉求中，也写在汪先生的武则天研究中。不只因为他是以马克思主义理论来书写分析历史，实际上他更深入的研究是在历史材料深入占有梳理中，在学习陈先生的治学方法中。陆键东在《陈寅恪的最后 20 年》中说他是被逐出师门的，其实汪先生治学精神与方法是深入他的每篇文章当中的，这是对老师学问精神的最好继承。即便他以马克思主义理论方法解读历史，也不代表他抛弃了陈先生的学术精神。汪先生对时代关怀，对学术忠诚，尤其是对史料熟稔。李裕民先生回忆汪先生给他们授课时，可以整段整段默写史料，甚至是一字不差地背诵史书，可惜的是他五十岁就去世了，他的学术成果远没有反映出他的厚重积累。从已出版的《汪篯汉唐史论稿》中列举的系列札记观点，可以说每条札记背后都是一篇待刊的论文。

汪篯先生对武则天的研究，以皇后废立研究为基，全面分析了她从入宫到成为皇后再到成为皇帝历程的因果，同时评断她治理的时代利弊、用人及政策变动。他的治学方法结合了陈先生之学与马克思主义理论，他流畅通俗的语言表达，对大量史料背后学术观点的提炼，对后学都是有重要启迪的。谨以此文纪念汪篯先生百年诞辰。

（曹印双　刘芸暄　西安电子科技大学）

武则天的出生地与故乡问题

历史学是实证科学，在证据不充分的前提下，言人人殊是很正常的。言之成理，持之有故，如此争论突显了史学研究的相对性，这种印象过于深刻，很容易导致任人打扮的极端说法，从而否定了史学的科学性。证据多元是证据不充分的一种状况，证据资讯不确定，是证据不充分的另一种状况，如此条件下，研究者的主观选择空间扩大，至少表面看上去比较随意。历史证据学，属于史学研究法的范畴，在相对的证据面前，如何保持客观冷静的观察，认真面对不同的证据显然是重要方面。武则天作为一个影响巨大的历史人物，关于她的出生地和故乡问题，就是一个很生动的历史证据学案例，认真讨论，不无益处。

一　背景回顾

郭沫若先生有关武则天出生地的意见，首先在《人民文学》1960年第2期上发表的话剧剧本《武则天》中做了表达，利用剧中人之口宣布武则天是出生在"巴蜀的剑阁附近"，"巴蜀才是我的故乡"。剧本的附注，郭老注释到："武后的父亲曾为利州都督，武后即生于广元县。"引发争论之后，郭老在1961年5月28日《光明日报》发表《武则天生在广元的根据》[①]，更系统地阐述了武则天出生广元说。

关于武则天的研究，重点其实是整体评价问题，具体到武则天的出生地，最多属于武则天研究中的一个小分支而已。在郭老文章之前，与这个题目相

---

① 后收入《郭沫若全集·历史编》第3卷，人民出版社，1984，第502~509页。

关的研究文献大约只有一则王家祐的《广元皇泽寺及其石刻》①。20世纪50年代末至60年代初，在武则天的研究上，陈寅恪、胡如雷、吴泽、翦伯赞、吴晗、缪钺都有文章发表，迅速提升社会影响力，上海《文汇报》专门发表《武则天评价问题综述》②，可见武则天问题研究已经形成了相当的话题热度。

郭老发表五幕历史剧《武则天》，有利于武则天研究的社会普及，但武则天出生地问题还不是一个热点。郭老文章之后，有张明美等的《四川广元皇泽寺调查记》③，可以看作延续郭老观点的一个学术思考。根据梁永元先生的文字，这个调查记是受郭老的委托前往广元实地考察的结果④。吴晗发表《关于历史人物评价问题》，涉及武则天是否出生广元问题，他认为武则天出生在四川是不大可能的⑤。陈振的《也谈武则天的出生地和出身》，不同意郭老的看法⑥。5月，郭老发表《武则天生在广元的根据》，反对陈振的看法，系统阐述他的观点。于是，武则天出生地问题很快成为一个热点。支持和反对的意见纷纷出现，立刻形成讨论热潮。

敬堂的《武则天不生于广元的证据》⑦，对郭老的文章，可以说是完全针锋相对的。罗元贞的《关于武则天的两个问题》⑧，也反对郭老的观点。郭老的战友似乎更多，钟华荣的《皇泽寺与武则天》⑨，杨山等的《在武则天的故乡》⑩《在武则天祠庙周围》⑪等皆可以看作郭老观点的战友。董家遵的《武则天父亲两任利州都督》⑫是帮助郭老论证的，力图补上郭老论证的漏洞。敬堂发表《有关武则天的两件资料（攀龙台碑与则天母墓碑文并序）》⑬，继续对郭老意见表示不同意。

---

① 刊《文物参考资料》1956年第11期。
② 《武则天评价问题综述》，《文汇报》1961年9月10日。
③ 刊《考古杂志》1960年第7期。
④ 梁永元：《武则天正传》，文化艺术出版社，2012，第401页。
⑤ 吴晗：《关于历史人物评价问题》，《新建设》1961年1月。
⑥ 陈振：《也谈武则天出生地和出身》，《光明日报》（史学版），1961年5月24日。
⑦ 刊《天津日报》1961年9月6日。
⑧ 刊《山西学术通讯》1961年第2期。
⑨ 刊《光明日报》1961年6月10日。
⑩ 刊《四川日报》1961年12月3日。
⑪ 刊《羊城晚报》1962年4月23日。
⑫ 刊《羊城晚报》1962年8月9日。
⑬ 刊《光明日报》1962年7月18日。

1962 年 9 月 26 日，郭老再次上阵，在《光明日报》上发表《关于武则天的两个问题》[①]，把武则天研究尤其出生地问题进一步推向高潮。两个问题分别是"谁杀死了李贤？""武则天的生年有问题"。罗元贞发表《武则天的籍贯和出生地》[②]，继续否定广元说。向灵发表《广元皇泽寺和武则天》[③]，支持郭老的说法。而胡守为的《关于武则天生年的几段史料札记》[④]，不同意郭老说法。不过，60 年代初期的讨论热潮没有继续下去，应该是受到政治运动的冲击，讨论中断了。

"文革"结束以后，很多话题再续从前。熊克的《关于武则天的生地与生年问题》[⑤]，坚持郭老武则天出生地广元说。李端科的《也谈武则天的出生地》《再谈武则天的出生地》[⑥]，是批评郭老观点的，认为武则天应该出生在长安。梁永元的《武则天出生在广元》，是郭老观点的积极支持者，载广元市委宣传部《创业》1985 年创刊号。同期发表伊显德的《武则天生年生地考辨》，也持同类观点。罗元贞依然是反方代表，作《关于武则天的出生地》《再论则天籍贯与出生地》[⑦]。稍晚一些的论文，在拥护郭老的人群中，可以韩昇先生为代表，他的《武则天的家世与生年》，其中第二节《武士彟与杨氏》、第三节《武则天出生的年代与地点》都与武则天生年有关，全面赞同郭沫若说法，认为武则天生于广元，时间为贞观二年。[⑧]

有关武则天的出生地和生卒年岁，因为证据具有一定的模糊性和相对性，信息有不充分的一面，所以留下了争论的空间。但在证据都不十分明确的情况下，如何选择证据，如何表达倾向，也不是没有底线的。越是在这样情形下，史学的重要原则越有必要认真坚持，主观的倾向性越应该接受史学基本原则的约束。证据，如何看待各种证据，尤其是对立观点的证据，这个史学的核心问题，在这样的争论中显得十分重要。

---

① 收入《郭沫若全集·历史编》第 3 卷，人民出版社，1984，第 510~517 页。

② 刊《山西大学校刊》1962 年 11 月 8 日。

③ 刊《成都晚报》1963 年 4 月 18 日。

④ 刊《中山大学学报》1962 年第 3 期，第 95~98 页。

⑤ 刊《南充师院学报》1980 年第 2 期，第 79~83 页。

⑥ 分别刊《学术月刊》1982 年第 4 期、《学术月刊》1984 年第 10 期。

⑦ 分别刊《中国唐史学会会刊》1985 年第 3 期、《山西日报》1985 年 4 月 21 日。

⑧ 王文超、赵文润主编《武则天与嵩山：2002 年登封国际武则天学术研讨会论文集》，中华书局，2003，第 45~54 页。

二　汪篯先生的观点

汪篯先生对于武则天出生地问题，有自己的看法。其文如下：

> 关于武则天的出生地点的问题。郭老说武则天生于利州，我看不可能。历史上记载武则天的年龄，有几种说法，有的说活到八十三岁，有的说八十二岁，有的说八十一岁，还有一种说法是八十岁。她死在神龙元年（705），从这一年往上推，如果武则天活到八十岁，就应生于武德九年（626），如果是八十一岁，则生于武德八年（625），八十二岁则生于武德七年（624），八十三岁则生于武德六年（623）。而武士彟到利州应在贞观二年，因为在武士彟以前任利州都督的李孝常是在贞观元年十二月戊申谋反被杀的，这年十二月是己卯朔，戊申当是腊月三十日。

李孝常的事迹很清楚，他是隋朝大臣李圆通的儿子，李圆通是一个很重要的人物，《隋书》有传。唐能取得天下的重要原因之一，是手里掌握了粮食，而李孝常是华阴令，掌握永丰仓，唐高祖兵临黄河，李孝常降了唐。他的投降，使唐得到永丰仓的大批存粮。李孝常又是窦家女婿，和唐有亲戚关系。郭老怀疑贞观元年正月利州都督李寿谋反被杀，与李孝常的谋反是一回事。他说："再根据《资治通鉴》，于贞观元年正月载利州都督李寿被诛；于同年十二月又载利州都督义安王李孝常谋反伏诛。在同一年中有两个姓李的利州都督谋反被诛，未免太凑巧了，我颇怀疑李寿和李孝常是一个人，谋反在武德九年十二月，伏诛是在第二年贞观元年正月，就很能顺理成章了。"所以他就往上推，说李造反当在武德九年十二月，武则天可能就生在利州。其实，他的怀疑是没有根据的。李寿和李孝常是两个人，李寿的来历，在历史上也是很清楚的。他原名罗寿，即隋大将军罗艺的弟弟，罗艺造反，李寿连坐被杀，此人与李孝常绝无联系。所以，郭老这个说法是不可能成立的。历史记载从无武则天七十九岁之说，武则天最晚应出生于武德九年，而不可能出生于贞观元年。

郭老还提出三个证据，企图证明武则天生于利州。而这三个证据也都不充分。第一个证据是李义山《利州江潭》诗有自注云："金轮感孕处。"郭老说："这是说武后生于利州，即今四川广元县。"这条材料可以说明唐人有武则天生于利州的传说，但郭老认为"李义山是唐代有名的诗人，离武后之死仅一百多年"，根据这个，就可以看出，武则天是生于贞观初年，却不是严密的论断。传说只是传说，文人用传说来写诗作文，是不能据为信史的。李义山距武则天有一百多年，如果没有查考，并不一定确知武则天的年岁。举一个例，白居易《新乐府》的第一首《七德舞》是歌颂太宗功德的。诗里面说："太宗十八举义兵，白旄黄钺定两京。擒充戮窦四海清，二十有四功业成。二十有九即帝位，三十有五致太平。"其实，李渊从太原起兵，即所谓"举义兵"以及夺取长安在大业十三年，太宗已经二十岁了，第二年就是武德元年，他做皇帝在武德九年，如果十八岁起兵，做皇帝怎能到二十九岁呢？至于他在十八岁时，只是参加打仗，解炀帝之围，与"举义兵"毫不相干。作这首《七德舞》，白居易是用了功力的，他根据的是《贞观政要》，可是把书中"便为经纶王业"一句含义不明的话改为"举义兵"，就弄错了。当作史诗写的《七德舞》犹且如此，更何况李义山的感怀之作。从来传说很多，象有关诸葛亮、关羽、杨家将等等的传说，当作历史故事听听是可以的，但不能作为判断历史事实的根据。第二条根据，是引用一九五五年出土于广元县的《利州都督府皇泽寺唐则天皇后武氏新庙记》碑。那是五代时后蜀立的，而且上面有缺字，其中极重要的"始生后焉"一句的"始生"二字是郭老给它补上的。纵使郭老补对了，碑的建立离武则天死也有二百五十四年，又怎能作为根据呢？第三条是《谭宾录》所记袁天纲为武则天相面事，显是后人附会的小说异闻，又没有记年代，更无法凭信。所以，我认为关于武则天的年岁，应当说《资治通鉴》上的八十二岁基本上是可信的。郭老说司马光走中间路线。其实不是什么中间路线，而是根据《实录》写的。郭老比较相信稗官野史，这也无可厚非，但关于皇帝的年龄，我们还应当相信皇家的实录。总之，我的看法是：武则天活了八十二岁，生于武德七年，是武士彟在长安时生的。①

上文，全文引证汪籛先生的观点，汪先生属于郭老意见的对立派。尤其是最后部分，汪先生指出："郭老比较相信稗官野史，这也无可厚非，但关于皇帝的年龄，我们还应当相信皇家的实录。"这里所说的皇家实录，即《资治通鉴》所据的《则天实录》。对此，选择利州（广元）说的作者都不同意《则天实录》，而郭老最初把这种观点推给《资治通鉴》，不说《资治通鉴》根据是《则天实录》。拥护郭老观点的人众多，但为什么《则天实录》不可信？这个问题却鲜见有人回答。

《则天实录》有两个版本，一是武则天去世之后，神龙二年（706）由武三思主编的《则天实录》。关于此书，《唐会要》有明确记载：

> 神龙二年五月九日，左散骑常侍武三思、中书令魏元忠、礼部尚书祝钦明及史官太常少卿徐彦伯、秘书少监柳冲、国子司业崔融、中书舍人岑羲、徐坚等，修《则天实录》二十卷,《文集》一百二十卷，上之。赐物各有差。
>
> 开元四年十一月十四日，修史官刘子元、吴兢，撰《睿宗实录》二十卷、《则天实录》三十卷、《中宗实录》二十卷成，以闻。又引古义白于执政，宰相姚崇奏曰："……今史官刘子元、吴兢等，撰《睿宗实录》，又重修则天、中宗《实录》，并成，进讫……，监修官已下，加爵及赐。"②

可知，开元四年（716）的《则天实录》，是对神龙二年《则天实录》的"重修"，或者叫作"删正"③。新版对旧版的删正，我们无从具体了解，就武则

① 汪籛：《武则天》，根据汪籛先生 1962 年 11 月 11 日在中共中央高级党校报告的记录，后收入汪籛著，唐长孺等编《汪籛隋唐史论稿》，中国社会科学出版社，1981，第 118~131 页。

② （宋）王溥：《唐会要》卷六三《史馆上·修国史》，上海古籍出版社，1991，第 1290~1292 页。也见《册府元龟》卷五五四《国史部·恩赏》，凤凰出版社，2006，第 6349~6350 页。

③ （宋）欧阳修、宋祁：《新唐书》卷五八《艺文志二》，记录该书在《则天皇后实录》二十卷之后，小字注为："魏元忠、武三思、祝钦明、徐彦伯、柳冲、韦承庆、崔融、岑羲、徐坚撰，刘知几、吴兢删正。"中华书局，1975，第 1471 页。

天的评价而言，旧版应该是以表扬为主，新版则多有批评，事关武则天的历史定位，这种修改可以看作朝廷的正常行为。是非评价有所删正，那么事实部分比如武则天的年龄，也一并删定吗？武则天的年龄问题，是无关是非的，不论是武则天的子孙唐中宗还是唐玄宗，在这个问题上忠诚于事实也是子孙孝道的反映，断不能允许史馆随意改动长辈的年龄。

《资治通鉴》所引用的《则天实录》，称"吴兢《则天实录》"，证明使用的是重修本①。而有关吴兢等史家严格按照直笔原则删定《则天实录》的故事，至今也是有案可稽的。《唐会要》有详细记载，证明吴兢是如何坚持直笔修史原则的，甚至面对当朝宰相也不屈服。其文曰：

> 长安三年，张易之、昌宗欲作乱，将图皇太子，遂谮御史大夫、知政事魏元忠。昌宗奏言，可用凤阁舍人张说为证。说初不许，遂赂以高官。说被逼迫，乃伪许之。昌宗乃奏元忠与太平公主所宠司礼丞高戬交通密谋，构造飞语曰："主上老矣，吾属当挟皇太子，可谓耐久。"时则天春秋高，恶闻其语。凤阁侍郎宋璟恐说阿意，乃谓曰："大丈夫当守死善道。"殿中侍御史张廷珪又谓曰："朝闻道，夕死可矣。"起居郎刘知几又谓曰："无污青史，为子孙累。"明日，上引皇太子、相王及宰相等于殿庭，遣昌宗与元忠、高戬对于上前。上谓曰："具述其事。"说对曰："臣今日对百寮，请以实录。"因厉声言："魏元忠实不反，总是昌宗令臣诬枉耳。"是日，百寮震惧。上闻说此对，谓宰相曰："张说倾巧，翻覆小人，且总收禁，待更勘问。"异日，又召，依前对问，昌宗乃屡诱掖逼促之。说视昌宗言曰："乞陛下看取，天子前尚逼臣如此，况元忠实无反语，奈何欲令臣空虚加诬其罪。今大事去矣，伏愿记之，易之、昌宗，必乱社稷。"天后默然，令所司且收禁。掌谏议大夫、知政事朱敬则密表奏曰："魏元忠素称忠正，张说又所坐无名，俱令抵罪，恐失天下之望。愿加详察。"乃贬元忠为高要尉，说流钦州。（时人议曰：昌宗等包藏祸心，遂与说

---

① 《通鉴考异》现在分条款附在《资治通鉴》正文之下，有关武则天的年龄，司马光在《考异》中引证《旧唐书》《会要》等书的不同观点，最后结论"今从吴兢《则天实录》为八十二，故置此年"。此年，即贞观十一年，为武则天入宫之年。见《资治通鉴》卷一九五，中华书局，1956，第6135页。

计议，欲拟谋害大臣。宋璟等知说巧诈，恐损良善，遂与之言，令其内省。向使说元来不许昌宗虚证元忠，必无今日之事，乃是自招其咎。赖识通变，转祸为福，不然，皇嗣殆将危矣。）后数年，说拜黄门侍郎、同中书门下平章事，因至史馆，读则天实录，见论证对元忠事，乃谓著作佐郎、兼修国史吴兢曰："刘五修实录（刘五即子元也），论魏齐公事，殊不相饶假，与说毒手。"当时说验知是吴兢书之，所以假托刘子元。兢从容对曰："是兢书之，非刘公修述。草本犹在，其人已亡，不可诬枉于幽魂，令相公有怪耳。"同修史官苏、宋等，见兢此对，深惊异之，乃叹曰："昔董狐古之良史，即今是焉。"说自后频祈请删削数字，兢曰："若取人情，何名为直笔。"①

张说当时屈服于二张的威逼利诱，答应出面作证，证明魏元忠有罪，但在诸位正义人士的劝说下，张说悔改，拒绝作证。虽然最终也受了牵连，但实际上是张说人生中的一个污点。正如当时人的评论，如果最初张说就不答应，或许就没有了此案。张说也知道自己的这个污点，希望修改历史记录，尤其是在他担任宰相，大权在握的时候。没有想到，遭到吴兢的坚决反对，不仅说明当时的草稿都保留着，而且绝不修改，他的原话掷地有声："若取人情，何名为直笔。"

张说要修改史书记录的事，《资治通鉴》记录在开元九年（721）刘知几去世的条目之下，其文如下：

> 著作郎吴兢撰《则天实录》，言宋璟激张说使证魏元忠事。说修史见之，知兢所为，谬曰："刘五殊不相借。"兢起对曰："此乃兢所为，史草具在，不可使明公枉怨死者。"同僚皆失色。其后说阴祈兢改数字，兢终不许，曰："若徇公请，则此史不为直笔，何以取信于后！"②

---

① （宋）王溥：《唐会要》卷六四《史馆下》，上海古籍出版社，1991，第1305~1306页。
② （宋）司马光：《资治通鉴》卷二一二，唐玄宗开元九年条，中华书局，1956，第6748页。

尤其值得注意的是，作为宰相的张说，后来"阴祈蒐改数字"，即暗地里请求吴蒐，希望吴蒐改几个字，都被吴蒐拒绝。张说在开元七年，"检校并州大都督府长史，兼天兵军大使，摄御史大夫，兼修国史"，开元九年九月"拜兵部尚书、同中书门下三品，仍依旧修国史"。[①]张说不仅是朝廷的宰相，因为"兼修国史"，也是史馆的领导人，如此直接领导，吴蒐都敢于公开拒绝，虽然让同僚都很震惊，但这从一个侧面证明吴蒐所修《则天实录》的可靠品质。

具体到武则天的年龄问题，吴蒐所修《则天实录》明确记载为八十二岁，如果不予以采信，必有不可信的证据。史家研究问题，总不能凭主观喜欢与否。郭老的考证根本没有完成，如果说《实录》不可信，一定要给出根据。为什么《实录》需要在武则天年龄上造假呢？郭老坚信李商隐，说李距离武则天的时代就比较接近，甚至说"在武则天生于广元这个问题上，我还是相信距武则天之死仅一百多年的李义山；而不敢相信距武则天之死已一千多年的同志们。请原谅我的顽固吧"（《武则天生在广元的根据》）。这哪里是李义山与今天学者的关系呢？如果要论谁距离武则天更近，那也是针对李义山与《则天实录》的作者，我们到底应该相信《则天实录》还是李义山的一个诗歌注释？

三　出生地与故乡

郭老最初讨论武则天，是把出生地与故乡连接起来的，剧中人武则天的台词就有"巴蜀才是我的故乡"的说法。或许，郭老在武则天的行为中，看到某些巴楚文化的资讯。作为文学作品，戏剧的这种虚构本来是不必细究的。可是，后来引发的争议，延展讨论则变得不可避免。

就中古时期的中国人而言，出生地是完全可以忽略的，除非出生地就是故乡，因为故乡才是当时人重视的概念。故乡，不是单纯的乡里概念，也是与亲戚系统、本土文化紧密联结的。那么，历史上的武则天，是否认为"巴蜀才是我的故乡"呢？现有的史料都证明，山西文水才是武则天的故乡，武则

---

① （后晋）刘昫:《旧唐书》卷九七《张说传》，中华书局，1975，第3052页。

天承认的故乡只有一个，即太原文水。

《旧唐书·则天皇后本纪》，开篇即写道："则天皇后武氏讳曌，并州文水人也。"[1]《旧唐书·地理志》记录文水，完整的资讯如下：

> 文水：隋县。武德三年，属汾州。六年，属并州。七年，又属汾州。贞观初，还属并州。天授元年，改为武兴县，以天后乡里县，与太原、晋阳并为京县。神龙元年，依旧为文水。[2]

武则天称帝，文水改为武兴县，是因为它是"天后乡里县"。不过，《旧唐书·则天皇后本纪》记载改名武兴县是在载初元年冬十月，"改并州文水县为武兴县，依汉丰、沛例，百姓子孙相承给复"。[3]这才是帝王故乡的应有待遇。

早在高宗显庆五年（660）二月，高宗携武后到达并州，武后的乡亲第一次因武后而享受到皇恩浩荡。《旧唐书·高宗本纪》载：

> 三月丙午，皇后宴亲族邻里故旧于朝堂，命妇妇人入会于内殿，及皇室诸亲赐帛各有差，及从行文武五品以上。制以皇后故乡并州长史、司马各加勋级。又皇后亲预会，每赐物一千段，期亲五百段，大功已下及无服亲、邻里故旧有差。城内及诸妇女年八十已上，各版授郡君，仍赐物等。[4]

请注意，皇后故乡的人，这里有十分清晰的表达，如"亲族""邻里""故旧"等。地方官员并州长史、司马，因为是"皇后故乡"的官长而加勋级。在赐物阶段，皇后亲自与会，按照亲戚关系的远近赐物，"期亲"是五百段，"大功已下"是另一等，"无服亲"是一等，"邻里、故旧"又是一等。这些

---

① （后晋）刘昫：《旧唐书》卷六《则天皇后本纪》，中华书局，1975，第115页。

② （后晋）刘昫：《旧唐书》卷三九《地理志二》，中华书局，1975，第1481页。

③ （后晋）刘昫：《旧唐书》卷六《则天皇后本纪》，中华书局，1975，第121页。

④ （后晋）刘昫：《旧唐书》卷四《高宗本纪》，中华书局，1975，第80页。此事，《新唐书》《资治通鉴》都有记载。

概念，在史籍中记载如此分明，非故乡，是没有这些关系，没有这些概念的。在唐朝，武则天的故乡概念是清楚的，朝廷清楚，她也同样清楚。

《旧唐书·崔神庆传》，有如下文字：

> 神庆，明经举，则天时，累迁莱州刺史。因入朝，待制于亿岁殿，奏事称旨。则天以神庆历职皆有美政，又其父尝有翊赞之勋，甚赏慰之，擢拜并州长史。因谓曰："并州，朕之枌榆，又有军马，比日简择，无如卿者。前后长史，皆从尚书为之，以其委重，所以授卿也。"因自为按行图，择日而遣之。①

武则天亲口所言："并州，朕之枌榆。"作为武则天故乡重要史料，这里所记与上文所列的资料，从中得出结论并不困难。

武则天父亲武士彟，跟随高祖太原起兵，是唐朝的太原功臣，他的故乡因此成为女儿武则天的故乡。《旧唐书》记载分明："武士彟，并州文水人也。家富于财，颇好交结。高祖初行军于汾、晋，休止其家，因蒙顾接，及为太原留守，引为行军司铠。"②对此，武则天明白，唐朝明白，唐朝的史书记载明白。看起来，武则天故乡是一个不须讨论的问题。但是，有了武则天出生地问题的争议，故乡问题自然会波及，而故乡才是那个历史时期更核心的问题。出生地问题的争论，掩盖了武则天的故乡问题，而女皇故乡问题，才是武则天研究更应重视的。

不仅武氏以并州文水为故乡，赐姓武氏者，也有因此成为并州文水人的情况。光宅元年（684）李敬业等在扬州发动事变，李敬业率兵攻打润州。他的叔叔李思文为唐朝润州刺史，"拒守久之，力屈而陷"。李敬业对叔叔说："叔党武氏，宜改姓武。"最后，被李敬业置于润州监狱。朝廷在镇压李敬业的过程中，曾经下令"追削李敬业祖考官爵，发塚斫棺，复姓徐氏"③。李敬业失败之后，"太后以徐思文为忠，特免缘坐，拜司仆少卿。谓曰：'敬业改卿姓武，

① （后晋）刘昫：《旧唐书》卷七七《崔神庆传》，中华书局，1975，第 2689~2690 页。
② （后晋）刘昫：《旧唐书》卷五八《武士彟传》，第 2316~2317 页。
③ （宋）司马光：《资治通鉴》卷二〇三，中华书局，1956，第 6428 页。

朕今不复夺也'"①。根据《通鉴考异》，这个说法是来自《唐纪》，而《则天实录》另有记载"思文表请改姓武，许之"。这个意思，司马光理解为"盖太后有此言，思文因请之也"。②这其中，有一个细微的差异，《唐纪》是武则天沿袭了徐敬业的意思，让他叔叔改姓武。《考异》则强调了改姓的程式，武则天先有指示，徐思文再有申请获批。此处差别，如果统一化理解更合适。

现在，我们能看到李（武）思文儿子武钦载墓志，原题为《大唐冀州刺史息武君墓志铭并序》，录文如下：

> 君讳钦载，字景初，其先济阴离狐人，本姓徐氏。皇运肇兴
> □□□佐经纶之业，赐以国姓。洎圣母神皇之临天下，其父思文，表
> 忠贞之节，又锡同□圣氏，仍编贯帝乡，故今为并州文水人也。……
> 国史之所具详，家谍于焉甄序，无烦缕述，可略而言。曾祖皇朝封
> 济阴郡王，后固辞王，授散骑常侍陵州刺史上柱国舒国公，薨谥节
> 公；祖勣，司空上柱国英国公赠太尉杨州大都督，谥贞武公。并星辰
> 禀气，山岳降灵，建大厦之栋梁，运巨川之舟楫。宠高九命，位极
> 三台，绚彩麒麟，铭勋钟鼎，□历任岚、饶、润等州刺史，再除太仆
> 少卿，兼知陇西事，又加□青光禄大夫上柱国卫县开国公检校并州
> 大都督府长史清源道总管，除冀州刺史。今见朝集，职隆内外，政□
> 廉能，类石建之孝谨，同胡威之清洁。四知增慎，三命愈恭，目击道
> 存，无俟诠综。君蓝田美玉，汉浦明珠，凤彰辩日之机，早著谈玄之
> 敏。纵横词藻，卓荦群书，神童之誉郁兴，大成之目斯在。岂谓嘉苗
> 不秀，与慕槿而同萎；芳树先凋，将朝菌而俱落。以调露元年八月四
> 日卒于陇西大使之馆，春秋一十有五，权窆于县慈门乡。粤以垂拱四
> 年十二月十八日，改葬于洛阳县平阴乡北邙之原礼也。司徒之梦，偿
> 百万于黄泉，滕公之铭，睹三千之白日。甫迁故域，永托新茔，恐碧
> 海之将变，寄玄础以流声。③

① （宋）司马光：《资治通鉴》卷二〇三，中华书局，1956，第6433页。
② （宋）司马光：《资治通鉴》卷二〇三所附《通鉴考异》，中华书局，1956，第6433页。
③ 周绍良主编《唐代墓志汇编上》，上海古籍出版社，1992，第777~778页。

武钦载是武思文的儿子，十五岁便去世了。垂拱四年（688）改葬洛阳县平阴乡。他父亲武思文从润州刺史到司仆少卿（太仆少卿），正是发生在扬州事变前后。史载，武思文没有受到徐敬业的牵连，但本墓志谈及上代英国公李勣的时候，并不涉及刚刚宣布的"追削李敬业祖、考官爵"的事。

当然，本文最关心的是武思文的故事。"皇运肇兴□□□佐经纶之业，赐以国姓。泊圣母神皇之临天下，其父思文，表忠贞之节，又锡同□圣氏，仍编贯帝乡，故今为并州文水人也。"所谓"表忠贞之节"，应是在扬州事变中的表现。有缺文不能识读，总之是赐予了武姓，于是"编贯帝乡"。赐姓，要重新编制故乡，"故今为并州文水人也"。这是一个新的提示。"其先济阴离狐人"，现在改为并州文水人。如此说来，赐姓与合谱相类，连故乡也一并要改。这使人联想起李义府的故事，他与赵郡李氏合谱，自然也要把他原来的故乡修改为赵郡。

总之，关于武则天的故乡，无论是她自己的认知，朝廷的记录以及相关政策都是一致的，那就是并州文水。甚至如武思文这样赐姓之人，也改称其故乡为并州文水。对于武则天而言，文水才具备故乡的一切。今人研究武则天，只能延续史料记载，无法修改武则天的故乡。至于出生地，对唐人并不重要，因而表达某种敬意无伤大雅，但若有争夺历史名人为乡贤的意念，则不益史学的研究。

回归史学正念，以纪念汪篯先生。草此小文，略表敬意焉。

（孟宪实　中国人民大学国学院）

唐玄宗对武则天时期政策的继承发展

陈寅恪先生在《唐代政治史述论稿》中如是评价武则天在唐朝历史发展中的意义：

> 及武后柄政，大崇文章之选，破格用人，于是进士之科为全国干进者竞趋之鹄的。当时山东、江左人民之中，有虽工于为文，但以不预关中团体之故，致遭屏抑者，亦因此政治变革之际会，得以上升朝列，而西魏、北周、杨隋及唐初将相旧家之政权尊位遂不得不为此新兴阶级所攘夺替代。故武周之代李唐，不仅为政治之变迁，实亦社会之革命。若依此义言，则武周之代李唐较李唐之代杨隋其关系人群之演变，尤为重大也。武周统治时期不久，旋复为唐，然其开始改变"关中本位政策"之趋势，仍继续进行。迨至唐玄宗之世，遂完全破坏无遗。①

根据陈先生的判断，武则天重塑了唐朝社会结构，不仅是政治变迁，还是社会革命，是唐朝发展中非常重要的转变。这一转变得到了后继者的进一步发展。因中宗、睿宗之世，政治混乱，制度建设无甚可圈点的成效，故论进一步发展了武周政策之后继者，仍应数玄宗。经历了武则天、玄宗两个时期，唐朝初年旧有的"关中本位政策"才被破坏无遗。另外，陈先生在《记唐代之李武韦杨婚姻集团》一文中也曾说道："武后掌握政权，固不少重大过失，

---

① 陈寅恪：《隋唐制度渊源略论稿·唐代政治史述论稿》，商务印书馆，2011，第202页。

然在历史上实有进步之意义，盖北朝之局势由此而一变也。"① 如武则天时期未有政治思路之调整、未有相应制度之改革，必不能得局势"由此一变"之结果。而"由此一变"也说明武则天时期的转型得到了后继者的继承和发展。

在对新兴阶级的推动上，汪篯先生有着与陈先生相同的判断。在《汉唐史论稿》中，汪先生对武则天到玄宗时期的政治经济形势有一段精要的论述：

> 武则天施行的政策，是适应普通地主上升形势的。……中宗统治时期，发展了武则天政策中的缺点和消极因素，但为时不长。从整个社会说来，还没有发生根本性的重大影响。玄宗初年，用姚崇、宋璟纠正了这些缺点，形成了开元之治。只有这样分析开元之治的出现，才是易于理解的。如果武则天和中宗统治时期吏治的败坏和大地主的恶性膨胀，已经发展到类如唐中期以后的情形，或是类如其他王朝走下坡路时的那种情况，那么无可置疑，开元之治是不可能出现的。②

汪先生主要是从经济政策，尤其是土地政策上，对武则天到玄宗时期的一步步发展做出分析和判断。武则天的土地政策，手段是控制土地兼并和加强户口管理，目标是抑制大地主的发展，玄宗结合当时社会的具体情况，虽对武则天时期的政策有所损益，但总体还是继承了武则天时期的政策思路。

对于打破唐代旧有关陇体系、任用新兴阶级的问题，从陈先生到汪先生都予以关注，《唐代政治史述论稿》中提到，"自武则天专政破格用人后，外廷之显贵多为以文学特见拔擢之人。而玄宗御宇，开元为极盛之世，其名臣大抵为武后所奖用者（参考《旧唐书》一三九《陆贽传》、《新唐书》一五二《李绛传》、《陆宣公奏议》七《请许台省长官举荐状》及《李相国论事集》等）。"③ 汪先生在《汉唐史论稿》中，同样注意到武则天任用文人的问题，④ 其后吴宗国先生更细致地从朝廷取士的制度层面——科举——厘析了武则天到

---

① 陈寅恪：《记唐代之李武韦杨婚姻集团》，《历史研究》1954 年第 1 期，第 42 页。

② 汪篯：《汉唐史论稿》，北京大学出版社，1992，第 171 页。

③ 《隋唐制度渊源略论稿·唐代政治史述论稿》，第 205 页。

④ "有人说武则天特别倚重东南文士，其实武则天时的北门学士虽然有不少东南文人，但是山东、河北人要更多一些。至于武则天时的重要宰相如狄仁杰、娄师德、王及善、朱敬则、魏元忠、魏玄同、刘仁轨、姚崇、李峤，则都是关东人，关中人做宰相的也不少，而江南人做宰相的，并不很多。"《汉唐史论稿》，第 170 页。

玄宗制度继承的必然性：

> 直到武则天、玄宗时期，随着一般地主的发展和经济的繁荣，整
> 个社会文化水平的提高，以及关陇贵族和功臣贵戚集团的衰落，广泛
> 地从一般地主士人中选拔才能之士担任各项官职的条件才趋于成熟。
> 常举不能满足似乎是突然出现的这种需要，武则天便大开制科，把一
> 批卓越的政治家提拔到重要的岗位。开元初开始，举行制举时不断诏
> 令自举。贡举人数的限制也自然冲破。科举正在逐步成为高级官吏的
> 主要来源。[①]

吴先生从科举取士这一选官手段，分析了从玄宗到武则天打破旧有社会阶层的继承性。随着官吏来源的变化，一般地主阶层在国家政治生活中也逐渐担任更多重要角色。玄宗继承了武则天以来打破关陇本位的思想，为了实现这一社会转型，也必须继承与之相关的制度改革和政策思路。从陈先生到汪先生，再到吴先生，他们的观点能清晰地表明学术脉络的传承。基于陈寅恪先生将武则天时期作为唐朝政策重要转折期的论断，笔者希望从唐玄宗对武则天的政策继承上进行一些分析说明，以期对这一论断形成更加细致地观感。

一 玄宗对武则天时代的否定

唐玄宗先天元年（712）以父亲睿宗禅位的方式成为唐朝的第五位皇帝。此前中宗、睿宗在政治上一直受武则天时代影响，纷争混乱不断，但对武则天本人，都保持了尊崇的敬意。在对待武则天的遗留问题上，唐玄宗与中宗、太平公主乃至睿宗都有巨大分歧，强势地展现出万象更新的姿态，非常希望唐朝能尽快摆脱武则天的影响，进入崭新时期。

在玄宗扫平太平公主之势力后，睿宗交出了所有的政治权力，成为真正的太上皇。玄宗就此展开了一系列明示新朝气象的行动。最具气象者便是改元"开元"，并加尊号"开元神武皇帝"。据《唐大诏令集》卷七《帝王·尊

---

① 吴宗国:《唐代科举制度研究》，辽宁大学出版社，1992，第11页。

号册文上》群臣请上尊号表文，"夫开者泰也，罔弗亨；元者善也，罔弗利；神者圣也，罔弗通；武者威也，罔弗服"。[①] 在凸显玄宗武功卓越，时运亨通，无往不利之余，应该看到，"开元"体现了极强的新朝意识。班固《东都赋》云："夫大汉之开元也，奋布衣以登皇位。"[②]《隋书》卷一五《音乐志下》云："开元创历，迈德垂声。"[③] 都有开创新局面的新朝意象。玄宗要摆脱武则天的政治影响，就需要否定武则天的政治作为。

在玄宗开创开元之世的过程中，姚崇是一位重要的人物。他在开元伊始向玄宗提出了一段治理国家的纲领性意见，史称"十事要说"，《新唐书》卷一二四《姚崇传》完整记载了这段君臣对谈[④]。姚崇指出前代政治决策和制度行用中有种种问题，包括严刑峻法、边事繁重、宠用佞幸、宦竖矫旨、地方贡献、贵属外戚、君臣失礼、谏臣遭厄、佛道营造等，诸此十条皆有指摘武则天时期政治的取向。十事之最后一事，谏言玄宗以汉朝为戒，更是明确指出外戚乱政之祸。"乱天下"虽言汉之禄、莽、阎、梁，实际上也是指向唐朝之武氏（也包括中宗韦皇后）。如若从姚崇之言判断武则天时期的政治，任人唯亲、内征外伐，实在毫无可取之处。一些研究者也抱有如此观点。[⑤] 但正如汪篯先生所言，如果武则天总大政二十余年，朝廷一直是这样混乱的局面，社会生产也没有得到发展，那开元之治的迅速到来是无从谈起的。可见，十事要说是一种否定前代政治，否定武则天的说法，而非事实，玄宗对边事、

---

① （宋）宋敏求：《唐大诏令集》，商务印书馆，1959，第44页。

② （清）严可均：《全上古三代秦汉三国六朝文·全后汉文》卷二四《班固一·东都赋》，中华书局，1958，第604页。

③ （唐）魏征、令狐德棻：《隋书》，中华书局，1973，第371页。

④ "崇知帝大度，锐于治，乃先设事以坚帝意，即阳不谢，帝怪之。崇因跪奏：'臣愿以十事闻，陛下度不可行，臣敢辞。'帝曰：'试为朕言之。'崇曰：'垂拱以来，以峻法绳下；臣愿政先仁恕，可乎？朝廷覆师青海，未有牵复之悔；臣愿不幸边功，可乎？比来壬佞冒触宪网，皆得以宠自解；臣愿法行自近，可乎？后氏临朝，喉舌之任出阉人之口；臣愿宦竖不与政，可乎？戚里贡献以自媚于上，公卿方镇寖亦为之；臣愿租赋外一绝之，可乎？外戚贵主更相用事，班序荒杂；臣请戚属不任台省，可乎？先朝褒狎大臣，亏君臣之严；臣愿陛下接之以礼，可乎？燕钦融、韦月将以忠被罪，自是诤臣沮折；臣愿群臣皆得批逆鳞，犯忌讳，可乎？武后造福先寺，上皇造金仙、玉真二观，费巨百万；臣请绝道佛营造，可乎？汉以禄、莽、阎、梁乱天下，国家为甚；臣愿推此鉴戒为万代法，可乎？'帝曰：'朕能行之。'"（宋）欧阳修、宋祁：《新唐书》，中华书局，1975，第4383页。

⑤ 如吕思勉认为，武后乃"暴主也"。吕思勉：《隋唐五代史》（上册），上海古籍出版社，1984，第141页。岑仲勉评价武则天"在位廿一年实无丝毫无政绩可纪"。岑仲勉：《隋唐史》，河北教育出版社，2000，第151页。

宦臣等问题的态度最终也未如姚崇所言。但出于新朝气象的树立，于开元之初提出这样的政治意见，正是玄宗所需要的。

武氏亲族的主要政治人物，折损于中宗太子李重俊的兵变之中。一些本依附于武氏，后又依附韦皇后、太平公主的朝臣，大多也在太平公主之变后被贬斥摒弃，不再见用。应该认为，武氏力量在玄宗朝的实际政治作用已经微乎其微，但对于重新定位武则天，最大可能地消除她的政治影响，玄宗仍旧不遗余力。

首先是对武则天谥号的重新议定。武则天的谥号在其死后有过多次复杂的改定，或尊或抑，每一次都伴随着相关的政治博弈。睿宗时期最后一次为武则天议定的谥号，是延和元年（712）六月改定的"天后圣帝"。这个时期正是玄宗与睿宗、太平公主的权力争夺白热化的阶段。将武则天的谥号重新改定为"帝"，有尊崇的意味，或许间接对太平公主及武氏相关人物（太平公主与武承嗣之子尚在）也有了尊崇的意味。玄宗在七月政变结束后，百务交杂之时，便于八月五日将武则天的谥号匆匆改为"圣后"，明确表达了否定武则天为帝之事。这次改定应是未来得及将太庙中的牌位进行修改，于是开元四年（716）太上皇睿宗去世之后，对武则天的谥号有了一次重新议定：

> 开元四年十二月，太常卿姜皎，与礼官陈贞节等上表曰："臣伏见太庙中，则天皇后配高宗天皇大帝，题云天皇圣帝武氏。……但皇后祔庙，配食高宗，位号旧章，无宜称帝。今山陵日近，升祔非遥，请申陈告之仪，因除圣帝之字，直题云则天皇后武氏。"从之。[①]

这一次谥号议定，将武则天改唐为周称帝的事实描述为受到唐高宗托付的从权之举，再次明确提出去除武则天"帝"的称号，并将睿宗时期重新议定"天后圣帝"之号的责任推脱为岑羲等"不闲政体"。此次谥号的议定，也是武则天在整个唐代所获谥号中最简单的一个。

其次，与武则天的谥号问题类似，先天二年（713）正月，玄宗还没有来

---

① （宋）王溥：《唐会要》卷一五《庙议上》，上海古籍出版社，2006，第377~378页。

得及议定来年改元问题时，便废除了武氏昊陵、顺陵之名，改称太原王墓。①
昊陵、顺陵是武则天称帝时为父母所建，神龙政变后同样几经兴废，玄宗全
面掌握最高权力后急于废除陵号，同样是对武则天皇帝身份的否定。

　　武则天在建立武周政权的过程中，也建立一些与之相应的政治象征，譬如
明堂、天枢。明堂是帝王宣明政教、举行大典的地方，《礼记》中便有"昔者
周公朝诸侯于明堂之位，天子负斧依南乡而立"之记载，唐代建国后对明堂
制度和营建也有讨论，《唐会要》中有"明堂制度条"，对唐代关于明堂的制
度讨论有详细记载，然而到高宗之时，唐代的明堂一直是作为郊祀之所而存
在的。直到垂拱四年（688），武则天才将明堂作为朝廷日常"宣明政教、举
行大典"之所建立起来。据《唐会要》卷一一一《明堂制度》：

　　　　垂拱三年（687），毁乾元殿，就其地创造明堂（令沙门薛怀义充
　　使），四年正月五日毕功。……明堂之下，施铁渠，以为辟雍之象，
　　号万象神宫。

　　　　证圣元年（695）正月，诏十七日御端门，赐酺宴，十六日，明
　　堂后夜佛堂灾，延烧明堂，至明并尽。……至天册万岁二年（696）
　　三月二日，重造明堂成，号通天宫。②

　　乾元殿是高宗时期修建的洛阳宫正殿，据《资治通鉴》记载，因诸儒议
定之所"去宫太远"，③武则天在此就近修建了明堂。但近宫之所有很多，为何
一定要拆除乾元殿来建立明堂？不得不说还是有宣示自己主权的意义。正是
基于同样的意义，玄宗巡幸洛阳时，便下令拆除武则天所建的明堂，复造乾
元殿：

　　　　垂拱四年二月十日，拆乾元殿，于其地造明堂。至开元二十七年

---

①　《唐会要》卷二一《诸僭号陵》："……先天二年正月二十七日又废，并称太原王墓。"第477页。

②　《唐会要》，第318～321页。

③　《资治通鉴》卷二〇四垂拱四年，"太宗、高宗之世，屡欲立明堂，诸儒议其制度，不决而止。及太后称制，
　　独与北门学士议其制，不问诸儒。诸儒以为明堂当在国阳丙己之地，三里之外，七里之内。太后以为去宫太
　　远。二月，庚午，毁乾元殿，于其地作明堂，以僧怀义为之使，凡役数万人。"（宋）司马光编著，（元）胡三
　　省音注《资治通鉴》，中华书局，1956，第6447页。

（739）九月十日，于明堂旧址，造乾元殿。①

虽然玄宗改造明堂所用的理由是"则天所造明堂，有乖典制"，②《册府元龟》记载则云："今之明堂，俯邻宫掖，此之严祀，有异寅恭，苟非宪章，将何轨物？"③无论是"有乖典制"，还是"俯邻宫掖"，这样的理由和武则天改乾元殿为明堂时"去宫太远"的理由同样冠冕堂皇而经不起推敲，实质上，拆除明堂，是拆除武周的布政场所，重建乾元殿，是要宣示唐朝政教场所的政治属性。

如果说明堂因为具备自古以来的传统，具有一定的天然政治合法性，所以玄宗在改造的过程中尚借了用礼仪制度之因由，那么天枢作为武则天的独特发明，作为武周政治形象的代表更为明确：

> 夏，四月，天枢成……武三思为文，刻百官及四夷酋长名，太后自书其榜曰"大周万国颂德天枢"。④

于是，我们能够看到玄宗在处理这个代表性建筑时便也直接了起来，《资治通鉴》记载便是简单明了的"毁天枢"⑤。

玄宗如此急切地想要抹去武则天的政治遗迹，努力建立全新的朝廷气象，然而他真的能完全斩断与武则天的政治联系吗？答案自然是否定的。

武则天合法掌握唐朝权力多年，武周期间睿宗、中宗也分别为其皇嗣、太子，即便其政权在神龙政变中遭到颠覆，她最终还是以高宗皇后的合法身份合葬于乾陵，单凭这些，玄宗也无法将她从唐朝的政治脉络中剔除。更何况他还是武则天的亲孙子，有无法割裂的血缘。故而，于玄宗而言，否定武则天是必须摆出的姿态，但在很多时候又不得不承认自己从武则天而来的合法性。譬如，开元二年（714）八月：

---

① 《唐会要》卷三〇《洛阳宫》，第 643 页。

② 《唐会要》卷一一《明堂制度》，第 322 页。

③ （宋）王若钦等编纂，周勋初等校订《册府元龟》卷五六四《掌礼部·制礼第二》，凤凰出版社，2006，第6471~6472 页。

④ 《资治通鉴》卷二〇五万岁通天元年，第 6502~6503 页。

⑤ "毁天枢，发匠镕其铁钱，历月不尽。"《资治通鉴》卷二一一开元二年，第 6699 页。

八月，太子宾客薛谦光献东都九鼎铭，其豫州鼎铭武后所制，文曰："羲农首出，轩昊膺期，唐虞继踵，汤禹乘时，天下光宅，域内雍熙，上玄降祉，方建隆基。"宰相姚崇、卢怀慎等奏曰："圣人启运，休兆必彰，故化马为龙，预流谣颂，秀为天子，早著冥符。臣等今见薛谦光所献东都鼎铭，大圣天后所制，其文云'上玄降祉，方建隆基'，豫州处天地之中，所以远包四海。铭文独圣后所制，固必先感二仪，灵庆昭彰，旷绝今古。臣等忝陪近侍，喜万常情，请宣付史官，并颁示内外。"许之。①

九鼎之说源于夏禹之时，乃是传国宝器，武则天于东都明堂立九鼎，《唐会要》《资治通鉴》皆有记载，②玄宗一方面废除了武则天所立之政治象征天枢，改造明堂，另一方面又接受了武则天所立九鼎，君臣仍以武则天所立九鼎上的铭文作玄宗当为天子的谶言，间接肯定了武则天所立九鼎的合法地位。可见玄宗想要完全脱离和否定武则天，是很困难的一件事。这一点，从玄宗改造明堂的后续工作也能窥见一二，同样是《唐会要》的记载：

至十年（722）十月十五日，复题乾元殿为明堂，而不行缔祀之礼。至二十六年（738）十月二日，诏将作大匠康𧦬素，往东都毁明堂，𧦬素以毁拆劳人，遂奏请且拆去上层，卑于旧制九十五尺，又去柱心木，平座上置八角楼，楼上有八龙腾身捧火珠，珠又小于旧制，周围五尺，覆以贞瓦，取其永远，依旧为乾元殿。③

从这段记载我们可以看出，武则天所建立的明堂，可能无论建制还是选址都有可取之处，以至于复建乾元殿的工程迟迟没有进行，甚至开元十年还恢

---

① 《册府元龟》卷二四《帝王部·符瑞第三》，第241页。《资治通鉴》卷二一一开元二年："乙酉，太子宾客薛谦光献武后所制《豫州鼎铭》，其末云：'上玄降鉴，方建隆基。'以为上受命之符。姚崇表贺，且请宣示史官，颁告中外。"第6704页。

② 《唐会要》卷一一《明堂制度》，第321页。《资治通鉴》卷二〇六神功元年，第6517页。

③ 《唐会要》卷一一《明堂制度》，第323页。

复了明堂，开元二十六年也只是在原有基础上进行改建。明堂的改造，体现出武则天政治遗留的强大，这种遗留则更多地体现在制度层面，也是玄宗必然要在继承的基础上加以改造推进的部分。

二 玄宗对武则天的政策继承

君主制度之下，"人亡政息"是基本规律，主政者的政治影响，伴随其自然生命的结束而结束。唐玄宗对武则天的否定，是基于武则天生命的终结和政治影响的逐渐消亡。但我们发现，玄宗一方面无法完全割断与武则天的政治联系，另一方面在制度上也无法抛弃武则天的制度建设思路。也就是说，玄宗可以努力消除武则天的政治影响，却无法摒弃武则天的政策思路。神龙政变之后，由于政治混乱，中宗、睿宗时期基本没有进行积极良好的制度建设，但国家运行没有出现如同中央朝廷一般的乱局，从这个角度看，应该是得益于前期已有的制度保障。所以，玄宗对武则天的继承，是基于当时政治生态和社会发展的具体需求的。

武则天能在中国古代完全以男性为核心的政治生态下，走上政治舞台，掌握最高权力并最终正式登基成为皇帝，固然有诸偶然因素，然以历史发展之基础而言，实可窥见此一时期皇权之压倒性胜利——封建伦理中阴阳内外之分，君臣夫妻之义，皆已不能掣肘掌握皇权之一人对此的颠覆。而皇帝权力的高度凝结在唐朝的发展，正是从太宗时期逐渐走出关中本位，高宗时期肃清关陇贵族势力逐渐发展起来的。武则天掌握朝廷权力后，由于需要面对更大的政治压力，就更需要强有力的集权来保证自己的绝对统治，这一要求促使她对皇帝集权、中央集权进行了进一步的建设，这是武则天制度建设的核心设计，也是皇权发展的必然要求，更是玄宗所无法背离的方向。

在这个核心设计下，我们看到，从陈寅恪先生提到的对关中本位的破坏，到汪先生的新阶级取代旧阶级，都遵循这一思路。而此后学者们在各个制度领域深入细致地研究，也充分体现了玄宗对武则天时期制度建设在各个层面的继承和发展，此处选择具有代表性的几点进行分析。

从上文已经提到的官员选拔方法和任用来看，武则天时期官员选拔的变化，主要体现在发展科举取士，尤其是制举，历来人们都重视武则天开创殿试和武举，据《资治通鉴》卷二〇四天授元年（690）：

> 二月，辛酉，太后策贡士于洛城殿。贡士殿试自此始。[①]

《资治通鉴》卷二〇七长安二年（702）：

> 春，正月，乙酉，初设武举。[②]

这两条创举也都得到了玄宗及其以后皇帝的沿用，皇帝在宣政殿亲试举人见于唐书记载中。虽然有观点认为殿试是武则天出于私心的夺权之举，譬如王夫之在《读通鉴论》中的评价："夫武氏以妇人而窃天下，唯恐士心之不戴己，而夺有司之权，鬻私惠于士，使感己而忘君父，固怀奸负慝者之固然也。"但他也不得不承认："自武氏以来，迄千余年，议选举者，言满公交车，而计不及此者，后世人主之心，无以大异于武氏也。"[③] 其实，在唐初之时，唐太宗与封德彝有一段关于用人的著名对话，唐太宗将君王用人之道，形容为"君子用人如器，各取所长。古之致治者，岂借才于异代乎？正患己不能知，安可诬一世之人"！[④] 用人如器，各取所长的原则，是古代帝王所共通的，武则天通过制举、殿试等制度，将选官的权力集中起来，也符合这一普遍原则，不应独独诟病她为"私惠于士"。吴宗国先生对武则天时期的制举进行了统计，并敏锐地指出了科举取士在唐代宰相人数中所占比例的上升，而玄宗时期的比例在武则天的基础上有所增重，[⑤] 取士人数连续性地增加，说明玄宗贯彻了武则天的取士思想。

而在官员的任用方面，武则天时期使职制度的广泛应用，对其后整个唐代乃至中国古代职官体系与运作都影响深远。唐长孺先生《魏晋南北朝隋唐史三论》中就做出这样的判断："又如唐代职官制度的显著变化乃是使职差遣官

---

① 《资治通鉴》，第 6463 页。

② 《资治通鉴》，第 6558 页。

③ （清）王夫之：《读通鉴论》卷二十一《中宗九》，中华书局，1975，第 635~636 页。

④ 《资治通鉴》卷一九二贞观元年，第 6032 页。

⑤ 《唐代科举制度研究》，第 167~168 页。

的产生，这完全是一种新的变化，我们在南北朝都看不到这种现象。"① 陈仲安先生《唐代的使职差遣制》②一文明确了使职在唐代萌芽、形成、定型的时期，武则天正处在萌芽到定型的时期。孟宪实师在《唐代前期的使职问题研究》中梳理了唐代使职问题的来龙去脉，并分析了唐人对使职制度的看法。③ 从军事使职和财政使职两个重要方面来看，而无论哪个方面，玄宗时期的使职都借鉴和参考了武则天时期的做法。有趣的是，唐人一边在发展践行使职制度，一边却不遗余力地对其进行批判，虽然也有正面意见，但影响都比较小，这一现象正与玄宗对武则天遗留制度的态度非常相似。

与用人紧密相关的，是朝廷决策机构和行政机构的设置调整，在《盛唐政治制度研究》一书中，吴宗国先生与雷闻、叶炜、刘后滨等学者都有专门的章节论述。其中一个比较有特色与继承性的问题，是唐代中书门下体制的形成和定型，高宗去世、武则天掌政后，"及裴炎迁中书令，始迁政事堂于中书省"。④ 玄宗开元十一年（723），"张说奏改政事堂曰中书门下，列五房于其后，分掌庶政"。⑤ 刘后滨《唐代中书门下体制研究》⑥一书中对唐代中书门下体制的形成进行了系统详细的论述，指出使职发展与中书门下的建立有着重要关系。

开元初年以降，玄宗推行一些重要经济举措，其中为开元之治的到来打下重要基础的一项措施，是开元九年（721）宇文融的括户。在此之前，武则天时期也曾因逃户问题商议过括户政策，我们可以将二者的具体条目稍做对比。证圣元年，凤阁舍人李峤上表对括户提出了如下意见：

> 臣以为宜令御史督察检校，设禁令以防之，垂恩德以抚之，施权衡以御之，为制限以一之，然后逃亡可还，浮寓可绝。所谓禁令者，使闾阎为保，递相觉察，前后乖避，皆许自新，仍有不出，辄听相

① 唐长孺：《魏晋南北朝隋唐史三论——中国封建社会的形成和前期的变化》，武汉大学出版社，1992，第491页。

② 陈仲安：《唐代的使职差遣制》，《武汉大学学报》1963年第1期，第87~103页。

③ 吴宗国主编《盛唐政治制度研究》，上海辞书出版社，2003，第176~178页。

④ 《资治通鉴》卷二〇三弘道元年，第6416页。

⑤ 《资治通鉴》卷二一二开元十一年，第6758页。

⑥ 刘后滨：《唐代中书门下体制研究——公文形态·政务运行与制度变迁》，齐鲁书社，2004。

告。每纠一人，随事加赏，明为科目，使知劝沮。所谓恩德者，逃亡之徒，久离桑梓，粮储空阙，田地荒废，即当赈于乏少，助其修营；虽有阙赋悬徭，背军离镇，亦皆舍而不问，宽而勿征；其应还家而贫乏不能致者，乃给程粮，使达本贯。所谓权衡者，逃人有绝家去乡，离失本业，心乐所在，情不愿还，听于所在隶名，即编为户。[①]

开元九年的括户制文相关如下：

> 诸州背军逃亡人，限制到百日内，各容自首。准令式合所在编户情愿住者，即付入簿籍，差科赋敛于附入令式，仍与本贯计会停征。若情愿归贯，及据令式不合附者，首讫明立案记，不须差遣，先牒本贯知，容至秋收后递还。情愿即还者听，待到本乡讫，免今年租赋课役。如满百户以上，各令本贯差官，就户受领；过限不首，并即括取，递边远附为百姓，家口随逃者，亦便同送。若限外州县公私容在界内居停，及事有未尽，所司明为科禁。其天下勾征逋愚，及贷粮种子地税，在百姓限内，先有追收之文案未纳者，自开元七年十二月以前，并宜放免；官典隐欺，不在免限。[②]

虽然武则天长安中推行的括户由于地方阻力没有成功，但从政策思路上看，有三条重要原则：第一，背离军镇之人舍而不问，容其自首；第二，逃户中愿意归家之人容其还家，助其恢复生产生活；第三，不愿归家也可以就地落户，重新编入户籍。从玄宗开元年颁布的制文来看，显然是参考和继承了武则天时期提出的原则和方法的。唐长孺先生《关于武则天统治末年的浮逃户》[③]一文中也明确提出，"玄宗开元九年（七二一年）的'括客'是武则天长安三年（七〇三年）括浮逃户的继续和发展"。[④]

在类似的这些政策继承中，还有一个十分值得注意的内容，就是礼制、文

---

① 《唐会要》卷八十五《逃户》，第 1850~1851 页。

② 《册府元龟》卷六三《帝王部·发号令第二》，第 675 页。

③ 唐长孺：《关于武则天统治末年的浮逃户》，《历史研究》1961 年第 6 期，第 90~95 页。

④ 唐长孺：《关于武则天统治末年的浮逃户》，《历史研究》1961 年第 6 期，第 95 页。

化政策。

礼仪、思想属于形而上的层面，有时候，礼仪制度包含着某种不易发现的政治意图。譬如，武则天在高宗时的"建言十二事"中，提出了"父在为母服齐衰三年"，这是对古代丧礼规定的修改。历来研究者大多认为这是武则天为提高女性、母亲的地位而设的规定。譬如陈弱水先生在《初唐政治中的女性意识》一文中指出武则天采取的最明显的提高妇女地位的行动，是延长父在为母服的丧期。在唐代的文化环境下，延长为母服的丧期虽未明确挑战父权的地位（服衰之礼仍有区别），但具有清楚的提高母亲地位的意涵。[1]

如果说，这是一条具有政治阴谋的女性平权法案，是武则天为了提高自身地位、为登基为皇帝所做的政治准备，那么玄宗一定会对此做出反对。然而，武则天在垂拱年间将"父在为母服齐衰三年"编入国家法令《垂拱格》中，至开元年间，君臣反复讨论，最后还是接受了武则天所改定的这条礼仪：

> 至二十年（732），萧嵩与学士改修《五礼》，又议请依上元元年敕，父在为母齐衰三年为定，及颁礼，乃一切依行焉。[2]

由此来看，这一定不是武则天的政治阴谋，否则很难为玄宗所接受。关于这个问题的解释，孟宪实师提出了一个新的见解，结合武则天建言十二事提出的背景来看，武则天的这条建议有缓解官场上官多位少的现实矛盾的重要意义，这一现象到玄宗时期是持续的，则更容易理解玄宗接受继承这一礼制改革的出发点，同样是为了解决现实问题。

玄宗开元时期的礼制建设、国家主流思想引导，其实都未能突破武则天的影响，这也说明了武则天对唐代思想文化上的深刻影响。原本，在唐朝恢复国祚之后，对"回到唐朝"有非常明确的政治要求，中宗神龙大赦文中提出"业既惟新，事宜更始，可改大周为唐，社稷、宗庙、陵寝、郊祀、礼乐、行运、旗帜、服色、天地等字、台阁官名一事，已上并依永淳已前故事"。[3]后来的大臣们将"永淳故事"之概念改换为"贞观故事"，反复出现在上疏之

---

[1] 陈弱水：《隐蔽的光景——唐代的妇女文化与家庭生活》，广西师范大学出版社，2009，第177~180页。

[2] 《唐会要》卷三七《服纪上》，第792页。

[3] 《唐大诏令集》卷二《帝王·即位赦上》，第6页。

中。如神龙元年（705）二月右补阙权若讷谏复崇恩庙、昊、顺二陵事时云：

> 又神龙元年三月五日制书一事已上，并依贞观故事者。……昔永徽之始，不闻依武德旧章。今陛下暬期，乃欲追尊祖昔，依贞观故事。如其远依贞观，实恐未益先朝。①

又如神龙元年四月侍中桓彦范谏方术人叶静能为国子祭酒，上疏曰：

> 陛下自龙飞宝位，遽下制云，军国政化，皆依贞观故事。②

睿宗时，左补阙辛替否谏修金仙、玉真二观时，上疏陈时政曰：

> 臣往见明敕，自今已后，一依贞观故事。③

如此种种不一而足。可知当时的朝廷上下弥漫着一种脱离武周甚至脱离高、武时期，回到贞观去的思想舆论。但即便如此，在具体问题的操作上，还是不能达到"回到贞观"的目标。譬如《大唐开元礼》的修撰，所采取的原则是折中《贞观礼》《显庆礼》以为唐礼，吴丽娱编著《礼与中国古代社会·隋唐五代宋卷》中明确指出，《显庆礼》的制定契机是武则天立后，最大的特点是事不师古，与《贞观礼》有所龃龉，也引发了礼官、朝臣乃至高宗本人向《贞观礼》让步的情况，但随着道教祭祀礼仪作为一个新的因素逐渐汇入唐代礼仪，儒家传统礼制的约束被相应淡化，对《显庆礼》的行用产生了积极影响。武则天时期对传统政治礼仪如元日受朝逐渐失去了兴趣，大兴遍封诸岳神祇这类带有道教神仙色彩的礼仪活动，"逐渐脱离了传统礼制的藩篱和轨道"。④所以，至玄宗时，已经无法否定或摒弃这类礼仪制度了。

---

① 《册府元龟》卷四八二《台省部·谠佞》，第5458页。
② 《唐会要》卷六七《试及斜滥官》，第1397页。
③ 《旧唐书》卷一○一《辛替否传》，第3160页。
④ 吴丽娱编著《礼与中国古代社会》（《隋唐五代宋元卷》），中国社会科学出版社，2016，第56~68页。

再如从武则天到玄宗时期的宗教政策，从比较直观的印象来看，唐代以道教为国教，武则天借助佛教为自己打造政治合法性，有崇佛抑道的倾向。但实际上，唐朝的佛道僧尼问题在武则天以前就有变化，据《唐会要》卷四九《僧道立位》：

> 贞观十一年（637）正月十五日，诏道士女冠，宜在僧尼之前。至上元元年（674）八月二十四日辛丑，诏公私斋会，及参集之处，道士女冠在东，僧尼在西，不须更为先后。至天授二年（691）四月二日，敕释教宜在道教之上，僧尼处道士之前。[①]

贞观年间强调道士女冠位在僧尼之前，但在高宗上元年间，就已经提出了僧道不分先后。说明在实际的宗教发展过程中，佛教和道教之间并无巨大差异。武则天虽然出于政治目的尊崇释教，令僧尼位在道士之前，但就其个人信仰而言，道教也占有重要地位。在武则天时期尤其是武周后期，对道教长生、禳灾等仪式有追求，比较有代表性的便是在久视元年于嵩山投"除罪金简"，这是典型的道教典仪。神龙政变之后，道教作为唐朝国教，地位得到皇帝的着意恢复和提升，景云年间恢复佛道并集，不分先后，玄宗时期恢复令道士在僧尼前。但即便到了玄宗时代，佛道政策也没有出现道教对佛教绝对压制的情况。玄宗御注经典《孝经》《金刚经》《道德经》也是儒、释、道并有，可见在思想文化或者说宗教文化的政策上，玄宗也不能完全消除武则天的影响，或者说，也没有真正试图完全脱离武则天。

通过以上关于选官、经济、文化的分析，虽然不能覆盖唐代朝廷制度和社会制度的全部，但已然能够让我们认识到玄宗对武则天时期政策的延续性，正是在这种延续性上做出了合理调整，才使唐王朝在很短的调整期内就迎来了开元之治的盛世。除去选官用人、经济政策、军镇使职、思想文化这样成系统的大问题外，在一些细节制度上，也有创于武则天时期，成于玄宗时期的例子，譬如，武则天时期府兵制开始瓦解，她根据实际情况在募兵制度方面有所创新，在边疆地区招募"团结兵"（团练），"团结兵"具有一定雇佣兵

---

① 《唐会要》，第 1005~1006 页。

的性质，并非唐初设立的制度，而是源于武则天时期，至玄宗初年形成定制。但《唐六典》卷五《尚书兵部》"凡关内团结兵"条，对此却没有交代，[①]可以说是回避了对武则天制度继承的实质。

三 结语

玄宗继位后，在政治形象上进行了宣传和打造，表示要回归以贞观时期为正统代表的唐代格局，为了达到这一目标，对武则天的政治遗存展开了一系列的清除和否定，但无论是从血缘关系上还是现实操作层面，都无法完全绕开武则天。而在政策、制度层面，基于武周以来社会发展形态、社会经济基础都已发生具体的变化，故而对武则天时期的制度建设也大多是继承性地发展，如同汉承秦制、唐承隋制一般。

通常我们在研究政治人物的影响时，常常注重影响的发出方，注重分析其意图，分析其意图最终是否实现，是否得到贯彻，也注重观察，这种意图在受众眼中是怎样的，是不是被接受的，或者怎样被接受，这也是武则天研究中的常见思路。然我们对"受影响对象"常常不能予以应有的关注。在古代历史书写已经有了规则和体系，被影响的对象表现出顺从、支持，却不是实际的接受，同样的，被影响的对象表现出抵抗、否定，却在实际行动中继承、发扬了影响者的施为。

武则天逊位后，当皇帝由中宗一系转入睿宗一系之时，便有此倾向，待玄宗即位后，对待武则天时期的制度留存，更是如此。当被影响者的表面态度与实际选择产生差异之时，正是影响在具体地发挥作用。一则我们需要认真对比，找出这种差异；二则也需要根据当时的具体情况，分析这种态度与行为差异产生的原因。"差异原因"的分析，既能为我们解决认识影响的问题，也能为我们勾勒"影响的对象"的全息图景。

从陈寅恪先生提点出武周转折期的大格局，到汪籛先生在新旧阶级的问题上与之应和并更加具体地论述，再到吴宗国先生就其中的重要问题进行系统研究，在这一学术脉络之下，唐代政治形态、制度形态的具体发展在各个方

---

① （唐）李林甫等编纂，陈仲夫点校《唐六典》卷五《尚书兵部》，中华书局，1992，第157页。

面都取得了研究硕果，为我们呈现出清晰详细的面相，而我们的研究还将在制度研究的基础上继续推进，去解释制度发展的关联，挖掘政策制定的原因，获得历史给予我们的智慧。

（李　淑　中国人民大学国学院）

姚崇"十事说"与"贡献"之风 [*]

一

姚崇彪炳史册的功绩在于他为唐玄宗即位后局面的开拓乃至开元盛世的创造奠定了基础。汪篯先生的《唐玄宗安定皇位的政策和姚崇的关系——玄宗朝政治史发微之一》[①] 即以此立论。从神龙元年（705）至开元元年（713）的八年半中，更换了四个皇帝，发生了七次政变，可见玄宗李隆基面临的政治局面竟是如此动荡。围绕着皇位的继承问题，皇后、皇子、公主、外戚纷纷卷入其中，包括韦后、太平公主、安乐公主等，集团中的政敌都集结在其周围，玄宗正是在这样的背景下走上皇位的。所以，首要的任务就是稳定局面，遏制动摇和颠覆的力量，巩固皇权。

史载，玄宗初即位，"务修德政，军国庶务，多访于崇"。[②] 姚崇以十事上言献策，其中之一即遏制贡献之风，目的是以建筑在人口管理基础上的租赋征敛保障国家财政供给，更深层的意图则是实行在政治上以稳定局面打击政敌为目的的举措。

关于十事的记载，《资治通鉴》正文不载，于《考异》中具载如下：

> 公跪奏："臣适奉作弼之诏而不谢者，欲以十事上献；有不可行，臣不敢奉诏。"上曰："悉数之，朕当量力而行，然定可否。"公

---

* 本文原为提交 2016 年 5 月 20~23 日在三门峡召开的"姚崇诞辰 1356 年学术研讨会"论文。

① 汪篯著，唐长孺等编《汪篯隋唐史论稿》，中国社会科学出版社，1981，第 189~195 页。

② （后晋）刘昫：《旧唐书》卷九六《姚崇传》，中华书局，1975，第 3025 页。

曰：“自垂拱已来，朝廷以刑法理天下；臣请圣政先仁义，可乎？”上曰：“朕深心有望于公也。”又曰：“圣朝自丧师青海，未有牵复之悔；臣请三数十年不求边功，可乎？”上曰：“可。”又曰：“自太后临朝以来，喉舌之任，或出于阉人之口；臣请中官不预公事，可乎？”上曰：“怀之久矣。”又曰：“自武氏诸亲猥侵清切权要之地，继以韦庶人、安乐、太平用事，班序荒杂；臣请国亲不任台省官，凡有斜封、待阙、员外等官，悉请停罢，可乎？”上曰：“朕素志也。”又曰：“比来近密佞幸之徒，冒犯宪网者，皆以宠免；臣请行法，可乎？”上曰：“朕切齿久矣。”又曰：“比因豪家戚里，贡献求媚，延及公卿、方镇亦为之；臣请除租、庸、赋税之外，悉杜塞之，可乎？”上曰：“愿行之。”又曰：“太后造福先寺，中宗造圣善寺，上皇造金仙、玉真观，皆费钜百万，耗蠹生灵；凡寺观宫殿，臣请止绝建造，可乎？”上曰：“朕每睹之，心即不安，而况敢为者哉！”又曰：“先朝亵狎大臣，或亏君臣之敬；臣请陛下接之以礼，可乎？”上曰：“事诚当然，有何不可！”又曰：“自燕钦融、韦月将献直得罪，由是谏臣沮色；臣请凡在臣子，皆得触龙鳞，犯忌讳，可乎？”上曰：“朕非唯能容之，亦能行之。”又曰：“吕氏产、禄几危西京，马、窦、阎、梁亦乱东汉，万古寒心，国朝为甚；臣请陛下书之史册，永为殷鉴，作万代法，可乎？”上乃潸然良久曰：“此事真可为刻肌刻骨者也。”公再拜曰：“此诚陛下致仁政之初，是臣千载一遇之日，臣敢当弼谐之地，天下幸甚！天下幸甚！”又再拜蹈舞称万岁者三。从官千万皆出涕。上曰：“坐。”公坐于燕公之下。燕公让不敢坐，上问，对曰：“元崇是先朝旧臣，合首坐。”公曰：“张说是紫微宫使，今臣是客宰相，不合首坐。”上曰：“可紫微宫使居首座。”果如所言，则元崇进不以正。又，当时天下之事，止此十条，须因事启沃，岂一旦可邀！似好事者为之，依托窃名，难以尽信，今不取。[1]

《新唐书》卷一二四《姚崇传》略载姚崇说上十事如下：

---

[1] （宋）司马光：《资治通鉴》卷二一〇玄宗开元元年条，中华书局，1956，第6689~6690页。

"垂拱以来，以峻法绳下；臣愿政先仁恕，可乎？朝廷覆师青海，未有牵复之悔；臣愿不倖边功，可乎？比来壬佞冒触宪网，皆得以宠自解；臣愿法行自近，可乎？后氏临朝，喉舌之任出阉人之口；臣愿宦竖不与政，可乎？戚里贡献以自媚于上，公卿方镇浸亦为之；臣愿租赋外一绝之，可乎？外戚贵主更相用事，班序荒杂；臣请戚属不任台省，可乎？先朝褒狎大臣，亏君臣之严；臣愿陛下接之以礼，可乎？燕钦融、韦月将以忠被罪，自是诤臣沮折；臣愿群臣皆得批逆鳞，犯忌讳，可乎？武后造福先寺，上皇造金仙、玉真二观，费钜百万；臣请绝道佛营造，可乎？汉以禄、莽、阎、梁乱天下，国家为甚；臣愿推此鉴戒为万代法，可乎？"帝曰："朕能行之。"崇乃顿首谢。翌日，拜兵部尚书、同中书门下三品。①

对于"十事说"的来源，《开元升平源记》及其作者吴兢，直至《资治通鉴》材料的取舍和态度等问题，胡如雷在《〈升平源〉的真伪辨析》②文中悉数缕析，可谓确论。征诸史籍，关于《开元升平源记》的史料记载，还有其他一些史料可资佐证，如顾云的《池阳醉歌赠匡庐处士姚岩杰》"吴〔兢〕（竞）纂出升平源。十事分明铺在纸"③的诗文；如马端临论杂史："《开元升平源记》一卷，陈氏曰：唐史官吴兢撰。叙姚崇十事。"④或径称为"太平十事"，如《续资治通鉴长编》所记载："唐姚崇献明皇启太平凡十事，雍熙末，赵普尝录以献，俄命普复入相，于时天下之人皆以为致太平之策，无出于此。"⑤

在姚崇所阐述的十事当中，提及当时朝野从豪家、戚里至公卿方镇给皇上的贡献，有愈演愈烈的势头，他建议玄宗"租赋外一绝之"，一切以正赋为准，杜绝进奉贡献之风气渐延。所谓贡献，以常贡为主要内容，其制度约束也最为严格，地方贡物的明细，见于《通典》《唐六典》《元和郡县图志》

① （宋）欧阳修、宋祁：《新唐书》卷一二四《姚崇传》，中华书局，1975，第4383页。

② 刊《河北学刊》1994年第1期。

③ 《全唐诗》卷六三七，中华书局，1960，第7304页。

④ 马端临：《文献通考》卷一九五《经籍考》二二《史·杂史》，中华书局，2011，第5662页。

⑤ （宋）李焘：《续资治通鉴长编》卷四四真宗咸平二年（999）条，中华书局，2004，第942页。又见《宋史》卷三○六《谢泌传》，中华书局，1985，第10095页。

等^①。按照《通志二十略》的《地理略·开元十道图》记载：

> 臣谨按：唐《开元十道图》，其山川之所分，贡赋之所出，得《禹贡》别州任土之制，远不畔古，近不违令。载之《六典》，为可书也。^②

《唐六典》户部卷当中的"十道贡赋"即《开元十道图》的内容，时间在开元三年（715），^③此时正是姚崇做兵部尚书的时候。按《唐六典》卷五兵部职方郎中员外郎条记载，职方郎中员外郎"掌天下之地图及城隍、镇戍、烽候之数，辨其邦国、都鄙之远迩及四夷之归化者"^④。正是兵部尚书下辖的职方司主持了开元三年《开元十道图》的编撰。所以，从遏制贡献的疏奏，到《开元十道图》中对土贡的制度性规定，都是姚崇一系列有针对性的举措。具体到贡赋，相关的内容可见《赋役令》唐 27 条：

> 诸朝集使赴京贡献，皆尽当土所出。其金银、珠玉、犀象、龟贝，凡诸珍异之属；皮革、羽毛、锦、罽、罗、绸、绫、丝、绢、絺、布之类，漆、蜜、香、药及画色所须，诸是服食器玩之物，皆准绢为价，多不得过五十匹，少不得减二十匹，兼以杂附及官物市充。无，则用正仓。其所送之物，但令无损坏秽恶而已。不得过事修理，以致劳费。^⑤

《杂令》宋 29 条：

> 诸州县官私珍奇、异物、滋味、鹰狗、玉帛、口马之类非正敕索者，皆不得进献。其年常贡方物者，不在此限。^⑥

---

① 王永兴先生曾就这些史书中的土贡材料划分出具体时间来进行比较分析。见《唐代土贡资料系年——唐代土贡研究之一》，《北京大学学报》1982 年第 4 期。

② 郑樵撰、王树民点校《通志二十略》，中华书局，1995，第 546 页。

③ 牛来颖：《〈唐六典〉户部卷与〈开元十道图〉》，《首都师范大学学报》1994 年第 5 期。

④ （唐）李林甫：《唐六典》，中华书局，1992，第 162 页。

⑤ 天一阁博物馆编《天一阁藏明钞本天圣令校证（附唐令复原研究）》，中华书局，2006，第 393 页。

⑥ 天一阁博物馆编《天一阁藏明钞本天圣令校证（附唐令复原研究）》，中华书局，2006，第 431 页。

朝集使自隋代以来设置，以诸州长官或上佐"岁首亲奉贡物入京师，谓之朝集使，亦谓之考使"，[①]"若州、府岁贡，皆孟冬随朝集使以至省"，[②]"元日，陈其贡篚于殿庭"。[③]《天圣令》所存两条令文，前者为唐令，时间不确定是开元七年还是二十五年。《唐六典》卷三对朝集使进京及所带贡物的规定，是开元七年的制度。后条宋令，复原唐令内容时只保留了可以对应的"异物、滋味、口马、鹰犬，非有诏不献"，[④]依据是《新唐书》卷五一《食货志》，但是还不能确定具体文字的对应和时间对应。

开元初年的格、令、式等法典的修订，都是在姚崇的主持下完成的，史料记载有"开元前格十卷 姚崇等撰""令三十卷 式二十卷姚崇等撰"[⑤]等。制度建设日臻完备，姚崇功不可没。

二

姚崇在十事奏言中以杜绝贡献趋竞之风为要务，所针对和制止的对象，是豪家戚里、公卿、方镇，与唐玄宗即位初期所面临的政治局面密切相关，一如前述汪篯先生《唐玄宗安定皇位的政策和姚崇的关系》文中所陈。在平乱之初，玄宗擢拔姚崇，力主稳定开拓，卓有成效。而姚崇摒除一批有功旧臣，和与前帝有牵扯之人，在史书中留下了诸多人际交恶的负面印象，其背后真正的用意已经由史家厘清，汪篯先生则从吏治与文学之争的角度予以揭示[⑥]。其君明臣直的清明政治下所凸显的，是宰辅如姚崇、宋璟等人的高瞻远瞩，识察时务和举措有力。

当时之情势以后族外戚的问题最为严重，他们无不以竞奢崇饰，穷尽壮丽

① （宋）欧阳修：《资治通鉴》卷一九七，太宗贞观十七年条，中华书局，1956，第6205页。

② （唐）李林甫：《唐六典》卷五兵部郎中员外郎条，中华书局，1992，第160页。

③ （唐）李林甫：《唐六典》卷三户部郎中员外郎条，中华书局，1992，第79页。《旧唐书》卷四三同。

④ 天一阁博物馆编《天一阁藏明钞本天圣令校证〈附唐令复原研究〉》，中华书局，2006，第742页。

⑤ （后晋）刘昫：《旧唐书》卷四六《经籍上》，中华书局，1975，第2011页。又《旧唐书》卷五十《刑法志》记载："开元前格十卷，姚崇等删定。开元后格十卷，宋璟等删定。皆以尚书省二十四司为篇目。凡式三十有三篇，亦以尚书省列曹及秘书、太常、司农、光禄、太仆、太府、少府及监门、宿卫、计帐名其篇目，为二十卷。永徽式十四卷，垂拱、神龙、开元式并二十卷，其删定格令同。"第2138页。

⑥ 汪篯：《唐玄宗时期吏治与文学之争——玄宗朝政治史发微之二》，见汪篯著，唐长孺等编《汪篯隋唐史论稿》，中国社会科学出版社，1981，第196~208页。

为事。仪制规模，拟于宫禁；财货山积，侔于御府。太平公主滋骄日盛，"田园遍于近甸膏腴，而市易造作器物，吴、蜀、岭南供送，相属于路。绮疏宝帐，音乐舆乘，同于宫掖。侍儿披罗绮，常数百人，苍头监妪，必盈千数。外州供狗马玩好滋味，不可纪极"。[1] 至其败没，"籍其家，财货山积，珍奇宝物，侔于御府，马牧羊牧田园质库，数年征敛不尽"。[2] 与奢华崇饰相伴随的是权倾天下。以武延秀为例，所营第宅，拟于宫掖，巧妙过之，庄内所造定昆池，"延袤数里"。他"恃宠横纵，权倾天下，自王侯宰相已下，除拜多出其门"。[3] 再有武三思，也"威权日盛，军国政事，多所参综"。[4] 早在武攸宁时，就建立了"内库"。据史料记载：

> 则天时，建昌王武攸宁置内库，长五百步，二百余间，别贮财物以求媚。一夕为天灾所燔，玩好并尽。[5]

如前所述，姚崇建言遏制贡献，看似是在解决统一赋敛、杜绝朝官奢侈和地方供送的经济问题，但其所直指的正是前述要防范的政治势力，包括武氏家族、太平公主等权贵势力，这在玄宗即位之初对稳定政局和消除异己力量都起到了非常重要的作用。

对于姚崇提出的十项建言，玄宗皆表示同意，但是从针对贡献风气的遏制和在制度上严格执行的力度上看，贡献之风非但未得到制止，反而在姚崇之后，玄宗对此还起到了助推作用。从这里可以窥见姚崇建言在政治上的考量远远超过了经济的目的，也就是说，姚崇所谓的杜绝贡献并非以贯彻经济举措为最终目的，而是打击政敌的工具和口号。至开天盛世，皇族后戚与权贵的私欲膨胀与远近进献的愈演愈烈，也是这一时期的常态。极端的例子如杨贵妃姊虢国夫人。

---

① （后晋）刘昫：《旧唐书》卷一八三《外戚传》，中华书局，1975，第 4739 页。
② （后晋）刘昫：《旧唐书》卷一八三《外戚传》，中华书局，1975，第 4740 页。
③ （后晋）刘昫：《旧唐书》卷一八三《外戚传》，中华书局，1975，第 4734 页。
④ （后晋）刘昫：《旧唐书》卷一八三《外戚传》，中华书局，1975，第 4735 页。
⑤ （后晋）刘昫：《旧唐书》卷三七《五行志》，中华书局，1975，第 1366 页。

国忠与之私，于宣义里构连甲第，土木被绨绣，栋宇之盛，两都莫比，昼会夜集，无复礼度。有时与虢国并辔入朝，挥鞭走马，以为谐谑，衢路观之，无不骇叹。玄宗每年冬十月幸华清宫，常经冬还宫。国忠山第在宫东门之南，与虢国相对，韩国、秦国甍栋相接，天子幸其第，必过五家，赏赐宴乐。每扈从骊山，五家合队，国忠以剑南幢节引于前，出有饯路，还有软脚，远近饷遗，珍玩狗马，阉侍歌儿，相望于道。进封卫国公，食实封三百户，俄拜司空。[①]

君臣上下对于财富的态度，较为典型的例子就是玄宗与王元宝的对话：

玄皇尝召王元宝，问其家财多少？对曰："臣请以绢一匹系陛下南山树，树尽臣绢未穷。"又玄皇御含元殿，望南山，见一白龙横亘山间，问左右，皆言不见，令急召元宝问之。元宝曰："见一白物横在山顶，不辨其状。"左右贵臣启曰："何则臣等不见？"玄宗曰："我闻至富可敌贵，朕天下之贵，元宝天下之富。"元宝又年老好戏谑，出入市里，为人所知。以钱文有"元宝"字，因呼钱为"王老"，盛流于时矣。[②]

王元宝在玄宗面前炫富时，玄宗以"富可敌贵"四字肯定了财富的重要和对财富拥有者的地位可以与当朝权贵相比肩的肯定。这些或可昭示君主心中对于财富的认识，其最终促成玄宗在国家公藏之外，建立起供皇帝私用的库藏——百宝大盈库。

三

唐玄宗时期建立的百宝大盈库，始作俑者是王𫟹。据《旧唐书》卷一〇五《王𫟹传》记载：

---

① （后晋）刘昫：《旧唐书》卷一〇六《杨国忠传》，中华书局，1975，第3245页。

② （宋）钱易：《南部新书·辛》，中华书局，2002，第125页。

玄宗在位多载，妃御承恩多赏赐，不欲频于左右藏取之。铁探旨意，岁进钱宝百亿万，便贮于内库，以恣主恩锡赉。铁云："此是常年额外物，非征税物。"玄宗以为铁有富国之术，利于王用，益厚待之。[①]

又《旧唐书》卷四八《食货志上》也记载：

又王铁进计，奋身自为户口色役使，征剥财货，每岁进钱百亿，宝货称是。云非正额租庸，便入百宝大盈库，以供人主宴私赏赐之用。[②]

王铁的媚上做法恰好契合了君上的私欲，在国家财赋之外，另辟供君主私用的库藏，不仅对开天盛世，更对唐代后期的财赋敛藏与使用产生了很大的影响。陆贽在上奏建言奉天请罢琼林库、大盈库的状文中，有对玄宗朝建立皇帝个人专享库藏的追述：

今之琼林、大盈，自古悉无其制，传诸耆旧之说，皆云创自开元。贵臣贪权，饰巧求媚，乃言："郡邑贡赋所用，盍各区分。税赋当委之有司，以给经用；贡献宜归乎天子，以奉私求。"玄宗悦之，新是二库，荡心侈欲，萌柢于兹。迨乎失邦，终以饵寇。记曰："货悖而入，必悖而出。"岂非其明效欤？[③]

唐代后期，诸多上供以外的进奉[④]、贡献、宣索乃至"托称羡余"[⑤]，已经屡禁不止，或节庆，或圣诞，名目繁多，都是与国家财赋"正入"相对而言，所进管道最终是内库。安史之乱时，玄宗幸蜀，以崔光远为京兆尹，兼御史

① （后晋）刘昫：《旧唐书》卷一〇五《王铁传》，中华书局，1975，第3229页。
② （后晋）刘昫：《旧唐书》卷四八《食货志上》，中华书局，1975，第2086页。
③ （唐）陆贽：《陆贽集》卷十四《奉天请罢琼林大盈二库状》，中华书局，2006，第421~422页。
④ （后晋）刘昫：《旧唐书》卷十四《顺宗纪》，中华书局，1975，第406页。
⑤ （后晋）刘昫：《旧唐书》卷十七上《敬宗纪》，中华书局，1975，第515页。

中丞，充西京留守采访使。"驾发，百姓乱入宫禁，取左藏大盈库物，既而焚之，自旦及午，火势渐盛，亦有乘驴上紫宸、兴庆殿者。"①肃代时，大盈库再建，又建立了琼林库。至德宗时，"先是兴元克复京师后，府藏尽虚，诸道初有进奉，以资经费，复时有宣索。其后诸贼既平，朝廷无事，常赋之外，进奉不息。韦皋剑南有日进，李兼江西有月进，杜亚扬州、刘赞宣州、王纬李锜浙西，皆竞为进奉，以固恩泽。贡入之奏，皆曰臣于正税外方圆，亦曰羡余。节度使或托言密旨，乘此盗贸官物。诸道有谪罚官吏入其财者，刻禄廪，通津达道者税之，蒔蔬艺果者税之，死亡者税之。节度观察交代，或先期税入以为进奉。然十献其二三耳，其余没入，不可胜纪。此节度使进奉也。其后裴肃为常州刺史，乃鬻货薪炭案牍，百贾之上，皆规利焉。岁余又进奉。无几，迁浙东观察使。天下刺史进奉，自肃始也。刘赞死于宣州，严绶为判官，倾军府资用进奉。无几，拜刑部员外郎。天下判官进奉，自绶始也。习以为常，流宕忘返"。②此外，《旧唐书》卷一一八《杨炎传》也记载："初，国家旧制，天下财赋皆纳于左藏库，而太府四时以数闻，尚书比部覆其出入，上下相辖，无失遗。及第五琦为度支、盐铁使，京师多豪将，求取无节，琦不能禁，乃悉以租赋进入大盈内库，以中人主之意，天子以取给为便，故不复出。是以天下公赋，为人君私藏，有司不得窥其多少，国用不能计其赢缩，殆二十年矣。中官以冗名持簿书，领其事者三百人，皆奉给其间，连结根固不可动。"③德宗从长安到奉天有大盈库、琼林库，陆贽因为劝谏反对皇帝内库而遭贬官。以考古发现"盈"字款瓷器和墓志资料的时间来看，一直至唐末，大盈库皆存在。而进献供奉之风与内库之存在相表里，不仅是官场政治的表现，也是内廷与国家财政分割的结果。随着宦官掌管内库权柄，内库又成为宦官操控财权的工具。

由此回溯姚崇在开元初年十事疏奏中对杜绝贡献的建言，非独经济政策之一端，足见其敏锐的政治眼光和稳定局面的用心所在。

（牛来颖　中国社会科学院历史研究所）

---

① （后晋）刘昫：《旧唐书》卷一一一《崔光远传》，中华书局，1975，第3318页。
② （后晋）刘昫：《旧唐书》卷四八《食货志上》，中华书局，1975，第2087~2088页。
③ （后晋）刘昫：《旧唐书》卷一一八《杨炎传》，中华书局，1975，第3420页。

论"吏治与文学之争"

汪篯先生《唐玄宗时期吏治与文学之争——玄宗朝政治史发微之二》一文在研究中提出了"吏治与文学之争"的观点，在论述唐玄宗开元前期姚崇贬斥张说时提道："姚崇和这些功臣中间的互不相容，似乎还隐含着用吏治与用文学的政见不同。"① 汪先生这一观点为学界提供了一个可资讨论的热点，围绕此观点，产生了一系列相关讨论文章。本文在对这些观点进行讨论总结的基础上，试图拓展这一论点的内涵与意义。

一

总览学界以"吏治与文学之争"为基础进行研究的著述，其论点主要有三个方面。

其一是肯定这一论点，并在这一基础上提出新的见解，将这一论点讨论得更加深入。杜晓勤的《"吏治与文学之争"对盛唐前期诗坛的影响》② 一文认为，"吏治与文学之争"始于武则天时期，至玄宗时期两派势力相互交替，对盛唐前期的文学创作及诗风发展产生了重大影响。狄仁杰、姚崇、宋璟为"吏治"代表，上官昭容、张说、刘幽求、张九龄为"文学"代表。韩晖的《文学与吏治之争辩说》③ 一文在肯定"吏治与文学之争"现象的基础上，提出了从武则天至睿宗时，吏治与文学表现出合、分、合的趋势。林继中的《栖息

---

① 汪篯著，唐长孺等编《汪篯隋唐史论稿》，中国社会科学出版社，1981，第 196 页。

② 杜晓勤：《"吏治与文学之争"对盛唐前期诗坛的影响》，《文史哲》1997 年第 4 期，第 60~64 页。

③ 韩晖：《文学与吏治之争辩说》，《广西右江民族师范高等专科学校学报》1999 年第 1 期，第 44~47 页。

在诗意中——王维小传》^①一书在探讨王维生平时也援引了"吏治与文学之争"的论点，只是对这个问题提出了新的思考。亦有学术论文以这一论点为基础进行阐发，如王杨的《张说与文士集团的交往与政治关系》^②，文章在分析了张说与苏颋、宋璟的交往情况后同样肯定了"吏治与文学之争"情况的客观性。

其二是肯定"吏治与文学之争"的现象，但同时又指出这种认识的偏颇。研究文章以李中华等的《评唐玄宗朝"吏治与文学之争"——兼论盛唐气象的形成及其历史意蕴》^③为代表，该文在肯定吏治与文学之争作为当时朋党之争的表现形态的同时，亦将研究深入，指出封建君主在其中发挥的主宰作用。

其三是对"吏治与文学之争"的否定。丁放的《开元前期的吏治与文学之争》^④提出六个可资讨论的方面：（1）姚、宋都不是吏道出身；（2）姚、宋不以长于吏道著称；（3）姚崇贬抑张说与吏治与文学之争并无直接关系；（4）姚、宋主政期间不但没有反对文治，甚至进行了重要的文化建设；（5）开元前期文人狂态得以展示并被社会宽容；（6）宋璟也曾参与张说的文人唱和。王志东的《开元时期宰相政治发展的三个阶段——兼评文学与吏治之争》^⑤一文提出"吏治与文学之争"根本不存在，社会发展变化的事实推动力是由统治者在不同时期的经济发展、文化建设、制度实践策略所决定的。许道勋、赵克尧的《唐玄宗传》^⑥一书第七章"好大喜功"第四节"人君德消政易"中有"如何看待吏治与文学之争"部分，作者在这部分也指出统治者决策的重要性，完全否定"吏治与文学之争"的存在。

二

"文学与吏治"观点的提出，为研究唐代提供了非常有益的讨论话题，在

① 林继中：《栖息在诗意中——王维小传》，河北大学出版社，2000。
② 王杨：《张说与文士集团的交往与政治关系》，中央民族大学硕士学位论文，2010 年。
③ 李中华、陈鹏：《评唐玄宗朝"吏治与文学之争"——兼论盛唐气象的形成及其历史意蕴》，《武汉大学学报》2004 年第 5 期，第 687~693 页。
④ 丁放：《开元前期的吏治与文学之争》，《光明日报》2006 年 12 月 1 日。
⑤ 王志东：《开元时期宰相政治发展的三个阶段——兼评文学与吏治之争》，《广西社会科学》2008 年第 12 期，第 114~121 页。
⑥ 许道勋、赵克尧：《唐玄宗传》，人民出版社，1995。

这一话题的继续探讨中需要注意的一个问题在于，"文学与吏治"是唐代客观存在的社会现象，其形成原因是多方面的。

其一，在于统治者的用人心理。人各有所长，统治者用人，需要各种不同能力的人来做官员。长于文学者有长于文学者的能力，而长于吏治者有长于吏治者的能力，对于治理国家而言，绝非单单长于一个方面即可。

武则天时用张柬之就是出于寻求精通吏治官员的心态，《旧唐书》卷三九《狄仁杰传》载："初，则天尝问仁杰曰：'朕要一好汉任使，有乎？'仁杰曰：'陛下作何任使？'则天曰：'朕欲待以将相。'对曰：'臣料陛下若求文章资历，则今之宰臣李峤、苏味道亦足为文吏矣。岂非文士龊龊，思得奇才用之，以成天下之务者乎？'则天悦曰：'此朕心也。'"①从武则天与狄仁杰的这段对话可见，武则天没有用李峤、苏味道等文学之士，主要原因在于这些文士不能称得上"好汉"，更称不上"奇才"，她需要更有魄力的政治人才来管理国家。在武则天这种用人思想的影响下，狄仁杰为武则天提拔了为数不少的精于吏治的人才，如姚崇等。

武则天时同样注重文学于统治的作用。国不可无文，武则天对上官婉儿等的重用即是如此。长于文学者自然可以形成朝廷中的文学圈，一者可以彰显国之气度，《全唐文》卷二百二十五载《唐故昭容上官氏文集序》："自则天久视之后，中宗景龙之际，十数年间，六合清谧，内峻图书之府，外辟修文之馆，搜英猎俊，野无遗才。"②再者可以形成朝廷大臣的雅集，《旧唐书》卷五一《上官昭容传》："婉儿常劝广置昭文学士，盛引当朝词学之臣，数赐游宴，赋诗唱和。"③文学者最主要的功能是可以在文化建设上做出一定贡献。

玄宗时用人也是如此。玄宗重用姚崇，即主要看重姚崇的吏治之能。《旧唐书》卷九六《姚崇传》："是时，上初即位，务修德政，军国庶务，多访于崇，同时宰相卢怀慎、源乾曜等，但唯诺而已。崇独当重任，明于吏道，断割不滞。"④姚崇也的确具备非常的吏治才能，其历三朝为相即为最好说明。其吏治之才从排挤张说等文学之士上可见一斑。《资治通鉴》卷二一〇载："姚崇

---

① （后晋）刘昫:《旧唐书》，中华书局，1975，第2894页。

② （清）董皓:《全唐文》，上海古籍出版社，第1004页。

③ （后晋）刘昫:《旧唐书》，中华书局，1975，第2175页。

④ （后晋）刘昫:《旧唐书》，中华书局，1975，第3025页。

既为相,紫薇令张说惧,乃潜诣岐王申款。他日,崇对于便殿,行微蹇。上问'有足疾乎?'对曰:'臣有腹心之疾,非足疾也。'上问其故,对曰:'岐王陛下爱弟,张说为辅臣,而密乘车入王家,恐为所误,故忧之。'癸丑,说左迁相州刺史。"① 姚崇以足疾为引,上奏张说与歧王之间的联系,以此排挤张说,不能不说是高明的。

统治者虽然出于用人方面的考虑,但事情一旦到了实际操作层面,则牵连着吏治与文学两大团体的利益,两派之间的明争暗斗就在所难免了。张说在预先得知玄宗要任命姚崇为相时就曾尽力阻挠,姚崇为相后又多次排挤张说等文学之士,这种派系之间的相争不可忽视。

其二,在于唐代遴选人才的方式。唐代自武则天起,"选官制度混乱",②官员大多并非出自进士,科举之外又有多种选用方式,有些官员完全是统治者随意提拔的,武则天时朱前疑"容貌丑陋,粗浅无识",仅仅凭借几句溢美之词,即可取得高官厚禄。官员选人时"惟视其人之能否,或不次超迁,或老于下位。有出身二十余年不得禄者;又,州县亦无等级,或自大入小,或初久后远。皆无定制"。③中宗时,"官属尤滥,皆出屠贩,纳訾售官,降墨敕斜封授之,故号'斜封官'"。④

未自科举而出的为官者,往往内心深处以未获进士而为耻,"进士科,始于隋大业中,盛于贞观、永徽之际,缙绅虽位极人臣,不由进士者,终不为美"。⑤又,唐刘𫗧《隋唐嘉话》卷中,记薛中书元超言:"吾不才,富贵过分,然平生有三恨:始不以进士擢第,不得娶王姓女,不得修国史。"⑥因而,这些官员相互之间便多了一些惺惺相惜。相反的,以进士入朝廷者由于有共同的经历,也更容易结为朋党。加之,"寒族士人应进士者,为数甚多",⑦这些士人进入官场后,由于政治上没有大家族中人的互相协力,自然会选择同僚之间的互助。

---

① (宋)司马光:《资治通鉴》,中华书局,1956,第6692页。

② 陈茂同:《中国历代选官制度》,华东师范大学出版社,1994,第154页。

③ (宋)司马光:《资治通鉴》,中华书局,1956,第6789页。

④ (宋)欧阳修:《新唐书》,中华书局,1975,第3654页。

⑤ (五代)王定保:《唐摭言》,中华书局,1960,第4页。

⑥ (宋)刘𫗧:《隋唐嘉话》,中华书局,1979,第28页。

⑦ 陈茂同:《中国历代选官制度》,华东师范大学出版社,1994,第123页。

科举制度自隋炀帝开始，至唐时已经成为稳定的取仕途径，然而科举制度依然存在弊端，它主要以考察文学为主，对吏治方面的考察有所欠缺。

这种情况的结果是，以科举考试而得到仕进者虽长于文学，然于吏治欠缺。科考取士的弊端在唐人赵匡《选举论》中已被痛陈："国朝举选，用隋氏之制，岁月既久，其法益讹。夫才智因习就，固然之理。进士者时共贵之，主司褒贬，实在诗赋，务求巧丽，以此为贤，不惟无益于用，实亦妨其正习；不惟挠其淳和，实又长其佻思。自非识度超然，时或孤秀，其余溺于所习，悉昧本源。欲以启导性灵，奖成后进，斯亦难矣！故士林鲜体国之论，其弊一也。又人之心智，盖有涯分，而九流七略，书籍无穷。主司征问，不立程限，故修习之时，但务钞略，比及就试，偶中是期。业无所成，固由于此。故当代寡人师之学，其弊二也。疏以释经，盖筌蹄耳。明经读书，勤苦已甚，其口问义，又诵疏文，徒竭其精华，习不急之业。而当代礼法，无不面墙，及临人决事，取办胥吏之口而已。"[①]赵匡的论述批驳了唐代进士考试看重文学造诣的弊端，通过科举考试选取的人才很多在实际办事能力方面非常欠缺。赵匡的批驳不无道理，武则天对李峤、苏味道以及玄宗初年对张说的态度亦可说明这一点。

则天、玄宗朝官员也基本可分为文学与吏治两派。玄宗开元十七年（729）杨玚上书："省司奏限天下明经、进士及第，每年不过百人。窃见流外出身，每岁二千余人，而明经、进士不能居其什一，则是服勤道业之士不如胥吏之得仕也。"[②]

取士制度对政坛的影响由以上所述可略见一斑。故此，"所谓'吏治'与'文学'之争，事实上是进士科举全面取代汉以来的选举、六朝以来门阀承袭的用人制过程中发生的斗争"。[③]

三

在讨论朋党问题时，有些官员难以明确地被归入"吏治"或"文学"，他

---

① （唐）杜佑：《通典》卷一七《选举五》。

② （宋）司马光：《资治通鉴》卷二一三，中华书局，第6784页。

③ 林继中：《栖息在诗意中——王维小传》，河北大学出版社，2000，第125页。

们兼有两个方面的优长。我们在判断官员应归于文学还是吏治时，应该采用两个标准，首先，观其在哪个方面表现更为出色；其次，观其与哪些人往来更为密切。这两个标准缺一不可。

"吏治"只是一个笼统的称呼，并非与"文学"截然对立，这一说法只是指出了其身上表现较为突出的特征。"有唐一代'士'即文化知识阶层的构成，大约分为四大类别，儒学之士、文学之士、方伎之士和隐逸之士……在古代史家们的眼里，就没有单独吏士一类。"由此，"'吏治'与'文学'绝不是水火不相容的，有时甚至可以集两者于一人之身"。①

对官员来说，有时文学与吏治并非截然对立的双方，被归于文学一方的重要人物如张说、张九龄同样精于吏治。张说可谓文学领军，但他"前后三秉大政，三次为宰相，也是吏道精明的重臣"。②张说身为官员，他的吏治能力连玄宗都为之赋诗赞叹。唐玄宗于开元十年（722）四月，敕命张说为朔方节度大使，在他前往治所灵州（今宁夏吴忠）时，玄宗有送别诗《送张说巡边》：

> 端拱复垂裳，长怀御远方。股肱申教义，戈剑靖要荒。
> 命将绥边服，雄图出庙堂。三台入武帐，八座起文昌。
> 宝胄匡韩主，华宗辅汉王。茂先惭博物，平子谢文章。
> ……

此诗体现出玄宗对张说在文学及武功两个方面的赞叹，同时也表现出对作为臣子的张说能够体察君意，为国不辞辛劳，前往边陲驻扎的褒扬。文学也是吏治的一个方面，但汪先生把这两者对立而言，其意不言自明，绝非认为文学者全无吏治才华。

被归于吏治一方的重要人物如姚崇、宋璟同样在文学上有一定造诣。姚崇亦经由考试而授官，他也与张九龄有过唱和作品。宋璟也是进士出身，且"博学，工于文瀚"。③但需要注意的是，之所以把张说、张九龄划归文学一

---

① 许道勋、赵克尧：《唐玄宗传》，人民文学出版社，1993，第176、177页。
② 许道勋、赵克尧：《唐玄宗传》，人民文学出版社，1993，第177页。
③ （后晋）刘昫：《旧唐书》，中华书局，1975，第3029页。

派，首先他们在文学上的作为显然是突出的。苏颋"自景龙后，与张说以文章显，称望略等，故时号'燕许大手笔'"。[①]张说任职期间又多提拔文人，形成了良好的文学大局面，《大唐新语》记其"前后三秉大政，掌文学之任，凡三十年。为文思精，老而益壮，尤工大手笔，善用所长，引文儒之士以佐王化"。[②]

而姚崇、宋璟虽有文才，但其用力之处并不在此，与其相往来者，大半无文学才华。后来之李林甫则只是精于吏道，"自无学术"（《旧唐书·张九龄传》），由他延引的户部侍郎萧旻亦不长于此道，将《礼记》中的"伏腊"误读为"伏猎"。[③]姚崇、宋璟、李林甫在位时对科举取士颇不以为意，"从玄宗开元二年（714）至开元七年（719），姚崇、宋璟为相期间，平均每年仅取进士22人，连中宗、睿宗朝的一半都不到"。[④]李林甫为相时更是出现科举考试一人不取的"野无遗贤"现象。宋璟亦有文才，但其与姚崇交好，《大唐新语》记："崇善应变，故能成天下之务；璟善守文，故能持天下之政。二人执性不同，同归于道。"[⑤]

玄宗朝以及之前的政坛，"文学与吏治之士之间存在着某种对立的情绪，这是显而易见的事情"。[⑥]因而，以文学与吏治做一个大概的划分，是具有可行性的。

四

"吏治与文学之争"这一问题可以分为三个层面讨论。

第一个层面是君主层面。在这个层面上，统治者个人对待文学与吏治的不同态度，形成不同时期文学及吏治发展的不同表现。

---

① （宋）欧阳修、宋祁：《新唐书》，中华书局，1975，第4402页。

② （唐）刘肃：《大唐新语》，中华书局，1984，第10页。

③ （后晋）刘昫：《旧唐书》，中华书局，1975，第3105页。

④ 杜晓勤：《"吏治与文学之争"对盛唐前期诗坛的影响》，《文史哲》1997年第4期，第62页。

⑤ （唐）刘肃：《大唐新语》，中华书局，1984，第9页。

⑥ 李中华、陈鹏：《评唐玄宗朝"吏治与文学之争"——兼论盛唐气象的形成及其历史意蕴》，《武汉大学学报》2004年第5期，第690页。

反对者多以为，"用吏治与用文学的轻重，与其说是由于朝臣政见的不同，不如说是体现着独裁者个人意志的转移"。①"这一时期宰相班子内外矛盾和斗争总体说来都是玄宗治国理念转变的结果，是围绕着是否适应新时期社会发展变化而产生的。"②"开元中期，朋党之争是加强皇权而产生的恶果之一。"③反对玄宗朝存在"吏治与文学之争"者不约而同地看到了统治者对国家前途的决定性作用，并以此为立意，展开各自论述，然而统治者又何尝不是"文学与吏治"中人？或者说，统治者是一个时期最大的吏治代表或文学代表。

中国古代的统治者往往是一个时代最大的权力操控者，当他更注重国家政治、经济、军事、农业等各个方面的治理时，他就是一位偏于"吏治"的君主，而当其更注重甚至喜爱文学时，他就是一位偏于"文学"的君主。当然亦有"吏治"与"文学"兼重的君主。偏于文学的君主能够为一个时代的文学提供优质的发展环境。武则天和李隆基都喜爱文学，同时他们又都是励精图治的君主，因此，他们的治国思想也在选择"吏治与文学"之间摇摆、矛盾、斗争。而正是这样的思想，造成唐代宰相政治在"吏治与文学"之间摇摆的状况，也给文学在上层统治者中发展壮大提供了一定的机遇。

第二个层面是宰相层面，宰相们虽无法控制自己的权力地位，但他们确实有各自的圈子，他们有自己的主张和态度，他们有为自我主张进行抗争的意识。宰相们对自己的地位是非常明了的，他们即便无法掌控自己的地位，也会采取一些言论或行为保护自己的派系，武则天时狄仁杰举荐张柬之如此，李隆基时张说得知君主要立姚崇为相时派人暗中阻挠亦是如此。

第三个层面是社会文化表现层面。中国古代不同时期的上流社会文化尤其是文学方面的表现，总是深深依靠前两个层面的变化，表现前两个层面的变化。

---

① 李中华、陈鹏:《评唐玄宗朝"吏治与文学之争"——兼论盛唐气象的形成及其历史意蕴》,《武汉大学学报》2004 年第 5 期，第 691 页。

② 王志东:《开元时期宰相政治发展的三个阶段——兼评文学与吏治之争》,《广西社会科学》2008 年第 12 期，第 118 页。

③ 许道勋、赵克尧:《唐玄宗传》，人民文学出版社，1993，第 178 页。

在社会发展中，文学者的政治地位直接影响其个人创作甚至整个文坛文体、文风的发展，君主是最大的吏治者，君主的文学态度对文学的发展起着至关重要的作用。

（王早娟　西北大学历史学院）

从"文吏之争"到"政事分途"

——再论唐玄宗开元年间的用人择相问题

玄宗朝的政治，由于事关安史之乱，始终是唐史研究的重大课题。汪篯先生在这方面有两篇重要的文章，一是关于唐玄宗稳定皇位的政策；二是关于吏治与文学之争。[①] 这两篇文章相互衔接。其中讨论到唐玄宗如何择相用人，以及朝臣之间的政争。汪先生认为，姚崇通过使诸王外刺，斥逐诛夷韦后和太平公主时翊赞玄宗的大臣这两项措施，巩固了玄宗的皇位。与此同时，姚崇也利用玄宗当时忌惮大臣的心理来排斥异己。他与这些功臣之所以互不相容，背后也隐含了吏治与文学的政见不同。这个理论延伸到张说与宇文融之争，以及张九龄与李林甫之争，同样适用。汪先生此说极富洞见，在学界亦影响深远[②]。吴宗国先生在此基础上提出文学与政事分途的观点，认为唐玄宗往往同时重用长于文学和精于政事的两派人物，实际上是用不同的人解决不同的问题。[③] 李鸿宾先生在这方面也有过重要的阐发，指出玄宗至开元中期，已经从注意宰相的协调共事，转变为文学、吏治、将才杂用，只不过他认为这是出于"制衡"的需要，仍可备为一说。[④]

事实上，玄宗对于用人择相一直有着清醒的认识。他在天宝九载（750）的一道敕文中讲道，"文学政事，本是异科，求备一人，百中无一。况古来良

---

① 汪篯：《唐玄宗安定皇位的政策和姚崇的关系——玄宗朝政治史发微之一》《唐玄宗时期吏治与文学之争——玄宗朝政治史发微之二》，载汪篯著，唐长孺等编《汪篯隋唐史论稿》，中国社会科学出版社，1981，第189~208页。

② 也有学者提出不同观点。如阎守诚在《论张说与宇文融之争》一文中指出，张说与宇文融不是单纯的文学与吏治之争，而是包含了利益之争、权力之争与意气之争（《晋阳学刊》1989年第4期）。许道勋、赵克尧认为，"吏治派"的提法不够确切，宰相之间的矛盾实质上是朝官之间的争权夺利，"如统统归结为吏治与文学之争，反而说不清楚了"（《唐玄宗》，人民出版社，1993）。

③ 吴宗国主编《盛唐政治制度研究》，上海辞书出版社，2003，第61页；吴宗国：《隋唐五代简史》，福建人民出版社，2006，第171~173页。

④ 李鸿宾：《隋唐五代诸问题研究》，中央民族大学出版社，2006，第228~241页；原载《文献》1995年第3期。

宰，岂必文人"。[①]此说虽在天宝年间，但想必此等观念一直存在。正如汪篯先生在分析唐玄宗、张九龄、李林甫关于任用牛仙客的不同意见时指出，玄宗的看法是承袭两晋、南北朝、杨隋及唐初的观点，认为出身的正途是门阀，若打破此点，则用文学进身与由胥吏出仕并无不同。[②]如果具体到择相问题，则文学并非首要标准。唐玄宗所用文学之士，大部分还是某些职位的本职工作需要，如集贤院修书、起草制诰等等。更何况到开元年间，随着科举制的发展，文才已经成为为官理政的一项基本素养[③]。宰相虽说应该兼具文才武略，唐玄宗也有着这样的主观愿望[④]，但是若不能兼备，他首选的是武略。或者更确切地说，唐玄宗看重的是宰相有没有解决具体政事的能力。从这个角度而言，开元年间的宰相任用，属于单纯的政事分途。这一点，即使是张说、张九龄两位词人也不例外。在政事分途当中，逐渐凸显出财、兵分途这一主线，是开元中期出现的一大变化。与之伴随的，是专业宰相或专职宰相的产生。一言以蔽之，宰相之间出现了明确的分工。

据《唐会要》记载，玄宗朝宰相共三十四人。[⑤]其中，韦安石乃睿宗时宰相，崔湜、窦怀贞、岑羲、萧至忠出自太平公主门下，崔圆、房琯、崔涣是玄宗在叛乱后幸蜀时所任命，故真正为唐玄宗所用的宰相共二十六人。[⑥]不过，这其中还漏掉了一位，就是拜相七个月就被除名的薛讷[⑦]，所以应当是二十七人。这二十七人当中，刘幽求、郭元振、魏知古是开元初年被姚崇斥逐的大臣，张说也在其中，只是后来再次入相。陆象先虽然立场在玄宗一边，

① （宋）王溥：《唐会要》卷六九，上海古籍出版社，2006，第1440页。

② 汪篯著，唐长孺等编《汪篯隋唐史论稿》，中国社会科学出版社，1981，第205页。

③ 据李树桐先生统计，开元年间宰相二十六人，十六人由科举出身，占半数以上。《唐史研究》，台湾中华书局，1979，第106页。

④ 正如吴宗国先生所说，从玄宗主观上来说，还是想用张说那样既有文学才华，又有政治才能的人来执掌朝政。《隋唐五代简史》，福建人民出版社，2006，第174页。

⑤ （宋）王溥：《唐会要》卷一："宰相三十四人：刘幽求、韦安石、魏知古、崔湜、陆象先、窦怀贞、岑羲、萧至忠、郭元振、张说、姚元之、卢怀慎、源乾曜、宋璟、苏颋、张嘉贞、王晙、李元纮、杜暹、萧嵩、宇文融、裴光庭、韩休、裴耀卿、张九龄、李林甫、牛仙客、李适之、陈希烈、杨国忠、韦见素、崔圆、房琯、崔涣。"上海古籍出版社，2006，第7页。

⑥ 黄永年：《唐玄宗朝姚宋李杨诸宰相的真实面貌——兼论李杨与宦官高力士之争》，《中国史研究》2003年第2期，第79~91页。

⑦ （后晋）刘昫：《旧唐书》卷八，中华书局，1975，第172~173页；《资治通鉴》卷二一一，中华书局，2013，第6814，6820~6821页。

但是最初是因太平公主拜相，故而也在开元元年七月罢相[1]。李适之、陈希烈、杨国忠、韦见素为天宝时宰相。因此说，唐玄宗在开元时期真正任用的宰相只有十九位。这十九位宰相，他们因何而拜相，在相期间有何作为，最终又是因何而罢，这些都是本文讨论的主旨所在。

选择什么样的宰相，以及宰相之间以什么样的工作机制运行，才能够顺利地解决朝廷在不同时段所面临的各种问题，这正是唐玄宗作为君主真正关心并不断努力调整的关键所在。

根据袁英光、王界云二位先生的认识，在唐朝的相权结构中，中书令或侍中可谓正相，他官以同中书门下三品或同中书门下平章事而进位宰相者，居于次要地位，即次相。次相每每是升为正相的预备职衔和必经阶梯，[2]吴宗国先生把他们称作普通宰相[3]。而在中书令与侍中这两位正相当中，又以中书令为主[4]，孙英刚称之为首辅宰相[5]。也就是说，宰相基本上可以分为两个层次。上层为正相，包括身为首相或主相的中书令，以及身为副相或辅相的侍中。下层为次相或普通宰相，其也可以分为两种情况，一是临时过渡状态，二是为解决某一重大政事而专门挑选的专业宰相或专职宰相，如薛讷、宇文融。本文认为，开元年间的中枢政局中，正次宰相这两个层次并非一直具备，宰相之间的政事分途也并非向来如此，都是随着客观形势的发展，具体政事的需要，才逐渐形成的。二者属于同一进程中的两个方面。

一　主相把控阶段

主相把控阶段包括姚崇、宋璟时期。姚、宋分别以中书令或侍中的身份把控朝局，卢怀慎与苏颋为副[6]，此即一主一从的宰相格局。宋璟虽然只是侍中，

---

[1] （后晋）刘昫：《旧唐书》卷八八，第2876页；《资治通鉴》卷二一〇，第6803~6804页。

[2] 袁英光、王界云：《略论有关"安史之乱"的几个问题》，《华东师范大学学报》1990年第3期，第51页。

[3] 吴宗国：《盛唐政治制度研究》，上海辞书出版社，2003，第60页。

[4] 吴宗国先生指出，玄宗朝从开元八年张嘉贞为中书令以后，除了有几年不设中书令，终天宝之世，中书令在宰相中一直处于首要和核心地位。这与中书门下体制也是相适应的。《盛唐政治制度研究》，上海辞书出版社，2003，第62页。

[5] 孙英刚：《隋唐五代史》，上海人民出版社，2015，第140页。

[6] 据载，姚崇于开元元年十月代替郭元振为兵部尚书，兼同中书门下三品，十二月升为中书令。卢怀慎元年十二月为平章事，三年正月升为侍中。源乾曜于四年十一月为平章事，其实是代替病重的卢怀慎的位置，但是由于旬日之后便与姚崇一同罢相，故忽略不计（《资治通鉴》卷二一〇、二一一，中华书局，2013，第6806、6810、6811、6826、6841~6843页）。

但是相对于身为同中书门下平章事的苏颋而言,无疑也是主相。[1] 在这个时期内,朝局平稳,各项政务也基本上能够顺利进行。

其中,宰相兼主行政事务的趋势越来越强,这一点值得注意。

罗永生指出,自开元初年起,中书、门下两省长官就已经有了兼主行政事务的职权[2],也就是以中书令、侍中兼任尚书省长官(主要是六部尚书)的状态[3]。姚崇作为"吏事明敏"型大臣,更是如此。他在开元元年十月任相,就同时接掌了郭元振的兵部尚书一职。可以说,姚崇在相期间所主政务,基本涵盖了唐玄宗在皇位稳固之后所面临的所有问题。包括风教颓替、府库空虚、外患不断三大方面[4]。所谓风教问题,比如奢靡、厚葬、建造等,因为涉及朝廷收入,一定程度上也可以归入经济问题。因此,姚崇所主政务,主要是两个方面,一是经济,二是军事。此即为宰相所掌"军国重事"。

1. 经济

早在玄宗即位之前,中宗、睿宗朝的财政状况就已经非常糟糕,甚至到了"寻常用度,不支一年"的地步[5]。与此同时,这一时期自然灾害频繁[6],唐玄宗在开元元年十月,就已经以岁饥引见京畿县令[7]。解决朝廷仓廪空虚的办法,不外开源、节流两项,姚崇所采用的显然是节流一项。

据史料记载,从开元元年的秋天一直到开元二年正月,这半年都没有雨水,可谓大旱。因此,正月丙寅,姚崇上言请检责天下僧尼,以伪滥还俗者二万余人;壬午,以关内旱,求直谏,停不急之务,祠名山大川,葬暴骸。二月壬辰,避正殿,减膳,撤乐;己酉,虑囚。四月辛未,停诸陵供奉鹰犬。五月己丑,以岁饥,悉罢员外、试、检校官,自今非战功及别敕,毋得注拟。

---

① (后晋)刘昫:《旧唐书》卷八,中华书局,1975,第177页。

② 罗永生:《隋唐政权与政制史论》,台湾秀威信息科技有限公司,2014,第169~170页。

③ 吴宗国先生指出,在整个开元、天宝时期,只有开元八年正月到十一年正月、二十一年七月至二十四年十月这六年中没有让侍中和中书令兼任行政职务。《盛唐政治制度研究》,上海辞书出版社,2003,第25页。

④ (后晋)刘昫:《旧唐书》卷八九:"景云二年,迁右散骑常侍。睿宗女金仙、玉真二公主入道,有制各造一观,……进谏曰:'……今风教颓替,日甚一日,府库空虚,人力凋敝,造作不息,官员日增。……又突厥为患,其来自久……'"中华书局,1975,第3061~3063页。

⑤ (后晋)刘昫:《旧唐书》卷八八,中华书局,1975,第2870页。陈明光在《唐代财政史新编》中也提到了中宗、睿宗时期的财政危机。中国财政经济出版社,1991,第148~150页。

⑥ 崔瑞德主编《剑桥中国隋唐史》,中国社会科学出版社,1990,第322~324页。

⑦ (宋)司马光:《资治通鉴》卷二一〇:"(开元元年)冬,十月,辛卯,引见京畿县令,戒以岁饥惠养黎元之意。"中华书局,2013,第6805页。

六月，京师大风拔木。七月乙未，焚锦绣珠玉于前殿。戊戌，废织锦坊。八月壬戌，禁女乐。九月，下制不得厚葬。①

可见，这场历时近一年的大整顿，其实兼具肃净风化与增收减支的双重意义，是由中书令姚崇拉开序幕的。唐玄宗也给予高度配合，避正殿、减膳、撤乐、虑囚、求直谏，这些都是历代帝王在灾异时期所采取的常规举措②。其中，"停不急之务"就是财政节流的代名词。罢省员外官等冗员在整顿官员队伍的同时，又能减省财政开支③。

姚崇在任相期间还有一项重大的功绩，就是灭蝗。此事惠及黎元，故载入本传。兹不赘述。

姚崇与卢怀慎在罢相之前都曾向皇帝推荐人选，姚崇所荐为宋璟，卢怀慎则除了首荐宋璟之外，还推荐了李杰、李朝隐与卢从愿④。李杰"明敏有吏才"，以浚修梁公堰并担任运使有功⑤。李朝隐与卢从愿同时典选，并有美誉⑥。玄宗之所以没选李杰，大概是因为转运在当时尚未成为朝廷亟须解决的问题，而李朝隐与卢从愿在开元四年皆因"注拟非才"而贬官。所以，唐玄宗选择善写文诰也善于"割断吏事"的中书侍郎苏颋⑦与宋璟同时为相。

宋璟入相之后，主要精力放在官员的选任上，持法刚正，敢于犯颜直谏，苏颋"为之助，相得甚悦"⑧，但是唐玄宗对于宋璟是不满意的，史言"虽不合意，亦曲从之"⑨。宋璟等人在经济方面的一大举措，就是禁断恶钱，努力两年之后还是宣告失败，这也是导致他二人罢相的原因之一⑩。

---

① （后晋）刘昫：《旧唐书》卷八，中华书局，1975，第172~174页；（宋）欧阳修、宋祁等：《新唐书》卷五，中华书局，1975，第123页；《资治通鉴》卷二一一，中华书局，2013，第6812、6817、6820页。

② 开元三年五月，唐玄宗又以旱录京师囚。戊申，避正殿，减膳。见（宋）欧阳修、宋祁《新唐书》卷五，中华书局，1975，第124页。

③ 改革食实封，也是如此。

④ （宋）司马光：《资治通鉴》卷二一一，中华书局，2013，第6841~6842页。

⑤ （后晋）刘昫：《旧唐书》卷一〇〇，中华书局，1975，第3111页。

⑥ （后晋）刘昫：《旧唐书》卷一〇〇，中华书局，1975，第3123~3124页。

⑦ （后晋）刘昫：《旧唐书》卷八八，中华书局，1975，第2880~2881页。

⑧ （后晋）刘昫：《旧唐书》卷八八，中华书局，1975，第2880~2881页。

⑨ （宋）司马光：《资治通鉴》卷二一一，中华书局，2013，第6843页。

⑩ （宋）司马光：《资治通鉴》卷二一二："（开元六年，正月）辛酉，敕禁恶钱，……（七年二月）敕太府及府县出粟十万石粜之，以敛人间恶钱，……（八年正月）时璟与中书侍郎、同平章事苏颋建议严禁恶钱，江、淮间恶钱尤甚，璟以监察御史萧隐之充使括恶钱。隐之严急烦扰，怨嗟盈路，上于是贬隐之官。辛巳，罢璟为开府仪同三司，颋为礼部尚书。"中华书局，2013，第6850~6851页。

应该指出的是，卢怀慎与苏颋作为姚崇、宋璟的副手，虽有"伴食宰相"之嫌，但是毋庸置疑，这其中也隐含了他们彼此之间政见相同的因素①。而且，此二人还有个共同点，就是"清谨俭素，不营资产"②，此等清俭之风由于他们自身的宰相身份，有着至高的标杆作用，这与开元前期财政状况不佳、坚持财政节流的大局是相吻合的。

2. 军事

玄宗初年的边境形势也是承前朝之弊，极为不利。在东北，契丹自万岁通天年间攻陷营州之后，与奚入侵河北，并在突厥势力的影响下，对唐叛服无常，唐朝被迫固守燕山山脉二十年之久。吐蕃自睿宗初年取得河湟九曲地，兼之对青海地区的控制，也对唐朝的陇右地区形成了极大的压力。③在这种情况下，史官不言姚崇主导军事，甚至《升平源》记载，姚崇在接受相位前向玄宗建议"三数十年不求边功"④，这些都不过是主观修饰，出于士大夫的"低税"理想⑤。

事实上，唐玄宗之所以任用姚崇，就是因为姚崇"三为宰相，皆兼兵部尚书，缘边屯戍斥候，士马储械，无不默记"，所谓"每事访于元之（姚崇），元之应答如响"，⑥其中必然包括军事问题。

朝廷首先面临的是契丹、奚问题。先天元年三月，孙佺代替镇守幽州二十余年的薛讷为幽州大都督，内徙薛讷为并州长史。六月，孙佺试图收复营州，与奚战，大败，为突厥所杀。八月，唐朝于莫、恒、定、妫、蔚五州境内置兵，共屯兵五万。尽管如此，十一月，当奚、契丹二万骑兵寇渔阳时，幽州都督宋璟还是闭城不出，奚、契丹大掠而去。此后，上皇遣皇帝巡边，唐玄

---

① 宋璟与苏颋关系良好，行动一致，自不必说。卢怀慎对于开元初年某些形势的认识，与姚崇亦有相同之处。他在景龙年间就已上疏指出"员外官过多，俸禄之费过多"的问题，生前又推荐李杰等人选，这些足可说明，他对于朝廷政务也是非常明晰并且十分关心的。《旧唐书》卷九八，中华书局，1975，第3064~3068页。

② （宋）司马光：《资治通鉴》卷二一一："（卢）怀慎清谨俭素，不营资产，虽贵为卿相，所得俸赐，随散亲旧。妻子不免饥寒，所居不蔽风雨。"第6826页。《旧唐书》卷八八："颋性廉俭，所得俸禄，尽推与诸弟，或散之亲族，家无余资。"中华书局，1975，第2881页。

③ 康乐：《唐代前期的边防》，台湾大学出版委员会，1979，第69，97页。

④ （宋）司马光：《资治通鉴》卷二一〇，第6806~6807页。

⑤ 卢建荣：《唐代前期非常支出的筹措及其回响》，《"中央研究院"历史语言研究所集刊》第五十六本第一分，1985，第137~141页。

⑥ （宋）司马光：《资治通鉴》卷二一〇，中华书局，2013，第6808页。

宗采取了拖延战术，并于次年七月发动政变，夺取了皇权。①

也就是说，复置营州正是唐玄宗在即位之后首次接触到边境问题。《资治通鉴》记载道：

> （开元二年，正月）初，营州都督治柳城以镇抚奚、契丹，则天之世，都督赵文翙失政，奚、契丹攻陷之，是后寄治幽州东渔阳城。或言："靺鞨、奚、霫大欲降唐，正以唐不建营州，无所依投，为默啜所侵扰，故且附之；若唐复建营州，则相帅归化矣。"并州长史、和戎、大武等军州节度大使薛讷信之，奏请击契丹，复置营州；上亦以冷陉之役（孙佺被杀一役），欲讨契丹。群臣姚崇等多谏。甲申，以讷同紫微黄门三品，将兵击契丹，群臣乃不敢言。②

这件事情有两点值得注意。第一，营州应不应该收复；第二，朝中出现意见分歧该如何解决。首先应该澄清的是，姚崇反对的不是收复营州，营州"镇彼戎夷，扼喉断臂"③，以姚崇对河北的独到认识④，不会不清楚这一点。姚崇反对的是盛夏用兵这一作战时机与相关部署，将军杜宾客与之持相同意见。⑤ 而薛讷与唐玄宗出于收复营州的急切心理，坚持出兵。双方就此形成僵持。宰相的意见值得尊重，唐玄宗也没有就此对姚崇的执政能力产生怀疑，那么如何解决呢？结果，就出现了一个意外的安排，"以讷同紫微黄门三品，将兵击契丹"。薛讷先是由将入相，然后便是以宰相身份将兵出征。这意味着，此次出兵并没有越过宰相层面，而是在宰相当中加入了支持出战的一员。而薛讷

---

① （宋）司马光：《资治通鉴》卷二一〇，中华书局，2013，第6790~6797页。孟宪实：《略论唐前期河北地区的军事问题》，《中国史研究》2003年第3期，第105页。

② （宋）司马光：《资治通鉴》卷二一一，中华书局，2013，第6813~6814页。

③ （宋）王溥：《唐会要》卷八〇，上海古籍出版社，2006，第1735~1736页。

④ （后晋）刘昫：《旧唐书》卷九六："时契丹寇陷河北数州，兵机填委，元崇剖析若流，皆有条贯。则天甚奇之，超迁夏官侍郎，又寻同凤阁鸾台平章事。"中华书局，1975，第3021页。

⑤ （后晋）刘昫：《旧唐书》卷九三："时契丹及奚与突厥连和，屡为边患，讷建议请出师讨之。开元二年夏，诏与左监门将军杜宾客、定州刺史崔宣道等率众二万，出檀州道以讨契丹等。杜宾客以为时属炎暑，将士负戈甲，赍资粮，深入寇境，恐难为制胜。中书令姚元崇亦以为然。讷独曰：'夏月草茂，羔犊生息之际，不费粮储，亦可渐进。一举振国威灵，不可失也。'时议咸以为不便。玄宗方欲威服四夷，特令讷同紫微黄门三品，总兵击奚、契丹，议者乃息。"中华书局，1975，第2984页。

就是兼有决策权力与执行能力的专职宰相。

薛讷在这种情况下任相,在玄宗朝实属首例。虽然很快就由于此次出征失利而被除削官爵,但是,这种宰相格局的开启意义非常重大。

由于战事的需要,薛讷很快又被起用为陇右防御使,率军抵御吐蕃的进攻。同年十月,大破吐蕃于武阶驿。开元三年,又相继为凉州镇大总管与朔方道行军大总管,总兵以讨突厥。[①]虽然这一阶段的宰相,对于边事基本上都持慎重态度,宋璟表现得尤为突出[②],但是,边境形势的发展,还是带来了宰相格局的深刻变化。

二 政见分歧与政事分途

开元四年,突厥默啜败死[③],从此东突厥的势力退出了西域。[④]与此同时,契丹、奚降,唐朝复置松漠、饶乐二都督府,并且通过和亲关系稳定了两番,营州都督府也顺利重置于柳城旧址。[⑤]但是随之,唐朝也面临一个新的难题,就是如何安置突厥降户。这个问题看似并不棘手,但是唐朝居然有三位宰相的上任都与此息息相关。

1. 从并、朔走出的宰相

(1)张嘉贞

早在开元二、三年,突厥诸部就因默啜年老、昏虐陆续来降,"前后万余帐",唐朝"以河南地处之",并以薛讷、郭虔瓘分别为凉州镇、朔州镇大总管,以备突厥默啜。[⑥]开元四年,默啜死,回纥、同罗、霫、勃曳固、仆固

---

① (后晋)刘昫:《旧唐书》卷八,第173~174页;(宋)司马光:《资治通鉴》卷二一一,中华书局,2013,第6828~6831页。

② (宋)司马光:《资治通鉴》卷二一一:"突厥默啜自则天世为中国患,朝廷旰食,倾天下之力不能克;郝灵荃得其首,自谓不世之功。璟以天子好武功,恐好事者竞生心徼幸,痛抑其赏,逾年始授郎将;灵荃恸哭而死。"中华书局,2013,第6843页。

③ 李宗俊指出,默啜政权的灭亡,一与九姓铁勒暴动有关,二与唐军应九姓之请而出兵有关,三与该时期北方连年旱灾、蝗灾对游牧民族的影响有关。《唐前期西北军事地理问题研究》,中国社会科学出版社,2015,第85页。

④ 王小甫:《唐、吐蕃、大食政治关系史》,中国人民大学出版社,2009,第149页。

⑤ (后晋)刘昫:《旧唐书》卷八,中华书局,1975,第176~178页;(宋)司马光:《资治通鉴》卷二一一,中华书局,2013,第6837~6849页。

⑥ (宋)司马光:《资治通鉴》卷二一一,中华书局,2013,第6823~6824页、第6828~6829页。

五部落来附，于大武军北安置。① 次年七月，并州长史张嘉贞上言，"突厥九姓新降者，散居太原以北，请宿重兵以镇之"。于是，置天兵军于并州，集兵八万，以张嘉贞为天兵军大使。此后，九姓皆受天兵军节度，"有所讨捕，量宜追集，无事各归部落营生"。② 也就是说，由于天兵军的增置，突厥九姓逐渐可以为唐所用。这个道理与营州的复置相似。正如康乐所云，降胡此时仍为一支重要的边防力量③。因此，当张嘉贞入朝，经历被人告赃事件之后，玄宗"以嘉贞为忠，有大用之意"④。兼之，在此之前，玄宗就已经"闻其善政，数加赏慰"⑤，于是，在宋璟罢后，便任张嘉贞为中书侍郎、同中书门下平章事。五月，转中书令，成为名副其实的主相。⑥

（2）张说

继张嘉贞之后，张说成为新一任天兵军大使。张说兼具文才武略，开元六年（718），为幽州都督，"一年而财用肃给，二年而蓄聚饶羡。军声武备，百倍于往时"，可谓善执兵柄。⑦张说赴任之后，很快就经受了一次降胡不稳的考验。《资治通鉴》记载道：

> （开元八年，720）突厥降户仆固都督勺磨及跌跌部落散居受降城侧，朔方大使王晙言其阴引突厥，谋陷军城，密奏请诛之。诱勺磨等宴于受降城，伏兵悉杀之，河曲降户殆尽。拔曳固、同罗诸部在大同、横野军之侧者，闻之皆恼惧。秋，并州长史、天兵节度大使张说引二十骑，持节即其部落慰抚之，因宿其帐下。……拔曳固、同罗由是遂安。⑧

---

① （后晋）刘昫：《旧唐书》卷八，中华书局，1975，第176页。

② （宋）司马光：《资治通鉴》卷二一一、二一二，中华书局，2013，第6847、6851页。

③ 康乐：《唐代前期的边防》，台湾大学出版委员会，1979，第71页。

④ （宋）司马光：《资治通鉴》卷二一二，中华书局，2013，第6851~6852页。

⑤ （后晋）刘昫：《旧唐书》卷九九，中华书局，1975，第3090页。

⑥ （后晋）刘昫：《旧唐书》卷八，中华书局，1975，第181页。

⑦ （清）董诰等：《全唐文》卷三一二《唐故幽州都督河北节度使燕国文贞张公遗爱颂并序》，中华书局，1983，第3173页上。

⑧ （宋）司马光：《资治通鉴》卷二一二，中华书局，2013，第6859~6860页；另见（后晋）刘昫《旧唐书》卷九七，中华书局，1975，第3052页。

此事于张说而言，甚为凶险，缘起于边将对于降胡的不同态度。王晙镇守朔方多年，对于散居边境的降胡是较为防备的，他主张要么徙之内地，要么多屯士卒以镇之，甚至于付诸行动，伏兵诱杀之，朝廷对此应该是认可的，故擢王晙为兵部尚书。[①] 开元九年四月，兰池胡康待宾谋反，诏王晙率兵征讨，天兵军大使张说与之"相知经略"[②]。就这一时期而言，张说的军功与效用显然是在王晙之下的。但是，王晙与陇右节度使郭知运不协，"晙所招降者，知运复纵兵击之，虏以晙为卖己，由是复叛"，玄宗以为王晙不能"遂定群胡"，同年九月，贬王晙为梓州刺史[③]。于是，张说接替其为兵部尚书，并同中书门下三品[④]。

张说入相之后，朝中两位正相中书令张嘉贞、侍中源乾曜俱在，张说以次相身份，依然主管战事。由于王晙被贬，开元十年四月，张说以兵部尚书兼朔方军节度使，"往巡五城，处置兵马"。此时，康待宾余党康原子谋反，张说发兵追讨，于同年九月擒获康原子。并且采用了王晙当初的建议，将降胡内徙，"徙河曲六州残胡五万余口于许、汝、唐、邓、仙、豫等州，空河南、朔方千里之地"。随后，张说以"时无强寇"，奏罢镇兵二十余万，勒还营农。[⑤]北部边境问题似乎告一段落[⑥]。

（3）王晙

王晙自开元二年经略朔方[⑦]，多有战功。张说虽然先其一步入朝为相，但实际上在朔方执行的还是王晙的政策。开元十一年二月，张说成功挤掉张嘉贞，升任中书令，其次相与兵部尚书之位由王晙来接任[⑧]。王晙入朝之后，依然是专职宰相性质，主管朔方军事，只不过很快再次被贬，左迁为蕲州刺

① （后晋）刘昫：《旧唐书》卷九三，中华书局，1975，第2986~2988页。
② （后晋）刘昫：《旧唐书》卷九七，第3052~3053页；（宋）司马光：《资治通鉴》卷二一二，中华书局，2013，第6864页。
③ （宋）司马光：《资治通鉴》卷二一二，中华书局，2013，第6865页。
④ （后晋）刘昫：《旧唐书》卷八，中华书局，1975，第182页。
⑤ （后晋）刘昫：《旧唐书》卷九七，中华书局，1975，第3053页；（宋）司马光：《资治通鉴》卷二一二，中华书局，2013，第6868~6872页。
⑥ 据《资治通鉴》记载，天兵军、大武军等亦于开元十二年二月罢掉，改大同军为太原以北节度使。中华书局，2013，第6874页。
⑦ （宋）司马光：《资治通鉴》卷二一一，中华书局，2013，第6814页。
⑧ （后晋）刘昫：《旧唐书》卷八："（开元十一年，四月）癸亥，张说正除中书令，吏部尚书、中山公王晙为兵部尚书、同中书门下三品。"中华书局，1975，第185页。

史。^①王晙的两次被贬地方，或许都与张说有关^②。

2. 内相与外将（相）及使职之间的矛盾

姚崇、宋璟之后，朝局内部开始出现各种不谐的声音。这与主相的个人能力有关，也与政事发展的复杂情况有关。

（1）张嘉贞

张嘉贞开元八年（720）由将入相，经过短暂的同平章事过渡之后，升任中书令。这是玄宗朝继姚崇之后第二位官员荣任此位。但是，张嘉贞对于朝局的把控并不成功，他与外将王晙以及次相张说皆有矛盾。

开元八年（720），朔方大总管王晙奏请东西联兵，调发拔悉密、契丹、奚与唐军一同掩袭突厥毗伽可汗牙帐。但是，事态正如暾欲谷所料，"晙与张嘉贞不相悦，奏请多不相应"，唐军无法出兵，而拔悉密嗜利先至，这才导致突厥纵兵反击，败河西节度使杨敬述，掠陇右羊马，"毗伽由是大振，尽有默啜之众"^③。张嘉贞作为中书令对于外将所请"多不相应"，这已经不是单纯的政见不同的问题，而是有意气用事的成分在内，其背后原因大概也在于，张嘉贞同样是外将出身，深恐王晙军功太盛，危及自身。从这个角度而言，王晙在开元九年不仅未能以破胡之功入相，反而被贬，这其中也有张嘉贞的意愿在内。

张嘉贞贬抑王晙，提拔自己的后任同样是天兵军大使的张说入朝，但是，他没有想到，张说的政治资本远在于他之上。于是，开元十一年（723）二月，张嘉贞被贬为幽州刺史，张说兼中书令^④。史载，玄宗曾"敕嘉贞就中书省与宰相会宴，嘉贞既恨张说挤己，因攘袂勃骂，源乾曜、王晙共和解之"。^⑤

---

① （后晋）刘昫：《旧唐书》卷九三："十一年夏，代张说为兵部尚书、同中书门下三品，追录破胡之功，加金紫光禄大夫，仍充朔方军节度大使。其年冬，上亲郊祀，追晙赴京，以会大礼。晙以时属冰壮，恐虏骑乘隙入寇，表辞不赴，手敕慰勉，仍赐衣一副。会许州刺史王乔家奴告乔与晙潜谋构逆，敕侍中源乾曜、中书令张说鞫其状。晙既无反状，乃以违诏追不到，左迁蕲州刺史。十四年，累迁户部尚书，复为朔方军节度使。"中华书局，1975，第2989页。（宋）司马光：《资治通鉴》记载的缘由是"党引疏族"。中华书局，2013，第6876页。

② 李鸿宾指出，王晙罢里是因为张说的排挤。《隋唐五代诸问题研究》，中央民族大学出版社，2006，第234页。

③ （宋）司马光：《资治通鉴》卷二一二，中华书局，2013，第6861~6862页。

④ （后晋）刘昫：《旧唐书》卷八，中华书局，1975，第185页；《资治通鉴》卷二一二，中华书局，2013，第6874页。

⑤ （后晋）刘昫：《旧唐书》卷九九，中华书局，1975，第3092页。

三位先后从并、朔走出的宰相，居然是以这样的场面共处。

（2）张说

张说是玄宗朝第三位主相。他处在一个较好的时代，也处在一个矛盾多发的时代。除了与前任张嘉贞、后任王晙皆有冲突之外，张说与副相源乾曜、使职宇文融之间也有矛盾，后者更直接导致了他的罢相。

源乾曜在玄宗朝任相时间较长，除了开元四年的短暂任期之外，他在开元八年至十七年一直担任侍中。史言"乾曜在政事十年，时张嘉贞、张说相次为中书令，乾曜不敢与之争权，每事皆推让之"[1]，这其中有制度层面的原因，因为侍中本身就是副相，不能越居主相中书令之上。但是，源乾曜也并非唯诺而已，他与张说有过两次明显的冲突。

第一次，关于宇文融括户。

继宋璟禁断恶钱失败之后，朝廷面临着检括逃户以增加国家正税的问题。开元九年（721）正月，监察御史宇文融奏请括户，"源乾曜素爱其才，赞成之"[2]。当时张嘉贞为中书令，想必亦无异议，或者，他的关注点仍在降胡问题。因此，即使有朝臣反对，括户还是得以顺利进行，而且，在这个过程中，宇文融的许可权逐渐增大。他所使用的劝农使系统，集地方监察与财政于一身，对地方行政实行垂直化管理，这势必与原来的六部统属寺监与州县的体制发生冲突，甚至危及宰相的权势[3]。因此，张说在升为中书令之后，做了两方面的工作。一、改政事堂为中书门下。从此，中书门下成为宰相府署，超然于三省之上，使职所主政务也被直接纳入宰相的管辖之下。[4]二、利用其宰相身份，对于宇文融的奏请，多予否决。由此引发宇文融、崔隐甫、李林甫与张说、张九龄等两派之间的争斗，张说也因此罢相。而在御史台对张说进行审问的官员当中，侍中源乾曜就在首位。[5]

① （后晋）刘昫：《旧唐书》卷九八，中华书局，1975，第3071~3072页。
② （宋）司马光：《资治通鉴》卷二一二，中华书局，2013，第6862页。
③ 李锦绣：《唐代财政史稿》（下卷）第一分册，北京大学出版社，2001，第12页；孟宪实：《宇文融括户与财政使职》，载荣新江主编《唐研究》第七卷，北京大学出版社，2001，第377页；吴宗国：《中国古代官僚政治制度研究》，北京大学出版社，2004，第165页。
④ 吴宗国：《中国古代官僚政治制度研究》，北京大学出版社，2004，第169~170页；前引罗永生《隋唐政权与政制史论》，台湾秀威信息科技有限公司，2014，第197~204页。
⑤ （宋）司马光：《资治通鉴》卷二一三，中华书局，2013，第6890~6891页。

第二次，关于封禅。

据《旧唐书》记载，张说"首建封禅之议"，而源乾曜本意不欲封禅，张说"因赞其事，由是颇不相平"。也就是说，张说与源乾曜因为封禅一事而矛盾尖锐。而且，在封禅过程中，张说多用亲党，封赏结果也"颇为内外所怨"①，这其中自然包括源乾曜在内。总之，源乾曜作为正相之一，对于政事是有发言权的，也是有立场的。他在入相之初还有一项作为，就是整顿重京官轻外官的风气②。

总而言之，这一时期，随着经济、军事等客观形势的发展，以及具体政事的需要，朝中出现了升迁多途、入相多途的情况。

3. 普通宰相内的财、兵分途

（1）李元纮与杜暹

王晙被贬之后，张说与源乾曜共掌朝政。开元十四年（726）四月，就在张说被鞫于尚书省后四日，停兼中书令前三日，唐玄宗任用李元纮为中书侍郎、同中书门下平章事。③《旧唐书·李元纮传》记载道：

> 十三年（725），户部侍郎杨玚、白知慎坐支度失所，皆出为刺史。上令宰臣及公卿已下精择堪为户部者，多有荐元纮者，将授以户部尚书，时执政以其资浅，未宜超授，加中大夫，拜户部侍郎。元纮因条奏人间利害及时政得失以奏之，上大悦，因赐衣一副、绢二百匹。明年，擢拜中书侍郎、同中书门下平章事。④

有关户部侍郎杨玚被贬一事，《旧唐书·宇文融传》记载，与反对括户有关⑤。据此，可以推测，称荐李元纮并支持擢授其户部尚书一职者，大概为源乾曜、宇文融等人，而进行反对的"执政"大概就是指张说。唐玄宗在张说

① （后晋）刘昫：《旧唐书》卷九七，中华书局，1975，第3054~3055页。
② （后晋）刘昫：《旧唐书》卷九八，中华书局，1975，第3071~3072页。
③ （后晋）刘昫：《旧唐书》卷八，中华书局，1975，第189页。
④ （后晋）刘昫：《旧唐书》卷九八，中华书局，1975，第3074页。
⑤ （后晋）刘昫《旧唐书》卷一〇五："岁终征得客户钱数百万，融由是擢拜御史中丞。言事者犹称括客损居人，上令集百僚于尚书省议。公卿已下惧融恩势，皆雷同不敢有异词，唯户部侍郎杨玚独建议以括客不利居人，征籍外田税，使百姓困弊，所得不补所失。无几，玚出为外职。"中华书局，1975，第3218~3219页。

罢相前后任用李元纮为相，似乎也可以佐证这一点。重要的是，李元纮是玄宗朝第一位因为"堪为户部"而为相者。在此之前，只有薛讷、张说与王晙是由于战事的需要或者军功而位居次相，李元纮的存在足以说明，经济事务已经成为朝廷着重解决的问题之一。同时也可以说明，继边事之后，善掌财赋也成为入相一途。

李元纮以中书侍郎的身份位居次相，加上侍中源乾曜，显然不能满足处理当时所有政事的需要。因此，同年九月，另一位由将入相者出现，那就是杜暹。①刘安志指出，杜暹为首任碛西节度使，统及整个西域军政，主要目的是对付突骑施苏禄，也兼有防御吐蕃入侵西域之责。②杜暹"在安西四年，绥抚将士，不惮勤苦，甚得夷夏之心"③。

至此，相权结构调整为，上层为副相源乾曜，身居侍中，下层为两位次相，分别为中书侍郎与黄门侍郎，一主经济，一主军事。这就是典型的财、兵分途。

（2）李、杜之间的矛盾

按照唐玄宗的本意，应该是源乾曜居中调停或总体维系，由李元纮和杜暹分别在各自擅长的领域内处理政事。但是，这样的宰相格局并没有顺利地持续下去。《旧唐书·李元纮传》记载道：

> （李元纮）与杜暹多所异同，情遂不叶，至有相执奏者，上不悦，由是罢知政事。④

显然，李元纮与杜暹先是有政见不同，而且是频繁地政见不同，这才有了个人矛盾，以至于各自上奏。也就是说，中书门下拿不出统一的意见，源乾曜作为上一级宰相在其中也完全失去作用，等于是把所有的难题都摆在了皇帝面前。

---

① （后晋）刘昫：《旧唐书》卷八："九月己丑，检校黄门侍郎兼碛西副大都护杜暹同中书门下平章事。"中华书局，1975，第190页。
② 刘安志：《新资料与中古文史论稿》，上海古籍出版社，2014，第191~192页。
③ （后晋）刘昫：《旧唐书》卷九八，中华书局，1975，第3076页。
④ （后晋）刘昫：《旧唐书》卷九八，中华书局，1975，第3075页。

这种状况前所未有。就制度层面而言,源乾曜作为正相之一,没能起到主导中书门下的作用。[1] 就个人能力而言,这一任政府也是玄宗朝最为平庸的一届。李元纮与杜暹两人的个人操守都没有问题,都以"清俭"或"公清勤俭"著称。但是,李元纮在治理财赋方面并没有宇文融表现得那么突出,而杜暹虽然以明经出身,却是"素无学术,每当朝谈议,涉于浅近"。[2] 再加上开元十五年(727)之后,唐朝与吐蕃的战事激烈,新的边境形势出现,此三人的卸任也就成必然了。

三 新的宰相格局

1. 萧嵩、裴光庭、宇文融

据王小甫先生研究,吐蕃自开元五年(717)就已经与突骑施苏禄结成同盟,与唐朝在西域展开较量。[3] 开元十五年(727),吐蕃攻陷瓜州,王君㚟被回纥部落杀死,河西已无名将[4]。玄宗以萧嵩为兵部尚书、河西节度使,与吐蕃频频接战,大破之。十六年(728)十一月,"加嵩同中书门下三品,恩顾莫比"。[5]

萧嵩入相之后,唐朝对于吐蕃的军事进攻持续胜利。开元十七年(729)六月,源乾曜、杜暹、李元纮一起罢相,萧嵩升为中书令,宇文融与裴光庭分别为黄门侍郎与中书侍郎,并同中书门下平章事。[6] 这样的相权结构似乎是总结了之前的经验教训而定型的。最高有一位主相,下设两位次相,所不同的是,这三位宰相皆为政事型宰相,各有分工。这在玄宗朝也是第一次。[7] 萧

---

① 按照吴宗国先生的论述,在之前的政事堂会议中,宰相在商量时是可以自由发表意见的,而处于主导地位的中书令或其他官员的意见则往往起到决定性作用(《盛唐政治制度研究》,上海辞书出版社,2003,第30页)。就此时的相权结构来看,源乾曜本应是起主导作用的。

② (后晋)刘昫:《旧唐书》卷九八,中华书局,1975,第3073~3077页。

③ 王小甫:《唐、吐蕃、大食政治关系史》,中国人民大学出版社,2009,第148~149页。

④ (宋)司马光:《资治通鉴》卷二一二:"(开元九年)十月,河西、陇右节度大使郭知运卒。知运与同县右卫副率王君㚟,皆以骁勇善骑射著名西陲,为虏所惮,时人谓之王、郭。"中华书局,2013,第6866页。

⑤ (后晋)刘昫:《旧唐书》卷九九,中华书局,1975,第3094页;《旧唐书》卷八,中华书局,1975,第191~192页。

⑥ (后晋)刘昫:《旧唐书》卷八,中华书局,1975,第193页。

⑦ 崔瑞德指出,新内阁全部由贵族组成,这是玄宗即位以来的第一次。崔瑞德主编《剑桥中国隋唐史》,中国社会科学出版社,1990,第355页。这样的认识也有一定的揭示意义。

嵩主管战事，宇文融治钱谷，而裴光庭的任务当中，就包括解决铨选问题。[①]

但是，三相之间依然有矛盾。首先是萧嵩、裴光庭合力挤出宇文融。《资治通鉴》记载道：

> 宇文融性精敏，应对辩给，以治财赋得幸于上，……为人疏躁多言，好自矜伐，在相位，谓人曰："使吾居此数月，则海内无事矣。"
>
> 信安王祎，以军功有宠于上，融疾之。祎入朝，融使御史李寅弹之，泄于所亲。祎闻之，先以白上。明日，寅奏果入，上怒，九月，壬子，融坐贬汝州刺史，凡为相百日而罢。
>
> ……
>
> 宇文融既得罪，国用不足，上复思之，谓裴光庭等曰："卿等皆言融之恶，朕既黜之矣，今国用不足，将若之何！卿等何以佐朕？"光庭等惧不能对。[②]

信安王李祎时为朔方节度使，萧嵩入朝后即由他对吐蕃展开进攻，并攻拔石堡城。"自是河陇诸军游弈，拓境千余里。"宇文融因嫉功而使御史弹之，是不安于本职的表现，同时也会引起萧嵩的不满。但裴光庭等人"言融之恶"，也不免有排除异己巩固自身权势的成分在内。尤其是裴光庭，入相短短十个月，就已经身兼门下省、御史台与尚书省吏部三司长官。[③]职任之广，实属罕见。

以后的三四年间，中枢便唯有萧嵩与裴光庭两位正相，但是这两人也"同位数年，情颇不协"[④]。所幸，基本政事还能顺利进行。唐朝与吐蕃战事稍歇，只不过边事重心又重新转向东北，因为长期与唐朝保持和亲关系的奚、契丹，

---

① （后晋）刘昫：《旧唐书》卷八四，中华书局，1975，第2807页。吴宗国先生指出，这个时期，内、外都有一系列问题需要解决。玄宗用宇文融解决财政问题。开元十八年用裴光庭为侍中兼吏部尚书，解决铨选问题。用萧嵩解决西北边防问题。《隋唐五代简史》，福建人民出版社，2006，第172页。

② （宋）司马光：《资治通鉴》卷二一三，中华书局，2013，第6903，6906~6907页；《旧唐书》卷一〇五，中华书局，1975，第3221~3222页。

③ 丁俊：《李林甫研究》，凤凰出版社，2014，第57页。

④ （后晋）刘昫：《旧唐书》卷九九，中华书局，1975，第3095页。

又于开元十八年（730）转降于突厥。这或许也是导致两位宰相意见分歧的原因之一①。另外，朝廷经济状况良好，其突出表现就是，十八年（730）春，"命侍臣及百僚每旬暇日寻胜地燕乐，仍赐钱，令所司供帐造食"。②这其中也有宇文融等人的功用在内。

开元二十一年（733），裴光庭薨，玄宗令萧嵩择相，以韩休为黄门侍郎、同中书门下平章事③。但是，没想到的是，韩休属于谏臣型宰相，不仅常伺唐玄宗过差，而且数与萧嵩争论，"面折嵩短"，于是，萧嵩"乞骸骨"，玄宗令两人一同罢相。④

2. 张九龄、裴耀卿、李林甫

张九龄与裴耀卿的入相，有着特殊的背景。那就是开元二十一年（733）关中久雨害稼，唐玄宗被迫于次年正月东幸。⑤在这种情况下，裴耀卿进行漕运改革已经是刻不容缓。而张九龄，正如吴宗国先生所言，唐玄宗是把他当成第二个张说来委以重任的⑥。此二人经过短暂的过渡之后，在开元二十二年（734）五月分别升任中书令与侍中，同时又加入了一位次相，那就是礼部尚书、同中书门下平章事李林甫⑦。

从这一时期起，宰相开始进入分工合作处理同一政事的阶段。首先，为解决关中粮储不足的问题，裴耀卿充江淮、河南转运使，张九龄充河南开稻田使，李林甫则负责减省冗官色役等，可谓既开源又节流。⑧更重要的是，朝中两位正相双双担任经济使职，这在整个唐朝也算是创下了宰相负责具体政事

---

① 裴光庭在军事方面也有卓见。《旧唐书》卷八四："十三年，将有事于岱岳，中书令张说以大驾东巡，京师空虚，恐夷狄乘间窃发，议欲加兵守边，以备不虞，召光庭谋兵事。光庭曰：'封禅者，所以告成功也。……今将告成而惧夷狄，何以昭德也？……诸蕃之国，突厥为大，赘币往来，愿修恩好有年矣。今兹遣一使征其大臣赴会，必欣然应命。突厥受诏，则诸蕃君长必相率而来。虽偃旗息鼓，高枕有余矣。'说曰：'善。吾所不及矣。'因奏而行之，寻转鸿胪少卿。东封还，迁兵部侍郎。"中华书局，1975，第2806页。

② （后晋）刘昫：《旧唐书》卷八，中华书局，1975，第195页。

③ （后晋）刘昫：《旧唐书》卷八，中华书局，1975，第199页。

④ （宋）司马光：《资治通鉴》卷二一三："休为人峭直，不干荣利；及为相，甚允时望。……上或宫中宴乐及后苑游猎，小有过差，辄谓左右曰：'韩休知否？'言终，谏疏已至。……韩休数与萧嵩争论于上前，面折嵩短，上颇不悦。嵩因乞骸骨，……因泣下。上为之动容，曰：'卿且归，朕徐思之。'丁巳，嵩罢为左丞相，休罢为工部尚书。"中华书局，2013，第6922~6923页。

⑤ （后晋）刘昫：《旧唐书》卷八，中华书局，1975，第200页。

⑥ 吴宗国：《隋唐五代简史》，福建人民出版社，2006，第174页。

⑦ （后晋）刘昫：《旧唐书》卷八，中华书局，1975，第201页。

⑧ 丁俊：《李林甫研究》，凤凰出版社，2004，第110页。

的新高度。其次，三位宰相又各有分工。裴耀卿在整个任期之内都在负责漕运，更因其侍中身份，蒲立本称其为财政专家当中最大的一位[1]。张九龄作为中书令，除了总揽全局，更主要的是负责军事。唐朝在这三年之间，东、西二线作战，主战的虽然是突骑施、奚、契丹，背后操纵的却是吐蕃与突厥，事实证明，张九龄文才虽属上乘，武略却达不到玄宗的期望。从这个角度而言，张九龄在开元二十四年（736）末的罢相，并非以政争而罢，而是以不称职而罢。李林甫的主要任务，从最初的财政节流，发展到机构精简与各项制度调整，同时又改修格令。[2]三位宰相的分工与合作为开元二十五年（737）全面改革的完成，奠定了坚实的基础。

3. 李林甫、牛仙客

开元二十四年（736）十一月，张九龄、裴耀卿罢相，李林甫升任中书令，以朔方节度使牛仙客为工部尚书、同中书门下三品，随后升为侍中。[3]相权结构似乎又回到了姚崇、卢怀慎时代，但是与之不同的是，宰相此时已兼有正相与次相的双重功能。

唐玄宗以久在河西的牛仙客为相，本身就意味着朝廷政策的转变。一来，是在关中大兴和籴以取代江淮漕运；二来，是与吐蕃展开第二阶段的征战，围绕葱岭南部地区进行反复争夺[4]。为了实现这一战略目标，中枢两位正相再次双双领使。开元二十六年（738）正月，李林甫领陇右节度副大使，二月，牛仙客以朔方节度使兼河东节度副大使，五月，李林甫又兼河西节度使。[5]唐朝主力军队皆属宰相调配。再加上，李林甫还兼有中书令与兵部尚书之职，可谓将相合一，事权集中程度前所未有，备战级别仅次于皇帝亲征。

开元二十七年（739）四月，李林甫为吏部尚书兼中书令，牛仙客为兵部尚书兼侍中，总文武选事。[6]二人几乎将政事型宰相的功能发挥到了极致，也相当于在现有体制内上升到了权力的顶点。那么，问题来了，君权需要焕

---

[1] Edwin G. Pulleyblank, *The Background of the Rebellion of AnLu-shan*, Oxford University Press, 1955, p.55.

[2] 丁俊:《李林甫研究》，凤凰出版社，2004，第99~211页。

[3] （后晋）刘昫:《旧唐书》卷八，中华书局，1975，第203~204页;（宋）欧阳修、宋祁:《新唐书》卷五，第139页。

[4] 王小甫:《唐、吐蕃、大食政治关系史》，中国人民大学出版社，2009，第148页。

[5] （宋）司马光:《资治通鉴》卷二一四，中华书局，2013，第6952页。

[6] （宋）司马光:《资治通鉴》卷二一四，中华书局，2013，第6957页。

发处理政事的另一种活力，也需要为保卫皇权而形成另一种制衡，突破口在哪里？

突破口是使职，军事使职与财政使职。这是另一种形式的财、兵分途，也是财、兵分途的更高阶段。新一轮的使、相矛盾，加上太子、宗室、外戚等多重力量夹杂其间，这就是天宝政治的主要内容。

（丁　俊　山西大学历史文化学院）

杜甫与土娄

臧振教授在回忆五十多年前汪篯先生给他们上课时，"讲到唐代文学，汪先生更是兴奋，一段一段在黑板上写，我奇怪他怎能背得那么多。后来听说，中文系王力教授说，汪篯背的唐诗比他多。可惜我的课堂笔记'文革'初全当废纸卖了，现在回忆起来，只记得自己以前背过的几句，如'无边落木萧萧下，不尽长江滚滚来。万里悲秋常作客，百年多病独登台'。汪先生挥动着干瘦的胳膊，极力强调杜诗意境的广大和气势的磅礴"。

杜甫是每一位研究唐代文史的大家都绕不开而且不能不仰视的巨星。我作为杜甫故居的一个乡亲，有鉴于对诗圣的故居和墓地之所在有众多歧义，仅将本人关于杜甫生平研究的心得提交纪念文集，求证于方家，以表示我对杜甫的怀念和对汪篯教授学术品格的敬意。

"朱门酒肉臭，路有冻死骨"，一句诗，揭示出封建社会内在的深刻矛盾。

"麻鞋见天子，衣袖露两肘"，"向来忧国泪，寂寞洒衣巾"，一颗心，忧国忧民，矢志不渝，跃然纸上。

"安得广厦千万间，大庇天下寒士俱欢颜，风雨不动安如山。呜呼！何时眼前突兀见此屋，吾庐独破受冻死亦足！"一段歌，展现了悲天悯人、舍生取义的博大胸怀。

"读书破万卷，下笔如有神"，一句话，令其后一千多年的莘莘学子视为治学的座右铭。

这就是杜甫，一个在穷困潦倒、凄凉漂泊之中，创造了一个后人难以企及的现实主义文学高峰的诗人。杜甫，不仅在中国文学史上树起了一座丰碑，而且在人类发展史上也有着崇高的地位。1962年，世界和平理事会评定杜甫为"世界文化名人"，杜甫成为全人类优秀文明的杰出代表。

唐宋至今，历朝历代，杜甫研究都是一个热门话题。杜甫的诗歌和文章，不但记录了那个时代的历史，也蕴含了他苦难历程的踪迹。安史之乱，是杜甫人生的重要转折点。天宝十四载（755）之后，虽然颠沛流离，杜甫的诗作（约 1400 多首）大部分都流传了下来，他的行踪也有了考证的依据。而此前的作品（诗歌也有 1000 多首）[1]，大多可能在安史之乱中毁于战火[2]，只有 50 多首保存下来。因而，杜甫 43 岁以前的经历有很多空白，后人众说纷纭，莫衷一是。

如何客观地还原杜甫 43 岁之前的真实经历，是历代杜甫研究者努力探讨的课题。现代考古学在中国兴起以来，以历史文献为脉络，以文物实物为依据，相互参照，反复考证，为我们探讨古代历史真相开拓了一条可靠的道路。新中国成立后，纪念杜甫的馆所和景观建设取得了可观的进步，这更有利于我们对杜甫的生平和思想做进一步的研究和探讨。

通过对史料文献的梳理和出土文物的研究，唐代的河南府偃师县土娄村（民国称土楼，现称杜楼）在杜甫生平中的重要性凸显出来。开元二十九年（741），是杜甫人生轨迹中的一个重要坐标。土娄，是杜甫 30 岁到 43 岁之间活动的一个重要原点。自开元二十九年（741）至天宝十三载（754）在土娄的日子，是杜甫一生中定居时间最长、生活最安定的时期，土娄，也是杜甫终其一生魂萦梦绕的故乡。本文重点探讨杜甫与土娄的历史渊源，对以往杜甫研究中的一些空白和疏漏做一补充。由于本人学识浅薄，手头资料有限，谬误之处，敬请杜甫研究的专家学者予以批评。

一　土娄是杜氏祖茔所在地

杜甫十三代远祖西晋名将杜预（222~285），字元凯，京兆杜陵人（后裔有移居到襄阳的，杜甫曾祖父杜依艺就称襄阳人）。杜预生前将他的墓地预选在首阳山南的一个小山包上。他在《卜兆首阳山南遗令》中阐述了把墓地选

---

① 见杜甫天宝十三载《进雕赋表》："自七岁所缀诗笔，向四十载矣，约千有余篇……"
② 杜甫天宝十二载秋从偃师土娄举家迁居长安南的杜陵下杜城，天宝十三载，杜甫举家寄寓奉先县，天宝十四载，安史之乱爆发，天宝十五载，长安陷落。因此，杜甫前期的作品很可能在安禄山攻陷长安时毁于下杜城家中，也可能遗失于逃难路上。

在这里的道理之后，要求"子孙一以遵之"。①

晋太康五年闰十二月（285 年初），杜预病故于邓县，晋武帝追赠他为征南大将军、开府仪同三司，谥曰成。其子杜锡将其归葬偃师预卜墓地。宋赵令畤《侯鲭录》卷六记载"偃师首阳山在官路，其下古冢累累，而杜元凯墓犹载《图经》可考，其旁元凯子孙附葬者数十"。可见杜预"子孙一以遵之"的遗令得到了后代的遵守，这里成了自杜预之后杜氏的祖茔，这也是古今很多杜甫研究者的共识。

杜预是按"侯"的级别安葬的，墓前立有"杜公祠"，因为有附葬的数十子孙，杜预始葬土娄墓地以后的四百多年间，杜公祠应该一直存留着。至唐开元二十九年（741），杜甫祭拜祖先时在宗祠里"论次昭穆，载扬显号"。②

清乾隆十一年（1746），时任偃师县令的朱续志"考之志乘，迹其茔兆"，在土楼村前，找到了当阳侯（亦曰成侯）杜公祠，不过村人已将其改为土神庙。朱续志记载："祠后有杜侯墓，墓西南有工部墓。"间接说明杜氏祖茔荒芜已久。村民马现习、田方禾无偿捐出杜公祠及杜预、杜甫墓所在的属于自己的耕地；县令朱续志加厚封土，树碑修祠，并嘱咐村民要保护好。③

乾隆五十五年（1790），偃师知县汤毓倬重修杜甫墓。五十六年（1791），河南府尹张松孙拜谒杜甫墓，题写墓碑；汤毓倬捐俸购地整修杜甫墓园，重

---

① 见《晋书·杜预传》："预先为遗令曰：'……自表营洛阳城东首阳之南为将来兆域，而所得地中有小山，上无旧冢……仪制取法于郑大夫，欲以俭自完耳。棺器小敛之事，皆当称此。子孙一以遵之。'"其中"子孙一以遵之"，应该是遗令中最后的句子，现代一些论著把这句话断句在遗令之外，不妥。

② （唐）杜甫：《杜工部集·祭远祖当阳君文》。

③ （清）朱续志：《重修晋当阳侯杜公唐工部员外郎杜公二墓碑记》："偃之西偏土楼村，有晋当阳侯杜预及其第十三叶孙唐工部杜甫二墓，在首阳山南，洛阳故城之东。此城即汉、魏、晋、（北）魏建都旧址，非今洛阳也。今地隶偃师。余承乏兹邑，考之志乘，迹其茔兆，土楼村前，故有小祠数楹，询诸父老，曰：此当阳侯杜公祠也。村人改为土神庙，祠后有杜侯墓，墓西南有工部墓，微址尚存。遂从祠后搜觅，得诸丰草中。侯墓为土人马现习耕地，工部墓为田方禾耕地，封土几平。……又按元微之作《工部墓志铭》，子美于天宝后寓卒荆楚间，旅殡岳阳。孙嗣业贫无以给葬。收拾乞丐，焦劳昼夜，去其殁后四十三年，始克移窆于首阳山前。是两贤者，一则以俭自完，一则因贫薄葬，既无穿窆壮致，又无华表丰碑。……余怃然伤之，为售其地，皆不取值。将墓表而出之，遂各增培封土，立碣以标其处，各具牲礼，祭毕。召乡老，属（嘱）以不时守护，无纵耕樵……"见乾隆五十四年版《偃师县志·艺文志》。

刻墓碑，在杜甫墓前修建杜公祠[①]。民国二十年（1931）前后，土楼村学博济学校扩建教室用料，将杜公祠厢房拆除，杜公祠日渐荒废[②]。

清光绪三十一年（1905）开工建设的汴洛铁路偃师段，正好经过杜预墓。由于中国官员的坚持，承建该工程的比利时工程师，在铁路南缘加修了一个凸出的正方形平台，将杜预墓碑安放在路基边上。1963年，我和同学们看到的那个平台约有2米见方，墓碑面南，紧靠铁轨所垫石渣。1985年开工建设的洛阳首阳山电厂修建铁路复线时，占用了杜预墓碑所在的平台，墓碑被遗弃在麦田。2003年春，偃师市城关镇政府整修杜甫墓园，城关三中校长赵宪章先生将墓碑找回，矗立在墓园西北部。

诗人杜审言（645~708），是杜预十一代孙，家居洛阳建春门内，景龙二年（708）病故后，入葬土娄杜氏祖茔，其妻薛氏、继室卢氏均葬于杜审言墓侧[③]，2003年，由著名书法家王尚武先生题写碑铭，重树杜审言墓碑于杜楼三杜墓园。

杜并，杜预十二代孙，杜甫的二叔父，圣历二年（699），为父亲杜审言被诬告而打抱不平，刺杀奸吏周季重时死于吉州（江西吉安），于长安二年（702）被运回家乡洛阳，暂厝于建春门外（今洛阳郊区李楼乡一带）[④]。1917年10月，杜并墓志铭出土于土楼东约2公里处的大槐树村。推测杜并墓应该是杜审言708年病故归葬土娄杜氏祖茔时随迁回来的[⑤]。

---

① （清）汤毓倬碑刻《重修唐拾遗杜文贞公墓记》："……今年春正月，郡伯（知府）张鹤坪（松孙）先生过此敬谒公（杜甫）墓，知倬有志重修，亟怂恿之。并赋诗五章，总系公平生事迹……倬既为公衷崇旧邱，复鸠工庀材，于墓前建享屋三楹，缭以垣墙，植以松柏。"碑存偃师市商城博物馆。见乾隆五十四年版《偃师县志·艺文志》。

② 见2015版《前杜楼村志》，第114页。

③ 参见杜甫《唐故范阳太君卢氏墓志》："维天宝三载五月五日，故修文馆学士、著作郎京兆杜府君讳某（审言）之继室范阳太君卢氏，卒于陈留郡之私第，春秋六十有九……以其载八月旬有一日发引，归葬于河南之偃师。以是月三十日庚申，将入著作之大茔。"

④ 见（唐）苏颋《大周故京兆男子杜并墓志铭并序》。"周季童"，《旧唐书·杜审言传》作"周季重"；"杜并"，杜甫《唐故范阳太君卢氏墓志》中称"次曰升"，可能系避名讳而改。杜并墓志存偃师市商城博物馆，拓片见2015年版《前杜楼村志》，第212页。

⑤ 偃师商城博物馆资料显示，杜并墓志1919年出土于袁家圪垯儿（属大槐树村），系一李姓农户打井时发现的。胡可先《杜甫叔父杜并墓志铭笺证》称：杜甫叔父《杜并墓志铭》，出土于1919年，罗振玉所编的《芒洛塚墓遗文续补》收录。但长期以来，一直没有受到研究者的重视。直到1980年，洛阳市博物馆曾意丹先生撰文《介绍一块研究杜甫家世的重要墓志》（刊于《考古与文物》1980年第2期），始作简略介绍。近年汇集唐代墓志的著作，如周绍良先生所编的《唐代墓志汇编》，收录并加标点；李献奇、郭引强《洛阳新获墓志》，收录更为全面，前有拓片原大影印，后有录文与简略的考证。

杜预十二代孙，杜甫的父亲杜闲也应该是埋葬在土娄杜氏祖茔的。据中国杜甫研究会常务理事、湖北文理学院王辉斌教授考证，杜闲卒于开元二十九年（741）[1]，那么他埋葬在哪里呢？历史文献中不见记载。但是我们可以从杜甫的行踪找到证据间接证明：杜闲葬于土娄杜氏祖茔。

开元二十九年以前，杜甫大部分时间在外游历（所谓的"壮游时期"），开元二十九年，杜甫在土娄"筑室"，定居下来，直到天宝三载（744）与李白相会，这三年的活动范围仅仅限于土娄一地。

我国自汉代起，例行丁忧制度，父母死后，子女按礼制须持丧三年，其间不得行婚嫁之事，不预吉庆之典，任官者必须离职，称"丁忧"。而且法律规定，丁忧人不能租赁私人房屋居住。杜甫家族世代"奉儒守官"，他自然不会逾越礼制，所以必须在父亲坟墓处守丧三年，只能自己筑室"首阳之下"。[2] 在这三年中，杜甫有记载的活动一是开元二十九年（741）寒食节在杜氏祖茔祭拜远祖当阳侯杜预，二是天宝元年（742）为家居洛阳的姑母万年县君京兆杜氏撰写墓志，三是天宝三载（744）在土娄杜氏祖茔代父亲杜闲主持继祖母卢氏入葬杜审言墓侧的仪式，并代父撰写《唐故范阳太君卢氏墓志》。其实这三年之中，杜甫做的最重要的事就是主持父亲杜闲的葬礼，祭拜十三代祖杜预的祭文应该是和祭拜父亲杜闲的祭文同时撰写的，也许还有祭拜祖父杜审言的祭文，根据是杜甫在《祭远祖当阳君文》中说的"论次昭穆，载扬显号"，就是寒食节在宗祠里根据辈分、长幼分别祭拜、供飨，只不过祭拜杜审言和杜闲的祭文没有流传下来而已。开元二十九年（741）杜甫撰写的所有祭文都是珍贵的史料，杜甫不会轻易遗失。天宝十二载（753）杜甫由土娄搬家到长安杜陵，天宝十四载（755）安史之乱爆发，杜甫举家寄寓奉先县，留在杜陵的文稿很可能与他前期所写的诗文一道，在战乱中毁失殆尽，而《祭远祖当阳君文》由于其他原因侥幸保存下来。

我们还可以从杜甫的《祭远祖当阳君文》中找到祭祀杜闲的蛛丝马迹："小子筑室，首阳之下。不敢忘本，不敢违仁。庶刻丰石，树此大道。论次昭穆，载扬显号。予以采蘩，于彼中园。谁其尸之，有齐列孙。"杜甫在阐述了

远祖杜预的历史功勋之后，笔锋一转，向远祖汇报此次大型祭拜活动的原因。"本"即根源，"不敢忘本"，就是不能忘记父辈和祖辈的恩泽；"不敢违仁"，就是不能违背丁忧守制的规矩，因此，在首阳山下的杜氏祖茔"筑室"守制。他为父亲树起了高大的石碑，采集白蒿，在宗祠里按照先人的辈分和长幼顺序，摆供祭祀，众多的杜氏子孙在这里肃穆地参与祭祀活动。关键的一句是"庶刻丰石，树此大道"。如果是每年寒食节例行的祭祀活动，就没有必要刻碑树碑。可见正是杜闲亡故，才新刻了石碑，立在墓前；正是新亡，才有"列孙"一起来祭拜；正是由于祭拜杜闲，才"论次昭穆"，祭拜其他祖辈。

另外需要探讨的是，"小子筑室，首阳之下"的"室"和杜家在土娄的庄园陆浑庄的关系。古代的"守制"很多是在墓前搭一个简陋的草庵，规矩严苛的朝代规定守制期间不得离开，包括不得参加科举、不得为官、不得婚姻、不得会友、夫妻不能同房，甚至不能洗澡剃须理发。因此，这里说的"室"，应该是开元二十九年（741）搭建的临时建筑。杜甫诗中多次提到的"陆浑庄""土娄旧庄""余田园""故庐"等等，应该不是《祭远祖当阳君文》里提到的"室"。作为长达450多年的杜氏祖茔，历朝历代都有在此丁忧守制的人。杜家历代有人在朝为官，因此，在祖茔附近完全有能力置办一处房产甚至一个大的庄园，以供一代又一代守制的人在此生活。开元二十九年（741）和杜甫一起为父亲守制的还有四个弟弟杜颖、杜观、杜丰、杜占和两个妹妹，所以杜甫在土娄的"陆浑庄"应该是前代留下的祖产，也就是"土娄旧庄"[①]。此后，不但杜甫在陆浑庄居住了十三年，他的弟弟妹妹也在此居住了很长时间。

大历五年（770），杜甫病逝于辗转北归洛阳的小船上，暂厝于湖南岳阳平江县的小田村。杜甫亡故后，其妻杨氏和次子宗武回到土娄故居。次年（771）杨氏病故，杜宗武在杜氏祖茔安葬了杜甫夫人杨氏。杜宗武因为多病，没有能力把杜甫灵柩迁葬回土娄杜氏祖茔，临终时将这个任务交给了儿子杜嗣业（"嗣子曰宗武，病不克葬。殁，命其子嗣业"）。元和八年（813）杜嗣业"自豫至楚"[②]，"启子美之枢，襄祔事于偃师"，"合窆我杜子美于首阳之山

---

① 见杜甫诗《凭孟仓曹将书觅土娄旧庄》。

② （清）张松孙乾隆五十六年诗碑《谒杜甫墓·五章》："……四十年后，嗣业收拾乞丐，焦劳昼夜，自豫至楚，迎榇归葬于偃师首阳山，求元微之为志……"碑原立杜公祠，现存偃师市商城博物馆。

前"①。杜甫逝世 43 年后，终于回到土娄的杜氏祖茔与其妻杨氏合葬。

综合元稹的杜甫墓志和张松孙的诗碑，我们可以理出杜甫亡故以后其妻杨氏、次子宗武的行踪。

杜甫是病故于辗转北归家乡的途中。安葬杜甫以后，杨氏和宗武（此前我们从杜诗中已找不到宗文的资讯）何去何从呢？按常理只有继续北上，回到家乡，因为土娄还有属于自己的庄园。此前［大历二年（767），杜甫逝世前三年］，杜甫曾委托朋友孟苍曹去洛阳时顺便替他到土娄故居打探一下情况，准备结束这种漂泊流浪的生活，回故乡养老。②大历五年（770）冬，他们全家在回土娄故居的路上，杜甫亡故，之后，杨氏不仅无力扶杜甫的灵柩北归，也没有了任何生存的依托，只有和次子继续北上，回到自己的家园，艰苦度日。那么她究竟回到土娄了吗？我们没有找到文献记载。

清代河南府尹张松孙说，杜嗣业是从河南出发到湖南（自豫至楚）去"迎樑"的，这就是说，杜嗣业是住在河南偃师土娄陆浑庄的。元稹在杜甫墓志中说，嗣业"启子美之枢，襄祔事于偃师"，就是说，嗣业到岳阳打开的仅仅是杜甫的灵柩，"合窆我杜子美于首阳之山前"（"合窆"即夫妻合葬），是说在首阳山前完成了与杨氏的合葬。这就是说，杨氏当年与宗武一同回到偃师，此后故于土娄，先杜甫葬于杜氏祖茔。宗武在土娄安家立业，传宗接代。因此 43 年后才有嗣业"迎樑"、把杜甫与杨氏"合窆"在首阳山前的事件。那么，也可以间接推断，杜宗武也是埋在土娄杜氏祖茔的。

元稹写的《唐检校工部员外郎杜君墓系铭》里说宗武"殁，命其子嗣业"，就是说杜宗武临终把杜甫归葬祖茔的使命交代给了杜嗣业。杜嗣业公元780 年生，2009 年编撰的乙丑重修《京兆杜氏宗谱》记载："嗣业娶余氏，生子二，长曰筵，次曰策。杜策，字昌华，官迁南康（今江西庐山市）府君，江右（江西）杜氏始祖也。"土娄村东邻大槐树村西半部是余氏聚居地（杜甫的二叔父杜并的墓志就是在大槐树村出土的），所以杜嗣业很可能是在土娄结婚，岳父家是邻村大槐树的。清乾隆三十五年（1770）庚寅版江右《杜氏宗谱》中说："甫娶宏（弘）农杨氏，生子二，长曰宗文，小名熊儿，次曰宗武，

---

① 参见（唐）元稹《元氏长庆集·唐检校工部员外郎杜君墓系铭并序》。
② 见杜甫诗《凭孟仓曹将书觅土娄旧庄》。

小名骥子。宗武生嗣业，嗣业娶余氏，生子策，字昌华，号洛水……"从杜策的"号洛水"可推断杜策是在土娄出生的（土娄村位于洛水北岸）。

有人会问：既然杜甫及杜宗武、杜嗣业都在土娄定居，那么现在的杜楼为什么没有姓杜的？湖北新闻网2009年3月18日《湖北大冶发现杜甫四十八代孙》一文说，"谱中记载：……杜甫生有二子，分别叫杜宗文、杜宗武。长子杜宗文生子名叫杜嗣绍，后裔位于福建绍武府；次子杜宗武生子名叫杜嗣业，在其后裔中，其中就有一支于元代末年从江右南康府建昌县（今江西省九江市永修县）梅溪迁湖北大冶果城（今大冶市刘仁八镇），后又大部分迁至保安镇居住"。正因为杜策到江西南康做官，举家迁走，其后代又先后移居湖北各地，所以自唐代末年以后，杜氏祖茔所在的土娄就没有杜氏代代相传了，杜氏祖茔也没有人看护和修整了。清乾隆三十五年庚寅版江右《杜氏宗谱》还说：杜策"唐顺宗初举进士[1]，出教江右之南康，教化大行，士类允服。不三年而卒……后遇黄巢之变，弗克归祔（即祔葬祖茔），夫妇遂下葬于属治建邑之黄荆山，外碑内塘具备"。因为兵荒马乱，杜策夫妇没法归葬土娄杜氏祖茔，只好埋葬在当地。自杜策起，洛阳杜氏演变为江右杜氏。[2]

综上所述，自西晋太康年间至唐代末年，京兆杜氏的祖茔在偃师土娄（今河南省偃师市商城街道的前、后杜楼社区）附近，据文献记载，入葬杜氏祖茔的有杜预及子孙数十人，包括杜审言及其夫人和继室，杜甫及夫人杨氏，有出土文物可佐证的有杜并，依据文献资料推测的有杜闲、杜宗武。杜嗣业应该没有随杜策南迁（因为《杜氏族谱》称杜策为"江右杜氏始祖也"），那么也应入葬于杜氏祖茔。即使是"位终巩令"的杜依艺，如果没有特别的原因，同样应该葬在土娄的杜氏祖茔内。

中唐以来，历代都有文人学士到杜甫墓前凭吊，留有许多感天动地的诗篇，这些诗篇也肯定杜甫墓在土娄[3]，虽然杜氏祖茔位于土娄附近有充分的文

---

[1] "唐顺宗初举进士"可能有误，唐顺宗初年为805年，杜策父亲杜嗣业780年生，此时才25岁，杜策尚未成年，应系杜策"唐顺宗初出生"之误。

[2] 见欲湖冰心的博客《杜甫后代分居三省万人以上》，http://biog.sina.com.cn/maowuqiufeng。

[3] （宋）周序：《经少陵墓（在巩县）》："杜陵诗客墓，遥倚北邙巅。断碣居人识，高名信史传……"（清）桑调元：《碑杜当阳工部墓处》："远祖与闻孙，文章勋业存。九原相映彻，都在土娄村。"摘自《偃师县志·艺文志》清乾隆五十四年本点校本，中州古籍出版社。

献记载和出土文物依据，但是，杜预、杜甫的坟茔是否一定就在当前墓碑标示的地方，则很难确定。无论是晋太康年间（杜预下葬）还是唐元和年间（杜甫合窆），距乾隆十一年都有漫长的时间跨度，漫长的时间有可能湮灭存世的各种坟冢，况且杜预、杜甫墓的封土不是很大（朱续志《重修晋当阳侯杜公唐工部员外郎杜公二墓碑记》："一则以俭自完，一则因贫薄葬"）。土娄杜氏祖茔自唐末之后不再有杜氏后裔入葬，也就没有人年年培土维护，且经历代耕樵，朱续志寻访杜墓的时候，二墓是"得诸丰草中"，而且"封土几平"，当时没有碑碣等任何标志，仅仅是靠时隔一千多年后"村老"的指认，"一抔土"在位置上存在偏差是可能的。齐王田横墓在尸乡厥置，《史记》有确切的记录，后来同样是由朱续志寻访出来并树碑封土，但是据 1985 年考古发掘的结果，该处是一座唐墓。虽然如此，并不能说明《史记》的记述不实，只能说明后人没有找到确切的位置。朱续志作为偃师县知事，到任伊始，就积极寻访境内先贤遗迹，并捐俸修葺，标识后代，他对于传统文化的尊崇，对历史人物的敬重，是值得充分肯定的。

二　土娄可能是杜甫的出生地

杜甫的出生地，新旧唐书都没有明确的记载。现存的杜甫诗篇，也没有确切的答案。《旧唐书·杜甫传》说："（杜甫）本襄阳人，后徙河南巩县，曾祖依艺，位终巩令。"这也是后来一些杜甫研究者所说的"杜甫，巩县人"一说的来源。

杜甫的出生地，与其父杜闲的行踪息息相关。但是，杜闲没有传记行世，现存文献在他的散碎行迹中难以找到杜甫出生地的确切答案。退而求其次，我们只能从他的祖父杜审言的传记里寻找杜甫出生地的蛛丝马迹。《新唐书·杜审言传》记载："杜审言，字必简，襄州襄阳人，晋征南将军预远裔。擢进士，为隰城尉……累迁洛阳丞，坐事贬吉州司户参军……审言免官，还东都。"虽然其父杜依艺"位终巩令"，但是《杜审言传》并没有称杜审言是"巩县人"，可见杜依艺在巩县时间并不长，说杜甫"出生于巩县"证据不足。《太平杜氏重修家谱·序》中说："诗人杜审言、杜易简、杜甫均出自文化地位高而社会地位低的襄阳房。"也只字不提巩县。杜审言先是在山西隰县任职，后"累迁洛阳丞"。正因为杜审言"累迁洛阳丞",他才把家安在洛阳。唐苏颋《大周故京兆男子杜并墓志铭并序》中说:"圣历中,杜君公事左迁为吉州司户,子亦随赴官。"杜审言把儿子从洛阳带到了吉州任所。702年,"审言免官,回东都",而且把次子杜并的遗骸也带回,暂厝在洛阳寓所附近的建春门外(上引苏颋《杜并墓志铭》:"瘗于建春门东五里")。[1] 杜审言在洛阳寓所的位置不详,其次女(即杜甫二姑母)居住在建春门内的仁风里,从杜并的暂厝地位置来看,杜审言的寓所可能也在建春门内。

景龙二年(708),杜审言逝世。杜闲结婚应当在杜审言逝世之后,如果在此之前,杜闲婚礼应该是父亲杜审言主持。杜甫《唐故范阳太君卢氏墓志》指出"至于婚姻之礼,则尽是太君主之"。可见杜闲大婚是在杜审言死后的710年冬[2]或711年,因为杜闲在守制期间不能结婚。

杜审言去世后,杜闲应该在土娄杜氏祖茔守制三年。此时他还是一介平民,既没有参加科举也没有入仕。杜审言病故后,修文馆直学士武平一曾专门为杜审言的卒葬向唐中宗上了一道表文,文中说:"……伏乞恩加朱绶,宠及幽泉。"(《全唐文》卷二六八)希望朝廷给杜审言追赠一个五品官。唐制规定:五品官以上官吏的子孙可"荫补"一个官位。可见此时杜闲尚无任何官职,杜审言的同僚念其情分,欲通过"荫补"的规定,给杜闲谋得一个职位[3]。杜闲的郾城尉,可能就是武平一这次上书的结果。所以,当时杜闲释服后继续生活在洛阳的家中,由继母卢氏主持结婚,712年生长子杜甫。综上所述,杜甫的出生地应该是洛阳。

那么为什么多数资料都标明杜甫出生地是巩县呢?这个说法应该是前人在资料不充分的前提下的误判,后人不进行认真的考证,只是简单地引用,造成了诸多误解。特别是在网络时代,"复制""粘贴"的快捷方式取代了认真的考证和缜密的思考,先入为主的错误资讯得以广为传布。

唐朝官制实行守选制,六品以下文官不能连续为官,必须轮流休官,凡六品以下文职官员任某职满四年后就必须离任,在一定期限后,再到吏部参加

---

[1]　参见(唐)苏颋《大周故京兆男子杜并墓志铭并序》。

[2]　《全唐文》卷一七五:"三年之丧,二十五月,不刊之典也。"唐制三年服丧期实为二十五个月,也就是两年零一个月,杜审言708年春逝世,所以710年夏杜闲已释服(服丧期满),故杜闲有可能于710年冬结婚。

[3]　王辉斌:《杜甫研究新探》,黄山书社,2011,第25页。

诠选，才有可能获派新的官职。杜依艺是"位终巩令"，所以他在巩县的时间不会超过四年。而杜审言因"累迁洛阳丞"，把家安在洛阳，是毋庸置疑的。据巩县康店人讲，现在的所谓"杜甫诞生窑"是当地一家李姓住户的家，是20世纪60年代初接到省政府通知说郭沫若要参观杜甫出生地，当地政府匆忙"布置"起来的。杜闲不可能仅仅因为八九十年前曾祖父曾经在巩县当过几年县令，就携子从洛阳家中跑到一百多里外的巩县窑洞里去生孩子。

现在巩义"杜甫故里"纪念馆里"唐工部杜甫故里"的石碑上明显可见后期穿凿附会的痕迹。在"诗圣堂"东墙上紧邻的两块介绍杜甫生平的展板中，杜依艺迁居巩县的时间就相差17年。按左边展板上介绍的杜依艺任巩县令的时间（627）起算，杜依艺离职时间应不晚于631年。杜审言生于645年，显然不是在杜依艺到任巩县令后在瑶湾出生的，更不要说712年杜甫出生在瑶湾了。如果按右边展板上说的杜依艺到任巩县令时间是644年，那么杜审言"两年后"（646）在"笔架山出生"也与杜审言的实际出生时间（645）不符（我们从历史文献中没有找到杜依艺任巩县令的确切时间）。

我们脚下的这片土地是河南巩县的南瑶湾村。公元712年正月，杜氏家族的一位新生儿出生在笔架山下的窑洞里。他就是杜甫。从唐太宗贞观年间（627年）杜甫曾祖父杜依艺由湖北襄阳赴任巩县县令，举家迁入巩县算起，杜家在这里已经生活了四代86年，当这个新的命伴随哭声降临时，他的父母、亲友以及前来祝贺的人们都不曾想到，这个普普通通的幼儿，将会成为照耀中国诗坛的一颗万古璀璨的巨星。

【迁居巩县】

唐太宗贞观十八年（644年），时任唐监察御史的杜依艺奉诏任巩县令。到任后即在距县城东二里，距瑶湾渡仅百步之遥的笔架山下选择了宅址。两年后，杜甫的祖父杜审言在笔架山出生。

巩义"杜甫故里"诗圣堂东墙上并排挂着的两块展板（局部放大），
摄于2016年11月4日

三　土娄是李白造访杜甫之地

陈书文的《杜甫年谱》称：天宝三载"三月，李白离开长安。初夏，（杜甫）遇李白于东都。八月，与李白、高适游梁宋。与李访华盖君"。《李杜合谱》（1996年9月30日第一次列印）称：天宝三载，"李白四十五岁。春，与杜甫同在东都。夏，李白、杜甫、高适、李邕、卢象等在齐郡相会。秋，杜甫又至鲁郡访李白，在龟蒙山元丹丘处作客"。①

杜甫《忆昔行》："忆昔北寻小有洞，洪河怒涛过轻舸。辛勤不见华盖君，艮岑青辉惨么么。千崖无人万壑静，三步回头五步坐。秋山眼冷魂未归，仙赏心违泪交堕……""北寻"即从偃师土娄陆浑庄向北寻访王屋山道家圣地（小有洞）的华盖君，如果按《杜甫年谱》说是从"梁宋"出发去王屋山，那就是"西寻"了。"洪河怒涛过轻舸"，从叩马渡口北渡黄河去王屋山正是"北寻"，"秋山眼冷魂未归"，说明此时已是深秋了。两部年谱参照，可知李白在天宝三载（744）三月"赐金还山"，从长安出发，春（一说四月）至东都会见杜甫，待到秋天（一说八月），然后二人一同从土娄北渡黄河到王屋山寻访道士华盖君。两谱说的"游梁宋""在齐郡""至鲁郡"都应当在王屋山寻访华盖君不遇之后［《杜甫年谱》载李、杜游齐鲁均在天宝四载（745），《李杜合谱》未载李、杜天宝三载（744）八月游梁宋］。

为什么李、杜在四月相会，一直到是年秋才出发，偕同北渡黄河去王屋山呢？这可能和杜甫操办父亲逝世三周年纪念活动、等待操办继祖母卢氏入葬祖父杜审言墓有关。②

综上所述，当时的情景应该是：744年三月，李白从长安出发，走苍龙门、白鹿原，过商州，出华州，于潼关乘船下河南，四月（可能在四月底），李白从孟津渡口下船，沿晋蔡古道翻越邙山，到土娄造访杜甫。李、杜初会，欢洽异常，商讨一起到王屋山拜访道士华盖君，为李白授道箓。五月五日，杜甫继祖母卢氏病故，噩耗传来，杜甫不得不中止了王屋山之行的计划，因为杜甫的父亲已过世三周年，杜甫作为长孙，要代替作为长子的亡父杜闲主持继祖母的丧仪。八月十一日，卢氏灵柩从陈留（今开封）发引，八月三十日入葬。因此，杜甫不可能八月与李白一起游梁宋。处理完卢氏的丧事后，九月，杜甫才有可能与李白一同出游。不仅推迟出游王屋山与杜甫代父为继祖母治丧有关，杜甫再游龙门也由于为父守制和代父治丧而

---

① 《杜甫年谱》，引自偃师杜甫纪念馆编印的《杜甫与偃师》，附注为"选自陈书文著《杜甫诗注》下"，查阅资料，《杜甫诗注》上、下编的作者是仇兆鳌。《李杜合谱》见 http://web.it.nctu.edu.tw/~lccpan/newpage91.htm。

② 杜甫在开元二十九年（741）寒食节（清明节前1~2天）为父亲刻石树碑，祭奠。天宝三载（744）正是杜闲逝世三周年。

屡屡改期。①

《杜甫年谱》和《李杜合谱》均说李、杜初次相会于东都，为什么我们说是在土娄呢？因为开元二十九年（741）起，杜甫定居于土娄，于附近的杜氏祖茔为父亲杜闲守制。天宝元年（742），杜甫家居洛阳的姑母万年县君杜氏病故，埋葬于东郊平乐（此后杜甫已不可能寄居在洛阳姑母家）；天宝三载（744）五月初，杜甫继祖母范阳太君卢氏病故于陈留私邸（说明此时洛阳已没有杜家的宅院），此时杜甫在洛阳已无立足之地，而他在土娄的陆浑庄已经居住了三年。杜甫和李白长达几个月的会晤，应该在偃师土娄。两谱所说的"东都"和杜甫诗中说的"余田园在东京"都是一种泛指。

李白是被唐玄宗"赐金还山"的，那么有无可能李白住在东都，杜甫赶到洛阳去拜会李白呢？答案是否定的。一来，当时杜甫正在操持父亲杜闲逝世三周年事宜，不可能外出。二来，李白是杜甫的晚辈②，没有长辈屈尊拜访晚辈的道理。那么只有一种可能：李白会见杜甫，是在偃师土娄的陆浑庄。无论是从潼关坐船到洛阳，还是从土娄去王屋山，必经之路的黄河孟津渡口，就在土娄北边的叩马，翻过邙山即到，这是自春秋时已经开辟的从晋国到中原的大路③，所以李白会见杜甫及以后去王屋山，土娄是最方便的落脚点，他没有理由越过土娄到洛阳，再通知杜甫到洛阳相会。李白到土娄会见杜甫，一是顺道拜访长辈，共叙亲情，二是邀杜一道去王屋山访仙求道。不巧杜甫要操办父亲的亡故三周年纪念和继祖母的丧事，于是就耽搁下来，暂住在土娄。一来，李白正是赋闲期间，有充足的时间；二来，李、杜在诗界均已崭露头角，正好借此机会切磋诗艺；三来，李、杜虽然是远亲，但是"和尚不亲帽儿亲"，文学上的造诣拉近了二人之间的距离。李、杜在土娄相聚的几个

---

① 杜甫《龙门》："龙门横野断，驿树出城来。气色皇居近，金银佛寺开。往还时屡改，川陆日悠哉！相阅征途上，生涯尽几回？"《龙门》诗作于天宝四载（745），杜甫曾于开元二十四年（736）游龙门奉先寺，此后屡屡想重游，可是因为多种原因而"往还时屡改"，与李白相会本该一起游龙门，由于为继祖母治丧的原因而作罢，因而感叹：人一生能游几次龙门呢？

② 唐人李阳冰系杜甫的外甥，而李阳冰是李白的从叔。由此算来，杜甫长李白两辈儿。李白比杜甫年长十一岁，但杜诗中均是直呼其名，符合杜甫辈长李白辈晚的习惯。参见王辉斌《杜甫研究新探》，第92页。

③ 春秋时的蔡国（今荥阳一带）与晋国通婚，蔡国公主省亲时自晋国都城经王屋山到孟津叩马（明代弘治《偃师县志》称"马叩头村"）渡口过黄河，上邙山，居住在山顶一村庄，这个村子后来就叫"省蔡庄"（即现在的"省庄"）。唐玄宗时玉真公主从王屋山去登封中岳讲道，从省庄下邙山，在土娄北的晋蔡古道边龙泉茶庵开坛布道，如今仍有上洞、下洞两处寺观。

月，杜甫可能有许多唱和的佳作，但因安史之乱，这些作品消失得无影无踪，殊为可惜。

四　土娄是杜甫居住时间最长、感情最深的地方

综观杜甫一生的经历，偃师土娄是他居住时间最长、环境最安定、生活最幸福的地方，首阳山下的陆浑庄是杜甫一生念念不忘的故居，又是他叶落归根最终长眠之地。杜甫于712年出生于洛阳建春门内杜家老宅。5岁时，在父亲杜闲的任所郾城看过公孙大娘舞剑。其后母崔氏病故，杜甫寄养在东都仁风里姑母家里，七岁开始作诗，九岁书大字，十五岁左右开始在洛阳"出游翰墨场"，其后就开始了壮游时期，先后游历吴越、齐赵等地，江宁、姑苏台、天姥山、鉴湖、丛台、青丘都是杜甫诗中的题材。开元二十九年（741），杜甫30岁（虚岁），父亲杜闲病故，杜甫结束了游历，居住在土娄的陆浑庄（土娄旧庄），在附近的杜氏祖茔筑室守制，释服后定居这里，长子宗文、次子宗武均出生在陆浑庄。得知杜甫居住在土娄，当时的河南府尹韦济经常慕名来访，互相唱和，切磋诗艺。杜甫后来回忆与韦尹在自己家里（"尸乡余土室"，春秋时土娄一带称为尸乡）谈论北面邙山上祝鸡翁的故事，于天宝七载（748）写了《奉寄河南韦尹丈人》，并特别注明"甫故庐在偃师，承韦公频有访问……"天宝十二载（753）冬，杜甫携家眷迁居长安杜陵，结束了陆浑庄这段平稳的日子。这十三年中，杜甫夫人杨氏在陆浑庄相夫教子，杜甫往来土娄和长安之间，读书科考，拜谒请托，谋求入仕。他踌躇满志出征，满载着夫人的期望，风尘仆仆归来，屡屡把失意融化在夫人温暖的怀抱里。754年，杜甫举家寄寓奉先。次年（755年）安史之乱爆发。756年，杜甫举家去鄜州避难。758年，居华州。759年，经秦州到成都。762年，迁居梓州。764年，携家往阆州，辗转回成都。此后年年迁徙，四处漂泊，直到病逝。回顾杜甫一生，定居时间较长的，一是童年寄居在洛阳姑母家，约九年，一是成年后定居在偃师土娄陆浑庄，约十三年。

杜甫移家杜陵后，754年，"夏回东都，思投幕参军，不得"（见《杜甫年谱》）。大概此时杜甫的户籍仍在土娄（唐户籍三年一造）。758年冬到759年

三月，杜甫因房琯案被贬官后，回到土娄探亲访友，在故居陆浑庄一连住了几个月时间。此后入蜀、趋湘、奔楚，四处漂泊，惨淡度日。即使在成都草堂那段比较平和的日子，杜甫仍感叹："成都万事好，岂若归吾庐？"①寄人篱下终不如在自己家里好。

俗话说"狐死首丘"，杜甫在晚年，思乡情切，回乡之意更迫。广德元年（763），官军收复洛阳，安史之乱平息，杜甫闻讯后欣喜若狂，立即收拾行装，准备启程返回家乡。在他的"生平第一快诗"《闻官军收河南河北》题记中特别注明"余田园在东京"。十几年的漂泊流浪，寄人篱下，衣食无着，贫病交加，不但诗人深受其苦，小儿也冻馁而死，妻子衣衫褴褛，杜甫无时无刻不在深深怀念在"土娄旧庄"平和安宁的生活。正因为杜甫有田园在首阳山下，那里才是他安身立命的牢靠之地，所以诗人迫不及待地计划"即从巴峡穿巫峡，便下襄阳向洛阳"，但是因种种原因未能成行。第二年杜甫在《至后》诗中叹息："冬至至后日初长，远在剑南思洛阳……愁极本凭诗遣兴，诗成吟咏转凄凉。"远在洛阳的陆浑庄是诗人念念不忘的"家"，因为回不去，越发感到旅居在外的凄凉。

大历二年（767），杜甫寄居在夔州，生活稍稍安定，就日思夜想回到偃师故居。他在《昼梦》一诗中深切地表达了对故乡的忧虑和美好的幻想："故乡门巷荆棘底，中原君臣豺虎边。安得务农息战斗，普天无吏横索钱。"熟食日是中国祭祀祖先的日子，杜甫在《熟食日示宗文宗武》一诗中，深切地表达了对故乡的思念和对长眠在土娄杜氏祖茔里先祖的缅怀之情，对自己远在万里之外不能到祖茔祭祀感到非常痛心。他在诗里说："消渴游江汉，羁栖尚甲兵。几年逢熟食，万里逼清明。松柏邙山路，风花白帝城。汝曹催我老，回首泪纵横。"当听说邻居孟云卿（仓曹）将要去东京参加科考时，杜甫非常殷切地拜托他顺便到偃师土娄，看看故居怎么样了。尽管他猜测经过战乱，家里一定是荒草没腰，荆棘丛生，但他依然劝孟云卿不要怕荆棘深，替他好好看看旧居的情况。在诗的末尾，杜甫喟然叹息："十载江湖客，茫茫迟暮心。"②表述了他暮年对土娄故居的深切怀念。大历五年（770），杜甫病躯日渐沉重，

---

① 见杜甫诗《五盘》。

② 见杜甫诗《凭孟仓曹将书觅土娄旧庄》。

为了逃避湖南臧玠兵变，杜甫举家由潭州逃向衡州，欲往郴州，阻末阳，回衡阳，艰难辗转，无处存身。杜甫自觉余日不多，决定叶落归根回土娄故居。秋天，全家乘船北上，过洞庭湖，不幸病逝于岳阳附近。杜甫临终嘱咐随行的次子杜宗武，要把他葬入首阳山下的杜氏祖茔。此时，杜家一贫如洗，宗武时年 17 岁，还要照顾母亲，无力完成杜甫的遗愿，只好先侍奉母亲杨氏回到偃师故居。宗武临终前将杜甫的嘱托交付儿子嗣业，元和八年（813），嗣业从河南到湖南岳阳，历尽千辛万苦，将爷爷杜甫遗骸运回偃师，与奶奶杨氏合葬于首阳山下的杜氏祖茔[1]，完成了诗人萦怀一生的愿望。1963 年，首阳山下的杜甫墓被河南省人民政府列为第一批重点文物保护单位[2]。

五　杜甫墓及杜氏祖茔的地理位置与现状

现在的偃师市商城街道前、后杜楼社区，是由古土娄演变而来的。有说"土娄"之名约始于汉初，一直沿用至清代中期[3]，而最早见于正式文献的是唐代诗人杜甫的诗《凭孟仓曹将书觅土娄旧庄》、唐代书法家张旭书写的《唐故绛州龙门县尉严府君墓志铭并序》，最晚见于清代桑调元的诗《碑杜当阳工部墓处》。明代弘治年间的《偃师县志》有"土楼村在县西寺庄保"的记录。民国时期，"土楼"就成为普遍使用的村名了，当地人方言称"土路"，1950 年，时任偃师县农工部长的张千岭先生因杜甫墓在该村，改"土楼"为"杜楼"。

中原地区是中华文明的摇篮，也是历代兵家必争之地，战乱不息，城郭、乡村多次夷为平地，多次重建，洛阳汉魏故城和今洛阳城的地理位置就相差十几公里。虽然村落变迁会在地面上形成差异，但是地下埋藏一般不会有什么变化。西晋杜预预卜的墓地在首阳山南的一个小山包上，如果是首阳山主峰正南的话，位置应在今赫田寨至大槐树村一线。杜预十二代孙杜并的墓志铭出土于大槐树村的一个小自然村，那么杜氏祖茔的位置也应该在大槐树村

---

①　参见（唐）元稹《唐检校工部员外郎杜君墓系铭并序》和（清）张松孙《谒杜甫墓》碑文。

②　见《河南文博考古文献叙录 1913~1985・河南省第一批文物保护名单》（《中原文物》特刊），1987，第 572 页。

③　见《前杜楼村志》2015 年版第一章《历史沿革・地名考》和《偃师县志・艺文志》（乾隆五十四年版）载（清）桑调元《碑杜当阳工部墓处》。

附近。

诗人杜甫居住的土娄在唐天宝年间的位置应该和杜氏祖茔很近。1992 年在偃师磷肥厂出土的《唐故绛州龙门县尉严府君墓志铭并序》记载严墓的位置是"土娄东五里"。查阅资料，唐代的 1 尺约合 30 厘米，1 里是 1800 尺约 540 米，5 里就是 2700 米，土娄的位置约在今赫田寨附近。据当地老人回忆，土楼老寨位于今杜楼东寨门东北方向，与今赫田寨距离不过 300 米。土楼原住民田氏的老坟就在土楼老寨路北，所以古土娄的位置应该是土楼老寨。如果以上推断不错的话，唐代土娄距离杜氏祖茔的距离应该在 1 公里左右，杜甫居住的陆浑庄和在杜氏祖茔守制的"室"应该有一段距离。

需要说明的是，古代文献上标注的"里"只是一个大约的估计，并非实地丈量的准确数字，所以在考证古文献的时候不可过于拘泥。

偃师市商城西路前杜楼社区路北有一块棕色标示牌——"诗圣杜甫墓"，几个黑体大字告诉人们杜甫就长眠在这里，无数敬仰杜甫的人经过这里，肃然起敬；前行二百米，路边标志石在"前杜楼"三个大字的左上方有一行黑体小字——"诗圣杜甫故居"，告诉人们这里曾经是杜甫生活了十几年的地方。从 20 世纪末开始，杜甫墓所在的城关三中，每年清明节前后都要举行杜诗吟诵活动，让每个从杜楼走出去的学子把杜甫的伟大精神，融化到血液中。除此以外，杜楼和其他村庄一样平平淡淡。

"文化搭台，经济唱戏"是市场经济的一个思维方式，很多地方纷纷寻找历史名人的踪迹，用当代人的意识形态打造历史名人的"古迹"，为当地的经济发展摇旗呐喊，甚至不惜公然造假。更有甚者，为了争潘金莲、西门庆"故里"，不惜唾沫星子满天飞。而土娄的杜甫故居却依然默默无闻，杜甫与土娄的历史渊源并没有引起学术界的注目，杜预、杜审言、杜甫的墓碑寂然沉默在杜楼城关三中校园的绿荫下。这一切就像杜甫生前那样，悄无声息地坚守着那份清贫和孤寂，坚韧不拔地坚守着那份清高和激越，日复一日地坚守着那份执着和深沉……值得庆幸的是，杜楼人真正地崇敬杜甫，没有为了暂时的经济利益而损害诗人的尊严，土娄的诗人杜甫没有混杂在商业广告的喧嚣中，没有被人涂抹得花红柳绿，成为商人的幌子，在浮躁的市场经济里保持着世界文化名人的尊严和高傲。

1998 年 12 月，时任中国杜甫研究会会长的陕西师范大学教授霍松林先生在杜甫墓前的讲话里说:"1962 年,世界和平理事会确定杜甫为世界文化名人,在各国首都举行纪念活动。可以毫不夸张地说,诗圣杜甫是我们中华民族的骄傲,当然,诗圣杜甫更是偃师人民的骄傲。"作为杜甫故居土娄(今杜楼)人,我们更觉得骄傲,更应该认真探讨,还原历史真相,在当代杜甫研究中,贡献自己的一份力量,让诗圣杜甫的伟大人格鼓舞我们弘扬祖国优秀传统文化,创造更加灿烂辉煌的明天!

（田志章　河南省杜甫研究会洛阳分会）

使职入仕的仕途是否光明?

——新见唐陶愁墓志考释

陈寅恪先生总结王国维先生的学术内容及治学方法，列举出三目，第一就是"取地下之实物与纸上之遗文互相释证"。[①]墓志自是"地下之实物"中的大宗。陈寅恪先生和汪篯先生都重视将碑志材料应用于学术研究。[②]遵从前辈的教导，许多学者对近年大量出土的墓志做了收集整理的工作，我们这些后学也有了千载难遇的机会。兹将近作通过对新见唐陶愁墓志的考释，研究使职入仕的仕途的习作，作为对汪篯先生百年诞辰的纪念。

新见《唐故朝议郎使持节都督昌州诸军事守昌州刺史上柱国赐绯鱼袋丹阳陶君墓志铭并序》，近年出土于陕西省西安市长安区，墓志一盒，有志有盖。志盖篆书，"唐故丹阳陶府君墓志铭"，高 46 厘米，宽 46 厘米。墓志高 47 厘米，宽 47 厘米，铭文 27 行，满行 27 字，志文楷书。根据墓志记载，墓志主人陶愁生于唐德宗建中三年（782），卒于唐宣宗大中六年（852），于唐宣宗大中七年（853）葬于长安。[③]根据墓志记载，陶愁入仕既不是科举，也不是门荫入仕，而是由人举荐入仕，担任内诸司使判官。陶愁墓志的出土对研究中晚唐政事，以及补遗《元和姓纂》等书都有意义，因而笔者对其进行考释，以求教于方家。墓志录文及拓片图片在《珍稀墓志百品》一书中都有收录。[④]

---

① 《王静安先生遗书序》，载《金明馆丛稿二编》，上海古籍出版社，1980，第 219 页。

② 见本书收录龚静《汪篯先生论著中对碑志材料的运用》。

③ 胡戟:《珍稀墓志百品》，陕西师范大学出版总社，2016，第 202~203 页。

④ 胡戟:《珍稀墓志百品》，陕西师范大学出版总社，2016，第 202~203 页。

一　陶愆家族世系及其他

根据墓志记载，陶愆出身于丹阳陶氏，关于陶氏的姓氏源流，墓志这样记载："陶尧之后，周有司徒叔，汉有丞相青、司空敦。厥子避地秣陵，丹阳遂盛，南朝缨冕。"则陶氏出自陶尧之后，在永嘉之乱后南迁，在南朝形成了丹阳郡望。根据《元和姓纂》记载："陶唐氏之后，因氏焉。虞思为周陶正，亦为陶氏。陶叔为周司徒。汉功臣开封侯舍生青，为丞相。"[①] 则《元和姓纂》记载陶氏的姓氏来源有两个，分别是以氏为姓氏，还有以官职为姓氏。《古今姓氏书辩证》认为陶氏不是来源于陶唐氏，而是周朝分封之时，商民七族之一，后来陶氏望出丹阳。[②] 则《古今姓氏书辩证》认为陶氏的姓氏来源是武王伐纣之后，周朝建立后的商民的后裔。因而从《元和姓纂》《古今姓氏书辩证》来看，陶氏的姓氏源流不止一个。结合墓志及《元和姓纂》《古今姓氏书辩证》可以看到，陶氏得姓有四个源流。

根据墓志的记载，可以补充陶氏在永嘉之乱后，避地南方，最后以丹阳为郡望的事实。因而通过对陶氏的姓氏梳理，可以看到尽管陶氏在南朝不入高等士族，但是在讲究门阀观念的中古时期，陶氏还是把自己的源头追溯到上古传说中的"尧"，并且把在周朝、汉朝担任高官的陶氏也认作先祖，可以说这是唐代门阀观念在墓志中的反映，而传世史料和墓志记载的不符，一方面可以补遗陶氏的姓氏来源等问题，另一方面也从另一个侧面说明了陶氏在唐代也应当属于中下层的士族。

陶愆墓志记载了其父以上五代的宦历，《元和姓纂》只是记载了陶氏姓氏的来历，汉以后就没有记载了。《古今姓氏书辩证》记载得更详细些，但是汉以后的世系，记载的世系应该是来自南朝陈，与陶愆家族世系至少在南朝梁后期已经分开了。根据墓志记载，陶愆的五世祖陶瓒由梁入隋，这里的梁应该是立国于江陵的后梁。《唐宣州刺史陶府君德政碑》也记载了陶瓒从梁入隋的情

① （唐）林宝撰，岑仲勉校《元和姓纂》卷五，中华书局，1994，第565页。
② （宋）邓名世撰，王力平点校《古今姓氏书辩证》卷十一，江西人民出版社，2006，第161页。

况，并且还记载了陶瓒的父亲陶昱的宦历。^①我们从中可以知道陶愻的家族在立国于江陵的后梁被隋灭亡之后，入仕隋唐的情况。则陶愻家族与《古今姓氏书辩证》记载的陶氏有别，《古今姓氏书辩证》记载的是由陈入隋的一支丹阳陶氏的世系。那么墓志的出土，无疑又增加了入唐以后丹阳陶氏的新资料，可以补遗《古今姓氏书辩证》的记载，同时也可以看到在南朝侯景之乱后，丹阳陶氏分属于南朝陈、后梁两个政权的情况。

根据墓志记载，陶瓒由梁入隋，后入唐担任沧州刺史。然而根据《大唐故银青光禄大夫使持节陈州诸军事陈州刺史上柱国陶府君墓志铭并序》记载，沧州刺史是陶瓒的赠官，并不是其实际担任过的官职。^②根据墓志记载，陶大举担任过怀州刺史，查《唐刺史考全编》，根据《全唐文》《金石录》《宝刻丛编》等资料，陶大举在垂拱四年（688）担任怀州刺史。^③墓志记载，陶贞禹担任过陈州刺史，根据《大唐故银青光禄大夫使持节陈州诸军事陈州刺史上柱国陶府君墓志铭并序》^④《唐刺史考全编》^⑤，陶贞禹也即陶禹，在开元十九年（731）担任陈州刺史。根据墓志记载，陶锐担任过京兆河南尹、司农卿，根据《资治通鉴》："（宝应元年建辰月）壬寅，以司农卿陶锐为京兆尹。"^⑥则陶锐担任京兆尹在宝应元年（762），《唐九卿考》也考订在宝应元年（762），陶锐担任过司农卿。^⑦陶冀英年早逝，根据墓志记载，他只担任过京兆府昭应县主簿，而其夫人则出自郭子仪家族。根据墓志记载，陶愻的妻子也来自郭家，第一任妻子为陶愻舅舅的女儿，两人有五个儿子三个女儿，第二任妻子也来自郭家，两人育有一子二女。

因而，通过对陶愻家族世系以及家族宦历的梳理，可以了解到陶愻家族出自丹阳陶氏，从隋入唐，家族之中不乏担任过高官的人物，尽管陶氏本是中下层士族，但是在中晚唐时期，特别是与郭子仪家族的联姻，应当对其家族仕宦产生了积极的意义。

① （清）董诰等编《全唐文》卷九一二，中华书局，1983，第9506~9507页。
② 吴钢编《全唐文补遗》第四辑，三秦出版社，1997，第418页。
③ 郁贤皓：《唐刺史考全编》卷五二，安徽大学出版社，2000，第661页。
④ 吴钢编《全唐文补遗》第四辑，三秦出版社，1997，第418页。
⑤ 郁贤皓：《唐刺史考全编》卷六〇，安徽大学出版社，2000，第860页。
⑥ （宋）司马光：《资治通鉴》卷二二二，中华书局，1956，第7241页。
⑦ 郁贤皓、胡可先：《唐九卿考》，中国社会科学出版社，2003，第482页。

二　陶愻墓志所涉史事考

根据墓志记载，陶愻字彦恭，在早年也曾期望能够通过科举入仕，然而正如墓志记载："励学用经，明齿上庠，讫不得志。"既然科举入仕这条路行不通，只好另寻他路。金吾将军王用推荐陶愻担任宫苑闲厩使判官，试太仆寺主簿，陶愻以内诸司使入仕。王用为唐宪宗的舅舅，《旧唐书》有记载。王用的神道碑由韩愈撰写，是了解王用最详细的资料。根据神道碑记载："未三月，因迁大詹事，赐勋上柱国，爵封郡公，国于太原，益掌厩苑之事。"[①]根据神道碑的记载，王用担任大詹事是在元和元年（806），元和十一年（816）去世，则陶愻担任宫苑闲厩使判官是在元和元年（806）到十一年（816）之间，根据墓志记载，陶愻生于唐德宗建中三年（782），则其担任宫苑闲厩使判官在24周岁到34周岁之间。然而，在唐代素有"三十老明经，五十少进士"的说法，因而，陶愻墓志记载的"励学用经，明齿上庠，讫不得志"，当有夸饰之嫌，这很可能和其少孤有关。

陶愻担任的宫苑闲厩使判官属于内诸司使系统，根据相关研究，宫苑闲厩使的设立是为了加强对宫苑御马的管理，一般找亲信大臣来担任。[②]内诸司使系统的判官，相关研究认为大多由宦官或者不入流的人士担任。[③]然而根据墓志记载，陶愻出身于中下层士族家庭，并且其家庭有两代都与郭子仪家族联姻，因而笔者认为，内诸司使的判官并不完全来自宦官或者不入流的人士，应该还有与皇室、勋贵有联系的士人担任此类职务。陶愻之所以能够担任宫苑闲厩使判官，应该与其母亲出身于郭子仪家族有关。关于唐代宫苑闲厩使的任职人数，宁志新先生做过统计，有唐一代明确记载的有四十八人。[④]然而，结合王用神道碑及陶愻墓志的记载，陶愻应当担任过宫苑闲厩使。根据陶愻墓志记载，陶愻担任宫苑闲厩使判官先试太仆寺主簿，又试太仆寺丞，担任宫苑

---

① （唐）韩愈撰，马其昶校《韩昌黎文集校注》第六卷，上海古籍出版社，2014，第472页。
② 宁志新：《隋唐使职制度研究》（农牧工商编），中华书局，2005，第164~167页。
③ 赖瑞和：《唐代中层文官》，中华书局，2011，第433~434页。
④ 宁志新：《隋唐使职制度研究》（农牧工商编），中华书局，2005，第160~164页。

闲厩使判官应当不止一任。因而笔者认为，陶愻担任宫苑闲厩使在唐宪宗元和元年（806）至十一年（816）之间。

根据墓志记载，陶愻在担任宫苑闲厩使判官之后，担任监门卫长史试光禄寺丞，之后又担任符宝郎。墓志没有写具体时间，然而陶愻能够担任监门卫长史，也应该与其母家出身于郭子仪家族有关。众所周知，宪宗之后即位的穆宗的母亲——郭太后，也出身于郭子仪家族。根据《新唐书》记载，左右监门卫掌诸门禁卫及门籍。[①] 由此可见左右监门卫的重要性，因而陶愻应当是在唐穆宗即位之后担任了监门卫长史。监门卫长史为从六品上[②]，光禄寺丞为从六品上[③]，既然墓志用"守"，则说明尽管品级一样，光禄寺丞地位应当高于监门卫长史。在担任过监门卫长史之后，陶愻又担任符宝郎，根据《唐六典》记载，符宝郎为从六品上，符宝郎的职责是负责掌管天子的八宝以及国家的符节，辨其所用，有事则请于内，既事则奉而藏之。[④] 由此可见，符宝郎是皇帝身边的近臣，可以说地位十分重要。因而从墓志可以看到，陶愻从担任宫苑闲厩使判官入仕之后，担任的都是保卫皇宫或者皇帝身边的职位，可以说陶愻入仕之后的宦历还算顺利。墓志记载，陶愻担任符宝郎之后，赐朱衣银鱼。根据唐制四品、五品以上官员才能服绯，五品以上才能佩戴银鱼。[⑤] 由此可见符宝郎地位的重要性。尽管担任符宝郎之后，陶愻被赐予朱衣银鱼，但根据墓志记载，他久不去使职，应当说其任官尽管都是正式的官职，但是其还属于使职系统。根据墓志记载，陶愻在大和初担任庄陵令，根据《旧唐书》记载唐敬宗在唐文宗大和初葬于庄陵。[⑥] 根据《新唐书》记载，诸陵令为从五品上，掌守卫山陵之责。[⑦] 则担任庄陵令之后，陶愻应当不再属于使职系统。大和七年（833），担任总监。查史书记载，只有京都诸宫苑总监为从五品下，尽管庄陵令为从五品上[⑧]，但是论职位的重要性，则远远比不上京都诸宫苑总监的职位。

---

① （宋）欧阳修、宋祁：《新唐书》卷四九上，中华书局，1975，第1286页。

② （宋）欧阳修、宋祁：《新唐书》卷四九上，中华书局，1975，第1280页。

③ （宋）欧阳修、宋祁：《新唐书》卷四八，中华书局，1975，第1246页。

④ （唐）李林甫撰，陈仲夫点校《唐六典》卷八，中华书局，1992，第250~251页。

⑤ （宋）王溥：《唐会要》，上海古籍出版社，2006，第663和677页。

⑥ （五代）刘昫：《旧唐书》卷一七上，中华书局，1975，第522页。

⑦ （宋）欧阳修、宋祁：《新唐书》卷四八，中华书局，1975，第1251页。

⑧ （宋）欧阳修、宋祁：《新唐书》卷四八，中华书局，1975，第1262页。

根据记载京都诸宫苑总监掌管苑内宫馆、园池、禽鱼、果木，因而这个职位应当十分重要。不久，因为陶悫母亲去世去职，服除之后，又担任京都诸宫苑总监。然而开成末，以其掌管宫禁，由宦官担任，这当与"甘露之变"有关。陶悫前往担任太子率更令，根据记载太子率更令为从四品上，掌管宗族次序、礼乐、刑罚及漏刻之政。[①] 墓志录文作："迁太子率更令，三会昌年。"笔者认为应当是连续三次担任太子率更令，应当作："迁太子率更令三，会昌年。"太子率更令尽管品级很高，但实际是个闲职，因而才会有三次连续担任，一来说明职位的不重要，二来应当与陶悫作为皇帝的近臣有关，正是由于对陶悫的不信任，才会以京都诸宫苑总监来掌管宫禁，把陶悫调任闲职。在连续担任了三次太子率更令之后，会昌初，担任通州刺史。陶悫担任的太子率更令所属的太子为唐文宗的太子，唐文宗去世之后，唐武宗在宦官的支持下即位。因而陶悫作为政变失败的太子的属官，仕途应当不会太顺。通州属于山南道，为上州，[②] 上州刺史为从三品。[③] 作为郭子仪的亲戚，陶悫在唐后期风云变幻的宫廷政变中还能保有一席之地，正如墓志所载："以外伯祖汾阳王之贵，常依郭氏。"可以说陶悫从入仕以来，都是在郭氏的帮助下，不断升职。《唐刺史考全编》没有收录陶悫担任通州刺史的情况，则根据墓志可以知道陶悫在唐武宗会昌时担任通州刺史。

在担任了通州刺史之后，陶悫又担任昌州刺史。根据记载可知，昌州属于剑南道，属于下都督府，[④] 尽管品级还是从三品，但是昌州地理位置不好，并且连具体户口都没有记载，可以想见其荒蛮程度。在担任昌州刺史之后，陶悫没有再担任官职，其担任昌州刺史当在唐宣宗时期，最终陶悫在大中六年（852）去世于长安。

通过对陶悫宦历的考察，可以了解到陶悫尽管以使职入仕，但是开始可以说仕途显达，至于唐武宗、唐宣宗时期担任外州刺史，则与当时的宫廷斗争有关。也正如墓志所说，陶悫正是因为与郭子仪家族的关系，才能够宦历显达，既不是科举入仕，也不依靠门荫入仕，仅仅以使职入仕，最终也担任了

---

① （宋）欧阳修、宋祁：《新唐书》卷四九上，中华书局，1975，第1298页。

② （宋）欧阳修、宋祁：《新唐书》卷四〇，中华书局，1975，第1037~1038页。

③ （宋）欧阳修、宋祁：《新唐书》卷四九下，中华书局，1975，第1317页。

④ （宋）欧阳修、宋祁：《新唐书》卷四二，中华书局，1975，第1089~1090页。

高层文官。

三　余论

陶愻墓志撰写者陶温，史书无载，墓志作"三从弟乡贡进士温撰并书"，陶愻卒于大中六年（852），葬于大中七年（853），则陶温为乡贡进士当在大中六年（852）前。陶愻先娶亲舅郭昀女为妻，郭昀《新唐书》作"郭煦"[①]，陶愻墓志作"鸿胪少卿郭昀"，《郭幼明墓志》作"前太常寺主簿昀"[②]。因而《新唐书·宰相世系表》记载有误，当作"郭昀"，根据《郭幼明墓志》可知，郭昀担任过太常寺主簿，最后担任了鸿胪少卿。陶愻又娶郭镱女为妻，根据《新唐书·宰相世系表》记载，郭镱为郭子仪的孙子，郭晤的儿子，担任过京兆府户曹参军。[③]根据陶愻墓志可知郭镱担任过衡州刺史，具体时间不详，可增补《唐刺史考全编》。

陶愻两次婚姻都是与郭子仪家族联姻，与前妻生有五子三女，中女少夭，长女嫁给了清河崔遂，可见晚唐时期仍然重视门第婚姻。幼女嫁给担任普州乐至县令的李行宣。与后妻生有一子二女，一子名刚奴，一女名佛婢，当与佛教信仰有关。陶愻最后葬在长安，根据墓志可知自陶愻父亲以上，都葬在洛阳。墓志刻工作"张庆"，查《石工刻工研究》没有收录，则又增加了一个唐代刻工的名字。

通过对陶愻墓志的简单考释，可以大致了解陶愻一生的宦历、家庭，尽管陶愻在史书中无载，然而由于陶愻长期在皇宫及皇帝身边任职，经历了"甘露之变"等重大历史事件，从中也可以更多地了解中晚唐时期的宫廷斗争及宦官势力的消长等史事。

（王庆昱　暨南大学中外关系研究所博士研究生）

---

① （宋）欧阳修、宋祁：《新唐书》卷七四上，中华书局，1975，第3133页。

② 胡戟、荣新江：《大唐西市馆藏墓志》，北京大学出版社，2012，第619页。

③ （宋）欧阳修、宋祁：《新唐书》卷七四上，中华书局，1975，第3123页。

关于藩镇分类的学术史梳理

——从汪篯《唐代方镇的三种情况》谈起

在安史之乱期间，及安史之乱平定之后，北方地区陆续设置了大大小小的藩镇（或曰方镇）。从此，开启了长达两百多年的藩镇时代，直至宋初方才陆续消除其政治影响。藩镇时代最大的特色就是藩镇这一政治体介乎地方政府和地方政权之间的性质，一度成为州、县这两级行政区划之上的高层政区，取代了唐前期都督府的位置。[①] 但基于藩镇设置之前的全国各地具体情况的不同，设置后的藩镇也大小、性质各异。而一千年来，古代史家多以河朔三镇作为全国藩镇的代表，来描述所谓"藩镇割据"现象。[②] 随着对藩镇研究的日渐增多，藩镇分类问题逐渐成为学者讨论的重要内容，以期破除对藩镇的刻板印象。目前，学界对藩镇类型的分法，普遍征引且信从 20 世纪 80 年代张国刚提出的四分法[③]，却少见对

---

① 郭声波：《中国行政区划通史·唐代卷》，复旦大学出版社，2012，第 24~27 页。

② 以赵翼（1727~1814）为例，其对藩镇时代的认识为："安禄山以节度使起兵，几覆天下。及安、史既平，武夫战将以功起行阵，为侯王者，皆除节度使。大者连州十数，小者犹兼三四，所属文武官，悉自置署，未尝请命于朝，力大势盛，遂成尾大不掉之势。或父死子握其兵而不肯代，或取舍由于士卒，往往自择将吏，号为留后，以邀命于朝。天子力不能制，则含羞忍耻，因而抚之。姑息愈甚，方镇愈骄。其始为朝廷患者，只河朔三镇；其后淄青、淮蔡，无不据地倔强；甚至同华逼近京邑，而周智光以之反；泽潞亦连畿甸，而卢从史、刘稹等以之叛。迨至末年，天下尽分裂于方镇，而朱全忠遂以梁兵移唐祚矣。"参见赵翼撰，王树民校证《廿二史札记校证》，中华书局，1984，第 430 页。赵翼以河朔三镇的模式推而广之到全国，并从安史之乱直接描述至唐末，认为方镇在唐后期的跋扈，从安史之乱结束后开始，存在一种逐渐严重的过程，直至唐末。知其并未全面考虑唐后期各类藩镇在各个时间段的具体情况。

③ 张国刚：《唐代藩镇类型及其动乱特点》，《历史研究》，1983 年第 4 期，第 98~110 页；修订后改题为《唐代藩镇的类型分析》，收入氏著《唐代藩镇研究》，湖南教育出版社，1987，第 77~103 页。后者近有新版，然观点未有变化，故本文以旧版为准。

藩镇分类本身的学术史梳理。[①]事实上，张氏分类有进一步完善的余地，而且也不是最早的，英年早逝的汪篯（1916~1966）先生在"文革"前即写过名为《唐代方镇的三种情况》这一篇简短的札记，专门讨论了藩镇类型问题。[②]因此，在进行对藩镇时代的研究之前，需要将藩镇分类的学术史予以全面梳理，以便汲取前辈学者许多被遗忘在历史角落的真知灼见。

一　汪篯之前的藩镇分类

近百年来，关于藩镇的研究，首先要数吴廷燮（1865~1947）的《唐方镇年表》。此表虽曰年表，即为工具书，其学术风格承乾嘉之余绪。但作者在《旧序》中简要提到过不同方镇之间的差别，可作为藩镇分类的起源。吴廷燮说道："唐之方镇，增改实繁。今所表者，时代限制乾符为定。用人重轻，不以地广，而以兵多。河东、宣武，号称大镇，究厥地形，如今一道。江西、福建，即今一省，而置观察，号为小镇。并、汴戎士皆诩十万，洪、福、潭、越，不过万人，盖以此也。"[③]吴氏此语，可见其对藩镇内部的差别已有意区分。根据这段话，吴氏首先明确了所关注的藩镇之时间段，即在乾符（874~879）以前。吴氏分类原则并不简单根据地域大小，而是根据兵力多寡，故"兵多"者即使地少，可目之为"大镇"；兵少者虽曰"地广"，亦仅为"小镇"。不过吴氏分类较为简单，也只提及河东（并）、宣武（汴）、江西（洪）、福建（福）、湖南（潭）和浙东（越）等镇，未能对全国范围内的所有藩镇情况予以梳理。

吴廷燮之后，对藩镇问题的研究并无专门著作，但散见于各类通史。在20世纪三四十年代，大陆出现了数种通史撰述，主要有周谷城（1898~1996）《中国通史》（1939）、钱穆（1895~1990）《国史大纲》（1940）、吕思勉

---

①　在《二十世纪唐研究》中，专门辟有"藩镇问题"一节，其中设"藩镇的分类"一小节，然仅列出张国刚《唐代藩镇类型及其动乱特点》、程志《论中唐藩镇的本质和作用》（《东北师大学报》，1986年第6期）和王援朝《唐代藩镇分类刍议》（《唐史论丛》第五辑，三秦出版社，1990）等研究，并未梳理此前许多学者的认识。参见贾志刚执笔《藩镇问题》，胡戟等主编《二十世纪唐研究》，中国社会科学出版社，2002，第55页。

②　汪篯：《唐代方镇的三种情况》，氏著《汉唐史论稿》，北京大学出版社，1992，第175页。

③　吴廷燮：《唐方镇年表》，中华书局，1980，第1287页。

（1884~1957）《吕著中国通史》（1940、1945）等。[①] 至 40 年代以后，又新出几种隋唐五代断代史著作，主要有陈寅恪（1890~1969）《唐代政治史述论稿》（1947）、吕思勉《隋唐五代史》（1957）、岑仲勉（1886~1961）《隋唐史》（1957）、韩国磐（1920~2003）《隋唐五代史纲》（1961）等。[②] 其中，对于藩镇时代的涉及详略不同，也并不一定都注意到藩镇的分类问题。[③] 但这些通史或断代史的撰述目的或作为教材，或作为历史普及读物，或作为学术观点的集中体现，加之相关作者本身的名声，在当时的读者，以及日后的学者早年成长过程中势必产生不小的影响，故需要专门梳理。

就通史而言，最早注意到藩镇之差别的，可以列举周谷城《中国通史》。其中写道："节度使之设，原来是因帝国版图辽阔，用以防外患的。后因中枢腐化，节度使力强，乃起而称乱。迨大乱既起，为平乱计，又须借重另外的武人。所以'安、史既平，武夫战将以功起行阵，为侯王者，皆除节度使'（见下面所引）（笔者引按：即赵翼《廿二史札记》）。这么一来，安内乱的节度使与防外患的节度使，乃一样重要起来。因其重要，国家亦特别推尊。于是他们专横起来，遂造成节度使之大祸。"[④] 可见，在周氏看来，节度使分两种：一为"安内乱的节度使"，一为"防外患的节度使"。这两者，在安史之乱以前，

---

① 关于民国时期的通史撰述，顾颉刚云："其中较近理想的，有吕思勉《白话本国史》《中国通史》，邓之诚《中华二千年史》，陈恭禄《中国史》，缪凤林《中国通史纲要》，张荫麟《中国史纲》，钱穆《国史大纲》等。其中除吕思勉、周谷城、钱穆三四先生的书外，其余均属未完之作。钱先生的书最后出而创见最多。"参见顾颉刚《当代中国史学》，上海古籍出版社，2002，第 81 页。除了顾氏所提及的，还有诸如齐燕铭《中国通史讲义》（中国大学，1935）仅止于东汉，黄现璠、刘镛《中国通史纲要》（北平文化学社，1942）仅止于南北朝，张荫麟《中国史纲》（青年书店，1944）仅止于东汉建国，皆未完成。

② 关于 20 世纪上半叶和五六十年代有关隋唐五代史的著作，包括通史中的隋唐五代史和隋唐五代断代史，参见胡戟所列"二十世纪四类唐史著作年表"，载胡戟《二十世纪的唐研究》，胡戟等主编《二十世纪唐研究》，中国社会科学出版社，2002，第 4~8 页。

③ 涉及藩镇时代而未就藩镇进行分类的通史，有李泰棻《中国史纲》（武学书馆，1927）、邓之诚《中华二千年史》（商务印书馆，1934）、雷海宗《中国通史选读》（1934~1935 年作者清华大学讲义，北京大学出版社，2006）、金兆丰《中国通史》（中华书局，1937）、金兆梓《中国史纲》（中华书局，1941）、缪凤林《中国通史要略》（商务印书馆，1943）、范文澜《中国通史简编》（1948 年作者校订本，河北教育出版社，2000）、吕振羽《简明中国通史》（光华书店，1948）、陈怀白《中国通史讲话》（全国新华书店，1949）、翦伯赞主编《中国史纲要》（初为 20 世纪 50 年代讲义，北京大学出版社，2006）等。

④ 周谷城：《中国通史》，开明书店，1939 年初版，本文所据为 1948 年第 12 版，第 611 页。周氏对于藩镇的认识，亦可参见其《中国政治史》第三篇《门阀藩镇之交替》（自新莽元年至北宋断元，即自西元九年至九六〇年），中华书局，1940 年发行，本文所据为赣初版，1944 年，第 126~171 页。周氏为首次将门阀与藩镇合并观之者，而此前、此后学者皆各自为政，故周氏之眼光值得进一步阐发。

仅有后者；在安史之乱以后，则出现了前者，并与后者同等重要。从周氏的分类看来，其着眼点在于节度使的功能，分别为"安内乱"和"防外患"，而功能说是日后学者分类藩镇的重要依据之一。

另一位对藩镇分类有所措意的是吕思勉，其在《吕著中国通史》中写道："因安、史之乱而直接引起的，是藩镇的跋扈。唐朝此时兵力不足，平定安、史，颇借回纥的助力。铁勒仆骨部人仆固怀恩，于引用回纥颇有功劳，亦有相当的战功。军事是要威克厥爱的，一个战将，没有人能够使之畏服，便不免要流于骄横，何况他还是一个番将呢？他要养寇自重，于是昭义、成德、天雄、卢龙诸镇，均为安、史遗孽所据，名义上虽投降朝廷，实则不奉朝廷的命令。唐朝自己所设的节度使，也有想学他们的样子，而且有和他们互相结托的。"[1] 在这段话中，吕氏对于安史之乱后的藩镇形势进行了简单的概括，并对两种节度使予以分类。其分类原则是藩镇的起源，即分"安、史遗孽所据"和"唐朝自己所设的节度使"。更进一步，吕氏又总结了这两类藩镇节度使的根本差别，即前者因仆固怀恩之叛而不奉朝命，后者有效仿前者的情况。虽然仆固怀恩之叛的原因未必如吕氏所论[2]，但对两大类藩镇的揭示，颇为得之。简而言之，即根据藩镇与朝廷之间的关系进行分类，这也是日后学者分类藩镇的另一主要依据。

与周谷城、吕思勉的两分法不一样的是钱穆的三分法。在《国史大纲》中，钱穆辟有专论藩镇章节《唐中叶以后之藩镇》，然无涉分类。[3] 不过钱穆在讨论唐末黄巢之起事时，对当时全国形势的横剖面进行了分类："唐末的中国，用横剖面来说，大体可分为三部：一是大河以北的藩镇所辖地，二是大河以南唐两京及其迤东一带，三是长江以南。"并依次简述三部分的特征为："藩镇所辖地，虽则文化、经济逐步破毁，然以极单纯的武力来压制较小的区域，一时不致摇动。中部两京及其迤东一带，经安、史乱后，残破最甚。……江南为财赋所出。大时代没落之大骚乱，即在

---

① 吕思勉：《吕著中国通史》，华东师范大学出版社，1992，第 414~415 页。

② 陈翔：《再论安史之乱的平定与河北藩镇重建》，氏著《陈翔唐史研究文存》，花木兰文化出版社，2013，第 205~220 页。

③ 钱穆：《国史大纲》第二十八章《大时代之没落：唐中叶以后政治社会之各方面》，《钱宾四先生全集》第 27 册，第 513~534 页。

中部发动而蔓延遍及于南部。"① 这一对全国形势的分类，虽然并未针对藩镇，因为钱穆理解中的藩镇似专属跋扈的河朔藩镇。② 不过从现在来看，已经大体区分了各大区域的差异，特别是对江南地区的"财赋所出"的点明，也涉及对区域功能的总结。

除了周谷城、吕思勉、钱穆等学者，其他民国史家的通史，甚少具体针对藩镇类型进行区分者。在通史风过去之后，许多史家鉴于通史时间段过长，个人难以把握，乃有断代史的盛行。就隋唐五代史而言，其最著名者，即陈寅恪、吕思勉、岑仲勉三家。不过诸家断代史中，涉及藩镇类型者，少有具体立论。③ 虽然如此，亦有一些观点可以作为日后藩镇分类的基础。比如陈寅恪曾曰："故论唐代河北藩镇问题必于民族及文化二端注意，方能得其真相所在也。兹先举二三显著之例，以见当时大唐帝国版图以内实有截然不同之二分域。"可知陈氏对于河北胡化的强调，以及在此基础上的对"河北集团"与"长安集团"之间政治文化对立的揭示，即从文化上为河朔藩镇的独特性贴上了标签。④

其中唯有吕思勉的思考较为多元。如前所述，首先在其通史中已有反映，但在《隋唐五代史》中未进一步揭示。不过也提到另一种思考，即以与长安的距离远近先后揭示"兴元后藩镇起伏"的情况，诸如"以上，兴元已后，河南北、江淮情形也，其关陕、河东虽近，军政亦不肃"，以及"偏远之区，亦时有变故"等段落之间的接语，即是此意。⑤ 此外，他在第二十章《隋唐五代政治制度》中，又提及一种思考："唐自中叶以后，号称藩镇跋扈，然始终擅命者惟河北。形要之地如襄、鄂，险寒之地如两川，窵远之地如黔、粤，皆未尝显然背命。东南财赋之区，尤为中央命脉所系。苟唐主赫然整顿，举藩镇之背命者讨平之，偃蹇者废易之，实未尝不可以复振。"⑥ 此处所谓"擅

① 钱穆：《国史大纲》第三十章《黑暗时代之大动摇：黄巢之乱以及五代十国》，《钱宾四先生全集》第27册，第551~552页。

② 这与范文澜的认识类似，参见范文澜《中国通史简编》，河北教育出版社，2000，第322~325页。

③ 涉及藩镇时代而未能就藩镇予以分类者，包括蓝文征《隋唐五代史》（上海：商务印书馆，1947）、岑仲勉《隋唐史》（高等教育出版社，1957）、吴枫《隋唐五代史》（人民出版社，1958）、韩国磐《隋唐五代史纲》（生活·读书·新知三联书店，1961；修订本，人民出版社，1979）等书。

④ 陈寅恪：《唐代政治史述论稿》，生活·读书·新知三联书店，2001，第210~211页。

⑤ 吕思勉：《隋唐五代史》，中华书局初版，1957；本文征引自上海古籍出版社1984年版，第304、307页。

⑥ 吕思勉：《隋唐五代史》，上海古籍出版社，1984，第1227页。

命者"、"形要之地"、"险寒之地"、"辽远之地"和"财赋之区",以及"背命者""僵蹇者",可目之为吕氏对于全国藩镇格局的思考。其出发点,一为对中央的态度,二为地理形势,三为经济因素。可以说,这已经是综合了此前学者的很多认识。

二　汪篯的藩镇分类

在民国时代的通史著作和"文革"前的隋唐断代史著作之后,本文特别提出的是汪篯先生的札记《唐代方镇的三种情况》一文。事实上,此文作为札记,直到几十年后的1992年方才问世,对于学界而言,长期以来未能形成影响。然而,学术史的梳理并不是简单地按照发表时间进行的,而应该考虑到历史上的各种"潜流"。特别是由于"文革"的兴起,许多学者如汪篯先生等受迫害而死,导致其未能出版的手稿一直到"文革"后才问世。或者很多学者如后文要提及的王仲荦(1913~1986)先生等,在"文革"期间因受各种运动的冲击而无法从事学术,导致很多在"文革"以前就已经形成的观点,直到"文革"以后才出版。因此,如何正视这些延迟问世的学术观点,是需要我们在梳理学术史时特别予以关注的。

本节即专门讨论汪篯《唐代方镇的三种情况》一文的观点,及其在学术史上的意义,首先全录汪文如下。

对河朔再版以后的局面,有些人为要强调藩镇为祸之烈,就把长庆以后和元和以前都说成是"天下尽裂于方镇",好像在唐后期一百五十年中,除了十几年以外(因为元和只有十五年),都是天下尽裂于方镇的局面。其实唐的方镇,有三种情况。一是河北藩镇,主要是河北三镇,只占有今河北一省之地和河南局部地区。此外,北方的某些藩镇,有时有些效法三镇,但都没有能维持很长久。二是其他设立节度使的地区,这其中又有两类,一类是由军将出镇的,如宣武、陈许等。那里的军将有时也跋扈,军中有时也发生军乱。但一般说来,节度使的任免还是由唐廷掌握的居多。另一类是剑南东西川、凤翔和淮南等。这些是所谓"宰相回翔之所",不能把它们看作割据势力。三是设置观察使或团练使、经略使的地区。这一类由中央直接控制，一般不把它们看作是藩镇。事实就是这样。古人也有说唐藩镇为祸甚烈的人，但他们对天下尽裂于方镇这个提法，也并不轻易使用，而只是用于唐朝末年即唐末农民战争以后。[①]

从此文来看，汪氏的主要观点可以归纳为三个方面：第一，是对唐代方镇名实的定义；第二，是对唐代方镇三种情况的区分；第三，是对三种情况的方镇分类的时间限定。

从定义而言，汪氏在此文中虽未明言，但在行文中严格区分了"方镇"和"藩镇"两个词。在汪氏看来，"方镇"应该包括"藩镇"在内，但"方镇"未必都是"藩镇"。就"方镇"而言，包括设置节度使、观察使、团练使或经略使的所有地区；但就"藩镇"而言，仅指设立节度使的"方镇"。这一区分的科学性，诚然有待于继续探讨，不过在大家的印象之中，"藩镇"确实更容易与"割据"一词结合为"藩镇割据"，而"方镇"一词，受吴廷燮《唐方镇年表》、朱玉龙《五代十国方镇年表》、戴伟华《唐方镇文职僚佐考》等书名[②]的影响，更容易被理解为全国范围内的所有统州政区。[③]

从区分而言，汪氏对全国的方镇分了三种四类情况：一是，河北三镇为主的河北藩镇；二是，其他设立节度使的地区，包括由军将出镇的，和由宰相出镇的；三是，设置观察使、团练使或经略使的方镇。可见，在汪氏看来，第一种情况完全属于藩镇，第三种情况基本不算作藩镇，而第二种的两类情况则介于藩镇和方镇之间。

从时间限定而言，汪氏重点澄清前人将唐末的"天下尽裂于方镇"的情况推及于整个唐后期的误解，认为唐末农民战争以后方才是真正的"天下尽

---

① 汪篯：《汉唐史论稿》，第 175 页。

② 虽然如此，在吴廷燮《序录》、朱玉龙《前言》中，并未区分方镇与藩镇之别，而统称为方镇。参见吴廷燮《唐方镇年表·序录》，第 1 页；朱玉龙《五代十国方镇年表·前言》，中华书局，1997，第 1 页。而戴伟华之书名沿袭自严耕望《唐代方镇使府僚佐考》一文，严氏、戴氏皆未区分方镇、藩镇之别。参见严耕望《唐代方镇使府僚佐考》，氏著《唐史研究丛稿》，新亚研究所，1969，第 177~236 页；戴伟华《唐方镇文职僚佐考·凡例》修订本，广西师范大学出版社，2007，第 8~9 页。

③ 在汪氏之后，中国台湾学者王寿南亦有类似的认识，认为"藩镇"是"方镇"的别称之一，但在行文中称："为便于清晰观念起见，凡所指偏重地理区域时，则称'方镇'，凡叙述政治人物时则称'藩镇'。"参见王寿南《唐代藩镇与中央关系之研究》，大化书局，1978，第 1~2 页。

裂于方镇",在此之前的方镇并非全然一样,而分三种情况。这与前揭吴廷燮将所关注的方镇限定在乾符以前,异曲同工。事实上,"天下尽裂于方镇"虽出自前揭赵翼之语,但赵翼并未用以描述整个唐后期,而是加上"迨至末年"一语作为限定的。

总体来说,汪氏分类的原则为三点:一是与中央的关系,二是藩镇节帅的职衔,三是地域的特殊功能。其中第三点,涉及汪氏分类的第二种第二类情况,即对"宰相回翔之所"的揭示,实有考虑到这些地域的区位因素。这个原因并未在汪氏文中特别指出,然而结合在汪氏之前的各种对藩镇的认识,依然能够看出汪氏的划分依据。

根据前文对藩镇分类的学术史梳理,结合汪氏的分类,可列表如下。

表一 "文革"前学者关于藩镇类型的梳理

学者	分类时限	分类原则	分类类型	明确提及的藩镇或地区
吴廷燮	乾符以前	兵力多寡	大镇	河东、宣武
			小镇	江西、福建、湖南、浙东
周谷城		军事功能	防外患的节度使	
			安内乱的节度使	
吕思勉	肃、代时期	藩镇起源	安、史遗孽所据	昭义、成德、天雄、卢龙
			唐朝所设	
	兴元以后	与长安距离	近	关陕、河东
			远近之间	河南北、江淮
			偏远	振武、福建、西川、浙东、黔中、安南
	中叶以后	对中央态度、地理形势、经济因素	偃塞者	
			擅命者(背命者)	河北
			形要之地	襄(山南东)、鄂
			险塞之地	两川
			夐远之地	黔、粤
			财赋之区	东南
钱穆	唐末	文化、经济	大河以北藩镇	
			大河以南	中部两京及迤东一带
			长江以南	

学者	分类时限	分类原则	分类类型	明确提及的藩镇或地区
陈寅恪	唐代	民族、文化	河北集团	河北藩镇
			长安集团	
汪籛	唐后期	与中央关系、藩帅职衔、地域功能	河北藩镇	河北三镇
			设立节度使的地区	宣武、陈许（军将出镇） 东西川、凤翔、淮南（宰相回翔）
			设置观察使、团练使或经略使的地区	

根据此表的整理，即可看到诸多学者对藩镇的认识中诸家原则之间的对比。需要说明的是，上表所有学者的著述中，对于藩镇类型的区分，皆为各自单独论述，并无在行文中明确表示与其他学者的观点讨论、商榷的情况。因此，对于日后进一步研究藩镇类型的读者而言，这些观点都自成体系，可互相增益。但不能因某位学者的观点与其他学者类似，而对其观点来源产生怀疑，或责备某位学者未参考他人观点，盖一时代之学术规范未能尽如我们当下这般完善。

三 20世纪80年代的藩镇分类

20世纪80年代，学术界因政治环境的改变而再次迎来繁荣，不仅老一辈学者纷纷出版雪藏十几年的著作，新一代学者也崭露头角。对于藩镇分类问题的深入探讨，也在此期间达到了一个高峰。这一高峰的标志，当然是张国刚《唐代藩镇研究》的经典论述。[①] 不过正如前文所论，在此之前，已有多位学者涉及藩镇之间的差异，更有汪籛先生等明确区分了不同藩镇的类别。此外，老一辈学者中也有在80年代出版的早年书稿中，涉及藩镇差异的研究。这一点，可举王仲荦的《隋唐五代史》（上下）为例。

---

① 杨志玖在给张书作序时，先后概括了张书的四大特点，亦可目之为藩镇问题研究的四个方向：藩镇类型、藩镇动乱特点、河北割据藩镇为何长期存在，以及藩镇割据的社会基础。其中，杨志玖未据张书章节顺序安排，而将"藩镇类型"放在首位，并曰"他把唐代藩镇分为四个类型"云云，即体现对此观点的充分重视。参见杨志玖《唐代藩镇研究·序言》，张国刚《唐代藩镇研究》，湖南教育出版社，1987，第2页。

王氏《隋唐五代史》，其前身为《魏晋南北朝隋初唐史》（上海人民出版社，1961）上下册。根据作者 1985 年所写《隋唐五代史》序言，《魏晋南北朝隋初唐史》上下册为作者 20 世纪 50 年代在山东大学历史系的讲稿，以两税法为界限，分前后两个阶段，在上册出版后，下册因"文革"而中辍。至 1977 年后，方分作《魏晋南北朝史》和《隋唐五代史》，分别于 1980 年、1988 年出版。[①] 由此可知，在我们讨论王氏《隋唐五代史》一书所载观点时，不能局限于其书的出版年代，而应理解，在 20 世纪 50 年代，其观点即已成型。因此，笔者在此单独讨论王氏的观点。

根据王氏梳理："这个河北三镇，从此成为国中之国，形成半独立状态。一直到唐亡，这个局面，无所改变。靠近河北三镇的一些藩镇，也仿照河北三镇，闹半独立。……总的情况是这样，唐已置河北于度外，但汴州、徐州、淄青、淮西，倘若落在割据势力的手中，则江南、淮南不可保，大动脉的运河运输线也有被切断的危险，所以对这些敏感地区，唐王朝是不能放弃不管的。此外，为了确保江淮财赋的集积，唐王朝于广陵置淮南节度使，于丹徒置浙西节度使。……这样方镇的布局，是颇有深意的。……安史乱后，吐蕃贵族蚕食河西、陇右地区，唐在西边列置藩镇，而且每年调关东军队到西边防秋，……这些方镇，开始时是有屏藩首都，拱卫关中的作用的。"[②] 可见，按王仲荦的理解，虽然没有明说，但其实他已经将当时的藩镇分成了四类："河北三镇"，"靠近河北三镇的一些藩镇"，"江南、淮南"等地以及"屏藩首都"的西边藩镇。

在 20 世纪 80 年代新一代学者中，最著名的藩镇类型梳理者当属张国刚，他将 9 世纪初叶 44 个藩镇（两京、同州、华州和陇右不计入）分为河朔割据型（河朔型）、中原防遏型（中原型）、边疆御边型（边疆型）、东南财源型（东南型）四类。其分类原则为与中央的政治、财政和军事关系。[③] 由于这一四分法首次清晰地以现代学术语言对不同藩镇情况进行了分类，故而问世后十分流行。唐长孺（1911~1994）先生在其 1993 年出版的《魏晋南北朝隋唐史三论》中曾以注脚形式注出"中外学者已作过大量研究"的方镇类型相

① 王仲荦：《隋唐五代史·序言》，上海人民出版社，1988 年初版，2003 年再版，第 1 页。
② 王仲荦：《隋唐五代史》，上海人民出版社，2003，第 482~484 页。
③ 张国刚：《唐代藩镇研究》，湖南教育出版社，1987，第 81 页。

关论著，虽仅包括日野开三郎《中国中世的军阀》、王寿南《唐代藩镇与中央关系之研究》、张国刚《唐代藩镇研究》三种，但张书作为日本、中国台湾、中国大陆三个国家和地区的各自代表之一，足见其在唐氏心目中的地位。[①] 此后学者，凡涉及藩镇类型者，亦言必称张氏分类。[②]

诚然，张氏分类在对四种类型藩镇的具体阐释方面，有其非常细致的讨论。不过细绎张氏原书，至少有两个方面需要予以正视：第一，张氏对四类藩镇类型的分法，基本来源于杜牧《战论》一文[③]和李吉甫《元和国计簿》[④]的分类，仅稍有更正并予以命名而已；第二，张氏的讨论未能揭示在他之前众多现当代学者对藩镇类型差异的认识。就前一方面来说，张氏分类并不能算作其原创；就后一方面而言，即使抛开 20 世纪 90 年代初才问世的汪篯先生的分类，张氏对于其他在他之前即出版的诸多学者讨论，未能进行有效的对话。

此外，与张氏同时的新一代学者中，对藩镇分类问题的关注，尚有王援朝《唐代藩镇分类刍议》一文，因未如张文作为专书的一部分正式出版，王文并未得到普遍注意。[⑤] 王文主要观点为："藩镇之间的差异在安史之乱后到黄巢起义这个时期内最为显著，根据其在朝廷政令的执行，官吏的任免，军队的统帅指挥，财政税收等方面的不同，以及对唐王朝中央集权统治所起的不同作用，可将这个时期的藩镇分为长期割据型、一度割据型、京东防内型、西北防边型、南方财源型。"[⑥] 可见，王援朝在学术用语上沿袭了张国刚的一些用词，而稍有变通。另外，王援朝在时间上所针对的是安史之乱后到黄巢起义之间，而张氏的时间点基本以元和年间为主。不过王氏分类也存在与张氏分类相同的问

① 唐氏注脚原文为："日野开三郎《中国中世的军阀》，收入氏著《东洋史学论集》第 1 卷，三一书房 1980 年版；王寿南《唐代藩镇与中央关系之研究》，嘉兴水泥公司文化基金会 1969 年版；张国刚《唐代藩镇研究》，湖南教育出版社 1987 年版。"参见唐长孺：《魏晋南北朝隋唐史三论——中国封建社会的形成和前期的变化》，武汉大学出版社，1993，第 443 页。
② 比如张天虹《唐代藩镇研究模式的总结和再思考——以河朔藩镇为中心》，《清华大学学报》（哲学社会科学版）2011 年第 6 期，第 58~59 页；于笛《唐代藩镇问题综述——浅谈藩镇性质与结构问题的几个重要认识》，《金田》2014 年第 2 期，第 146~147 页。其中张天虹氏一文亦提及王援朝分类，然未做进一步讨论。
③ 杜牧：《战论》，载杜牧撰，吴在庆校注《杜牧集系年校注》，中华书局，2008，第 649~651 页。
④ 李吉甫《元和国计簿》并未传世，相关内容参见司马光《资治通鉴》卷二三七，"唐宪宗元和二年末"条，中华书局，1956，第 7647 页。
⑤ 王援朝：《唐代藩镇分类刍议》，载史念海主编《唐史论丛》第五辑，三秦出版社，1990，第 106~129 页。
⑥ 王援朝：《唐代藩镇分类刍议》，载史念海主编《唐史论丛》第五辑，三秦出版社，1990，第 106 页。

题，即未能在行文中直接给出对话的对象。无论从发表时间，还是从行文来看，王氏必然是在看到张氏文章后，希望提出不同的意见。[1]但王氏并未给出张氏文章的篇名和具体观点，也未点明自己与张氏观点有哪些差异。当然，王氏也没有对 20 世纪 80 年代以前的许多学者对藩镇分类问题的认识进行梳理。

张国刚、王援朝之外，另有 1986 年发表的程志《论中唐藩镇的本质和作用》一文。此文虽未以藩镇分类为题，但内容实为对全国藩镇在唐末以前各自职能的具体分析。作者先统计了自安史之乱到黄巢起义的大小 89 个藩镇，认为其中真正长期半独立的只有河朔三镇，占 3.3%。然后根据藩镇的职能，分别讨论了藩镇的监察职能、军事职能、防卫边疆职能、恢复统治秩序职能和经济职能。不过，程氏并未严格将各个藩镇限定在某一职能中来讨论，只是在讨论某一职能时会侧重涉及某一地域的藩镇。这样的研究，无疑比张国刚、王援朝二氏直接把某个藩镇限制于某种类型要灵活得多。当然，由于程文所论为藩镇职能，故并未明确与其他学者直接对话。

结　语

藩镇类型问题是藩镇时代研究的重要部分，然而并无多少学术史资源可倚靠，或者说并无明显的学术史脉络可供追溯。因此，20 世纪 80 年代的新一代学者多直接从史料入手，对藩镇分类进行探究。延及当下，学界将 20 世纪 80 年代学者的观点奉为圭臬。这样的思路固然有其正确性，不过也遗漏了一些前辈学者的相应观点。因此，在我们后来者看来，要在分类问题上继续探究，即须全面观照 20 世纪 80 年代以前学者的各种观点，包括发表的和未发表（延迟发表）的。

根据本文的梳理，可以说吴廷燮最早以兵力多寡简单分类了藩镇。随后，在民国时期的通史潮中，有周谷城《中国通史》、钱穆《国史大纲》、吕思勉《吕著中国通史》等涉及藩镇分类。其中，以钱穆从文化、经济角度进行的三分法，最为接近于后来学者的分类。至 20 世纪四五十年代，又有陈寅恪从民

---

[1]　王援朝曰："近年来，人们对藩镇问题进行了较深入的研究，逐渐认识了藩镇并非一模一样，而是具有不同类型。过去被作为典型的河北三镇并不能代表所有的藩镇。"见王援朝《唐代藩镇分类刍议》，载史念海主编《唐史论丛》第五辑，三秦出版社，1990，第 106 页。

族、文化角度对河北藩镇予以强调。吕思勉更进一步从对中央的态度、地理形势和经济因素等角度，对唐中叶以后的全国藩镇情况做了梳理。而在此期间，还有两位学者的潜在学术贡献也是学术史必须提及的，即汪篯、王仲荦。其中，汪篯先生的札记虽然没能及时发表，但却是学界第一次正式提出藩镇分类问题，从藩镇与中央关系、藩帅职衔和地域功能来分类藩镇的三种情况；而王仲荦先生的旧稿从地理区位及其功能来分类藩镇的四种情况，特别是西北藩镇的防御功能，也是值得重视的分类方法。

正是在以上前辈学者的基础上，20世纪80年代大陆学界新一辈的历史学者方才全面提出藩镇的分类问题。其中最直接的研究是张国刚、王援朝二人，且前者的四分法流布最为广泛，后者在一定程度上也是对前者的补充发展。另有并非以分类为目的，但也涉及藩镇不同职能的程志的文章，虽未明言，但也是与张国刚的一种对话。此后，学界对藩镇类型问题的认识渐趋定型，即依张氏分类法。

目前来看，张氏分类法有其经典之处，不过也不能全然不顾其他分类法，而仅仅依照张氏分类法来使用，这会使我们对藩镇类型的认识逐渐固化。此外，诚如前揭唐长孺先生所引，中国台湾学者王寿南、日本学者日野开三郎，都对藩镇分类有各自的认识。根据笔者梳理，新加坡学者王赓武、美国学者Robert M. Somers和中国学者何灿浩，也分别对唐末藩镇的类型有进一步的考察。[1] 因此，我们已经有必要在全面梳理藩镇分类学术史的基础上，进一步讨论藩镇的类型问题了。而继承和发扬吕思勉、汪篯、王仲荦等先生被忽略的学术闪光点，则是继续探讨的开端。

（胡耀飞　陕西师范大学历史文化学院）

---

[1] 胡耀飞:《黄巢之变与藩镇格局的转变（875~884）》，复旦大学博士论文，2015，第184~188页。

浅议汪篯关于唐后期藩镇格局的札记

在 20 世纪 60 年代，汪篯先生为写作《中国史纲要》，撰写过一组札记[①]，其中有两条，谈到了安史乱后的藩镇形势和藩镇格局。"唐德宗至穆宗时期的军事形势"条称：

> 唐德宗、顺宗、宪宗时期的军事形势是：
>
> 1. 安史乱后，对唐威胁最大的力量是吐蕃。……
>
> 2. 唐廷对藩镇的战争主要是德宗、宪宗时进行的。……
>
> 3. 穆宗时，唐廷在河北诸道均定两税，又要更改"河北故事"，这样就引起了河朔再叛。……穆宗以后，唐和河北藩镇之间，实际上处于均衡的形势。这种形势一直持续到唐朝末年。
>
> 4. 自穆宗时河朔复版以后，直至唐末，中间经历了敬、文、武、宣四朝，共有三十余年，这三十余年总的情况是：
>
> 文宗削平沧景，武宗削平泽潞，唐廷不但能稳定地控制住南方，而且河南、山东、山西的广大地区的节度使也都是由唐廷委派的，决不能说"天下尽裂于方镇"。赵翼在《廿二史札记》卷二十"唐节度使之祸"一节里，曾有"天下尽裂于方镇"一语，但他指的是唐朝末年，不是说河朔再叛后就是这样。[②]

在"唐代方镇的三种情况"条中，又说：

---

① 吴宗国：《汉唐史论稿〈后记〉》，汪篯《汉唐史论稿》，北京大学出版社，1992，第 274 页。

② 汪篯：《汉唐史论稿》，北京大学出版社，1992，第 173~174 页。

对河朔再叛以后的局面，有些人为要强调藩镇为祸之烈，就把长庆以后和元和以前都说成是"天下尽裂于方镇"，好像在唐后期一百五十年中，除了十几年以外（因为元和只有十五年），都是天下尽裂于方镇的局面。其实唐的方镇，有三种情况。一是河北藩镇，主要是河北三镇，只占有今河北一省之地和河南局部地区。此外，北方的某些藩镇，有时有些效法三镇，但都没有维持很长久。二是其他设立节度使的地区，这其中又有两类，一类是由军将出镇的，如宣武、陈许等。那里的军将有时也跋扈，军中有时也发生军乱。但一般说来，节度使的任免还是由唐廷掌握的居多。另一类是剑南东西川、凤翔和淮南等。这些是所谓"宰相回翔之所"，不能把它们都看作割据势力。三是设置观察或团练使、经略使的地区。这一类由中央直接控制，一般不把它看作是藩镇。①

这两条札记，第一条是从时间上，第二条是从地域上，对唐后期的藩镇格局进行了梳理。一纵一横，用以说明唐后期，特别是穆宗以后，唐代的藩镇格局并不是"天下尽裂于方镇"，不宜用"藩镇割据"来加以概括。他的这个认识的学术意义何在？学术价值有多大呢？这需将其置于安史乱后的藩镇格局的研究史上，我们才能看得较为清楚。

唐后期的政治史，学界向以藩镇割据、宦官专权、牛李党争来加以概括。关于藩镇问题，唐朝人就已开始有所解说。最著名的，是杜牧的《罪言》：

> 国家天宝末，燕盗徐起，出入成皋、函、潼间，若涉无人地，郭、李辈常以兵五十万，不能过邺。……国家因之畦河修障戍，塞其街蹊，齐、鲁、梁、蔡，被其风流，因亦为寇。……运遭孝武，浣衣一肉，不敢不乐，自卑冗中拔取将相，凡十三年，乃能尽得河南、山西地，洗削更革，罔不顺适，唯山东不服，亦再攻之，皆不利以返。……

---

① 汪篯：《汉唐史论稿》，北京大学出版社，1992，第175页。

今日天子圣明……若欲悉使生人无事，其要在于去兵，不得山东，兵不可去，是兵杀人无有已也。今者上策莫如自治。何者？当贞元时，山东有燕、赵、魏叛，河南有齐、蔡叛，梁、徐、陈、汝、白马津、盟津、襄、邓、安、黄、寿春皆戍厚兵，凡此十余所，才足自护治所，实不辍一人以他使。遂使我力解势弛，熟视不轨者，无可奈何。阶此蜀亦叛，吴亦叛，其他未叛者，皆迎时上下，不可保信。自元和初至今二十九年间，得蜀得吴，得蔡得齐，凡收郡县二百余城；所未能得，唯山东百城耳。……如不果自治，是助虏为虐，环土三千里，植根七十年，复有天下阴为之助，则安可以取。①

他历数用兵的结果，认为根本无力完全控制河北，"山东之人，叛且三五世矣，今之后生所见，言语举止，无非叛也，以为事理正当如此，沉酣入骨髓，无以为非者"。为说明这一点，他又举了中策的取魏，即控制魏博——如果能控制魏博，也可以进一步控制河北。也明确指出，"最下策为浪战，不计地势，不审攻守是也"。不能为收河北而浪战不已。同时也清醒地认识到，河北周围布兵，即为遏制河北。

安史乱后的河北藩镇或曰河朔藩镇的问题，在德宗建中用兵藩镇，双方陷入胶着状态时，德宗问计于陆贽："内侍朱冀宁奉宣圣旨，缘两河寇贼未平殄，又淮西凶党攻逼襄城，卿识古知今，合有良策，宜具陈利害封进者。"于是，陆贽上《论两河及淮西利害状》：

臣谓幽燕恒魏之寇，势缓而祸轻，汝洛荥汴之虞，势急而祸重。……何以言其然也？自胡羯称乱，首起蓟门，中兴已来，未暇芟荡，因其降将，即而抚之。朝廷置河朔于度外，殆三十年，非一朝一夕之所急也。……希烈忍于伤残，果于吞噬，据蔡许富全之地，益邓襄卤获之资，意殊无厌，兵且未衄，东寇则转输将阻，北窥则都城或惊。此臣所谓汝洛荥汴之虞，势急而祸重。代朔邠灵之骑士，自昔之精骑也；上党、盟津之步卒，当今之练卒也。悉此强劲，委之山东，

---

① （唐）杜牧：《樊川文集》卷五，上海古籍出版社，1978，第87页。

势分于将多，财屈于兵广，以攻则旷岁不进，以守则数倍有余，各怀顾瞻，递欲推倚。此臣所谓缓者宜图之以计，今失于屯戍太多。[1]

称"朝廷置河朔于度外，殆三十年，非一朝一夕之所急"，已经点出不能将河北与淮西等量齐观[2]。可以说，安史乱后，唐廷对河北的状况，有一个比较清晰的认识。但对整个藩镇形势，有怎样的认识呢？

宋人编《新唐书》时，在《方镇表》的序中，说：

高祖、太宗之制，兵列府以居外，将列卫以居内，有事则将以征伐，事已各解而去。……及其晚也，土地之广、人民之众、城池之固、器甲之利，举而予之。……方镇之患，始也各专其地以自世，既则迫于利害之谋，故其喜则连衡而叛上，怒则以力而相并，又其甚则起而弱王室。唐自中世以后，收功弭乱，虽常倚镇兵，而其亡也终以此，可不戒哉。[3]

唐方镇之患，就在于它既有土地，又有甲兵，又有人民；但其作用，既"弱唐"，但也是唐廷倚恃的力量[4]。在《兵志》中，又谈及方镇，称：

夫所谓方镇者，节度使之兵也。原其始，起于边将之屯防者。……及范阳节度使安禄山反，犯京师，天子之兵弱，不能抗，遂陷两京。肃宗起灵武，而诸镇之兵共起诛贼。其后禄山子庆绪及史思明父子继起，中国大乱，肃宗命李光弼等讨之，号九节度之师。久

---

① 《陆贽集》卷一一，中华书局，2006，第325~329页。《旧唐书·德宗纪》（中华书局，1986），建中四年八月丁未（初二），李希烈率众三万攻哥舒曜于襄城（第337页），即其事。《资治通鉴》（中华书局，1986）将此状系于建中四年八月（第7348页）。《新唐书·陆贽传》（中华书局，1986），"会马燧讨贼河北，久不决，请济师；李希烈寇襄城。诏问策安出"，贽言云云，即此状。"帝不纳。后泾师急变，贽言皆效"（第4912~4913页）。《旧唐书·陆贽传》未及此事。

② 这反映了唐廷对藩镇政策的形成过程，参孟彦弘《"姑息"与"用兵"：朝廷藩镇政策的确立及其实施》，《唐史论丛》第十二辑，三秦出版社，2010年。

③ 《新唐书》卷六四，中华书局，1986，第1759页。

④ 宋人尹源在《唐说》中称："弱唐者，诸侯也；唐既弱矣，而久不亡者，诸侯维之也。"（《宋史·尹源传》，中华书局，1977，第13082页）谈的也是唐方镇的作用。

之，大盗既灭，而武夫战卒以功起行阵，列为侯王者，皆除节度使。由是方镇相望于内地，大者连州十余，小者犹兼三四。故兵骄则逐帅，帅强则叛上。……始时为朝廷患者，号河朔三镇。及其末，朱全忠以梁兵、李克用以晋兵更犯京师，而李茂贞、韩建近据岐、华，妄一喜怒，兵已至于国门，天子为杀大臣，罪己悔过，然后去。……向之所谓三镇者，徒能始祸而已。其他大镇，南则吴、浙、荆、湖、闽、广，西则岐、蜀，北则燕、晋，而梁盗据其中，自国门以外，皆分裂于方镇矣。①

"方镇相望于内地，大者连州十余，小者犹兼三四。故兵骄则逐帅，帅强则叛上。"这主要说的是方镇的势力。"始时为朝廷患者，号河朔三镇。及其末，朱全忠……李克用……"这是概括方镇格局，但从"始时为朝廷患"，一下就到了"其末"，即唐末——安史之乱结束到唐末，有约百五十年的时间！

《新唐书》还专列卷二一〇至二一四共五卷为藩镇类传，集中叙述了魏博、镇冀、卢龙、淄青、横海、宣武、彰义、泽潞。在类传的序中，说：

安史乱天下，至肃宗大难略平，君臣皆幸安，故瓜分河北地，付授叛将，护养孽萌，以成祸根。乱人乘之，遂擅署吏，以赋税自私，不朝献于廷。效战国，肱髀相依，以土地传子孙，胁百姓，加锯其颈，利怵逆污，遂使其人自视由羌狄然。一寇死，一贼生，讫唐亡百余年，卒不为王土。

当其盛时，蔡附齐连，内裂河南地，为合纵以抗天子。杜牧至以"山东，王不得，不王；霸不得，不霸；贼得之，故天下不安"。又曰……魏博传五世，……成德更二姓，传五世……卢龙更三姓，传五世……淄青传五世而灭……沧景传三世……宣武传四世而灭……彰义传三世而灭……泽潞传三世而灭。②

---

① 《新唐书》卷五〇，中华书局，1986，第1328~1330页。
② 《新唐书》卷二一〇，中华书局，1986，第5921~5923页。

讲完河北的情况（瓜分河北地，付授叛将），直接连类述及淄青、沧景、宣武、彰义，全然没有意识到，河北与非河北，其间有着很大的区别。

叶适《习学记言序目》卷三八：

> 肃宗暮年，天下之势将亡，幸而有代宗，代宗以广平王统帅收两京，功在诸将上，材练涉而资宽仁，又能沉断，盖良主也；所以不治而愈乱者，不知其祸在置藩镇，既不能收，反更成之故也（听仆固怀恩，不改河北幽燕，最大节目）。藩镇已成，自无治法。德宗初立，恃其聪明，始欲伐叛，几不免身；宪宗辛苦十四年，积劳未厌，卒以大坏。夫不知置镇之祸，而欲以治镇之道治之，宜其不治而愈乱也。（代宗）[1]

> 唐中世以后，为其国死祸者，藩镇、宦官而已。藩镇自穆敬以后，不可复治。（文宗，又）[2]

谈到了德宗的用兵、宪宗的用兵，"藩镇自穆敬以后，不可复治"——宪宗之后，从穆宗到唐末朱全忠，也有八十余年的历史，均为"不可复治"吗？

赵翼《廿二史札记》有多条涉及唐代的藩镇问题。如"唐节度使之祸""方镇兵出境即仰度支供馈""方镇骄兵"等。他的看法，对后来研究者的影响很大。对唐后期藩镇问题的最集中的概括，即"唐节度使之祸"条：

> 唐之官制，莫不善于节度使。……景云二年，以贺拔延嗣为凉州都督、河西节度使，节度使之官由此始。然犹第统兵，而州郡自有按察等使司其殿最。至开元中，朔方、陇右、河东、河西诸镇，皆置节度使，每以数州为一镇，节度使即统此数州，州刺史尽为其所属，故节度多有兼按察使、安抚使、支度使者。既有其土地，又有其人民，又有其甲兵，又有其财赋，于是方镇之势日强。安禄山以节度使起兵，几覆天下。及安史既平，武夫战将以功起行阵，为侯王者，皆除

[1] 叶适：《习学记言序目》，中华书局，1977，第566页。
[2] 叶适：《习学记言序目》，中华书局，1977，第571页。

节度使，大者连州十数，小者犹兼三四，所属文武官，悉自置署，未尝请命于朝，力大势盛，遂成尾大不掉之势。或父死子握其兵而不肯代，或取舍由于士卒，往往自择将吏，号为留后，以邀命于朝。天子力不能制，则含羞忍耻，因而抚之。姑息愈甚，方镇愈骄。其始为朝廷患者，只河朔三镇，其后淄青、淮蔡，无不据地倔强。甚至同华逼近京邑，而周智光以之反。泽潞亦连畿甸，而卢从史、刘稹等以之叛。迨至末年，天下尽分裂于方镇，而朱全忠遂以梁兵移唐祚矣。推原祸始，皆由于节度使掌兵民之权故也。①

谈藩镇之强，说是"有其土地，又有其人民，又有其甲兵，又有其财赋"；安史乱后的尾大不掉，就说是"大者连州十数，小者犹兼三四，所属文武官，悉自置署，未尝请命于朝，力大势盛，遂成尾大不掉之势"；谈到藩镇形势的变化，就说"其始为朝廷患者，只河朔三镇，其后淄青、淮蔡，无不据地倔强。甚至同华逼近京邑，而周智光以之反。泽潞亦连畿甸，而卢从史、刘稹等以之叛。迨至末年，天下尽分裂于方镇"。——与上引《新唐书》相比，即知他的宏论都是从《新唐书》化出。在"迨至末年"以前，藩镇的情况究竟是什么呢？只是举了淄青、淮蔡和泽潞的例子。但淄青、淮蔡，经宪宗用兵就解决了；泽潞，是武宗时解决的。我们仍然不能明了，安史乱后的藩镇格局，究竟是什么。

我们看一下民国时期的学术界对这个问题的看法。我们举几种当时最为著名的通史书来看②。

雷海宗是著名的"战国策派"，对中国史有通盘的看法。他20世纪30年代在清华、40年代在西南联大讲授中国通史。清华曾将其讲义以《中国通史选读》为名油印，供学生使用。他将隋唐五代的历史，以安史之乱为界，分为前后两段。后一段，他所列节目中，即有"藩镇"。他的总结性的看法，即：

安史乱平之后，降将功臣都任节度使；地盘私相授受，实际已

---

① 赵翼撰、王树民校证《廿二史札记校证》卷二〇，中华书局，1984，第429~430页。
② 相关研究成果的综述，可以参胡戟等主编《二十世纪唐研究》，第一章第九节《藩镇问题》（贾志刚执笔），中国社会科学出版社，2002，第50~58页。

成割据的局面（第五六三节）。这是后来唐室灭亡的主因之一（第五六四节）。

在《五代十国》一节中，又说：

> 天宝乱后的割据局面最后表面化，就是所谓五代十国的时代（第五七三节）。[1]

这基本上就是将安史之乱到宋以前的历史，一概视作"藩镇割据"了。

邓之诚《中华二千年史》卷三"藩镇"，对安史之乱以后的藩镇情形做了系统的梳理：

> 唐藩镇之祸，玄宗造其因，而肃代专务姑息以养成之，遂成尾大不掉之祸。倡始拒命者，为河北诸镇。

随后，对代宗、德宗、宪宗时期中央对藩镇的征讨进行了梳理，并列有《中唐以后两河藩镇简表》。最后概括指出："唐（指穆宗）自再失河北后，中央势益不振，至僖宗经黄巢之乱，强藩遍列于内外，朝更暮改，乍合乍离，兹依唐初十道以为差次，制为简表，略加说明以明变迁焉。"[2] 以下又附《唐末藩镇简表》。这是中国通史教科书中对唐代藩镇问题叙述最为详明和最有条理的。对穆宗以后的藩镇形势，虽用表的形式列出了所谓强藩的情况，但于整体形势，我们仍无可掌握。

钱穆《国史大纲》第廿七章[3]：

---

① 雷海宗：《中国通史选读》，北京大学出版社，2007，第519页、527页。按，此据民国廿三年（1934）度至廿四年（1935）度的讲义排印。按，第五六三节的内容，是引用《新唐书》卷二一〇《藩镇列传》序；第五六四节的内容，是引用《新唐书》卷五〇《兵志》；第五七三节，是《新五代史》卷六〇《职方考》序。该书体例，即先下一按断或概括，下引用相关史料，故书名"选读"，即以节选史料为主。这也是朱自清替叶圣陶为开明书店约此书稿，而为雷氏拒绝的原因：它并不是一部成熟的书稿。但修过此课的学生，所受影响却很大，参北大版书前所附何炳棣、何兆武、资中筠等人语。

② 邓之诚：《中华二千年史》中册，商务印书馆，1934，第201~228页。

③ 钱穆：《国史大纲》，1940年初版，此据1994年修订二版。

安禄山的势力，是唐室用中国财富豢养成的胡兵团。……安史余孽以及讨安史的有功的将领，全部拥兵割地，造成此后藩镇之祸，而藩镇的籍贯，亦几乎大部分是胡人。

第廿八章之"唐中叶以后之藩镇"：

唐自安史之乱以后，武夫战卒，以功起行阵，互为侯王者，皆除节度使。由是方镇相望于内地，大者连州十余，小者犹兼三、四。自国门以外，几乎尽是方镇的势力。（第 458 页）

唐平安史，本未能捣其巢穴。又以其降将，遂成河北之藩镇。此即所谓河北三镇。彼辈拥劲卒，自署吏，不贡赋，结婚姻，相联结。又其次有沧景、宣武、彰义、泽潞等，各传三四世不等。……自德宗时而第一次事变起。自此朝廷遂行姑息之政。至宪宗时而朝廷与藩镇之冲突又起。于是诸镇相率归命。元和号为唐室中兴。然宪宗在位十五年，十四年始平李师道，翌年为宦官所弑。宪宗卒未三年，诸镇又乱。自此迄于唐亡，不能复取。藩镇擅权，先后约一百四十年。始于河朔三镇，及其末，则国门以外，皆为强敌。（第 458~465 页）

这个叙述，与前引《新唐书》及《廿二史札记》基本相同。"安史余孽以及讨安史的有功的将领，全部拥兵割地"，说得极不准确；"宪宗卒未三年，诸镇又乱。自此迄于唐亡，不能复取。藩镇擅权，先后约一百四十年"，这又是将安史乱后的一百五十年，统统视作"藩镇擅权"。至于在时间上说，前后有无变化，从空间上说，藩镇之间是否有所不同，则未言及。

缪凤林《中国通史要略》第七章之《方镇割据之成因与经过》：

唐中叶后之祸乱，大者凡三，曰方镇、曰外夷、曰宦官。其端多由玄宗启之，而方镇之影响尤大。……代宗初元，乱事弉平，而方镇之割据，则较前益甚。……盖自肃代姑息为政，养痈以遗患，德宗继之，始以强明自任，然有求治之志，而不知任贤……以致藩镇之乱断见，奔走不遑。逮其晚节，偷懦之政，甚于祖考。宪宗刚明果断，任贤相名将……内崇政事，外翦强藩，首平夏蜀，继平淮西淄青，河北诸镇，亦先后归命，尽遵朝廷约束，唐室号称中兴。惜末年意浸骄侈，好进奉，惑异端，任宦官，卒身陷大祸。崩后未几，穆宗怠荒厥政，河北复叛，迄于唐亡，不能复取。《旧唐书·地理志》备志肃宗至德后要冲大郡之节度观察等使，凡四十有余镇，新书（卷六四至六九）则别立《方镇表》，总表一代方镇，又取魏博、成德、卢龙、淄青、淮西等镇擅兴若世嗣者，为《藩镇传》（卷二〇一至二一四）。[①]

述及德宗、宪宗的用兵藩镇，对此后的形势，亦语焉不详。

中华人民共和国成立以后，影响最大的通史就是范文澜的《中国通史简编》[②]。将唐代历史分作三期，即天宝以前为前期，天宝元年（742）至宪宗末年（820）为中期，穆宗以后至唐亡为后期。把安史之乱以及安史乱后的藩镇问题，视作"唐朝的中央统一势力和地方割据势力发生长时期的斗争"（第163页）。这个斗争，分为三次。第一次，是安史乱起至代宗末年（755~779）；第二次，是德宗、宪宗的用兵藩镇（779~820）。这两次斗争，放在了第二章第二节"唐中期的政治概况"中来叙述。穆宗以后的藩镇问题，在第二章中单列一节，即第七节"藩镇割据"。在这一节，又分作两次割据。第一次割据，包括安史乱后的河北的割据，以及"一些较弱的割据者和短期割据者"（第386页），当然该书主要叙述的是河北三镇割据的情况。第二次割据，是指黄巢起事以后的情况。在叙述第二次割据时，对唐后期（据该书分期，这是指穆宗以后）的藩镇问题有一个总的概括：

> 唐后期，朝廷放弃河北，不再对三叛镇用兵。淮西镇消灭后，河南地区完全受控制，江淮赋税到长安，路上通行无阻，唐朝廷也就愈益奢侈腐朽。黄巢起义军发动以前，唐在河南地区的藩镇，兵力薄

① 缪凤林：《中国通史要略》第2册，商务印书馆，1944，第57~59页。按，20世纪30年代，即由南京钟山书局出版《中国通史纲要》，内容至唐末。

② 此据《中国通史》第3册，人民出版社，1978。

弱，江南地区更是兵备空虚，因之，起义军纵横南北，受唐兵的阻力并不大。但是，一大批新的反动势力，借对抗起义军的机会，纷纷拥兵割据。（第 391~392 页）

这个概括是非常准确的。一是区分了河北与非河北，二是明确指出河南地区完全受到控制，江南兵力薄弱，即未拥重兵。这一局面到黄巢起事才发生变化。当然，该书将河北割据归因于朝廷的腐败，这是另一问题，姑置不论。

范著《中国通史简编》的读者对象设定为普通读者，所以该书基本不引史料，直接加以叙述。这是种"修史"的体例，不是研究论著的体例。也许正由于此，它对唐代藩镇问题的把握和概括，似乎并没有引起学术界的重视。

大多数的通史，对断代史中的一些细节不能做出很详细的描述，这是可以理解的。但作为唐后期政治史上的重大问题，一般通史对藩镇问题大多缺乏一个提纲挈领的总结和概括，终究是比较遗憾的。

下面我们看一下断代史，特别是中华人民共和国成立以后的断代史对此问题的认识。

20 世纪 50 年代出版的第一部唐代的断代史，就是杨志玖的《隋唐五代史纲要》[①]。第三章《唐帝国的衰亡》之第二节《安史乱后唐帝国的内争与外患》下，单列"藩镇割据"，叙述了"安史乱后的河北三镇"：

唐朝虽然平定了安史的叛乱，但并没有彻底消灭安史的余部的势力。对于投降的将士依旧封他们在河北作节度使。……主要的还是因安史余部力量还相当大，唐不得不和他们妥协，只要他们投降就算了。……这三处称河北（或河朔）三镇。他们名义上是唐政府的节度使，事实上却等于独立的王国。（第 88~89 页）

"唐政府和藩镇的斗争"：

---

① 杨志玖：《隋唐五代史纲要》，新知识出版社，1955。此书简明扼要，颇为学界所肯定。金毓黻《静晤室日记》卷一五七，1956 年 6 月 13 日："读杨著《隋唐五代史纲要》已尽两章，……此书优点颇多，每于历史重要环节，颇能着重指出，作出分析。"辽沈书社，1993，第 7163 页。

藩镇势力强盛，必然会引起中央集权势力的反对。但代宗一朝因安史之乱刚平定，又有吐蕃和回纥的入侵，使唐政府无力顾及藩镇的事，只有采隐忍迁就的政策。到德宗时，外患稍息，又因实行两税法后，政府收入增加，德宗很想裁抑藩镇之权。……但所派的仍是节度使的兵，结果平乱的又同作乱的联合起来反抗中央。……河北藩镇仍保持其势力未动。德宗只好仍用姑息的政策对待。

宪宗即位，发愤削减藩镇，复兴唐室。……但这个基础并不稳固，因为藩镇只是归命中央，并未根本消灭。……穆宗长庆元年，河北三镇又乱，……从此河北即不为唐有，迄于唐亡，而其他各处的节度使亦很少听命，不过在名义上仍承认中央而已。（第89~90页）

"唐帝国的分裂"：

经过藩镇的割据，统一的唐帝国便分裂成无数地方军政权，唐帝国仅保存一个空名了。……宪宗时还是对藩镇控制力最强的时候，但唐政府所能管辖的纳税人口，不过全国的半数。宪宗以后，中央势力更衰微，唐帝国的分裂当然更加甚。（第91页）

穆宗以后，河北不再为唐有，"其他各处的节度使亦很少听命"，"中央势力更衰微，唐帝国的分裂当然更加甚"，实际仍然对穆宗至唐亡八十余年的藩镇格局一笔带过了。

随后，岑仲勉的《隋唐史》出版[1]。第二十八节《藩镇之祸》：

河朔三镇及淄青之割据，始自代宗，除淄青外，三镇虽均中间一度曾由朝廷选任，然不旋踵而又失，成德之王氏，继世至八十余年，

---

[1] 岑仲勉：《隋唐史》，高等教育出版社，1957。金毓黻对此书也有评价，《静晤室日记》卷一五七，1956年6月17日："始阅岑仲勉《隋唐史》已尽，关于唐史者五节，我以为岑著只是关于唐史的笔记汇编，繁简不一，前后不相连贯，不得谓之断代之，一经取与杨著《隋唐五代史纲要》对比便知分晓。……但岑著有一种长处，凡涉及考证者皆能深入，其于一般人不经意处，往往作深入地探究，读岑著可多得运用史料之方法。"第7167~7168页。

魏博田氏五十余年，是其最久者。此外横海、宣武、彰义，均启自德宗，宣武为时最暂，余两镇皆宪宗所收复。若泽潞则中唐割据之最后者。

若夫镇使跋扈，初无非挟军士以自重，久之军士得势，镇使反为其所左右，稍失控制，危亡立至。……

抑藩镇之祸，多以为不可救药，观察亦误。始终怙恶者惟河北三镇。纵观经过，非无转机，惜人事不臧，如下文所举耳。……

总而言之，代德两朝京畿之内，累遭创夷，无所振作，犹有其困难之因。元和藉廿年安定之基，财赋稍充，复得毅决如宪宗，佐以杜黄裳、李吉甫、裴垍、李绛、裴度诸谋臣，中央威权，于是一振。……故元和之治为中唐冠。（第 269~272 页）

对安史乱后的藩镇形势，基本是一种"史论"式的论说——诚如金毓黻所言，此书的长处在于史事、材料的考订，而不在于对史事的分析、问题的提炼。

吕思勉的《隋唐五代史》虽然出版于 20 世纪 50 年代末，但体例一本此前即已出版的三部断代史，对史事按时间或帝系详加叙述。所以，在断代史中，该书对唐代藩镇问题的梳理，最为细致[1]。第五章《安史乱后形势》，专设《藩镇及内乱》一节。第六章《德宗事迹》，专设《东方藩镇之变》《兴元后藩镇起伏》两节，除对兴元以后"河南北、江淮情形"做了叙述，同时也指出"关、陕、河东，虽近，军政亦不肃"（第 304 页），"偏远之区，也时有变故"（第 307 页）。第七章《顺宪穆敬四朝事迹》，立《宪宗时藩镇起伏》《穆宗时藩镇起伏》两节，特别对穆宗时的"河北再叛"做了细致的分析，认为"宪宗之用兵，实无以异于德宗及穆宗，其成败不同，亦时会为之耳。且宪宗实未能全服河北，幸而早死，遂成竖子之名，设迟之一二年，……亦未必不情见势绌也"（第 370 页）。指出河北在宪宗时即未真正得到解决，并非穆宗朝处置失当。第八章《文武宣三朝事迹》，设《文武宣三朝藩镇起伏》一节，谈及他对肃代以后河北的看法：

唐自穆宗而后，河北三镇，已成覆水难收之势。文宗平横海、武

---

[1] 吕思勉：《隋唐五代史》，初刊 1959 年，此据上海古籍出版社，1984。

宗平昭义，史家以为丰功，实则殊不足道，且比竭蹶而后得之者也。（第 412 页）

第十章《唐室衰亡下》有《唐末割据上》一节，谈到了他对安史乱后整个藩镇形势的看法：

> 唐自肃代以来，藩镇遍布，久成分裂之势，然中枢名分犹存，藩镇所擅之地，亦究不甚大，故自河北而外，迄未能有久据土自专者也。逮黄巢起而情势一变矣。（第 534 页）

对安史乱后一百五十年间的整体藩镇格局，称"自肃代以来，藩镇遍布，久成分裂之势"，还是太嫌笼统，不得要领。但吕著于朝廷与藩镇的征战，叙述得最为详尽；且对旧史中的种种误说，如仆固怀恩之叛、穆宗处置失当而致河北再失等等，进行了具体的澄清和辨析，均极为中肯和通达。

20 世纪 50 年代，邓广铭先生在北京大学历史系讲隋唐五代史，讲到唐后期的藩镇问题，用"'藩镇连兵'以后，'天下尽裂于方镇'"为题：

> 通过唐肃宗、代宗和德宗三世，唐廷对于跋扈的藩镇全是采用姑息政策的，藩镇们各自独霸一方，与唐廷俨然有似敌国。……宪宗李纯即位之后，不再沿用姑息政策，一方面利用魏博军内部矛盾的爆发，用政治手腕使魏博一镇以所辖六州归于唐廷，另一方面对于所有不肯就范的藩镇则用武力解决。……藩镇割据局面到此好像是告一段落了。820 年唐宪宗死，其子穆宗李恒即位，采纳了宰相萧俛和段文昌销兵的建议，……于是而河北复失，"迄于唐亡，不能复取"。
>
> 继河北复失之后，其他各镇亦相继背叛了唐廷，又恢复了宪宗以前"天下尽裂于藩镇"的局面。[①]

---

① 邓广铭：《隋唐五代史讲义》，中华书局，2015，第 108~109 页。据邓小南《编后记》，此系 20 世纪 50 年代初期的油印讲义。

在邓先生看来，安史乱后、宪宗以前，以及宪宗之后，都是"天下尽裂于方镇"的局面。

1961年初版、1979年重订再版的韩国磐《隋唐五代史纲》①，第十章《安史之乱和藩镇跋扈》：

> 安史乱后割据一方的方镇，主要有下列这些：（一）魏博镇……（二）相卫镇……（三）镇冀镇，即成德镇……（四）卢龙镇……（五）淄青镇……（六）宣武镇……（七）淮西镇。
>
> 这些割据的方镇，节度使或父子相传，或兵将拥立，全不听唐朝命令，只是既立之后，唐朝形式上加以任命，承认既成事实而已。……（经过德宗用兵）各处方镇的割据，唐朝依然无法打平。
>
> 到唐宪宗李纯时，……才先后打平剑南刘辟、江东李锜、淮西吴元济、淄青李师道的反抗，河北三镇也暂时归顺唐。但方镇擅有财赋，拥有重兵的情况，并未有多少改变。因此，不久以后方镇叛乱再起，直到唐亡，并未改变割据的情况，而且从割据走向分裂了。（第173～274页）

说"方镇擅有财赋，拥有重兵"，并不准确，而且没有明确将河北藩镇与其他藩镇区别开来，这在藩镇问题的认识上多少有些倒退。将宪宗以后八十年的藩镇格局，以割据一语带过。

以上的梳理，可以看出关于唐后期藩镇格局的认识。第一，安史乱后，河北或河朔藩镇已经割据，这是自唐人以来的共识。第二，安史之乱结束（763）到宪宗末年（820），大体是朝廷与藩镇不断征战的时期。无论是通史还是断代史，都对这个时期的所谓朝廷用兵藩镇有所叙述，但只是视作中央对方镇的征伐过程；对此后至唐亡的八十年，除范著《中国通史简编》外，大多是一语带过，没有一个总体性的把握和认识——将安史乱后的藩镇问题，以"藩镇割据"来概括，仿佛安史乱后的藩镇都是在不断地跟中央挑衅，而且是个全国性的问题。

---

① 韩国磐：《隋唐五代史纲》，人民出版社，1979。

日本学者日野开三郎在 20 世纪三四十年代，开始对唐代藩镇问题进行专门的研究，其成果就是集中收录在其《东洋史论集》第一卷中的诸作，如 20世纪 30 年代发表的对河阳镇遏使、节度使的个案研究，综论如《唐代藩镇的跋扈和镇将》《中国中世的军阀》等①。20 世纪 60 年代，中国台湾学者王寿南以唐代的藩镇研究为题，完成了他的博士学位论文②。从中央与藩镇关系的角度，指出唐后期并不是所有藩镇，始终在与中央对抗即所谓割据。这实际指出了藩镇对中央的跋扈乃至对抗，有时间性和地域性。这为唐代藩镇的分区、分类研究开了先河。随后 80 年代大陆学者张国刚将唐代藩镇分作河朔割据型、中原防遏型、边疆御边型、东南财源型四类③。这是对王寿南所揭示的方镇叛乱或跋扈的地域性的具体化。程志则用统计的方法，对安史之乱以后的方镇与中央的关系进行了论证，称唐先后设方镇 89 个，参与叛乱的只有 11个，占总数的 12%；真正半独立的，只有河北三镇，只占 3.3%④。将河北三镇纳入统计，没有太大意义；对江南拥兵很少甚至不拥兵的以观察使为使额的方镇，亦予统计，也无太大意义。但他的统计，至少可以纠正将唐后期藩镇一概视作"割据"的错误观念。这些成果，使学术界对唐后期藩镇格局的混沌认识变得清晰了起来。

作为西方世界的一部概括性或通论性的著作，《剑桥中国隋唐史》反映了西方学术界 20 世纪 70 年代隋唐史的研究成果和认知水准⑤。第八章集中讨论藩镇问题。这是作者以其博士论文为基础写就的。藩镇的核心问题，其实是控制问题。如能控制，则方镇即可为中央所用；否则，即成削弱中央的力量。本章将藩镇分成"自治的藩镇"和"忠于朝廷的藩镇"两大类，在叙述安史之乱以及安史之乱以后的代宗、德宗、宪宗各朝与藩镇的关系，在论述中央政府企图对藩镇进行限制的种种措施（如裴垍对赋税上缴之制的改革，将驻

---

① 《东洋史论集》第一卷《唐代藩镇的支配体制》，三一书房，1980。书末附各书及各文初刊年代。

② 王寿南：《唐代藩镇与中央关系之研究》，初刊 1969 年，此据台北大化书局 1978 年版。书后所附"唐代藩镇总表"，是对吴廷燮《唐方镇年表》工作的推进，极便参考。

③ 张国刚：《唐代藩镇的类型及其动乱特点》，《历史研究》1983 年第 4 期；《唐代藩镇的历史真相》，《文史知识》1986 年第 9 期。此据其《唐代藩镇研究》，湖南教育出版社，1987。

④ 程志：《论中唐藩镇的本质和作用》，《东北师大学报》1986 年第 6 期。

⑤ 崔瑞德编《剑桥中国隋唐史》，英文版原刊 1979 年，现据中国社会科学出版社 1990 年汉译本。孟彦弘《评〈剑桥中国隋唐史〉》（《燕京学报》新 17 期，北京大学出版社，2004），对此书有所评述，可参看。

守于支郡之兵划归州刺史统领以削弱藩镇对军队的控制力量等）以及藩镇的文职化时，都是紧紧围绕着"控制问题"来展开的。这无疑大大深化了我们对藩镇问题的认识。但是，对唐后期，特别是穆宗以后的藩镇格局，却是语焉不详。在"藩镇制的衰落"中说：

> 打算具体指出九世纪中央权威在藩镇开始崩溃的时间，这大概是徒劳的。维持秩序的问题在九世纪中期以前在地方上已经出现，但在王朝最后几十年中央权威的最后和彻底的崩溃则要到黄巢之乱才开始。（第 552 页）

以下，便主要是对唐末民众暴动的讨论。

20 世纪八九十年代，唐史学界影响最大的一部断代史，当属王仲荦《隋唐五代史》[①]。除按时间为序，叙述朝廷与藩镇的征战之外[②]，还特别在关于唐代政治制度和军事制度一章中，辟出"安史乱后的藩镇"一小目，力图从总体上对唐后期的藩镇格局加以概括：

> 总的情况是这样，唐已置河北于度外，但汴州、徐州、青淄、淮西，倘若落在割据势力的手中，则江南、淮南不可保，大动脉的运河运办理线也有被切断的危险，所以对这些敏感地区，唐王朝是不能放弃不管的。
>
> 此外，为了确保江淮财赋的集积，唐王朝于广陵置淮南节度使，于丹徒置浙西节度使，亦曰镇海节度使。于成都置剑南西川节度使，于梓州置剑南东川节度使，于梁州南郑置山南节度使，于襄州襄阳置山南东道节度使，于江陵置荆南节度使，于广州置岭南节度使，这样方镇的布局，是颇有深意的。政府特别注意淮南、剑南西川的人选，往往选拣宰相有名德者居之，故二镇为宰相回翔之地，人所矜贵。

---

① 王仲荦：《隋唐五代史》，上海人民出版社，1988。
② 见该书第二章第三节"开元天宝的全盛时期与安史之乱"、第四节"宪穆敬文武宣六朝的政治"。按，对穆宗河北的再叛，他认为"当时宰相全不了解河朔诸镇的习俗"云云（上册第198页），是对吕思勉《隋唐五代史》已取得的认识的倒退。

> 唐以太原为北京，玄宗世又置河东节度使，其后又于蒲州置河中节度使，河阳置河阳三城节度使。……
>
> 安史乱后……唐在西边列置藩镇，而且每年调关东军队到西边防秋，并在岐州置秦陇节度使，亦称凤翔节度使，于邠州置邠宁节度使，于泾州置泾原节度使，于坊州置鄜坊节度使。这些方镇，开始时有屏藩首都，拱卫关中的作用的。（上册第523~524页）

这个把握，已经能折射出学术界对藩镇研究的深化和进步。对藩镇做了分区、分类，已不再以"藩镇割据"一语概括唐后期的藩镇形势了。

在20世纪60年代以前，对唐代藩镇的认识，基本上没有超出《新唐书》的认识范围。赵翼《廿二史札记》本乎此而略有发挥。吕思勉以帝系为序，对唐朝廷与藩镇之间的征战有详尽的叙述之外，对整个唐后期藩镇格局的把握，不外乎以下两点：（一）河北独立或半独立，或曰置之度外；（二）唐穆宗所谓河北再叛之后，唐代的藩镇问题，不是以"割据"一语带过，就是借用赵翼语，称"天下尽裂于方镇"，对这八十年的藩镇格局，基本没有一个较为清晰的认识。

但汪篯的这两则札记，从中央与藩镇关系着眼，依据藩镇的实力，将藩镇分作三类；又分别从时间、空间两个维度，明确指出，穆宗以后，至少到宣宗，并不是"藩镇割据"的局面，并没有"天下尽裂于方镇"。真正独立于中央的，只有河北三镇（这在唐人就已认识到了）；河北之外的藩镇，可以分为两大类，第一大类，是拥兵藩镇（只有拥兵，才有可能对中央跋扈乃至独立），第二大类，是不拥兵的藩镇（汪篯甚至指出，这不能指称为"藩镇"）。在第一类拥兵藩镇中，又可分为两类，一类多是由武将出任节度使，有时是与中央跋扈、对抗的，但总的来说，是听命于中央的；另一类则多由文人出任，甚至是宰相回翔之地，不能被视作、事实上也不是割据势力。

从上述整个藩镇研究史中，我们就可以看出，这一对唐后期藩镇格局的概括，可谓卓识；对廓清学术界长期对唐后期藩镇认识的混沌、模糊，学术意义重大。只可惜，他在20世纪60年代已取得的卓识，到90年代才为学界所知。这是非常遗憾的。

就现已刊布的汪篯论著来看，他关于唐史的研究，主要集中在两个方面：

一是以田制为中心的经济史，二是唐前期、特别是唐初的政治史。关于唐后期的研究成果，相对较少，主要集中在 20 世纪 60 年代撰写的这一组《隋唐史札记》中。共计 20 条札记，有 5 条是唐前期，有 3 条是通代，其余均属唐后期。就唐代政治史的研究来说，他关于唐前期政治的研究，更多的是对陈寅恪已有认识的进一步论证和深化，当然，他的研究更为细密。但从他关于唐后期藩镇格局的这两条札记来看，如果不是那个时代过早地夺走了他的生命，他对唐后期政治史的研究，一定能开辟出一片新天地。现在，我们只能寄希望于未来的研究者，在这一认识的启发下，将唐后期的藩镇研究以至整个唐后期的政治史研究，推向深入了。

谨以此文，纪念英年早逝、未尽其才的唐史前辈学者汪籛先生。

2016 年末汪籛诞辰百年纪念时属草，2017 年 3 月末改定于新都。

（孟彦弘　中国社科院历史所研究员）

试述汪篯先生有关隋唐社会经济史
研究的贡献

——以隋代户口、隋唐田亩数、唐代丝产地之
论考为例（摘要）

汪篯先生生前曾对隋唐社会经济史多有关注，并留下了数篇重要的论考，[①]对于学界进一步探研相关问题深具启迪意义。兹谨就汪先生有关隋代户口、隋唐田亩数、唐代丝产地之论考及其方法论试加述说，聊以充作先生百年诞辰之纪念也。

一　汪篯先生论隋代户口

1. 关于隋代初年的户数问题

隋代户数及其增长是一长期以来困扰史学界的问题。一是隋受周禅时之户口数，二是隋相关时段的户口数据及其变动之问题。汪篯先生对之皆有发凡。

通常用以说明隋初户口数的资料见于《通典》卷七《食货》"历代盛衰户口"条。本条述北周大象中之户口数云：

---

① 其中之代表性篇章如：《隋代户数的增长——隋唐史杂记之一》，原载《光明日报》1962 年 6 月 6 日，收于唐长孺等编《汪篯隋唐史论稿》，中国社会科学出版社，1981；《史籍上的隋唐田亩数非实际耕地面积——隋唐史杂记之二》，原载《光明日报》1962 年 8 月 15 日；《史籍上的隋唐田亩数是应受田数——隋唐史杂记之三》，原载《光明日报》1962 年 8 月 29 日；《唐代实际耕地面积——隋唐史杂记之四》，原载《光明日报》1962 年 10 月 24 日。以上诸篇并收于上揭《汪篯隋唐史论稿》。《隋唐时期丝产地之分布》，原为未刊稿，同收于上揭《汪篯隋唐史论稿》。岑仲勉《隋唐史》上册第 18 节，第 72~73 页，高等教育出版社 1957 年初版，中华书局 1980 年重印本。参见上揭《隋代户数的增长——隋唐史杂记之一》。

按（周）大象中，有户三百五十九万，口九百万九千六百四。

"大象"（579~580）为周静帝宇文衍第一个年号，时距灭齐已历数年。《通典》所举数字是含灭齐后的户口数在内，还是仅指北周境内原有的户数，颇有争议。岑仲勉先生曾经指出："《通典》所计大象中户口，系指北周原有区域而言，不包灭齐之数。"因此，"隋受周禅时有户约六百九十（或六十）万，口二千九百万，而《通典》所云'后周静帝末授隋禅，有户三百五十九万九千六百四'，实漏计北齐户口之数"。①这是汪先生的卓见，从而亦启发后学对隋受周禅时之户口数进行进一步的思考。我在过去的著作中对此问题的探研便是在汪先生已有揭示的基础上进行的。

这里关涉北齐末期的户口数字，试将相关记载列述如次。

《周书》卷六《武帝纪》下：

（建德六年）关东平，合州五十五，郡一百六十二，县三百八十五，户三百三十万二千五百二十八，口二千万六千六百八十六。

又《隋书》卷二十九《地理志》上载：

（北齐）洎于国灭，州九十有七，郡一百六十，县三百六十五，户三百三万。

又《通典》卷七《食货》"历代盛衰户口"条：

（北齐）至崇化三年，②为周师所灭，有户三百三万二千五百二十八，口二千万六千八百八十。

---

① 汪篯先生对此提出质疑，据《隋书·地理志》所载，隋大业中约当北周旧境有户二百九十八万，说明北周户数不可能如此之多，并据北齐旧境从周建德六年（577）到隋大业中 78% 的增长率推算，指出"北周旧境的户数当在一百四十万以上"。

② 此"崇化三年"为"隆化二年"之误，参见上揭汪先生文。

又《资治通鉴》卷一百八十"隋高祖仁寿四年（604）"条：

> 受禅之初，民户不满四百万，末年，逾八百九十万（胡注：此以开皇初元户口之数，比较仁寿末年大业初之数而言之也。按周之平齐，得户三百三万，而隋受周禅，户不满四百万，则周氏初有关中，西并巴、蜀，南兼江、汉，见户不满百万也。陈氏之亡，户六十万。大约隋氏混一天下，见户未及五百万；及其盛也，盖几倍之）。

以上数种文献所记齐亡时户口数不合，《周书》本纪作"三百三十万二千五百二十八"，《通典》作"三百三万二千五百二十八"，户数相差30万之多，而口数全同于周纪。隋志作"户三百三万"，整数计，但不言口数，《通鉴》同。然《通鉴》所说"受禅之初，民户不满四百万"及胡注云"周氏初有关中，西并巴、蜀，南兼江、汉，见户不满百万"之语，却不知依据何在。

《周书》和隋志所记北齐灭亡时的州、郡、县数也各不相同，或许依据的资料并非出自一源。《通典》所记的户数虽不同于周纪，但"万"以下户数却完全一样，疑据《周书》而来，又于"三百三"之后脱一"十"字，成三百三万。我在过去的论稿中曾认为，在目前尚缺乏新的资料证明的条件下，我们不妨暂且推定《周书》的记述是相对可靠的。同时，我们上溯过北魏时期的着籍户口数字。《魏书》卷一百六上《地形志上》"总序"云：

> 正光已前，时惟全盛，户口之数，比夫晋之太康，倍而已矣。

《通典》卷七《食货》"历代盛衰户口"条祖魏志之说，但改末四字为"倍而余矣"。并注引西晋太康初二百四十五万余户云："今云倍而余者，是其盛时，则户有至五百余万矣。"杜佑推测北魏有户五百余万，是其盛时数字，亦即魏志所云"正光"以前的户数。按正光（520~525）为孝明帝元诩之第三个年号，"正光已前"乃是泛称，究竟指何时，志无明文。梁方仲先生曾据《图书集成·食货典·户口部汇考》作"孝明帝□年"推定其系于明帝即位至正光元年之前一年①。若《汇考》此说不误，则当指孝明帝正光以前之熙平、神龟年间。此期北魏全境着籍户有五百余万或与实际情况相符。

我在过去的著作中还曾讨论过东魏、北齐和西魏、北周的户口数据。②大致认为《通典》所载大象中户口数"有户三百五十九万，口九百万九千六百四"，必非北周原有户数。因为北周原有户数既不可能如此之多，也不可能在灭齐后的数年间仍不计北齐旧境户数，但也绝不是周、齐两境的着籍户口总数，因为两境的合计户数又不可能如此之少。因而疑《通典》的数字必有误植和脱漏。这种误植，有可能将"五百"误植为"三百"。其一，"三""五"同形，将"五百"误为"三百"极有可能；其二，以五百多万户估计大象年间北周全境（含北齐旧境）的户数亦与实际情形大致相合。假如《通典》载北周大象年间户数之"三百万"为"五百万"之误可信，则除去北齐户330万，剩下的便是北周原有户数，即有130万户之多，这与汪先生"北周旧境的户数当在一百四十万以上"的判断大体一致。

至于《通典》所载口数"九百万九千六百四"，与户数比率相差悬殊，也一定有脱漏。按照通常每户4口或5口的比例，"九百万"之前应有"二千"。因而，可以初步估计，大象年间，北周含北齐旧境的总户数约有559万之多，口数则为2909604，较之北魏正光以前盛时户数又略有增加。而"隋受周禅"时的户口数应当与此相近。

2. 关于隋代户数的增长问题

汪先生大作论述隋代户数的增长，虽个别判断容有可商，③但总体而言，多属不刊之论。如引据《隋书》卷四十二《李德林传》，指出隋开皇九年（589）平陈之前户数已有六七百万左右。传称：

> 开皇元年，敕令与太尉任国公于翼、高颎等同修律令……格令班后，苏威每欲改易事条……威又奏置五百家乡正，即令理

---

① 梁方仲：《中国历代户口、田地、田赋统计》甲表13续，第38页，注9。
② 参见冻国栋《中国人口史》第二卷第二章。
③ 如将《隋书·百官志》与《隋书·李德林传》所载隋废止"乡官"理解为"乡正"，按前者乃指州县自辟之僚属，与"乡正""乡长"有别。参见〔日〕滨口重国《所谓隋的废止乡官》，收于氏著《秦汉隋唐史研究》下卷，东京大学出版会，1966。

民间辞讼。德林以为本废乡官判事，为其里闾亲戚，剖断不平。今令乡正专治五百家……于六七百万户内，诠简数百县令，犹不能称其才……敕令内外群官，就东宫会议。自皇太子以下，多从德林议。

本条系年有误，汪先生考此事当在开皇九年（589）二月灭陈之前，[①]乃属的论。若德林所称当时户数无误，则在平陈以前已有户近700万，至平陈得户50万或60万，[②]合计共有户700余万，至高祖末年已达870万户。[③]《隋书》卷二十四《食货志》载："时百姓承平日久，虽数遭水旱，而户口岁增。"同书同卷开皇十二年（592）条下云：

时天下户口岁增，京辅及三河地少而人众，衣食不给。议者咸欲徙就宽乡。其年冬，帝命诸州考使议之，又令尚书以其事策问四方贡士，竟无长算，帝乃发使四出，均天下之田，其狭乡，每丁才至二十亩，老小又少焉。

本条所记户口大幅度增长是在开皇十二年（592）前后，特别是京辅三河一带，竟到了"地少而人众，衣食不给"的地步。这种景况当不限于京辅及三河，其他地区的人口也应有较大增长，而且早在开皇初年已经如此。《隋书》卷四十《王谊传》载：

及上受禅，顾遇弥厚，上亲幸其第，与之极欢，太常卿苏威立议，以为户口滋多，民田不赡，欲减功臣之地以给民。

---

① 参见前揭汪先生文。

② 《隋书》卷二十九《地理志》载"户六十万"，不明时间；《通典》卷七《食货》"历代盛衰户口"条称陈宣帝"勤恤人隐，时称令主，阅其本史，户六十万"，而至陈后主时，"穷兵黩武，远事经略"，故至灭亡之时"隋家所收，户五十万，口二百万"。《北史》卷十一《隋本纪》"文帝开皇九年（589）"条云：户五十万，口二百万。与《通典》所言合。

③ 分见《旧唐书》卷四《高宗纪》上永徽三年（652）丁丑条、《唐会要》卷八十四《租税下》"户口杂录"高履行奏言。《通典》卷七《食货》"历代盛衰户口"条系同一记事及显庆二年（657）十月杜正伦的奏言为大业中户，故难以断定究为何时统计数字，但估计隋文帝晚年有八百余万户应没有问题。

这里所说苏威为太常卿，误。据本传应为纳言、民部尚书。[①]苏威提出"减功臣之地以给民"，这一建议虽然未被采纳，但却透露出"民田不赡"的原因在于"户口滋多"。这里表明早在隋初，户口增长而导致的"民田不赡"已经成为当时统治阶层所关注的现实问题之一。自此以后，隋代户口大体呈持续上升趋势，上述开皇十二年隋文帝因"地少而人众"的难题无法解决，居然"以其事策问四方贡士"，结果这些文人"贡士"也无"长算"，提不出解决问题的良策。因而，隋开皇末年户数已达到 870 万是极有可能的。

另外，《隋书》卷二十九《地理志》总序载炀帝时有"户八百九十万七千五百四十六，口四千六百一万九千五十六"。隋志未确切年代，本条前文曾提到大业五年（609），说的是郡数，我怀疑此组户口数或为同一年的统计。《资治通鉴》亦以此项户口数系于大业五年（609）。然而，统计隋志各郡分计数有 9070404 户。若此分计数无误，则大业五年前后，隋全境着籍户数已达900 余万，口数 4600 余万。与隋初户数相比，增加了 300 多万。

关于隋代着籍户口增长的原因，如所共知，除了社会经济的持续上升，使人口的自然增长率有所提高从而也使编户的数量得以上升之外，与当时国家政权所推行的一系列具体措施如"大索貌阅"和"输籍定样"等颇相关联。汪先生对于这一问题有深刻分析。他还指出另外的原因，如刑法的改革和当时兵制的改革等，与隋代户口的增长同有关联。这确实是一值得进一步探析的因素。

二 论隋唐田亩数三札

汪先生《史籍上的隋唐田亩数非实际耕地面积》《史籍上的隋唐田亩数是应受田数》《唐代实际耕地面积》三札是一组具体而深入研究隋唐田亩数之专论，纠正了史籍记载之误植和相关学者的某些误释。

札一《史籍上的隋唐田亩数非实际耕地面积》敏锐地发现《通典》卷二《食货典》"田制下"条有关隋开皇九年、大业中"任垦田""天下垦田"数和唐天宝中"应受田"数中存在的疑问，通过比较古今中国耕地面积、汉

---

① 参见唐长孺《读隋书札记》，载氏著《山居存稿》，中华书局，1989。

唐亩积之大小、南北方不同区域发展的不平衡，以及自西汉平帝（1~5）至清光绪十三年（1887）间主要历史时段最高田亩数和具有意义的13组数据，指出古代田亩数，除隋唐外，没有任何一代达到或接近一千万顷。由此，史籍记载隋唐田亩数必非当时的实际耕地面积。札二《史籍上的隋唐田亩数是应受田数》进一步指出，两唐书及《通典》所记"应受田"之所谓"一千四百四十万三千八百六十二顷一十三亩"，并非实际耕地面积，而是相当于《敦煌户籍残卷》中的"合应受田"。汪先生参据唐开、天计账，论述当时之户口数和丁、中男之数额，特别是课、不课之比例。推算不课丁（口）包括依制放免课赋、兵、官员诸色胥吏之大略数；考丁男之外的其他应受田者之对象及大致数字，总计出当时全国之应受田约为一千四百四五十万顷。他同时指出《通典》所记隋开皇九年之"任垦田"千九百四十余万顷，此"任垦田"亦即"应受田"。札三《唐代实际耕地面积》所论三点：其一，地税据政府掌握的全国耕地征收；其二，杜佑估计天宝中耕地面积的依据（一是掌握天宝时财政收支的材料，其二，天宝时期部分郡县户籍和唐代一般农民耕作田亩的实际情况）；其三，对唐代实有耕地面积的初步推测。汪先生认为，杜佑所作天宝中政府掌握的全国耕地约有六百二十余万顷的估计是接近实际的，由于当时隐户隐田很多，因而实际耕地面积要远过此数，初步估计，约在八百万顷至八百五十万顷（依唐亩积计）之间。汪先生上述三札，至为深刻，至为辩证，揭示出史籍记载中许多扑朔迷离的难题。

三　关于隋唐时期丝产地之分布

汪先生参据《通典》卷六《食货》、《唐六典》卷三"户部郎中员外郎"条，及《元和郡县图志》所录诸道赋调及诸州郡常贡之丝织物进行统计和分析，准确地探明了隋及唐初盛于蚕丝者之区域：一为关东一带，即唐代河南、河北二道全境之地；二为巴蜀区域，即唐代剑南道全境与山南道一部；三为吴越区域，即唐淮南、江南二道东端之地。而此三区之中，又以前两者更为重要。

汪先生该文所论虽仅是隋唐时期丝产地之分布，但却关及该历史时期经济重心所在之大问题。

史学界以往讨论古代经济重心之转移，通常引述《宋书》卷五十四孔季恭等传末《史臣曰》：

> 自晋氏迁流，迄于太元之世，百许年中，无风尘之警，区域之内晏如也。及孙恩寇乱，歼亡事极，自此以至大明之季，年逾六纪，民户繁育，将曩时一矣。地广野丰，民勤本业，一岁或稔，则数郡忘饥。会土带海傍湖，良畴亦数十万顷，膏腴上地，亩直一金，鄠、杜之间，不能比也。荆城跨南楚之富，扬部有全吴之沃，鱼盐杞梓之利，充仞八方，丝绵布帛之饶，覆衣天下。

这一记载当然在一定意义上反映出东晋刘宋时期长江中下游社会经济开发的某种景况，但绝不意味着此期南方经济的发展已在北国之上。汪先生的论考，其实已从丝织业主要产地的分布表明了这一点。今举《唐六典》卷二十"太府寺"条所载唐前期绢之产地、等第以助其说。本条云：

> 凡绢、布出有方土，类有精粗。绢分为八等，布分为九等，所以迁有无，和利用也（宋、亳之绢，复州之纻，宣、润、沔之火麻，黄州之赀，并第一等。郑、汴、曹、怀之绢，常州之纻，舒、蕲、黄、岳、荆之火麻，庐、和、晋、泗之赀，并第二等。滑、卫、陈、魏、相、冀、德、海、泗、濮、徐、兖、贝、博之绢，杨、湖、沔之纻，徐、楚、庐、寿之火麻，绛、楚、滁之赀，并第三等。沧、瀛、齐、许、豫、仙、棣、郓、深、莫、洺、邢、恒、定、赵之绢，苏、越、杭、蕲、庐之纻，澧、朗、潭之火麻，泽、潞、沁之赀，并第四等。颍、淄、青、沂、密、寿、幽、易、申、光、安、唐、随、黄之绢，衢、饶、洪、婺之纻，京兆、太原、汾之赀，并第五等。益、彭、蜀、梓、汉、剑、遂、简、绵、襄、褒、邓之绢，郫、江之纻，褒、洋、同、歧之赀，并第六等。资、眉、邛、雅、嘉、陵、阆、普、壁、集、龙、果、洋、渠之绢，台、括、抚、睦、歙、虔、吉、温之纻，唐、慈、坊、宁之赀，并第七等。通、巴、蓬、金、均、开、合、兴、利、泉、建、闽之绢，泉、建、闽、袁之纻，登、莱、邓之

赀，并第八等。金、均，合之赀，并第九等）。

则知绢之主要产地仍为北方。

四　汪先生的方法论

唐长孺先生在为《汪篯隋唐史论稿》所作序言中言："应当指出，汪篯同志是陈寅恪先生的高足弟子和助手，在掌握、运用资料方面，毫无疑问，他继承了陈先生的优良学风，新中国成立后，由于他认真学习马克思列宁主义、毛泽东思想，努力在改造世界观的同时改造学术思想，使之逐步走向历史唯物主义，这个改造过程大致在本书所收诸篇中也有所体现。"唐先生的这段概括对于吾人理解汪先生的学问、学风和研究方法是非常重要的。另外我个人也体会到，汪先生目光之敏锐，观察问题之细密是非常值得吾人学习的。比如他从习见的资料中发现问题，解决问题。他的比较研究的方法殊为精到。不同历史时段的比较，不同地域的比较，在他的上述专论中皆有极好的体现。

（冻国栋　武汉大学历史文化学院）

汪篯先生《唐田令试释》读后

很高兴受邀参加纪念汪篯先生 100 周年诞辰的纪念会，借此以表达对前辈学者的敬意。我的老师唐长孺先生与汪先生关系很好，痛惜汪先生的不幸去世。唐师很少倡议给其他学者编辑论文集，但却积极提议将汪先生的论文编辑出版，并亲自撰写了充满感情的序言。序言中，唐先生高度评价汪先生的为人和学问，称他的论文对隋唐史的研究"有不可磨灭的贡献"，称自己"不能充分发扬汪篯同志高深造诣"[①]。

受唐先生教诲，作为唐先生的学生，我一直对汪先生充满敬意。今即以此浅薄小文，纪念汪先生百年诞辰，同时怀念唐先生与汪先生的深厚情谊。

汪先生对隋唐史研究的巨大贡献之一，是对土地制度特别是均田制度的研究。为研究这一制度，自然就会关心唐朝有关土地制度的法律，其中最重要的是《田令》。汪先生显然对《田令》有很深的研究，可惜没有留下鸿篇大论，只有我们现在看到的一篇笔记性质的文章《唐田令试释》（以下简称为《试释》）[②]。文章依据《通典》及其他史籍，举出《田令》的主要令文共 27 条，并为其中的 10 条做了注释。读了这篇文章后，我对汪先生的治学有了更进一步的了解，对他的学问更为佩服，产生了以下一些想法。

一

《田令》是研究唐朝土地制度的基础，但《田令》研究却并非一开始就

---

① 汪篯著，唐长孺等编《汪篯隋唐史论稿》，中国社会科学出版社，1981，第 1 页，第 3 页。
② 汪篯:《汉唐史论稿》，北京大学出版社，1992，第 158~165 页。

为隋唐史研究者所看重，在 20 世纪 70 年代之前，研究者极少。我们不知道《试释》完成的具体时间，从该书《后记》看，是 20 世纪 60 年代初。在 60 年代初就能自觉地研究《田令》，且并非泛泛之谈，而是具体到《田令》的令文，力图弄清每条令文的含义，从而为研究田制打下坚实基础。这在当时是非常有眼光的，也是在中国学者中比较少见的。

二

早在 20 世纪 30 年代，日本学者就出版了《唐令拾遗》这样的巨著，复原了唐朝的《田令》39 条。汪先生显然认真研读过《唐令拾遗》（这从《试释》中提到了《唐令拾遗》中的日本《田令》就可明白），对《唐令拾遗》复原的《田令》顺序也应该十分清楚。但是，在《试释》一文列举唐《田令》共 27 条时，却没有遵照《唐令拾遗》复原的《田令》的顺序，甚至也没有完全依据《通典》所引"大唐开元二十五年令"的顺序。这是为什么呢？我们先来看看汪先生列举的《田令》顺序与《通典》及《唐令拾遗》中顺序的不同。

《试释》中的《田令》顺序	《通典》中的《田令》顺序	《唐令拾遗》中的《田令》顺序
1	1	1
2	2	3
3	11	12
4	12	13
5	13	14
6	5	6
7	23	21
8	无	22
9	无	23
10	20	18
11	21	19
12	无	24
13	3	4
14	4	5

续表

《试释》中的《田令》顺序	《通典》中的《田令》顺序	《唐令拾遗》中的《田令》顺序
15	6	7
16	7	8
17	8	9
18	9	10
19	10	11
20	17	15
21	18	16
22	19	17
23	22	20
24	14	31
25	15	32
26	24	29
27	25	30

按道理说，《通典》也好，《唐令拾遗》也好，所列《田令》的顺序应该是唐朝《田令》的正确顺序，而汪先生也一定知道这一点，那他为什么要改变这一顺序呢？《试释》没有说明理由。我理解，汪先生是知道《田令》顺序的，但他为了理解方便和研究方便，有意识地调整了《田令》顺序，而经过他的调整后，《田令》的逻辑反而更清楚了。

我们分析一下《试释》中列举《田令》的顺序，就会发现它是按照以下几个板块排列的。

第一个板块是关于一般民众的田地收授，从第 1 条到第 12 条，包括田亩面积、授田数额、何为宽乡何为狭乡、在宽乡和狭乡如何授田、园宅地数额、土地上的种树规定、授口分田的从近原则、收授田地的时间和手续、授田的优先原则、工商业者的授田、没落外藩者的田地如何处理[①]、道士僧尼的授田。其中大部分讲的是授田数额和授田原则。

第二个板块是关于得到土地（特别是永业田）后如何处理，从第 13 条到

---

① 按照《试释》的逻辑，此条或应放到第二板块中。

第 23 条，包括官员的永业田数额、永业田可传子孙、永业田不得在狭乡受、赐田不得在狭乡给、解免除名者永业田的处理、永业田不足而身死如何处理、袭爵者如何继承永业田、听卖永业田和口分田的原则、买地的原则、买卖土地的手续、关于不得贴赁和质的规定。其中大部分讲的是受田后的所有及处理原则。

第三个板块是关于职分田和公廨田，从第 24 条到第 27 条，包括京官职分田、外官职分田、京城诸司公廨田、在外诸司公廨田。

这样看来，这一排列倒比《田令》本来的顺序逻辑更加清晰，更便于理解和掌握。汪先生不惜打破已有的、确定的《田令》顺序，按照自己的理解重新排列《田令》条文，将相关规定集中起来，不仅使《田令》更易理解，而且反映出一种打破常规的勇气和实事求是的精神。

三

在注释《田令》时，汪先生凭着深厚的史料功底、对唐朝田制的熟稔，以及敏锐的学术洞察力，对所引《田令》存在的问题进行了令人信服的考辨。这里举两个例子。

《试释》举出的第 2 条令文来自《通典》，原文略云："丁男给永业田二十亩，口分田八十亩。其中男年十八以上亦依丁男给。老男、笃疾、废疾各给口分田四十亩，寡妻妾各给口分田三十亩……黄、小、中、丁男子及老男、笃疾、废疾、寡妻妾当户者，各给永业田二十亩，口分田二十亩。"

《试释》此条的第④个注释为："'黄、小、中、丁男子'显然有误，当作黄、小、中女男子或黄、小、中男女。'口分田二十亩'，亦有误，据《唐六典》户部郎中员外郎条，'若为户者，则减丁之半'，知丁男以外作户主者，应受田为五十亩。据敦煌户籍残卷，知此类人各应受永业田二十亩，口分田三十亩。"①

这里，汪先生看到了其中的"丁"显然有误，因为丁男当户的给田，在本条令文开头就已经规定了，因此认为应该是"中女男子"或"中男女"。中华

---

① 汪篯：《汉唐史论稿》，北京大学出版社，1992，第 158~159 页。

书局出版的《通典》点校本，此句写作"黄、小、中、丁男女"，并出校勘记说："黄小中丁男女'女'原讹'子'，据北宋本、傅校本、递修本、明抄本、明刻本改。按：《册府》卷四九五（5927 页）也作'女'"①。这是改"子"为"女"，但仍保留了汪先生不同意的"丁"字。到底除"女"讹为"子"外，是否应该有"丁"呢？

近年来唐令研究的一大进步是发现了天一阁藏的北宋《天圣令》，让我们看到了《天圣令》中所附的唐令。其中所附唐令最多的一篇就是《田令》了。我们查天圣《田令》所附的唐令（以下简称为"天圣《唐田令》"），在"唐 2"条的此处明确写作"黄、小、中男女"②，没有"丁"字，与《通典》所见文字不同，却与汪先生考证后的第二方案完全一样。

不仅如此，汪先生指出"口分田二十亩"有误，"二十亩"应为"三十亩"的问题，在点校本《通典》中仍为"二十亩"，而在天圣《唐田令》中则赫然写作"口分田三十亩"。这不能不让人佩服汪先生的考证功力。

《试释》列举的《田令》第 6 条略云："每亩课种桑五十根以上，榆枣各十根以上，三年种毕。乡土不宜者，任以所宜树充。"然后注释说："据唐律户婚律里正授田课农桑疏议：'依田令，户内永业田课植桑五十根以上，榆枣各十根以上。土地不宜者，任依乡法。'此作'每亩'，误。当作'每户'。"③关于此处到底是"每亩"还是"每户"，中日史学家有过争论。新发现的北宋《天圣令》中的《田令》"宋 2"条，是在唐令基础上修改的，略作"诸每年课种桑枣树木，以五等分户，第一等一百根……乡土不宜者，任以所宜树充"④。宋令此条文字显然是在唐令基础上修改的，最后一句的"乡土不宜者，任以所宜树充"与《唐令》完全相同即可证明。从这条宋令看，很明确是以"户"为单位的。因此，依据宋令，复原后的唐令也应该以"户"为单位，而以"亩"为单位则是错的。宋家钰先生在作此条令文的复原时就肯定了汪先生的主张，

① （唐）杜佑撰，王文锦、王永兴、刘俊文、徐庭云、谢方点校《通典》卷二《食货二》，中华书局，1992，第29 页、第 47 页。

② 天一阁博物馆、中国社会科学院历史研究所天圣令整理课题组：《天一阁藏明抄本天圣令校证》，中华书局，2006，第 254 页。以下简称为《校证》。

③ 汪篯：《汉唐史论稿》，北京大学出版社，1992，第 159~160 页。

④ 《校证》，中华书局，2006，第 253 页。

认为"每亩"乃"每户"之误，并依此复原了唐令此条①。

以上两条令文的错误，都是汪先生凭借史料功底与缜密思索考辨出来的，并为新出资料所证明。这种考辨功夫建立在对史籍的熟读，对相关制度的把握，以及符合逻辑的推理之上，值得我们好好学习。

《试释》一文也有一些不足。这些不足有的是整理遗稿时产生的，责任自然不在汪先生。比如所举的第 12 条令文来自《唐六典》"户部郎中员外郎"条，略作"凡道士给田三十亩，女冠二十亩，僧尼亦如之"。并注释说："唐制，反逆缘坐，没其家为官奴婢。一免为番户（官户），再免为杂户，三免为良人。官户、杂户，州县无贯，配隶诸司。"②

这条注释很奇怪，它与令文没有任何关系。因为令文讲的是道士女冠僧尼的给田问题。这是怎么回事呢？我想这是整理遗稿时发生的错简。查《唐令拾遗》，在"道士僧尼给田"条之下，有一条作"杂户者，依令，老免进丁受田，依百姓例。官户受田，减百姓口分之半"③。推测汪先生的注释应该是针对此条令文的，但不知为何此条令文没有出现在《试释》一文中。通观《试释》，汪先生只对他认为最重要的条文作注释。这里对杂户、官户受田的令文注释，说明他看到了此条令文的重要性。可惜的是，这条重要令文在《唐令拾遗》中很不完整，且在《试释》中也没有踪影，影响了对唐朝《田令》的整体理解。

可喜的是，天圣《唐田令》中保存了这条令文，此即"唐 29"条："诸官户受田，随乡宽狭，各减百姓口分之半。其在牧官户、奴，并于牧所各给田十亩。即配戍镇者，亦于配所准在牧官户、奴例。"④此条令文的价值在于除规定官户受田外，还规定了某些"官奴"也可给田。试想，汪先生如果看到了这条令文，一定会写出令我们期待的重要注释乃至研究的。

《试释》所列令文第 13 条是授予官员永业田的规定，在讲到"职事官从五品各五顷"之后没有了授六品以下永业田的数额。于是《试释》注释说："足证唐六品以下官吏，所受永业田之数，与庶人同。《新唐书·食货志》云：

---

① 《校证》，中华书局，2006，第 442 页。
② 汪篯：《汉唐史论稿》，北京大学出版社，1992，第 160~161 页。
③ 〔日〕仁井田陞著，栗劲、霍存福、王占通、郭延德编译《唐令拾遗》，长春出版社，1989，第 569 页。
④ 《校证》，第 258 页。

'六品、七品二顷五十亩，八品、九品二顷。'不知所据，盖误。"[1]但是，新发现的天圣《唐田令》"唐5"条，在"从五品各五顷"之后，明确写有"六品、七品各二顷五十亩，八品、九品各二顷"[2]，可证唐代六品以下给永业田的数额还是要多于庶人的，《新唐书》的说法显然有令文依据。《试释》的注释在这方面或略有不足，但《通典》为何删去六品以下永业田的数额则仍是一个值得探讨的问题。

中国的唐史研究者与日本学者不同，早期学者并不重视对唐令的研究，特别是不重视对唐令令文的梳理、考辨、探究。1949年以后，随着社会经济史研究的兴起，有些学者开始注意使用唐令，特别是其中的《田令》《赋役令》等，但对令文本身的研究依然稀少。在这一领域，汪篯先生应该属于一个先行者。我在研读汪先生的这篇《试释》时，一方面惊讶于他的考辨功力，更重要的是佩服他对唐令令文的具有实用意义的梳理和注释。他完全是为了研究唐朝的土地制度而去研究《田令》，有着极强的自觉，与那种就令文研究令文，汲汲于一字半字异同的做法迥异。这一点也值得我们后辈认真学习。

很可惜汪先生没有把他对《田令》的整体思考留下来。后来，继承他的学问、致力于《田令》研究的宋家钰先生过早辞世，也没能把他对《田令》的整体研究（特别是天圣《田令》研究）写出来，这是十分令人遗憾的。现在的年轻学者已很少有人愿意在土地制度、在田令上下功夫了。今天我们在这里纪念汪先生，纪念他在唐朝土地制度研究方面的贡献，就想借此机会呼吁一下年轻学者：随着《天圣令》的发现，《田令》的探讨空间还很大，还有许多问题值得重新研究。如果有年轻学者能向汪篯先生学习，通过自己努力，写出一个全新的《唐田令注释》或《唐田令研究》来，那才是对汪先生的最好纪念。

（黄正建　中国社科院历史研究所）

---

[1] 汪篯：《汉唐史论稿》，北京大学出版社，1992，第161页。

[2] 《校证》，中华书局，2006，第255页。

如何应对史籍中遗留的数据

——读汪篯先生《隋唐耕地面积问题研究》

    汪篯先生《隋唐耕地面积问题研究》原是三篇研究札记，分别题为《史籍上的隋唐田亩数非实际耕地面积》《史籍上的隋唐田亩数是应受田数》《唐代实际耕地面积》，先后于 1962 年 8 月至 10 月发表于《光明日报》史学栏目，与此前发表的《隋代户数的增长》一起以"隋唐史杂记"为副标题贯之[①]。1981 年，唐长孺、吴宗国、梁太济、宋家钰、席康元等先生整理出版《汪篯隋唐史论稿》[②]，将其按原有形式收入。1998 年，这三篇集中讨论隋唐耕地面积问题的札记方才以现有标题合并，收入北京大学出版社出版的《北京大学百年国学文萃·史学卷》[③]。其后，合并版又被先后收入《20 世纪中华学术经典文库·历史学·中国古代史卷》[④] 和《中国古代史读本》[⑤]。

    隋唐结束了汉末以来的分裂局面，在政治上实现了统一，促进了生产的恢复和发展。其时全国耕地面积的多少是研究隋唐经济史乃至整个隋唐史不得不面对的问题。但是，由于史籍记载的舛误，历来学者关于这一问题的认识

[①] 汪篯：《隋代户数的增长——隋唐史杂记之一》，《光明日报》1962 年 6 月 6 日；《史籍上的隋唐田亩数非实际耕地面积——隋唐史杂记之二》，《光明日报》1962 年 8 月 15 日；《史籍上的隋唐田亩数是应受田数——隋唐史杂记之三》，《光明日报》1962 年 8 月 29 日；《唐代实际耕地面积——隋唐史杂记之四》，《光明日报》1962 年 10 月 24 日。

[②] 汪篯著，唐长孺等编《汪篯隋唐史论稿》，中国社会科学出版社，1981，第 28~69 页。

[③] 汪篯：《隋唐耕地面积问题研究》，载北京大学中国传统文化研究中心编《北京大学百年国学文萃·史学卷》，北京大学出版社，1998，第 388~401 页。

[④] 汪篯：《隋唐耕地面积问题研究》，载彭卫、张彤、张金龙主编《20 世纪中华学术经典文库·历史学·中国古代史卷》中册，兰州大学出版社，2000，第 220~240 页。

[⑤] 汪篯：《隋唐耕地面积问题研究》，载陈苏镇、张帆编《中国古代史读本》下册，北京大学出版社，2006，第 511~533 页。

不一，没有形成可靠的、被普遍接受的观点。汪篯先生的这一研究正如三个小标题（即初刊时三个札记的题目）所提示的，厘清了史籍中关于隋唐田亩数的记载乃是应受田数而非实际耕地面积，并通过较为可靠的推理估算出了唐天宝时实际耕地面积的大致范围。汪篯先生这一文章既回应了大的历史命题，廓清了学界以往的误解，同时在具体研究路径上，尤其是面对史籍中遗留的数据的态度和处理方法方面，也给后来者提供了很好的示范[①]。时值先生百年诞辰，笔者不揣冒昧，写出学习这篇文章的感想。

唐长孺先生在《汪篯隋唐史论稿》的序言中回忆他和汪篯先生的交往时说："（汪篯先生）往往提出一些令人必须思考但却对我来说恰恰是没有思考，或没有认真思考过的问题。……常常是习见之书，熟知之事，从未察觉其间有什么问题，经他一提，便瞠目不知所对。"[②]唐先生此语自是自谦之词，但汪先生的学术嗅觉相当敏锐也是事实，他关于隋唐耕地面积的研究便是从《通典》卷二《食货典·田制下》关于开皇、大业和天宝的田亩数记载开始的。除了大业中的数字因为过于离谱而受到怀疑之外，学者一般都将这些田亩数当作当时的实际耕地面积，而汪篯先生则对此有所怀疑。汪先生分别将隋唐的疆域及其开发状况与近现代的情形进行对比，指出隋唐的耕地面积当与近现代相差甚远，而《通典》记载的数字经过换算后竟然接近甚至超过近现代，由此可以判断这些数字并不是当时的实际耕地面积。为了进一步证实这个判断，汪篯先生将史籍中所记历代田亩数的最高数字及具有意义的数字进行了比照[③]，可以看出其中除了隋唐以外，没有任何一代的田亩数达到或者接近一千万顷，这显然不符合事实。

既然史籍上的隋唐田亩数并非实际耕地面积，那么它到底是什么呢？汪

[①] 关于这一点，吴宗国先生在《汪篯传略》中已进行过一些总结，指出汪先生"在研究中不仅注意历史发展的阶段性，而且非常注意各个阶段的数量关系，经常进行各种统计和计算"，"对于数字，他也不是拿来就用，而是先要进行仔细的考证"，"有时他还把古代有关的数字和近现代有关的数字进行对比，以考察这些记述的准确性"。（见吴宗国《汪篯传略》，载汪篯《汉唐史论稿》，北京大学出版社，1992，第 270 页）另外，张帆先生在《中国古代史读本》下册收录此文的导言中亦提纲挈领地指出："研究中国古代经济史时，如何看待、处理和利用史籍中遗留下来的有关数据，往往是十分棘手的。本文在这方面提供了一个比较成功的范例。"（见陈苏镇、张帆编《中国古代史读本》下册，北京大学出版社，2006，第 511 页。）

[②] 唐长孺：《〈汪篯隋唐史论稿〉序言》，载汪篯著，唐长孺等编《汪篯隋唐史论稿》，中国社会科学出版社，1981，第 1 页。

[③] 汪篯先生此处所排比数据系各代史籍原文，尺度不一，似应以统一尺度换算后再进行比较为当。

钱先生认为这些数字应该是《新唐书》《旧唐书》《通典》载唐玄宗时田亩数所提到的"应受田",即度支或户部将各州或郡申报的户籍簿中的"合应受田"部分相加而得。为了说明这一点,汪篯先生首先对唐玄宗时的田亩数记载进行了分析,他通过多方面考索找出或估算出均田制下当时的各种受田人口数,推计和估计出各种人口的应受田额,加总得出当时的应受田总额约为一千四百四五十万顷,与史籍所载的应受田数基本符合。以此为基础,汪先生通过比较几个时段政策、形势的差异,对《通典》所载隋开皇、大业的田亩数也做了简要的分析。他提出开皇的"任垦田"即"应受田",其在数额上比唐玄宗时期略大而又相差不甚远有相当的合理性。而史籍中关于隋炀帝大业年间田亩数的离谱记载"垦田五千五百八十五万四千四十顷"则有可能是"垦田千五百八十五万四千四十顷"的错讹,如此调整以后,则无论是与前后相较还是通过加总应受田额都可以相合。

廓清史籍所载隋唐田亩数的性质之后,接下来所面临的挑战便是唐代的实际耕地面积问题。《通典》卷六《食货典·赋税下》载天宝计帐:"其地税约得千二百四十余万石。(原注:西汉每户所垦田,不过七十亩,今亦准此约计数。)"[1] 当时有户约八百九十余万,而地税每亩二升,据此,杜佑的潜台词就是说,当时征收地税的垦田面积约为六百二十余万顷。汪篯先生敏锐地发现了这一突破口,分三个步骤来解决唐代的实际耕地面积问题。其一,通过对田令和敦煌户籍资料的分析论证唐代社会上的"私有土地"都被纳入均田制下"已受田"中,载入户籍,而唐代的地税则是根据包括户籍所载已受田和户籍之外"借荒"一类性质的田在内的全国所有的耕地征收,那么,"杜佑在天宝计帐中所估计的据以征收地税的六百二十余万顷田亩数,指的是那时候政府所掌握的全国耕地面积"[2]。其二,从杜佑所掌握的天宝时期财政收入和支出的一些资料、天宝时期的部分郡县户籍和唐代一般农民耕作亩数的实际状况两个角度来分析杜佑取汉测唐的根据,从而说明杜佑每户约有田七十亩的估计及在其基础上关于天宝中政府掌握的全国耕地面积的估计有一定的合理性。其三,以汉代耕地面积为参照点,根据各个地区汉唐人口的分布与变化,

---

① (唐)杜佑撰,王文锦、王永兴等点校《通典》卷六《食货典·赋税下》,中华书局,1988,第110页。

② 汪篯:《隋唐耕地面积问题研究》,载北京大学中国传统文化研究中心编《北京大学百年国学文粹·史学卷》,北京大学出版社,1998,第396页。

并结合我国现代的各省耕地面积分布，推校出唐天宝年间包括隐田在内的实际耕地面积约在八百万顷至八百五十万顷（依唐亩积计）之间，除去政府掌握的耕地，再以逃户每户耕六十亩计，则可推出当时逃户约在三四百万之间。

以上梳理了汪篯先生在《隋唐耕地面积问题研究》一文中的主要思路和观点，不难看出，无论是问题的提出，还是论证的过程，都始终围绕着史籍中遗留的数据进行。汪篯先生有相当不错的数学功底，在考入清华大学历史系时以"学史而数学独得满分为人惊奇"[1]，这自然是他在处理数据方面得天独厚的优势。但是，从一般的意义而言，在如何看待、处理和利用史籍中遗留的数据方面，汪篯先生此文也给了我们非常重要的启发，以下结合文章内容约略言之。

汪篯先生这一研究的基本立足点在于对史籍中遗留的数据的价值怀有肯定与审慎的态度。一方面坚信史籍中遗留的数据有其存在价值，另一方面又对它的价值面向怀有高度的警惕。而正是这种态度使得汪先生能够充分挖掘这些数据真正的价值，既不忽视历史资讯，也尽量避免曲解历史。如前所述，在汪先生以前，学者往往都将《通典》卷二《食货典·田制下》所载田亩数当作当时的实际耕地面积，即使是对于大业年间的离谱数字，也往往强作解释。汪篯先生对此并不认同，于是通过扎实的研究予以反驳，证实这些田亩数并非实际耕地面积。这项研究本可以到此为止，但是他并没有止步，而是继续探索这几个数据的真实意义与来源，方才有了该文的第二部分，让我们认识到史籍所载隋唐田亩数是应受田数。此外，对均田制下应受田的估算和加总所得到的数据与史籍记载相合，也在某种程度上推进了对均田制的认识，这是对这些数据延展意义的挖掘。

在利用《通典》卷六《食货典·赋税下》所载天宝计帐估算天宝年间实际耕地面积时，汪篯先生对杜佑取汉测唐得出每户垦田七十亩的观点的认可与继承也充分体现了他的这一态度。一方面，汪先生认为"古人书事，往往惜墨如金"，"杜佑所以取汉测唐，并非任意妄度"[2]，因此他没有对杜佑的这一判断晒而弃之；另一方面，他在肯定其价值的基础上还是对杜佑如此判断的根据进行了仔细推敲，或者说是尽可能再现了杜佑做出这一判断的推理过程，

---

① 吴宗国：《汪篯传略》，载汪篯《汉唐史论稿》，北京大学出版社，1992，第263页。
② 汪篯：《隋唐耕地面积问题研究》，载北京大学中国传统文化研究中心编《北京大学百年国学文粹·史学卷》，北京大学出版社，1998，第396页。

然后才据此估算天宝年间官方所掌握的实际耕地面积，并将这一户均垦田标准进行微调后运用于逃户的估算。

有趣的是，汪篯先生面对史籍中遗留数据的这种态度与国内近年来盛行的史料批判研究颇有相通之处。孙正军先生曾将史料批判研究的重点概括为"史料真伪并不重要，重要的是史料为什么会呈现现在的样式"[①]，实际上也就是肯定和挖掘史料形成过程的意义。我们都知道，史料的形成总在有意或无意间受到所处时代各种因素的影响，所以无论史料陈述内容真假如何，探究史料的形成过程都有助于发现这些有意或无意间留下的蛛丝马迹。作为史料的一部分，史籍中遗留的数据自然也不例外。汪篯先生对于史籍所遗留的数据，同样也不局限于它所陈述的意义，而是将目光放到数据的形成过程中去，既考辨史籍中数据陈述的真伪，同时也挖掘其真实的、更丰富的含义。

当然，要探究史籍中遗留数据的形成过程以发现其真实意义，我们显然不能局限于数据本身，还应该对与数据形成相关的其他内容相当熟悉，甚至是进行研究，包括相关的典章制度、社会情势、书写者与书写习惯等等，而这也恰恰是汪篯先生给我们的第二点启示。

讨论唐代前期的耕地面积问题，均田制是绕不过去的症结。汪篯先生为了论证史籍所载隋唐田亩数是应受田数，特地将均田制下的授田群体逐一进行分析，通过各种方法估算其人口，并将各类人口应受田额加总，从而得到均田制下全国应受田的总额，恰与史籍所载田亩数相合。均田制相当复杂，尤其是在汪先生所处的时代，相关研究虽丰富但也众说纷纭，因此汪先生能够如此条分缕析地进行梳理和计算，其基础正是他对均田制进行的扎实研究。关于这一点，文章还有多处也可以佐证。其一，对于史籍记载天宝中田亩数时用到的"应受田"表达，汪先生敏锐地将其与均田制下《敦煌户籍残卷》的记载规格中的"应受田"联系起来，从而说明它实际上是占田最高限额，包括"已受"与"未受"两部分，与实际耕地面积无关。其二，在利用天宝中田亩数推论史籍所记隋代田亩数性质时，基于对均田制发展沿革的研究，汪篯先生指出隋制妇人、部曲、客女、奴、婢等受田而唐制不受，将之视为史籍所载隋唐田亩数即占田最高限额差异的原因之一。其三，在利用《通典》

[①] 孙正军：《魏晋南北朝史研究中的史料批判研究》，《文史哲》2016年第1期，第22页。

所载天宝计帐来推算政府所掌握的全国耕地面积时，地税的征收范围对于数据性质的判定十分重要，对此，汪篯先生综合利用传世文献与出土文献论证唐代社会已经存在的私有土地也被纳入均田制这一观点，厘正学界以往的不正确认识，进而说明地税的征收涵盖了政府所掌握的社会上既有的私有土地。

如果对汪篯先生的研究比较熟悉，我们不难发现先生遗稿《汉唐史论稿》中有数篇关于均田制的专门文稿，如《北魏均田令试释》《唐田令试释》两篇对北魏和唐代的均田令进行了精当的释读，而《西魏大统十三年敦煌户籍跋语》则是汪篯先生审慎利用敦煌户籍资料研究均田制的一个例证[①]。汪篯先生有关均田制的许多观点今天已经成为学界的共识，如此看来，他在处理和利用这些数据时绝对不是"信手拈来"。

除了均田制外，汪篯先生这篇文章还有许多其他方面的内容也都体现了他对史籍遗留数据相关背景的关注。如他在比较开皇、大业和天宝三代田亩数时对三个时段社会情势变化的梳理，在利用杜佑取汉测唐时对杜佑个人仕宦经历及《通典》所见杜佑资料掌握情况的分析等等。吴宗国先生回忆汪篯先生对青年历史学者的要求，其中第二条是"要有比较广泛的基础知识"，第三条是"学习古代史必须练好基本功"，"反对有些人典章制度没有弄清楚，时间、事实也没有搞清楚就写文章"[②]。这些都是对历史学研究的一般性要求，要处理和利用史籍遗留的数据自然也不能置身事外，而汪篯先生的研究则给我们提供了很好的范例。

以上讨论了汪篯先生应对史籍遗留数据的态度和对数据背景的关注，那么对于数据本身，汪篯先生又给我们留下了什么启发呢？史籍遗留下来的数据往往是不完整的、分散的，因此在利用统计学对其进行量化分析时通常会遇到瓶颈。汪篯先生使用的办法是在充分掌握数据背景的情况下，通过对比，挖掘数据之间的联系，然后利用多种途径进行勾连、转化和估算。比如，在估算开元二十八年（740）户部计帐的应受田总额时，需要知道当时的丁男和

---

① 汪篯：《汉唐史论稿》，北京大学出版社，1992，第144~168页。据吴宗国先生在后记中所述，这几篇是汪篯先生在20世纪60年代初研究和讲授汉唐土地制度所写的文稿和讲课记录。其中对北魏均田令的研究以《对北魏均田令文的解释》为题发于《魏晋隋唐史论集》第1辑（中国社会科学出版社，1981），对唐代均田令的研究以《唐田令释要》为题发于《汉唐文史漫论》（陕西人民出版社，1986）。

② 吴宗国：《汪篯传略》，载汪篯《汉唐史论稿》，北京大学出版社，1992，第271~272页。

中男数字，但是史籍中并没有。巧妇难为无米之炊，但汪篯先生发现了天宝末年的人口约为开元末年的110%，而有关天宝末年人口的记载则比较多，因此他先推算天宝末年丁男和中男中各类人口的数字，加总后再按比例估算开元末年的丁男和中男数字。其中丁男包括课丁和不课丁两种，而这两种人的范围在开天之际是有变化的，如"天下百姓单贫交不存济者租庸，每乡通放三十丁"[①]，是天宝五年（746）制，看似很难以天宝的情况来判断开元的情况，但汪先生紧紧抓住无论是课丁还是不课丁都属于丁男总体这一要点，最后只以丁男和中男总数来按比推算，是非常巧妙的。

汪篯先生利用数据之间的关系做了一些估算和推算，但与此同时，他始终清晰地知道这些估算和推算潜藏的风险，并将其控制在一定的范围内。如在加总开元末年各类人口应受田数之后，即对推算和估算过程中有可能存在的勋田数字误估、战争中丁男损耗、侍丁是否在史籍所载课口范围内等问题进行了反思，只有在"持有一定的理据"[②]时方才用于论证。前面已经说到，史籍遗留的数据存在种种局限性，所以在使用它们时总难以避免遇到这样或那样的问题，而汪篯先生的可贵之处在于面对这些问题时并不逃避，也不因为有问题而将它们弃而不用。换一个角度来看，始终清楚可能存在的问题在哪里，这本身也是实事求是、对数据研究深入的表现。

汪篯先生除了利用史籍所载数据本身之间的关联来进行推演外，还充分利用了近现代的数据来进行研究。古代的数据不全面且性质难辨，而近现代的数据则相对完整和科学，针对一些存在可比性和相关性的古今数据进行推校，既可用以判断史籍遗留数据的性质，也可以由此扩大它们的内涵。如前面所述，汪篯先生在考察《通典》所载隋唐田亩数的性质时，就充分利用了中华人民共和国成立后的土地统计数据，通过比对分析说明这些田亩数不可能是实际耕地面积；而最后在估算唐代实际耕地面积时也利用到了我国现代各省耕地的分布情况。此外，在推算隋代大业年间丁男和十八岁以上的中男人数时，汪先生利用了我国1954年基层选举资料中的人口年龄构成比例，借之估算隋唐时期十八岁至五十九岁男子所占的大致比例，再利用当时的总人口数

---

① （唐）杜佑撰，王文锦、王永兴等点校《通典》卷六《食货典·赋税下》，中华书局，1988，第110页。
② 汪篯：《隋唐耕地面积问题研究》，载北京大学中国传统文化研究中心编《北京大学百年国学文粹·史学卷》，北京大学出版社，1998，第392页。

进行计算。

需要指出的是，汪篯先生在利用近现代数据研究古代数据时始终遵循了两个原则。第一，两个数据之间必须存在直接的客观的联系，或者称为它们共有的客观基础。汪篯先生关于耕地面积和耕地分布的分析即建立在共有的地域范围这一基础上，而人口比例分析的基础则是人口构成的基本规律。第二，在使用具有共同客观基础的古今数据时，还必须准确把握二者之间的差异，实际上也就是古今变化的过程。汪篯先生在分析耕地面积时就考虑到了古今各个地区开发程度不同、国家控制力差异等情况，在利用现代人口构成推算古代人口比例时也基于医药条件差异、古代重男轻女习俗等因素进行了微调。这两个原则相当重要，在使用这种数据处理方法时缺一不可，而汪篯先生的研究之所以成功，在相当程度上也是源于此。

近年来，国内以"量化历史"或"计量史学"为旗帜关注历史数据的学者逐渐多了起来。与汪篯先生不同的是，这些研究往往吸纳了更多学科的参与，使用了更为复杂的统计与计量方法，同时数据本身也不局限于史籍遗留数据及其衍生数据，而开始通过文本资讯提取、统计与建立资料库等方式方法发现和创造历史数据。显然，从技术手段和研究视野上来说这些都已经远远超越了汪篯先生所处的时代，但正是在这种情形下，汪篯先生的研究给我们留下的遗产才显得更为珍贵。这些更复杂的计量方法、更广阔的研究视野，为史籍遗留数据价值的开发提供了更为广阔的舞台。然而无论如何，这一切研究都建立在对史籍遗留数据性质、内容准确把握的基础之上。即便是通过文献资讯提取与统计得到的"新"的历史数据，其前提也必须是对提取和统计对象性质的正确认知，如此方能避免提取和统计以及使用过程中的偏颇和错误。汪篯先生的这种研究理路可以概括为史籍遗留数据的历史本位考察，在越来越多相关学科介入史籍遗留数据乃至全部历史数据的研究的时候，坚守这种历史本位的考察实在是必要的，而汪篯先生的研究则给我们提示了这种考察的可能性与路径。

以上集中分析了这篇文章体现出来的汪篯先生在看待、处理和利用史籍遗留数据方面的方式方法，给了我们后来者极大的启发。殊为遗憾的是，由于牵涉面广，又限于篇幅，汪先生关于唐代实有耕地面积和逃户数量的估算过程没有在这篇文章中详细呈现。且据唐长孺先生回忆，与这一研究相关联，汪先生还对当时包括所谓"江南郡县"和"江北郡县"的范围、江南折租布、军粮数字等财经制度有所疑问并有自己的看法，打算——进行研究①。由于汪篯先生过早地辞世，我们再也无缘从汪先生的作品中得知这些研究细节和观点。也因为此，我们青年一代更当努力揣摩和学习汪篯先生的治学方法，将这种史学本位的考察传承下去。

（黄承炳　北京大学历史学系）

---

① 唐长孺:《〈汪篯隋唐史论稿〉序言》，载汪篯著，唐长孺等编《汪篯隋唐史论稿》，中国社会科学出版社，1981，第 1 页。

马克思主义史学视野下汪篯先生的
经济史研究

汪篯先生（1916~1966），江苏江都人，生于扬州。师从陈寅恪，毕生主要从事隋唐史研究，在政治、经济等领域多有建树，撰写了相当数量的文稿和札记。但因其治学态度严谨，对论文发表比较慎重，复因平时承担有繁重的教学等工作，未及修改定稿，因而正式发表的不多。加之英年早逝，且岁时历久，手稿有所散佚，难以窥见其全貌。本文仅就《汪篯隋唐史论稿》及《汉唐史论稿》所载文稿略做探讨[①]，谨以纪念先生百年诞辰。

一 汪篯经济史研究概述

汪篯在经济史方面的主要研究，可分为四个方面。

一是对秦汉土地制度和农民阶级斗争的初步探讨。1954~1955 年间，因讲授秦汉魏晋南北朝史而撰成的部分讲义，收录于《汉唐史论稿》[②]。讲义比较系统地反映了此阶段作者对秦汉政治、经济和思想文化的初步思考，涉及秦汉

[①] 汪篯著，唐长孺等编《汪篯隋唐史论稿》，中国社会科学出版社，1981；汪篯：《汉唐史论稿》，北京大学出版社，1992。

[②] 包括自《秦朝中央集权统一国家出现的历史条件》至《王莽代汉和王莽改制》共十二篇文稿，见《汉唐史论稿》，第 1~130 页。此前，汪篯以"述彭"的笔名发表《秦始皇》，《进步日报》1951 年 10 月 26 日，后作为附录收入《汪篯隋唐史论稿》，第 299~308 页。相比讲义，该文仅从中央集权制国家形成的角度阐述秦朝及秦始皇统一中国的历史条件，缺乏土地制度等经济领域的分析。

土地制度和让步政策问题[①]，体现了作者主动应用马克思主义原理来构建通史框架的努力。

二是对汉唐土地制度和均田制的整体思考。自 1956 年起，作者把教学和科研的重心转移到南北朝史和隋唐史，开始对中古时期的均田制展开深入研究。到 1964 年，已经形成了一整套看法。《北魏均田令试释》《西魏大统十三年敦煌户籍跋语》《唐田令试释》《均田制在中国历史上的地位》应写成于此期间（20 世纪 60 年代初，以上论稿收录于《汉唐史论稿》）[②]，但因自认为观点还不成熟，需要进一步研究，故未曾发表。以均田制为中心，汪篯还从整体上把握汉唐间土地制度演变的趋势，撰写有《从剥削关系看封建土地所有制的性质》（《光明日报》1960 年 1 月 7 日）、《两汉至南北朝大族豪强大土地所有制的发展和衰落》（1961~1963，"隋唐史"课程讲稿，以上收录于《汉唐史论稿》）、《关于农民的阶级斗争在封建社会中的历史作用问题》（1966 年 3 月 16 日《新建设》编辑部座谈会发言稿，收录于《汪篯隋唐史论稿》[③]）三篇论稿。本组论稿虽然大多未正式发表，但其观点集中体现于 1962 年作者在中央党校所做的两次讲座"唐太宗""武则天"中[④]。

三是对隋唐户口、土地记载的考证。本组文章包括"隋唐史杂记"四篇：《隋代户数的增长》（《光明日报》1962 年 6 月 6 日）、《史籍上的隋唐田亩数非实际耕地面积》（《光明日报》1962 年 8 月 15 日）、《史籍上的隋唐田亩数是应受田数》（《光明日报》1962 年 8 月 29 日）、《唐代实际耕地面积》（《光明日报》1962 年 10 月 24 日），均收录于《汪篯隋唐史论稿》。与作者在此阶段的

---

① 在此之前，汪篯以"季铿"笔名发表两文：《唐太宗"贞观之治"与隋末农民战争的关系》，《光明日报》1953 年 5 月 30 日；《关于隋末农民大起义的发源地问题》，《光明日报》1953 年 7 月 11 日。这应该是汪先生第一次在发表的论文中尝试运用阶级斗争和让步政策的理论来分析隋唐之际农民战争原因及其历史作用。

② 见吴宗国为《汉唐史论稿》所撰《汪篯传略》及《后记》，北京大学出版社，1992，第 264、269、274 页。

③ 《汪篯隋唐史论稿·后记》仅称此文是在北京一次座谈会上的专题发言，具体情况不详，第 327~328 页。据新版吴宗国《汪篯传略》，该文是 1966 年 3 月 16 日在《新建设》编辑部召开的关于"让步政策"问题的座谈会上发言的一部分。《汪篯汉唐史论稿》，北京大学出版社，2017，第 595 页。

④ 据中共中央高级党校历史教研室整理的《唐太宗和武则天》（记录稿，中共中央高级党校历史教研室，1964 年）的说明，这是汪篯于 1962 年 11 月 9 日和 21 日先后给该校 1961 年班所做报告的记录。党校于 1964 年 6 月印发供校内参考。其中，唐太宗部分内容经过报告人修改，武则天部分则未经修改。但据《汪篯隋唐史论稿》（第 118 页），《武则天》一文的报告时间是 1962 年 11 月 11 日，且文字经过作者修订，与前书略有不同。1981 年，求实出版社将上述记录稿中的《唐太宗》一文整理出版，并附录《唐太宗"贞观之治"与隋末农民战争的关系》《唐代前期的法令和制度》两文，全书题为《唐太宗与"贞观之治"》。

研究重心是一致的，属于均田制和土地制度方面的基础研究[①]。

四是对唐代后期经济发展的思考。本组札记以《隋唐史杂记》（写成于1961~1962年）为名收录于《汉唐史论稿》中，是作者在写作《中国史纲要》第二册隋唐部分（该部分文稿大部分完成于1962年，初版于1965年）时所记录的一些思考[②]，涉及财政、税制等方面的变化，主要集中于唐后期。

此外，还有一篇《隋唐时期丝产地之分布》，亦未曾公开发表（收录于《汪篯隋唐史论稿》），推测写成时间在1949年前，为其所写《隋唐之际群雄盛衰兴亡之连环性及其内部组织问题》手稿的一部分[③]，但相关度似不高。

由此可见，汪篯的经济史研究主要是在进入20世纪50年代后开始的。在此之前，汪先生的研究主要集中于政治史领域，且明显受陈寅恪影响，所谓"师徒相承之迹，跃然纸上"[④]。中华人民共和国的成立，中国人民革命的胜利，表明马克思主义原理在分析中国近代历史时所具有的理论阐释能力，唯物史观及其史学著作的"科学性得到了验证"[⑤]。所以，学习马克思主义理论，运用唯物史观，成为1949年之后一段时间内绝大多数史学研究者积极"预流"的不二法门[⑥]，由此奠定所谓的新中国"十七年"史学[⑦]。汪篯早年即投身进步学生运动，同情共产党的主张，对马克思主义有所了解，因而中华人民共和国成立后在北大担任过辩证唯物主义和历史唯物主义教员，并很快加入中国共产党（1950），积极学习马克思主义，甚至还脱产在马克思列宁学院二

[①] 关于这四篇札记的价值与意义，已见其他学者的评述，参胡如雷《读〈汪篯隋唐史论稿〉兼论隋唐史研究》，《读书》1982年第2期；胡戟等主编《二十世纪唐研究·经济卷》第1章《土地》（卢向前执笔），中国社会科学出版社，2002，第313~314页。本文从略。

[②] 吴宗国：《汪篯传略》，载汪篯《汉唐史论稿》，北京大学出版社，1992，第265页。

[③] 《汪篯隋唐史论稿·后记》，载汪篯著，唐长孺等编《汪篯隋唐史论稿》，中国社会科学出版社，1981，第327页。

[④] 胡如雷：《读〈汪篯隋唐史论稿〉兼论隋唐史研究》。

[⑤] 陈其泰主编《中国马克思主义史学的理论成就》第1章第3节（张越执笔），国家图书馆出版社，2008，第46页。

[⑥] 陈寅恪在《陈垣〈敦煌劫余录〉序》中指出："一时代之学术，必有其新材料与新问题。取用此材料，以研求问题，则为此时代学术之新潮流。治学之士，得预此潮流者，谓之预流。其未得预者，谓之不入流。"载氏著《金明馆丛稿二编》，上海古籍出版社，1980，第236页。

[⑦] 参见陈其泰《正确评价新中国成立后十七年的史学成就》，《当代中国史研究》2012年第3期；陈其泰《正确评价新中国17年史学道路》，《史学理论研究》2013年第2期；孙卫国《〈史学月刊〉与新中国"十七年"史学典范之构建》，《河南大学学报》（社会科学版），2016年第6期。

部（1951年冬~1953年底）系统学习马列主义、毛泽东思想[①]，并用来指导其教学和科研工作[②]。

二 古代史分期讨论与汪篯经济史研究的开始

从 20 世纪 30 年代的中国社会史论战，到中华人民共和国成立，已经过去了 20 余年。在此期间，有关中国历史分期的讨论热度不断，未尝衰息。经

[①] 马克思列宁学院（1948~1955，简称马列学院，即今中共中央党校前身）第二部的教学任务，是专司培养具有相当独立工作能力的党的各项实际工作的领导干部（见《关于马列学院的教学任务、教学方针、组织机构、组织领导及党务工作向毛主席并中央的报告》，1953 年 5 月 23 日，载中共中央党校编《中共中央党校校史文献史料选编》，中共中央党校，2013，第 294 页）。自 1948 年成立，至 1952 年初，马列学院共招收了三批五个班。第一批学员（1948 年 11 月招生）为第一班（1951 年 8 月毕业），第二批学员（1950 年 7 月招生）编为第二、第三班，第三批学员（1951 年 9 月招生）编为第四、第五班。但汪篯并非由此招生渠道进入马列学院学习的。1951 年 10 月，中宣部和教育部决定由全国各大学抽调党员教授 15 人，随第二、第三班学习。截至 1952 年 1 月，已入学 11 人，其中 7 人为大学副校长、教授、副教授或讲师，4 人为一般教学行政工作人员。汪篯应为 7 人之一。这一举措是中宣部、教育部为贯彻落实毛泽东和中共中央关于教育和改造知识分子的指示而开展的。1950 年 6 月 6 日，毛泽东在中国共产党第七届中央委员会第三次全体会议上发表讲话《不要四面出击》，提出："对知识分子，要办各种训练班，办军政大学、革命大学，要使用他们，同时对他们进行教育和改造。要让他们学社会发展史、历史唯物论等几门课程。"（《毛泽东选集》第 5 卷，人民出版社，1977，第 22~23 页）1951 年 9 月 29 日，周恩来受中共中央委托，向北京、天津两市高校教师学习会做《关于知识分子的改造问题》报告，号召知识分子要"从民族立场进一步到人民立场，更进一步到工人阶级立场"，而"毛泽东思想体现了中国工人阶级的伟大思想。即将出版的《毛泽东选集》第一卷，就是体现中国工人阶级思想的伟大著作"（《周恩来选集》下卷，人民出版社，1984，第 59~71 页）。11 月 30 日，中共中央印发《关于在学校中进行思想改造和组织清理工作的指示》，要求在校的大中小学教职员和高中以上学生普遍进行初步思想改造的工作，建立为人民服务的观点，并开展批评和自我批评，进行自我教育和自我改造［中央档案馆、中共中央文献研究室编《中共中央档案选集（1949.10—1966.5）》第 7 册，人民出版社，2013，第 284~290 页］。为配合上述政策，当时马列学院二部针对学员所开设的课程有：（一）历史和地理，包括社会发展史（艾思奇）、中国近代史（胡绳）、西方近代革命史（杨献珍）、世界的与中国的政治经济地理；（二）马克思列宁主义基础，包括辩证唯物论与历史唯物论、政治经济学（王学文、郭大力）、马克思列宁主义基本原理［以联共（布）党史为中心，并参考马、恩、列、斯的传记］；（三）中国共产党史（以研究《毛泽东选集》为中心）、中国共产党的建设及目前党的政策；（四）文章作法、选文和作文（何其芳、杨思仲、何家槐、熊白施）。此外，艾思奇、杨献珍、陈伯达分别讲哲学，陈伯达讲中国共产党史、毛泽东思想，中宣部苏联顾问阿尔申切耶夫及人民大学苏联教授高尔尼洛夫、烈米左维夫和阿芙节宜帮助讲授联共（布）党史（见《陈伯达、杨献珍就马列学院开办以来工作情况给毛泽东、刘少奇的报告》，1952 年 1 月 14 日，载中共中央党校编《中共中央党校校史文献史料选编》，第 282~285 页）。

[②] 吴宗国：《汪篯传略》，载汪篯《汉唐史论稿》，北京大学出版社，1992，第 263~264 页；胡戟：《试述陈寅恪先生对士族等问题的开拓性研究——附言：被"逐出师门"以后的汪篯先生》，载胡守为主编《陈寅恪与二十世纪中国学术》，浙江人民出版社，2000，第 38 页。

过左翼史家的持续努力，马克思主义与中国历史的结合日益深入。尽管对奴隶社会的具体认识还存在很多分歧，但"中国存在过奴隶社会"的观点，已经确立了其在马克思主义史学界的主流地位。这样，作为社会史论战延续的古代史分期讨论，就形成了主要围绕如何划分奴隶社会与封建社会进行探讨的局面[1]。

汪篯在20世纪50年代转向经济史研究，理所当然地会打上这一时代的烙印，更明确地说，深深地受到了郭沫若战国封建论的影响。20世纪60年代初，经过数年的教学和思考，他明确表示，"中国的封建社会始于何时，这是史学界长期以来争论未决的问题。我的看法是，中国的封建社会应从战国开始，而不是从西周开始"。"从生产力看，西周不可能是封建社会"，而"中国进入封建社会有一个特点，铁发明不久就进入封建社会。中国青铜冶炼技术发展到很高程度，因此，铁发明后，提高得很快"[2]。可见，在古代史分期上，汪篯立足于生产力决定生产关系的视角，认同战国封建论。不无巧合的是，郭沫若对西周封建论的"宣战"，揭开了中华人民共和国成立后古史分期问题讨论的序幕。

中华人民共和国成立前的20世纪40年代，围绕着西周社会的性质，马克思主义史学家已形成两大阵营：一方以吕振羽、翦伯赞为代表，主张西周为封建社会；一方以郭沫若、侯外庐、尹达为代表，主张西周为奴隶社会[3]。更早之前，在20世纪30年代的中国社会史论战中，郭沫若率先肯定奴隶社会在中国的存在，并提出，"东周以后，特别是秦以后"，中国才真正进入封建社会[4]。不过，在论战之初，郭沫若等人属于少数派，大多数学者否认中国历史上奴隶社会的存在。这一局面在1935年后发生逆转："郭沫若的中国古史观，……变（成）了大家共同信奉的真知灼见，甚至许多从前反对过他的人，也改变了态度。"[5]尽管此后

[1] 陈其泰主编《中国马克思主义史学的理论成就》第2章第1节（李根蟠执笔），国家图书馆出版社，2008，第98页；林甘泉等：《中国古代史分期讨论五十年·前言》，上海人民出版社，1982，第1页。

[2] 汪篯：《关于农民的阶级斗争在封建社会中的历史作用问题》，载汪篯，唐长孺等《汪篯隋唐史论稿》，中国社会科学出版社，1981，第312页；《两汉至南北朝大族豪强大土地所有制的发展和衰落》，载汪篯《汉唐史论稿》，北京大学出版社，1992，第133页。

[3] 陈其泰主编《中国马克思主义史学的理论成就》第2章第1节（李根蟠执笔），国家图书馆出版社，2008，第95~96页。

[4] 郭沫若：《中国古代社会研究》，上海联合书店，1930，收入《民国丛书》第1编第76册，上海书店，1989，第197页。关于中国封建社会的起始，郭沫若又先后修订为秦末（《十批判书》《青铜时代》）、春秋战国之交（《奴隶制时代》），奠定了战国封建论。林甘泉等：《中国古代史分期讨论五十年》，上海人民出版社，1982，第140~141页。

[5] 何干之：《中国社会史问题论战》，上海生活书店，1937，收入《民国丛书》第2编第78册，上海书店，1990，第95~105页。

"中国存在过奴隶社会"的观点，已经确立了其在马克思史学界的主流地位，但对划分奴隶社会界限的具体认识，不同学者间还存在很多分歧，甚至同一个学者的认识也会随着研究的深入而改变。比如，原来主张东周封建论的郭沫若将其于20世纪50年代撰写的一系列文章结集为《奴隶制时代》出版[①]，在清理反省自己既有研究的基础上，第一次明确提出了战国封建论[②]。

郭沫若的改变，与西周封建论者对他的批评有关。在主张中国存在奴隶社会时，郭沫若主要从西周的"众"和"庶人"可以用于赏赐和买卖来论证奴隶身份的存在。但在有的情况下，封建关系下的庶人（主要指农奴）也是可以用来买卖的。斯大林就指出："在封建制度下，生产关系的基础是封建主占有生产资料和不完全占有生产工作者，这生产工作者便是封建主虽已不能屠杀，但仍可以买卖的农奴。"[③] 在此基础上，西周封建论者维护了自己的观点，并主张将封建社会划分为两个阶段：封建领主制阶段和封建地主制阶段[④]。

既然西周封建论者主要着眼于直接生产者身份、地位的变化来判断西周

① 郭沫若：《奴隶制时代》，人民出版社，1954，收入《郭沫若全集》历史编第3卷，人民出版社，1984。

② 以上参见陈其泰主编《中国马克思主义史学的理论成就》第2章第1节（李根蟠执笔），国家图书馆出版社，2008，第99~101页。

③ 斯大林：《辩证唯物主义与历史唯物主义》，人民出版社，1956，第34页。

④ 吕振羽在社会史大论战时，首先提出西周封建论，并主张战国以后进入到封建地主制社会的观点（吕振羽：《中国经济之史的发展阶段》，《文史》创刊号，1934年，后收入《中国社会史诸问题》）。"封建地主制"这一概念，既抓住了秦以后封建社会在经济形态方面不同于西周封建社会的重要特点，又反映出力图揭示中国封建时代与西欧中世纪不同特点的努力，因而逐渐被大多数学者所接受（李根蟠：《中国"封建"概念的演变和"封建地主制"理论的形成》，《历史研究》2004年第3期）。强调中西奴隶制、封建制的不同，正是西周封建论者对郭沫若的另一个批评。他们认为郭沫若虽然是运用唯物史观系统研究中国历史的第一人，但却陷入"公式主义的泥沼"，以古希腊罗马的公式，"来概括全人类奴隶制或封建制的发生和没落"，忽视中国社会的"东方特殊性"。见翦伯赞《历史哲学教程》，新知出版社，1939；河北教育出版社，2000，第53、65~71、223~225页。吕振羽：《中国社会史诸问题》，耕耘出版社，1942，三联书店，1979，第77~83页。应该说，上述批评与当时多数学者将亚细亚生产方式看作古代东方的奴隶制有关。郭沫若则将亚细亚生产方式视为原始共产制，因而从其学术思想发展来看，他一直在寻求中国奴隶社会既不同于"古代东方"，也不同于"古典的古代"的特点。所以将殷周时代的"众""庶人"看作类似于农奴的"种族奴隶"，认为中国奴隶社会不属于古代东方的"家庭奴隶制"，也不同于古典的古代的"劳动奴隶制"［参见陈其泰主编：《中国马克思主义史学的理论成就》第2章第1节（李根蟠执笔），国家图书馆出版社，2008，第96~97、93、101页；林甘泉等：《中国古代史分期讨论五十年》，上海人民出版社，1982，第161~165、182页］。这反映出在运用马克思主义普遍原理来分析中国历史时，马克思主义史学研究者对于一般和特殊的倾向性差异所导致的学术争论，同时也与马克思、恩格斯有关古代东方社会或亚细亚生产方式的表述在他们去世之后的马克思主义学者中所引发的争论有关（详后）。

社会的性质[①]，郭沫若就"抓住在封建社会中的农民阶级与地主阶级这个主要矛盾，而且特别是地主阶级这个矛盾方面"[②]，强调铁制农具的使用，提高了生产力，奴隶主贵族开始通过垦殖私田，进一步榨取奴隶的劳动。私田的增多，影响了公田的耕种，从而破坏了井田制，导致以"初税亩"为标志的土地私有制的出现。由此，直接生产者就从奴隶制的羁绊下被解放出来，成为封建制下的农民[③]。

对西周生产力状况的说明，是在中古史分期论战中西周封建论遭到广泛质疑的地方[④]。也正因为这个原因，在系统接触和学习马克思主义之后，汪篯通过自己的思考，最终认同了战国封建论，并在此基础上，构建其对汉唐土地制度发展趋势及均田制在历史上作用的解读。

汪篯对战国封建论学说的运用，开始于1954年初他刚从马列学院回到北大，接手原由于逊讲授的秦汉魏晋南北朝史课程后[⑤]。在讲义中，他指出"从西元前3世纪出现了统一的中央集权的国家以后，中国还是长期地处在封建社会的条件之下"。这一局面的出现，与春秋战国以来，"华夏社会生产力的提高影响了'蛮''夷''戎''狄'经济、文化的发展，而'蛮''夷''戎''狄'的人口之大量归并到华夏人口中，反转来也大大推进了华夏人扩大耕地的事业"有关。铁制工具的使用使一个家庭有可能独立地用自己的力量来砍伐森林，开辟出新耕地。原来那种由农业生产者共耕"公田"并各占有等量份地（即所谓"私田"）的制度就渐渐不易维持，而且成为迅速开辟新耕地的障碍。

---

① 西周封建论者认为周族在消灭殷商后，便宣布土地王有政策（《诗·小雅·北山》："普天之下，莫非王土；率土之滨，莫非王臣"）和废除奴隶制度，从而建立了封建制国家。西周统治者将土地由"国有"（公有制）变为"王有"（私有制）后，作为最高封建领主的周天子，通过分封将土地和人民赐给诸侯、采邑主。由于是将土地和人民同时赐给诸侯，这改变了奴隶制下商代邦伯（诸侯）的单一身份，"征收贡纳的代理人"，使之成为大小不等的封建领主。这些领主将封域内的人民，不问其是奴隶还是自由民，整族整族地转化为农奴，并将其束缚在土地上，完成了奴隶制农业经营向庄园制封建农业经营的过渡，进而发展至封建地主制阶段。参见林甘泉等《中国古代史分期讨论五十年》，上海人民出版社，1982，第113~121页。

② 郭沫若：《中国古代史的分期问题》，《奴隶制时代》（代序），《郭沫若全集》历史编第3卷，人民出版社，1984，第5页。

③ 参见林甘泉等《中国古代史分期讨论五十年》，上海人民出版社，1982，第135~142页。郭沫若对殷周主要生产者性质的判定，否认殷周公社的存在，以及将土地私有制作为封建社会形成标志的观点，受到不少批评。陈其泰主编《中国马克思主义史学的理论成就》第2章第1节（李根蟠执笔），国家图书馆出版社，2008，第101页。

④ 罗新慧：《说"西周封建论"》，《学习与探索》2011年第3期。

⑤ 吴宗国：《汪篯传略》，载汪篯《汉唐史论稿》，北京大学出版社，1992，第264页。

于是先有某些国家施行了放弃强制共耕"公田",并在实际上承认他们可以占有不等量土地,而国家拥有最高土地所有权的税亩制度。随后,土地的自由买卖又在广大地区内渐次流行并获得国家承认(国家有最高土地所有权,据以税亩。但土地自由买卖又使土地在实际上同于私有)。这样,就出现了大量的实际上有私有土地的个体农民。这些农民,在各国基本上消灭了旧贵族的情况下,是直接隶属于国家——受国家直接控制、直接剥削的①。

可见,虽然此时尚未明确支持战国封建论,但汪籛在具体论述中仍然是以铁器的使用和初税亩为标志来分析小私有制的出现和封建社会的形成,因为"生产过程的个体性质,是封建社会最基本的特征"②。不过,以 20 世纪 60 年发表的《从剥削关系看封建土地所有制的性质》为标志,他在明确支持"战国封建论"的基础上,又对当时主流的意见,即封建土地国有制提出批评。这与汪先生自身对封建社会土地所有制性质的看法转变有关。在前述讲义中,虽然指出战国以来"土地的自由买卖又在广大地区内渐次流行并获得国家承认","土地自由买卖又使土地在实际上同于私有",但他依然认为上述史实是以"国家拥有最高土地所有权"——即土地国有制为前提的。对汉代土地制度的认识,也是如此③。而在《从剥削关系看封建土地所有制的性质》中,汪籛则明确指出:"我认为,中国从封建社会起,不是土地国有制。土地国有

---

① 汪籛:《秦朝中央集权统一国家出现的历史条件》,载汪籛《汉唐史论稿》,北京大学出版社,第 3~6 页。

② 汪籛:《关于农民的阶级斗争在封建社会中的历史作用问题》,载汪籛著,唐长孺等编《汪籛隋唐史论稿》,中国社会科学出版社,1981,第 312 页;《两汉至南北朝大族豪强大土地所有制的发展和衰落》,载汪籛《汉唐史论稿》,北京大学出版社,1992,第 133 页。

③ 汪籛:《秦朝中央集权统一国家出现的历史条件》,载汪籛《汉唐史论稿》,北京大学出版社,1992,第 4 页。关于汉代土地制度,他还指出,以皇帝为首的专制主义国家在全国范围内有最高土地所有权。一般的土地所有者(包括诸王等贵族官僚)有权处理其土地:转卖、抵押,或留给子孙。但这种土地所有权乃是有条件的,即在国家最高土地所有权条件下的所有。这反映在两个问题上。一、国家(最后体现为皇帝一人)是最高的地主。一切田地上的收获均须按一定比率向国家缴纳田租,一切臣民均须对国家缴纳人头税并提供徭役和兵役(只有一些特定的人——经规定可以免除徭赋的——是例外的)。这对国家直接控制的农民而言,实际上就是地租。对剥削者说来,只不过是从剥削所得中提出一部分来缴纳给国家。这是一种统治阶级在其内部分配地租的办法。剥削者用这种缴纳来承认国家的最高土地所有权,从而取得剥削皇帝臣民的权利。国家则以承认他们的这种权利来换取他们的支持,从而也就把国家的阶级本质隐蔽起来了。二、皇帝可以颁布诏令来把一部分土地收归国家和皇家所有(如告缗令),或规定一个占有土地的最高限额,而把限额以上的土地收归国家所有。后一事,虽然终汉一代,没有真正行通,但当时人认为皇帝有这个权利。而且在很长时间内,都有人提出这个问题。汪籛:《西汉初年的经济制度和恢复、发展生产的政策》,载汪籛《汉唐史论稿》,北京大学出版社,1992,第 19~21 页。

制在中国奴隶社会中存在过，在封建社会里也有国有土地，如屯田、'假田'等。但说国有土地存在，不等于说是土地国有制。"①之所以有这样的变化，与中华人民共和国成立以来马克思主义史学研究者在古代东方土地所有制问题上的分歧有关。

三　亚细亚生产方式与汪篯对封建土地制度的研究

20世纪50年代，中国史学界比较流行的意见是认为古代东方或亚细亚生产方式下（在当时，大多数研究者将亚细亚生产方式看作古代东方的奴隶社会）的土地所有制是一种土地国有制（或公社土地所有制），根本不存在土地私有制②。其依据主要是经典作家的若干论述。

（1）马克思在给恩格斯的信（1853年6月2日）中，列举法国医生贝尼埃17世纪在印度观察到的一些情况时指出："贝尼埃完全正确地看到，东方（原注：他指的是土耳其、波斯、印度斯坦）一切现象的基础是不存在土地私有制。这甚至是了解东方天国的一把真正钥匙。"恩格斯在复信（1853年6月6日）中同意"不存在土地私有制，的确是了解整个东方的一把钥匙。这是东方全部政治史和宗教史的基础"，并且还提出了这样的问题："但是东方各民族为什么没有达到土地私有制，甚至没有达到封建的土地所有制呢？"③

（2）马克思在《资本主义生产以前的各种形式》[本文是《政治经济学批判（1857—1858年草稿）》的一部分]中说："在亚细亚的（至少是占优势的）形式中，不存在个人所有，只有个人占有；公社是真正的实际所有者；所以，财产只是作为公共的土地财产而存在。"④

（3）马克思《资本论》第3卷（初稿写成于1863~1867年间，由恩格斯

---

① 汪篯：《从剥削关系看封建土地所有制的性质》，载汪篯《汉唐史论稿》，北京大学出版社，1992，第131页。
② 林甘泉等：《中国古代史分期讨论五十年》，上海人民出版社，1982，第177页；陈其泰主编《中国马克思主义史学的理论成就》第2章第1节（李根蟠执笔），国家图书馆出版社，2008，第93页。
③ 《马克思恩格斯全集》第28卷，人民出版社，1973，第256、260页。在复信中，恩格斯提出上述问题后，还尝试从自然环境（气候和土壤的性质）的因素做出回答。
④ 《马克思恩格斯全集》第46卷上，人民出版社，1979，第481页。

编辑，出版于 1894 年）指出："同直接生产者直接相对立的，如果不是私有土地的所有者，而是像在亚洲那样，是既作为土地所有者同时又作为主权者的国家，那么，地租和赋税就会合为一体，或者不如说，在这种情况下就不存在任何同这个地租形式不同的赋税。……在这里，国家就是最高的地主。在这里，主权就是在全国范围内集中的土地所有权。但因此在这种情况下也就没有私有土地的所有权，虽然存在着对土地的私人的和共同的占有权和用益权。"①

这些论述中，涉及古代东方社会、亚细亚生产方式和公社所有制等一系列概念，而这些概念又因为马克思、恩格斯对原始社会的认识存在着一个发展过程②，因而他们在不同时期对上述概念的论述和使用有不一致，甚至是矛盾的地方。

比如，在涉及历史分期（五种社会形态理论）的问题上，1857 年，马克思在《〈政治经济学批判〉导言》中指出："资产阶级经济学只有在资产阶级社会的自我批判已经开始时，才能理解封建的、古代的和东方的经济。"③一年之后，又在《〈政治经济学批判〉序言》中指出："大体说来，亚细亚的、古代的、封建的和现代资产阶级的生产方式可以看作是经济的社会形态演进的几个时代。"④所谓"东方"与"亚细亚"是相对应的，而"东方"和"古代"

---

① 马克思：《资本论》第 3 卷，人民出版社，2004，第 894 页，参见恩格斯为《资本论》第 3 卷所作《序言》，第 7 页。其中，"用益权"在此前被译为"使用权"，见《资本论》第 3 卷，人民出版社，1975，第 891 页。所以，中华人民共和国成立以来，主张封建社会土地国有制的学者，往往会承认官僚、地主、自耕农等对土地所享有的程度不等的占有权和使用权。

② 按照恩格斯的意见，原始公社的发现和研究工作大致可以分为三个阶段：19 世纪 40 年代，关于人类文明史前状态的研究几乎还是空白；19 世纪的 50 年代至 70 年代，印度、俄国、日耳曼、爱尔兰等地的公社，特别是农村公社，先后被发现，农村公社在这时被认为是原始社会形态；19 世纪 80 年代，在摩尔根《古代社会》（1877 年出版）的基础上，氏族公社才被发现，并被认为是原始社会"典型的内部结构"，而农村公社只是原始社会向阶级社会的过渡形态（参见恩格斯在 1888 年为《共产党宣言》英文版所加的附注，《马克思恩格斯全集》第 4 卷，人民出版社，1958，第 466 页）。这三个阶段不包括恩格斯在 19 世纪 90 年代初期的研究成果。在此阶段，恩格斯根据科瓦列夫斯基提供的材料，进一步阐述了父权大家族和家族公社在原始公社发展过程中的地位和作用。亚细亚生产方式是马克思在 19 世纪 50 年代使用过的概念，这个概念与他使用过的"东方社会""亚细亚共同体"等大致相当。随着氏族公社的发现，马克思所使用的"亚细亚生产方式"等概念也就成了历史的陈迹。见田昌五《马克思恩格斯论亚洲古代社会问题》，中国科学院历史研究所编《历史论丛》第 1 辑，1964。参马克垚《学习马克思恩格斯论东方古代社会的几点体会》，《北京大学学报》（哲学社会科学版），1978 年第 2 期。

③ 马克思：《〈政治经济学批判〉导言》，《马克思恩格斯选集》第 2 卷，人民出版社，1995，第 24 页。

④ 马克思：《〈政治经济学批判〉序言》，《马克思恩格斯选集》第 2 卷，人民出版社，1995，第 33 页。

（古典的古代）则是链接的社会形态。但到了《资本论》中，他则将社会形态划分依据表述为建立"在原始共同体的基础上"、"在奴隶生产的基础上"、"在小农民和小市民的生产的基础上"和"在资本主义生产的基础上"的生产方式[①]，放弃了"东方""亚细亚"和"古代"等概念。恩格斯将"古代社会"解释为"奴隶社会"，形成比较清晰的原始共产制、奴隶制、封建制和资本主义生产方式依次更替的表述[②]，基本标志着马克思主义历史分期理论的形成[③]。但马克思所说的"东方社会"或"亚细亚生产方式"究竟指的什么？他后来又为何放弃了这些概念？东西方的历史发展究竟有无差异？[④]这些问题在马克思、恩格斯去世后，一直聚讼不已。

比如在谈到亚细亚生产方式的性质时，吴泽认为不能根据《〈政治经济学批判〉序言》中"亚细亚的""古典的"的排序，就断定亚细亚生产方式是先于奴隶制的原始共产社会，因为两者的排序在其著作中并非固定不变。更重要的是，1887年，恩格斯在《美国工人运动》中指出："在亚细亚古代和古典古代，阶级压迫的主要形态是奴隶制。"[⑤]因此，把亚细亚生产方式说成原始共产社会，显然违背恩格斯的原意。他认为亚细亚的古代或古代东方应指古希腊罗马之外的亚细亚的奴隶制社会[⑥]。

但正如田昌五所指出的，在经典作家著作中，一方面，"亚细亚生产方式当然是指原始社会"，或者说是"文明时代以前的氏族社会"，而并非什么独立于原始社会、奴隶社会、封建社会和资本主义社会以外，同它们并行的某种特殊社会形态，也并非专属于亚洲的东西，同时也不包括亚洲所有的民族和

---

① 马克思：《资本论》第3卷，人民出版社，2004，第362页。

② 恩格斯：《家庭、私有制和国家的起源》，人民出版社，1972。

③ 关于马克思主义的历史分期更清楚的表述，见于列宁《论国家》（1929年）和斯大林《辩证唯物主义与历史唯物主义》（1938年）。参见罗荣渠《论一元多线历史发展观》，《历史研究》1989年第1期。

④ 比如，普列汉诺夫（G. V. Plekhanov）认为在看过摩尔根《古代社会》后，马克思改变了他关于亚细亚生产方式与古代生产方式互相衔接的看法。所以他对马克思的观点有所修正，认为东方社会和古代社会应当是并列的。其中，暗示着东方社会的特殊性。应该说，包含中国在内的古代东方社会，确实在很多方面都不同于古典古代世界，这是多数史学研究者所同意的。因此在马克思主义普遍原理之下，应如何处理和解读这些不同，成为马克思主义史学长期存在而又难以解决的问题。参见张雨《赋税制度、租佃关系与中国中古经济研究》，上海古籍出版社，2015，第125~126页。

⑤ 恩格斯：《美国工人运动》（1887年），《马克思恩格斯全集》第21卷，人民出版社，1965，第387页。

⑥ 吴泽：《亚细亚生产方式问题研究》，《华东师大学报》（人文科学版）1955年第1期；《吴泽文集》第3卷《东方社会经济形态史论》，华东师范大学出版社，2002，第18~53页，尤其是第34页。

国家。另一方面，它又可以指"长期残留在各个阶级社会中的……原始共产主义成分"①。在后者中，尤其需要注意撇开亚细亚社会形态所处的这种或那种的历史条件。也正因如此，马克思、恩格斯著作中的，作为原始共产主义遗留的"亚细亚社会"又会带有阶级社会的色彩，并且和剥削制度和专制制度联系在一起。因此，在其著作中有些地方把亚细亚形态列在奴隶制和封建制之前，而在另一些场合却又和专制君主对公社成员的剥削和奴役结成一体②。

但当时更多的中国学者是在原始社会、奴隶社会和封建社会依次更替的理论框架内给亚细亚生产方式定位的。比如，杨向奎虽然不同意把亚细亚生产方式简单地看作古代东方的奴隶社会，但把亚细亚生产方式看作一种生产方式或制度，实际上是指残留在奴隶社会或封建社会的原始公社制度，而并不是一种独立的经济形态。因而，亚细亚或古代东方是包括封建关系在

① 田昌五指出，作为亚细亚社会形态的这种原始共产制，在不同的历史条件下具有不同的甚至完全相反的性质，它绝不是一成不变的，超越于社会发展阶段和各时代的生产方式而独立、特殊的东西。任何一种生产关系，任何一种生产者和生产资料的结合方式，都不仅仅在一个社会形态中存在。反之，任何社会形态中的生产和生产关系都不是单一的、纯粹的，而是一个复杂的结合体。因此，既不能抹杀各种社会形态的历史差别，也不能抹杀任何一种生产关系在不同的社会形态的历史差别。正如马克思所指出的："在一切社会形式中都有一种一定的生产支配着其他一切生产的地位和影响，因而它的关系也支配着其他一切关系的地位和影响。这是一种普照的光，一切其他色彩都隐没其中，它使它们的特点变了样。这是一种特殊的以太，它决定着它里面显露出来的一切存在的比重。"［马克思：《导言（摘自 1857—1858 年经济学手稿）》，《马克思恩格斯全集》第 12 卷，人民出版社，1962，第 757 页］所以，就作为"长期残留在各个阶级社会中的……原始共产主义成分"的亚细亚生产方式而言，它在原始社会中和在阶级社会中的性质是大不相同的，在不同的阶级社会中，其性质也是不同的。马克思就曾提到，公社所有制也可能保留在资本主义社会中，不过，这种公社所有制已经被改造成适合资本主义生产方式的经济形态："资本主义生产方式产生时遇到的土地所有权形式，是同它不相适应的。同它相适应的形式，是它自己使农业从属于资本之后才创造出来的；因此，封建的土地所有权，克兰（译者注：即氏族）的所有权，同马尔克公社（据译者注，马尔克公社是古代日耳曼人从氏族公社向土地私有制过渡的一种社会组织形式，即村社组织）并存的小农所有权，不管它们的法律形式如何不同，都转化为同这种生产方式相适应的经济形式。"（《资本论》第 3 卷，人民出版社，2004，第 696 页）列宁进一步指出："在逻辑上，我们完全可以设想完全没有土地私有制，土地归国家或村社等等所有这样一种纯粹的资本主义农业组织。在现实中，我们也看到，在所有发达的资本主义国家里，全部土地都被各个私人农场占用着，但是，这些农场不仅经营自己私有的土地，同时还经营从私有者那里租来的土地以及国家的土地和村社的土地（例如在俄国就是如此，大家知道，在俄国的农民村社土地上的各种私人农场，主要的是资本主义的农民农场）。难怪马克思在分析地租问题时一开始就指出，资本主义的生产方式遇到了（并且控制了）各种不同的土地所有制形式，从克兰所有制和封建所有制起一直到农民村社所有制。"（列宁：《土地问题和"马克思的批评家"》，《列宁全集》第 5 卷，人民出版社，1986，第 100 页）

② 田昌五：《马克思恩格斯论亚洲古代社会问题》。参见林甘泉等《中国古代史分期讨论五十年》，上海人民出版社，1982，第 155~157 页。

内的 ①。在这种普遍的认知之下，当时的史学研究者便继续将公社土地所有制（土地国有制）的内涵延伸，以适用于对中国封建社会土地制度的研究中。汪籛将战国时期初税亩等政策解读为"国家拥有最高土地所有权的税亩制度"（土地国有制）的看法，即受前述范式的影响。

至 20 世纪 60 年代前后，关于古代东方土地国有制的看法开始有所松动，有的学者认为古代东方的土地所有制并非只是国有制，也同样存在土地私有制。应该说，这是随着讨论的深入，而得出的应有之义 ②。正如有的学者所指出的，关于古代东方的土地所有制是国有制还是私有制的争论，并没有实质性的分歧。因为主张国有制或公社制的多数学者，都承认代表国家的国君是全部土地的最高所有者或唯一所有者。在这里，"国有"并非指全民"公有"，而是奴隶主阶级的国家所有。"国有"只是一种外观，也可以说是私有制的一种形式 ③。汪籛亦如此，在分析初税亩出现后的土地制度时，他指出："随后，土地的自由买卖又在广大地区内渐次流行并获得国家的承认（国家有最高土地所有权，据以税亩。但土地自由买卖又使土地在实际上同于私有）。"这同样是在"国有""私有"的概念之间灵活地转换。

四 汪籛对均田制和租庸调性质的研究

值得注意的是，作为土地制度的主流研究范式，土地国有制或公社土地所

---

① 杨向奎：《中国历史分期问题》，《文史哲》1953 年第 1 期。刘毓璜同意杨向奎的上述看法。他认为"亚细亚土地所有制"即土地村有制度，不但支配了东方形态的奴隶制社会，它的残余因素还继续贯穿到整个封建社会。见刘毓璜《试论农村公社的过渡性质与中国农村公社的发展》，《南开大学学报》1956 年第 4 期。

② 强调古代东方土地国有制，并在亚细亚生产方式的叙事中，将公社土地所有制（土地国有制）的内涵延伸，以适用于对中国封建社会土地制度的研究中，这应该与苏联在十月革命胜利后实行全部土地国有化以及斯大林的农业集体化实践有关。在向苏联学习和引进马克思主义理论的同时，中国共产党和毛泽东本人也在不断思考中国革命的任务，由此提出新民主主义革命和社会主义革命两段论，并主张在前一阶段，施行没收地主土地，分配给无地或少地农民私有的土地政策。参见毛泽东《新民主主义论》（1940 年 1 月），《毛泽东选集》第 2 卷，人民出版社，1991，第 666~672、678~679 页；《论联合政府》（1945 年 4 月 24 日），同前书第 3 卷，第 1074~1079 页；《读苏联〈政治经济学教科书〉的谈话（节选）》（1959 年 12 月 ~1960 年 2 月），《毛泽东文集》第八卷，人民出版社，1999，第 103~106 页（部分文献承中共中央文献研究室徐珊副编审协助查寻，谨此致谢）。因而主张封建社会为土地国有制，尤其是单一国有制，否认中国封建社会私有土地的存在，就与中华人民共和国成立后的土地改革运动实践不相符。1960 年前后，史学界对于中国封建土地国有制的反思，与此背景有关。此外，前述马克思列宁学院将毛泽东著作和理论作为教学重点，以及汪籛对毛泽东著作的学习和运用，也都与此有关。

③ 林甘泉等：《中国古代史分期讨论五十年》，上海人民出版社，1982，第 179~181 页。

有制不仅影响人们对先秦、秦汉社会发展的认识，也深深地影响了魏晋之后中国社会形态发展的认知。这一点比较典型地体现在 20 世纪 50 年代的均田制研究中①。

李亚农首先提出，北魏均田制"和家长奴役制或农村公社时期的土地制度没有什么区别"②，具有农村公社土地制度的特点：一、土地带有公有和私有的两重性；二、土地分配一般采取按劳动力分配的办法；三、保存有互助的习惯；四、与均田制同时建立的三长制，其三长具有公社长老组织、督促成员生产和互助的责任。因此，它"实际上是一种前封建社会的土地制度"。"这种前封建制"是由"氏族制的土地制度与封建制的剥削方式混合而成的"社会制度③。

唐长孺基本赞同李亚农的看法，但认为均田制的施行是在封建制成熟了的中国土地上，均田制下的农民的前途是封建依附农民而不是奴隶，"所以具备着公社特征的均田制只能是封建国家土地所有制的特殊形式"④。至于"为什么由拓跋族带进来的具有公社特征的均田制能够强加于中国"，他认为原因有三：一、黄河流域的土地荒芜；二、拓跋军事贵族与北中国的土地还没有发生密切关系；三、黄河流域部分山林川泽的公有，小块耕地的私有，农村中基于公有制的社会关系的保留等公社残余形态的存在提供了均田制度推行的条件，且均田制的推行对残存的公社形态起到了巩固或恢复的作用⑤。

---

① 这一阶段的均田制研究，以邓广铭《唐代租庸调法研究》(《历史研究》1954 年第 4 期）为开端。该文指出，唐代并未真正施行均田令，故租庸调法的施行与均田令之间并无关系，由此引发广泛的讨论。当时争论的焦点集中在唐代是否实行过均田制、唐代的租庸调法与均田制有没有关系的问题上。但在讨论的过程中，学者们对均田制度产生、破坏的原因，均田制度的实质和作用等问题，也做了比较全面的探讨。见陈质《关于唐代均田制与租庸调法问题的讨论》，《历史研究》1956 年第 11 期。

② 家长奴役制，又称家庭奴隶制，指的是以直接生活资料的生产为目的，社会生产的直接承担者是农村公社的成员，而不是奴隶，主要存在于古代的东方。但是，这种村社成员的身份究竟是自由民还是奴隶，奴隶在社会生产中又占有什么样的地位，不同学者有不同的看法。与之相对的是"古典的古代"劳动奴隶制，指的是以商品生产为目的，社会生产的直接承担者是奴隶，自由民被奴隶劳动排挤出基本的生产范围。参见林甘泉等《中国古代史分期讨论五十年》，上海人民出版社，1982，第 163~164、182 页。

③ 李亚农：《周族的氏族制与拓跋族的前封建制》，后编第十一章《均田制及农民的负担》，及第十四章《后编结语》，载《李亚农史论集》，上海人民出版社，1978，第 356~372、394 页。

④ 唐长孺还指出，在均田制周围还存在着与之并存的其他形式的土地所有制，如国家所有的屯田土地、出租土地（借蓐之田）。它们与均田土地共同构成了国有土地所有制的三种组织形式，三者相互补充，国家希望在不同形式下把农民束缚在国有土地上，借以扩大国库收入或徭役范围。

⑤ 唐长孺：《均田制度的产生及其破坏》，《历史研究》1956 年第 2 期。王仲荦、徐德嶙、粟寄沧等均持此说。参见王仲荦《北魏初期社会性质与拓跋宏的均田、迁都、改革》，《文史哲》1955 年第 10 期；徐德嶙《均田制的产生和破坏》，《华东师大学报》1957 年第 1 期；粟寄沧《论北魏社会经济的性质问题——评李亚农先生关于"拓跋族的前封建制"的理论》，《武汉大学人文科学学报》1957 年第 1 期。

批评者指出，在当时封建的生产力水准下，拓跋族进入中原以后已不断地封建化，大土地私有制已经产生，封建剥削也已出现，农村公社已开始解体。上述看法夸大了封建社会中残存的公社因素。北魏均田制不过是由公社"碎片"的形式所装饰着的封建土地国有制，或称之以土地国有制为基础的"份地制"（指露田而言）①。可见，虽然在均田土地的性质上有所分歧（究竟是公社土地所有制还是其残余），但除了李亚农之外，双方均认为均田制是封建的土地国有制。李必忠、韩国磐等虽然没有针对北魏均田制下的土地所有制形式展开讨论，但均认为唐代均田制，与北魏以来所推行的均田制一样，是国家土地所有制（或即皇族地主集团的垄断）②。国家凭借着这种支配权而征收的租调，既是"课税"，又是"地租"。

苏联历史学者参与编写的《蒙古人民共和国通史》（苏联科学院出版局，1954 年俄文版）将均田制称为"份地制"③，并指出份地制下的农民"实质上乃是国家的封建依附农民。对份地农民的剥削形态乃是从耕地（露田）上征取

---

① 王兴业：《评李亚农先生对北魏社会的研究——关于"周族的氏族制与拓跋族的前封建制"的后编》，《文史哲》1955 年第 12 期；《北魏均田制的性质及其实施概况》，《山东大学学生科学论文集刊（文科）》1956 年第 1 期；王治来：《均田制的产生及其实质——北魏社会研究评论》，《北京大学学报》（哲学社会科学版）1956 年第 4 期。

② 李必忠认为，均田制是国家土地所有制表现得最为明显的一种土地制度。国家掌握了大量土地，直接分配给农民（也以一部分分配给贵族和官吏）。农民、贵族官僚和豪强地主对于土地只有占有权，而无所有权。在实行均田制约三百年的时间中，在制度上固然有变化发展的地方，但在封建土地所有制上则是相同的，都是国家土地所有[见李必忠《唐代均田制的一些基本问题的商榷——兼质邓广铭先生》，《四川大学学报》（哲学社会科学版）1955 年第 2 期]。韩国磐则从汉晋以来封建土地国有制的传统与北魏太和时的具体条件两方面分析均田制的实施，认为中国北方宗法封建关系的农村公社，是其能够接受这种带有氏族公社残余的土地分配形式的均田制的内在因素（见韩国磐：《隋唐的均田制度》，上海人民出版社，1957，后扩充修订为《北朝隋唐的均田制度》，上海人民出版社，1984，第 51~55 页；《从均田制到庄园经济的变化》，《历史研究》1959 年第 5 期）。与前两人主张单一土地国有制不同，乌廷玉虽然认为均田制为土地国有制，且是当时主要的土地制度，但这并不意味着当时不存在私有土地及地主土地所有制。均田制是在"国有"荒地上实行的，并未触犯地主阶级的根本利益（乌廷玉：《关于唐朝均田制度的几个问题》，《东北人民大学人文科学学报》1955 年第 1 期）。

③ 该书对均田制下农民所占的份地与官僚（以及贵族、王公和皇室成员等）所占有的份地（封建领地）做了区分，指出"虽然中国史书在'份地'的概念上包含着农民和官僚的土地，但是无疑地，这些份地彼此间在原则上毫无共同之处。在职官僚所得的份地，在大小和性质上都与农民的份地不同，它是属于封建地主领地的性质的。此外，鲜卑（拓跋）世袭贵族、王公和皇室成员也拥有广大封建领地。他们的土地是由固定的农奴或奴隶来耕种的"。见苏联科学院、蒙古人民共和国科学委员会编《蒙古人民共和国通史》，科学出版社，1958，第 68 页。

作为赋税的地租和从桑田与麻田上征取工艺税"①。随着不断引入苏联最新的史学理论和成果,《蒙古人民共和国通史》中有关均田制的看法,也很快影响了中国学者。前引王治来《均田制的产生及其实质》一文对李、唐先生的批评,即以此书为理论基础②。不过,与《蒙古人民共和国通史》的作者将租调区分为地租和工艺税不同,20 世纪 50 年代的中国学者倾向于将租庸调均视为"作为赋税的地租"③,因此主张均田制为封建土地国有制的学者,往往引用前引马克思有关"地租和赋税就会合为一体"的论述来作为自己的理论依据④。

从 1956 年起,汪篯持续关注北魏至隋唐的均田制及其土地制度。随着对土地国有制理论的扬弃,他对经典作家论述的理解和租庸调的性质,都有了自己的看法。在前揭《从剥削关系看封建土地所有制的性质》中,汪先生在表明对封建社会土地国有制观点的否定之后,又谈了对马克思有关"地租和赋税就会合为一体"论述的理解。他指出,主张土地国有制的学者根据马克思的论述"就认为在中国赋税、徭役都是地租,土地属于'是地主同时又是主权者的国家'"。但实际上,"马克思的意思是说,在一般情况下,封建社会是有地租同时又有赋税的,只是在特定条件下地租和课税才会合并在一起"。"在中国,地租和赋税显然都是存在的。"在引述毛泽东相关论述后,他着眼

---

① 此处译文,据王治来《均田制的产生及其实质》对《蒙古人民共和国通史》(俄文版)的引用。中译本《蒙古人民共和国通史》指出,"'均田制'的要点可概括如下:分配给农民和官僚的土地,分为耕地('露田',按人口分配)和桑田或菜果园两类","耕地的地税和桑地麻地的赋税,都是对得到份地的农民的剥削方式。这些农民,从本质来说,都处在国家封建依附关系(农奴制关系)的地位"(第67~68 页)。可见,中译本已存在将租(对应露田)、调(对应桑田麻地)不加区分而视为"作为赋税的"地租的倾向。

② 此外,贺昌群也立足于份地制来分析封建国有土地制的发展。他认为在封建土地国有制下,秦汉至隋唐是份地土地占有制,宋以后是地主土地占有制,如果再严格划分,均田制崩溃以前是份地土地占有制,两税法成立以后逐渐发展为地主土地占有制。封建社会前期地租形态,总的说来,是劳动人民在缴纳赋税以及规定的力役的同时,特别是以超经济强制的徭役地租为主要形态,当然兵役也包括在内。参见贺昌群《关于封建土地国有制问题的一些意见》,《新建设》1960 年第 2 期。

③ 至于租庸调是劳役地租还是实物地租,不同学者则有分歧。参见齐陈骏《均田制是地主土地所有制的补充形式——对韩国磐贺昌群两先生看法的一些意见》,《历史教学与研究》(甘肃师范大学学报副刊)1960 年第5~6 期(合刊)。

④ 韩国磐:《唐代的均田制与租庸调——对邓广铭同志"唐代租庸调法的研究"一文的商榷》,《历史研究》1955年第 5 期;韩国磐:《从均田制到庄园经济的变化》,《历史研究》1959 年第 5 期;王兴业:《北魏均田制的性质及其实施概况》,《山东大学学生科学论文集刊(文科)》1956 年第 1 期。

于"地租是土地所有者对直接生产者的剥削形态"①，由此对赋税与地租的不同性质做了区分："国家向地主征收的那一部分赋税，其来源是地租，这就是说，国家从地主手中分取一部分地租。但地租的分配，并不等于地租。"在此基础上，他指出虽然租庸调的性质有待进一步研究，但"很难（将其）看成完全是地租，至少可以说，赋税的性质很浓厚"②。

强调"赋税来源于地租的再分配，而非地租本身"，汪籛的这一看法非常准确③。不过，他的上述论断针对的是"唐宋以后，国家按财产征税，佃农没有土地，除了徭役之类，不要缴税"，因而被看作地租的分配而不是地租的"国家向地主征收的那一部分赋税"，应该只包括唐前期的户税和地税，以及中唐之后的两税。

然而，对于唐前期租庸调的性质，他还未形成明确的结论，甚至有关论述前后不一，存在冲突。从前文来看，尽管他认为唐代租庸调"赋税的性质很浓厚"，"很难看成完全是地租"，但在后来的论述中，他又指出租调制"同三长制、均田制是结合在一起的。封建国家通过户籍控制农民，依超经济强制来剥削租调，还是依附性较强的制度"，只是"从均田农民的生产情况看，实际上又是很接近自耕农民的"④。可见，汪籛依然会将国家视为地主，将均田

① 汪籛认为，考虑封建地主占有土地是否具有私有性质，主要应从经济方面，从地主对佃户的剥削关系来看（"佃户交给地主的地租就是这种土地所有权实现的形态"），不应首先而且单纯从法权方面强调国家是否给予地主以合法占有的特权。汪籛：《从剥削关系看封建土地所有制的性质》，载汪籛《汉唐史论稿》，北京大学出版社，1992，第131页。韩国磐对土地国有制的理解，正是处于所谓的"首先而且单纯从法权方面强调国家是否给予地主以合法占有的特权"的立场而形成的。在《从均田制到庄园经济的变化》中，他引用马克思的论述"土地所有权的前提是，一些人垄断一定量的土地，把它当作排斥其他一切人的、只服从自己私人意志的领域"（《资本论》第3卷，人民出版社，2004，第695页），来说明在中国封建社会中，确实只有封建国家或帝王才能将土地当作私人意志的专有领域去支配它，农民当然不能这样，官僚地主也不能这样。

② 汪籛：《从剥削关系看封建土地所有制的性质》，载汪籛《汉唐史论稿》，北京大学出版社，1992，第131~132页。

③ 正如胡如雷后来指出的，在封建社会，地租会被瓜分，表现为赋税、商业利润等。但只有赋税是最简单、最直接地从地租中分割出来的，是地租的转化物（集中化的地租），或者说来源于地租的再分配。两者是截然分开的（参见胡如雷《中国封建社会形态研究》，三联书店，1979，第67、75~76页）。可是中华人民共和国成立以来，虽然有的学者如韩国磐、侯外庐等根据马克思论述的地租是土地所有制的物化形式，赋税是国家存在的经济体现，在一般情况下二者的性质应该是不同的，认为地租与赋税一般是两个不同的概念，但又依据马克思关于古代东方封建主义的有关论述，认为唐代实行的是国有土地所有制，国家是最高的地主，因此租税是合一的。如前所述，这种观点是对中国古代土地所有制认识的延伸［参见胡戟等主编《二十世纪唐研究·经济卷》第3章《赋役》（陈明光执笔），中国社会科学出版社，2002，第369页］。

④ 汪籛：《两汉至南北朝大族豪强大土地所有制的发展和衰落》，载汪籛《汉唐史论稿》，北京大学出版社，1992，第142页。值得注意的是，除了将均田农民看作"接近自耕农民的"身份外，他还使用过"均田农民中的自耕农民"的表述（见汪籛《均田制在中国历史上的作用》，载汪籛《汉唐史论稿》，北京大学出版社，1992，第168页），应该说，后者的表述更加准确。

农民视为国家佃农，国家征收的租调，因而就是剥削而来的地租[1]。这种看法，明显受马克思主义阶级分析中的二元结构预设影响。

依照传统马克思主义的阶级理论，地主和农民（特指佃农）的二元对立，构成封建社会的主要矛盾[2]。因此，多数中国学者绝不会将自耕农归入地主的范畴，而只是在构成土地租佃关系或劳动雇佣关系的前提下使用"出租地主"（自有耕地的出租者）和"经营地主"（自有耕地的雇工者）的概念。同样，汪籛在论述"国家向地主征收的那一部分赋税，其来源是地租"，但"并不等于地租"时，应该并不包括均田农民（或均田农民中的自耕农）。而将其视为"依附性较强"的直接生产者（并未使用"国家奴隶"、"国家农奴"或"国家佃农"之类的概念）[3]，但又不得不"从均田农民的生产情况"出发，承认其身份实际上属于自耕农。

如何在二元对立的辩证法下给予自耕农阶层以合适的定位，也是马克思主义史学研究者面临的一个棘手问题。其实，除了将自耕农视为不稳定阶层或中间阶层（分化为地主和佃农）外，自耕农同样可以纳入"地主"的范畴予以分析[4]。马克思在分析小块土地所有制时指出："在这里，农民同时就是他的土地的自由所有者，土地则是他的主要生产工具，是他的劳动和他的资本的不可缺少的活动场所。在这个形式下，不支付任何租金；因而，地租也不表现为剩余价值的一个分离出来的形式，尽管在资本主义生产方式通常已经发

---

① 汪籛对唐宋以后资产税和唐前期租庸调性质的认知，与他此前对汉代土地制度和赋役性质的解读（国家向剥削者所征赋役，是统治阶级在其内部分配地租，而向国家直接控制的农民所征赋役，实际上就是地租。见前引《西汉初年的经济制度和恢复、发展生产的政策》）有相通之处。

② 秦晖：《关于传统租佃制若干问题的商榷》，《学术月刊》2006年第9期。

③ 吕振羽将受田民（均田农民）即"国家的农奴"视为"实际上小土地所有者"或"受田的自由农民"。吕振羽：《隋唐五代经济概论》，《中山文化教育馆季刊》第2卷第4期，1935年，后收入《吕振羽集》，中国社会科学出版社，2001，第154~155页。侯绍庄则将均田农民视为国家佃农，以区别于自耕农，并将被纳入均田法的自耕农同均田农民做了区别，认为被纳入均田法的自耕农所承租庸调属于赋税，而均田农民所承租庸调属地租（参见侯绍庄《试论我国封建主义时期的自耕农和国家佃农的区别——与胡如雷先生商榷》，《光明日报》1957年1月3日，后收入《中国古代史研究文集》，贵州民族出版社，2006，第137~145页）。而渡边信一郎认为，唐代以前属于小生产经营方式（"小农法"）占主导地位的国家奴隶制，宋以后则是大生产经营方式（"小规模大农法"）为基础的国家农奴制（参见〔日〕渡边信一郎：《中国古代社会论》，青木书店，1986，第329~333页）。

④ 西方学者通常是在"土地的所有者"前提下使用"地主"的概念，其中即包括自有耕地的出租者、自有耕地的雇工者，以及自耕农，不同于中国学者。不过，宋家钰曾准确指出，封建时代的自耕农作为独立的生产资料的所有者是地主，作为劳动者是农民。他们仅仅由于是生产资料的所有者，剩余劳动才归自己所有。也就是说，他作为他自己的地主同自己这个农民发生关系。参见宋家钰《关于封建社会形态的理论研究与唐代自耕农的性质》，《中国唐史学会论文集》，三秦出版社，1989，第29页。

展的国家里，同其他生产部门比较，它也会表现为超额利润，不过这种超额利润，和劳动的全部收益一样，为农民所得。"[1] 因此，封建时代的自耕农作为独立的生产资料的所有者是地主，作为直接劳动者是农民。也就是说，他作为他自己的地主同自己这个农民发生关系。在这种形式下，地租因此"不表现为剩余价值的一个分离出来的形式"，而是与资本（土地、工具、技术等）利润、劳动收益（包含剩余价值）等混为一体，归自耕农所有[2]。如果在自耕农是地主的前提下，把汪篯"国家向地主征收的那一部分赋税看作是地租的分配而不是地租"的观点延伸一步，就可以明确，国家向均田农民所征收的

---

[1] 马克思：《资本论》第3卷，人民出版社，2004，第909页。方员论证地租和赋税（土地税）是截然不同的概念时，在引用马克思此段论述的前半部分后指出，虽然从地租的占有可以看到土地所有权，但反过来，从土地所有权就不一定看到地租。因为封建地租是直接生产者的剩余劳动或剩余生产物构成的，但直接生产者的剩余劳动或剩余生产物是否构成地租，这完全取决于土地所有权掌握在谁手里。如果土地所有权掌握在地主手中，直接生产者是世袭的或传统的土地占有者，这时才会产生地租。若土地所有权在独立的自耕农手中，那么，"在这里，农民同时是他的土地的自由所有者，土地则表现为他的主要生产工具，表现为他的劳动和他的资本所不可缺少的使用场所。这个形态上，是不要支付什么租金；所以，地租不表现为剩余价值的一个特殊形态"（译文据中国科学院历史研究所第一、二所编《马克思主义经典作家论资本主义以前诸社会形态》，中华书局，1959）。虽然不构成地租，但直接生产者要将一部分剩余劳动或剩余生产物以贡赋的形式交给握有最高所有权的封建国家，这就是徭役和土地税。因此，地租与土地税是截然有别的。在此前提下，方员又对韩国磐关于唐代租庸调是均田农民向"地主同时又是主权者的国家"缴纳的劳役地租的结论提出批评，认为如果把租、调、役中的力役，看作劳役地租的残余是可以的。但在唐朝以庸代役后，就意味着国有土地上劳役地租残余进一步的削弱。因此，唐代租庸调是实物地租（庸）与课税（租调）的混合物（方员：《对韩国磐先生〈从均田制到庄园经济的变化〉一文中几个问题的商榷》，《史学月刊》1959年第10期）。此文还对韩国磐当时主张的"中国封建社会只有土地国有制而没有私人所有制"的观点提出批评，认为封建国家对土地具有最高所有权和最高支配权，并不能排斥私人所有权与支配权。在漫长的封建历史中，土地国有制与私人大土地所有制共存且是彼此此伏的。这种起伏的过程，包含着激烈的斗争。虽然封建国家可以行使最高权力籍没某些或某个地主的土地，和用法令限制他们的兼并，但斗争的结果，失败者往往不是私人地主而是封建国家。土地国有制只有在农民大起义后，和经过其他战争的破坏后才可能获得暂时的优势。应该说，方员对封建社会土地国有制和唐代租庸调性质的反思，与汪篯大体同时而发表略早。但他旨在强调赋税和地租的不同，而没有指出两者的关系是既有区别又有联系的。方先生还认为在自耕农掌握土地所有权的情况下，不存在地租，应该与其对所引用马克思前半段论述的理解有直接关系。但通览马克思的论述，"不支付任何租金"与地租（超额利润）的存在是不矛盾的，因为在小块土地所有制下（即对自耕农而言），地租"和劳动的全部收益一样，为农民所得"，并"不表现为剩余价值的一个分离出来的形式"。

[2] 马克思特别强调，要把适应于社会生产过程不同发展阶段的不同地租形式区别开来。笔者对马克思在《资本论》中有关地租属性及其不同形式的论述有所梳理。张雨：《赋税制度、租佃关系和中国中古经济研究》，上海古籍出版社，2015，第126~127、174~175页。

租庸调，同样属于"是地租的分配而不是地租"①。

五　汪篯对均田制衰落与封建大土地所有制的研究

除了均田制性质之外，汪篯对均田制衰落及其与大土地所有制关系的分析，同样值得重视。关于均田制的衰落，研究者均将其与土地兼并（土地买卖）、大土地所有制发展联系在一起，但在均田制衰落的具体过程，以及中国古代土地制度发展趋势上，不同学者理解有所不同。

在主张土地国有制的学者中，有一些学者倾向于将均田制视为封建社会土地制度的一种变态形式，即均田制的实施是生产力水准遭到破坏的产物，代表着一种落后或非正常的生产关系。比较典型的看法，如唐长孺认为北魏至隋唐，"具有公社特征的均田制曾经在每一次施行时起了恢复农业生产的作用"，但处在封建社会的历史环境下的均田制，"就不能不在封建势力压迫下解体"，也就是"在农村内部土地私有化过程中和大土地所有者进攻的过程中瓦解的"，是大土地所有制（"田园"，即庄园制）发展的结果。从北魏末至唐代，国家逐步放宽土地买卖的禁令，份地的私有化日益滋长。这种私有化为农村内部分化和土地兼并提供了有利条件，特别是为"先于均田制而存在"的大土地所有制的发展开辟了道路，土地兼并随之日益加强。随着生产力的发展，大土地所有制（使用奴隶、隶户和部分荫户的田园）改变了组织，缓和了对依附者的人身控制之后，更要求扩大在大土地上劳动者的队伍。大土地所有制从魏末以来就不断地发展，国家从默许到公开承认。大土地所有制取得了合法的地位，逃户变成了合法的封建依附者（客户）。国家既然不能直接控制土地，就不能直接控制劳动者，均田制度也就不

---

① 胡如雷《中国封建社会形态研究》亦指出，自耕农所负担的赋税同样可看作地租的转化物，是集中化的地租，第77~78页。因此，在对唐代租庸调（也包括其他历史时期的地租）性质进行分析时，笔者主张应该彻底放弃既有研究中因亚细亚生产方式或租税合一理论影响而形成的范式或预设。张雨：《赋税制度、租佃关系和中国中古经济研究》，上海古籍出版社，2015，第125~127页。

能不瓦解 [①]。

与唐长孺等在庄田制自身的发展脉络（庄园制的两种形态）下分析均田制的衰落不同，韩国磐在均田制向庄园制过渡的视角下分析前者的衰落。他指出，中国的土地国有制在封建社会发展过程中不是逐渐解体，而是更加发达起来。从董仲舒的限民名田、师丹的限田、王莽的王田、司马朗的恢复井田议、曹魏的屯田，一直到西晋刘宋占田和占山的规定，都充分体现出封建国有土地制在中国封建社会中的支配地位。均田制正是在这个前提下继承前代"普天之下，莫非王土"的传统而来的。均田制下官僚地主们对土地只有占有权，帝王以下的各级封建主都是占有者。而均田农民对口分田和世业田既无占有权更无所有权，只有使用权 [②]。从均田制破坏到庄园制的兴起，是由于封建土地国有制和强宗豪族大土地占有制的矛盾日趋激烈造成的，于是，已经存在的庄园经营便为双方竞相采用而发展起来。不仅私人大土地占有制上的私庄在发展（拥有完备的占有权），封建国家或帝王直接掌握的土地设置庄园也日益普遍。庄园内的客户和前此"注家籍"的佃客也有所不同，可以自立为户，对土地有完全的使用权并逐渐带有占有的性质，但同时他们也就成为封建国家的剥削对象。封建国家对农民的授出方式也改变了，一般是以永业或已业来授给民田的，农民对土地有了极不稳定的占有权。客户或农民对于土地之所以能够逐渐发展到拥有占有权，是由于他们推动了生产力的发展，除其本人生活必需的必要劳动产品外，已经能够提供地主阶级所要剥削到的东西，不需要那种"直接的统治与奴役关系"。因此，地租由力役地租形态过

---

① 唐长孺：《均田制度的产生及其破坏》，《历史研究》1956 年第 2 期。此外，乌廷玉的《关于唐朝均田制度的几个问题》认为，均田制度是封建经济遭受破坏、生产力水准低下时期的土地制度，其实行的先决条件，是国家必须掌握大量荒地，失掉了这种先决条件，均田制度必然瓦解。胡如雷的《唐代均田制研究》（《历史研究》1955 年第 5 期）认为，均田制是鲜卑落后的氏族组织与中原封建土地所有制结合的产物，并因此迅速完成自身的封建化。均田制实施后，又成为北魏封建皇权与地方豪族（亦称地方强豪、地主豪强、地方强宗豪族）争夺土地和劳动力的工具，进而从地方豪族庄园制的发展（逐渐成为封建土地占有关系的主要形态）和逐渐完备（内部分工细化）的角度来分析均田制的衰落。

② 韩国磐还指出均田制下，口分田是封建国家或帝王这个最大的也是最高的领主的土地，这种土地分给农民是为了榨取农民的全部剩余劳动力。世业田是分给农民的份地，使农民能勉强维持最低限度的生活，其目的在于保证国家的劳动人手。只是世业田在一定限制下可以买卖和世袭，因而带有了一些占有权的性质。

渡到实物地租形态了①。可以说，韩国磐等将均田制的出现和衰落视为封建国有制下私人大土地占有制发展过程中的正常阶段。

应该说，以唐长孺和韩国磐为代表的两方观点，虽然有所差异，但均立足于封建社会的土地国有制展开分析，并且都将均田制破坏以后的大土地所有制与其实施之前的大土地所有制直接联系在一起。与之不同，汪篯立足于封建地主土地所有制的发展，更强调均田制前后地主阶级内部构成及其生产关系的差异。

以均田制的实施与衰落为界限，汪篯将封建社会划分为前、后两期。前期为大族豪强地主大土地所有制和部曲佃客制，后期则代之以普通地主大土地所有制和佃户制。北魏均田制是在大族豪强地主衰落的情况下得以推行的。大族豪强地主经济的衰落和崩溃，普通地主经济的成长、发展和成熟是曲折的，其速度是不均衡的。由于豪强经济衰落和崩溃的速度超过普通地主经济成长和发展的速度，前者崩溃时，普通地主不论在政治上还是经济上都还没有强大到能够进行大规模的土地兼并以控制大部分土地和农民的程度，所以这个过渡阶段，就是均田制发展的时期。在隋末农民战争的打击下，均田农民中的自耕农民在总人口中所占的分量达到新的高峰。由于社会生产力的发展，在唐前期的一百三十多年中，总的趋势是均田农民中的自耕农民在总人口中所占的分量逐渐缩小。其原因在于自耕农经济不稳定，豪强地主经济崩溃，而普通地主的经济、政治则迅速上升。这是均田制走向崩溃的时期。②

---

① 韩国磐：《从均田制到庄园经济的变化》。与韩国磐观点类似的有，贺昌群《关于封建国有制问题的一些意见》，以均田制的崩溃和两税法的实施为节点，将封建社会分为前期份地土地占有制和后期地主土地占有制两阶段。金宝祥从均田制的瓦解和庄园制的兴起角度，分析了商品生产逐渐发达的影响下，商业资本投向土地兼并，与地主经济相结合，由此带来从关陇贵族和世族地主向新兴的自由地主（富商豪贾，或称庶族地主）阶级发展的过程［金宝祥：《唐代封建经济的发展及其矛盾》，《历史教学》1954 年第 5 期；《和印度佛教寓言有关的两件唐代风俗》，《西北师范学院学报》（人文科学版），1958 年第 1 期；《论唐代的两税法》，《甘肃师范大学学报》1962 年第 3 期］。徐德嶙着眼于"国有制和私有制的矛盾对于均田制所起的分解作用"进行分析，强调中小地主阶级在历史发展中的积极作用。他认为至唐代，宗族组织在均田制中不再起作用。农民贫富分化随着社会经济的发展特别显著起来，因而产生了一些中小地主。大土地占有制继续向前发展，贵族官僚兼并土地，成为大地主。商品经济的发展，刺激了农民贫富的分化，加速了土地买卖。中小地主和大地主私有土地的发展，决定了均田制的破坏和消灭。农民内部的分化，是农民私有制和国有制矛盾发展的结果（徐德嶙：《均田制的产生和破坏》，《华东师大学报》1957 年第 1 期）。

② 汪篯：《两汉至南北朝大族豪强大土地所有制的发展和衰落》《均田制在中国历史上的地位》，载汪篯《汉唐史论稿》，北京大学出版社，1992，第 133~143、166~168 页。

六 对汪篯均田制和封建大土地
所有制研究的评述

汪篯的上述看法，与他对封建社会基本经济规律（或法则）的认知和开阔的世界史视野有关。关于封建社会基本的经济规律，汪先生在分析西周因不具备个体生产的条件而不可能进入封建社会时，指出："生产过程的个体性质，这是封建社会最基本的特征。在个体生产情况下，封建经济所必需的是'直接生产者必须分有一般生产资料特别是土地，同时他必须束缚在土地上，否则就不能保证地主获得劳动力'[①]。在个体生产情况下农民对地主的人身依附是封建经济制度的必要条件。"[②]又在分析均田制的意义时指出，不能因为均田"只是部分地区实行，南方没有实行"，就认为均田制是一纸空文。"田令原意并不是平均分地，这法令能执行得通也正因为不是平均分地"，所以不可"看到田没有平均分便认为未实行"。"最初北魏实行均田，只是把一部分大族控制不稳的土地和人口转移到国家手中。这件事有很大意义，因为均田农民实际是自耕农民，封建社会生产力性质是个体生产，要求小私有制，但实际是地主的大土地所有制，这是封建社会的根本矛盾，但又是个不能解决的矛盾，因为整个社会情况不可能达到小私有制占优势地位，社会也不是往这个方向发展的，不会发展成以小私有制为基础的社会代替封建制，而是资本主义代替封建主义。但自耕农在社会经济中占的比重有重要的意义"，"与此相应的是普通地主的发展代替大族地主，整个社会经济、上层建筑发生了一系列的变化"[③]。

---

① 引文出自列宁《俄国资本主义的发展》第3章《地主从徭役经济到资本主义经济的过渡》，载《列宁全集》第3卷，人民出版社，1984，第161页。列宁在文中分析了徭役经济占优势的四个必要条件，其中即包括直接生产者必须分得土地并被束缚在土地上，另外三个条件是：自然经济占统治地位、农民对地主的人身依附（"超经济的强制"）、技术的极端低劣和停滞。

② 汪篯：《关于农民的阶级斗争在封建社会中的历史作用问题》，载汪篯著，唐长孺等编《汪篯隋唐史论稿》，中国社会科学出版社，1981，第312页。

③ 汪篯：《两汉至南北朝大族豪强大土地所有制的发展和衰落》，载汪篯《汉唐史论稿》，北京大学出版社，1992，第141~142页。

基于"生产过程的个体性质"这一封建社会最基本的特征进行分析①，是汪篯均田制研究的突出亮点②。虽然立足于"国家—豪族（原注：大土地所有者）—小农民，从国家为抑制大土地所有者和保护小农民的角度去理解均田制的意义（原注：意图），即从国家与豪族相互争夺控制小农民这种设想中去解释均田制"是现代学术意义上的"均田制"研究在一开始就确定的理论前提（无论承认与否）③，而且这一前提同时契合了封建社会中"地主—农民（特指佃农）"二元对立的观点，所以也成为新中国马克思主义史学者研究均田制的重要前提④，但多数学者是从消极方面来认识均田制和小农经济对大土地所有制的限制和分解的，而不是像汪先生一样，从积极方面来分析均田制和自

---

① 1953~1955 年，苏联马克思主义史学研究者掀起一轮对封建社会基本经济规律问题的探讨〔参见苏联"历史问题"编辑部《封建主义基本经济规律问题的讨论》，苏联《历史问题》1955 年第 4 期，中译文载《历史研究》编辑委员会编译《史学译丛》1955 年第 5 期，黄巨兴译；苏联"历史问题"编辑部《论封建社会形态的基本经济规律（讨论总结）》，苏联《历史问题》1955 年第 5 期，中译文载《史学译丛》1955 年第 5 期，孙耀君译〕。梅伊曼（M. N. Meumann）、斯卡兹金（S. D. Skazki）共同撰文（《论封建社会形态的基本经济法则》，苏联《历史问题》1954 年第 2 期，中译文载《史学译丛》1954 年第 1 期，郝镇华译）指出封建社会形态的主要进步趋势，就是随着社会分工的加强而日趋完备的产品的个体生产的发展，即生产的专门化和劳动者逐渐接近于自己使用的生产资料的自由私有者的地位。换句话说，封建制度的主要进步趋势，恰恰在于它最终不发展封建领主经济，而是发展小农经济。苏联学者的这场论战，很快被译介入中国，中国学者也都给予了足够的注意。其中比较有代表性的是吴纪先《关于如何表述封建主义基本经济规律问题》、于于廑《略论关于封建主义基本经济规律的几个问题》（《武汉大学人文科学学报》1956 年第 1 期）。虽然目前尚无明确证据显示汪篯直接引用了苏联学者的论述，但从其表述和思考而言，应该直接或间接吸取了部分苏联学界对封建社会基本经济规律问题探讨的成果。

② 其他学者也对苏联学界关于封建主义基本经济规律的表述有所引用，但侧重点不同。方员在论述国家行使最高土地所有权并不妨碍地主对土地的私有时，引用"占有土地的条件，即封建等级制度中的各个等级之分享土地所有权，确实是典型的封建主义所固有的"〔《论封建社会形态的基本经济规律（讨论总结）》〕，以说明封建地主与国家对土地所有权的分享（方员：《对韩国磐先生〈从均田制到庄园经济的变化〉一文中几个问题的商榷》）。胡如雷则指出，中国封建社会的重要特点之一是土地可以买卖，一般情况下，农民为了获得一定的剩余生产物，首先就要争取获得土地成为自耕农，马克思指出这种小土地所有制的一个特殊弊病是"耕者必须把一个资本投下来购买土地"，这就"一定会夺去耕作的资本"（《资本论》第 3 卷，人民出版社，2004，第 910、913 页）。实行均田制正可免去此一弊端，农民可以不用付出土地价格而获得土地占有权，从而也就易于将积累起来的资金用于改善生产条件，甚至扩大再生产（胡如雷：《唐代均田制研究》）。可以说，"在一般的情况下，农民为了自己获得一定的剩余生产物，首先就要争取获得土地成为自耕农"与"生产过程的个体性质"一致，都是对封建社会基本经济规律的引用。此外，王治来《均田制的产生及其实质——北魏社会研究评论》一文也对封建社会基本经济规律有所引用：如果说剩余价值的规律是资本主义的基本经济规律，那么封建主义的基本经济规律就是地租的规律。地租的榨取，乃是封建主（个人或国家）的全部人格之所在。

③ 〔日〕气贺泽保规：《均田制研究的展开》，载谷川道雄编《战后日本的中国史争论》，河合文化教育研究所，1993，中译文见刘俊文主编《日本学者研究中国史论著选译》第 2 卷，夏日新译，中华书局，1993，第 401 页。参见张雨《赋税制度、租佃关系与中国中古经济研究》，上海古籍出版社，2015，第 16~17 页。

④ 耿元骊：《唐代"均田制"再研究——实存制度还是研究体系》，《社会科学战线》2011 年第 11 期。

耕农阶层在大土地所有制发展中所起到的过渡和推动作用。

汪籛对均田制的认识，对大土地所有制两阶段的划分，还与他站在了世界史的领域去思考和观察封建社会的形成及其内部生产关系转变有关。他注意到："早期封建制时世界上都是相似的，欧洲、日本、朝鲜或我国都不是奴隶转变为农奴，而是绝大多数奴隶转变为自耕农，而后在封建化过程中转化为农奴。"[1] 不仅是在早期封建社会，"在奴隶社会、封建社会和资本主义社会最初建立的时候，它本身的生产关系，有的达到相当成熟的程度，而不是完全成熟，有的则连相当成熟的程度也没有达到。在欧洲各国中世纪的初期，一般都是自由农民公社占据优势地位。在西欧资产阶级革命完成得较早的国家，都有一个相当长的少数手工工厂和大批小作坊同时并存的时期，有些国家的农村中，还长期存在着占据优势的小农经济。在一个社会的早期阶段，往往会出现旧势力复辟的情形。一方面，固然由于旧势力的残余仍然存在；而在另一方面，也与它本身的经济基础和上层建筑还不够成熟有关"。因此，"当中国封建制社会最初建立的时候，过去的奴隶大多数并不是直接转化为农奴，而是转化为封建制体系下的由封建国家控制的自耕农民"[2]。

处在早期封建阶段的战国至西汉时期，"封建制刚刚确立为主导的生产方式，还有很多奴隶制的残余。所谓主导，不是说封建成分已占居多数或绝对多数，而是指确定了发展方向，政权掌握在代表生产力发展方向的阶级手中。这时的政权是封建国家，是保护封建制发展的。但封建因素还不占绝对地位，还未建成封建社会，是处在过渡时期中。这个时期的主要特点是存在着广大的自耕农，或者说独立小农。主要的历史内容是大族豪强地主逐渐把自耕农民转化为自己的依附农民。自耕农有的变成奴隶，更多的失去土地而发展成东汉以后的依附农民。大族豪强地主在发展并走向成熟，但这时还没有控制大部分土地、人口"[3]。这一判断，与他对均田制的解读，在逻辑上是一致的，即将自耕农为主的社

---

[1]　汪籛:《两汉至南北朝大族豪强大土地所有制的发展和衰落》，载汪籛《汉唐史论稿》，北京大学出版社，1992，第135页。

[2]　汪籛:《关于农民的阶级斗争在封建社会中的历史作用问题》，载汪籛著，唐长孺等编《汪籛隋唐史论稿》，中国社会科学出版社，1981，第313页。

[3]　汪籛:《两汉至南北朝大族豪强大土地所有制的发展和衰落》，载汪籛《汉唐史论稿》，北京大学出版社，1992，第134页。基于这样的认识，汪籛将封建社会前期又细分为三个阶段：第一阶段战国到西汉，是早期封建阶段，实际是封建化的过程；第二阶段东汉到南北朝中朝，是封建制成熟阶段，大族豪强地主大土地所有制全盛时期；第三阶段南北朝中期（以均田制和三长制实施为标志）到隋以前，是大族豪强地主衰落的时期。

会形态，视为向下一阶段大土地所有制发展的前提（或过渡阶段）。

从世界的物质统一性出发，承认联系的普遍性，是马克思主义辩证法的基础。因而注重事物之间的统一性，将不同地区的历史发展纳入五种社会形态理论的叙事中，是马克思主义史学的首要目标。但与此同时，物质世界的统一性又是多样性的统一，所以如何在纷繁复杂的历史事实中，寻找到矛盾的主要方面，确定主导的因素，也是马克思主义史学工作的基础内容。基于以上两点，借鉴世界其他民族和国家的历史发展规律或线索，是马克思主义史学研究的应有之义①。在马克思主义史学内部，魏晋封建论者尤其具有世界史的知识背景②。此外，作为一个较晚出现的历史分期论，面对其他分期论或从直接生产者身份、地位的变化入手，或从剥削阶级入手，或从固定形式法典的确立入手来论证封建社会的形成，魏晋封建论者更强调经济基础的决定作用，以及社会经济形态演进的复杂性③。根据经典作家的论述，"在古代阶级社会中，不会存在着某种单纯的生产关系，而且相反，经常是许多不同的生产关系同时并存，前行生产关系的残留和后起的生产关系的萌芽，与现实的主导的生产关系，经常交织在一起"④，尚钺指出相似的历史现象，会因社会发展

① 比如，尚钺认为要解决古代史分期问题，只研究中国本国的历史还不够，还必须对中国本土上的各民族历史和世界各大国的历史进行比较研究。具体地说，即必须把春秋战国到两汉帝国的历史，与同时存在的西方罗马帝国的历史相对照来研究。尚钺：《中国史学工作应如何跃进？》，《文汇报》1959 年 11 月 1 日，后收入《尚钺史学论文选集》，人民出版社，1984，第 240~256 页。

② 对于马克思、恩格斯论著中提到的"古代东方"和"古典的古代"的含义及其关系，苏联历史学界于 20 世纪30 年代首先提出，来自"古代东方"的早期奴隶制和"古典的古代"的发达奴隶制是奴隶制发展的两个不同阶段的观点。魏晋封建论者（日知、尚钺、何兹全、王仲荦等）基本上接受了奴隶制发展两个阶段说，而将其他分期论称为"封建早熟论"。比如，日知介绍苏联科学院主编的《世界通史》（十卷本）第一、二卷纲目时，同意纲目所采用的"同时代法"，把奴隶社会分为两个阶段六个时期。并且认为，中国的殷周时代是原始奴隶制社会，战国时期"准备向典型的奴隶制关系过渡"，秦汉帝国的建立虽然促进了奴隶制之欣欣向荣，使奴隶制有了较大规模的发展，但是还达不到像地中海那样纯粹的典型的奴隶制阶段，最后发生了与地中海诸国相似的奴隶制危机，迅速向封建制转化（日知：《奴隶社会之两阶段与六个时期》，《历史教学》1953 年第3 期）。这就是所谓的综合年代法和比较研究法。反对者恰恰是以此为理由，批评魏晋封建论者过于公式化地将东西方的历史做比较，犯了"教条主义"错误，甚至上升为走"修正主义"道路［参见林甘泉等《中国古代史分期讨论五十年》，第 162~165、365~371 页；胡寄元：《意识形态语境中的学术论争与蜕变——以对尚钺历史观的批判为例》，《安徽大学学报》（哲学社会科学版），2007 年第 2 期；杜学霞：《从"教条主义"到"修正主义"——尚钺史学批判之由来及其反思》，《中共历史与理论研究》2016 年第 1 辑］。

③ 张雨：《赋税制度、租佃关系与中国中古经济研究》，上海古籍出版社，2015，第 11~14 页。

④ 尚钺：《先秦生产形态之探讨》，《历史研究》1956 年第 7 期，后收入《尚钺史学论文选集》，人民出版社，1984，第 295 页。

阶段和生产力发展水准不同，反映出本质完全不同的社会性质。比如，家庭公社、农村公社与农奴制大庄园的解体，均出现了大量自耕小农。但小农的分化、破产带来的结果是，"前者为奴隶制提供大量的奴隶新来源，后者则为资本主义的发展输送了广大的产业后备军"[①]。因此，判断封建生产关系的主导地位及封建社会出现时间的标准，就应该是通过经济现象揭示阶级对立关系，从人身隶属关系和剥削方式的变化，来观察封建社会产生、发展、停滞、倒退的线索[②]。尤其是，面对"许多不同的生产关系同时并存"的社会现象，在确定其中的主导关系时，不应该陷入所谓的"数量论"，应该简单地从被剥削阶级或小生产者数量的变化入手来判断，因为小生产者总是大量的存在于多种不同的社会形态之内，然而他们却处于从属的地位。[③]

前文提及，在历史分期论方面，汪籛受郭沫若影响很深，从战国封建论的立场来分析均田制在历史上的地位和作用，并对封建社会的前期做了进一步划分。但在上述分期中，汪先生却借鉴魏晋封建论者反对"数量论"的看法和奴隶制社会两阶段说，将西汉视为"封建因素还不占绝对地位，还未建成封建社会"的过渡时期（即处在封建化的过程）。这个时期还有很多奴隶制的残余，但其"主要特点是存在着广大的自耕农，或者说独立小农。主要的历史内容是大族豪强地主逐渐把自耕农民转化为自己的依附农民"，并由此区分出早期封建制和成熟封建制两个阶段[④]。相反，郭沫若虽然认为汉代奴隶数量不少，但仅将其看作此前奴隶制的残余，而将地主经济和租佃关系视为汉

---

① 尚钺：《关于中国古代史分期问题》，《中国史研究》1979 年第 3 期，后收入《尚钺史学论文选集》，人民出版社，1984，第 355~356 页。

② 尚钺：《〈中国封建经济关系的若干问题〉序言》（1958 年），后收入《尚钺史学论文选集》，人民出版社，1984，第 350~351 页。

③ 比如在论证奴隶社会之所以被称为奴隶社会，并不取决于奴隶数目的多寡时，魏晋封建论者批评当时"在国内史学界的某些学者中流行着一种看法，从'量'法，即是从数量来看社会关系中的主导因素"，认为从量法或数量论是片面的。要决定一个社会的"主导"关系何在的问题，数量当然是可以参考的，但更重要的是从这个社会的发生、发展来看，从这个社会的本质来看。不仅是在希腊罗马的奴隶制早期，即便是到了奴隶制发达的阶段，也不应当过分强调奴隶的数量。因此，不从"量"而从"质"，"主导"的意义才好了解。参见胡钟达《关于奴隶社会中奴隶的数目问题》，《光明日报》1956 年 8 月 2 日，后收入《胡钟达史学论文集》，内蒙古大学出版社，1997，第 1~11 页；王思治《再论汉代是奴隶社会》，《历史研究》1956 年第 9 期；日知《我们在研究古代史中所存在的一些问题》，《历史研究》1956 年第 12 期；林甘泉等《中国古代史分期讨论五十年》，第 403~404 页。

④ 汪籛：《两汉至南北朝大族豪强大土地所有制的发展和衰落》，载汪籛《汉唐史论稿》，北京大学出版社，1992，第 134 页。这一看法，还体现出汪籛对毛泽东《矛盾论》中关于事物发展在长过程中有各个发展阶段的原理"的学习与运用（详后）。

代农业的普遍形态①。由此可见，在判断汉代社会性质时，他所采取的研究方法正属于所谓的"数量论"。据此可知，汪籛对战国封建论的接受，并非是对郭沫若的盲从，而是在独立思考基础上做出的选择。至于汪先生在撰写"隋唐史"课程讲稿《两汉至南北朝大族豪强大土地所有制的发展和衰落》时（1961~1963）所体现出的对魏晋封建论者研究理路的借鉴和吸收，则出现于当时主流学界对魏晋封建论展开批判且不断加剧之后（1957~1960），这更能显示出其独立思考的精神。

这种独立思考的精神，还体现在汪籛对马克思主义内因与外因辩证关系的运用上②。如前所述，唐长孺将均田制视为"具备着公社特征的""封建国家土地所有制的特殊形式"。这与他对北朝以来中国北方社会发展中的鲜卑民族特性（外部因素）的看法有关，也是奠定其日后有关唐代"南朝化"全面论述的基础③。唐代的"南朝化"之说，最初是由陈寅恪提

① 郭沫若：《汉代政权严重打击奴隶主——古代史分期争论中的又一关键性问题》《略论汉代政权的本质——答复日知先生》，载《奴隶制时代》（《郭沫若全集》历史编第3卷），人民出版社，1984，第199~207、208~220页。

② 汪籛在《关于农民的阶级斗争在封建社会中的历史作用问题》中提到，他当时"根据毛主席指示的一些原理来思考、探索农民的阶级斗争是封建社会历史发展的真正动力这个真理"，其中就包括《矛盾论》中关于社会的变化主要是由于内部矛盾的发展推动了社会前进的原理""《矛盾论》中关于事物发展在长过程中有各个发展阶段的原理"（《汪籛隋唐史论稿》，中国社会科学出版社，1981，第311页）。而对毛泽东著作的学习，恰恰是汪籛在马列学院学习的主要内容之一。

③ 唐长孺从田制、兵制、赋役制、科举制、学术风尚等方面对唐代"南朝化"观点进行了全面论证。他指出唐代经济、政治、社会以及文化诸方面都发生了显著变化，标志着中国封建社会由前期向后期的转变。这些变化中的重要部分，正是对东晋南朝的继承。这一看法的前提是，唐先生将十六国、北朝看作中国历史发展进程中的一个曲折阶段（"不是魏晋发展的继续，而是走着一条特殊的道路"），而视东晋南朝的种种变化为汉魏以来中国历史发展的正常趋势（"或者说符合于封建社会的一般发展规律"）。在此基础上，他进一步指出，唐代之所以具有"转折"意味，本质即在于这一在北朝基础上建立起来的王朝逐渐"南朝化"，由此使中国历史进程摆脱了北朝时期的反复而回归正轨。唐代的南朝化倾向，绝非偶然，而是封建社会合乎规律的必然趋势（见唐长孺《魏晋南北朝隋唐史三论综论》（综论编），中华书局，2011，第457~473页）。继承唐先生的牟发松在论述唐代南朝化倾向的意义时，亦指出，形成于汉魏之际的中国封建社会，由于晋末动乱和北族政权的建立，在北方走上了一条特殊道路，与直接继承三国西晋传统的南朝出现显著差异。唐代变化中的南朝化倾向，标志着中国封建社会的历史已越过北朝的迂回而重新回到魏晋南朝以来的正常发展轨道。汉魏之际，中国在封建社会的形成过程中，并未受到外部世界的影响，而是封建社会因素在古代社会母体内自然发展的结果。而所谓"五胡乱华"以及诸北族政权的建立，则使封建社会的进程出现迂回和曲折。唐代变化中的南朝化倾向说明，尽管不无曲折和迂回，仍不能阻遏中国封建社会遵循自己固有的合乎规律的进程发展（牟发松：《略论唐代的南朝化倾向》，《中国史研究》1996年第2期）。如何理解均田制与鲜卑民族特性之间的关系，胡宝国、罗新均有不同于唐长孺的看法。胡宝国认为唐先生之所以过多地强调鲜卑人的作用，一方面应与其所持的魏晋封建论有关，另一方面与陈寅恪过于强调南朝汉文化对北朝的影响有关。但均田制不一定来自鲜卑人前封建时期的公社制度（见胡宝国《关于南朝化问题》，《虚实之间》，社会科学文献出版社，2011，（转下页注）

出①，与"西北化"（即和籴渊源问题）共同构成其解读唐代财政如何从魏晋南北朝演进而来的两大脉络②。毫无疑问，唐代的"南朝化"业已成为魏晋南北朝隋唐史领域一个重要的学术命题或研究范式，但绝不应成为一个先验的学术公理③。尽管在现存论稿中，汪篯并未直接涉及有关唐代"南朝化"的问题，但从其有关论述（如，"北朝初实行宗主督护制，有人认为是鲜卑带来的，即使与鲜卑有关，也是通过内因起作用的，只有符合当时当地的经济情况才能

（接上页注③）第80~88页）。罗新赞同胡宝国的观点。他认为把均田制的源头追溯到内亚游牧世界牧场所有制的观念与制度，即所谓"前封建公社制度"，目的只是给均田制的出现找到一个历史解释，却缺乏"对内亚的历史与传统有更清晰的认识"。从现代人类学的游牧社会研究和游牧经济研究看，这样的历史联系似乎是难以建立起来的。更重要的是，问题不在于这一联系是否最终可以建立，而在于内亚因素在此仅仅承担了对北朝某一历史问题的解释责任，研究者并未关注内亚的历史与传统本身的具体内容究竟是什么（罗新：《内亚视角的北朝史》，彭卫主编《历史学评论》第1卷，2013，后收入《黑毡上的北魏皇帝》，海豚出版社，2014，第84~85页）。

① 陈寅恪指出，"继南北朝正统之唐代，其中央财政制度之渐次江南地方化，易言之，即南朝化"，"唐代之国家财政制度本为北朝之系统，而北朝之社会经济较南朝为落后，至唐代社会经济之发展渐超越北朝旧日之限度，而达到南朝当时之历程时，则其国家财政制度亦不能不随之以演进。唐代之新财政制度，初视之似为当时政府一二人所特创，实则本为南朝之旧制。盖南朝虽为北朝所灭，其遗制当仍保存于地方之一隅，迨经过长久之期间，唐代所统治之北朝旧区域，其经济发展既与南朝相等，则承继北朝系统之中央政府遂取用此旧日南朝旧制之保存于江南地方者而施行之"（陈寅恪：《隋唐制度渊源略论稿》，商务印书馆，1944年，三联书店，2001，第156、160~161页）。南朝财政中以租布折钱的制度，是陈寅恪先生论述唐代财政制度"南朝化"的重要前提，而唐代江南地区的折租造布，则是其论述南朝化的力证。又，早在《隋唐制度渊源略论稿》撰写（写于1939年冬至1940年春）之前，杨联陞在陈寅恪指导下完成的大学毕业论文《从租庸调到两税法》（1937年，清华大学经济系）之一章《中唐以后税制与南朝税制之关系》（《清华学报》第12卷第3期，1937年，后收入于宗先等编《中国经济发展史论文选集》上册，联经出版社，1980，第255~260页）中已指出，"中唐以后之复杂税制，渊源远在南朝"，"由租庸调时期变入两税法时期，正是由仿北朝时期变为仿南朝时期也"。

② 参见胡戟等主编《二十世纪唐研究·经济卷》第4章《财政》（李锦绣执笔），中国社会科学出版社，2002，第403页。

③ 宁可认为所谓唐代"南朝化"的看法没有充分依据，指出南朝各地区生产的地方性很强，产品种类比较多，很难——符合法定的品种规格，而交换关系也比较发达，并以此来解释南朝为什么实行"折纳"（见宁可《〈隋唐制度渊源略论稿〉中唐代中央财政制度"江南地方化"问题》，《光明日报》1959年1月22日，后收入《宁可史学论集》，中国社会科学出版社，1999，第571~576页）。笔者注意到，《二十世纪唐研究》虽然辟有专节对"南朝化"进行综述（第417~418页），但全书未曾提及宁可前揭文。进入21世纪后，吴宗国重新提及宁先生的贡献，并指出陈寅恪"南朝化"论述在史实上还是存在不少问题的，诸如"北朝之社会经济较南朝为落后"，南方"遗制当乃保存于地方之一隅"等说法到底能不能成立？可以进一步进行研究（吴宗国：《论唐代中后期的政治制度变化》，清华大学历史系、三联书店编辑部合编《清华历史讲堂初编》，三联书店，2007，第151~154页）。这是对汪篯看法的延续。杨际平的《唐前期江南折租造布的财政意义——兼论所谓唐中央财政制度之渐次南朝化》（《历史研究》，2011年第2期）一文，正是吴先生所谓"进一步研究"的代表。他指出，唐代江南的折租造布只是政府出于保证供给，降低财政调度成本需要而采取的具体措施，算不上国家财政制度史上的一大变革。另外，南北朝财政收入构成大同小异。北朝与南朝的关市税，（转下页注）

实行")中^①，不难看出他将鲜卑民族特性视为中国北方社会发展中的外因，他更强调内因，也就是汉唐之间大土地制度所有制自身发展的影响。汪、唐二位先生的这一分歧，应该就是唐长孺在《汪篯隋唐史论稿·序言》中所追忆的两人过从时"各持己见，互相争论"的一个具体例子。最后，汪篯将均田制的实施视为"符合当时经济发展状况"的看法，与韩国磐一样，都将均田制的出现和衰落视为封建土地制发展过程中的正常阶段，但前者将均田制置于大地主土地所有制下的分析更具说服力。

七　结语

至此，对汪篯经济史研究的评述就暂告一段落。毫无疑问，这些研究成果深受中华人民共和国成立以后马克思主义史学及其发展的影响，也打上了鲜明的时代烙印^②。因此马克思主义在陈寅恪之外，成为汪篯学术成长过程中的

（接上页注③）在财政总收入中所占比重都远不及田租或户调。即便南朝关市之税在其全部财政收入中所占比重比北朝高，也不表示南朝国民经济、国家财政较北方进步。此外，笔者从契约选择和边际产出效率的角度，对魏晋南北朝时期大土地所有制和租佃关系的发展有所探讨，认为租佃制这种由土地所有者和直接生产者根据契约（或某种形式的约定）所组成的经济组织，虽然在中国历史上出现得非常早，但只有在封建的生产技术水准下，它才是相对有效率的生产经营方式。代表租佃关系发展的"客"的普遍化，自魏晋以降成为比较明显的社会经济现象，但与之同时出现的是"客"的身份的卑微化，也就是人身依附关系的强化。其实，这与奴隶主倾向于将自耕农变为奴隶是一致的，是在生产技术水准较低的条件下，将其部分占有为生产资料的一种措施。因此，此时租佃制还不是一种有效率的经营方式，所以还需要政府以允许屯田客或私家佃客免役的形式予以税收减免，以鼓励大土地所有者采取租佃制作为补充经营方式。北魏建立以后，以计口受田和均田制为标志的地权分散政策的出台和落实，是"农业本身发展的一个必要的过渡点"（马克思：《资本论》第3卷，人民出版社，2004，第912页）。唐宋时期租佃制的流行，就是在北朝后期至唐前期以自耕农为主的社会中发展起来的。反映出在跨过上述"必要的过渡点"后，在封建的社会生产技术水准下，租佃制成为相对有效率的生产经营方式。由此，笔者提出了"北魏封建论"，无论成立与否，也可以算是对"南朝化"问题的一个回应（见张雨《赋税制度、租佃关系与中国中古经济研究》，上海古籍出版社，2015，第66~67、83~84、182~191页）。

① 汪篯：《两汉至南北朝大族豪强大土地所有制的发展和衰落》，载汪篯《汉唐史论稿》，北京大学出版社，1992，第142页。此外，该文还指出，在实施均田制的同时，北魏立三长制，重建乡官制度以代替宗主督护制，说明大族豪强地主开始衰落，和在东汉一代能抗拒度田的情况已不一样了。两晋占田制也行不通，因为不符合当时经济发展状况，当时大族还强盛。当他们力量强大，处在发展时期时，就会反抗，不会让国家推动限田或占田。

② 胡如雷对《汪篯隋唐史论稿》的局限性有所提示：大部分文章集中讨论政治斗争，包括阶级斗争和统治集团中的内争，而对很多重要制度、历史事件和历史人物的研究尚付阙如。在经济史方面，除从生产力发展的角度考证户数、田亩数及丝产地的分布外，也没有对生产关系多做探讨。见胡如雷《读〈汪篯隋唐史论稿〉兼论隋唐史研究》。

另一重要源泉①。这也是汪先生积极"预流",自觉学习辩证唯物主义和历史唯物主义的体现。短短十七年的研究中,既能看到一个旧知识分子掌握马克思主义所必然经历的"一个长期的甚至是痛苦的过程"(汪籛语)②,又能看到一个摆脱"旧我情结"的"真诚的马克思主义者"(陆键东语)在新的学术理路下所取得的丰硕成果③,从而补充了义宁学术之不足④。

不过,可能更为大众熟悉的汪籛,大概是《陈寅恪的最后20年》中所描绘的"一位很可爱,但最后无法逃脱悲剧命运的知识分子"的形象。在陆键东充满"倒放电影"式的、充满先知先觉色彩的笔调下⑤,1953年初冬,南下广州的汪先生,"这位内心不乏善良、正直的学人",却用"党员的口吻"和"教育开导的口吻"向陈寅恪畅谈了"不过是在政治学习会上人人都能说上一番的道理"。在这次谈话中,他是一位"无论从辈分、地位都不足以与陈寅恪作正式对话的其时才三十七岁的后学"使者⑥。因此,师生再度会面的结局,也就毫无意外的是陈寅恪《对科学院的答复》中所表达的那段著名的激烈言辞:

> 我认为不能先存马列主义的见解,再研究学术。我要请的人,要带的徒弟都要有自由思想、独立精神。不是这样,即不是我的学生。你(指汪籛)以前的看法是否和我相同我不知道,但现在不同了,你已不是我的学生了,所以周一良也好,王永兴也好,从我之说即是我的学生,否则即不是。将来我要带徒弟也是如此⑦。

---

① 汪籛曾总结自己的成长:一是得益于扬州中学的数学学习,培养了严格的逻辑思维能力;二是从陈寅恪那里学到了整理材料和分析问题的方法;三是在马列学院学到了马克思主义,学会了运用历史唯物主义实事求是地分析历史问题。吴宗国:《汪籛传略》,载汪籛《汉唐史论稿》,北京大学出版社,1992,第270~271页。参见胡戟《试述陈寅恪先生对士族等问题的开拓性研究》附言《"被逐出师门"以后的汪籛先生》,载胡守为主编《陈寅恪与二十世纪中国学术》,浙江人民出版社,2000,第38页。

② 吴宗国:《汪籛传略》,载汪籛《汉唐史论稿》,北京大学出版社,1992,第267页。

③ 陆键东:《陈寅恪的最后20年》修订本,三联书店,2013,第95页。

④ 吴宗国指出,陈寅恪特别强调文化渊源,饱含了他的一种爱国情怀。但在陈先生所有的著作当中,从经济发展的角度来解释制度的变化,好像是很少的(见吴宗国:《论唐代中后期的政治制度变化》)。胡如雷《读〈汪籛隋唐史论稿〉兼论隋唐史研究》一文对陈寅恪学术研究的不足之处,也有所揭示。

⑤ "倒放电影"式的先知先觉,见罗志田《近代中国史学十论》,复旦大学出版社,2003,第259页。

⑥ 陆键东:《陈寅恪的最后20年》修订本,三联书店,2013,第94~98页。

⑦ 陆键东:《陈寅恪的最后20年》修订本,三联书店,2013,第106页。

这段文字影响甚大，以致胡戟不得不在纪念陈先生对士族等问题的开拓性研究之后，附言上数页文字《"被逐出师门"以后的汪籛先生》。

诚然，陈寅恪高屋建瓴的史识，融贯古今中西的才学，造就了其别人无法企及的学术地位和影响力。但自 20 世纪 90 年代以来，新时代的文化思潮催生了持续甚久的"陈寅恪热"[1]，使得陈先生越来越成为一种绕不过的文化情结[2]，尤其是在学术转型和话语体系转换之后，更成为人们抒发对传统马克思主义史学研究现状不满的象征符号（"要找一个支柱"）[3]。但这种符号化的描述，不应影响甚至替代对汪籛在中华人民共和国成立前后对自身学术道路选择的评价。更何况，"从我之说即是我的学生，否则即不是"的激愤之言，何尝不是老师对于学生未来学术道路选择的一种主观限制。反而是学生在转身之后，以自我改造的积极方式实现对业师陈寅恪"独立之精神，自由之思想"学术信仰的传承和践行。

（张　雨　北京联合大学应用文理学院历史文博系）

---

① 陈思和：《关于 90 年代文化思潮的一点想法》，《山花》1998 年第 8 期。

② 蒋爱花：《绕不过的陈寅恪——评黄永年〈六至九世纪中国政治史〉》，《学术界》2006 年第 3 期。

③ 20 世纪 90 年代前，《读书》零星地发表有关陈寅恪的文字，大多是称赞他的朴学成就。至 1993 年，因陈寅恪诗句"最是文人不自由"引发了关于读书人安身立命的讨论（葛兆光《最是文人不自由》、陈平原《学者的人间情怀》，皆载于《读书》1993 年第 5 期）。此后，《读书》大量刊发关于陈寅恪的文章。在当时知识界在对 20 世纪 80 年代进行整体性反思的背景下，《读书》从陈寅恪身上发现异于 80 年代学术路径的学术精神，这与当时三联书店总经理董秀玉主张用陈寅恪等学人来理清中国现代学术源流的想法是一致的。而三联书店 1995 出版的《陈寅恪的最后 20 年》，更引发"倾城倾国地话说陈寅恪"（夏中义：《谒陈寅恪书》，《文艺争鸣》1997 年第 6 期）的热潮，由此形成一条清晰的"对陈寅恪想象的建构的线索"。对于"陈寅恪热"，《读书》编辑吴彬认为："借陈寅恪来说自己，当时人都很迷惘，要找一个支柱，当时思想界有一种莫名的隐痛与迷惘，找寻出自己的立脚点，定位自身的地位，与这个社会的关系，找自己今后应该安身立命之点。有一种背后的情绪在这里。而对于知识分子应该怎样关注社会，解决知识分子、学者与当代社会的关系，怎么解决自己与社会之间的关系，陈寅恪是一条很好的思路。"（王小惠：《九十年代的陈寅恪想象——从〈读书〉到〈陈寅恪的最后 20 年〉》，《小说评论》2015 年第 2 期）

汪篯先生主编初级中学课本《中国历史》（第二册）的价值初探

　　2016 年是汪篯先生去世 50 周年，北京大学、陕西师范大学在北京、西安两地举行了纪念活动。活动举行期间，汪先生的弟子、同事从各个方面，对汪先生的学术成就做了高度评价。但 1955 年 12 月汪篯先生主编的初级中学课本《中学历史》，却没有进入各位学者的研究视野。

　　该书由汪篯、陈乐素[①]担任主编，王剑英[②]担任助编，叶圣陶、巩绍英、朱文叔、邱汉生负责校订，刘小厂绘地图，由人民教育出版社出版。

　　该书第二册讲述从隋初到鸦片战争之间 1200 多年的中国历史概况，整本书只有 112 页，语言凝练，重点突出。本文将结合当时的时代背景，将汪先生所编教材与 20 世纪 70 年代及 21 世纪所编教材相比较，以发掘其重要的价值。

---

① 陈乐素（1902~1990），著名历史学家，我国著名教育家、历史学家陈垣的长子。广东省新会县（今为江门市新会区）棠下镇石头乡（今属江门市蓬江区）人。原名博。少年时在广州圣心书院、岭南小学读书，后随家迁居北京。1918 年赴日留学，在明治大学读政治经济科。1923 年归国，在广州南武等小学任教。1926 年大革命期间，投笔从戎，参加北伐军任宣传员。1928 年返上海，开始研究历史，在其主编的《日本研究》杂志上，发表研究古代中日交往史的《魏志倭人传研究》，受到史界好评。1931 年“九·一八”事变后，改为研究宋史。1935 年被教育部派往日本考察。抗日战争爆发后，到香港九龙英华女子中学任教。1942 年香港沦陷，入贵州遵义，应聘任浙江大学历史系教授。解放战争期间，热情支持学生爱国民主运动。中华人民共和国成立后，陈乐素奉军事管制委员会之命，参与接管浙江大学。1952 年改革学制，任浙江师范学院（杭州大学前身）历史系教授兼图书馆馆长。1954 年任人民教育出版社编审。

② 王剑英（1921~1996），生于江苏太仓，先后就读并毕业于南京中央大学政经系和燕京大学历史研究院。1951 年后就职于人民教育出版社四十余年，至编审、课程教材研究所研究员。毕生钻研史地，重考据，著作甚丰，是国内享有盛誉的历史地理学家和明清史专家。在中国历史博物馆筹建阶段（1958~1959）和筹备复馆（1971~1972）期间，受国务院特聘担任历史地图组组长。1981 年受聘担任《中国大百科全书》历史地理审图组副主编。1992 年受中国社会科学院委托审阅《中国国家历史大地图集》。

一 指导思想：以马克思主义为指导思想

中华人民共和国成立之初，根据《中国人民政治协商会议共同纲领》的规定，教育"应以提高人民文化水准，培养国家建设人才，肃清封建的、买办的、法西斯主义的思想，发展为人民服务的思想为主要任务"①。"这一阶段的历史教育，最突出的特点是，开始以马克思主义的历史唯物主义观点教育学生，引导学生科学地认识社会发展规律，同时对原有历史教师进行的马列主义教育也为历史教育的改进奠定了基础。"②

汪先生作为教材主编，能够紧跟时代潮流，反映时代特色，以马克思主义为指导思想。比如，对农民战争的编写。毛泽东在《中国革命和中国共产党》第一章第二节《古代的封建社会》中提道："中国历史上的农民起义和农民战争的规模之大，是世界历史上所仅见的。在中国封建社会里，只有这种农民的阶级斗争、农民的起义和农民的战争，才是历史发展的真正动力。因为每一次较大的农民起义和农民战争的结果，都打击了当时的封建统治，因而也就多少推动了社会生产力的发展。"③汪先生认为这段话"总结性地指出中国历史上的农民起义和农民战争的巨大意义"④，"这个概括的说明，科学地指出了农民群众起来打击封建统治的阶级斗争是古代中国封建社会发展的根本动因，强有力地驳斥了把中国封建社会的发展、变化归结为帝王将相行动结果的历史唯心论谬说，给予了我们正确研究中国封建社会历史的钥匙"⑤。他也将其思想体现在教材内容的编排上。如第五篇主要涉及隋唐相关的内容，在讲述朝代更迭的时候，就专门设置了"隋末农民战争"⑥一节。因为在汪先生看来，"如果不知道隋末农民战争的经历，不知道起义军如何兴起，如何由小到大，由弱到强，由分散到集中，由据险自守到进攻城市，由劣势地位转向优势以

---

① 有林等：《中华人民共和国国史通鉴》第一卷，当代中国出版社，1993，第 426 页。

② 赵克礼：《历史教学论》，陕西师范大学出版社，2005，第 7 页。

③ 《毛泽东选集》第二卷，人民出版社，1991，第 625 页。

④ 汪籛：《汪籛汉唐史论稿》，北京大学出版社，2017，第 23 页。

⑤ 汪籛：《汪籛汉唐史论稿》，北京大学出版社，2017，第 23 页。

⑥ 汪籛、陈乐素主编《中国历史》第 2 版（第二册），人民教育出版社，1956，目录第 1 页。

至基本摧毁隋朝的统治……就不能完全了解为什么唐初统治者懂得一些农民的力量，从而采取了对农民作相对让步的政策"。①

基于这个理念，汪先生在教材编排中又依次设置了以下几个章节：唐政权走向瓦解时设置了"黄巢领导的农民战争"②；元代末期走向衰亡时设置了"元末农民战争"③；明代政权走向没落时设置了"明末农民战争"④；明清更替时设置了"各族人民的反清起义"⑤。这样，既交代了前朝的灭亡原因和过程，又为随后的王朝开展各种新政点明了背景和原因，让学生在学习的过程中不会迷惘。

20 世纪 70 年代到 90 年代，大陆中学历史教材都承袭此思想。可见汪先生教材的影响之大。进入 21 世纪，随着历史研究的不断深入，对于农民起义和农民战争的认识也在不断变化，因而，教材里不再有专门讲述此类内容的章节，只是在朝代更迭中略微提及。

二　编排体系：经济基础决定上层建筑，重视文化繁荣

第二册共分为"隋唐五代"、"宋辽金元"和"明清（鸦片战争以前）"三个部分。每一部分的编排体系为经济决定上层建筑，重视文化繁荣。以"第五篇——隋唐五代"为例，该篇下分五章，分别是：第二十一章《唐朝前期的经济发展》、第二十二章《强盛的唐帝国》、第二十三章《唐帝国的衰落》、第二十四章《五代十国》、第二十五章《隋唐五代的文化》⑥。

1. 经济是基础

经济基础决定上层建筑。经济基础是指社会发展一定阶段上的社会经济制度，即社会生产关系的总和，它是上层建筑的基础。一定的经济基础和一

---

① 汪篯：《汪篯汉唐史论稿》，北京大学出版社，2017，第 24 页。
② 汪篯、陈乐素主编《中国历史》第 2 版（第二册），人民教育出版社，1956，目录第 1 页。
③ 汪篯、陈乐素主编《中国历史》第 2 版（第二册），人民教育出版社，1956，目录第 2 页。
④ 汪篯、陈乐素主编《中国历史》第 2 版（第二册），人民教育出版社，1956，目录第 2 页。
⑤ 汪篯、陈乐素主编《中国历史》第 2 版（第二册），人民教育出版社，1956，目录第 3 页。
⑥ 汪篯、陈乐素主编《中国历史》第 2 版（第二册），人民教育出版社，1956，目录第 1 页。

定的上层建筑构成一定的社会形态①。上层建筑，是指建立在经济基础上的政治、法律、哲学、宗教、艺术等的观点，以及适合这些观点的政治、法律等制度②。

因而，在教材中，第二十一章《唐朝前期的经济发展》③一共设置两节：第一节《唐初统治者对农民让步的政策》；第二节《手工业和商业》。在第一节中，课文先介绍了"唐初统治者对农民让步的政策"的原因是："在农民起义的打击下，富强的隋很快就灭亡了。这个事实给了唐初统治者极大的教训，迫使他们采取对农民让步的政策。"④然后具体介绍了"唐初统治者对农民让步的政策，主要是均田制和租庸调制"⑤。在第二节中，课文先总体介绍了"唐朝时候，手工业和商业空前发展，很多城市繁荣起来了"⑥。在此基础上，又分别介绍了两种店铺和行："一种店铺从农民、小手工业者或批发商那里买进物品，然后卖出去，这是商店。另一种店铺出卖的物品是自己制造的。这种店铺又是商店，又是手工业作坊。"⑦"同样行业的店铺大多集中在一个街坊里，有自己的组织，叫作'行'。"⑧在贸易的发展过程中，交通是重要因素，南北方又各不相同："北方的大城市由驿路连接起来"⑨，"南方水运很便利，江河沿岸分布着城市"⑩。甚至"草原上的游牧人赶着大批的骆驼、马匹，带着大批的皮毛来到边境的城市"⑪。这样一来，"唐的大商人经常航海到阿拉伯、波斯、印度、南洋群岛去做买卖"⑫。因此，在重要的水陆交通线上形成了一批唐朝的大城市，主要有：长安、洛阳、扬州、成都、广州。

---

① 中国社会科学院语言研究所词典编辑室编《现代汉语词典》第 7 版，商务印书馆，2016，第 685 页。
② 中国社会科学院语言研究所词典编辑室编《现代汉语词典》第 7 版，商务印书馆，2016，第 1144 页。
③ 汪篯、陈乐素主编《中国历史》第 2 版（第二册），人民教育出版社，1956，目录第 1 页。
④ 汪篯、陈乐素主编《中国历史》第 2 版（第二册），人民教育出版社，1956，第 7 页。
⑤ 汪篯、陈乐素主编《中国历史》第 2 版（第二册），人民教育出版社，1956，第 8 页。
⑥ 汪篯、陈乐素主编《中国历史》第 2 版（第二册），人民教育出版社，1956，第 9 页。
⑦ 汪篯、陈乐素主编《中国历史》第 2 版（第二册），人民教育出版社，1956，第 9 页。
⑧ 汪篯、陈乐素主编《中国历史》第 2 版（第二册），人民教育出版社，1956，第 9 页。
⑨ 汪篯、陈乐素主编《中国历史》第 2 版（第二册），人民教育出版社，1956，第 9 页。
⑩ 汪篯、陈乐素主编《中国历史》第 2 版（第二册），人民教育出版社，1956，第 9 页。
⑪ 汪篯、陈乐素主编《中国历史》第 2 版（第二册），人民教育出版社，1956，第 9 页。
⑫ 汪篯、陈乐素主编《中国历史》第 2 版（第二册），人民教育出版社，1956，第 9 页。

2. 政治为主导

政治是经济的集中表现，它产生于一定的经济基础，并为经济基础服务，同时极大地影响经济的发展。任何阶级的政治都是以维护本阶级的经济利益、建立和巩固本阶级的统治为目的。[①]因而，汪先生在教材编排中，运用了两章的篇幅来重点讲述大唐的政治兴衰。

在第二十二章《强盛的唐帝国》[②]中一共分了《唐帝国的战争》《唐帝国是亚洲各族经济文化交流的中心》《吐蕃、回纥、南诏》三节，其中第一节主要从"突厥人""唐对突厥的战争""援助新罗的白江口战争"三个方面讲述了唐帝国巩固政权的举措。第二节则从"唐帝国是亚洲各族经济文化交流的中心""唐人跟亚洲各族人的友好关系""唐跟印度、日本、朝鲜的关系"三方面介绍了唐朝的外交情况。至于第三节，则是唐政权与周边少数民族的交往情况。

在第二十三章《唐帝国的衰落》[③]中，汪先生一共设置了《均田制的破坏和边防的削弱》《安史之乱和藩镇格局》《两税法和科举制》《黄巢领导的农民战争》四节。第一节从"均田制的逐渐破坏""边疆的形势"两方面来揭示帝国衰落的根源。第二节从"节度使""安史之乱""藩镇割据"三方面来谈帝国衰落的表现。第三节则从"两税法""土地买卖的盛行""科举制"来讲述政权衰落时中央政府的挽救措施。第四节从"黄巢领导的农民战争""农民起义的爆发""起义军流动作战和攻占长安起义军的失败"三个方面交代了帝国衰亡的具体表现。

3. 文化是表征

文化指人类在社会历史发展过程中所创造的物质财富和精神财富的总和。特指精神财富，如文学、艺术、教育、科学等[④]。文化是否繁荣，直接反映着社会政治经济的发展状况。历史教材在很长一段时期，对文化史的内容重视不够。如华北人民政府教育部教科书编审委员会1950年1月版的高级中学《中国历史》（《中国通史简编》节本）上册课本里面，综观整个目录，涉及文化内容的只有《商代的制度与文化》这一节。在《商代的制度与文化》这一部分，主要介绍

---

① 中国社会科学院语言研究所词典编辑室编《现代汉语词典》第7版，商务印书馆，2016，第1675页。

② 汪篯、陈乐素主编《中国历史》第2版（第二册），人民教育出版社，1956，第13~20页。

③ 汪篯、陈乐素主编《中国历史》第2版（第二册），人民教育出版社，1956，第20~30页。

④ 中国社会科学院语言研究所词典编辑室编《现代汉语词典》第7版，商务印书馆，2016，第1372页。

了甲骨文，兄终弟及、父死子继的王位继承制度，祭祀制度，以及《洪范篇》[①]。

汪先生的教材第二十五章《隋唐五代的文化》[②]专门讲述文化史，内容也设置了两节：第一节《唐诗》、第二节《绘画、音乐和舞蹈》。

在第一节《唐诗》中，课文先总叙了唐诗的总体情况是："唐帝国疆土广大，经济繁荣，人们的眼界开阔了，生活内容很丰富。唐的诗人不但描写内地的景色，也描写边塞风光；不但描写唐人的生活，也描写亚洲各族人的习俗。在唐诗里有淳朴的田园，有繁荣的城市；有壮丽的山河，也有雄伟的建筑物。诗人们用诗表达自己的思想情感，控诉统治阶级的奢侈和残暴，喊出劳动人民痛苦的呼声。有些伟大的诗篇是当时社会生活的深刻反映。"[③]然后重点介绍了三个诗人：李白、杜甫和白居易。

在第二节《绘画、音乐和舞蹈》中，绘画重点介绍了敦煌艺术，提到它的"洞窟里有许多塑造的佛像"[④]，"洞窟的四壁满是金碧辉煌的彩色图画"[⑤]，"莫高窟里的壁画连接起来有五十里长，是世界上最大的艺术宝库"[⑥]。在"音乐和舞蹈"方面，课文先介绍了"隋唐的音乐有很高的成就。乐队的规模很大，乐器的种类很多，有古老的笙、箫、筝，有西域和中亚细亚传来的琵琶、羯鼓、横笛、铜钹，还有南方沿海的法螺"[⑦]，认为"隋唐音乐是融合亚洲各族文化的一个典型"[⑧]。同时，"隋唐的舞蹈从西域、中亚细亚和印度吸收了新的营养"[⑨]，逐渐形成了"快舞"和"慢舞"两种不同的风格。

在1972年版的北京市中学试用课本《历史》（第一册）中，基本延续了这样的内容设置，其第五章《封建社会（三）——隋、唐、五代》[⑩]中，文化史的内容则依然单独设节，涉及建筑、印刷术、医学、天文学、文学和艺术。

---

① 华北人民政府教育部教科书编审委员会：《中国历史》（中国历史研究会《中国通史简编》节本）上册，新华书店（西北新华印刷厂），1950年1月版，第25页。
② 汪籛、陈乐素主编《中国历史》第2版（第二册），人民教育出版社，1956，目录第3页。
③ 汪籛、陈乐素主编《中国历史》第2版（第二册），人民教育出版社，1956，第33~34页。
④ 汪籛、陈乐素主编《中国历史》第2版（第二册），人民教育出版社，1956，第37页。
⑤ 汪籛、陈乐素主编《中国历史》第2版（第二册），人民教育出版社，1956，第37页。
⑥ 汪籛、陈乐素主编《中国历史》第2版（第二册），人民教育出版社，1956，第37页。
⑦ 汪籛、陈乐素主编《中国历史》第2版（第二册），人民教育出版社，1956，第38页。
⑧ 汪籛、陈乐素主编《中国历史》第2版（第二册），人民教育出版社，1956，第38页。
⑨ 汪籛、陈乐素主编《中国历史》第2版（第二册），人民教育出版社，1956，第38页。
⑩ 北京市教育局中小学教材编写组编《历史》第1版（第一册），人民出版社，1972，目录第2页。

文学方面主要讲述了唐诗，重点介绍了李白、杜甫和白居易三位大诗人及其作品。艺术方面则介绍了敦煌石窟："洞窟的四壁绘满着辉煌的彩色图画。壁画的内容，主要是佛教故事；可是在这些画里，有耕种田地、饲养牲畜的景象，也有奏乐、舞蹈的场面。"①"敦煌艺术是很多无名的艺术家长年累月辛勤劳动的成果，深刻地表现了我国劳动人民的智慧和才能。"②

在 2001 年人民教育出版社出版的教材中，文化史的内容更加丰富和细化：《辉煌的隋唐文化（一）》③中涉及"高超的建筑水准""雕版印刷术的发明""光耀千古的诗坛"三个内容；《辉煌的隋唐文化（二）》④涵盖了"灿烂夺目的书法和绘画""世界艺术宝库莫高窟""盛大欢腾的乐舞"三个主题。

"世界艺术宝库莫高窟"主题下重点介绍了敦煌莫高窟："石窟艺术在隋唐时期大为发展，最著名的是坐落在今天甘肃西部的敦煌莫高窟。那里的大部分洞窟，是隋唐时期开凿。莫高窟里有大量精美的壁画和无数形象生动的彩色塑像，窟内保存的大量佛经、文书等也极为珍贵。莫高窟堪称世界最大的艺术宝库之一。"⑤

表 1　1956 年汪篯先生主编教材中唐代文化史内容被引用情况

	1956 年汪篯先生主编教材相关内容	1972 年教材相关内容	2001 年教材相关内容
1	李白	√	√
2	杜甫	√	√
3	白居易	√	√
4	敦煌艺术——塑像、壁画	√	√
5	音乐——融合亚洲各族文化	√	√
6	舞蹈——快舞、慢舞	√	√

① 北京市教育局中小学教材编写组编《历史》第 1 版（第一册），人民出版社，1972，目录第 141 页。

② 北京市教育局中小学教材编写组编《历史》第 1 版（第一册），人民出版社，1972，目录第 141 页。

③ 课程教材研究所、历史课程教材研究开发中心编著《中国历史》第 1 版（七年级下册），人民教育出版社，2001，第 33~36 页。

④ 课程教材研究所、历史课程教材研究开发中心编著《中国历史》第 1 版（七年级下册），人民教育出版社，2001，第 38~41 页。

⑤ 课程教材研究所、历史课程教材研究开发中心编著《中国历史》第 1 版（七年级下册），人民教育出版社，2001，第 40 页。

	1956年汪篯先生主编教材相关内容	1972年教材相关内容	2001年教材相关内容
7		建筑——赵州安济桥、大雁塔	"高超的建筑水准"——赵州桥、唐都长安城、大明宫含元殿
8		印刷术——868年印刷的佛经《金刚经》	"雕版印刷术的发明"——唐朝印制的《金刚经》
9		医学家孙思邈及《千金方》	"灿烂夺目的书法和绘画"——颜真卿、柳公权；阎立本、吴道子
10		一行实测子午线长度	"盛大欢腾的乐舞"——《秦王破阵乐》《霓裳羽衣舞》《胡旋舞》

注：表格中的√表示相关内容在该教材中也有出现。

从上表可知，现今教材编排的方式基本承袭了汪先生所宣导的政治为主，兼顾经济、文化的编排方式，这样可以全面反映一个时代的历史状况。同时，我们可以看出，从1956年到1972年再到2001年，教材中文化史的内容呈逐渐增加的趋势。

三　民族融合

中国自古以来就是一个多民族的国家，灿烂辉煌的中华文明是由多民族共同创造的。一直以来，学术界关于少数民族问题有两种声音：一种是民族识别，一种是强调融合。前者是吴文藻、费孝通等人类学家或民族学家的思路，他们"接受西方学界的民族定义，希望从体质、语言、文化等方面进行中国的民族识别"。[①]后者是历史学家的思想。他们认为"现代中国就是在清帝国的疆域和族群基础上，努力把周边各种族群逐渐纳入一个'中华民族'之中，最后形成的一个庞大的（多）民族的现代'帝国'或'国家'"[②]。也就是说

[①] 葛兆光：《纳四裔入中华——晚清民国学术界重建"中国"的努力》，第十七届马长寿民族学讲座，讲稿第32页。

[②] 葛兆光：《纳四裔入中华——晚清民国学术界重建"中国"的努力》，第十七届马长寿民族学讲座，讲稿第2页。

"在汉族自形成之日起，通过战争、迁徙、互动等诸多方式，频频与周边各民族碰撞、交流，不断吸收新鲜血液，像滚雪球一样不断融入众多的少数民族，越滚越大，使汉民族发展成为具有十亿多人口、世界上最大的民族。因此，汉族在血缘上与少数民族是难分难解的"。[①]

汪先生属于后者。在《大统十三年敦煌户籍跋语》中，汪先生在提到敦煌时，认为"敦煌为民族杂居之地……敦煌居民之民族成分，极为复杂。又从户籍观之，此各族人皆已定居农耕，不论其家庭组成、占地情形以及对封建国家之负担，皆已与汉族毫无差别。斯可以为民族自然融合提供线索者也"[②]。在主编初级中学课本的过程中，汪先生将少数民族的内容设置独立章节。第五篇讲述隋唐时期，涉及隋唐与少数民族的交流，于是专门设置第二十二章第三节《吐蕃、回纥、南诏》[③]；第六篇讲述宋辽金元时期，因而设置第二十七章第三节《蒙古的兴起和南侵》[④]；第七篇是关于明清的内容，所以编排了第三十五章第二节《藏人、蒙古人、维吾尔人》[⑤]。

在"吐蕃、回纥、南诏"一课中，教材先对少数民族的历史做简要交代："回纥是维吾尔人的祖先，住在色愣格河一带，过着游牧生活。"[⑥]其后，再介绍回纥与大唐的交往情况："七世纪初期，回纥人摆脱了西突厥的统治……回纥的力量逐渐向南发展，跟唐的接触频繁起来。"[⑦]

关于回纥的内容在官方史书中有记载，如《旧唐书·回纥传》："回纥，其先匈奴之裔也，在后魏时，号铁勒部落。其众微小，其俗骁强，依托高车，臣属突厥，近谓之特勒。无君长，居无恒所，随水草流移，人性凶忍，善骑射，贪婪尤甚，以寇抄为生……隋开皇末，晋王广北征突厥，大破步迦可汗，特勒于是分散。大业元年，突厥处罗可汗击特勒诸部，厚敛其物，又猜忌薛延陀，恐为变，遂集其渠帅数百人尽诛之，特勒由是叛。特勒始有仆骨、同罗、回纥、拔野古、覆罗，并号俟斤，后称回纥焉。在薛延陀北境，居婆陵

---

①　何星亮：《中国历史上民族融合的特点和类型》，《中南民族大学学报》（人文社会科学版）2010年第2期。
②　汪篯：《汪篯汉唐史论稿》，北京大学出版社，2017，第285页。
③　汪篯、陈乐素主编：《中国历史》第2版（第二册），人民教育出版社，1956，目录第1页。
④　汪篯、陈乐素主编：《中国历史》第2版（第二册），人民教育出版社，1956，目录第2页。
⑤　汪篯、陈乐素主编：《中国历史》第2版（第二册），人民教育出版社，1956，目录第3页。
⑥　汪篯、陈乐素主编：《中国历史》第2版（第二册），人民教育出版社，1956，第19页。
⑦　汪篯、陈乐素主编：《中国历史》第2版（第二册），人民教育出版社，1956，第19页。

水侧，去长安六千九百里，随逐水草，胜兵五万，人口十万人。"①

从上述文字可以看出，史书的记载包含着很明显的大汉族主义思想，反观教材中的文字，仅仅是一种客观的描述，没有民族歧视的色彩。

汪先生的这一思想，在后来的初中教材的编排上，也得到了很好的继承和发扬。

1972 年的教材在讲述民族史内容方面没有单独设节，只在《封建社会的繁荣》这一节里以小标题"少数民族地区的发展"的形式呈现，其中，先总体介绍了"唐朝时候，突厥、吐蕃、回纥、南诏各族，在生产上和文化上都有相当进步，对祖国边疆的开发都做出了很大的贡献"。② 再具体到回纥这个民族，就是："回纥人，是维吾尔人的祖先。住在色愣格河一带，过着游牧生活。唐灭突厥后，回纥人逐渐向南发展，同唐的接触频繁起来。"③

2001 年历史课程教材研究开发中心编著的《中国历史》（七年级下册）在讲述隋唐时期的民族史内容时，专门设置一课《和同为一家》④。该课文共设置了"松赞干布和文成公主""回纥的勃兴""车书本一家""苍山洱海间的南诏"四个小主题，分别介绍了吐蕃、回纥、靺鞨和南诏几个少数民族的基本情况及其与唐的交往。

同样，以"回纥的勃兴"这一部分为例，正文先是简单介绍了这个民族的历史："回纥是维吾尔族的祖先，游牧于色愣格河流域，逐渐向南发展。他们崇尚勇敢，作风纯朴。8 世纪中期，回纥建立汗国，唐玄宗封其首领为怀仁可汗，双方关系友好。后来，回纥改名回鹘。回鹘政权瓦解后，部众大部分西迁到今甘肃、新疆等地。"⑤

在小字部分的补充材料里面，课文还介绍了"回鹘人到唐朝经商的很多，仅住在长安城里的回鹘商人，就有上千名。他们用马匹和皮毛，换取汉族的绢、茶和粮食。长安、洛阳的汉人受回鹘风俗影响，喜欢穿回鹘服装，有诗

---

① （后晋）刘昫等：《旧唐书》卷一百九十五《回纥传》，中华书局，1975，第 5195 页。
② 北京市教育局中小学教材编写组编《历史》第 1 版（第一册），人民出版社，1972，目录第 116~117 页。
③ 北京市教育局中小学教材编写组编《历史》第 1 版（第一册），人民出版社，1972，目录第 118~119 页。
④ 课程教材研究所、历史课程教材研究开发中心编著《中国历史》第 1 版（七年级下册），人民教育出版社，2001，第 22~25 页。
⑤ 课程教材研究所、历史课程教材研究开发中心编著《中国历史》第 1 版（七年级下册），人民教育出版社，2001，第 24 页。

说'回鹘衣装回鹘马',正是当时市面上常见的景象"。[1]

表2 1956年汪篯先生主编教材中唐代民族史内容被引用情况

	1956年汪篯先生主编教材相关内容	1972年教材相关内容	2001年教材相关内容
1	吐蕃	√	√
2	回纥	√	√
3	南诏	√	√
4		突厥	靺鞨

注：表格中的√表示相关内容在该教材中也有出现。

四 使用插图

教材中大量使用多种形式的插图，既增强了学习内容的直观性和生动性，又使学生学会初步运用历史地图和文物照片学习历史的本领；有利于培养学生"通过多种途径获取历史资讯的能力"[2]，有利于培养学生"学习历史唯物主义的基本观点和方法，努力做到论从史出、史论结合"[3]。汪先生主编的初级中学历史课本与同时代的课本相比较，最明显的特点就是插图较多，总共有42幅，后来教材的编纂者有所引用。

表3 1956年汪篯先生主编教材图片被引用情况

	1956年汪篯先生主编教材图片名称	1972年教材重复使用图	2001年教材重复使用图
1	耕织图		
2	彩釉陶马		
3	白釉黑花坛		
4	刻丝 仿宋牡丹		
5	隋大运河	√	√
6	隋末农民战争的形势	√	

---

① 课程教材研究所、历史课程教材研究开发中心编著《中国历史》第1版（七年级下册），人民教育出版社，2001，第25页。

② 中华人民共和国教育部:《普通高中历史课程标准（实验）》，人民教育出版社，2003，第4页。

③ 中华人民共和国教育部:《普通高中历史课程标准（实验）》，人民教育出版社，2003，第4页。

续表

	1956 年汪篯先生主编教材图片名称	1972 年教材重复使用图	2001 年教材重复使用图
7	瓦岗军开仓散粮		
8	唐帝国和亚洲各国的交通		√
9	唐朝的长安城		√
10	唐帝国的疆域		√
11	玄奘		√
12	松赞干布和文成公主		
13	黄巢军开山通路		
14	黄巢军远征路线		
15	五代十国的前期		
16	五代十国的后期		
17	杜甫		
18	音乐和舞蹈：敦煌壁画	√	
19	北宋、辽、西夏的形势		√
20	宋白釉孩儿枕		
21	宋画"清明上河图"上的东京商业	√	√
22	王安石		
23	岳飞	√	
24	南宋金的形势	√	√
25	水闸	√	
26	文天祥		√
27	红巾军逼近大都		
28	元末农民战争的形势		
29	宋刻《春秋经传集解》书影		
30	火药箭和突火枪		√
31	《水浒传》的插图"三打祝家庄"	√	
32	海船的大铁锚	√	
33	郑和下西洋	√	√
34	明朝的长城和北边的重要城镇		
35	丝织机	√	

	1956 年汪篯先生主编教材图片名称	1972 年教材重复使用图	2001 年教材重复使用图
36	明末农民战争的形势		
37	李自成进北京	√	
38	清军入关前后的形势		
39	郑成功接受荷兰人投降	√	√
40	清朝中期各族人民的反清起义		
41	李时珍在记录老人讲述的单方		
42	《天工开物》里的炼铁图		

注：表格中的√表示图片在该教材中也有出现。

1972 年教材与 1956 年教材相比，42 幅插图中重复出现的一共 13 幅，占 30.95%；2001 年教材则有 12 幅相重，占 28.57%。

2011 年，"形象史学"的概念被中国社会科学院历史研究所文化史研究室提出。"'形象史学'，是把形与象作为主要材料，用以研究历史的一门学问。具体来说，指运用传世的岩画、铭刻、造像、器具、建筑、服饰、字画、文书、典籍等一切实物，作为主要证据，并结合文献来综合考察历史的一种新的史学研究模式。"[①]然而，汪先生早在 60 多年前就已经在运用这种历史研究方法了，并将其运用在教材编写上，足见汪先生治史思想的超前性。他的学生胡戟老师在 20 世纪 80 年代初组织历史考察活动时，对应传统的文献历史学，提出图像历史学和考察历史学的方法。

总之，汪篯先生作为著名的历史学者，其在学术领域的研究思想和成果已经备受瞩目了，但他主编初级中学历史课本这一点却鲜为人知。"教科书是使一代一代人接受和理解历史的起点，也是一代一代学者模仿历史写作的最初范本，它的影响太大了。"[②]可见，它对教师和学生的影响不容小觑，因此教材的编写当慎之又慎。通过汪先生主编的以马克思主义为指导思想的这本教材，可以看出，在汪先生的教材编排思想上，历史图像和文字表述共同阐述历史内容；历史不仅包含政治史，还有经济史和文化史；中国的历史，

[①] 中国社会科学院历史研究所文化史研究室编《形象史学研究（2013）》，人民出版社，2014，第 1 页。
[②] 葛兆光、张瑞龙：《新思想史研究、历史教科书编纂及其他——葛兆光教授访谈录》，《历史教学》2005 年第 2 期。

是各民族共同创造的。这些，都为当今的教材编写树立了典范，值得借鉴和学习。

（郭海文　李　炖　陕西师范大学历史文化学院）

附图　1956年汪籛主编初级中学课本《中国历史》（第二册）书影及插图

封面　　　　　　　　封底　　　　　　　　扉页一

一、彩釉陶马（唐）
（原高72厘米）

二、白釉黑花坛（宋）
（原高约50厘米）

三、刻丝 仿宋牡丹（宋）
（原高28.5厘米，宽21.3厘米）

扉页二

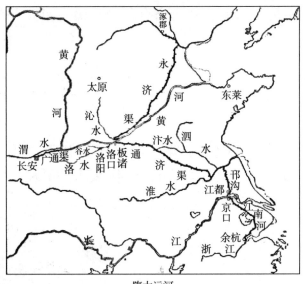

隋大运河

长安	隋都城。陕西西安	洛阳	隋东都。河南洛阳	板诸	河南荥阳西北
江都	江苏扬州	京口	江苏镇江	余杭	浙江杭州
涿郡	北京市	东莱	山东掖县	太原	山西太原西南汾水西岸

隋大运河

李自成进北京

宋图《清明上河图》上的东京商业

郑成功接受荷兰人投降

《汪篯汉唐史论稿》中的法律内容管窥 *

汪先生成果卓著，影响深远，前辈先生及同仁多已论述。笔者是从事中国法制史教学、科研的小辈，故欲从法制史的角度来谈读汪先生著作后的感受。

汪先生研究的重点不在法制史，但是也没有忽略法制史的内容，不论是《唐代前期的法令和制度》这篇文章，还是分散在其他篇目中零星的法制内容，都可以让人明确感受到这一点。以下从四个方面加以说明。

一 脉络分明：律、令、格、式一统全文

汪先生在论述唐代的法律制度时，开篇即言："唐朝的法有律、令、格、式四类。"[①] 然后分而述之。

《唐六典·刑部郎中员外郎》中有记载："凡文法之名有四，一曰律，二曰令，三曰格，四曰式。"它们共同构成了唐代法律体系的基础。四者如何区别，在《新唐书·刑法志》有明文记载："令者，尊卑贵贱之等数，国家之制度也；格者，百官有司之所常行之事也；式者，其所常守之法也；凡邦国之政，必从事于此三者，其有所违，及人之为恶而入于罪戾者，一断以律。"

1. 律

"律以正刑定罪"：律是封建国家的基本法典，是关于定罪断刑的法规。律所涉及的范围相当广泛，不仅仅限于刑事方面的规定。从唐初法制的指导思想和唐律的规定来看，律在四种法律形式中最为稳定，地位也最高。现

---

　* 本文为教育部规划基金项目（18YJA820011）、司法部专项项目（15SFB5007）、西北大学社科繁荣项目、西北大学青年学术骨干资助项目阶段性成果。

　① 汪篯：《汪篯汉唐史论稿》，北京大学出版社，2017，第304页。

存于世的《唐律疏议》①共30卷,十二篇为:《名例律》(1~6卷)、《卫禁律》(7~8卷)、《职制律》(9~11卷)、《户婚律》(12~14卷)、《厩库律》(15卷)、《擅兴律》(16卷)、《贼盗律》(17~20卷)、《斗讼律》(21~24卷)、《诈伪律》(25卷)、《杂律》(26~27卷)、《捕亡律》(28卷)、《断狱律》(29~30卷)。《名例律》列于律首,其内容涉及刑罚的种类(笞、杖、徒、流、死五刑,除名、免官、免所居官、官当、赎等等)、惩罚犯罪的刑罚名称与等级,以及刑罚适用的原则(如故意、过失、共同犯罪、主从、自首、累犯、类推比附等)等。其与下面十一篇分述各种犯罪的篇目相呼应,形成一个类似现代刑法总则、分则相结合的体例。

汪先生除了用较长的篇幅论述唐律外,还在其他文章的分析中经常引用唐律中的一些条文。如《史籍上的隋唐田亩数是应受田数》第55页引《户婚律》"相冒合户"条疏议,第56页引《名例律》"府号官称"条疏议;《北魏均田令试释》第277页引《户婚律》中"占田过限"条疏议与北魏太和令相关内容做对比;《西魏大统十三年敦煌户籍跋语》第283页引《名例律》"二罪从重"条及其疏议;《唐田令试释》第287页引《户婚律》"里正授田课农桑"条疏议,第289页引《户婚律》"卖口分田"条、"占田过限"条疏议,第291页引《杂律》"得宿藏物"条疏议,等等。

2. 令

"令以设范立制":令是关于国家各种制度的法规,是经过系统整理公布的关于国家各种制度的法规,是律的重要补充,故"律无正文者,则行令"。汪先生列举了《三师三公台省职员令》《户令》《田令》等。唐令至玄宗时已有27篇,1546条。可惜,完本的唐令不存于世,现在所能看到的唐令只有日本学者辑佚的《唐令拾遗》《唐令拾遗补》,以及宋代《天圣令》中保存的唐

---

① 中国历史上的成文法不少,夏有《禹刑》,商有《汤刑》,周有《九刑》《吕刑》。春秋郑国子产铸刑书,公布了成文法后,历代皆有法典的颁布,然而,唐以前的法典,几乎不存于世。就唐代的律典而言,除了永徽三年编成的《永徽律疏》外,其他如《武德律》《贞观律》《开元律》《开元格式律令事类》《大中刑法统类》等都已遗失。关于现存唐律的成书年代,中日学者有过大讨论。日本学者仁井田陞、牧野巽合著《〈唐律疏议〉制作年代考》(1931年),认为《唐律疏议》是开元二十五年(737)律疏,而非永徽四年(653)完成。中国学界徐道邻先生认为应是永徽律疏。杨廷福《〈唐律疏议〉制作年代考》(1980年)一文对仁井田陞、牧野巽的观点进行了全面的批判。1980年后,冈野诚提出折中说:唐代进行《律疏》编撰,只有永徽四年(653)这一次,到开元时,进行修正。

令内容。

3. 格

"格以禁伪止邪"：格是皇帝对国家机关分别颁行的以及因人因事随时发布的敕，经过整理汇编的法规，故又称"敕格"。"格"是以君主命令形式发布的单行法规及其汇编，具有特别法的性质。其中涉及国家各部门及百官办事规则的内容较多，即"百官所常行之事"，可以作为对犯罪者定罪量刑的依据。

4. 式

"式以轨物程式"：是国家机关的办事细则和公文程式，属行政法律规范。学者视其为"公文程式"方面的行政活动细则[①]。唐代有《武德式》14卷、《贞观式》33卷、《永徽式》14卷及《开元式》。唐式以尚书省二十四曹和秘书、太常、司农、光禄、太仆、少府、监门、宿卫、计帐等官署为其篇目名称。

律、令、格、式作为唐朝的基本法律形式和法律体系的基本构成，它们的内容和作用是既有明确分工又相互协调配合。以律为主，以令、格、式为补充，令、格、式是对国家各项制度的正面规定，律是对违反这些规定的行为的刑罚制裁。凡违背令、格、式的行为及其他犯罪行为，一律依律予以刑罚处罚。律、令、格、式的综合运用，就是唐朝全部法律的实施。

二 重点突出：法律中的阶级及家族主义

在《唐代前期的法令和制度》一文中，汪先生在广义的法制史范畴内谈唐代的政治、法制建设。如有关经济的"均田令和租庸调法"，有关政治的"中央和地方的政权机关"，有关教育的"学校和科举制度"，有关军事的"军事制度"都在其广义范畴之内。

在前述的律、令、格、式中，汪先生用较大的篇幅谈律。而在律的部分，他的重点又集中在阶级制度及权利、宗族伦理方面，紧紧把握住了中国古代

---

① 对于唐式为"公文程式"的论断，霍存福在《唐式性质论》中有所质疑。霍存福：《唐式性质论考》，《吉林大学社会科学学报》1992 年第 6 期。

法制的核心[①]。

1. 阶级地位与法律权利

和现在的法律不同，我国古代的法律公开宣扬法律的不平等，法律明文规定了不同阶级所享有的不同的法律权利。

等级森严是古代社会的特点之一。皇帝自然是最高阶层，唐律首先维护皇帝及以皇帝为中心的封建专制政权。如谋反、谋大逆、谋叛等罪名的规定。谋反，本条例注解释为"谋危社稷"，古人通称国家为社稷，也用以作为君主的代称。谋反就是图谋危害皇帝的政权。谋反被认为罪大恶极，所以处刑特重。一是谋反者"其事未行，即同真反"。二是谋反虽无实际后果，本犯也处极刑。三是明知某人实无谋反的意图，又查不出有谋反的行动表示，只不过"妄为狂悖之语"，仍属谋反。

皇帝之外，不同等级处于不同的法律地位。官员按官品高下分等级，享有与其身份相应的法律特权。主要表现有以下几个方面。

八议：源起于周代的"八辟"，即是对亲、故、贤、能、功、贵、勤、宾八种人的特殊处罚之法。当这八类人犯罪时，司法机关不得直接审理，必须申报皇帝，说明他们本应处死的犯罪事实及应议的理由，请求交付大臣集"议"，议决之后，再申报皇帝，由皇帝考虑处理。它是封建特权法中最基本的、最重要的特权，也是封建社会中贵族官吏在刑法上享有的最高特权。

请：享有八议权的亲属以及官爵五品以上犯死罪者享有"请"的特权。一是皇太子妃大功以上的亲属；二是应议者期以上亲属及孙；三是五品以上官爵。当其犯死罪时，司法机关应就其罪状及身份，报请皇帝裁决。它是"议"的法律特权的延伸。

减：适用"减"的对象主要有两类。一是六品、七品官员；二是上述得"请"者的直系亲属，以及兄弟、姐妹和妻。当他们犯流罪以下，照例各减一等处理，死罪则不能减免。

赎：赎权的适用范围有三。一是享有议、请、减特权的人；二是九品以上官吏；三是七品以上官吏的近亲。享有赎权之人犯流罪以下，可以用铜赎罪。

---

① 瞿同祖先生在《中国法律与中国社会》的"导论"中言："中国古代法律的主要特征表现在家族主义和阶级概念上。二者是儒家意识形态的核心和中国社会的基础，也是中国法律所着重维护的制度和社会秩序。"中华书局，2003，第1页。

凡是依法享有议、请、减的人及其家属，犯罪后经议、请、减的特权程式减免刑罚后，还可按赎律赎免余刑。

官当：适用于一般官吏，即以其官品的等级抵罪。一般公罪比私罪加当徒刑一年。五品以上官，一官可抵私罪徒刑二年，公罪三年。九品以上官，一官可抵私罪徒一年，公罪二年。因当去官者，一年后可降原官一等任用。官当是指以撤停官员的官职来抵消其徒、流刑的刑罚制度。它避免了官员因犯罪而被实处徒、流刑，反映了官员的法律特权。

良人的主体是农民，在律文上通称"凡人"，他们是唐王朝的主要财源、兵源和劳动力资源；贱民在唐律中分为"官贱"和"私贱"两类。唐律关于良贱之间和主贱之间同罪异刑的规定很多，相骂、相打、杀、奸等处罚均不同于凡人。相对官员而言，良人的法律地位很低。但相对于良人而言，贱民的法律地位更低，权利更小，甚至不能和良人通婚、不能参加科举考试等。

正如汪先生所言在唐律所维护的阶级制度中，形成了"贵族、官僚、良人、部曲、奴婢这样一个封建等级阶梯"。平常人侵犯了贵族、官僚要加等处罪；主人可随意殴打部曲；奴婢的地位又低于部曲，"律比畜产"。

2. 法律维护的家族主义

唐律"依伦常而重其刑"。家族是社会的基本单位，实行父权家长制。家长拥有经济处分权、主婚权、宗教权、教令权等权利。亲属间相侵犯完全以受服制上亲疏尊卑之序为依据；而当亲属在家族外有犯法行为时，其他亲属又有容隐的责任与义务。

准五服以制罪：所谓"五服"，即根据亲属关系的远近规定五种丧服的服制，根据服丧期限的长短与丧服质地的粗细，服制共分斩衰、齐衰、大功、小功、缌麻五种，统称"五服"。唐代变为斩衰、期、大功、小功、缌麻五等。血缘关系越近，服丧越重，反之就越轻。"准五服以制罪"，即是指亲属间的相互犯罪，根据五种丧服所表示的远近亲疏关系来量刑定罪。服制越近，对以尊犯卑者的处罚越轻，对以卑犯尊者的处罚越重；服制越远，则与此相反。它是罪刑确立标准以及整个法律制度进一步儒家化的重要表现。如《斗讼律》规定："若尊长殴卑幼折伤者，缌麻减凡人一等，小功、大功递减一等；死者，绞。"

在夫妻关系中，夫为贵，妻次之，媵又次之，妾则最低。夫妻相犯，夫轻妻重；妻妾相犯，妻轻妾重；媵妾相犯，媵轻妾重。《斗讼律》规定，妻殴夫，"徒一年"；伤重者，"加凡斗伤三等"。夫殴妾，不致折杀，无罪；折杀以上，减妻二等。此外，在"十恶"中，夫、妻、妾相犯时所受的处罚更不平等。如妻杀夫，为"恶逆"，妻、妾只要殴夫、告夫就构成"不睦"而入"十恶"；而夫谋杀及卖妻，只为"不睦"，夫杀妾连"不睦"都不成立，不在十恶之内。

亲属间相盗，也从疏至亲递减处罚。唐律规定非同居亲属相盗，无论亲疏均要处罚，但处罚时，则相亲处罚轻，相疏处罚重。《贼盗律》规定"盗缌麻、小功亲财物者"，比盗凡减轻一等处罚；盗大功的，减二等；盗期亲的，减三等。

同居相为隐：唐代有容隐制度，源于《论语·子路》中"父为子隐、子为父隐，直在其中矣"。此理论在汉代已经被写入法律中，即"亲亲得相首匿"的法律原则，"亲亲"包括祖父母、父母、己身三代。唐律承袭此原则，在《名例律》规定了"同居相为隐"的原则，并将相隐的范围由汉朝的三代扩大为"同居"，不但包括直系亲属和配偶，而且只要是同居的亲属，不管有服无服都适用此律。疏文云："谓同财共居，不限籍之同异，虽无服者，并是。"部曲奴婢，也法定"为主隐"。

三 关注底层：多篇文章论及奴婢问题

奴婢是社会中的最底层，相应的法律权利也最小。汪先生很是关注奴婢问题，虽然没有专篇来研究，但多篇文章中涉及奴婢的内容，为了明晰，现以表格列出，见表1。

表1 《汪籛汉唐史论稿》涉及奴婢的内容

文章名	节名、页码	主要观点
西汉初年的经济制度和恢复、发展生产的政策	七 汉代的奴隶 154~157	官、私奴婢的来源、用途、法律地位：奴隶主对于奴隶的"专杀之威"，是专制君主所不能承认的。因此，至晚从秦时起，奴隶主杀奴就必须经过报官手续。汉时，奴隶虽然仍然比于牛马，但奴隶主却不能任意杀奴。如果发生任意杀奴事件，虽王侯也不能不受处罚

文章名	节名、页码	主要观点
王莽代汉和王莽改制	二 王莽的改制及其失败 249~252	1. 王莽改奴婢曰私属，并规定不得买卖。这就是说，他并不是要解放奴婢，而是让每一奴婢以私属的身份，在奴婢所有主的户下，占有一口的位置。这样，大土地所有者就可以把大片土地系在私属的名下了。 2. 禁止买卖土地和奴婢的规定，仅仅执行了三年，就宣布放弃了。"犯私买卖庶人者，且一切勿治。"
汉武帝为解决军费困难和加强专制主义中央集权的财政措施	一 "募民入奴婢"和卖武功爵 216~217	汉武帝为了弥补财政的不足，施行了两项措施，其一是"募民入奴婢"，即"富人捐输奴婢给政府，达到一定数目，给以终身免除徭役的待遇;稍增，得为郎;若原有官职，则增秩"
北魏均田令试释	272~273 279	1. "奴婢依良"：盖婢女之受田、纳课，乃以年龄为准，而不以婚否为准，与良人男子同，而与良人女人异。 2. 北魏太和之制，良人男子以十五成丁，奴、婢亦必以十五为成丁之年，始受田、纳课
西魏大统十三年敦煌户籍跋语	与北魏太和令、北齐河清令之比较 282~283	1. 北魏太和之制，奴、婢八口出一床之租调。 2. 北齐河清令"奴、婢各准良人之半"，当是各准良人未娶者之半，即奴、婢四口出一床租调。 3. 从此户籍中所见之制度，可以约略窥见由北魏太和令演变为北齐河清令之痕迹
两汉至南北朝大族豪强大土地所有制的发展和衰落	270~271	1. 北魏不限奴婢数，而奴婢受田数从良。 2. 北齐时限制受田奴婢的数目，到隋朝时期取消奴婢受田，限制已很严了。 3. 农民之外还有奴婢，当时有奴隶生产，但是否占那么重要的地位，需要研究。北魏田令有奴婢受田的规定，男奴可受桑田，奴隶在生产状况上可能近于隶农。此外，对黄河中下游的汉族地主，恐怕是不按这条田令条文给奴婢授田的，这条恐怕主要是针对鲜卑贵族制定的。到北齐河清三年令限制奴婢受田，恐怕也是由此原因，规定奴婢受田是适合边疆各族状况的，目的是树立和巩固新的宗族门阀，通过土地所有制来树立自己的势力，这是封建社会的特点。隋炀帝时完全取消了奴婢受田的规定，所以在此前的北朝中后期，奴婢在生产中可能也已不占多重要的地位了
均田制在中国历史上的地位	293~295	1. 西魏北周时，关陇军事贵族把大批关东人和江陵人俘掠为奴婢，直到北周武帝建德六年（577）才下诏："良人没为奴婢者，并宜放免，所在附籍，一同民伍;若旧主人犹须共居，听留为部曲及客女。" 2. 隋文帝时的田令规定，部曲、客女与奴婢同样受田纳税。唐律里就列有地位低于良人而高于奴婢的部曲、客女一个等级。北魏田令允许大族豪强地主无限制地用奴婢的名义占田，北齐田令加以限额，隋唐取消了奴婢、部曲的受田

续表

文章名	节名、页码	主要观点
在《新建设》编辑部关于"让步政策"座谈会上的发言	356	1.北魏太和令规定奴婢随有无以还受田地,没有任何限制;北齐河清令规定奴婢受田者"八品以下至庶人,限止六十人",限外不给田。 2.隋炀帝更规定"除妇人,部曲、奴婢之课",也就是废除了部曲、奴婢的受田
史籍上的隋唐田亩数是应受田数	58~59	1.部曲、客女、奴、婢隋制受田而唐制不受田。 2.隋代的部曲、客女、奴、婢在关中一带数量较大,而在经济最发达、人户最殷实的关东地区,则数量较小

上表中是不同文章中汪先生所述及的奴婢问题的摘录,从汉到唐,通过不同历史时期奴婢来源、受田等情况的发展变化,探讨了土地、身份、阶级、生产关系之间的紧密联系。汪先生结论性的语言放在一起,已经形成了专门研究由汉至唐奴婢问题的框架及脉络。

唐后,随着宋代商品经济的发展,土地不抑兼并,可以自由买卖,阶级关系也发生了很大的变化。宋代奴婢有贱口奴婢和雇佣奴婢之分。贱口奴婢从属于官府或主人,无社会地位可言,"律比畜产"。与主人之外的良人实际上仍是一种间接的主奴关系。只有经放良,才能脱离奴婢身份,成为自由的良人。只是,这种贱口奴婢的数量较少;更多的是雇佣奴婢,即在租佃制下,通过雇佣契约与雇主发生关系[1]。其法律地位大为提高,主要表现为以下几点。

其一,隋唐奴婢不能与奴婢以外的人通婚,宋代奴婢则可以,这是历史的一大进步,是宋代奴婢身份提高的一个标志。

其二,主人犯罪时不再承担连带责任。此外,在一定范围内可以控告主人,这在以前是绝对不可能的。

其三,奴婢有犯于私家,也必须送官而不准私自惩戒。

其四,雇主杀害雇佣奴婢是以常法量刑,不能减轻刑罚。

四 范围广泛:兼及其他朝代的法律

《汪篯汉唐史论稿》除了有专篇《唐代前期的法令和制度》(296~306页)

---

[1] 戴建国:《"主仆名分"与宋代奴婢的法律地位——唐宋变革时期阶级结构研究之一》,《历史研究》2004年第4期。

外，还在其他文章多次述及一些相关的法制内容。如在《唐太宗》一文"贞观之治"部分第102页较详细地述及唐太宗时期的法律制度及太宗的轻刑思想（减轻刑罚、依律治罪、死刑多次覆奏）等；"唐太宗中晚年的政治"部分第111页举明太祖晚年为建文帝铺路屡兴大狱、诛戮功臣从而影响了明朝国力的实例，说明唐太宗后期皇位继承问题对于当时政治的影响。

《西汉初年的经济制度和恢复、发展生产的政策》中，第146页的"汉初的黄老无为政治"部分指出，秦法大体上为汉初统治者遵用，但秦时的严刑酷罚、禁网碎密的法家治术却被放弃。"汉文帝、景帝时期的改制思想"部分第158页专门有"更改法令"一小节内容。

《汉武帝为解决军费困难和加强专制主义中央集权的财政措施》中，第217~224页"卖武功爵"中谈到"当时，法律严急，吏员多得罪废免，补吏正有需要"，武帝把"得罪废免的故吏一律谪到上林苑去做苦工，负责斩荆棘、修昆明池等"。在"发行高度的非实价货币"中，引述汉朝"盗铸诸金钱罪皆死"的禁令。在"算缗钱和告缗"中，论及算缗告缗令颁布及其实践状况。在"筦盐铁和均输平准制度"中，"政府颁布法令：有违法私自铸铁煮盐者，没收其器物，并处以钛左趾的刑罚"。

《汉武帝时期专制主义中央集权政治制度的加强》中，第180页"王国力量的大削弱"中先引了淮南王安按，又有武帝公布的两条律令《左官律》《附益阿党之法》。

《汉武帝独尊儒术与统一思想》中，第196~197页用较大的篇幅介绍了董仲舒的"德教与刑罚相辅为用和春秋折狱"，指出董仲舒的核心思想为：王者应以德教为主，德教与刑罚相辅为用，刑罚辅德教而致治。刑罚应有所据，即春秋折狱，就是断决案件要从儒家经典中找出根据，其强调援心定罪。汪先生批评春秋折狱漫无标准。一是同一案件可以用不同的经义来附会，二是"诛心"之说更不能有标准。汪先生分析了汉武帝能够接受董仲舒的思想、独尊儒术的必然性在于：儒家移孝作忠、移家为国，既打上阶级烙印而又适应于有深厚基础的家族制度的意识形态，有利于统治者并且便于统治者。但是董仲舒的理论是以德教为主，以刑法为辅，而汉武帝为压迫人民出钱出力，却要施行严刑峻法。所以汉武帝采用儒家，只是取其合于统治者需要的部分。

《在〈新建设〉编辑部关于"让步政策"座谈会上的发言》中，第358~359

页就唐代的部曲与明朝的雇工人的地位，从《唐律》和《明律》的条文出发，比较出了两者的同与异。

由以上内容可知，虽是以汉、唐为主的研究，但汪先生广泛地涉及秦、汉、魏晋南北朝、隋、唐、明朝的法律内容，可见，汪先生对于法制及其对于社会的作用也是非常重视。

《汪篯汉唐史论稿》一书虽然涉及法律的内容并不太多，仅勾勒了框架，所论述的问题也较为宏大，除奴婢问题外，其他都没有深入系统地探讨，但是，我们应该以历史的眼光来看待问题，这样，我们既不会苛责前辈，又会沿着汪先生的足迹在前辈开拓的唐代法制这片领域中，继续前行。

（马泓波　西北大学法学院）

汪籛先生的数学修养与隋唐史研究

能参加这次纪念会议，并以一个史学学徒的身份谈谈自己阅读汪籛先生著作的体会，我深感荣幸。

汪籛先生是杰出的马克思主义史学家，在汉唐史领域取得了巨大成就。在斯人已逝五十年后的今天，重读先生的作品，依然能感受到字里行间流露出的透辟分析与深邃思考。一个伏案于书桌前，不懈探索历史奥秘的学者形象如在眼前。先生既继承了老一辈学者扎实严谨的考据学风，又深入学习了马克思主义理论，有着宏大的历史视野。先生取精用宏，折中两者，研究成果既把握了历史发展的整体脉络，无琐碎之弊；又对重要的制度、人物有细密的考订，无空疏之病。反复阅读体会先生的著述，感到先生研究的独到之处在于自觉运用量化和统计的方法，使论述逻辑严密。这些与先生杰出的数学能力是分不开的。

先生以数学满分的成绩考入清华大学，当时即为人瞩目。据陈美延女士回忆，陈寅恪先生非常喜欢数学优异的学生，也因此对汪先生青睐有加[1]。扬州中学严格的数理化教学，给先生后来的研究打下了深深的烙印。就治学方法而论，其影响主要体现在以下三个方面。

一 重视量化研究

先生的研究，一贯追求准确的历史数据。《通典》所载北周户口数字和唐代田令中授田数目均有舛误，先生发现疑点，一一正其讹误。这些成果的取

---

① 何炳棣：《读史阅世六十年》，中华书局，2012，第40~41页。陈美延女士的回忆见于纪录片《陈寅恪》。

得，固然是因为先生读书细密，好学深思，但更为重要的是先生对历史数据的重视和敏感。这种本能性的重视和敏感，应是植根于青年时代的数学训练。此外，先生注重用量化的方式分析历史。先生较准确地计算出西汉小农家庭的赋役数目，揭橥农民的沉重负担，比起空洞的描述，这要深刻不少。西晋政权排斥吴人，先生由荆、扬两州占全国人口比重一事入手分析，让我们的理解又多了一个维度。

二 注重统计方法

先生始终密切关注重要的统计学成果。在研究隋唐时期耕地面积的问题时，先生即引用了1948年《中国统计年鉴》中的数据作为参照标准。先生的很多研究，也运用了统计学的方法。如对唐太宗朝宰相的研究，在全面统计的基础上，先依据地域划分大类，再一一分析每个人的出身。虽然数据总量有限，但文章展现出的统计观念斑然可见。这种方法，在那个时代也是不多见的。

三 注重文章的逻辑性

先生的制度史研究，十分重视法律概念的准确定义。在《北魏均田令试释》《唐田令试释》等文章中，先生对人们习焉不察的许多概念做出了准确界定。特别是北魏均田令中"奴、婢依良"一句，自胡三省以来的学者解释纷纭，先生着眼于令文系统，又引用新材料，使这一问题得到澄清。先生的考据，也有别于乾嘉学派的传统考据。传统考据仅重书证、物证，不重视逻辑推理。先生的考据，自觉运用了逻辑推理的方法。书证、物证与理证不分轩轾，以实证虚，以虚证实。这看似不够科学，实际不然。人情相通，事理相同。如果我们承认人类有普遍的理性，那么逻辑推理作为考证的方法，是应该被允许的。先生行文的逻辑性也很强，无论说明现象还是分析原因，都节目明了，条理清楚，论述由浅入深，层层递进。读者在阅读时只要跟随作者的思路，就会惊奇地发现许多孤立现象的背后有着一贯的逻辑。这正是先生的高明处。

先生是"五四"之后成长起来的第一代学人，自然也受到了科学主义的洗礼。数学是现代自然科学的基石，先生有幸在青年时代受到了良好的数学训练，科学主义的精神也伴随了他一生。先生的研究注意到科技因素对社会变迁的影响，如印刷术的发明与氏族衰落间的关系。这种视角的背后，有科学精神作为基础。

就今日的学科现状而言，自然科学与文史研究早已分道扬镳。但放眼民国时代，有着深厚科学素养的人文学者却不在少数。与汪先生同治唐史的黄永年先生，中学时也精通数学，且能纠正课本中的错误。先生们的经历，给我们极大的启发。严格的自然科学训练，对历史研究者既必要，也必须。吸收自然科学的成果与方法，将之运用于历史学研究，是汪先生留给我们的宝贵遗产。这份遗产需要我们用一生的时间去践行。

（高　滨　中国人民大学历史学院 2016 级硕士研究生）

汪篯先生论著中对碑志材料的运用

汪篯先生生前想做的事有四件，最先想做的是，分门别类地整理隋唐史资料，并加以注释。隋唐碑志是隋唐历史资料的重要组成部分，历代学者都很重视这类出土文献。陈寅恪先生在《王静安先生遗书序》中讲到，王国维先生的"治学方法"有三条，第一条就是"取地下之实物与纸上之遗文互相释证"[①]。1938 年春节后，陈寅恪先生从香港出发，经滇越铁路赶赴当时西南联大文学院所在地云南蒙自时，特地买了一只高级皮箱，装他最珍视的手稿和研究资料，其中就有拓本。陈先生运用墓志资料的一个范例，是在解释玄武门事变时对《常何墓志铭》的运用：

> 太宗之所以得胜，建成、元吉之所以致败，俱由一得以兵据玄武门即宫城之北门，一不得以兵入玄武门故也。然则玄武门为武德九年六月四日事变成败之关键，至为明显。但此中实有未发之覆，即玄武门地势之重要，建成、元吉岂有不知，必应早有所防卫，何能令太宗之死党得先隐伏夺据此要害之地乎？今得见巴黎图书馆藏敦煌写本，伯希和号贰陆肆拾李义府撰常何墓志铭，然后知太宗与建成、元吉两方皆诱致对敌之勇将。常何旧曾隶属建成，而为太宗所利诱。当武德九年六月四日常何实任屯守玄武门之职，故建成不以致疑，而太宗因之窃发。迨在太宗既杀兄弟之后，常何遂总帅北门之屯军矣。此亦新史料之发见，足资补旧史之不能解之一端也。[②]

---

① 陈寅恪：《金明馆丛稿二编》，三联书店，2001，第 248 页。
② 陈寅恪：《唐代政治史述论稿》，上海古籍出版社，1997，第 53~54 页。

陈先生利用《常何墓志铭》里的新史料，解释了玄武门事变中李世民取胜的原因。玄武门地势重要，李建成和李元吉应该早有防卫，李世民能夺此要害之地，当时屯守玄武门的常何是一个举足轻重的人物。由李义府所撰的《常何墓志铭》可知，常何曾是太子建成的属下，但被李世民利诱。事变发生时，李建成对他并没有疑心，太宗因而得控形势要地，这是事变成败的关键。墓志材料的发现补充了传统史料里没有的重要内容。

那么陈寅恪先生最看重的学生汪篯先生在论著中是怎样运用碑志材料的呢？拿到《汪篯汉唐史论稿》后，我翻看了一遍，全书检出十四处用到了碑志的材料。

一、第 120 页，《武则天》一文中讨论了武则天出生地的问题。郭沫若先生力主武则天出生广元说。汪先生说，郭沫若"引用 1955 年出土于广元县的《利州都督府皇泽寺唐则天皇后武氏新庙记碑》，那是五代时后蜀立的，而且上面有缺字，其中极重要的'始生后焉'一句的'始生'二字是郭老给它补上的。纵使郭老补对了，碑的建立离武则天死也有二百五十四年，又怎能作为根据呢？"[1]据说山西大学罗元贞先生对郭沫若的随意补字也很有意见，曾说"我也可以补成'乃长'后焉"，这样广元就成了武则天长大的地方而不是出生的地方了。如果说武则天出生于广元，那应该是其父在广元任利州都督的时候。汪先生考证了武则天出生时任职利州都督的人的情况，先后有李寿、李孝常、武士彟。贞观元年正月利州都督李寿谋反被杀，武士彟之前任利州都督的李孝常又在贞观元年十二月戊申即腊月三十谋反被杀，那么武士彟到利州应是在贞观二年。郭沫若先生说"李寿和李孝常是一个人"，因为"在同一年中有两个姓李的利州都督谋反，被诛，未免太凑巧了"。汪先生指出："他的怀疑是没有根据的。李寿和李孝常是两个人。"[2]李孝常是隋朝大臣李圆通的儿子，又是窦家的女婿，贞观元年十二月谋反被杀，那天是腊月三十。李寿原名罗寿，在唐立了大功，赐姓为李，改名李寿。玄武门事变后，李寿连坐被杀。李寿与李孝常并非一个人，两人没有联系。汪先生还考证了武则天的年龄，关于武则天的年龄记载虽有不同，但都是生于武德年间，而"武士

---

[1] 汪篯：《汪篯汉唐史论稿》，北京大学出版社，2017，第 120~121 页。郭氏"始生"当为"乃生"。

[2] 汪篯：《汪篯汉唐史论稿》，北京大学出版社，2017，第 119 页。

護到利州应在贞观二年",“武则天最晚生于武德九年,而不可能生于贞观元年"。所以,郭沫若认为武则天出生在利州的说法是不可能成立的。汪先生的看法是武则天活了八十二岁,生于武德七年,出生于长安,是武士彟在长安时出生的。

这场郭沫若与汪篯之争,孰是孰非,昭然若揭。其中,可以看出汪先生解决问题的考证功力。

二、第 366 页,《唐太宗之拔擢山东微族与各集团人士之并进》一文中“房玄龄"条,为了考证其身世,汪先生引用了《金石萃编》中的《房彦谦碑》。

三、第 368 页,《唐太宗之拔擢山东微族与各集团人士之并进》一文中“李勣"条,引用了《金石萃编》的《李勣碑》。汪先生提到,两唐书里并没有关于李勣先世仕宦的记载,而《新唐书·宰相世系表》里关于他家世的记载,颇为可疑。《李勣碑》所记他的先世,也有很多可疑之处,通过对传统史料和碑刻材料的分析,汪先生认为李勣地实寒微,是寒门新贵,与武士彟一样出生寒微。也正因为如此,他是支持武则天的,当群臣反对立武则天为后,唐高宗问他的意见时,他回答:“此陛下家事,何必更问外人!"[①]这帮助唐高宗下了废王立武的决心。而后李勣以宰相的身份主持了册立武则天为皇后的仪式,使武则天体面地登上皇后宝座。汪先生对李勣出身的研究,对判断废王立武中李勣所持立场的根由至关重要。李勣与武则天一样出身寒门,他们与长孙无忌为首的门阀士族是相对立的。通过这一判断,我们也能理解为什么李勣是武则天的支持者。从而对废王立武事件,立武则天诏书之发布这一“中古史上为一转折点"[②]的意义,有更深入的认识。

四、第 376 页,《唐太宗之拔擢山东微族与各集团人士之并进》谈到唐太宗为何拔用许多山东人这一问题时,再次引用了《金石萃编》的《房彦谦碑》,其中有一句:“齐朝资荫,不复称叙,鼎贵高门,俱从九品释褐。"用北齐高官的子弟入仕,荫官要从最低的九品做起,解释隋朝曾一度执行抑制山东人士的政策。隋炀帝时已有变化,“朝廷之内,多山东人",汪先生认为“因为山东在历史上,有高度发达的文化传统,在这时,是人才荟萃的地方,

---

① 《资治通鉴》卷一九九,第 6291 页。
② 陈寅恪:《记唐代之李武韦杨婚姻集团》,载《金明馆丛稿初编》,上海古籍出版社,1980,第 248 页。

所以太宗擢用了许多山东宰相"①，自然是在情理之中的。

五、第 388 页，《唐太宗树立新门阀的意图》一文分析唐高祖的房陵公主再嫁的贺兰僧伽时，虽"僧伽家世无考"，但找出载于《金石萃编》的《万年宫铭》碑阴题名"兼左卫将军驸马都尉上柱国检校右卫将军通化县开国男臣贺兰僧伽"，判断："此胡姓武将很可能出自北周系统。"当时没有电子检索系统，汪先生能从《万年宫铭》找到贺兰僧伽的职官，读书的功力很不一般。

六、第 391 页，《唐太宗树立新门阀的意图》一文谈到唐太宗的临川公主的丈夫周务道时，引用了《文馆词林》中的《周孝范碑铭》等三条材料。汪文叙及周务道的高祖、曾祖，这里还可以补充其祖父周法尚，在隋代是著名的领军大将，周孝范是周法尚少子周绍范之子，他能成为"养宫中"的"功臣子"，是因为有那样一个爷爷的缘故。

七、第 391 页，《唐太宗树立新门阀的意图》一文谈到唐太宗的兰陵公主时，引用了《金石萃编》卷 52 所载的《兰陵公主碑》。碑称兰陵公主丈夫窦怀悊是"太穆皇后之孙"，汪文则指出"窦怀悊是高祖窦皇后族孙"，更加严密。

八、第 391 页，《唐太宗树立新门阀的意图》一文谈到唐太宗的合浦公主，也就是下嫁房遗爱的高阳公主时，引用了《金石萃编》的《房彦谦碑》，说明房遗爱虽"出自山东士族清河房氏，而其父玄龄却是秦王府亲信幕僚，太宗朝的名相"。

九、第 398 页，《唐高宗王武二后废立之争》一文中"崔敦礼"条参考了《崔敦礼碑》。汪先生引用了《新唐书》《周书》《隋书》《金石续编》《旧唐书》的相关内容。汪文中说："今所见之石刻崔敦礼碑多剥蚀，《集古录》《金石录》《筠清馆金石文字》中则有之。"可见汪先生用材料之细致。这提醒我们碑志在文献中也有保存，研究石刻时，需检索文献中有没有保存，两者往往在文字上有些很有趣的差异，需要留意。

十、第 401 页，《唐高宗王武二后废立之争》一文中谈到"武曌的母亲杨氏"时，引用了《文苑英华》中的《节愍太子妃杨氏墓志》。武则天的外公隋纳言杨士达，是我们研究武则天时必须注意的人物。

---

① 汪篯:《汪篯汉唐史论稿》，北京大学出版社，2017，第 376 页。

十一、第 499 页，《唐初之骑兵——唐室之扫荡北方群雄与精骑之运用》一文，在考证李抱玉和成为武德功臣的安兴贵的关系时，引用了《金石萃编》的《李抱真德政碑》，指出："抱玉实兴贵三世孙，新传作兴贵曾孙，误。"汪先生根据墓志纠正了新传的错误。

十二、第 502 页，《唐初之骑兵——唐室之扫荡北方群雄与精骑之运用》一文引用了《文苑英华》中许敬宗撰的《尉迟恭碑》，称"敬德，河南洛人"，汪先生讲《尉迟恭碑》里这一点与史传颇有不同，猜测"中国之尉迟部，殆即源出西域"，中国的尉迟部源出西域，并非《尉迟恭碑》里所说的河南，汪先生的判断是对的，他采用了史传里的说法。运用碑志材料要很谨慎，因为各种复杂的原因，石刻材料也并非都可以信赖，运用这些材料时一定要细致的考证，将传世文献和出土文献很好地结合起来进行研究释证。

十三、第 503 页，《唐初之骑兵——唐室之扫荡北方群雄与精骑之运用》一文说张万岁降唐以后事迹，说到《张说之文集》中的《陇右监牧颂德碑》。可见汪先生涉猎之广，记性之好。在没有网络电子检索的年代，全靠认真读书，全凭认真读书的真功夫。胡戟老师上课时讲过，汪先生翻破了三部《资治通鉴》，他的学问自然是我们这些不系统读史籍原著的后学望尘莫及的。

十四、第 526 页，《西凉李轨之兴亡》一文转引了向达先生文章中论及的《安令节墓志铭》。汪先生认为墓志中的"（安令节）出自安息国王子，入侍于汉，因而家焉"之文"为伪托"，似有进一步探讨之余地。一方面，如汪先生所说，这类墓志人物讲其先人多有伪托以自抬身价；另一方面，当年丝绸之路上人员往来的规模，可能远在我们意料之外，真真假假需要仔细辨识。

这十四处碑志材料的来源出处中，有七处是来自《金石萃编》，两处来自《文苑英华》，一处来自《文馆词林》，一处来自《张说之文集》，一处引自向达先生的《唐代长安与西域文明》。《唐高宗王武二后废立之争》一文中参考了《崔敦礼碑》，且提到"今所见之石刻崔敦礼碑多剥蚀，《集古录》《金石录》《筠清馆金石文字》中则有之"，《武则天》一文中谈到郭沫若引用了 1955 年出土于广元县的《利州都督府皇泽寺唐则天皇后武氏新庙记碑》。

限于当时条件，出土墓志的数量和刊出，远不及近年之盛况。汪先生生前没有能够接触新出墓志和拓片，但是他非常重视碑志材料，运用这些材料来考证推断。汪先生的学生梁太济先生在汪先生百年诞辰纪念会上提交的论文里写道:"墓志中的婚姻关系资料最为集中丰富,汪先生说老北大有不少墓志拓片,可能藏在考古专业,他写了介绍信,让我去找阎文儒先生,问能不能看。"[1]陈寅恪先生认为,利用"历史的新材料,上古史部分如甲骨、铜器等,中古史部分如石刻、敦煌文书、日本藏器之类","必须对旧材料很熟悉,才能利用"。"因为新材料是零星发现的,是片断的。旧材料熟,才能把新材料安置于适宜的地位。正像一幅已残破的古画,必须知道这幅画的大致轮廓,才能将其一山一树置于适当地位,以复旧观。"[2]

汪先生对新材料的运用正是建立在他认真读书,熟悉旧材料的基础上的。近些年来不断有碑志材料整理发表,新出土数逾万计的隋唐墓志为我们研究隋唐历史、中国历史提供了新材料、新视野。比起汪先生那时候,我们现在有了更多机会接触新材料来研究隋唐史,条件比先生好多了,可是基本功望尘莫及,文章就写不好。先生对碑志的利用,已给我们启发,只是有待我们好好努力了。

(龚　静　安康学院)

---

[1] 梁太济:《回忆恩师汪先生——为纪念汪篯先生百年诞辰而作》,北京大学纪念会印发《汪篯先生百年诞辰纪念文集》,2016年,第8页。收录在本书第56页。

[2] 蒋天枢:《陈寅恪先生编年事辑》(增订本),上海古籍出版社,1997,第96页。

教欲行，修于心

——我所了解的汪篯先生及自我反思

汪篯先生的名字对于很多人而言应该是比较陌生的，而我得知先生的名讳已经到了大学本科的三年级，说来也是有一番缘分。在大学三年级的第一学期，我选修了于赓哲老师开设的隋唐史课，在第一节课上，于老师讲了几位在隋唐史研究领域有突出贡献的历史学家，其中有一位是学贯中西、学问造诣堪称"三百年来就一人"的陈寅恪先生。我当时孤陋寡闻，对陈寅恪先生的认识是一点也不清楚的，但说也奇怪，在于老师介绍的这几人中，我唯独对陈寅恪先生产生了极大的兴趣。于是，我在接下来的时间里，通过查阅书籍和网络的方法，得知了陈先生的一些事迹，知道了陈先生是清华大学国学院"四大导师"之一，"四大史学家"之一，以及陈先生的出现，让日本学者从此不敢藐视中国学者对隋唐史的研究等，在认真拜读了陈先生的部分著作后发现，"陈氏治学"博大精深而别具一格。当然，在惊叹的同时，我想到了一个问题——在陈先生众多弟子中，有谁得到了陈先生的"衣钵"呢？带着这个问题，我又翻阅了很多书籍，查阅了很多网上资料，依然一无所获。不久，一位同院的学长慷慨地送给我一些网络资料，在其中一份介绍陈先生的视频资料中，先生的爱女陈美延先生隐约说出了陈寅恪先生的一位爱徒，这位爱徒似乎得到了先生治学的真传，这位爱徒便是汪篯先生。

对于汪篯先生的名讳，我更是一无所知，上网查阅和查阅书籍，好多天依然没有太大进展，对汪先生的介绍非常之少。又过了些时间，我在读《陈寅恪的最后 20 年》这本书的"第四章 向北京关上了大门"时，终于看到了一些关于汪篯先生的描述，知道了汪先生是陈先生的"关门弟子"，也知道了后来流传的所谓他被"逐出师门"的原因。当然被"逐出师门"的流言是错误的，为什么是错误的，这就跟后面所遇到的事情有很大关系了。

　　大三的寒假我并未急着回家，而是留在学校勤工助学，一个偶然的机会，我经学院杜海斌老师介绍，到已退休教师胡戟教授处帮忙，不知是自己胆小还是其他的原因，我到了胡老师家门口的时候竟有些不敢敲门。虽然心中忐忑，但最后还是敲开了胡老师的家门。开门的是胡老师的女婿王老师，他让我等一会儿，说胡老师还在工作，很快就出来，我便在胡老师家中等待。让我意外的是，还不到一分钟胡老师便出来了。见面的第一印象是很吃惊——本以为胡老师是一位很严格甚至有点可怕的教授，但是他却是一位很慈祥头发半白的老人，我的心一下子平静了许多。后面跟胡老师接触较多，老师跟我讲了很多关于他上学读书以及做学问的经历，这些经历让我大开眼界，他诙谐幽默又带有史学家的严谨作风，让我感到胡老师是一名在隋唐史等领域有很大造诣的大家，但最令我惊异的是，胡老师就是汪篯先生的得意门生之一。胡老师给我讲述了很多关于他和汪篯先生，以及汪篯先生跟陈寅恪先生的故事，其间无不流露出对恩师的思念与敬意。每次听老师讲起这些故事，我感同身受又欣喜若狂，因为毕竟得到了最珍贵的第一手资料，并且，汪先生的生平事迹引发了我许多的思考。

　　汪先生早年就读于颇负盛名的扬州中学，1934年考入清华大学时，为十级入学考试第二名，并以学史而数学独得满分而为人惊奇，陈寅恪先生的爱女陈流求考大学时的数学就是汪先生辅导的，而后汪先生在经济史方面所取得的重大研究成果便得益于扎实的数学功底，数学也成为汪先生治史三个方法中的一个重要方面。清华大学毕业后，由于成绩优异被推荐到陈寅恪先生处研究史学，多年住在陈先生家中的学习使陈先生独特的治学方法对汪先生产生了受益终身的影响，"陈氏治学"也成为汪先生治史方法的一个重要方面。跟随陈寅恪先生多年的汪篯先生，在1947年后到北京大学历史系工作，1952年学校特别选派他去北京马克思列宁学院（中共中央党校前身）学习，接受了马列主义教育，这种教育对汪先生产生了重要的影响，党校马列主义成为汪篯先生以后治学的另一大重要基础。汪先生是陈先生的得意门生，与陈先生有许多相似之处，除年近四十成家和治学都注重数学之外，在才华方面，汪先生也没有发表太多研究成果便在中国史学界隋唐史的研究领域取得了公认的地位。合理的解释是，汪先生公开发表的为数不多的论文，大部分都有独创性，这与早年就闻名海内外的陈寅恪先生十分相似。让人更为惊讶的是，汪先生能适应时代潮流需要，在1949年后可以很娴熟地将文言体的叙述方式转化为白话文，其文章流畅潇洒别具一格，读起来朗朗上口，让更多人能比较直接地了解其思想。

汪篯先生的生平和工作事迹中有以下两点让我反思了许久。

第一，在"纪念汪篯教授百年诞辰座谈会"上，陕西师范大学臧振教授发言说："我们的隋唐史是汪先生另一弟子吴宗国老师任教。汪先生来听课，觉得我们可能听不懂，按捺不住就蹿到黑板前写出那些我们可能不大懂的词句。吴先生很尴尬，急出一头汗，有些讲不清楚了。汪先生说你下去，我来讲。他一边在黑板上不停地写，一边眉飞色舞地讲。正在兴头上，下课铃响了。汪先生说下次课我接着讲。下次课讲到唐代文学，汪先生更是兴奋，一段一段在黑板上写，我奇怪他怎能背得那么多。后来听说，中文系王力教授说，汪篯背的唐诗比他多……汪先生挥动着干瘦的胳膊，极力强调杜诗意境的广大和气势的磅礴。不知不觉中又下课了，汪先生说，下次课接着讲。本来下面轮到顾文璧先生讲宋辽金元，顾先生拎着包来上课，汪先生在门口说好话，要顾先生容他再讲一次。再一次还是没讲完，下次又挡了顾先生的驾。唐代文化，汪先生共讲了六小时，最后是余兴未尽地把讲台让给了顾先生。"听了这段话，汪先生的教学热情以及对学术的钟爱之意跃然眼前，他的文史功底更让我惊叹不已。陈先生经常带着很大一包书去上课，史料由自己或助教抄写上去，汪先生则是很多时候能直接写出来。我想这深厚的积淀必然是其从小积累的成果，想到这，不禁觉得下一辈人总不及上一辈人。我在一个县城的高中任教，所了解到的学生甚至连《弟子规》这样的国学入门读物都不曾听说，一旦提及为何，学生说是老师没教过，而他们的老师给出的答案几乎可以总结为"过时了""没必要""没时间""那是别的老师的责任，我又有什么办法"，这一类可笑的言语竟然会成为推卸责任的理由。放眼看看现如今祖国的部分"花朵"，打架骂人，出言不逊，骗人闯祸等等，在他们身上屡见不鲜，难道这就是我们一直做教育改革的结果吗？我想绝对不是。我们的优秀传统文化似乎在不同程度上处于被遗弃的状态，而令我们欢喜的是那被称为"自由开放的西方文化"，可是西方文化真的是这样吗？但凡读过西方名著或对西方文化有真实了解的人应该都不会这样说。我们很多学生要想有汪篯先生在同时期同样深厚的文史功底，可能性不是很大，但对基本的一些中华传统美德和历史事件还是应该掌握的，否则，那会是一个民族走向灭亡的开始。汪篯先生能全身心地投入教育教学中，能把一个问题接连讲了几节课，甚至用"说好话"的方式去争取多讲些内容，这高涨的教学热情和孜孜不倦为学生讲解问题的精神，不正是我们作为一名合格的教师最应该学习的吗？对于教师而言，我们不能放任自流，把工作当成一种负担去敷衍。尤其高中老师，不能单纯为了成绩而对学生进行错误的教育，高考的任务是不轻，但是作为一名学生成功道路上的引导者，其肩上更担负着教育孩子成长成人的责任。教育是不仅要"教人"，更要"育人"的一门学问，尤其是历史学科。每个阶段的老师都要扮演好这个时段的角色，要保持独立前进的姿态，不可人云亦云，更不可推卸责任，将问题遗留给下个阶段的老师。

第二，将学术观点引入高中历史教学。看过最新版高中历史教科书的老师应该都会感觉这些书内容枯燥且空洞，无法达到历史学科真正所要达到的高度。学生是以教科书为依托进行学习的，而高考的命题人很多是大学教师。虽然高考的内容是以课本教材为基础，但考察水准不免会被提到更高的层次，这样也使得选拔人才有了一定的衔接性。站在这个立场去看我们的高中教学，似乎很少有人做到这个层次，于是高考"很难"。作为一名经历过高考和接受过大学教育的高中教师，我也深有体会，现在回过头来看，如果将学术观点引入高中历史教学，应该能起到既让高中学生学有所得，得有所用，用有所感，又能让一部分真正热爱历史的学生在选择了大学历史专业后顺利地接受大学教学，提升历史素养，避免造成中学与大学之间的断层。以汪篯先生《唐太宗》一文为例，汪先生用八个方面分析概括了唐太宗的生平，其间运用的史料及论证，无论是在政治、经济还是文化方面，都在中学课本中有所涉及，只是讲得过于简略，对各个事物间的联系描述得太过模糊。汪先生不仅对唐太宗本人的所作所为做出了客观真实的评价，更将其生平时代的唐朝历史整体叙述了一遍，从宏观概括到微观分析，再从微观枝末到宏观整体，深入浅出，化零为整，将事情发展的脉络讲解得一清二楚。我不断将汪先生研究唐太宗的史学方法运用到高中历史教学中，发现学生不仅上历史课的兴趣更加浓厚，而且课本的纷乱体系也变得有章可循，使学生在成绩逐渐提高的同时，也对历史之于实践的意义有了较多的认识。这里要说的是，不是所有的学术观点都可以应用到高中历史教学中，毕竟学术观点仁者见仁、智者见智，而且水准也天差地别。我提出这个观点是为了让高中历史教学成为"有血有肉"的实体，而非部分教学艺术下的"空壳"。在增加知识来提高学生学习兴趣的同时，达到本学科应达到的真正目的，让更多的中学生了解更多的历史名人，而不是像我一样大学本科时间过半才知道汪篯先生这样的才子。

汪篯先生在教学岗位挥洒热血的20年，无不兢兢业业。在个人看来，先生不仅是一位学术造诣很深的学者，更是一名优秀的历史教育家，是我们每位历史教师学习的榜样。在先生百年诞辰之际，拙文谨表达对先生的敬意和缅怀之情，以后的日子里，我定当认真学习汪先生的著作，学习先生治史的精神，努力将"独立之精神，自由之思想"继承和发扬，并将其悉数传与学生，用良心和实际行动去教学，将历史交在我们手中的这支笔牢牢握紧。

（毕文君）

忆汪先生

——"汪篯先生100周年诞辰两地纪念会"
参会有感

　　转眼之间迎来了2017年，今年的跨年因汪篯先生而变得意义非凡。2016年12月25日随胡戟老先生、龚静老师还有我的导师曹印双老师一同前往北京大学参加了"汪篯先生百年诞辰纪念会"，参会的师生上百人。之后12月31日和2017年1月1日协助胡老在陕西师范大学又办了一场西安会场的汪先生纪念会，参会的学者都来自全国各个高校，其中多数是汪先生的学生，及先生学生的学生，如曹印双老师，他是我的研究生导师，我应算是吴宗国先生所说汪先生学生的学生的学生，是辈分最小的学徒了。两场如此高规格的学术性纪念盛会让我受益匪浅，感触良多，内心久久不能平静。

　　北京会议上共29位参会人员进行了会议发言，西安会议上有26位师生进行了发言。主题主要分为两类：一是对汪先生的生平回忆类，一是汪先生的学术研究，主要是政治史和经济史的研究。涉及的主要内容有汪先生的为人治学，师友关系，工作生活，学术方法，学术贡献，学术传承。

一　忆汪先生

　　在对汪先生的生平回忆之中，吴宗国、牛致功、李裕民、胡戟四位老先生的内容最为丰富。胡老师回忆道：汪先生多次在课堂上给本科生讲，学习历史要遵循三条：一是党校的马列主义，二是中学的数学，三是陈寅恪的方法。1951年到1953年，汪先生被派去中央党校，学习了两年马列主义，因此便有了党内红色专家的称号。他在扬州中学念书时数学就很好，陈寅恪先生学医的女儿陈流求，考大学时的数学就得益于汪先生的辅导。先生以数学满分的成绩考入清华大学为人瞩目，据陈美延女士回忆，"陈寅恪先生非常喜欢数学优异的学生，也因此对汪先生青睐有加"。① 汪先生对他的导师陈寅恪先生是非常敬重的，对陈先生的学术和研究方法具有深刻的理解和认识，将自己的独特见解贯彻于日常的教授和研究工作中。1964年胡老师在北大上研究生时，入学后汪先生第一次安排的功课，便是读陈先生的两部代表作《隋唐制度渊源论稿》和《唐代政治史述论稿》。胡老师说他的《一代宗师陈寅恪先生对隋唐历史研究的贡献》②《试述陈寅恪先生对士族等问题的开拓性研究》③《陈寅恪先生与中国中古史研究》④《陈寅恪先生的种族文化论》⑤《师生之间——陈寅恪先生如此说》⑥ 等几篇，算是自己迟交给汪先生的作业。胡老师的这番话，细细回味起来，不免略带酸楚之意。1986年胡老师发表的第一部著作《武则天本传》，理论基础是汪先生指导的，而立言的基本观点便是陈先生的这句话：立武后诏之发布，"在吾国中古史上为一转折点"，她有"开启后数百年以至千年后之世局"的历史功绩。如此立论高端、有生命力的书，三十年来，先后由三秦出版社、陕西师大出版社、北京大学出版社、台湾五南出版社等四家出了八版。

纪念汪先生，我们不能不谈先生的学术成就。

1. 对秦汉史、隋唐史教学体系的贡献。早在20世纪50年代汪先生就参与了中学的中国历史教科书的编写工作，1954年他又接替余逊教授讲授北京大学历史系的秦汉魏晋南北朝历史，期间更是留下了几十万字的讲义。中国古代史教研室根据尚钺《中国历史纲要》开过一次研讨会，会议记录由汪先生与周良霄先生共同整理完成，并由汪先生最终定稿，发表于《历史研究》。在《北京大学学报》创刊后，很多稿件也是由汪先生负责审阅的，其中不乏一些不属于历史学范畴的稿件，先生也并无挑拣，甚至做了详细批注。

2. 对政治史的研究。陈寅恪在《唐代政治史述论稿》中以"关陇集团"理论来概括北朝后期至唐前期政治大势（然而并未对隋唐政治状况进行具体

---

① 何炳棣：《读史阅世六十年》，中华书局，2012，第40~41页。陈美延女士的回忆见于纪录片《陈寅恪》。

② 《纪念陈寅恪教授国际学术讨论会文集》，中山大学出版社，1989，第388~404页。

③ 《陈寅恪与二十世纪中国学术》，浙江人民出版社，2000，第28~41页。

④ 《历史研究》2001年第2期。

⑤ 《陈寅恪学术研究（2013）》，清华大学出版社，2014。

⑥ 《陈寅恪学术研究（2013）》，清华大学出版社，2014

分析），汪先生的《唐太宗之拔擢山东微族与各集团人士之并进》《唐太宗树立新门阀的意图》《唐高宗王武二后废立之争》三篇文章，以陈寅恪先生关于关陇集团、门阀士族等方面的学说为基础，结合唐朝政治、经济和文化等各方面的发展情况，提出了关于唐太宗、武则天、文学吏治之争等方面的论述，对唐朝历史发展的主要脉络和宏观方向提出了独到的见解，可视为"关陇集团"理论在唐代史事中的具体应用。可见汪先生没有停留在陈先生的研究上止步不前，而是遵循先生的"独立之精神，自由之思想"，提出了自己的见解，为我们在学术的传承上树立了一个榜样。

3. 对土地制度的研究。汪先生对于均田制度进行了长久深入而系统的研究，没有囿于当时土地国有私有制之争，而是扎实地搜集材料做研究。将先秦以来土地制度的发展作为研究基础，务求从中国古代土地所有制的长时期发展来把握均田制的本质。通过对金文和甲骨文的学习，对有关田令令文的含义进行了深入的考释，并做出了重要的注解。汪先生在对隋唐人口和土地数字研究的四篇札记中，为我们提供了如何运用传统史学中考据的方法来处理古代文献中数字的研究方法，在文献材料与数字结合的研究方法方面，为我们做出了典范。

4. 对陈寅恪方法的学习。陈先生重视数学是众所周知的，"陈寅恪方法"主要是指量化研究、统计方法以及文章的逻辑性。源于青年时代扎实的数学功底，先生凭借对历史数据的高度敏感性，发现《通典》所载北周户口数字和唐代田令中授田数目均有舛误，并一一更正。通过计算西汉小农家庭的服役数目，来揭示农民的沉重负担。以荆扬两州所占全国人口的比重入手，用量化的方式分析西晋政权排斥吴人一事；先生以1948年《中国统计年鉴》中的数据为参考标准，来研究隋唐时期耕地面积的问题。对唐太宗宰相的研究，也是采用了由面到点的统计研究方法；先生以令文系统为主线，通过引入新材料，进行逻辑分析，在《北魏均田令试释》《唐田令试释》等几文中，对人们习焉不察的许多概念做出了准确的界定。先生将书证、物证与逻辑推理方法紧密结合，以客观普遍存在的逻辑性来推理事物本身普遍存在的客观性，将物证与理证互相补充。

（王　冰　大唐西市历史文化研究中心）

缅怀汪篯先生

几年前业师胡戟先生就开始筹划汪先生的百年诞辰纪念活动，纪念会2016年12月25日在北京开，2016年的最后一天和2017年的第一天，组织召开了西安场的纪念会。会上胡戟先生和北大毕业的陕西师大历史文化学院老教授牛致功、李裕民、赵世超、臧振等先生一起追忆他们在北大读书时的点滴和当时的社会生态。

平时我最喜读、喜听这些"八卦"性质的追忆、访谈或大家学者的回忆录，从研究历史的角度讲，这是最真实的第一手史料。纪念会上，这些老先生们以"学生"的角度去追忆汪篯先生和北大其他老师，以及当时的社会环境。这些回忆的点滴琐事似乎很容易拉近我与这些已故大家的距离，使他们的形象感很鲜活地出现在我的想象中，通过这些平常的琐事和日常的话语，仿佛更能让我避开他们高深的论著，理解他们著作背后的治学理念，了解他们的作风、学风、教风和人格魅力，更深刻地了解教科书上没有的、更真实的社会生态和学术生态。

最早听说汪先生是在上大学时，在《陈寅恪的最后20年》一书中提到他的名字，知道他是陈先生的弟子和助手。后来跟随胡先生读研究生，与汪先生有了渊源，对祖师爷有了更深入的了解。上学时胡先生经常提醒我们要读汪先生的论著，谈论汪先生指导他学业上的事情，讲述"文革"中汪先生的遭遇。现在又通过纪念会，更全面地了解这位英年早逝、未尽其才的史学大家。

汪篯先生师从陈寅恪先生，毕生从事隋唐史研究，"文革"中文稿札记大部分佚失，现今出版的《汪篯汉唐史论稿》，虽比较全面地收录了先生从事研究的重要成果，但有限的文稿和论著不能全面反映汪篯先生在这一领域谨严精彩的研究成果，即便如此，正如唐长孺先生所言："但对这个断代史的研究仍然有不可磨灭的贡献。"他的学术成就是不容置疑的。汪篯先生师承陈寅恪先生的学术研究方法、学术观点，在汪篯先生的学术研究中，历史唯物主义的观点和陈先生的治史方法浑然天成，无牵强之迹，有些方面有所发挥和创建，已有学者论述。且文风新颖，白话文书写文风流畅。

简读《汪篯汉唐史论稿》后，整体给我的感受是汪先生严谨、细致入微的考证史料和史实让人叹服。看似史书中常见，但被我们忽视的史料，却在著者严密的组织下罗列、连贯起来，论点次序分明、条理清晰，论据事实充分、饱满，再加上严密、深刻的考证，层层剥茧似的推论，自然而然、行云流水般引出结论，具有很强的说服力。而且往往能从史料的细微之处，提炼出著者独到的见解，引人入胜，这种手法往往具有四两拨千斤的作用，让读者见了树木又见了森林，有茅塞顿开之感。这种治学方法显然传承于陈寅恪先生，与我在读陈先生著作和陈门弟子这些大家的论著中有相同的感受。

如此手法的背后一是需要将史料烂熟于心。在回忆陈先生治学、教学方法的诸多追忆文章和著作中，都提到了先生博闻强记和对史料的精熟，王永兴先生回忆，"先生读《通鉴》多次，能背诵。有一次，我读《通鉴》还未到一段，先生突然要我停下来重读；我感到，我读的有错误或脱漏，我便仔细一字一句慢读，果然发现，我第一次读时脱漏一字，我感到惭愧"。李裕民先生在纪念会上也说汪先生在给他们授课时，是可以整段整段默写史料的，甚至一字不差地背诵史书。胡先生说汪先生熟悉唐诗，能背的唐诗据说成千。只有能将史料烂熟于心才能在研究时信手拈来，并能将需要做论据的史料次序分明地罗列、连贯起来。

陈寅恪先生常说：读书须先识字。周一良先生治史重视小学功底，讲究正字审音，这是治史的基础功。然而我们所欠缺的就是这样的功底，如今虽说有了资料库和检索软件，便于我们查阅史料和检索史料，关键字一输，回车键一敲，就能从汗牛充栋的书籍中搜索出想要的史料，大大省略了我们可能需要几年或十几年的阅读和做笔记卡片。虽然电脑检索便捷、范围广、全面，看似一条捷径，却走的是做速食的路数，做不出满汉全席的盛宴。

另外我们在阅读陈先生、汪先生的论著时，发现能于细微之处以小见大的史料，往往都是最基本的传统正史。据统计，陈先生《隋唐制度渊源略论稿》

和《唐代政治史述论稿》两书引用的资料主要是传统正史，占引文的 73%[①]。汪先生的文章著述中引文也多是常见的传统史料，可见史学研究中传统正史的重要性。

对于后学来说，仍然要从最基本的传统正史入手去阅读，不能看着菜谱才去"快递"食材，往往问题的提出是在大量阅读、理解的基础上才能有所发现，通过检索"快递"来的史料，不能让研究者从总体和宏观上观察历史的全貌，准确地把握规律。

二是在驾驭史料的基础上，进行严密的逻辑分析，有宏观方面的理论概括和创建性见解。

当然这等功力不是能从书中学来的，需要深厚的学养和天赋。而深厚学养的培养就需要阅读，阅读汗牛充栋的书籍，严密的逻辑分析需要数学的训练。理论的创建并非在做速食的过程中建立起来的。正如汪先生所讲，学习历史要三条，一是党校的马列主义，二是中学的数学，三是陈寅恪的方法。在史料中求史识，才能达到常人无法企及的境界。

汪先生 22 岁追随陈先生，研习陈先生的治史方法，受其教诲，1947 年到 1949 年两年间更是吃住在陈先生家，协助陈先生完成《元白诗笺证稿》。陈先生甚是喜爱这位思路周详、文理缜密的学生，从 1948 年 5 月 17 日陈先生致郑天挺先生函中可见一斑。此时汪先生 32 岁，可以说是青年人人品道德，专业学养形成的重要十年间，汪先生有这位大师级导师对他的"传帮带"。他的身上深深地打着陈先生的烙印，汪先生内心镌题着对恩师的拳拳之意。

如今，汪先生已去世半个世纪，虽然未能和他有一面之缘，但通过业师的学术传承，薪火相传，通过阅读先生论著，品味他的人生，先生的人品道德、治学的根脉对于我这个后学来说受益终身，对我有很好的启迪作用，那就是治学做人，一丝不苟，尊师敬师，一生不变。作为对历史有兴趣的一名后学，谈一点粗浅的认识，表达对先生的缅怀之情，也是纪念会后自己的一点感想。

（宁义辉　宝鸡师范学院）

[①]　施耐德:《真理与历史——傅斯年、陈寅恪的史学思想与民族认同》，社会科学文献出版社，2008，第 189 页。

在（北京）纪念会上的总结讲话

这次在我们北京大学中国古代史研究中心和北大历史系的精心筹备下，特别是我们尊敬的吴宗国先生亲自坐镇，来自北京大学科研机构的不少前辈和师生，为了纪念汪先生百年诞辰这样一个主题，经过三个单元，进行认真研讨，有的是回忆性，有的是专业性，应该说我们的会议在预设的目标下取得了圆满的成功。

我个人深刻地感受到汪先生的学术精神、学术贡献和科研方法确实有重要意义。我感觉会议的收获，首先是汪先生作为一名著名学者、知名教授（就像上午有几位先生，以孟先生为代表的，包括沙知先生、梁太济先生，他们的回忆都非常生动）是如何把教学和科研紧密地结合起来的，以科研升华教学，把科研成果灌输到教学里面，用教学再来带动科研，这些确实是非常重要的。这是大学的本质，是我们大学教师的本质，而这一点跟我们目前的考评体系确实有关联，这个毛病很大，因为教学它衡量不出来，这些都是非常大的问题。所以吴宗国先生、沙先生、梁先生他们提得非常好，这应是我们北大的传统，也是中国的传统，非常值得我们宣导和继承。

其次，我感受到，会议确实很好地总结了汪先生的学风和学术精神，这体现在很多方面。比如说几位先生讨论提到的，汪先生对资料的重视，既不迷信前人的陈说，也不迷信某些教条，可以说他对陈寅恪先生所宣导的"独立之精神，自由之思想"有着切实的践行。

另外，我们这个会，包括隋唐史在内的许多领域都有优秀的论文（政治史、经济史等），还有一些专论也很精彩，很多都是跟汪先生既有的成就相关联的，或是受到汪先生启发进行整合的。汪先生的论著从数量上来说不算很多，像我们今天拿到的《汪篯汉唐史论稿》，但是篇篇深入，篇篇有创新，非常扎实，非常生动，为后人的研究指出了一条路径，因此汪先生的这些篇章是留给我们的贵重的学术遗产。

还有一点，这个会议对汪籛治学方法也进行了很好地探讨和总结，包括汪先生考据学的功力，关于微观和宏观的有机结合，其中印象最深的是张弓先生的一段概括：学术方法和学术特色，唯物史观和陈门史法的有机结合。话不多，但意义深刻，足够我们深思。把唯物史观和陈寅恪先生的治史方法有机地结合了起来，这个里面的含义是非常丰富的，而且这一点确实也点到了，也真正概括出了汪籛治史的特色和方法论的特色。所以，我们学术上的每一次进步其实都是在前人基础上进行的，而学术精神和优良学风是需要薪火相传的。

通过这次研讨会（本来叫座谈会，我们是以研讨会的形式，非常认真），我深切地感受到汪先生的学术贡献值得我们高度重视和正视，汪先生的学术精神和研究方法值得我们学习和继承。衷心期待，以我们这次研讨会为契机，把我们包括隋唐史在内的中国古代史研究能够更深地推进。谢谢大家！

（冻国栋）

北京大学历史系举行"纪念汪篯先生百年诞辰座谈会"

年前 12 月 25 日，北京大学历史系、北京大学中国古代史研究中心、中国唐史学会共同举办了"纪念汪篯先生百年诞辰座谈会"。北京大学、中国社会科学院历史研究所、中国人民大学、武汉大学、北京师范大学、南开大学、陕西师范大学、山西大学等高等学校和科学研究机构的学者和博士、硕士研究生参加了座谈会。

上午的会议由北京大学历史系主任张帆教授主持。吴宗国教授首先作《纪念汪篯先生百年诞辰》的主题发言。朱雷教授深情回忆了唐长孺先生和汪篯先生的深厚友谊，指出唐先生始终引汪先生为其学术知己，因此才在"文革"刚刚结束的艰难局面下，毅然决定为汪先生的遗稿作序。中国人民大学沙知教授、浙江大学梁太济教授、社科院历史所学者张泽咸、林甘泉、陈智超、张弓、李斌域、王曾瑜等人在他们的书面发言中，回忆与追思了汪先生当年给予他们的谆谆教导。汪先生认真严谨的学风、对青年人的热情和高度的责任感给他们留下了深刻印象。陕西师范大学胡戟教授的发言，立足于汪篯先生在 20 世纪 60 年代总结其学术人生时所说的："自己的成长，一是得益于扬州中学的数学学习，培养了严格的逻辑思维能力；二是从陈寅恪先生那里学到了整理材料和分析问题的科学方法；三是在马列学院学到了马克思主义，学会了运用历史唯物主义实事求是地分析历史问题。"从他个人治学经验出发进行了新的诠释。

唐长孺先生之子唐刚卯先生披露了一封当年汪篯先生写给唐长孺先生的信件，并回忆了汪先生与唐先生学术交谊中的诸多细节。

汪籛先生的公子汪安先生在致辞中对各位学者的到来表示了诚挚的谢意。来自中国人民大学、北京大学的硕士研究生高滨和黄承炳则分别汇报了阅读汪籛先生著作的体会。

下午的会议分别由中国人民大学历史学院刘后滨教授和国学院孟宪实教授主持。各位学者就汪籛先生的学术史意义、汪籛先生毕生从事的隋唐史领域诸问题进行了深入讨论。有些论断是对老一辈学者研究成果的批判与扬弃，还有一些观点自出机杼，但都言之有据，显示了当下隋唐史学界的活力。这也是对汪先生坎坷学术生命的最好纪念。

在热烈的气氛中，与会学者就汪籛先生的人生经历、学术贡献以及他留给我们的精神遗产等问题进行了深入的讨论。

与会学者指出，今天我们纪念汪籛先生，首先要学习他一心扑在教学上，把教学和培养学生作为毕生的职责和追求。他继承了北京大学历史系老一辈学者重视教学，始终把教学放在第一位，以培养出一流的学生为己任的传统。他总是紧紧围绕教学，特别是基础课程的教学进行科学研究，不断以自己的研究成果丰富教学内容。以最新的研究成果来传道授业，提高学生的思想境界，开阔学生的眼界，启发学生的思考，引导学生走进科学研究的殿堂，是他毕生的努力。他在20世纪50年代的学生马克垚教授谈到1956年选修了汪先生的"从北魏到唐中叶的土地所有制"课程，他深情地回忆道："他把北魏的均田令和唐武德均田令对照，一字一句讲解，其思维之细致周密，考订之精审详尽，让我十分佩服。汪先生将露田、桑田、口分、永业，这几个名词，就讲了很长时间。北魏令中有一句是'丁牛一头受田三十亩，限四牛'，但有的版本上作'限四年'，于是'限四年'还是'限四牛'，孰对孰错，就讲了很久，最后说'限四年'不对。还有一句是'诸桑田不在还受之限，但通入倍田分。于分虽盈，没则还田，不得以充露田之数。不足者以露田充倍'。因为桑田按规定是永业，不在还受之限，这儿为什么又说'没则还田'，于是又引《通典》《册府元龟》等来证明'没则还田'为衍文。汪先生讲了一学期的课，一个均田令也没有讲完。我这才知道古书中简单的几句话，几个字，有那么大的学问，那么多的问题。以前自己'好读书，不求甚解'的毛病，是做不好学问的。"

与会学者还指出，纪念汪籛先生，要学习他热爱老师、善于学习的品质，学习他一切从实际出发、实事求是的学风，学习他钻研马克思主义的精神，要继承和发扬他的学术成就。

与会学者还指出，汪籛先生在政治史的研究方面，不仅完善和发展了陈寅恪先生关于关陇集团、门阀士族等方面的学说，而且对唐朝政治历史的很多方面提出了新的见解，结合唐朝政治、经济和文化等各个方面的发展情况，对唐朝历史发展的整体趋势和主要线索提出了他的看法。他关于唐太宗、武则天、文学吏治之争、牛李党争等方面的论述，为我们研究唐代政治发展打开了新的思路。中国人民大学国学院的张耐冬博士的发言《陈寅恪学术体系中的汪籛印记》，认为汪籛先生对陈氏"关陇集团"一说有补充修正，而汪氏在唐初政治史的研究对陈氏"山东豪杰""婚姻集团"等学说也有着潜在影响。汪先生对政治进程的具体分析，恰恰是陈氏的不足所在。中国人民大学国学院研究生蒲宣伊《关于东晋的建国——从〈述东晋王导之功业〉到〈东晋的建国〉》对比了陈、汪两文，认为两位先生在某些具体问题上观点虽有差异，但就整体而论，汪文仍对陈氏的观点进行了补充和延伸。

南开大学夏炎教授《唐前期政治史如何再建构》强调，正史依然是隋唐政治史研究的基本材料，汪籛先生政治史研究的魅力，在于其既运用正史材料搭建整体叙述框架，又重视细节，对个体的人有深刻独到的把握。西安电子科技大学曹印双《汪籛先生隋末唐初政治史研究启示》认为，汪先生早期的政治史研究主要继承了陈寅恪先生的方法，后期的政治史研究则将义宁史法与马克思主义完美结合，既有深厚的考证底蕴，又有理论深度。

中国人民大学国学院博士生李淑《试论唐玄宗对武则天时期政策的继承与发展》，在陈寅恪、汪籛、吴宗国等先生研究的基础上，重新梳理了武则天至唐玄宗时代的政治嬗变。任教于山西大学的丁俊博士《从"文吏之争"到"政事分途"》，在汪籛、吴宗国先生观点的基础上，进一步认为开元年间的择相问题乃是"政事分途"的结果，而非"文学与吏治之争"。

中国社会科学院黄正建研究员《汪籛先生〈唐田令试释〉读后》一文指出，汪先生是中国学界较早关注《田令》研究的学者。先生的诸多考订成果已经为新出北宋《天圣令》证实，从中亦可见汪先生制度史研究的功力与深度。中国唐史学会会长、武汉大学冻国栋教授《试述汪籛先生有关隋唐社会经济史研究的贡献》，肯定了汪先生在隋初户口数字、隋代户口数据变动等问题上取得的杰出成果，认为汪先生有关隋唐田亩数的三篇札记逻辑严密，充满辩证思维。

北京联合大学张雨博士作了《马克思主义史学视野下汪篯先生的经济史研究》的报告，认为汪先生在均田制、租庸调性质、封建大土地所有制等问题上皆有创见。汪先生强调"赋税来源于地租的再分配"，立足封建社会"生产过程的个体性质"来理解均田制的意义，均是马克思主义史学研究的重要成果。

来自中国人民大学、北京大学的硕士研究生高滨和黄承炳则分别汇报了阅读汪篯先生著作的体会。黄承炳在《如何应对史籍中遗留的数据——读汪篯先生〈隋唐耕地面积问题研究〉》中提到，汪篯先生集中讨论隋唐耕地面积和户口问题的四篇札记"既回应了大的历史命题，廓清了学界以往的误解，同时在具体研究路径上，尤其是面对史籍中遗留的数据的态度和处理方法方面，也给后来者提供了示范"。高滨在《汪篯先生的数学修养与隋唐史研究》的发言中，谈到了自己阅读汪篯先生著作的体会："先生既继承了老一辈学者扎实严谨的考据学风，又深入学习马克思主义理论，有着宏大的历史视野。先生取精用宏，折中两者，研究成果既把握了历史发展的整体脉络，无琐碎之弊；又对重要的制度、人物有细密的考订，无空疏之病。反复阅读体会先生的著述，感到先生研究的独到之处在于自觉运用量化和统计的方法，使论述逻辑严密。这些与先生杰出的数学能力是分不开的。"

最后，冻国栋教授和胡戟教授进行了大会的总结发言。冻国栋教授高度评价了汪篯先生的学术成就，同时也对这次纪念会议取得的丰硕成果表示满意。薪火相传，冻教授在总结发言中也对青年一代的历史学者提出了殷切期望，希望他们在继承老一辈学者扎实学风的基础上勇于探索，勇于创新，将隋唐史研究推向新的高峰。胡戟教授则指出，汪先生作为陈寅恪先生的高足，一生秉持着"独立之思想，自由之精神"的理念。纪念汪先生，只有立足于这一点，才能将先生的学术区宇发扬光大，而这也是我们后辈学人的责任与使命。

参加会议的还有郝斌、张万仓、杨曾文、王永谦、冯佐哲、葛承雍、荣新江、陆扬、罗新、朱玉麒、吴丽娱、赵和平、宁欣、陈爽、雷文、任士英、叶炜、禹成旻、王三寿、颜廷真、陈艳玲、李怡、魏斌、龚静、王冰等隋唐史学界众多学者。

（吴宗国　高　滨）

西安纪念汪篯先生百年诞辰座谈会综述

2016 年 12 月 31 日~2017 年 1 月 1 日，在陕西师范大学崇鋈楼 3 楼会议厅举行了"纪念汪篯先生百年诞辰座谈会"，到会发言的有 25 人，大会全程由胡戟先生主持。现将会议纪要汇报如下。

一 汪篯先生的学生回忆

牛致功先生介绍了当年他到北大求学，与同学一起到汪先生家里拜见汪先生，适值汪先生被错划为右倾机会主义分子，牛先生说，当时汪先生情绪很低落，头发也是蓬乱的，甚至他们离开时，汪先生都没有起身，足见当时汪先生受到的心理打击很严重。牛先生说，他虽然有北大研究生入学通知书，但是去了没能跟汪先生念书，下去劳动，饿得不行。工资也从 65 元改成研究生的助学金 45 元，养家就困难了。这样迫于当时形势及自身家庭经济原因，主动向教育部写信要求退学了。牛先生回忆那段去了北大却没能上课学习的经历，心里满是失落感。

李裕民先生回忆说，他在求学路上遇到三位名师：徐规、邓广铭、汪篯。1963 年他听了汪先生给本科生高年级开的隋唐史专题课，对汪先生上课印象是：完全是自由讲学，想讲什么就讲什么，讲的全是自己的独到见解，与翦伯赞、郭沫若、范文澜等人编的通史都不同，也与其他隋唐史专家的观点不同。他的见解绝非夸夸其谈，都有充分的史料作依据，更令人吃惊的是，这些史料并不是事先写在纸条上念，而是随手写到黑板上，一写就是一黑板，好几百字，等同学们记毕，擦了再写，材料多来自新、旧唐书，《资治通鉴》，核对原著，一字不差。李先生还回忆了当年汪先生对历史分期与翦伯赞的差异，翦伯赞主张"西周封建说"，汪先生主张"战国封建说"。李先生从讲课形式上和讲授内容上都受汪先生的影响，形式上采用了汪先生自由讲学的方式，内容上要求必须有自己的独到见解。在研究上必须有重点，即以某一朝代为主，但不局限于这一代。方法上注意宏观研究与微观研究相结合，重视文献考据。在治学精神上提倡"独立之精神、自由之思想"。

臧振先生提交的是《忆汪籛》，该文主体是 1996 年写的。臧先生回忆了 1963 年入学后对汪先生的印象，在座谈会上，在宿舍里，在课堂上，看得出汪先生是位随和的、乐观的、有才华的、不拘小节的人。

赵世超先生回忆 1965 年在北大历史系读书，跟随汪先生学秦汉史，他说讲课不拘章法，另以自己的心得为主线，肆意发挥，既磅礴大气，又风趣诙谐。同学们还疑问，为什么让隋唐史专家来教秦汉史呢？（汪先生强调，治断代史不能只做一个朝代，至少要通半部中国史，所以他关注的学术领域，不仅是隋唐史，而是汉唐史。——胡戟注）那是因为汪老师把隋唐这一段留给他的爱徒秦文炯上，足见汪先生对学生的奖掖。

胡戟先生说，人生中影响最大的两位老师，一位是高中时给他们带过语文课的连树声老师，一位是北大的汪籛老师。从 1962 年胡先生在北大历史系上四年级的时候分在隋唐史专门化，就师从汪先生学习隋唐史，而后接着当他的研究生，跟他学习前后也有三四年时间。胡先生尤其强调了陈寅恪先生与汪先生之间师生情，他回忆说：汪先生也跟我说起过这件事（请陈先生到北京任历史所所长），说是他自告奋勇去的，但是碰壁了，没有能把陈先生请来。他苦笑着说这件没有办成的事，但是完全没有被"逐出师门"的懊丧。后来他们师生间还保持着联系，虽然没能再见过面，但是有人去广州，汪先生会让人给老师捎一些北京果脯去。陈先生喜欢吃北京果脯，收到了，总是很高兴。汪先生一直向我们传达着他对陈寅恪先生的尊崇之心。汪先生的为师之道，要我们认真读陈先生的书。汪先生多次在上课时给本科生讲，学习历史要三条：一是党校的马列主义，二是中学的数学，三是陈寅恪的方法。胡先生强调，除了家学，我们还应该重视师承，这都是宝贵的学术资源。

汪先生也曾经和胡先生说，有四件事可以做：一是写中国通史，但是这要四代人才能完成；二是写隋唐史；三是注新旧唐书；四是分门别类归纳整理隋唐历史资料，加以诠释。他最想先做的是最后一件事，为隋唐史研究做好基础工作。

胡先生希望自己践行弘扬"独立之精神，自由之思想"，直面问题，为学术文化，为国家民族，说该说的话，做点有价值的事情。

二　西安后学的学术传承

利用墓志新材料方面，有如下发言及论文。

龚静《汪篯先生论著中对碑志材料的运用》一文，梳理了汪先生论著中运用碑志材料的案例，说明汪先生对新材料的运用是建立在认真读书、对旧材料熟悉的基础上的。今天大量墓志资料的整理，为我们研究隋唐史、中国历史提供了丰富的新材料、新视野，我们的科研条件比汪先生的时代好多了，可是基本功方面却相去甚远了，确实需要后辈努力以前辈为楷模，努力精进。

郭海文《唐太宗公主考》，在对《新唐书·公主传》进行考证的基础上，以墓志为依据，对太宗的21个女儿进行更为细致及全面的考证。厘清其母亲、排行、名字、驸马、子女数、死亡原因、埋葬地等主要问题。

毛阳光《传统文献与墓志辩证》，就近年洛阳流散墓志整理，谈及其心得。他结合史书与墓志举了若干例子，说明墓志新史料价值。重点说明了传统文献与墓志之间相互关系，不可偏废，方可预流当下学术。他提交的论文是《新出土〈姚俣王淑玄堂记〉所见姚崇家族史事略考》，充分展示了他的预流之作。

齐渊《北朝墓志问道三秦》，齐先生是洛阳北朝墓志博物馆的负责人，他专就北朝墓志整理情况给大家做了介绍，同时也有意联手胡戟先生将北朝墓志最大限度地开发利用，为新时期新材料再添助力。

陕西省考古所王小蒙《考古视域与历史研究》，就考古所最新考古情况也做了介绍，对考古出土的新材料与历史研究相互关系进行了说明，期待更多史学研究者更多地关注新材料，推动两个领域的联合发展。

王庆昱《李行素墓志所见中晚唐东南史事考述》，通过对《陶悫墓志》的简单考释，可以大致了解陶悫一生的宦历、家庭。尽管陶悫在史书中无载，然而由于陶悫长期在皇宫及皇帝身边任职，经历了"甘露之变"等重大历史事件，从中可以更多地了解中晚唐时期的宫廷斗争及宦官势力的消长等史实。

马弘波《大唐西市博物馆所藏〈宋皇祐元年买地券〉研究》，买地券是人与神签订的关于土地买卖的契约。它主要适用于幽冥世界，是对现世社会土地买卖、订立契约、为诉讼提供书证等现象的一种模仿。宋代丧葬中墓主不分男女，不论身份高低大多有买地券。西安市大唐西市博物馆收藏的《宋皇祐元年买地券》是宋代买地券的一种，它对墓主的姓名、土地四至、价格、保人等都有记载。这对宋代土地买卖、地契的基本格式、丧葬习俗、民间信仰等问题的研究有一定的意义。不过，此买地券的价格等要素与《地理新书》所保留的宋代通用买地券的格式略有不同，这反映了宋代买地券的多元化及《宋皇祐元年买地券》个性化的特点，这也为宋代买地券的研究提供了新的资料。

从学术方法上，发言及论文如下。

于赓哲论及了《互联网思维下的史学新潮》，认为对今日碎片化史学应给予积极的肯定，同时对传统学者宏大研究依然保持敬意，各有时代因果，不必对碎片化史学有过多的忧虑。他还提交了《论伯希和敦煌汉文书》一文，该文认为，国际学界部分学者对伯希和敦煌文书中部分回鹘文和绢本画曾有过质疑，认为是混入的元代以后作品，但汉文文书还鲜有人从这个角度加以关注。法藏敦煌汉文 P.3810 文书曾引发学界有关"藏经洞封闭时间"问题的讨论，但是立论双方都忽视了这份文书"后期混入"的可能，从其中的药名、避讳、字形、俗字、道教信仰各个角度考察，这份文书有着强烈的元或元以后文书的特征，"山药"药名的出现和含义决定了这份文书的时间上限，其中的宗教术语和崇神理念则证明它是元以来全真教和八仙信仰成熟期的产物。避讳和俗字也证明了这一点。这与国际学界已有的讨论相契合，证明伯希和敦煌汉文文书也不见得能独善其身，在这种情况下，对于伯希和文书进行新的甄别是有必要的。

李怡《汉家制度、胡族衣裳：唐代官员服饰的现实维度探研》，唐代官员服饰是封建礼仪伦理的集中体现。除祭服为正统大礼服沿袭古制外，由于朝服与公服礼节烦冗、穿着不便，唐廷虽然在制度维度上遵从古法，但在现实维度上却是由来自胡族的袴褶服、常服先后履行其职能。这种"汉家制度、胡族衣裳"的现象不仅是对南北朝、隋代以来官服体系发展趋势的认可和肯定，更是大唐帝国结合自身要求内部调整的产物，具有突出的文化内涵。

温翠芳会上论及了《反思历史人物评价问题》，她还提交一篇《唐宋两代香药进口贸易国际背景之比较》。与唐代相比，宋代与东南亚地区、南亚地区、西亚地区、非洲地区之间的贸易范围都在大规模地拓展，许多前所未知的国家与地区与宋代建立了密切的贸易往来关系。与宋代有贸易往来的这些国家中，有许多是盛产香药的国家，如占城国盛产沉香，三佛齐盛产龙脑香，又大量转贩大食的乳香，阇婆盛产檀香，注辇国盛产胡椒，大食国盛产乳香，层拔国、弼琶啰国、中理国均出产龙涎香。这些国家出产的大量香药是宋代香药进口贸易繁荣的基础和前提。

田卫丽的《唐太宗的用人政策》，在对汪先生《唐太宗》理解基础上，以唐太宗的用人政策为切入点，进而阐述唐太宗与魏征这对君臣之间的微妙关系。

曹印双、刘芸暄《汪籛先生武则天研究评析》一文认为，汪籛先生以皇后废立研究为基础，全面分析了武则天从入宫到皇后再到皇帝的历程因果，同时评断她治理的时代利弊、用人及政策变动。他结合了陈先生与马克思主义理论的治学方法，他流畅通俗的语言表达，他大量史料背后的精粹学术观点的提炼，对后学都是有重要启迪的。

宁义辉读《汪籛汉唐史论稿》后，整体感受是汪先生严谨、细致入微的考证史料和史实让人叹服。看似史书中常见，但被我们忽视的史料，却在著者严密的组织下罗列、连贯起来，论点次序分明、条理清晰，论据事实充分、饱满，再加上严密、深刻的考证，层层剥茧似的推论，自然而然、行云流水般的引出结论，具有很强的说服力。而且往往能从史料的细微之处，提炼出著者独到的见解，引人入胜，这种手法往往具有四两拨千斤的作用，让读者见了树木又见了森林，有茅塞顿开之感。显然这种治学方法传承于陈寅恪先生，与读陈先生著作和陈门弟子论著时有相同的感受。

胡耀飞《关于藩镇分类的学术史梳理——从汪籛〈唐代方镇的三种情况〉谈起》就汪籛先生及 20 世纪 80 年代以来对藩镇的分类进行梳理，认为有必要继承和发扬吕思勉、汪籛、王仲荦等先生被忽略的学术闪光点。

廖孝莲的发言以《陈寅恪、汪籛人物研究比较》为题，重点对陈先生《柳如是别传》进行了分析，对陈门学术精神与方法进行了个案分析，发人深省，期待她在终南山陈学读书班有更精彩的分享。

马泓波《〈汪籛汉唐史论稿〉中的法律内容管窥》梳理了汪先生论著中《唐代前期的法令和制度》和其他篇目中的法制内容，她认为汪先生以律、令、格、式一统全文，脉络分明，并且重点突出，尤其重视法律中的阶级及家族主义，同时她还发现汪先生关注底层，在多篇文章论及奴婢问题，汪先生对法制的关注范围广泛，对其他朝代的法律也多有关注，注重通识。

从学术精神传承上，与会者发言涉及题目还有以下几个。

拜根兴教授《问询北大研究生教学》，他重点问询了李裕民等几位先生关于当年北大研究生的教学情况，李裕民等老师论及当年研究生课程设计比较少，研究生重在自己的研究，同时他们跨年级交流氛围很浓厚，这一点我们在终南山鑫龙度假，依然可以看见李裕民和胡戟两位七十多岁的先生切磋问题的风采。胡老师回忆当年汪先生讲，回忆陈先生指导学生时，学生向老师请教自己的研究题目，陈先生的回答是，这是你研究的题目，应该我问你才对，实际是鼓励学生，研究生也可以是专家。

李郁《北大学子归心》，他作为北大毕业的，在会上表达对汪先生及胡戟先生学术精神的敬意，也深切地表达了北大精神火种传播的重要意义。

此外，侯海英《史学名篇与通识教育》，她就责编胡戟先生《史学名篇》谈及了个人感受，这本书是本科生、研究生很好的通识教科书。

还有毕文君《教欲行，修于心——我所了解的汪籛先生及自我反思》、李靖婧《做人感悟与育人之问》、侯晓晨《读名家名著之问》、刘芸暄《论独立之精神自由之思想》系列发言，都体现了陈门的学术精神。

总之，西安座谈会以追思汪先生治学、为人及北大昔日人文学术环境为主，兼及时人教育、学问人生警示。其间满满的正能量，我体会到的精神，可以用如下关键词来概括：真诚本色、心法传承、精神血脉、公道正义、个性史学、天道酬勤、心灵境界、海纳百川、以小见大、问道陈学。

参加大会的还有李小江、介永强、贾志刚、杜海斌、罗小红、马维斌、李霞、刘定、王化昆，及陕西师范大学和西北大学的研究生等。

（曹印双）

跋

2016 年末，在汪篯先生百年诞辰的时候，他的同事、朋友和学生们，在北京和西安隆重召开了纪念会。吴宗国先生命我编这本纪念文集。

文集收入汪篯先生的盟兄李为扬先生，师兄弟王永兴教授，哲嗣汪安先生，同事邓广铭教授，助手吴宗国教授，中国社会科学院历史所原所长林甘泉先生和研究员张泽咸、张弓、王曾瑜等先生，学生马克垚教授、梁太济教授、陈智超研究员、李斌城研究员、李裕民教授等五十多人的纪念文章。熟悉的内容后面，复活了先生的音容笑貌。亲切地重温师教，读来收获良多，感慨良多。这本众人拾柴的纪念文集，补充了一些汪先生的学术成果和对汪先生弥足珍贵的回忆，这本书可以说是相当全面实事求是地评介了汪篯先生一生的学术贡献。和吴宗国先生 2016 年年末编就的《汪篯汉唐史论稿》合璧，已经尽可能地重现了这位艰辛探索的学者一生的业绩。

当然纪念文章的水准参差不齐，作者的年龄有六十岁之差，自然会是这样的。我们就是希望拉开年龄层次，更多请年轻学子与会、参加撰文，使纪念活动更有传承薪火的意义。相信这是很符合那么热爱学生的汪先生的心愿的。相信读到这本书的同学，不啻是对汉唐史有一遍很好的学习，掌握了就可以站在巨人的肩上俯瞰中国那段历史，会对学人的学术生涯有所感悟，懂得自己是做什么的，该怎么做。

参加两地纪念会来向汪篯先生表示敬意的，还有北京大学原副校长郝斌教授，历史系党委书记张万仓教授，汪先生的研究生牛致功教授，学生杨曾文教授、王永谦教授、冯佐哲教授，以及葛承雍、荣新江、陆扬、罗新、李鸿宾、吴丽娱、赵和平、宁欣、陈爽、孟彦弘、雷文、任士英、叶炜、禹成旻、唐刚卯、王三寿、颜廷真、李小江、王小蒙、齐渊、侯海英、刘定、吴炯炯、王庆昱、拜根兴、郭海文和杜海斌、罗小红、温翠芳、方立强、于赓哲、贾志刚、毛阳光、曹印双、陈艳玲、李怡、廖孝莲、宁义辉、李娟、李霞、龚静、王冰、李靖婧等百余人，大多是他的学生和学生的学生。北京一天的会议日程，仅安排提交论文的学者发言，所以许多老学生没有能在大会上发言，我向他们致歉，杨曾文说，来向汪先生表示敬意了就好。

叶炜带领许多同学负责北京的会务，杜海斌、曹印双负责西安的会务，叶炜和曹印双分别组织北京和西安的文章，汪安提供了珍贵的照片和悼词原件。会议照片由陈爽、陈艳玲、胡戟拍摄。龚静、王冰参与了两地的会务，并和罗小红一起参与了纪念文集的编务工作，侯海英、郭海文和龚方参与了文本的校对。金滢坤、李鸿宾、拜根兴、李怡等也提交了文章，但我们的纪念文集不同于一般的祝寿文集，只收内容与汪先生生平学术有关的文章，所以都割爱了。本书中汇集的一些文章，不详作者地址，请与我们联系，以便寄书留念。

感谢社会科学文献出版社承接这本《汪籛百年诞辰纪念文集》，责编为此付出辛勤劳动，使这位已故去50年的伟大学者的学术和音容笑貌能长存人世。

胡 戟

2017 年 5 月 1 日

图书在版编目（CIP）数据

汪篯百年诞辰纪念文集／胡戟，杜海斌主编． -- 北京：社会科学文献出版社，2020.4
ISBN 978 - 7 - 5201 - 5308 - 9

Ⅰ．①汪⋯　Ⅱ．①胡⋯ ②杜⋯　Ⅲ．①汪篯（1916 - 1966） -纪念文集　Ⅳ．①K825.81 -53

中国版本图书馆 CIP 数据核字（2019）第 160016 号

汪篯百年诞辰纪念文集

主　　编／胡　戟　杜海斌
副 主 编／叶　炜　曹印双

出 版 人／谢寿光
责任编辑／李　淼
文稿编辑／徐　宇

出　　版／社会科学文献出版社·城市和绿色发展分社（010）59367143
　　　　　地址：北京市北三环中路甲 29 号院华龙大厦　邮编：100029
　　　　　网址：www. ssap. com. cn
发　　行／市场营销中心（010）59367081　59367083
印　　装／三河市东方印刷有限公司

规　　格／开 本：787mm × 1092mm　1/16
　　　　　印 张：32　字 数：522 千字
版　　次／2020 年 4 月第 1 版　2020 年 4 月第 1 次印刷
书　　号／ISBN 978 - 7 - 5201 - 5308 - 9
定　　价／168.00 元

本书如有印装质量问题，请与读者服务中心（010 -59367028）联系